Rudolf Pfisterer

Von A bis Z

Quellen zu Fragen um Juden und Christen

RUDOLF PFISTERER

Von A bis Z

Quellen zu Fragen um Juden und Christen

Herausgegeben von Fritz Mybes

SCHRIFTENMISSIONS-VERLAG GLADBECK

1971 im Schriftenmissions-Verlag Gladbeck
Umschlag: Gerd Meussen, Essen
Druck: F. L. Wagener, Lemgo
Einband: Verlagsbuchbinderei Werner Berenbrock, Wuppertal-Barmen

ISBN 3 7958 0199 0

Meiner lieben Frau –
der treuen Gefährtin in guten und bösen Tagen

Vorwort

Rudolf Pfisterers »Von A bis Z – Quellen zu Fragen um Juden und Christen« ist ein *notwendiges* Buch. Es hilft in unserer Zeit eine Not zu wenden, unter der wir in Deutschland immer noch leiden: Die Ignoranz der meisten im Hinblick auf das Judentum und sein Verhältnis zum Christentum und die antijüdischen Vorurteile, die – wie breitangelegte Untersuchungen zur Vorurteilsforschung gezeigt haben – immer noch weit verbreitet sind, vor allem auch unter der Jugend. Wir müssen heute diese Not wenden, damit nicht Ignoranz und Vorurteile wieder in gewalttätigen Judenhaß umschlagen; dabei kann uns Pfisterers Buch eine wertvolle Hilfe sein.

Rudolf Pfisterers Buch ist ein *mutiges* Buch. Denn es erscheint in einer Zeit, in der es in Deutschland nicht mehr opportun ist, sich mit dem Judentum und dem Antisemitismus auseinanderzusetzen. Rudolf Pfisterer und dem Schriftenmissions-Verlag gebührt der Dank aller, die als Christen und Politiker in Deutschland wach bleiben wollen, bereit, sich dafür zu engagieren, daß in Zukunft alte Sünden unseres Volkes nicht in anderer Form eine Neuauflage erleben! Möge dem Buch um der Kirchen in Deutschland und um des deutschen Volkes willen eine breite Wirkung beschieden sein!

Rudolf Pfisterers Buch ist ein *fachwissenschaftlich* und *didaktisch vorbildliches* Buch. Die Quellensammlungen sind Frucht eines bewundernswerten Fleißes, großer Sachkenntnis und erfrischender Objektivität. So wird eine philosemitische Fata Morgana des Judentums, aber auch eine masochistische Anklage der Christen und Deutschen vermieden, und der ganze so komplexe Wirklichkeitsbereich des Judentums, seines Verhältnisses zum Christentum, des Judenhasses und des Engagements verschiedenartiger Nichtjuden gegen den Judenhaß wird sichtbar.

Pfisterers Buch ist eine Fundgrube für den Geschichtsunterricht und den Religionsunterricht der verschiedenen Schularten, die Erwachsenenbildung und die Predigt. Man kann nur wünschen, daß viele Autoren von Schulbüchern, Arbeitsmitteln für Schule und Erwachsenenbildung und Lehrerhandbüchern Pfisterers Quellensammlung benutzen! Die umfassende Bibliographie am Ende der einzelnen Kapitel macht Pfisterers Buch zum wissenschaftlich anspruchsvollen Arbeitsbuch für Studierende und Forschende.

Prof. Dr. theol. Heinz Kremers

Einführung

Das vorliegende Buch will eine praktische Orientierungshilfe sein für den alltäglichen Umgang mit den hier anstehenden Problemen – besonders auch im schulischen und kirchlichen Unterricht. So kam es darauf an, nicht nur solide, wissenschaftlich fundierte Information zu vermitteln, sondern sie auch leicht zugängig zu machen. Der weitschichtige Komplex der Fragen um Juden und Christen wurde in 58 Stichwörter aufgegliedert. Alphabetisch angeordnet sollen sie ermöglichen, in dem Sachgebiet nachzuforschen, für das man Aufschluß und Aufhellung benötigt.
Um Querverbindungen zwischen einzelnen Stichwörtern aufzuzeigen, seien einige Zusammenhänge – auch widersprüchlicher Art – genannt:

Ahasverus – Assimilation – Emanzipation – Israel – Jerusalem – Zionismus.

Antisemitismus – Antijudaismus – Enterbung (der Juden) – Entmenschlichung – Entrechtung (der Juden) – Geldhandel – Pogrom – Ritualmord.

Arierparagraph – Christentum (jüdische Fundamente) – Jesus von Nazareth.

Bibel – Geheimnis – Glaube – Hoffnung – Liebe – Messias – Umkehr.

Bund – Einheit (des Volkes Gottes) – Erwählung – Ökumene – Schisma.

Erwählung – Leiden – Nonkonformismus.

Judentum – Bar-Mizwa – Beschneidung – Kabbala – Synagoge – Talmud – Tempel – Tora.

Das vorliegende Buch ist ein Quellenbuch. Es soll dem Benützer der Zugang zu Werken verschafft werden, die sich im allgemeinen nicht in seiner Reichweite befinden. Außer dem einleitenden Text und der Unterteilung bei den Stichwörtern wurde bewußt auf jede Erläuterung verzichtet. Eine dem jeweiligen Stichwort angefügte Bibliographie soll den Leser instand setzen, an den Fragen in eigener Forschung weiterzuarbeiten.
Es muß nicht betont werden, daß ein solches Buch keinen Anspruch auf Vollständigkeit erheben kann, sondern immer fragmentarischen Charakter trägt.

Rudolf Pfisterer – Fritz Mybes

Schwäbisch Hall und Bonn-Bad Godesberg, im September 1971

Stichwortverzeichnis

Ahasverus

In der um diesen Namen sich rankenden Legende geht es um einen Juden, der Jesus von Nazareth in der Stunde seiner Angst und Bedrängnis abgewiesen haben soll. Zur Strafe dafür sei darum diesem Juden – er ist hier als eine Verkörperung aller Juden überhaupt anzusehen – das Schicksal ewiger Wanderschaft bis zum Jüngsten Tage auferlegt worden. Die Juden sollen durch diese Heimatlosigkeit Zeichen und Zeugen des lebendigen Gottes und seiner Wahrheit sein. Schon sehr früh wurde dieses Los unsteten Wanderns in Zusammenhang mit dem Urteilsspruch Gottes über Kain gesehen (1. Mose 4, 12 b). Kain wurde so zur Symbolgestalt des wandernden Juden.

Hilarius von Poitiers, 4. Jahrhundert:
»Das Blut Abels wird so von dem gefordert, der in Kain vorgebildet war, der die Gerechten verfolgt hat und von der Erde verflucht wurde ... Ihre Rasse und ihre Nachkommenschaft hat das Blut aller Gerechten auf sich genommen, als sie geschrien haben: ›Sein Blut komme über uns und unsere Kinder.‹«
(F. Lovsky, Antisémitisme et mystère d'Israël, Paris 1955, S. 422; zit. bei Rudolf Pfisterer, Im Schatten des Kreuzes, Hamburg 1966, S. 41)

Abt Petrus Venerabilis, Mitte 12. Jahrhundert, siehe Antijudaismus.

Papst Innozenz III. am 17. Januar 1208:
»Gott hat den Kain zu einem irrenden und flüchtigen Menschen auf der Erde gemacht, aber sein Haupt zum Erzittern gebracht und ihn gezeichnet, damit er nicht getötet würde. So müssen auch die Juden über die Erde hin herumirren, bis ihr Angesicht von Schande bedeckt ist und bis sie den Namen des Herrn Jesus Christus suchen. Denn gegen sie schreit das Blut Jesu Christi; sie dürfen auch nicht getötet werden, damit das Christenvolk das göttliche Gesetz nicht vergesse.«
(Léon Poljakov, Histoire de l'Antisémitisme, Bd. I, Paris 1955, S. 262, Anm. 2; zit. bei Rudolf Pfisterer, Im Schatten des Kreuzes, Hamburg 1966, S. 42)

Der irrende Jude:
»Er (Jesus) sagte zu mir: ›Trage mein Kreuz!‹ ... Darauf habe ich keine Antwort gegeben. Dann sagte er zu mir: ›Da du dich weigerst, mein Kreuz zu tragen, sollst du wandern, bis ich wiederkomme.‹«
(Dieses Zitat stammt aus der Erzählung des jüdischen Dichters Edmond Fleg, Jésus raconté par le Juif errant, Paris 1953)

Joseph Gaer, 1961:
»Zahlreiche Formen der Darstellung vom wandernden Juden zeigen, wie sie von der Ähnlichkeit der Legende vom wandernden und irrenden Kain geprägt sind. In einigen Formen der Darstellung der Legende wird der irrende Jude mit Kain gleichgesetzt. Es wird uns dabei berichtet, daß dieser Wanderer am Mal an seiner Stirne, einem flammenden Kreuz, das sein sich immer wieder erneuerndes Gehirn verzehre, erkannt werden könne. Der Jude schämt sich dieses Mals an seiner Stirne und ist darüber traurig; darum bedeckt er diese Stirne dauernd und läßt es niemand sehen.«
(J. G., The Legend of the Wandering Jew, New York 1961)

Joseph Gaer, 1961:
»Die Legenden vom irrenden Juden sind in der westlichen Welt weit verbreitet und sind eine aus dem Christentum stammende Darstellung, die mit der christlichen Auffassung von der Rettung übereinstimmt. Diese Legenden belasten eine Person, die in der Stunde der Bedrängnis Jesus ablehnte oder schmähte. Sie wurde dazu verurteilt, bis zum Ge-

richt Gottes über die Erde hin zu irren oder bis zu dem Zeitpunkt, in dem sie durch Buße Rettung erlangte. Man versteht, daß man den so verdammten Menschen sich als Juden vorgestellt hat, daß in der Zeit von Jesus sich die Juden entweder in seine Jünger und Nachfolger oder in seine Gegner und Feinde aufgliederten. Der so verdammte Jude muß als Symbol für die Welt der Wiederkunft herumirren – oder auch als Gleichnis für den bußfertigen Sünder oder den unbußfertigen Häretiker.«
(J. G., The Legend of the Wandering Jew, New York 1961, S. VIII)

I. N. Darby, o. J.:
»Wir können in Kain den Typus der Juden, den Mörder des Herrn sehen; sie tragen dieses Mal an ihrer Stirne.«
(Jules Isaac, L'enseignement du mépris, Paris 1962, S. 14; zit. bei Rudolf Pfisterer, Im Schatten des Kreuzes, Hamburg 1966, S. 42, Anm. 61)

Kittel, Gerhard, 1933:
»Das echte Judentum bleibt bei dem Symbol des ruhe- und heimatlos über die Erde wandernden Fremdlings, der allein auf Gottes Verheißung und Gottes Tag – komme er morgen oder in Jahrtausenden! – wartet.«
(G. K., Die Judenfrage, Stuttgart 1933, S. 73 f.)

Predigt am 6. Februar 1966 in einer Kirche in Württemberg:
»Israel ist der Mörder des Sohnes Gottes, der mit dieser Schuld beladen durch die Jahrtausende irrt . . .«
(Vom Verfasser selbst gehört)

Bibliographie
Englisch:
Gaer, Joseph: The Legend of the Wandering Jew, New York 1961.
Französisch:
Fleg, Edmond: Jésus raconté par le juif errant, Paris 1953.

Antijudaismus

Darunter versteht man im augenblicklichen Sprachgebrauch die in der Christenheit herrschende Voreingenommenheit gegen die Juden. Dieser Gegensatz hat seinen tiefsten Grund in der Überzeugung, nach der (→) Kreuzigung Jesu und der Ablehnung seines Messiasanspruchs durch die Mehrzahl der Juden (→ Messias) sei die Kirche als alleinige Erbin an die Stelle Israels und der Juden getreten. Diese geistliche (→) Enterbung der Juden – sie steht in deutlichem Gegensatz etwa zu Eph. 2, 19, wo die Christen »als Bürger *mit* den Heiligen« bezeichnet werden – ist der böse Nährboden für viele unheilvolle Vorurteile und giftige Halbwahrheiten geworden, die im Laufe der Geschichte der Christenheit zur Verachtung und Verfolgung der Juden führten.
Der entscheidende Unterschied zwischen Antijudaismus und (→) Antisemitismus besteht darin, daß der Übertritt zum Christentum durch die Taufe – zumindest grundsätzlich – den Schlußstrich unter alle aus dem Judentum stammende Diskriminierung zog.
Doch muß man zugeben, daß im alltäglichen Bereich die Grenzen zwischen Antijudaismus und Antisemitismus sich oft verwischten, und zwar in dem Maße, wie die Beziehung der den Antijudaismus vertretenden Christen zum Evangelium sich lockerte.

---

1. Im Unterschied zum (→) Antisemitismus stützt sich der Antijudaismus vor allem auf sogenannte christliche Begründungen. Sein Ziel ist nicht die Vernichtung, sondern die Einengung und Bekehrung der Juden.

Johannes Chrysostomus, Bischof von Antiochien, 387:
»Wenn du Gemeinschaft hast mit denen, die das Blut Christi vergossen haben, wie kannst du dann ohne Schrecken an der heiligen Tafel teilnehmen und am kostbaren Blut teilhaben?«
(Marcel Simon, Verus Israël, Paris 1948, S. 164)

Johannes Chrysostomus, 387:
»Man muß die Juden fliehen, wie eine die ganze Welt bedrohende Pest; man muß die Märtyrer nachahmen, die die Juden haßten, weil sie Christus liebten. Denn man kann das Opfer nicht lieben, ohne die Mörder zu hassen.«
(M. S., a.a.O., S. 263)

Johannes Chrysostomus, 387:
»Wie ein gemästetes und arbeitsunfähiges Tier taugen sie (die Juden) nur noch für den Schlächter.«
(M. S., a.a.O., S. 156)

Bericht über die Judenverfolgung anläßlich des ersten Kreuzzugs:
»Worms: Am 20. Mai 1096 kam der Schrecken auch über jene, die im Hause des Bischofs weilten. Die Feinde marterten sie gleich wie die ersten und überlieferten sie dem Schwerte. Die Juden stärkten sich an dem Vorbild ihrer Brüder, ließen sich erschlagen und heiligten den Gottesnamen; sie boten den Hals dar, sich den Kopf abhauen zu lassen im Namen ihres Schöpfers; manche legten auch Hand an sich selbst ... Alle nahmen mit ganzem Herzen das himmlische Urteil auf sich; indem sie ihre Seelen dem Schöpfer empfahlen, schrien sie: Höre Israel, der Herr ist unser Gott, der Herr ist einzig. Die Feinde zogen sie nackt aus und schleiften sie und warfen sie umher; keinen ließen sie übrig, außer einigen, die sie zur Taufe zwangen. An achthundert war die Zahl der Erschlagenen an

diesen zwei Tagen; sie warf man alle nackt ins Grab ...«
(E. L. Ehrlich, Geschichte der Juden in Deutschland, Düsseldorf 1958, S. 15)

Petrus Abälard (1079–1142):
»Keine Nation hat je derartiges für Gott erlitten. Unter alle Nationen zerstreut, ohne König oder weltlichen Fürsten, werden die Juden mit schweren Steuern bedrückt, als ob sie jeden Tag von neuem ihr Leben loskaufen sollten. Die Juden zu mißhandeln, hält man für ein Gott wohlgefälliges Werk. Denn eine solche Gefangenschaft, wie sie die Juden erleiden, können sich die Christen nur aus dem höchsten Haß Gottes erklären. Das Leben der Juden ist ihren schlimmsten Feinden anvertraut. Selbst im Schlaf werden sie von Schreckensträumen nicht verlassen. Außer im Himmel haben sie keinen sicheren Zufluchtsort. Wenn sie zum nächstgelegenen Ort reisen wollen, müssen sie mit hohen Geldsummen den Schutz der christlichen Fürsten erkaufen, die in Wahrheit ihren Tod wünschen, um ihren Nachlaß an sich zu reißen. Äcker und Weingärten können die Juden nicht haben, weil niemand da ist, der ihren Besitz garantiert. Also bleibt ihnen als Erwerb nur das Zinsgeschäft, und dieses macht sie wieder bei den Christen verhaßt.«
(Karl Thieme, Dreitausend Jahre Judentum, Paderborn 1960, S. 51)

Petrus Venerabilis, Abt von Cluny, Mitte 12. Jahrhundert, in einem Brief an König Ludwig VII. von Frankreich:
»Was nützt es, in den entfernten Gegenden die Feinde des Christentums aufzusuchen, wenn die gotteslästerlichen Juden, weit schlimmer als die Sarazenen, in unserer Mitte ungestraft Christum und die Sakramente schmähen dürfen ... Doch fordre ich nicht, die Fluchbeladenen dem Tode zu weihen, denn es steht geschrieben: ›Töte sie nicht!‹ Gott will nicht, daß sie ausgerottet würden, sondern sie sollen wie der Brudermörder Kain zu großen Qualen, zu größerer Schmach, zu einem Leben ärger als der Tod aufbewahrt bleiben. Sie sind abhängig, elend, seufzend, furchtsam und flüchtig und sollen es bleiben, bis sie sich zu ihrem Heile bekehren. Nicht sollst du sie töten, sondern auf eine ihrer Niederträchtigkeit angemessene Weise bestrafen.«
(F. Heman, Geschichte des jüdischen Volkes, Calw 1908, S. 329 f.)

Erasmus von Rotterdam, 16. Jahrhundert:
»Wenn es die Rolle eines guten Christen ist, die Juden zu verabscheuen, dann sind wir alle gute Christen.«
(Gert Theunissen, Hrsg., »Christlicher« Antisemitismus, Köln 1962, S. 12)

Martin Luther, 1543 (vgl. allerdings auch S. 16):
»Was wollen wir Christen nun mit diesem verworfenen, verdammten Volk der Juden tun? Zu leiden ist's uns nicht, nachdem sie bei uns sind und wir solch Lügen, Lästern und Fluchen von ihnen wissen, damit wir uns nicht teilhaftig machen aller ihrer Lügen, Flüche und Lästerung ... Wir müssen mit Gebet und Gottesfurcht eine scharfe Barmherzigkeit üben, ob wir doch etliche aus der Flamme und Glut erretten könnten. Rächen dürfen wir uns nicht, sie haben die Rache am Halse, tausendmal ärger, als wir ihnen wünschen können. Ich will meinen treuen Rat geben.
Erstlich, daß man ihre Synagoga oder Schulen mit Feuer anstecke und, was nicht verbrennen will, mit Erde überhäufe und beschütte, daß kein Mensch einen Stein oder Schlacke davon sehe ewiglich. Und solches soll man tun, unserem Herrn und der Christenheit zu Ehren, damit Gott sehe, daß wir Christen seien und solch öffentlich Lügen, Fluchen und Lästern seines Sohnes und seiner Christen wissentlich nicht geduldet noch gewilliget haben ...
Zum anderen, daß man auch ihre Häuser desgleichen zerbreche und zerstöre. Denn sie treiben ebendasselbige darinnen, was sie in ihren Schulen treiben.

Dafür mag man sie etwa unter ein Dach oder Stall tun, wie die Zigeuner, auf daß sie wissen, sie seien nicht Herrn in unserem Lande ...
Zum dritten, daß man ihnen nehme alle ihre Betbüchlein und Talmudisten, darin solche Abgöttereien, Lügen, Fluchen und Lästerung gelehret wird.
Zum vierten, daß man ihren Rabbinen bei Leib und Leben verbiete, hinfort zu lehren. Denn solch Amt haben sie mit allem Recht verloren ...
Zum fünften, daß man den Juden das Geleit und Straße ganz und gar aufhebe. Denn sie haben nichts auf dem Lande zu schaffen, weil sie nicht Herren noch Amtleute noch Händler, oder desgleichen sind, sie sollen daheim bleiben ... Werdet ihr Fürsten und Herren solchen Wucherern nicht die Straße legen ordentlicherweise, so könnte sich einmal eine Reiterei sammeln wider sie, weil sie aus diesem Büchlein lernen werden, was die Juden sind und wie man mit ihnen umgehen und ihr Wesen nicht schützen solle. Denn ihr sollt und könnt sie auch nicht schützen, ihr wollt denn vor Gott alle ihres Greuels teilhaftig sein ...
Zum sechsten, daß man ihnen den Wucher verbiete und nehme ihnen alle Barschaft und Kleinode an Silber und Gold, und lege es beiseit zu verwahren. Und dies ist die Ursache: Alles, was sie haben (wie droben gesagt), haben sie uns gestohlen und geraubt durch ihren Wucher, weil sie sonst keine andere Nahrung haben ...
Zum siebenten, daß man den jungen starken Juden und Jüdinnen in die Hand gebe Flegel, Axt, Karst, Spaten, Rocken, Spindel und lasse sie ihr Brot verdienen im Schweiß der Nasen ... Denn es taugt nicht, daß sie uns verfluchte Gojim wollten lassen im Schweiß unseres Angesichts arbeiten, und sie, die heiligen Leute, wolltens hinter dem Ofen mit faulen Tagen, Feisten und Pompen verzehren, und darauf rühmen lästerlich, daß sie der Christen Herren wären von unserem Schweiß, sondern man müßte ihnen das faule Schelmenbein aus dem Rücken vertreiben ...
Denn, wie gehört, Gottes Zorn ist groß über sie, daß sie durch sanfte Barmherzigkeit nur ärger und ärger, durch Schärfe aber wenig besser werden. Drum immer weg mit ihnen.«
(Martin Luther, Ausgewählte Werke, Ergänzungsreihe, 3. Bd., München 1938, S. 189 ff.)

Heinrich von Treitschke, 1880:
»Unbegreiflich aber ist es, daß ein christlicher Geistlicher die Judenfrage der Gegenwart zu lösen vermeint durch die Worte Christi: ›Das Heil kommt von den Juden!‹ und darauf die unbiblische, aus verschiedenen Bibelstellen willkürlich zusammengeschweißte Weissagung ausspricht: ›Die Völker müssen alle in den Zelten Sems wohnen!‹ Herr Cassel verschweigt dabei nur die Kleinigkeit, daß jene Worte Jesu gesprochen wurden, bevor die Juden selber das Heil von sich stießen und Christus kreuzigten. Den heutigen Christen zurufen: ›Das Heil kommt von den Juden!‹ – ist noch weit thörichter, als wenn ein Protestant zu Protestanten sagen wollte: das Heil kommt von Rom, weil Luther von der römischen Kirche ausging und der Protestantismus einen großen Theil seiner Cultur der alten Kirche verdankt. Jede junge geistige Macht, die eine ältere besiegt, ist selber das Kind ihrer Gegnerin. Die Größe der christlichen Lehre liegt darin, daß sie, hervorgegangen aus einem semitischen Volke, das Semithentum überwand und zur Weltkirche wurde ... Mag Herr Cassel zusehen, ob er für seine selbstverfertigte Lehre von ›Christus Sem‹ gläubige Hörer findet; wir deutschen Christen halten uns an das Evangelium von dem Gottessohne.«
(Walter Boehlich, Hrsg., Der Berliner Antisemitismusstreit, Frankfurt/Main 1965, S. 88 f.)

Adolf Stoecker, o. J.:
»Als die Juden Christum kreuzigten, kreuzigten sie sich selbst, ihre Offenbarung wie ihre Geschichte.«
(Wanda Kampmann, Geschichte in Wissenschaft und Unterricht, Stuttgart 1962, S. 577)

P. Bailly, 1881:
»Der Jude ist der Feind des Messias und seiner Jünger.«
(Pierre Sorlin, »La Croix« et les Juifs, Paris 1967, S. 134)

In der »Civilta Cattolica«, dem offiziellen Organ der italienischen Jesuiten, stand im April 1938:
»Das Judentum ist eine bis in seine Wurzeln verderbte Religion.«
(Le Monde, Paris, 24. 11. 1964)

Wilhelm Beck, Pfarrer, Langensteinbach (o. J., aber sicher nach 1945):
»Tatsache ist, daß das Volk (gemeint sind die Juden), das ein Segensvolk sein soll nach dem Willen Gottes und nach dem Zeugnis der Schrift, ein Fluch geworden ist für die anderen, besonders, weil es seinen König kreuzigte.«
(W. B., Israel, das auserwählte Gottesvolk, o. J., S. 13 f. – Das Zitat ist im Text dieses Buches fett gedruckt; ein Hinweis darauf, daß dieser Aussage besondere Bedeutung zukommt.)

---

2. Nicht wenige Nichtchristen und Christen haben diesen Antijudaismus angeprangert und ihm Widerstand geleistet.

Bernard von Clairvaux gegen den Mönch Radulf (1146/47), der zum Mord an den Juden aufforderte:
»Der Mensch ... ist weder von einem Menschen noch durch einen Menschen, noch durch Gott geschickt. Wenn er sich rühmt, ein Mönch oder Eremit zu sein und sich die Freiheit oder das Amt eines Predigers nimmt, so sollte er wissen, daß der Mönch nicht den Beruf eines Lehrenden, sondern eines Büßenden habe ... Drei Dinge sind bei ihm besonders tadelnswert: Anmaßung des Predigtamtes, Verachtung der Bischöfe und Freiheit, den Mord zu billigen ...«
(E. L. Ehrlich, Geschichte der Juden in Deutschland, Düsseldorf 1958, S. 17)

Martin Luther, 1523 (vgl. allerdings auch S. 14):
»Denn unsere Narren ..., die groben Eselsköpfe, haben bisher also mit den Juden verfahren, daß, wer ein guter Christ wäre gewesen, hätte wohl mögen ein Jude werden. Und wenn ich ein Jude gewesen wäre und hätte solche Tölpel und Grobiane gesehen den Christenglauben regieren und lehren, so wäre ich eher eine Sau geworden als ein Christ. Denn sie haben mit den Juden gehandelt, als wären es Hunde und nicht Menschen ...
Ich hoffe, wenn man mit den Juden freundlich handelt und aus der heiligen Schrift sie säuberlich unterweist, es sollten ihrer viel rechte Christen werden und wieder zu ihrer Väter, der Propheten und Patriarchen Glauben treten ... Wenn die Apostel, die auch Juden waren, also hätten mit uns Heiden gehandelt, wie wir Heiden mit den Juden, es wäre nie ein Christ unter den Heiden geworden. Haben sie denn mit uns Heiden so brüderlich gehandelt, so sollen wir wiederum brüderlich mit den Juden handeln, ob wir entliche bekehren möchten ... Und wenn wir gleich hoch uns rühmen, so sind wir dennoch Heiden und die Juden von dem Geblüt Christi, wir sind Schwäger und Fremdlinge, sie sind Blutsfreunde, Vettern und Brüder unseres Herrn. Darum wenn man sich des Blutes und Fleisches rühmen sollte, so gehören ja die Juden Christo näher zu als wir, wie auch S. Paulus Röm. 9 (V. 5) sagt.«
(M. L., Ausgewählte Werke, Ergänzungsreihe, 3. Bd., München 1938, S. 2 f.)

Franz Delitzsch, 1890:
»Seit die Kirche unter Konstantin Staatskirche geworden ist, ist auch ein Verhalten gegen die Juden in ihr Sitte geworden, welches wie geflissentlich darauf angelegt war, diese in ihrem Widerwillen gegen das Christentum zu bestärken, statt ihnen Achtung vor dem Christentum abzunötigen und Zuneigung zu demselben abzugewinnen ... Den tatsächlichen Beweis, daß aus dem offenen Brunnquell der Liebestat der Erlösung sich bisher unerhörte Triebe einer die

Welt umfassenden und überwindenden Liebe ergießen und daß das Christentum eben die Religion dieser Liebe ist, diesen Beweis für die Wahrheit des Christentums, durch den die apostolische Gemeinde sich unzählige lebendige Glieder aus der Synagoge erwarb, ist die spätere Kirche den Juden schuldig geblieben. Wie hat sie, wie hat der christliche Staat unter ihnen missioniert! Mit hochnotpeinlichen Exekutionen, mit unmenschlicher politischer Drangsalierung.«
(W. D. Marsch, K. Thieme; Christen und Juden; Mainz und Göttingen 1961, S. 218)

Worte an die Christen in der Schweiz zur Judenfrage, 1938:
»Die Verfolgung der Juden und mit ihnen der Christen jüdischer Abstammung wird vorab in Deutschland, aber auch in anderen Ländern, von Tag zu Tag grauenhafter. Statt sich in der Kraft des Heiligen Geistes dagegen zu erheben, läßt sich die Christenheit immer mehr vom Antisemitismus verseuchen ...«
(Juden – Christen – Judenchristen, Zürich 1939, S. 39)

Worte an die Christen in der Schweiz zur Judenfrage, 1938:
»Es hat nun einmal Gott gefallen, seine unbegreifliche Sympathie mit den Menschen gerade an den Juden und zuhöchst durch die jüdische Geburt seines Sohnes zu beweisen. Darum greift der Judenhaß direkter als jeder Menschenhaß die Humanität an der Wurzel an ...«
(Paul Vogt, Hrsg., Judennot und Christenglaube, Zürich 1943, S. 116)

Pfarrer Julius von Jan, Oberlenningen, in einer Predigt über Jeremia 22, 29 am 16. November 1938 (7 Tage nach der »Reichskristallnacht«):
»... Hier haben wir die Quittung bekommen auf den großen Abfall von Gott und Christus, auf das organisierte Antichristentum. Die Leidenschaften sind entfesselt, die Gebote Gottes mißachtet, Gotteshäuser, die anderen heilig waren, sind ungestraft niedergebrannt worden, das Eigentum der Fremden geraubt oder zerstört. Männer, die unserem Volk treu gedient haben und ihre Pflicht gewissenhaft erfüllt haben, wurden ins Konzentrationslager geworfen, bloß weil sie einer anderen Rasse angehörten ... Und wir als Christen sehen, wie dieses Unrecht unser Volk vor Gott belastet und seine Strafe über Deutschland hereinziehen muß. Denn es steht geschrieben: ›Irret euch nicht, Gott läßt seiner nicht spotten! Was der Mensch sät, das wird er auch ernten!‹ Ja, es ist eine entsetzliche Saat des Hasses, die jetzt wieder ausgesät worden ist. Welch entsetzliche Ernte wird daraus erwachsen, wenn Gott unserem Volk und uns nicht Gnade schenkt zu aufrichtiger Buße!«
(Zit. nach einer Vervielfältigung dieser Predigt, teilweise ist sie abgedruckt in H. D. Leuner, Als Mitleid ein Verbrechen war, Wiesbaden 1967, S. 153)

Pfarrer Dr. theol. Christian Maurer, 1944:
»Der letzte Grund des Judenhasses liegt an einem anderen Ort. Er ist darin zu suchen und zu finden, daß die Juden eben auch in ihrer heutigen Gestalt an niemand anderes erinnern als an den Judengott. Sie erinnern an den Gott der Bibel. Sie erinnern uns an den Menschen aus dem Stamme Juda, der seine Herrschaft über diese Welt aufrichten will und wird ... Die Juden schlägt man, Jesus Christum meint man. Das ist der Sinn allen Antisemitismus. Durch die schweigende Einwilligung zur Vernichtung der Juden hatten die Kirchen zugegeben, daß die Existenz der Juden für die Zukunft der Kirche keinen Wert und keine Bedeutung hatte. Aber hatten dann die Kirchen nicht den Ast abgesägt, auf dem sie saßen?«
(Soll ich meines Bruders Hüter sein, Zürich 1944, S. 18, 20)

Gruppe christlicher Laien an den Landesbischof der Evangelisch-Lutherischen Kirche Bayerns, München, Ostern 1943:
»Sie (die Kirche) hat dabei insbesondere jenem ›christlichen‹ Antisemitismus in der Gemeinde selbst zu widerstehen, der

das Vorgehen der nichtchristlichen Welt gegen die Juden bzw. die Passivität der Kirche in dieser Sache mit dem ›verdienten‹ Fluch über Israel entschuldigt und die Mahnung des Apostels an uns Heidenchristen vergißt: ›Sei nicht stolz, sondern fürchte dich. Hat Gott nicht die natürlichen Zweige verschont, daß er vielleicht auch dich nicht verschone.‹ (Röm. 11, 20 f.) ... Sie (die Kirche) darf nicht länger versuchen, vor dem gegen Israel gerichteten Angriff sich selbst in Sicherheit zu bringen. Sie muß vielmehr bezeugen, daß mit Israel sie und ihr Herr Jesus Christus selbst bekämpft wird.«
(Die Evangelische Kirche in Deutschland und die Judenfrage, Genf 1945, S. 197)

Gotthilf Weber, 1949:
»Daß die Kirche an den unmenschlichen Greueln, die in der Hitlerzeit an den Juden geschehen sind, wesentlich mitschuldig ist, wird nicht bestritten. Die geforderte Buße wird vor allem darin bestehen müssen, daß die Kirche, nachdem sie Jahrhunderte hindurch falsch oder gar nicht zur Sache Israels geredet hat und so der Welt die Antwort der Schrift auf die sogenannte Judenfrage schuldig geblieben ist, endlich das unverkürzte Zeugnis der Schrift predigt ...«
(Hans Kallenbach, Hrsg., Die Juden und wir Christen, Frankfurt/Main 1950, S. 16)

Helmut Gollwitzer, 1959, Deutscher Evangelischer Kirchentag München:
»Indem der rassische Antisemitismus von uns verlangt hat, das jüdische Erbe aus dem Christentum auszuscheiden, hat er uns gezeigt, daß man Christ nur sein kann in unlöslicher Verbundenheit mit Israel und daß man, um Antisemit sein zu können, mit dem Christentum brechen muß. Christlicher Antisemitismus ist Widerspruch in sich selbst, und daß er Wirklichkeit gewesen ist und auch heute noch in vielen Ländern zu finden ist, ist Anzeichen schwerer Erkrankung, tiefer Perversion des Christentums.«
(H. G., Forderungen der Freiheit, München 1962, S. 251)

Helmut Gollwitzer, o. J.:
»Der latente Antisemitismus als normaler Bestandteil in der geistigen Einrichtung des christlichen Bürgertums, die jahrhundertealte Verachtung der Juden von christlicher Seite, war die Brutstätte, aus der der Mordgeist des Nationalsozialismus erwuchs, und wenn jemand, dann hätten doch die Christen aus der Bergpredigt wissen sollen, daß, wer seinen Bruder mißachtet, damit schon die Saat des Mordes sät, die einmal aufgehen wird.«
(Hans Joachim Kraus, Begegnung mit dem Judentum, Hamburg 1963, S. 100)

Dr. jur. G. Cremer, Detmold, 1963:
»Im übrigen: Ohne den Antisemitismus innerhalb der christlichen Kirchen (man denke nur an die Gehässigkeiten des Martin Luther) wäre es niemals zu diesem furchtbaren Gemetzel gekommen. Der Boden wurde vorbereitet – innerhalb einer Religion, die sogar Feindesliebe aufs Panier geschrieben hat. Und als das Kind dann in den Brunnen gefallen war, da erst raufte man sich die Haare: So sei es natürlich nicht gemeint gewesen.«
(G. C., Leserzuschrift an den »Spiegel«, Hamburg, Nr. 10/1963 vom 15. Mai)

G. Molin, Graz, 1963:
»Antisemitismus dieser oder jener Art: in einem Herzen, in dem wirklich Christus regiert, haben sie keinen Platz. Wer Antisemit sein will, der möge zugeben, daß er kein Christ ist, daraus die Konsequenzen ziehen und aus der Kirche austreten. Denn er verrät Christus und ist ein Rebell gegen Gott.«
(G. M., Warum kann ein Christ kein Antisemit sein?, in: Judaica, Zürich 1963, S. 113)

James Parkes, 1963:
»Geändert wurde der normale Verlauf der Beziehungen zwischen Juden und Nichtjuden durch das Vorgehen der christlichen Kirche. Das behaupten zu müssen ist tragisch, aber vor den Beweisen gibt es keine Ausflucht. Noch tragischer jedoch ist, daß nirgends die Li-

nie durchbrochen wurde, die, von den ersten Verleumdungen des Judentums im ersten Entwicklungsstadium der christlichen Geschichte an, sich weiterzieht bis ins 4. Jahrhundert, als den Juden, während die Kirche ihren ersten Triumph erlebte, die bürgerliche Gleichberechtigung versagt wurde, und weiter durch die Schrecken des Mittelalters bis zu Hitlers Todeslagern in unserer Zeit ... Bei den Kirchen ist die Linie geblieben wie sie war, unterbrochen weder durch ausreichende Schuldbekenntnisse noch durch gemeinsamen Willen zu Wiedergutmachung und Reue.«
(J. P., Antisemitismus, München 1964, S. 91)

James Parkes, o. J.:
»Vom ersten bis zum zwanzigsten Jahrhundert ist der Antisemitismus von Christen ins Leben gerufen und steht unter der Verantwortung von Christen; dabei spielt es keine Rolle, welche sekundären Ursachen dazu noch ins Spiel kommen.«
(George A. F. Knight, Jews and Christians, Philadelphia o. J., S. 155)

Friedrich Heer, Wien, 1964:
»Der christliche Antisemitismus ist eine Krebskrankheit des Christentums.«
(Die Furche, Wien, 10. 10. 1964)

Robert Martin-Achard, Genf, 1965:
»Der Antisemitismus hat in der Christenheit ganz besondere Tatgenossen gefunden, und auch heute ist er noch nicht tot in den Herzen all derer, die sich zu Christus bekennen ...«
(R. M.-A., Le peuple élu de Diev au service du monde, in: Verbum Caro, Taizé 1965, Nr. 74, S. 2)

Heinrich Spämann, 1964:
»Es gab jahrhundertlang so etwas wie einen christlichen Antisemitismus, der immer wieder auch zu Verbrechen führte, trotz kirchlicher Sanktionen.«
(H. Sp. in: Hochland, 1965, S. 412)

Paul Graf Yorck von Wartenburg, 1967:
»Vergegenwärtigt man sich auch nur in solchen Stichworten die Geschichte grausamer Verfolgungen und tödlicher Diffamierung, die im Zeichen des Kreuzes stand, so wird man sich kaum noch wundern können, daß die Kirche dem Brand der Synagogen 1938 stumm zusah und für die folgende Vernichtung des Judentums kein deutliches Wort fand ... Wenn von dem Schweigen der Kirchen die Rede war, dann nur in Ansehung der Tatsache, daß kein Hirtenbrief der deutschen Bischöfe, kein Wort der Synoden die ungeheuerlichen Geschehnisse beim Namen nannte.«
(P. G. Y. v. W. in der »Zeit« vom 10. 3. 1967 in einem Artikel »Die Evangelische Kirche und die Juden«)

A. Roy Eckardt, Bethlehem, PA, 1967:
»Wir Heidenchristen taten den Juden immer Unrecht, seit wir die Macht dazu in Händen hatten; wir wollten damit unserem Wesen gehorsam sein, das im »Eingepfropftsein« in den Bund mit Israel bestand (Röm. 11, 17. 18). Doch blieb nur der Glaube erhaben über dieser bösen Geschichte; wenn wir Glauben halten, dann ist unser Antisemitismus am Ende. Unsere heidnischen Impulse werden durch die Macht Jesu Christi besiegt.«
(A. R. E., Elder and younger brothers, New York 1967, S. 30)

---

3. Es ist verständlich, daß Juden auf dieses Versagen der Christen hingewiesen haben.

Professor Jules Isaac, Aix-en Provence, 1960:
»Auf Grund einer gründlichen historischen Forschung halte ich an der von mir aufgestellten Behauptung fest, daß das Schicksal Israels erst vom vierten Jahrhundert nach Jesus Christus an, also mit Beginn des christlichen Kaiserreiches, einen wirklich unmenschlichen Charakter angenommen hat. Ich halte an der von mir aufgestellten Behauptung fest, daß sich das Schicksal Israels im christlichen Europa vom elften Jahrhundert an in

schrecklicher Weise verschlimmert hat, als mit dem ersten Kreuzzug der Zeitabschnitt begann, den man die Ära der ›Großen Christenheit‹ nennen kann. Ich halte die von mir aufgestellte Behauptung aufrecht, daß der die Ausrottung betreibende Rassenhaß unserer Zeit auf christlichem Gebiet sich entwickelt hat (auch wenn er seinem Wesen nach antichristlich ist) und daß er sorgfältig dieses sehr zweifelhafte Erbe des Christentums in sich aufgenommen hatte.«
(J. I., L'antisémitisme a-t-il des racines chrétiennes?, Paris 1960, S. 15; deutsch: Hat der Antisemitismus christliche Wurzeln?, Ev. Theologie, München 1961, S. 430)

Ernst Ludwig Ehrlich, 1961:
»Keine einzige religiöse, geistige oder politische Macht war so stark, um dafür zu sorgen, auch die Juden in die Erfüllung des biblischen Liebesgebotes wirksam einzubeziehen.«
E. L. E., in: Christen und Juden, Mainz und Göttingen 1961, S. 181)

Zeitgenössischer Rabbiner, ohne Namensnennung, 1961:
»Die Juden hassen Jesum nicht, sie fürchten ihn. Jesus lebt in der Vorstellung der Juden als das Symbol der Kreuzritter, die Tausende von Juden in seinem Namen abschlachteten, als das Symbol der Inquisition und der Folterkammern, als das Symbol der Ketzerjagden, der Ausstoßung, der Pogrome, der gelben Sterne, des Antisemitismus ...«
(Walter Schäble, Brennpunkt Palästina, Wuppertal 1961, S. 92)

Dr. Robert Raphael Geis, Rabbiner, Düsseldorf, 1963:
»Das Christentum war ... für den Juden des Mittelalters kaum weniger schrecklich als das Hakenkreuz der Neuzeit.«
(R. R. G., in: Antisemitismus, Judentum, Staat Israel; Frankfurt 1963, S. 95)

Rabbiner Chaim Denberg, Montreal, 1964:
»Wir schulden als Juden der Kirche kein Jota Dank. Im Gegenteil! Sie sollte sich bei uns für ihr jämmerliches, seit Jahrhunderten währendes Betragen entschuldigen. Der Antisemitismus ist kein jüdisches Problem; er ist das Problem der Christen. Die Bezichtigung der Juden mit dem Gottesmord ist ein Flecken auf dem Gewissen der Christen. Indem die Kirche diesen Vorwurf zurückzieht, reinigt sie ihre eigene, aber nicht unsere Seele.«
(Ch. D., in: Fraternité evangélique, Paris 1964)

Bibliographie

I. Nach 1945 erschienene Bücher, im allgemeinen noch erhältlich:

Barth, Markus: Israel und die Kirche im Brief des Paulus an die Epheser, Theologische Existenz, Neue Folge, Nr. 75, München 1959.

Baum, Gregory: Das Evangelium und die Juden, Einsiedeln 1965.

Bea, Augustin: Die Kirche und das jüdische Volk, Freiburg/Brsg. 1966.

Beck, Wilhelm: Das auserwählte Gottesvolk, Langensteinbach o. J.

Bienert, Walter, Hrsg.: Judentum und Christentum, Köln 1966.

Blumenkranz Bernhard: Die Judenpredigt Augustins, Basel 1946.

Blumenkranz, Bernhard: Juden und Judentum in der mittelalterlichen Kunst, Stuttgart 1965.

Böhlich, Walter, Hrsg.: Der Berliner Antisemitismusstreit, Frankfurt/Main 1965.

Eckert, Willehad, O.P.: Judenhaß – Schuld der Christen?, Essen 1964.

Eckert, Willehad, O.P.: Judenhaß – Schuld der Christen?, Ergänzungsheft, Essen 1964.

Eckert, W., Levinson, N. P., Stöhr, M.: Antijudaismus im Neuen Testament?, München 1967.

Ehrlich, Ernst Ludwig: Geschichte der Juden in Deutschland, Düsseldorf 1958.

Elbogen, Ismar und Sterling, Eleonore: Geschichte der Juden in Deutschland, Frankfurt/Main 1967.

Fingerle, Anton, Hrsg.: Im Geiste der Brüderlichkeit, München 1965.

Goldschmidt, Dietrich und Kraus, Hans Joachim: Der ungekündigte Bund, Stuttgart 1962.

Gollwitzer, Helmut: Forderungen der Freiheit, München 1962, S. 247 ff.

Gollwitzer, Helmut und Sterling, Eleonore: Das gespaltene Gottesvolk, Stuttgart 1966.

Hummel, Reinhart: Die Auseinandersetzungen zwischen Kirche und Judentum, München 1963.
Heer, Friedrich: Gottes erste Liebe, München 1967.
Kallenbach, Hans, Hrsg.: Die Juden und wir Christen, Frankfurt/Main 1950.
Kisch, Guido: Zasius und Reuchlin, Pforzheim 1961.
Küng, Hans: Die Kirche, Freiburg/Brsg. 1967, S. 131 ff.
Kupisch, Karl: Das Volk der Geschichte, Berlin 1960.
Kupisch, Karl: Die Bekennende Kirche und die Juden, in: Vom Herrngeheimnis der Wahrheit, Berlin 1962.
Kupisch, Karl: Durch den Zaun der Geschichte, Berlin 1964, S. 351 ff.
Leuner, Hans David: Als Mitleid ein Verbrechen war, Wiesbaden 1967.
Lohse, Eduard: Israel und die Christenheit, Göttingen 1960.
Marquardt, Friedrich-Wilhelm: Die Juden unter uns, in: Zwischenstation, München 1963.
Marsch, Wolf Dieter und Thieme, Karl: Christen und Juden, Mainz und Göttingen 1961.
Michel, Otto: Altes und neues Gottesvolk, in: Bis an das Ende der Erde, München 1962.
Mochalski, Herbert, Hrsg.: Antisemitismus, Judentum, Staat Israel; Frankfurt/Main 1963.
Mosse, Werner, Hrsg.: Entscheidungsjahr 1932, Tübingen 1966, S. 249 ff.
Oesterreicher, Johannes: Der Baum und die Wurzel, Freiburg/Brsg. 1968.
Parkes, James: Antisemitismus, München, 1964.
Pfisterer, Rudolf: Im Schatten des Kreuzes, Hamburg 1966.
Pfisterer, Rudolf: Juden – Christen, getrennt – versöhnt, Gladbeck 1968².
Rengstorf, Karl Heinrich und von Kortzfleisch, Siegfried, Hrsg.: Kirche und Synagoge, Stuttgart Bd. I 1968, Bd. II 1970.
Riemer, Siegfried: Philosemitismus im deutschen evangelischen Kirchenlied des Barock, Stuttgart 1963.
Schmidt, Heinz: Die Judenfrage und die christliche Kirche in Deutschland, Stuttgart 1947.
Schoeps, Hans Joachim: Israel und die Christenheit, München 1961.
Schultz, Hans Jürgen, Hrsg.: Juden, Christen, Deutsche; Stuttgart 1961.
Seiferth, Wolfgang: Kirche und Synagoge im Mittelalter, München 1964.
Theunissen, Gert, Hrsg.: »Christlicher« Antisemitismus, Köln 1962.
Thieme, Karl: Dreitausend Jahre Judentum, Paderborn 1960.
Thieme, Karl, Hrsg.: Judenfeindschaft, Frankfurt/Main 1963.
Veit, Otto: Christlich-jüdische Coexistenz, Frankfurt/Main 1965.
Vogt, Hannah: Joch und Krone, Frankfurt/Main 1963.
Weckerling, Rudolf, Hrsg.: Durchkreuzter Haß, Berlin 1961.
Wiesemann, Heinrich: Das Heil für Israel, Stuttgart 1965.
Zimmerli, Walther: Israel und die Christen, Neukirchen 1964.

II. Vor 1945 erschienene Bücher:
Brod, Max: Heidentum, Judentum, Christentum; 2 Bde., Berlin 1921.
Czermak, Emmerich u. a.: Ordnung in der Judenfrage, Wien 1933.
Faulhaber, Michael: Judentum, Christentum, Germanentum; Adventspredigten 1933, München o. J.
Fürst, A.: Christen und Juden, Straßburg 1892.
Hemann, Franz: Geschichte des jüdischen Volkes, Calw 1908.
Holländische Kirchendokumente, Zürich 1940.
Jasper, Gerhard: Die evangelische Kirche und die Judenchristen, Göttingen 1934.
Juden, Christen, Judenchristen; Zürich 1939.
Kittel, Gerhard: Die Judenfrage, Stuttgart 1933.
Lamparter, Eduard: Das Judentum, Gotha 1928.
Lamparter, Eduard: Die evangelische Kirche und das Judentum, 1928.
Luther, Martin: Ausgewählte Werke, Ergänzungsreihe, Dritter Band, München 1938.

III. Fremdsprachige Bücher:
a) Englisch:
Eckardt, A. Roy: Elder and younger brothers, New York 1967.
Glock, Charles; Stark, Rodney: Christian Beliefs and Antisemitism, New York 1966.
Jocz, Jacob: The jewish people and Jesus, London 1954.
Jocz, Jacob: The spiritual history of Israel, London 1961.
Knight, George F. A.: Jews and Christians, Philadelphia o. J.
Oesterreicher, John: The Israel of God, Englewood Cliffs, N. J. 1963.
Parkes, James: The conflict of the church and synagogue, Philadelphia 1961.

b) Französisch:
Aimé, Denise: Les ténèbres extérieures, Paris o. J.
Blumenkranz, Bernhard: Juifs et Chrétiens dans le monde occidental, Paris 1960.
Blumenkranz, Bernhard: Les auteurs chrétiens latins du moyen âge sur les juifs et le judaisme, Den Haag 1963.
Blumenkranz, Bernhard: Le Juif médiéval au miroir de l'art chrétien, Paris 1966.
Bonsirven, Joseph, SJ.: Juifs et Chrétiens, Paris 1936.
Isaac, Jules: Jésus et Israël, Paris 1946, 1959².
Isaac, Jules: Genèse de l'Antisémitisme, Paris 1956.
Isaac, Jules: Antisémitisme a-t-il des racines chrétiennes?, Paris 1960 (deutsch, in: Ev. Theologie, 1961, Heft 8, S. 339, München).
Isaac, Jules: L'enseignement du mépris, Paris 1962.
Les Juifs et nous, Paris 1960.
Lovsky, F.: Antisémitisme et mystère d'Israël, Paris 1955.
Lovsky, F.: Les Chrétiens devant Israël, Paris 1961.
Maritain, Jacques: Le mystère d'Israël, Paris 1965.
Pierrard, Pierre: Juifs et catholiques français, Paris 1970.
Poljakov, Léon: Histoire de L'Antisémitisme, 3 Bände:
Bd. I: Du Christ aux Juifs de Cour, Paris 1955;
Bd. II: De Mahomet aux Marranes, Paris 1961;
Bd. III: De Voltaire à Wagner, Paris 1968.
Simon, Marcel: Verus Israël, Paris 1948.
Sorlin, Pierre: »La Croix« et les Juifs, Paris 1968.
Toulat, Jean: Juifs, mes frères; Paris 1968.
Valléry-Radot, Robat: Israel et nous, Paris 1940.
Verdès-Leroux, Jeannine: Scandale financier et antisémitisme Catholique, Paris 1969.

Antisemitismus

Der Antisemitismus ist nicht ein gegen alle Semiten gerichtetes Verhalten, sondern zielt einzig und allein auf die Juden. Er ist in seinem Wesen der leidenschaftliche Protest gegen die Erwählung Israels und der Juden, die Gott zur Durchführung seines Plans in dieser Welt erwählt hat (→ Erwählung). Der Begriff »Antisemitismus« taucht zum erstenmal in einer Schrift von Wilhelm Marr im Jahre 1879 auf.

Der Antisemitismus zeigt sein Gesicht nie offen; er verdeckt seine schreckliche Nacktheit hinter verführerischen Losungsworten. Diese fürchterliche Pest wird mit verlogenen Phrasen zu einer Heilkur für die Menschheit umgefälscht. Dabei geht es in feinen Tönen und grobem Geschrei nur um die Ausschaltung und Ausmerzung der Juden und des Judentums.

Die Tarnung dieser Verführungsmacht besteht jeweils in einer zugkräftigen und zeitgemäßen Verkleidung. Der Antisemitismus kann sich »christlich« gebärden, wenn es Erfolg verspricht. Er setzt auf die nationale Karte, wenn er damit durchdringen kann. Er schmiedet wirtschaftliche Argumente, wenn er dadurch Haß gegen die Juden heraufzubeschwören vermag. Er läßt die antizionistische Platte (→ Zionismus) laufen, um dadurch Sozialisten und Kommunisten in seinen Bannkreis zu ziehen. Neuerdings wird unter dem Deckmantel eines sich grundsätzlich gegen den Antisemitismus abgrenzenden Anti-Israelismus in weiten Kreisen neuer Judenhaß mit zum Teil alten Schlagworten gezüchtet.

Daß bei der Judenfeindschaft auch soziologische Aspekte berücksichtigt werden müssen und nicht ausgeklammert werden können, ist klar. Doch dürfen wir uns dabei um keinen Preis das klare Unterscheidungsvermögen trüben lassen, daß der Antisemitismus jenseits von allen Gruppenspannungen den Gott Israels und das Israel Gottes angeht. Für Christen ist darum jeder Antisemitismus unmöglich; er ist geistlicher Selbstmord. Er verbiegt den Glauben, vernichtet die Liebe und blockiert die Hoffnung.

---

1. Obwohl Antisemitismus und christlicher Glaube sich wie Feuer und Wasser ausschließen, haben doch immer wieder Christen – in völligem Mißverständnis des Evangeliums – sich für den Haß gegen die Juden ausgesprochen.

Pastor Karl Gerecke, 1919:
»Deutsche Brüder, macht keine Fehler im Kampfe! Es geht einem sonst durchs Herz, weil Euer Ziel, der Sieg über Juda, diese einzige Rettung des Vaterlandes, nicht erreicht wird. Nehmt das Schwert des Geistes hinzu: Werft Juda durch die Propheten hinaus! Der Nichttheologe kennt die Macht der Propheten, der Todesfeinde des nichtswürdigen Judentums, nicht. Der alldeutsche Theologe ist es aber Euch alldeutschen Brüdern schuldig, Euch in Eurem alldeutschen Sinn: ›Deutschland, Deutschland, über alles!‹ den Arm zu stärken und das Gewissen zu schärfen. Lasset Euren Alldeutschland aus den Trümmern sammelnden Zorn paaren mit dem Prophetenzorne! Die eiserne Faust unseres Würgers, des nichtswürdigen Revolutionsjuden, spürt keiner so hart wie der bibeltreue alldeutsche Kirchenmann. Lasset uns den Bund schließen! . . . Schließet einen besseren Bund mit dem Antisemiten Jona und mit dem Antisemiten Jesus! Zittern sollen sie und mit den Zähnen knirschen,

wenn wir sie – dem großen Fisch in den Rachen werfen.«
(K. G., Biblischer Antisemitismus, München 1919, S. 8)

Pastor Karl Gerecke, 1919:
»Lasset die Flammen der Ewigkeit euer alldeutsches Götterherz durchglühen; flammenden Germanenhaß gegen die asiatischen Blutsauger und Volksverderber, flammenden deutschen Christenzorn gegen die antichristlichen Schulverderber, Volksverderber – den Haß und Zorn der gottgewollten Rache! Dann wollen wir sehen, wer dem Starkstrom des alldeutschen Patriotismus, urgermanischer und christlicher Kraft, zu nahe kommt!«
(K. G., a.a.O., S. 76)

Pastor Hugo Fleming:
»Gegen dieses einheitlich, fort und fort sich Übergriffe erlaubende Volk der Juden ist *der Antisemitismus die natürliche Abwehr.* Wenn wir auch die völkischen Übergriffe gegen das Alte Testament und die Selbsterlösungsversuche des deutschgläubigen nationalen Flügels mit aller notwendigen Klarheit abgewiesen haben, so können wir doch keineswegs dem verjudeten Deutschland des Berliner Tageblattes und Genossen das Wort reden ... Dagegen sprechen wir es offen aus: Die völkisch-nationale Wurzel ist gut. Sie ist die Fortsetzung von Adolf Stöckers großzügiger Abwehr jüdischer Übergriffe. Anders ist unserem Volk bestimmt nicht zu helfen als durch radikale Abwehr von allem Fremden und durch einen jugendlichen Enthusiasmus zum eigenen Volkstum ...«
(H. Fl., Gottesvolk oder Satansvolk, Schwerin o. J., S. 62)

Gustav Adolf Gedat, 1935:
»... Ich kenne jenen Typ seiner Blutsgenossen (der Juden), die unser Volk und die Welt aussaugen und hetzen, Menschen ohne Glauben und ohne Gewissen und ohne Verantwortung vor der Welt und vor Gott. Ich bin Deutscher und will nicht, daß diese über unser Volk herrschen. Und auch als Christ weiß ich, daß sie unsere Feinde sind. Wie sie damals Christen ans Kreuz schlugen, so tun sie es heute. Sie schreien, daß sein Blut über sie komme und über ihre Kinder. Jetzt liegt Gottes Hand schwer über dem Volk, und die sie zurechtweisen müssen, sind Geißeln, mit denen er zuschlägt ... Die unschuldig leiden, haben denen ihres Blutes zu danken, die das alles heraufbeschworen. Gottes Gericht liegt über dem Volk, das seine Gnade von sich stieß. Es ist ein Fluch geworden für die Welt ...«
(G. A. G., Auch das nennt man Leben, Stuttgart 1935, S. 204)

Privatdozent Lic. Dr. Walter Künneth, 1933:
»Der von Hans Blüher geäußerte Gedanke ist nicht abzuweisen: ›Das entscheidende Merkmal des jüdischen Menschen ist jedenfalls die geheime oder offene Konfrontation mit Jesus Christus.‹ Damit ist zum Ausdruck gebracht, daß das, was den Juden zu dem das Volkstum zersetzenden Element macht, letzthin seinen Grund in dem Fluch hat, der seit der Kreuzigung Jesu über der jüdischen Rasse lastet. Den messianischen Anspruch auf Weltherrschaft können die Juden nur solange erheben, als sie die Messianität Jesu von Nazareth leugnen ...«
(W. K., in: Hellmuth Schreiner, Nation vor Gott, Berlin 1933, S. 100 f.; zit. nach Emmerich Czermak, Oskar Korbach, Ordnung in der Judenfrage, Wien 1933, S. 151)

Deutsch-christlicher Theologieprofessor (1940):
»... Antisemitismus ist nicht nur ein innerweltliches, sondern ein übergeschichtliches und ewiges Anliegen. Die Juden sind nicht nur der Fluch dieser Welt, sondern die Gottverfluchten, die schlechterdings keine Möglichkeit des Heils haben, weil sie in Ewigkeit verfluchte Söhne des Teufels sind, sie sind geradezu die Offenbarung des Teufels und stellen das radikal Böse in der Welt dar. Es hat selten in der Geschichte einen so grundsätzlichen und kompromißlosen Antisemitismus gegeben wie im Frühchristen-

tum ... Naturverhältnis, Gotterlebnis, Stellung zum Mitmenschen, zu Frau und Kind, formale Liebesethik statt kasuistischer Gesetzesmoral sind bei Jesus unjüdisch ... So beginnt die antijüdische Bewegung im Urchristentum tatsächlich schon bei Jesus.«
(Hans Reichrath, Römer 9–11, in: Judaica 1967, Zürich, S. 162)

---

2. Die Gefährlichkeit dieses Angriffs wurde von Nichtchristen und auch einzelnen Christen deutlich gesehen. Sie haben seine Verlogenheit aufgedeckt und vor den Folgen dieses Hasses gewarnt.

Pastor Gruber aus Reichenbach in Schlesien:
»Die Möglichkeit, daß Ideen, welche heute noch in den Köpfen der ›oberen Zehntausend‹ hausen, auch in die niederen Schichten des Volkes hinabsinken und dort, wo die Fäuste schnell das Denken überflüssig machen, in rohe Gewalttaten umgesetzt werden; die Möglichkeit, daß bei irgend einer Erschütterung des Volkskörpers oder irgend einer Erregung der Volksseele Haß und Leidenschaft eine grausige Befriedigung suchen, ist auch in diesem Jahrhundert der Bildung und Aufgeklärtheit keineswegs ausgeschlossen. Noch ist es Zeit, der Erregung Maß zu geben; noch kann der Friede, welcher die stärksten und gefährlichsten Leidenschaften, religiöse und nationale, in Fesseln hält, zum Heil des Ganzen und zur Ehre der Menschheit erhalten werden; noch sind in diesem Streite Hand und Gewissen unbefleckt, und Gott gebe, daß nicht unter dem Vorwand seines heiligen Namens die unheilige Flamme des Hasses die Herzen unseres Volkes verzehre!«
(Pastor Gruber, in: Die Judenfrage, Verhandlungen des Preußischen Abgeordnetenhauses, Berlin 1880, S. 165 f.)

Dr. Virchow, Berlin, 1880:
»Meine Herren, Sie werfen zunächst die Brandfackel hinaus, und nachdem dies geschehen ist, ziehen Sie rasch daran, um sie wieder zurückzunehmen, ohne danach zu sehen, ob nicht inzwischen wer weiß wie viele Funken ausgestreut sind, welche an anderer Stelle wieder den Brand anfachen werden.«
(V., Die Judenfrage, a.a.O., S. 199)

Rundschreiben des hessischen Oberkonsistoriums, 1890:
»Die antisemitische Bewegung schließt ernste Gefahren für den Frieden der Bevölkerung in sich. – Wir können unter keinen Umständen für das, was eine *gemeinsame Schuld ganzer Volksklassen* und wofür diese, sofern sie wirklich Christen sind, Buße zu tun und Besserung zu suchen haben, die jüdischen Staatsbürger, in deren Reihen es doch wahrlich an Beispielen wirklicher Milde und Guttätigkeit, an Mustern pietätvollen Familiensinns nicht fehlt, und zwar diese ohne Unterschied, allein verantwortlich machen. –
Wir müssen es auch als eine verhängnisvolle Mißleitung der dunklen Instinkte des deutschen Christenvolkes ansehen, wenn man da, wo es gilt, vor allem die eigenen Fehler einzusehen, die Unzufriedenheit der Massen auf angebliche Urheber ihrer Drangsale hinlenkt, die es nur zum Teil und sicherlich nicht ohne erhebliche Mitschuld der christlichen Bevölkerung selbst sind. – Wir halten darum die Beteiligung an antisemitischen Agitationen für nicht vereinbar mit den Christenpflichten und Amtspflichten eines Geistlichen.«
(Abwehr-ABC, Berlin 1920, S. 39 f.)

Adolf von Harnack, Berlin, 1890:
»Endlich gilt es, noch einen Punkt ins Auge zu fassen und vor der Beschäftigung mit ihm zu warnen: Das ist die Judenfrage. Es mag eine Judenfrage im nationalen und im wirtschaftlichen Sinne geben – ich weiß das nicht und bin darüber nicht kompetent – das aber weiß ich, daß den *Antisemitismus* auf die Fahnen des evangelischen Christentums zu schreiben, ein *trauriger Skandal* ist. Die, welche das getan haben, haben frei-

lich immer das nationale und wirtschaftliche Interesse mit hineingezogen, weil sie als *Christen hätten schamrot werden müssen*, wenn sie einfach im Namen des Christentums die Parole des Antisemitismus ausgegeben und das Evangelium in einen neuen Islam verwandelt hätten. Aber kann man leugnen, daß auch das geschehen ist? Das heißt aber die Macht, welche dazu in der Welt ist, die Gegensätze der Rassen und Nationen zu mildern und Menschenliebe selbst dem Feinde gegenüber zu erwecken, in entgegengesetzter Richtung mißbrauchen ...«
(A. v. H., Antisemitenspiegel, Hrsg. Curt Bürger, Berlin 1911, S. 205)

Dr. Johannes Müller, 1892:
»So ist der vulgäre Antisemitismus gegenwärtig der allgemeine Ausbruch eines schrankenlosen Egoismus, der über seine nackte Rohheit die nationale Maske stülpt und sich mit chauvinistischem Phrasenflitter schmückt. Gemeine Habsucht, ganz gewöhnlicher Brotneid, Feigheit und Trägheit in geistiger und wirtschaftlicher Konkurrenz sind die Triebkräfte dieser Geisteswehen einer nationalen Wiedergeburt. Mit diesen Faustrechthelden geht die Menge der Patrioten, die in der klaren Erkenntnis, daß die gegenwärtige Gesellschaft abgrundwärts stürzt, nicht die moralische Kraft haben, die eigene Schuld und Krankheit zu durchschauen, und nicht den Mut der Wahrheit besitzen, rücksichtslose Buße dem verrotteten Geschlecht zu predigen, sondern in pharisäischem Taumel splitterrichtend und mückenseihend auf den bequemen Prügeljungen die eigene Schuld wälzen. Die moralischen und wirtschaftlichen Quacksalber, die die kranke Zeit heilen wollen, verderben die Nation bis zur Unheilbarkeit.«
(J. M., Der Weg zur Verständigung, Leipzig 1892, S. 21)

Dr. Johannes Müller, 1892:
»Wie die Natur, so die Taktik des Antisemitismus. Alles Übel kommt von den Juden, das ist ihr Dogma, auf das sie schwören, das ist der neue Glaube, der Rettung verschaffen soll. Diesem Lügenaxiom entspricht die systematische Lügenpropaganda. Wohl noch nie sind unwahre Behauptungen, Geschichtsfälschungen trotz ihrer sonnenklar bewiesenen Unhaltbarkeit so hartnäckig weiter hinausgeschrieen worden in die Welt. Mit den Kniffen der Gemeinheit sucht man den Haß zu schüren. Das Einzelne, mag es ein Fehler oder Vergehen sein, wird verallgemeinert, der Gesamtheit der Juden zugeschrieben und zur Last gelegt. Für alles Unglück, das in der Welt vorkommt, werden sie verantwortlich gemacht. Beweise ersetzen die unermüdliche Wiederholung der Behauptung. Man glaubt es schließlich doch im Volke, das wissen diese gewissenlosen Heuchler. Jetzt hat man schon eine solche Erregung in der Menge gegen die Juden geschürt, daß von selbst jeden Augenblick das nationale Schlagwort ertönt: Die Juden sind schuld! Judaeos ad leones!«
(J. M., a.a.O., S. 22)

Dr. Johannes Müller, 1892:
»Sollen wir uns wundern, daß diese entchristlichte Gesinnung auch die Fundamente des Glaubens angreift und die heiligen Urkunden verhöhnt, daß sie den Gott des Alten Testaments lästert und die Väter unseres Glaubens in den Kot ihrer Gemeinheit zerrt. Aber nichts kann die von Leidenschaft trunkenen Gemüter aus ihrem Taumel wecken. Darum ist es höchste Zeit, daß sich die verstreuten nüchternen Geister unter den Christen einmütig zum Zeugnis gegen diesen Einbruch der Finsternis in das Reich des Lichtes erheben. Nicht philosemitische Anwandlungen oder grauer Humanitätsdusel ist es, der zu diesem Alarmrufe drängt, nicht liberale Ideale und Kulturgewissensbisse treiben die Entrüstung auf die Lippen: es ist ein Verzweiflungsschrei mitten heraus aus dem Niedergang des Christentums und dem Zusammenbruche seiner sittlichen Errungenschaft, ein Verzweiflungsschrei über die Selbstverwüstung seiner Anhänger. Wacht auf ihr Schläfer, ehe das Feuer, das ihr gegen andere entflammt, euch das eigene Haus verzehrt.«
(J. M., a.a.O., S. 25)

W. I. Lenin, Jahr unbekannt:
»Antisemitismus nennt man die Verbreitung der Feindschaft gegen die Juden. Als die verfluchte Zarenmonarchie ihre letzten Stunden erlebte, versuchte sie, die unwissenden Arbeiter und Bauern gegen die Juden aufzuhetzen ... Nur ganz unwissende, ganz unterdrückte Leute können die Lügen und Verleumdungen glauben, die gegen die Juden verbreitet werden. Das sind Überbleibsel aus den Zeiten der Leibeigenschaft, als die Popen Ketzer auf den Scheiterhaufen verbrennen ließen, als die Sklaverei der Bauern bestand, als das Volk zertreten und blind war. Aber diese alte Finsternis der Leibeigenschaft verschwindet. Das Volk wird sehend ...
Schmach und Schande dem verfluchten Zarismus, der die Juden peinigte und verfolgte. Schmach und Schande dem, der Feindschaft gegen die Juden, der Haß gegen andere Nationen sät ...«
(W. I. L., Aus der Schrift »Über das Judentum«, in: Weltgericht über den Judenhaß, Prag 1933, S. 27 f.)

Wilhelm Michel, 1921:
»Die gehobene Keule der Rauschbedürftigen, das ist der heutige deutsche Antisemitismus. Das geschwungene Messer, das wütende Gekeif der Massenverbrecher, der Verzicht auf gerechte Untersuchung, die begeisterte Empfindungslosigkeit für sittliche Hemmungen, die Bereitschaft zu jeder Art von Kannibalismus, die alkoholische Erwärmung durch eine ganze brüllende Herde, und ganz im Hintergrund, das wonnig-feige Gefühl, jederzeit in der verantwortungslosen Masse verschwinden zu können – das ist der deutsche Judenhaß von 1921.«
(W. M., Verrat am Deutschtum, Hannover 1922, S. 4)

Dr. Felix Goldmann, 1921:
»Einen Antisemitismus als selbständige und nachweisbar überall wirkende Erscheinung weist aus begreiflichen Gründen nur der vom Christentum beherrschte Teil der Welt auf.«
(F. G., Das Wesen des Antisemitismus, Berlin o. J., S. 47)

Dr. Felix Goldmann, 1921:
»Solange das Judentum den Charakter behält, der ihm in der Weltgeschichte seine eigentümliche Bedeutung gegeben hat, solange das Judentum in erster Reihe Religion ist und bleibt, solange das Judentum auf seine messianischen Ideale nicht verzichtet, solange muß es den Kampf gegen den Antisemitismus mit ungeteiltem Willen und ungeteilter Kraft aufzunehmen trachten. Und nur dann ist eine Aussicht auf Erfolg vorhanden, wenn er auf dieser religiösen Grundlage als ein Kampf ums Recht geführt wird.«
(F. G., a.a.O., S. 94 f.)

Constantin Brunner, 1922:
»Ist unser Deutschland politisch und wirtschaftlich noch nicht nieder genug; muß auch sein Herz verdorren, und muß es so unwert und erbärmlich werden, daß es gar nicht wieder aufstehen kann? Es wird aufstehen! Aber es wird nicht aufstehen und nicht von seinem Unglück errettet werden, als bis es von seiner Schuld und Schande dieses Judenhaßdenkens sich gelöst hat.«
(C. B., Der Judenhaß und das Denken, Berlin 1922, S. 37)

Constantin Brunner, 1922:
»Der Geist der Judenhasser ist wahrlich nicht der Geist Deutschlands, der Geist der Judenhasser ist das Gespenst Jude; und der Haß wird immer ein Wehe für die Hassenden wie für die Gehaßten. Den allerjämmerlichsten Schaden muß Deutschland nehmen, wenn das Deutsch tum einer ganzen Partei der Deutschen (der Hep-Hep-Hurra-Partei) den Hauptsinn hat, daß diese Deutschen die Todfeinde eines Teils von Deutschland sind, der doch nimmer wieder ins Mauseloch zurückzutreiben, der mit starker Hand für sein Leben kämpft.«
(C. B., a.a.O., S. 40)

Jakob Wassermann, 1922:
»Es ist vergeblich, das Volk der Dichter und Denker im Namen seiner Dichter und Denker zu beschwören. Jedes Vorurteil, das man abgetan glaubt, bringt wie Aas die Würmer, tausend neue zutage.

Es ist vergeblich, die rechte Wange hinzuhalten, wenn die linke geschlagen worden ist. Es macht sie nicht im mindesten bedenklich, es rührt sie nicht, es entwaffnet sie nicht: sie schlagen auch die rechte.
Es ist vergeblich, in das tobsüchtige Geschrei Worte der Vernunft zu werfen. Sie sagen: was, er wagt es aufzumucken? Stopft ihm das Maul.
Es ist vergeblich, beispielschaffend zu wirken. Sie sagen: wir wissen nichts, wir haben nichts gesehen, wir haben nichts gehört.
Es ist vergeblich, die Verborgenheit zu suchen. Sie sagen: der Feigling, er verkriecht sich, sein schlechtes Gewissen treibt ihn dazu.
Es ist vergeblich, unter sie zu gehen und ihnen die Hand zu bieten. Sie sagen: was nimmt er sich heraus mit seiner jüdischen Aufdringlichkeit?
Es ist vergeblich, ihnen Treue zu halten, sei es als Mitkämpfer, sei es als Mitbürger. Sie sagen: er ist der Proteus, er kann eben alles.
Es ist vergeblich, ihnen zu helfen, Sklavenketten von den Gliedern zu streifen. Sie sagen: er wird seinen Profit schon dabei gemacht haben.
Es ist vergeblich, das Gift zu entgiften. Sie brauen frisches.
Es ist vergeblich, für sie zu leben und für sie zu sterben. Sie sagen: er ist ein Jude.«
(J. W., Mein Weg als Deutscher und Jude, Berlin 1922, S. 122 f.)

Arnold Schönberg an Wassiliy Kandinsky am 4. 5. 1923:
»Wozu soll aber der Antisemitismus führen, wenn nicht zu Gewalttaten? Ist es so schwer, sich das vorzustellen? Ihnen genügt es vielleicht, die Juden zu entrechten. Dann werden Einstein, Mahler, ich und viele andere allerdings abgeschafft sein. Aber eines ist sicher: Jene viel zäheren Elemente, dank deren Widerstandsfähigkeit sich das Judentum 20 Jahrhunderte lang ohne Schutz gegen die ganze Menschheit erhalten hat, diese werden sie doch nicht ausrotten können. Denn diese sind offenbar so organisiert, daß sie die Aufgabe erfüllen können, die ihnen Gott angewiesen hat: Im Exil sich zu erhalten, unvermischt und ungebrochen, bis die Stunde der Erlösung kommt!«
(A. Sch., Selbstzeugnisse des deutschen Judentums 1870–1945, Frankfurt/Main 1962, S. 39 f., Fischer Bücherei Nr. 439)

Eduard Lamparter, Stuttgart, 1928:
»Die christliche Nächstenliebe muß jedes eingefleischte, auch das religiös verbrämte Vorurteil überwinden. Gesteht es nur, ihr Christen- und Kirchenleute, daß euer Vorurteil gegen die Juden stärker ist als eure Wahrheits- und Nächstenliebe und daß ihr euch in eurem Verhalten ihnen gegenüber mehr von jenem als von diesem leiten lasset! Also mehr Mitgefühl, mehr Bekennen der Wahrheit, mehr Selbsterkenntnis und Gerechtigkeitssinn, mehr Ernstnehmen mit dem vornehmsten Gebot des Christentums verlangen wir von der christlichen Gesellschaft, von der christlichen Kirche, damit endlich altes schweres Unrecht gesühnt, der alte finstere Bann gebrochen und das deutsche Volk von der Sünde und Schande des Judenhasses befreit werden.«
(E. L., Das Judentum, Gotha 1928, S. 216)

Eduard Lamparter, Stuttgart, 1928:
»Wir werden auf unsere jüdischen Volksgenossen den tiefsten Eindruck machen, wenn wir mit diesem Zugeständnis nicht zurückhalten, wenn wir den dem Geiste wahren Christentums widerstreitenden Antisemitismus verleugnen. Papst Pius XI. hat ein scharfes Urteil über diesen gefällt. Sollte die evangelische Kirche nicht auch sich verpflichtet fühlen, nicht auch den Mut finden, gegen die schweren antisemitischen Verletzungen von Recht, Wahrheit und Liebe Zeugnis abzulegen? Es gilt, altes Unrecht gutzumachen und mitzuhelfen, daß kein neues Unrecht mehr geschieht!«
(E. L., Evangelische Kirche und Judentum, Stuttgart 1928, S. 60)

Papst Pius XI. am 6. September 1938 vor belgischen Pilgern:
»... Der Antisemitismus ist eine absto-

ßende Bewegung, an der wir Christen keinerlei Anteil haben können ... Es ist den Christen nicht möglich, am Antisemitismus teilzunehmen. Wir erkennen jedem das Recht zu, sich zu verteidigen und die geeigneten Mittel zu gebrauchen, um sich gegen alles, was die legitimen Interessen untergräbt, zur Wehr zu setzen. Der Antisemitismus ist nicht vertretbar. Wir sind im geistlichen Sinne Semiten.«
(Pinchas E. Lapide, Rom und die Juden, Freiburg 1966, S. 71)

Karl Barth am 5. Dezember 1938:
»Wer den Juden verwirft und verfolgt, der verwirft und verfolgt doch den, der für die Sünden der Juden und *damit* erst auch für unsere Sünde gestorben ist. Wer ein prinzipieller Judenfeind ist, der gibt sich als solcher, und wenn er im übrigen ein Engel des Lichtes wäre, als prinzipieller Feind Jesu Christi zu erkennen. Antisemitismus ist Sünde gegen den Heiligen Geist. Denn Antisemitismus heißt Verwerfung der Gnade Gottes.«
(K. B., Eine Schweizer Stimme, Zollikon-Zürich 1945, S. 90)

Sigmund Freud, 1939:
»... Man sollte nicht vergessen, daß alle diese Völker, die sich heute im Judenhaß hervortun, erst in spähistorischer Zeit Christen geworden sind, oft durch blutigen Zwang dazu getrieben. Man könnte sagen, sie sind alle ›schlecht getauft‹, unter einer dünnen Tünche von Christentum sind sie geblieben, was ihre Ahnen waren, die einem barbarischen Polytheismus huldigten. Sie haben ihren Groll gegen die neue, ihnen aufgedrängte Religion nicht überwunden, aber sie haben ihn auf die Quelle verschoben, von der das Christentum kam. Die Tatsache, daß die Evangelien eine Geschichte erzählen, die unter Juden und eigentlich nur von Juden handelt, hat ihnen eine solche Verschiebung erleichtert. Ihr Judenhaß ist im Grunde Christenhaß, und man braucht sich nicht zu wundern, daß in der deutschen nationalsozialistischen Revolution diese innige Beziehung der zwei monotheistischen Religionen in der feindseligen Behandlung beider einen so deutlichen Ausdruck findet ...«
(S. F., Der Mann Moses und die monotheistische Religion, Amsterdam 1939, S. 165)

Maurice Samuel, 1940:
»Wir werden die unermeßliche, wahnsinnige Reichweite des Antisemitismus nur unter der Voraussetzung verstehen, daß wir seine Begriffe transponieren. Die Nazi-Faschisten haben Angst vor Christus; sie glauben an seine Allmacht. In ihrem tollen Wahn sind sie entschlossen, ihn zunichte zu machen. Aber die Worte ›Christus‹ und ›Christentum‹ sind zu gewaltig, und die Gewohnheit der Achtung davor ist seit Jahrhunderten zu tief eingewurzelt. Sie müssen darum den Angriff gegen diejenigen Menschen richten, die für die Entstehung und Ausarbeitung des Christentums verantwortlich sind. Sie müssen auf die Juden speien als Christusmörder, weil sie von dem Wunsch besessen sind, auf die Juden zu speien als Christusgeber.«
(Jacques Maritain, Le mystère d'Israël, Paris 1965, S. 23)

Hirtenbrief über die nationalsozialistische Weltanschauung (von den protestantischen Kirchen in den Niederlanden):
»Der bodenlose und maßlose Haß den Juden gegenüber fließt hervor aus der natürlichen Abneigung, die man empfindet gegenüber dem ›Juden-Gott‹ und der ›Juden-Bibel‹, die eben wie nichts anderes das Heidentum entlarven. Diese Schmach und diese Lästerung, in vielen Schriften verbreitet und zur geistlichen Ernährung von Millionen gemacht ... soll für die christliche Kirche ein unzweideutiger Beweis sein, daß der Glaube selber in seinen tiefsten Grundlagen angegriffen wird ...
Im Antisemitismus lebt sich die hochmütige Lebenshaltung aus, die bei Christen (geschweige denn bei Heiden) vor allem in kritischen Zeiten alle Selbstbesinnung überwuchert, sogar einen neuartigen Pharisäismus erzeugt und schließlich in einer völligen Verhärtung gegenüber

Gottes Gericht und Gnade endet. Weil der Keim dazu auch in uns allen lebt, kann diese schreckliche Sünde allein und immer wieder nur durch den Glauben an Christi versöhnende Gerechtigkeit überwunden werden.«
(Holländische Kirchendokumente, Zollikon-Zürich 1944, S. 83 f.)

Aus einem illegal in Holland verbreiteten Dokument (1941):
»Wir glauben, daß der, welcher sich gegen Israel stellt, sich gegen den Gott Israels wendet ... Darum halten wir den Antisemitismus für etwas viel Ernsteres als für eine unmenschliche Rassenideologie. Wir halten ihn für eine der hartnäckigsten und tödlichsten Formen der Auflehnung gegen den heiligen und barmherzigen Gott, dessen Namen wir bekennen.«
(Holländische Kirchendokumente, a.a.O., S. 101 f.)

Else Behrendt-Rosenfeld, 1944:
»Ich mußte daran denken, was Du einst, angesichts eines der damals neu aufgerichteten Schaukästen mit der antisemitischen Zeitung ›Der Stürmer‹ und der in leuchtenden Lettern angebrachten Überschrift: ›Die Juden sind unser Unglück!‹, die wir damals noch als einen Schlag ins Gesicht empfanden, geäußert hast: ›Dies Wort, ‚Die Juden sind unser Unglück!', ist prophetisch. Nur wird es sich in einem ganz anderen Sinn bewahrheiten, als die Verfasser es jetzt meinen. Nämlich, das, was sie uns jetzt antun, wird wie ein Bumerang in der Hand des Schleudernden auf sie zurückfallen und sie mit den gleichen Schlägen treffen, die sie nun und in Zukunft auf uns herniedersausen lassen.‹ ... Kurz, alle Not und alles Elend schlägt wie mit unsichtbaren Hämmern immer rascher, immer wuchtiger auf das ganze Volk los ...«
(E. B.-R., Ich stand nicht allein, Frankfurt/Main 1963, S. 243)

Landesbischof D. Wurm an die Reichsregierung, Dezember 1943:
»Unser Volk empfindet vielfach die Leiden, die es durch die feindlichen Fliegerangriffe ertragen muß, als Vergeltung für das, was den Juden angetan worden ist. Das Brennen der Häuser und Kirchen, das Splittern und Krachen in den Bombennächten, die Flucht aus den zerstörten Häusern mit wenig Habseligkeiten, die Ratlosigkeit im Suchen eines Zufluchtsortes erinnert die Bevölkerung auf das Peinlichste an das, was bei früheren Anlässen die Juden erdulden mußten ...«
(Die Evangelische Kirche in Deutschland und die Judenfrage, Genf 1945, S. 192)

Jacques Maritain, 1944:
»Der Antisemitismus entchristlicht die Christen und treibt sie dem Heidentum in die Arme.«
(J. M., a.a.O., S. 218)

Alfred de Quervain, 1946:
»Ihr (der Antisemiten) Haß richtet sich gegen den Christus Israels und gegen seine Gemeinde. Ihr Judenhaß ist Christenhaß, Haß gegen den Gott des Bundes und der Gemeinde. Darum die Solidarität der Kirche mit Israel! Sie muß als das Israel Gottes mit ihm leiden ...«
(A. d. Q., Die Heiligung, Zollikon-Zürich 1946, S. 177)

Alfred de Quervain, 1946:
»Der Antisemit will die Juden ausrotten oder doch von allem Weltgeschehen ausschließen, weil er sie für böse und alles Fluches für würdig hält, für unverbesserlich im wahrsten Sinn des Wortes.«
(A. d. Q., a.a.O., S. 200)

Jacques Maritain, Paris, 1947:
»Der Nationalsozialismus hat uns das wahre Gesicht des Antisemitismus aufgedeckt. Der Antisemitismus verdeckt sich hinter unzähligen Masken und Vorwänden – in Wirklichkeit will er aber Jesus Christus in seiner Rasse schlagen ... Unser Gott selbst wurde gepeinigt und geschlagen in seinen Nachkommen nach dem Fleisch, bevor er offen in seiner Kirche verfolgt wurde. Dieser außerordentlich listige Haß war klüger als die schwache Liebe unserer Herzen ...«
(J. M., Le mystère d'Israël, Paris 1965, S. 224)

Provinzialsynode von Berlin-Brandenburg (Januar 1960):
»Der immer wieder durchbrechende Judenhaß ist offenkundige Gottlosigkeit.«
(Der ungekündigte Bund, Dietrich Goldschmidt u. Hans Joachim Kraus, Hrsg., Stuttgart 1962, S. 262)

Gustav Heinemann, im Bundestag am 18. 2. 1960:
»Antisemitismus hat in letztem Zusammenhang etwas zu tun mit den Dingen unseres Glaubens, und von daher müssen wir auch unsere Aufgabe in einer politischen Erörterung wie hier in diesem Parlament ansehen. Antisemitismus ist immer höchste Alarmstufe, nicht weil ein Ausland sich aufregt, nicht nur weil eine Demokratie gefährdet wäre, sondern weil mit dem Antisemitismus Bezirke betreten werden, vor denen die Warntafel Gottes steht: Gott läßt seiner nicht spotten.«
(G. H., Parlament, Nr. 8/1960)

Robert Raphael Geis, 1961:
»Wo immer Feindschaft gegen das Judentum im Christentum seine blutigen Siege feiert, begegnen wir dem Heidentum im Christentum, nicht der frohen Botschaft Jesu.«
(Deutscher Evangelischer Kirchentag 1961, Stuttgart 1961, S. 425)

Rudolf Pfisterer, Schwäb. Hall, 1961:
»Ein geringfügiger Anlaß genügt, um den fürchterlichen Brand des Hasses in aller Öffentlichkeit auflodern zu lassen. Er bricht aus der Tiefe eines Aberglaubens und Argwohns auf, deren unheimlicher Abgrund nicht einfach mit rationalen Argumenten ausgefüllt und zugedeckt werden kann. Man unterschätzt die Lebenskraft des Antisemitismus, wenn man ihn nur nach seinen zahlreichen Verkleidungen beurteilt. In seinen verschiedenartigen Kostümen führt er uns an der Nase herum und täuscht uns über seinen wahren Charakter, solange wir uns durch seine den Strömungen der Zeit angepaßte Aufmachung blenden lassen. Er tritt immer à la mode auf und schmückt sich mit fremden Federn. Er gebärdet sich ›christlich‹, wenn es Erfolg verspricht. Er gibt sich national, wenn er damit durchdringen kann. Er schmiedet sich wirtschaftliche Argumente zurecht, wenn er dadurch Haß gegen die Juden säen kann. Er macht sich zum Verfechter rassischer Gedanken, um dadurch die Juden als Fremdkörper zu kompromittieren. So läßt er heutzutage auch die antizionistische Platte laufen, um dadurch womöglich auch Sozialisten und Kommunisten in sein Schlepptau zu bekommen. Die raffinierte Maskerade dieser unheimlichen Bewegung hat in ihrer bunten und verwirrenden Abwechslung nur einen Zweck: man soll dadurch abgelenkt werden, ja nicht hinter die Kulissen des Antisemitismus zu blicken! Seine schmähliche Nacktheit soll um jeden Preis verborgen bleiben. Sie besteht in der ungezügelten Leidenschaft des Aufruhrs gegen den Gott Israels, den Vater Jesu Christi. Man lehnt sich dagegen auf, daß der lebendige Gott Israel und die Juden – sie allein sind gemeint mit dem Antisemitismus! – zum Träger seines Namens macht. Schem – das heißt ja auf deutsch Name! Ein grundsätzlicher Judenfeind zielt – bewußt oder unbewußt! – immer auf den Namen Gottes, der sich in seiner Erwählung kundtut . . .
Diese getarnte Stoßrichtung des Antisemitismus gilt es bloßzustellen. Darum darf man sich nicht nur bei vordergründigen Zielübungen aufhalten. Als beweglicher Gegner wechselt der Antisemitismus gern rasch die Stellung – und manchmal auch den Namen –, um von anderswoher sein Unwesen weiterzutreiben. Dieser Stellungswechsel besteht in einer neuen Drapierung der alten Fassade.«
(R. Pf., Historische Vorurteile und ihre Überwindung, in: H. J. Schultz; Juden, Christen, Deutsche; Stuttgart 1961, S. 124 f.)

F. Lovsky, 1962:
»Der Antisemitismus ist – noch darüber hinaus, daß er eine unerträgliche Ungerechtigkeit darstellt – eine Verkehrung der christlichen Wahrheit; den Kampf

gegen den Antisemitismus und den Kampf gegen die Irrlehren kann man nicht trennen. Wir wollen auf diejenigen Irrlehren aufmerksam machen, die in engen Beziehungen zum Antisemitismus stehen; es sind dies der Doketismus, der Marcionitismus, der weltliche und häretische Traum von einer christlichen Gesellschaft (in der der Geist des Kreuzzugs zum Ausdruck kommt) und die Theologie der Verdienste.«
(F. L., in: Eglise chrétienne et judaisme, Semeur, Paris 1962, S. 622)

F. Lovsky, 1962:
»Der Antisemitismus ist ganz eng mit dem Geheimnis der Erwählung verbunden. Jenseits von all seinen psychologischen und historischen Ursachen tut er den Aufruhr des Menschen gegen Gott und seinen Heilsplan für die Welt kund. Da der Antisemit sich nicht an dem erwählenden Herrn vergreifen kann, versucht er die Erwählten zu demütigen oder zu vernichten.«
(F. L., a.a.O., S. 622)

Edmond Fleg, o. J.:
»Man kann nicht antijüdisch sein, ohne damit sich nicht auch antichristlich zu verhalten.«
(Jean Toulat; Juifs, mes frères; Paris 1962, S. 265)

---

3. Das Ziel des Antisemitismus ist letzten Endes die Vernichtung der Juden.

Voltaire, 1745:
»Sie finden bei ihnen (den Juden) nur ein unwissendes und barbarisches Volk, in dem seit langer Zeit die schmutzigste Habsucht mit dem abscheulichsten Aberglauben und mit ganz und gar unüberwindlichem Haß gegen alle Völker verbunden ist, die dieselben dulden und die zu ihrem Reichtum beitragen. Man soll sie jedoch nicht verbrennen.«
(Léon Poljakov, De Voltaire à Wagner, Paris 1968, S. 104)

Voltaire, o. J.:
»Eine lächerliche Politik betreibt dieses elende Volk; es war blutdürstig, ohne kriegerisch zu sein, wucherisch, ohne Handel zu treiben, räuberisch, ohne seinen Raub festhalten zu können. Es war fast immer Sklave und Aufrührer. Es wurde verkauft auf dem Markt von Titus und Hadrian wie man das Tier verkauft, das die Juden unrein nennen, und das viel nützlicher war als sie. Dem Deklamator Bossuet überlasse ich die Politik der Schattenkönige von Juda und Samaria, die nichts anderes als den Mord kannten, angefangen mit David, der nach der Ausübung seines Räuberhandwerks auf den Thron kam und Uria ermorden ließ, sobald er Herr im Land geworden war. Und dann jener weise Salomo, der damit begann, seinen leiblichen Bruder am Fuß des Altars zu ermorden. Ich habe diese sinnlose Pedanterie satt, die die Geschichte eines derartigen Volkes für die Unterweisung der Jugend freigibt.«
(F. Lovsky, Antisémitisme et mystère d'Israël, Paris 1955, S. 266)

Johann Gottlieb Fichte, vor 1794:
»Menschenrechte müssen sie haben, aber ihnen Bürgerrechte zu geben, dazu sehe ich kein anderes Mittel als das, ihnen in einer Nacht die Köpfe abzuschneiden und andere aufzusetzen, in denen auch nicht eine jüdische Idee ist.«
(J. de le Roi, Die evangelische Christenheit und die Juden, III. Bd., Berlin 1891, S. 33)

Antisemitische Proklamation aus dem Jahre 1819:
»Brüder in Christo!
Auf, auf, sammelt euch, rüstet euch mit Muth und Kraft gegen deine Feinde unseres Glaubens, es ist Zeit, das Geschlecht der Christusmörder zu unterdrücken, damit sie nicht Herrscher werden über euch und unsere Nachkommen, denn stolz erhebt schon der Juden Rotte ihre Häupter und spotten unserer Ehrfurcht, daß wir unsere Knie beugen für den, den sie gewürgt, darum: nieder mit ihnen, ehe sie unsere Priester kreutzigen, unsere Heiligthümer schänden und un-

sere Tempel zerstören, noch haben wir Macht über ihnen und die Gewalt ist in unseren Händen, darum laßt uns jetzt ihr sich selbst gefälltes Urtheil an ihnen vollstrecken, laut dem sie geschrieen: Sein Blut komme über uns und unsere Kinder! Auf, wer getauft ist, es gilt der heiligsten Sache, fürchtet nichts und zögert keine Stunde, den Streit für den Glauben offen zu wagen. Diese Juden, die hier unter uns leben, die sich wie verzehrende Heuschrecken unter uns verbreiten, und die das ganze preußische Christentum dem Umsturz drohen, das sind Kinder derer, die da schrieen: kreutzige, kreutzige.
Nun auf zur Rache! unser Kampfgeschrey sey
Hepp! Hepp!! Hepp!!!
Aller Juden Tod und Verderben, Ihr müßt fliehen oder sterben.«
(Eleonore Sterling, Er ist wie du, München 1956, S. 189)

Jüdisches Flugblatt aus Wien, 1848:
»Die Christen, die keinen Christusglauben mehr haben, werden die wütendsten Feinde der Juden sein ... Wenn das Christenvolk kein Christentum und kein Geld mehr hat, dann ihr Juden, laßt euch eiserne Schädel machen; mit den beinernen werdet ihr sie nicht überleben.«
(E. St., a.a.O., S. 65 f.)

Gustave Tridon, Mitglied der Pariser Kommune, 1866:
»Die Semiten, das ist der Schatten im Gemälde der Zivilisation, der böse Geist auf Erden. Alle ihre Geschenke sind Pest.«
(Edmund Silberner, Sozialisten zur Judenfrage, Berlin 1962, S. 66)

Pierre-Joseph Proudhon, o. J.:
»Der Jude ist seiner Veranlagung nach ein Antiproduzent, weder Landwirt noch Gewerbetreibender, nicht einmal wirklicher Kaufmann. Er ist ein Zwischengänger, immer falsch und parasitär, der sich im Geschäft wie in der Philosophie der Fälschung, betrügerischen Nachahmung und Roßtäuscherei bedient. Er kennt nur Hausse und Baisse, Transportrisiko, ungewisse Ernteaussichten, Unsicherheit von Angebot und Nachfrage. Seine Wirtschaftspolitik ist ganz negativ, ganz wucherisch; das Prinzip des Bösen, Satan, Ahriman, verkörpert in der Rasse des Sem, zweimal schon vernichtet, von Griechen und Römern, das eine Mal bei Tyrus, das andere bei Karthago.«
(Edmund Silberner, a.a.O., S. 58)

Pierre-Joseph Proudhon, o. J.:
»Jude bleibt Jude, Parasitenrasse, arbeitsscheu, mit allen Wassern des anarchischen Lügenhandels, der Aktienspekulation, des Bankwuchers gewaschen.«
(Edmund Silberner, a.a.O., S. 59)

Karl Marx, o. J.:
»Welches ist der weltliche Grund des Judentums? Das praktische Bedürfnis, der *Eigennutz.*
Welches ist der weltliche Kultus der Juden? Der *Schacher.*
Welches ist sein weltlicher Gott? Das *Geld.*«
(Edmund Silberner, a.a.O., S. 122)

Karl Marx, o. J.:
»Welches war an und für sich die Grundlage der jüdischen Religion? Das praktische Bedürfnis, der Egoismus. Der Gott des *praktischen Bedürfnisses und Eigennutzes* ist das *Geld.* Das Geld ist der eifrige Gott Israels, vor welchem kein anderer Gott bestehen darf. Der Gott der Juden hat sich verweltlicht, er ist zum Weltgott geworden. Der Wechsel ist der wirkliche Gott der Juden. Sein Gott ist nur der illusorische Wechsel.«
(Edmund Silberner, a.a.O., S. 122)

Karl Marx, o. J.:
»Daß Christus vor 1855 Jahren die jüdischen Geldwechsler aus dem Tempel jagte und die Geldwechsler, die heutzutage auf Seite der Tyrannen stehen, wieder meistens Juden sind, ist vielleicht mehr als ein bloßer historischer Zufall. Die jüdischen Geldhändler von Europa verüben nur auf größere und abscheulichere Weise, was viele andere in kleinerem und bedeutungsloserem Maßstab

tun. Weil die Juden aber so mächtig sind, ist es zeitlich und schicklich, ihre Organisation bloßzustellen und zu brandmarken.«
(Edmund Silberner, a.a.O., S. 132)

Eugen Dühring, 1886:
»Es würde also alle Humanität mißverstehen heißen, wenn man hier auch nur einen Augenblick Anstand nehmen und sich scheuen wollte, den Kampf gegen die Juden nicht ernsthaft auf eine dauernde Unschädlichmachung einzurichten.«
(E. D., Die Judenfrage als Frage der Racenschädlichkeit, Karlsruhe 1886, S. 120)

Augustin Hamon, 1887:
»Heute wissen die proletarischen Massen der slawischen, gallischen, germanischen und romanischen Arier, daß die Hebräer eine der Hauptursachen ihres Elends sind. Sie wissen, daß diese Rasse nicht arbeitet, denn sie produziert nichts, daß sie von Wucher und Handel, das heißt von der Arbeit anderer lebt. Sie wissen all das, und am Tage der sozialen Revolution werden die Juden es erfahren.«
(Edmund Silberner, a.a.O., S. 71)

Heinrich von Treitschke, 1879:
»Bis in die Kreise der höchsten Bildung hinauf, unter Männern, die jeden Gedanken kirchlicher Unduldsamkeit oder nationalen Hochmuths mit Abscheu von sich weisen würden, ertönt es heute wie aus einem Munde: die Juden sind unser Unglück!«
(Walter Boehlich, Hrsg., Der Berliner Antisemitismusstreit, Frankfurt/Main 1965, S. 11)

Adolf Stöcker am 19. 9. 1879:
»Eben dies ist ihr Verhängnis, daß sie, an Christo gescheitert, ihren göttlichen Kurs verloren, ihre hohe Mission preisgegeben haben und nach dem schneidigen Entweder–Oder des Herrn Jesu: ›Ihr könnt nicht Gott dienen und dem Mammon‹ – den Götzen des Goldes nachlaufen, weil sie die Wege Gottes versäumt haben. Ergreifend sind die alten Gebete, in denen das Judentum nach Gott und Zion zurückverlangt. –
Aber davon wissen die nichts, die im modernen Judentum eine Rolle spielen; sie wohnen lieber in der Jerusalemer Straße als in den Straßen von Jerusalem. Und unfruchtbar ist das Judentum wirklich, überall nur der Schatten der christlichen Kirche, in deren Bereich es sich findet: in Deutschland aufgeklärt und in Parteien zerrissen, in romanischen Ländern zwischen dem strengsten Talmudismus und dem Unglauben geteilt, bei den slawischen Nationen in Formeln erstarrt und wieder von wilder Begeisterung ergriffen, unter dem Halbmond entgeistet und verwesend wie der Islam selbst. Das ist das Bild des Judentums auf Erden. Ohne jede religiöse Schöpferkraft lebt es nur von seinen Einbildungen . . .
Die Juden sind und bleiben ein Volk im Volke, ein Staat im Staate, ein Stamm für sich unter einer fremden Rasse. Alle Einwanderer gehen zuletzt in dem Volke auf, unter welchem sie wohnen; die Juden nicht. Dem germanischen Wesen setzen sie ihr ungebrochenes Semitentum, dem Christentum ihren starren Gesetzeskult oder ihre Christenfeindschaft entgegen. Wir können sie darum nicht verurteilen; solange sie Juden sind, können sie gar nicht anders. Aber wir müssen uns mit klarer Erkenntnis vor den Gefahren schützen, die in einer solchen Vermischung liegen.«
(Karl Kupisch, Hrsg., Quellen zur Geschichte des deutschen Protestantismus 1871–1945, München 1965, S. 76–78)

Adolf Stöcker am 11. 6. 1880:
»Israel muß den Anspruch aufgeben, der Herr Deutschlands werden zu wollen. . . Die jüdische Presse muß toleranter werden, das ist die erste Bedingung besserer Verhältnisse. Die sozialen Übelstände, die das Judentum mit sich bringt, müssen auf dem Wege einer weisen Gesetzgebung geheilt werden . . . Das sind die Mittel, um dem Überwuchern des Judentums im germanischen Leben, diesem schlimmsten Wucher entgegenzutreten. Entweder dies gelingt uns, dann mag der Segen wieder über Deutschland kommen, oder der Krebsschaden, an dem wir leiden, frißt weiter; dann ist unsere Zu-

kunft bedroht, und der deutsche Geist verjudet, das deutsche Wirtschaftsleben verarmt. Rückkehr zu mehr germanischem Rechts- und Wirtschaftsleben, Umkehr zu christlichem Glauben: so wird unsere Losung lauten ...«
(Paul W. Massing, Vorgeschichte des politischen Antisemitismus, Frankfurt/Main 1959, S. 238 f.)

Hans Blüher, 1922:
»Das Weltpogrom kommt zweifellos. Deutschland wird das einzige Land sein, das vor dem Morde zurückschreckt. Das Judentum ist völlig geschlagen von dem Augenblicke an, wo seine Substanzmimikry nicht mehr durchhält, und dies dringt allein in Deutschland voll in die Erkenntnis ein. Es ist unedel, den entwaffneten Feind zu quälen. Der Deutsche ist kein Franzose ...«
(H. B., Secessio Judaica, Berlin 1922, S. 57)

Adolf Hitler, nach 1923:
»So glaube ich heute im Sinne des allmächtigen Schöpfers zu handeln: Indem ich mich des Juden erwehre, kämpfe ich für das Werk des Herrn.«
(A. H., Mein Kampf, München 1930, S. 70)

Adolf Hitler am 30. Januar 1939 im Reichstag in Berlin:
»Ich will heute wieder ein Prophet sein. Wenn es dem internationalen Finanzjudentum in- und außerhalb Europas gelingen sollte, die Völker noch einmal in einen Weltkrieg zu stürzen, dann würde das Ergebnis nicht die Bolschewisierung der Erde und damit der Sieg des Judentums sein, sondern die Vernichtung der jüdischen Rasse in Europa.«
(Zitiert nach der Stuttgarter Zeitung vom 15. 9. 1960, wortwörtliche Wiederholung am 30. 1. 1942, 30. 9. 1942 und 24. 2. 1943)

Adolf Hitler am 13. Februar 1945:
»Es ist das Verdienst des Nationalsozialismus, daß wir als erste die jüdische Frage in realistischer Weise angepackt haben ...
Der Nationalsozialismus hat die jüdische Frage zum Gegenstand der Tat gemacht: Wir haben den Weltherrschaftswillen der Juden aufgedeckt, wir haben systematisch Hand an sie gelegt, auf allen Gebieten, und haben sie aus allen angemaßten Positionen verdrängt. Wir haben sie überall verdrängt in planmäßiger Verfolgung des Zieles, den deutschen Bereich vom jüdischen Gift zu reinigen ...
Wenn ich diesen Krieg gewinne, so mache ich der jüdischen Herrschaft in der Welt ein Ende, ich versetze ihr den Todesstoß. Und wenn ich diesen Krieg verliere, so werden sie dieses Sieges nicht froh. Denn die Juden werden darüber den Kopf verlieren. Sie werden ihre Überheblichkeit bis zu einem solchen Grade steigern, daß sie von selbst die Reaktion herausfordern ...
Zuerst muß die Ursache verschwinden, ehe die Abwehrreaktion aufhört. Diesbezüglich kann man sich auf die Juden verlassen. Der Antisemitismus wird erst mit ihnen selbst ein Ende nehmen.«
(Albert Wucher, Eichmanns gab es viele, München 1961, S. 253)

Adolf Hitler in seinem Testament am 29. April 1945, 4 Uhr:
»Vor allem verpflichte ich die Führung der Nation und die Gefolgschaft zur peinlichsten Einhaltung der Rassengesetze und zum unbarmherzigen Widerstand gegen die Weltvergifter aller Völker, das internationale Judentum.«
(Zit. nach Stuttgarter Zeitung vom 15. 9. 1960)

André Gide, o. J.:
»Blum (gemeint ist der ehemalige französische Ministerpräsident) hält die jüdische Rasse für überlegen. Er ist der Meinung, sie sei zur Herrschaft berufen, nachdem sie lange Zeit beherrscht worden sei. Er ist der Überzeugung, es sei seine Pflicht, für ihren Triumph zu arbeiten und ihr aus allen seinen Kräften zu helfen ... Sie (die Juden) sprechen viel leichter als wir, weil sie weniger Gewissensbedenken haben. Sie reden lauter als wir, weil sie nicht die Gründe wie wir dafür haben, gelegentlich halb-

laut zu sprechen und gewisse Dinge zu respektieren.«
(Manès Sperber, in: D'Auschwitz à Israël, Paris 1968, S. 255)

---

4. Der Antisemitismus ist noch nicht überwunden; er bleibt eine dauernde Bedrohung. Darum gilt es wachsam zu sein.

Anonymer Brief an einen Pfarrer aus dem Jahre 1963, Berlin:
»Hat unsere Lutherkirche heute wirklich weiter nichts zu tun als sich als Schützer des jüdischen Parasitenvolkes zu betätigen? Die haben es ganz gewiß nötig!...
In Jesus Christus war nicht eine einzige jüdische Idee. Er hieb die jüdischen Wechsler mit der Geißel aus dem Tempel. Er sagte zu den Juden: Mein Haus ist ein Bethaus. Ihr habt es zur Mördergrube gemacht! Euer Vater ist der Teufel!...
Wir evangelischen Christen protestieren daher aufs schärfste gegen diese verkommenen Diener der Kirche, die aus uns Judenknechte machen wollen. Wir wollen freie Deutsche und Christen sein und werden nicht eher wieder Gottesdienste besuchen, bevor diese Judasse beseitigt sind...«
(Im Durchschlag vorliegend)

Erwin Dederstedt, 1965:
»Niemals wandert er (der Jude) jedoch als Kolonisator, niemals als Pionier. Er besetzt immer Brunnen, die er nicht ausgehauen, Weinberge, die er nicht gepflanzt hat...«
(E. D., Der Bruder aus dem Ghetto, Velbert 1965, S. 31 f.)

Erwin Dederstedt, 1965:
»Der Jude hat die Fähigkeit, sich immer als den Verfolgten, Leidenden darzustellen, Mitleid hervorzurufen und daraus rücksichtslos Nutzen zu ziehen. ›Wenn mer der gibt, nimm; wenn mer der nimmt, schrei'‹, lautet seine oberste Lebensregel.«
(E. D., a.a.O., S. 32)

Hans Rews, Evangelist, Ahrensburg, 1965:
»Das Gift, das von diesem (jüdischen) Volk unter die Menschheit ausgestreut worden ist, hat jedenfalls ansehnliche Opfer gekostet.«
(Der Spiegel, 19. Mai 1965, S. 20)

Ein 25jähriger Angestellter, Bundesrepublik, 1966:
»Das erste Mal hörte ich von meinen Eltern etwas über die Juden. Sie sagten mir, die Juden seien Geschäftemacher, sie seien unehrliche, charakterlose Menschen. – Ob ich einen Juden kenne? Bewußt habe ich noch keinen kennengelernt!
(Allgemeine Wochenzeitung der Juden, Düsseldorf, 9. 9. 1966)

Simon Wiesenthal, 1968:
»Hat der Antisemitismus zu seiner Existenz Juden nötig? Nein. Die gespenstische Vorstellung vom Juden genügt...«
(S. W., in: D'Auschwitz à Israël, Paris 1968, S. 154)

Manès Sperber, 1968:
»Nach dem Hourban (dem Massenmord an den Juden) hat sich das Verhältnis der Völker zum Judentum kaum geändert. Der Antisemitismus hat die Waffen nicht gestreckt. In dieser Hinsicht bleibt das jüdische Problem ganz und gar, auch in den Ländern, die keine jüdische Bevölkerung mehr haben.«
(M. S., in: D'Auschwitz à Israël, a.a.O., S. 259)

Bibliographie

Abwehr-ABC, Berlin 1920.
Allen, William Sh.: »Das haben wir nicht gewollt!«, Gütersloh 1965.
Andics, Hellmut: Der ewige Jude, Wien 1965.
Anonymus: Der Antisemitismus vom katholischen Standpunkt als Sünde verurteilt, Wien 1890.
Aron, Raymond: De Gaulle, Israël et les Juifs, Paris 1968; deutsch: Die Zeit des Argwohns, Frankfurt/Main 1968.
Bangert, Otto: Gold oder Blut, München 1930.
Barth, Karl: Eine Schweizer Stimme, Zollikon-Zürich 1945, passim.

Beck, Wilhelm: Das auserwählte Gottesvolk, Langensteinbach o. J.

Beek zur, Gottfried: Die Geheimnisse der Weisen von Zion, München 1935.

Behrendt-Rosenfeld, Else: Ich stand nicht allein, Frankfurt/Main 1963.

Ben Ami: Les Juifs en Union Soviétique, Paris 1968.

Bernstein, F.: Der Antisemitismus als Gruppenerscheinung, Berlin 1926.

Blüher, Hans: Secessio Judaica, Berlin 1922.

Blüher, Hans: Die Erhebung Israels gegen die christlichen Güter, Hamburg 1931.

Blumenkranz, Bernhard: Die Judenpredigt Augustins, Basel 1946.

Blumenkranz, Bernhard: Juden und Judentum in der mittelalterlichen Kunst, Stuttgart 1965.

Blumenkranz, Bernhard: Le juif médiéval au miroir de l'art chrétien, Paris 1966.

Boehlich, Walter, Hrsg.: Der Berliner Antisemitismusstreit, Frankfurt/Main 1965.

Börne, Ludwig: Über den Antisemitismus, Wien 1885.

Borée, Karl-Friedrich: Semiten und Antisemiten, Frankfurt/Main 1960.

Brod, Max: Heidentum, Judentum, Christentum, 2 Bde., München 1921.

Brunner, Constantin: Der Judenhaß und die Juden, Berlin 1919.

Brunner, Constantin: Der Judenhaß und das Denken, Berlin 1922.

Bürger, Curt, Hrsg.: Antisemitismusspiegel, Berlin und Frankfurt/Main 1911.

Bundesregierung: Die antisemitischen und nazistischen Vorfälle, Bonn 1960.

La campagne antijuive en Pologne aujourd'hui, Paris 1969.

Cassel, Paulus: Wider Heinrich von Treitschke, für die Juden; Berlin 1880.

Chamberlain, Houston Stewart: Die Grundlagen des 19. Jahrhunderts, 2 Bde., München 1904[5].

Coudenhouve-Kalergie, Graf Heinrich: Das Wesen des Antisemitismus, Wien 1929.

Czermak, Emmerich und Korbach, Oskar, Hrsg.: Ordnung in der Judenfrage, Wien 1933.

Das deutsche Haus und das Haus Israel, ohne Entjudung keine Rettung; Düsseldorf 1919.

Diem, Hermann: Das Rätsel des Antisemitismus, Theologische Existenz, Neue Folge Nr. 80, München 1960.

Dühring, Eugen: Die Judenfrage als Frage der Racenschädlichkeit, Karlsruhe 1886.

Eckart, Roy A: Antisemitism, in: G. F. Knight, Hrsg.: Jews and Christians, Philadelphia 1965.

Eckart, Roy A.: Elder and younger brothers, New York 1967.

Eckert, Willehad, O. P., Hrsg.: Judenhaß – Schuld der Christen?, Essen 1964; Ergänzungsheft, Essen 1966.

Eckert, Willehad; Stöhr, Martin und Levinson, Nathan Peter: Antijudaismus im Neuen Testament?, München 1967.

Ehrlich, Ernst Ludwig: Geschichte der Juden in Deutschland, Düsseldorf 1958.

Eichler, Willi, Hrsg.: Die Reichskristallnacht – Der Antisemitismus in der deutschen Geschichte, Bonn 1959.

Elbogen, Ismar und Sterling, Eleonore: Geschichte der Juden in Deutschland, Frankfurt/Main 1966.

Eliahu ben Elissar: La diplomatie du IIIe Reich et les Juifs, Paris 1969.

Epstein, Julius, Hrsg.: Weltgericht über den Judenhaß, Prag o. J.

Die Evangelische Kirche in Deutschland und die Judenfrage, Genf 1945.

Faulhaber, Michael: Judentum, Christentum, Germanentum; München 1934.

Fejtö, François: Les juifs et l'antisémitisme dans les pays communistes, Paris 1960; deutsch: Judentum und Kommunismus, Antisemitismus in Osteuropa; Wien 1967.

Fleming, Hugo: Gottesvolk oder Satansvolk, Schwerin o. J.

Ford, Henry, Hrsg.: Der internationale Jude, Leipzig 1922.

Fritsch, Theodor: Antisemitenkatechismus, Leipzig 1893.

Fritsch, Theodor: Handbuch der Judenfrage, Leipzig 1919[28], Leipzig 1932[31].

Fürst, A.: Christen und Juden, Straßburg 1892.

Gerecke, Karl: Biblischer Antisemitismus, München 1919.

Gildemeister, Otto: Judas Werdegang in vier Jahrtausenden, Leipzig 1921.

Glock, Charles und Stark, Rodney: Christian Beliefs and Antisemitism, New York 1966.

Goldmann, Felix: Das Wesen des Antisemitismus, Berlin 1921.

Goldschmidt, Dietrich: Zur Soziologie des Antisemitismus, in: Monatsschrift für Pastoraltheologie, 1960, S. 200 ff.

Goldschmidt, Dietrich und Kraus, Hans Joachim, Hrsg.: Der ungekündigte Bund, Stuttgart 1962.

Gollwitzer, Helmut: Forderungen der Freiheit, München 1962, S. 247–274.

Gollwitzer, Helmut und Sterling, Eleonore, Hrsg.: Das gespaltene Gottesvolk, Stuttgart 1966, passim.

Green, Max: Die Judenfrage und der Schlüssel zu ihrer Lösung, Leipzig 1911.

Harpprecht, Klaus: Im Keller der Gefühle. Gibt es noch einen deutschen Antisemitismus?, in: Der Monat, Nr. 128, 129, 130, Berlin o. J.
Heman, Franz: Geschichte des jüdischen Volkes, Calw 1908, passim.
Heuss, Theodor, u. a.: Wider den Antisemitismus, 1950.
Heydorn, Hans Joachim: Judentum und Antisemitismus, in: Gewerkschaftliche Monatshefte, Köln 1959.
Hilberg, Raoul: The Destruction of European Jews, Chicago 1961.
Hitler, Adolf: Mein Kampf, München 1930, passim.
Hoch, Walter: Kompaß durch die Judenfrage, Zürich 1944.
Hug, Herbert: Das Volk Gottes, Zürich 1942.
Huß, Hermann und Schröder, Andreas, Hrsg.: Antisemitismus. Zur Pathologie der bürgerlichen Gesellschaft, Frankfurt/Main 1965.
Jasper, Gerhard: Die evangelische Kirche und die Judenchristen, Göttingen 1934.
Jehuda, Josué: L'antisémitisme, miroir du monde; Genf 1958.
Isaac, Jules: Les bases de l'antisémitisme chrétien, Paris 1948.
Isaac, Jules: Jésus et Israël, Paris 1948; 2. Auflage Paris 1959.
Isaac, Jules: Genèse de l'antisémitisme, Paris 1956 (deutsch: Genesis des Antisemitismus, Wien 1969).
L'antisémitisme a-t-il des raçines chrétiennes?, Paris 1960; deutsch: Hat der Antisemitismus christliche Wurzeln?, in: Evangelische Theologie, München 1961, S. 339 ff.
Kallenbach, Hans, Hrsg.: Die Juden und wir Christen, Frankfurt/Main 1950.
Kisch, Guido: Zasius und Reuchlin, Konstanz 1961.
Kittel, Gerhard: Die Judenfrage, Stuttgart 1933.
Koch, Robert: Goethe und die Juden, Hamburg 1937.
Körber, Robert und Pugel, Theodor, Hrsg.: Antisemitismus der Welt in Wort und Bild, Dresden 1937.
Lamparter, Eduard: Das Judentum, Gotha 1928.
Lamparter, Eduard: Evangelische Kirche und Judentum, Stuttgart 1928.
Lapide, Pinchas E.: Rom und die Juden, Freiburg 1966.
Lazare, Bernard: L'antisémitisme, Paris 1894; Neuauflage 1969.
Lazare, Bernard: Antisémitisme et révolution, Paris 1895, Neuaufl. o. J. (1970).
Leipoldt, Johannes: Antisemitismus in der alten Welt, Leipzig 1933.
Leneman, Léon: La tragédie des Juifs en USSR, Paris 1959.
Leuner, Heinz David: Als Mitleid ein Verbrechen war, Wiesbaden 1967.
Loewenstein, Rodolphe: Psychanalyse de l'antisémitisme, Paris 1952.
Lovsky, F.: Antisémitisme et mystère d'Israël, Paris 1955.
Lovsky, F.: Église chrétienne et judaisme, in: Semeur, Paris 1961.
Lovsky, F.: Les Chrétiens devant Israël, in: Foi et Vie, 1961 (10. cahier des études juives).
Lovsky, F.: Le peuple d'Israël dans l'éducation chrétienne, Paris 1969.
Lombroso, Cesare: Der Antisemitismus und die Juden, Leipzig 1893.
Luther, Martin: Ausgewählte Werke, Ergänzungsreihe, 3 Bde., München 1938.
Mann, Golo: Der Antisemitismus, München 1960.
Mann, Thomas: Sieben Manifeste zur jüdischen Frage, 1936–1948, Darmstadt 1966.
Maritain, Jacques: Le mystère d'Israël, Paris 1965.
Marsch, Wolf Dieter und Thieme, Karl, Hrsg.: Christen und Juden, Mainz und Göttingen 1961.
Marx, Karl: Zur Judenfrage (1843), Marx-Engels-Studien, Frankfurt/Main 1966, S. 31 f.
Massing, Paul W.: Vorgeschichte des politischen Antisemitismus, Frankfurt/Main 1959.
Maucorps, P. H.; Memmi, Albert und Held, J. F., Hrsg.: Les Français et le racisme, Paris 1965.
Meyer, Enno: Juden und Judenfeinde in der christlichen Welt, Köln 1962.
Michel, Wilhelm: Verrat am Deutschtum, Hannover 1922.
Mochalski, Herbert, Hrsg.: Antisemitismus, Judentum, Staat Israel; Frankfurt/Main 1963.
Mosse, Werner, Hrsg.: Entscheidungsjahr 1932, Tübingen, 1. Auflage 1965, 2. erweiterte Auflage 1966.
Müller, Johannes: Der Weg der Verständigung, Leipzig 1892.
Müller-Claudius, Michael: Der Antisemitismus und das deutsche Verhängnis, Frankfurt/Main o. J.
Naudh, H.: Die Juden und der deutsche Staat, Leipzig 1885.
Ornstein, Hans: Der antijüdische Komplex, Zürich 1949.
Paraf, Pierre: Le racisme dans le monde, Paris 1964.
Parkes, James: Antisemitismus, Lauf 1948.

Parkes, James: Antisemitismus, München 1964.
Paucker, Arnold: Der jüdische Abwehrkampf gegen Antisemitismus und Nationalsozialismus, Hamburg 1968.
Pfisterer, Rudolf: Antisemitismus und Eschatologie, in: Evangelische Theologie, München 1959, S. 266 ff.
Pfisterer, Rudolf, Hrsg.: Wir und die Juden, Gelnhausen 1960.
Pfisterer, Rudolf: Historische Vorurteile und ihre Überwindung, in: Hans Jürgen Schultz: Juden, Christen, Deutsche; Stuttgart 1961.
Pfisterer, Rudolf: Im Schatten des Kreuzes, Hamburg 1966.
Pfisterer, Rudolf: Juden – Christen, getrennt – versöhnt, Gladbeck 1968².
Pinay, Maurice: Verschwörung gegen die Kirche, Madrid 1963.
Poljakov, Léon: Bréviare de la haine, Paris 1951.
Poljakov, Léon: Du Christ aux juifs de cour, Histoire de l'antisémitisme, Bd. I, Paris 1955.
Poljakov, Léon: De Mahomet aux Marranes, Histoire de l'antisémitisme, Bd. II, Paris 1961.
Poljakov, Léon: De Voltaire à Wagner, Histoire de l'antisémitisme, Bd. III, Paris 1968.
Poljakov, Léon: De l'antisionisme à l'antisémitisme, Paris 1969.
Pommer, Hans Jörg: Antisemitismus in der Sowjetunion, Bern 1963.
Proß, Harry, Hrsg.: Die Zerstörung der deutschen Politik, Frankfurt/Main 1959.
Pulzer, Peter: The Rise of the political antisemitism in Germany and Austria, New York 1964.
Quervain de, Alfred: Die Heiligung, Zollikon Zürich 1946, passim.
Radenhausen, C.: Esther, Leipzig 1888².
Reichmann, Eva Gabriele: Flucht in den Haß, Frankfurt/Main o. J.
Rengstorf, Karl Heinrich und von Kortzfleisch, Siegfried, Hrsg.: Kirche und Synagoge, Bd. I, Stuttgart 1968.
Rosenberg, Alfred: Der Mythus des zwanzigsten Jahrhunderts, München 1934.
Silberner, Edmund: Sozialisten zur Judenfrage, Berlin 1962.
Sorlin, Pierre: L'antisémitisme allemand, Paris 1969.
Sulzbach, Walter: Die zwei Wurzeln und Formen des Judenhasses, Stuttgart 1959.
Schneersohn, Isaac, Hrsg.: D'Auschwitz à Israel, Paris 1968, passim.
Schultz, Hans Jürgen, Hrsg.: Juden, Christen, Deutsche; Stuttgart 1961, passim.
Schwedhelm, Karl, Hrsg.: Propheten des Nationalismus, München 1969, passim.
Stapel, Wilhelm: Antisemitismus und Antigermanismus, Hamburg 1928.
Sterling, Eleonore: Er ist wie du, München 1956.
Theunissen, Gert, Hrsg.: Christlicher Antisemitismus, Köln 1962.
Thieme, Karl: Dreitausend Jahre Judentum, Paderborn 1960, passim.
Thieme, Karl, Hrsg.: Judenfeindschaft, Frankfurt/Main 1963.
Trilling, Bernhard: Das wahre Israel, Leipzig 1962.
Verdès-Leroux, Jeannine: Scandale financier et antisémitisme catholique, Paris 1969.
Vigée, Claude: La lune d'hiver, Paris 1970.
Wassermann, Jakob: Mein Weg als Deutscher und Jude, Berlin 1922.
Westphalen, Graf Ludwig von: Geschichte des Antisemitismus in Deutschland im 19. und 20. Jahrhundert, Stuttgart o. J.
Wiesel, Elie: Les Juifs du silence, Paris 1966; deutsch: Die Juden in der UdSSR, Eßlingen und München 1967.

Arierparagraph

In Übereinstimmung mit dem Gesetz zur Wiederherstellung des Berufsbeamtentums (1933) erfolgte auch in der Deutschen Evangelischen Kirche die Einführung des Arierparagraphen. Dadurch wurde bestimmt, daß kirchliche Amtsträger und Beamte nicht jüdischer Herkunft sein durften. Die Taufe als Eingliederung in den Leib der Kirche wurde als unwesentlich und nebensächlich abgetan.
Während man sich in Deutschland darauf beschränkte, von seiten der der Bekennenden Kirche angehörenden Pfarrer und Laien den Einbruch dieses Ungeistes in die Ordnung der Kirche abzuwehren, wurde anderwärts – etwa in der Reformierten Kirche Hollands – auch gegen diese Diskriminierung der Juden und Judenchristen im staatlichen Bereich klar Stellung bezogen, denn eine solche Unterscheidung widerspricht dem in der Bibel verbürgten und verbrieften Recht und der sich daraus ergebenden Gerechtigkeit.

---

1. Die von der Kirche nicht verkrafteten Zwangstaufen in Spanien schlugen sich in einer Verdächtigung der Judenchristen nieder; sie bildeten den Ursprung des Rasseantisemitismus. Man mußte auf Grund des »Statuts des reinen Blutes« nachweisen, daß man nicht von Juden abstammte.

Stadtverwaltung Toledo, 1449:
»Wir erklären, daß die sogenannten Conversos, die von der perfiden Rasse der Juden abstammen ... von Rechts wegen für verflucht, ungeschickt, unfähig und unwürdig gehalten werden, irgendein Amt oder ein öffentliches oder privates Lehen in der obgenannten Stadt Toledo oder in ihrem Gebiete innezuhaben ... Sie dürfen über die Altchristen des heiligen katholischen Glaubens keine Herrschaft ausüben.«
(Léon Poljakov, Histoire de l'Antisémitisme, Bd. II, De Mahomet aux Marranes, Paris 1961, S. 182; deutsch bei R. Pfisterer, Im Schatten des Kreuzes, Hamburg 1966, S. 82)

Erzbischof Siliceo von Toledo, 1547:
»Da die Neuchristen einer perversen Rasse angehören, und einen ebensolchen Ursprung haben, haben sie nicht die Gewohnheit, zu vergeben, wie es die Altchristen tun, die das Wort Christi befolgen: ›Liebet eure Feinde, tut wohl denen, die euch hassen‹.«
(Albert Sicroff, Les controverses des statuts de »pureté de sang« en Espagne du XVe au XVIIe siècles, Paris 1960, S. 128)

Ignatius von Loyola, Begründer des Jesuitenordens, 16. Jahrhundert:
»Man kann gar nicht daran denken, sich hier mit dem Erzbischof (von Toledo) zu einigen und das Statut des reinen Blutes anzunehmen und darum auch die Verfassung des Ordens diesem Statut anzupassen.«
(A. S., a.a.O., S. 273)

Franziskaner aus Spanien, 1586:
»Es ist nicht so schlimm, ein Gotteslästerer oder Dieb, ein Vagabund oder Ehebrecher oder sonst mit irgendeinem Laster behaftet zu sein, als von dem Geschlecht der Juden abzustammen, auch wenn die Vorfahren sich schon vor zwei- oder dreihundert Jahren zum heiligen, katholischen Glauben bekehrt haben ... Wer ist in Spanien so blind, daß er nicht sehen wollte: Hier gibt es keinen Converso, der nicht lieber vom Heidentum als vom Judentum abstammen wollte, und fast alle würden die Hälfte ihres Lebens dahingeben, um eine derartige Abstammung zu besitzen. Denn sie haben

einen Schrecken vor der Abstammung, die durch ihre Eltern auf sie gekommen ist.«
(Léon Poljakov, a.a.O., S. 228)

Escobar del Corro, Inquisitor, Spanien, 1633:
»Es rührt von der Reinheit und Klarheit des Blutes her, die aus der Abstammung der heidnischen Vorfahren sich ableitet, daß diese nach der Taufe den wahren, katholischen Glauben an unseren Herrn Jesus Christus annahmen und zuverlässig und treu daran festhielten, so daß man niemals hören oder in Erfahrung bringen konnte, sie seien davon abgewichen.«
(Albert Sicroff, a.a.O., S. 334; deutsch bei R. Pfisterer, a.a.O., S. 89)

---

2. Innerhalb der Kirche schieden sich die Geister am sogenannten »Arierparagraphen«, das heißt an der Frage, ob ein getaufter Jude mit allen Konsequenzen vollwertiges, gleichberechtigtes und darum zur Übernahme aller Ämter befähigtes Glied der Kirche sein könne.

Joachim Hossenfelder, Pfarrer, 26. Mai 1932:
»7. Wir sehen in Rasse, Volkstum und Nation uns von Gott geschenkte und anvertraute Lebensordnungen, für deren Erhaltung zu sorgen uns Gottes Gesetz ist. Daher ist der Rassenvermischung entgegenzutreten. Die deutsche Äußere Mission ruft auf Grund ihrer Erfahrung dem deutschen Volke seit langem zu: ›Halte deine Rasse rein!‹ und sagt uns, daß der Christusglaube die Rasse nicht zerstört, sondern vertieft und heiligt ...
9. In der Judenmission sehen wir eine schwere Gefahr für unser Volkstum. Sie ist das Eingangstor fremden Blutes in unseren Volkskörper. Sie hat neben der Äußeren Mission keine Daseinsberechtigung. Wir lehnen die Judenmission ab, solange die Juden das Staatsbürgerrecht besitzen und damit die Gefahr der Rassenverschleierung und Bastardisierung besteht. Die Heilige Schrift weiß auch etwas zu sagen vom heiligen Zorn und sich versagender Liebe. Insbesondere ist die Eheschließung zwischen Deutschen und Juden zu verbieten.«
(Die Evangelische Kirche in Deutschland und die Judenfrage, Genf 1945, S. 31 f.)

Gesetz über die Rechtsverhältnisse der Geistlichen und Kirchenbeamten, 1933:
»2. Wer nicht arischer Abstammung oder mit einer Person nichtarischer Abstammung verheiratet ist, darf nicht als Geistlicher oder Beamter der allgemeinen kirchlichen Verwaltung berufen werden. Geistliche oder Beamte arischer Abstammung, die mit einer Person nichtarischer Abstammung die Ehe eingehen, sind zu entlassen. Wer als Person nichtarischer Abstammung zu gelten hat, bestimmt sich nach den Vorschriften der Reichsgesetze.«
(Die Ev. Kirche ..., a.a.O., S. 35)

Entschließung des Presbyteriums der Vereinigten Evangelischen Gemeinde Unterbarmen 1933:
»Die Bestimmungen des Gesetzes betreffend nichtarischer Abstammung widerstreiten der Heiligen Schrift und dem Bekenntnis, insbesondere dem Bekenntnis des dritten Artikels über das freie Wirken des Heiligen Geistes, mißachten das Sakrament der Taufe und verletzen die Bedeutung der Ordination.
Presbyterium lehnt das Gesetz als unbiblisch und unevangelisch und darum als unkirchlich ab.«
(Die Ev. Kirche, a.a.O., S. 39)

Gutachten der Erlanger Fakultät 1933:
»4. Ob und inwieweit dieser Grundsatz auch gegenüber den unter uns wohnenden Christen jüdischer Abstammung anzuwenden ist, bedarf besonderer Erörterung. Es fragt sich zunächst, ob die in Deutschland ansässigen Juden in vollem Sinn dem deutschen Volke angehören oder eigenen Volkstums und somit ein Gastvolk sind. Die Kirche als solche kann das nicht entscheiden. Für sie ist das jüdische Volk freilich auch heute nicht ein Volk wie andere: es bleibt in

Erwählung und Fluch das heilsgeschichtliche Volk, das Volk Jesu und der Apostel nach dem Fleisch, als Volk aufbewahrt für eine endliche Geschichte Jesu Christi mit ihm (Matth. 23, 39; Röm. 11) ... Aber aus diesem Wissen der Kirche um die heilsgeschichtliche Einzigkeit und das Geheimnis des jüdischen Volkes ergibt sich nicht die Möglichkeit, die Frage zu entscheiden, ob das unter uns wohnende Judentum im vollen Sinn zum deutschen Volke gehört oder ein fremdes, ein Gastvolk ist. Auch nicht für Judenchristen kann die Kirche diese Frage allgemeingültig, etwa durch Hinweis auf das Sakrament der Taufe, beantworten. Das Bekenntnis der Kirche zur Heilsbedeutung der Taufe schließt als solches z. B. kein Urteil darüber ein, ob Eheschließungen zwischen Deutschen und getauften, christusgläubigen Juden im ganzen erwünscht oder zu widerraten sind. Die Frage nach dem völkischen Verhältnis von Deutschtum und Judentum ist biologisch-geschichtlicher Art. Sie kann nur von unserem Volke, wie entsprechend von jedem anderen, im Blick auf seine besondere biologisch-geschichtliche Lage beantwortet werden.

5. Das deutsche Volk empfindet heute die Juden in seiner Mitte mehr denn je als fremdes Volkstum. Es hat die Bedrohung seines Eigenlebens durch das emanzipierte Judentum erkannt und wehrt sich gegen diese Gefahr mit rechtlichen Ausnahmebestimmungen. Im Ringen um die Erneuerung unseres Volkes schließt der neue Staat Männer jüdischer oder halbjüdischer Abstammung von führenden Ämtern aus. Die Kirche muß das grundsätzliche Recht des Staates zu solchen gesetzgeberischen Maßnahmen anerkennen. Sie weiß sich selbst in der gegenwärtigen Lage zu neuer Besinnung auf ihre Aufgabe, Volkskirche der Deutschen zu sein, gerufen. Dazu gehört, daß sie heute ihren Grundsatz von der völkischen Verbundenheit der Amtsträger mit ihrer Gemeinde bewußt neu geltend macht und ihn auch auf die Christen jüdischer Abstammung anwendet. Für die Stellung der Kirche im Volksleben und für die Erfüllung ihrer Aufgabe würde in der jetzigen Lage die Besetzung ihrer Ämter mit Judenstämmigen im allgemeinen eine schwere Belastung und Hemmung bedeuten. Die Kirche muß daher die Zurückhaltung ihrer Judenchristen von den Ämtern fordern. Ihre volle Gliedschaft in der Deutschen Evangelischen Kirche wird dadurch nicht bestritten und eingeschränkt, so wenig wie die anderer Glieder unserer Kirche, welche die Voraussetzungen für die Zulassung zu den Ämtern der Kirche irgendwie nicht erfüllen.

6. Diese grundsätzliche Haltung bedeutet kein starres Gesetz, sondern läßt Raum für Ausnahmen von der Regel zu. Das staatliche ›Gesetz zur Wiederherstellung des Berufsbeamtentums‹ erkennt in der Feststellung der Ausnahmen von seinen Bestimmungen an, daß Juden z. B. durch die Bereitschaft zum Opfer des Lebens für Deutschland sich dem deutschen Volke eingliedern können. Damit ist zugestanden, daß die Grenze zwischen den Juden und dem deutschen Volke im einzelnen nicht starr, sondern fließend ist. Die Kirche selber weiß, daß auch und gerade die echte Bekehrung zu Jesus Christus einen Juden durch sein Einwurzeln in der Kirche aus der Fremdheit zur Gliedschaft am deutschen Volke führen kann ...

Die Versehung kirchlicher Ämter durch Judenstämmige ist in unserer Kirche immer selten gewesen und soll auch in Zukunft den Charakter der Ausnahme behalten, muß als solcher aber bei besonderen Führungen möglich bleiben.«

(Theologisches Gutachten über die Zulassung von Christen jüdischer Herkunft zu den Ämtern der Deutschen Evangelischen Kirche, Erlanger Gutachten, Die Ev. Kirche in Deutschland und die Judenfrage, Genf 1945, S. 60 f.)

Gutachten der Marburger Fakultät 1933:
»... Die gesamte Kirchengeschichte, wie das Staats- und Kirchenrecht aller Völker, kennt bisher den Begriff des Juden nicht im Sinne der Rasse, sondern ausschließlich in dem der Konfession, also als den des Juden, der in Jesus nicht den Christus Gottes erkennt. Der Jude, der im

Gesetz und den Propheten seines Volkes die Weissagung mit Christus erkennt, sich bekehrt und taufen läßt, ist für die Kirche nicht mehr Jude, und von seiten der Kirche sind auch staatsbürgerliche Beschränkungen für den getauften Juden niemals vertreten worden. Mag ein Staat nun solche Beschränkungen in einer Schätzung der rassischen Faktoren, die früheren Zeiten fernlag, aus nationalpolitischen Erwägungen geboten finden, so können sie im Raum der Kirche als solcher keine Geltung beanspruchen, da die Kirche Gemeinschaft der an Christus Glaubenden und auf seinen Namen Getauften ist und gar nichts anderes; sie würde aufhören, dies im vollen Sinne zu sein, wenn sie irgendein anderes Merkmal in ihrer Gemeinschaft Unterscheidungen begründen ließe.«
(Deutsche Kirchendokumente, Zürich 1946, S. 13 f.)

Wilhelm Freiherr von Pechmann, 1933:
»Wir bekennen uns zu allen Gliedern unserer Kirche ohne Unterschied der Abstammung und heute gerade auch zu denen, die ganz oder teilweise jüdischer Abstammung sind. Wir fühlen mit ihnen und wir werden für sie eintreten bis zu den Grenzen des Möglichen. An die Träger der öffentlichen Gewalt aber richten wir die ernste Mahnung, bei allem, was zur Abstellung von Mißständen geschehen soll, die Grenzen nicht zu überschreiten, die durch die Gebote der Gerechtigkeit und der christlichen Liebe gezogen werden.«
(Diesen Antrag stellte von Pechmann auf einer Sitzung der Leitung des Kirchenbundes; er wurde mit allen gegen eine Stimme abgelehnt, weil man ihn nicht als zweckmäßig ansah. *In: Karl Kupisch, Die Bekennende Kirche und die Judenfrage, in: Vom Herrngeheimnis der Wahrheit, Berlin 1962, S. 349)*

Karl Barth, Bonn, 1933:
»Die Gemeinschaft der zur Kirche Gehörigen wird nicht durch das Blut und also auch nicht durch die Rasse, sondern durch den heiligen Geist und durch die Taufe bestimmt. Wenn die deutsche evangelische Kirche die Judenchristen ausschließen oder als Christen zweiter Klasse behandeln würde, würde sie aufgehört haben, christliche Kirche zu sein.«
(K. B., Theologische Existenz heute, München 1933, S. 24)

Dietrich Bonhoeffer, Berlin, 1933:
»Zuviel (an Ordnung) läge dort vor, wo vom Staate her in das Wesen der Kirche und ihre Verkündigung eingegriffen werden sollte, d. h. etwa in dem zwangsmäßigen Ausschluß der getauften Juden aus unseren christlichen Gemeinden, in dem Verbot der Judenmission. Hier befände sich die Kirche in statu confessionis und hier befände sich der Staat im Akt der Selbstverneinung.«
(D. B., Gesammelte Schriften, II. Bd., München 1959, Hrsg. Eberhard Bethge, S. 49)

Dietrich Bonhoeffer, Berlin 1933:
»... Es geht auch keinesfalls um die Frage, ob unsere deutschstämmigen Gemeindeglieder heute die kirchliche Gemeinschaft mit den Juden noch tragen können. Vielmehr ist es die Aufgabe christlicher Verkündigung zu sagen: hier, wo Jude und Deutscher zusammen unter dem Wort Gottes stehen, ist Kirche, hier bewährt es sich, ob Kirche noch Kirche ist oder nicht. Es kann keinem, der sich nicht in der Lage fühlt, die kirchliche Gemeinschaft des judenstämmigen Christen zu tragen, verwehrt werden, selbst aus dieser kirchlichen Gemeinschaft auszuscheiden. Es muß ihm aber dann mit letztem Ernst dies klargemacht werden, daß er sich damit von dem Ort lossagt, an dem die Kirche Christi steht ...«
(D. B., a.a.O., S. 53 f.)

Dietrich Bonhoeffer, Berlin, 1933:
»Die aus der Heidenwelt stammenden Christen müssen eher sich selbst der Verfolgung aussetzen, als die durch Wort und Sakrament gestiftete kirchliche Bruderschaft mit dem Judenchristen freiwillig oder gezwungen auch nur in einer einzigen Beziehung preiszugeben.«
(D. B., a.a.O., S. 117)

Rudolf Bultmann, Marburg, 1933:
»In der Tat, es ist meine Überzeugung, daß der Arierparagraph aus den nichtarischen Kirchengliedern Kirchenglieder minderen Rechtes und minderer Würde macht, wie es unser Fakultäts-Gutachten (s. o.) gesagt hatte. Alle Versicherungen, daß durch den Arierparagraphen das vollgültige Christsein der nichtarischen Christen nicht angetastet werde, daß der christliche Jude auch so mein christlicher Bruder sei, scheinen mir Selbsttäuschung zu sein. Denn worauf beruht in der Kirche das Recht, das Wort zu verkünden? Auf persönlichen Qualitäten derart, daß eine bestimmte völkische Abkunft zu ihnen zu rechnen wäre? Oder einzig und allein darauf, daß jeder Getaufte den Geist Christi hat und damit das Recht zu reden nach der Maßgabe des Geistes? Redet denn der Wortverkündiger in der Kirche aus seinem Volkstum heraus oder aus dem Geiste Christi? Und ist die Anerkennung des christlichen Bruders und die Bruderliebe echt, die es sich verbittet, vom nichtarischen Bruder den ›logos parakleseos‹ (das Wort der Tröstung und Ermahnung) zu hören? Wäre ich ein nichtarischer oder nicht reinarischer Christ, ich würde mich schämen, einer Kirche anzugehören, in der ich zwar hören darf, aber schweigen muß.«
(Die Ev. Kirche . . ., a.a.O., S. 81 f.)

Gerhard Kittel, Tübingen, 1933:
»Dagegen ergibt sich, *daß der Jude, eben weil er Gast ist – auf jeden maßgebenden Einfluß verzichten muß in den Dingen, die deutsches Staats- und Volksleben, deutsche Kultur und deutsche Geistesbildung betreffen.* Er sollte, wenn die neue deutsche Gesetzgebung ihn dazu nötigt, dies nicht Gewalttat nennen, sondern *um seiner selbst willen* sagen, daß dies, wenn schon hart, so doch richtig und der gegenseitigen Lage entsprechend ist. Sobald der Grundsatz des Fremdenrechtes ins Bewußtsein übergegangen ist, ist völlig klar und bedarf keinerlei weiterer Erörterung, daß *ein Gast nicht Inhaber eines öffentlichen Amtes, also nicht Beamter sein kann,* ebenso, daß es *schlechthin absurd ist, wenn er als Glied eines fremden Volkes über Deutsche zu Gericht sitzt oder eine deutsche Polizeigewalt innehat.* Und vollends erübrigt sich jedes Wort, daß der *Nichtdeutsche jedem maßgebenden Einfluß auf die Führung des Staates zu entsagen hat.* Das Gesetz zur Wiederherstellung des Berufsbeamtentums vom 7. 4. 1933 zieht nur die Folgerungen aus diesen Selbstverständlichkeiten: die Juden sind aus allen Beamtenstellen zu entlassen, mit Ausnahme derer, die selbst im Kriege gekämpft haben oder deren Väter oder Söhne im Kriege gefallen sind, sowie derer, die schon vor dem 1. August 1914 Beamte waren.«
(G. K., Die Judenfrage, Stuttgart 1933, S. 45 f.)

Gerhard Kittel, Tübingen, 1933:
»Auch für die echte christliche Betrachtung ist es nicht so, daß sie sagen könnte: Was gehen mich die Juden an, sie sind eine andere Religion. Die Judenfrage geht den Christen in besonderer Weise an! Freilich darf man nicht meinen, eine christliche Betrachtung der Judenfrage bestehe bloß darin, daß der Christ für Erweichung und Milderungen eintrete und einen notwendigen und sachlich richtigen Kampf zu lähmen suche. Ist der Kampf sachlich richtig, so hat auch der Christ seinen Platz *in der Front* dieses Kampfes.«
(G. K., a.a.O., S. 76 f.)

Gerhard Kittel, Tübingen, 1933:
»*Der Obersatz für alles weitere,* ohne den jede Erörterung der Judenchristenfrage sinnlos wird und aufhört, eine christliche zu sein, *muß die rückhaltlose und uneingeschränkte Anerkennung sein, daß der christliche Jude mein christlicher Bruder ist und daß jede gläubige judenchristliche Gemeinschaft und Gemeinde ein volles Glied der Una Sancta ist und bleibt.* Wo man anfängt, Christen erster und zweiter Klasse zu unterscheiden, hat man aufgehört, Kirche zu sein.«
(G. K., a.a.O., S. 101 f.)

Gerhard Kittel, Tübingen, 1933:
»Dagegen hat jenes Pauluswort (gemeint

ist Gal. 3,28), solange unser Obersatz klar und eindeutig hingestellt bleibt, *nicht das mindeste zu tun mit einer Reihe praktischer Fragen des konkreten menschlichen Lebens*, die zur Erörterung stehen ... Heben wir also Gal. 3,28 auf, machen wir den Judenchristen zu einem Christen zweiter Klasse, wenn wir sagen, *er solle in Zukunft in der Deutschen Evangelischen Kirche kein Amt des verordneten Pfarrers oder des Gemeindeältesten innehaben*? Da die Kirche wohl nur eine sehr kleine Zahl von Geistlichen jüdischen oder halbjüdischen Blutes hat, ist mit Recht bezweifelt worden, ob eine rückwirkende Bestimmung allgemeiner Art notwendig sei, und vorgeschlagen worden, daß man die ganze Angelegenheit durch *Sichtung des Nachwuchses* regele ...

Es ist nicht wahr, daß solche Forderungen unchristlich seien! Sie sind es erst in dem Augenblick – *in diesem freilich in vollem Umfang!* –, in welchem sie von dem Judenchristen ein Christsein minderen Grades aussagen wollen. Sie sind es nicht, sind es in gar keiner Weise, solange ich dem judenchristlichen Bruder aus innerster Überzeugung sagen kann: obwohl er *voller Christ* sei, *in jeder Hinsicht genauso vollgültig wie ich*, könne er aus jenen bestimmten Gründen jene Funktionen in der deutschen Gemeinde nicht verwalten.«

(G. K., a.a.O., S. 103 u. 105; alle Sperrungen im Original)

Wilhelm Laible, Schriftleiter der Allgemeinen Evangelisch-Lutherischen Kirchenzeitung, 1933:

»Der nationalsozialistische Staat wird den unheilvollen jüdischen Einfluß brechen und hat mit eisernem Besen gekehrt ... Andererseits erheben ernste christliche Kreise warnende Stimmen vor diesem Antisemitismus, der dem Willen Christi stracks zuwiderlaufe. Und doch sind sie wieder zu gute Deutsche, um nicht den Schaden zu sehen, den jüdischer Einfluß im deutschen Volk angerichtet hat ...

Aber freilich, wir dürfen auch nicht weich werden! Wir dürfen nicht aus Schwäche eine Entwicklung weiterlaufen lassen, die sich für beide, für das deutsche wie für das jüdische Volk, als verfehlt erwiesen hat. Es ist hart, wenn Beamte, Lehrer und Professoren, die sich nichts haben zuschulden kommen lassen, als daß sie Juden sind, Platz machen müssen. Es ist hart, wenn Deutsche, die mit ihren Vätern und Großvätern seit hundert Jahren sich gewöhnt hatten, gleichberechtigte Staatsbürger zu sein, wieder in die Rolle des Fremdlings sich finden müssen. Aber niemals dürfen solche Erwägungen zu sentimentaler Erweichung und Lähmung führen.«

(Gerhard E. Stoll, Die evangelische Zeitschriftenpresse im Jahre 1933, Witten 1963, S. 214)

Martin Niemöller, 1933:

»2. Heute wird aus dieser unleugbaren Tatsache (nämlich daß jedem Volk das Evangelium in seiner Art und Sprache gebracht werden soll) die Forderung abgeleitet, daß Juden und Nichtvollarier grundsätzlich und dauernd von dem Amt der Wortverkündigung und sonstigen Dienstes in der Kirche unseres Volkes auszuschließen seien. – Dabei wird aber übersehen, daß nach dem Zeugnis der Heiligen Schrift das jüdische Volk, als das Volk des alten Bundes, eine grundsätzlich andere Stellung einnimmt als irgendein anderes Missionsvolk. Aus Römer 11,25–26 ist zu entnehmen, daß das jüdische Volk um der Heidenmission willen, die zuvor zu Ende geführt werden soll, keine Verheißung einer eigenen Volkskirche hat. Judenbekehrungen sollen demnach nach Gottes Willen ausgesprochene Einzelbekehrungen sein, Zeugnis dafür, daß Gottes Verheißung auch für Israel noch in Kraft steht und am Ende der Zeiten ihre Erfüllung finden soll ...

4. Unter diesen Umständen ist ein kirchliches Gesetz, das die Nichtarier oder Nichtvollarier, soweit sie dem jüdischen Volk angehören, von den Ämtern der Kirche ausschließt, bekenntniswidrig, weil es die im dritten Artikel bekannte

Gemeinschaft der Heiligen grundsätzlich negiert; denn gerade an den bekehrten Juden muß es sich erweisen, ob es der Kirche Jesu Christi mit der Gemeinschaft, die über die natürlichen Zusammengehörigkeiten hinausreicht, ernst ist.«
(Die Ev. Kirche . . ., a.a.O., S. 42 f.)

Hermann Strathmann, Professor, Erlangen, 1933:
»In bodenständigen, volksverwurzelten Kirchen muß den regelmäßig zu erfüllenden Vorbedingungen zugerechnet werden, daß der Träger des geistlichen Amtes dem Volke angehört, unter dem er wirkt. Ist nach diesem Grundsatz in den evangelischen Kirchen auch bisher schon zumeist tatsächlich verfahren worden, so muß er bei der Lage, wie sie nun bei uns geworden ist, und zwar nicht unter kirchlichen Gesichtspunkten, bewußt beobachtet werden.
Was die Umstände betrifft, die den Ausschluß vom geistlichen Amt rechtfertigen, so handelt es sich hierbei nicht um das Fehlen der rein persönlichen Eignung, wenn damit nur an die Begabung und den im Verhalten bewährten Ernst der christlichen Überzeugung gedacht ist, sondern auch um andere Umstände. Welche als solche zu bewerten sind, das kann nach Zeiten und Verhältnissen wechseln. Ein Grund, der heute die Wirksamkeit eines Geistlichen in Verkündigung und Seelsorge in Deutschland tatsächlich auf das schwerste bedroht, ist infolge des neuerwachten Volksbewußtseins die Zugehörigkeit zur jüdischen Rasse.«
(Die Ev. Kirche . . ., a.a.O., S. 65)

Georg Wobbermin, Professor, Göttingen, 1933:
»Für diesen Zweck (die Stellung der getauften Juden in der Kirche) ist nun auf das Nachdrücklichste zu betonen, daß die Judenfrage, um die es sich in dem Arierparagraphen handelt, ausschließlich – oder jedenfalls in erster Linie und in durchaus ausschlaggebender Weise – eine Rassenfrage ist.«
(Die Ev. Kirche . . ., a.a.O. S. 71)

Höherer Ministerialbeamter in Den Haag 1940, der dafür ins Konzentrationslager kam:
»Jede Bevorzugung eines Menschen vor einem anderen wegen seiner Zugehörigkeit zu einer bestimmten Rasse oder einem bestimmten Volk widerspricht den tiefsten Grundlagen unseres Glaubens an Jesus Christus, in dem Gott sich allen Menschen offenbaren will und vor dem alle Menschen gleich sind. Und mehr noch: die Tatsache, daß das jüdische Volk zu einem minderwertigen erklärt wird, widerspricht dem Worte Gottes, denn es hat Gott in seiner wunderbaren und unergründlichen Barmherzigkeit gefallen, durch Jesus Christus, der aus dem Schoß des jüdischen Volkes hervorging, allen Völkern und allen Rassen die Erlösung zu schenken. Jede Verwerfung des jüdischen Volkes ist darum eine Verwerfung Jesu Christi.«
(Holländische Kirchendokumente, Hrsg. W. A. Visser 't Hooft, Zürich 1944, S. 18)

Die Protestantischen holländischen Kirchen in einem Brief an den Reichskommissar für das besetzte Holland vom Oktober 1940 (zur Entlassung jüdischer Beamter):
»Wir erachten die Tendenz dieser Verordnungen, durch die gewichtige geistliche Belange in besonderer Weise betroffen werden, als mit der christlichen Barmherzigkeit im Widerspruch stehend. Überdies werden durch diese Verordnungen auch Glieder der Kirche selbst betroffen, die im Laufe der letzten Generationen zum Christentum übergetreten sind und in die Kirche, wie es die Heilige Schrift ausdrücklich fordert, als gleichberechtigte Glieder aufgenommen worden sind (Röm. 10, 12; Gal. 3, 28).
Endlich hat diese Frage in den Kirchen auch deshalb eine tiefe Bestürzung hervorgerufen, weil es sich um das Volk handelt, aus dem der Weltheiland hervorgegangen ist und das den Gegenstand der Fürbitte aller Christen bildet, auf daß es in Ihm seinen Herrn und König erkenne.
Aus diesen Gründen wenden wir uns an Eure Exzellenz mit der dringenden Bitte,

für die Aufhebung der obenerwähnten Verordnungen die erforderlichen Schritte zu unternehmen.«
(Holländische Kirchendokumente, a.a.O., S. 26 f.)

Hanna Vogt, 1963:
»Ein im April 1933 erlassenes ›Gesetz zur Wiederherstellung des Berufsbeamtentums‹ gab in seinem § 3 die Möglichkeit zur Entlassung ›nichtarischer‹ Beamter. In diesen Gesetzen trat die ganze Unsinnigkeit der Rassenlehre deutlich hervor. Da nämlich die so felsenfest behaupteten Rassenmerkmale gar nicht festzustellen waren, wurde der ›Rassejude‹ durch seine oder seiner Eltern und Großeltern Religionszugehörigkeit ermittelt. Umgekehrt wurde der ›Ariernachweis‹ durch den Nachweis der Taufscheine aller vier Großeltern erbracht. Fehlte einer dieser vier Taufscheine, dann galt man als ›Vierteljude‹; fehlte er bei einem Elternteil oder bei zwei Großelternteilen, dann war man ›Halbjude‹.«
(H. V., Joch und Krone, Frankfurt/Main 1963, S. 117)

Bibliographie

Bethge, Eberhard: Dietrich Bonhoeffer, München 1967, S. 321 ff., 357 ff.

Die Evangelische Kirche in Deutschland und die Judenfrage, Genf 1945.

Jannasch, W., Hrsg.: Deutsche Kirchendokumente, Zürich 1946, S. 11 ff.

Kittel, Gerhard: Die Judenfrage, Stuttgart 1933.

Pfisterer, Rudolf: Im Schatten des Kreuzes, Hamburg 1966, S. 77 ff.

Poljakov, Léon: Histoire de l'Antisémitisme, Bd. II, Paris 1960.

Roth, Cecil: History of the Marranos, New York 1959.

Sicroff, Albert: Les controverses des statuts de »pureté de sang« en Espagne du XVe au XVII siècles, Paris 1960.

Stoll, Gerhard E.: Die evangelische Zeitschriftenpresse im Jahre 1933, Witten 1963.

Aschkenasim

Diese Bezeichnung geht auf ein in Gen. 10, 3 genanntes Volk zurück, das nicht näher bekannt ist. Seit dem Mittelalter wird dieser Ausdruck für aus Deutschland stammende Juden gebraucht. Sie sprachen einen aus der Oberrheingegend stammenden deutschen Dialekt, das Jiddische. Im Unterschied zu den (→) sephardischen Juden hatten diese Aschkenasim eine andere Aussprache und Betonung der hebräischen Sprache, aber auch einige Einzelheiten im gottesdienstlichen Ritus waren bei ihnen verschieden. Der Gegensatz zwischen diesen beiden Gruppen innerhalb des Judentums war manchmal so tief, daß die Sephardim es den Aschkenasim nicht erlaubten, zu ihrer Synagoge zu gehören oder Mädchen aus ihrer Gemeinde zu heiraten. Die Aschkenasim standen wegen der jahrhundertelangen, von ihnen erlittenen Demütigungen außerhalb des westlichen Kulturlebens und waren zum großen Teil vollkommen verarmt. Dieser Rückstand wurde vom Ende des 18. Jahrhunderts an allmählich aufgeholt. Vor der Vernichtung der Juden durch Hitler waren 90 % aller Juden Aschkenasim.

James Parkes, 1962:
»Juden aus Mittel- und Osteuropa werden alle ohne Unterschied Aschkenasim genannt; dieses Wort leitet sich von einem späten hebräischen Ausdruck ›Aschkenas‹ her, der Deutschland bedeutet. Diese Aschkenasim kamen als mittellose Flüchtlinge aus dem Dreißigjährigen Krieg (nach Holland) ... Sie waren dort nicht willkommen (bei der schon ansässigen sephardischen Gemeinde), obwohl ihrer Bedürftigkeit durch die Liebestätigkeit von seiten der Gemeinde hätte abgeholfen werden müssen. Viele wurden in die rheinischen Städte wie Mainz und Deutz zurückgesandt; dort waren sie in dieser Zeit verhältnismäßig sicher. Nach dem Chmielnicki-Aufstand von 1648–1651 kamen mehr Aschkenasim von Polen an. Diese beiden Gruppen von Flüchtlingen begannen zunächst ihr Gemeindeleben zusammen mit den Sephardim, bald aber richteten sie viele Synagogen für sich selbst ein. Sie übertrafen an Zahl zusammen die Sephardim im Jahre 1675 im Verhältnis eins zu zwei; die damalige jüdische Bevölkerung belief sich auf etwa 7500 Seelen.«
(J. P., A History of the Jewish People, London 1962, S. 118 f.)

James Parkes, 1962:
»Die sephardischen Juden hießen die aus Deutschland und Polen eintreffenden Juden in ihrer Gemeinde nicht willkommen. Der Zwist war tiefgreifend. Die beiden Gruppen hatten eine verschiedene Aussprache des Hebräischen ... Die Sephardim redeten immer die Sprache ihrer Gastländer, die Aschkenasim dagegen nicht. Die Sephardim sahen die Aschkenasim als schmutzig und ungebildet an, die letztgenannten verachteten dagegen die erstgenannten wegen ihrer Anmaßung und Unkenntnis auf religiösem Gebiet.«
(J. P., a.a.O., S. 127)

Hannah Vogt, 1963:
»Die aus Spanien kommenden Juden nannte man nach dem hebräischen Wort für Spanien die sephardischen Juden. Die in Deutschland und Polen siedelnden Juden wurden dagegen die Aschkenasim genannt. Bei beiden Gruppen hatten sich unterschiedliche Synagogengebräuche herausgebildet. (Auch im körperlichen Typus lassen sich Unterschiede feststellen: Die sephardischen Juden haben einen stärker orientalischen, dunkelhäutigen Einschlag, während bei den aschkenasischen Juden viele hellhäutige, blonde und blauäugige zu finden sind.)«
(H. V., Joch und Krone, Frankfurt/Main 1963, S. 60)

Salcia Landmann, 1967:

»Als aschkenasisch bezeichnete man zunächst alle deutschen und ursprünglich deutschen Juden, die, gleichgültig wohin sie vor den blutigen Verfolgungen geflohen waren, nach wie vor ihr altes deutsches, mit hebräischen Elementen durchsetztes Idiom, das Judenteutsch, sprachen, das man dann später, im Osten, als Jiddisch bezeichnete.«

(S. L., Die Juden als Rasse, Olten 1967, S. 263)

Salcia Landmann, 1967:

»Die deutschen Juden waren nicht als ungebetene Gäste in den Osten gekommen. Sie wurden von den polnischen Königen eigens eingeladen. Sie sollten hier den einstweilen noch fehlenden dritten Stand bilden. Sie waren Kaufleute, Gewerbetreibende, Handwerker.«

(S. L., a.a.O., S. 264)

Bibliographie

Landmann, Salcia: Die Juden als Rasse, Olten 1967, passim.

Assimilation

Unter Assimilation versteht man die vollkommene Anpassung der Juden an Sprache, Sitten und Gebräuche der Völker, unter denen sie wohnen. Diese Anpassung bedeutet letztlich immer ein Aufgeben jener Eigentümlichkeit, die aus der Besonderheit der Religion oder des Volkscharakters der Juden sich ergibt. Dieses Aufgehen in der nichtjüdischen Umgebung hatte praktisch ein Untergehen des Judentums durch seine Einschmelzung in das jeweilige Volk, unter dem sie lebten, zur Folge. Diesem Vorgang leisteten die zahlreichen Mischehen mit Nichtjuden erheblichen Vorschub. Die Assimilation wurde von Nichtjuden weithin als ein Auslöschen des Judentums auf lange Sicht angesehen, während die Befürworter aus den Reihen des Judentums von der begreiflichen Sehnsucht erfüllt waren, endlich der jahrhundertelangen (→) Entrechtung und Bedrükkung entgehen zu können. Sie meinten, es genüge, Bürger irgendeines Landes mit mosaischer Religion zu bleiben.

1. Die Assimilisierung des einzelnen Juden an seine nichtjüdische Umgebung bedeutet weithin ein Aufgeben des Judentums. Dabei darf nicht vergessen werden, daß diese Bemühungen um Gleichstellung der Juden oft von einer wirklichen Achtung vor der unantastbaren Menschenwürde des einzelnen Juden geprägt sind.

Clermont-Tonnerre, im Nationalkonvent (Frankreich), Ende 18. Jahrhundert:
»Als Volk muß man den Juden alles verweigern, als Einzelperson ihnen aber alles zugestehen.«
(Hans Günter Adler: Die Juden in Deutschland, München 1960, S. 15)

Das von Napoleon I. einberufene Synhedrion in Paris, 1807:
»Wir haben erklärt, daß wir keinen Volkskörper mehr bilden.«
(Robert Raphael Geis: Vom unbekannten Judentum, Freiburg 1961, S. 206)

Wilhelm von Humboldt, Berlin, 1809:
»Mag das Volk auch noch so viele gutgeartete Juden sehen; es wird nie leicht dadurch zu anderen Meinungen über die Juden, als solche, selbst kommen, sondern die Einzelnen immer nur als Ausnahmen betrachten. Auch soll der Staat nicht gerade die Juden zu achten lehren, aber die inhumane und vorurtheilsvolle Denkungsart soll er aufheben, die einen Menschen nicht nach seinen eigenthümlichen Eigenschaften, sondern nach seiner Abstammung und Religion beurtheilt und ihn, gegen allen wahren Begriff von Menschenwürde, nicht wie ein Individuum, sondern wie zu einer Race gehörig und gewisse Eigenschaften gleichsam nothwendig mit ihr theilend ansieht. Dies aber kann der Staat nur, indem er laut und deutlich erklärt, daß er keinen Unterschied zwischen Juden und Christen mehr anerkennt . . .
Man sorge, wie das Edict sehr gut thut, für aufgeklärte und gelehrte Rabbiner, bestelle ja keinen Ober-Rabbiner, als insofern es die Juden von selbst thun, mache die Bande zwischen den einzelnen jüdischen Kirchen recht locker, führe nicht eine eigne Orthodoxie unter den Juden ein, sondern befördere durch natürliche und billige Toleranz vielmehr Schismen, und die jüdische Hierarchie wird von selbst zerfallen. Die Individuen werden gewahr werden, daß sie nur ein Cärimonial-Gesetz und eigentlich keine Religion hatten, und werden, getrieben von dem angeborenen Bedürfniß nach einem höheren Glauben, sich von selbst zu der christlichen wenden. Ihr Übertritt, der jetzt, wo sie ihre unterdrückten Mitbrüder verlassen und die bis dahin mit-

getragene Last auf sie abwerfen, um unter den vollberechtigten Christen mit den Namen *getaufter Juden* belegt zu werden, nur unter besonderen Umständen zu entschuldigen ist, wird alsdann wünschenswerth, erfreulich und wohltätig sein.«
(Willhelm Grau, Wilhelm von Humboldt und das Problem des Juden, Hamburg 1935, S. 115 und 120)

Geheimer Oberregierungsrat Adolf Friedrich Karl Streckfuß, Berlin, 1833:
»Immer mehr der einzelnen Steine werden aus der Ruine (des Judentums) fallen, je schwächer der Druck wird. Und wenn er dereinst ganz aufgehört hat, wird die ganze Ruine ohne Geräusch verschwunden sein. Und so wird das Ende des Judentums sein: Ahasver, welcher seine unerschöpfliche Lebenskraft durch die feindselige Berührung der Christen und die von diesen erfahrenen Verfolgungen bis jetzt bewahrt hat, wird still sein müdes Haupt zum ewigen Schlummer niederlegen, wenn man ihn ruhig und unbeachtet sein Ziel suchen läßt.«
(Wolf Dieter Marsch, Karl Thieme, Hrsg.: Christen und Juden, Mainz und Göttingen 1961, S. 157)

Herbert Eulenburg, 1912:
»Ich kann über die Zukunft des Judentums nur das sagen, was ich persönlich davon für die Juden und für Deutschland erhoffe. Und das ist die völlige Assimilation der bei uns lebenden Juden an unser Volk. Wir haben andere und weniger edle Rassen verschlungen und verdaut, als daß uns die paar tausend Juden schaden könnten. Für die in Deutschland wohnenden Juden aber sehe ich kein edleres Ziel, als gute Deutsche zu werden und in einem Volk aufzugehen, das ihnen alle seine Rechte, die für den denkenden Menschen in Frage kommen, eingeräumt hat.«
(Werner Sombart, Hrsg., Judentaufen, München 1912, S. 33)

Hans Heinz Ewers, 1912:
»Hier ist einer der Punkte, bei dem man ansetzen könnte, um einer von der Natur gewollten Entwicklung ein schlimmes Hindernis aus dem Weg zu räumen! Man erleichtere den Juden die Möglichkeit, ihre Namen zu wechseln ... Man gebe also den Juden die Möglichkeit, diese modernen gelben Lappen herunterzureißen, sich irgendeinen Namen zuzulegen, der nicht sofort wie ein Aushängeschild wirkt. Man reiße ferner alle die kleinen Schranken ein, die nichts mehr bedeuten und nur eine zwecklose Bitterkeit erzeugen, lasse die Juden Offiziere, Staatsanwälte werden, lasse sie in die Regierungskarriere, in die Diplomatie eintreten, mache sie im allerweitesten Sinne des Wortes zu Vollbürgern. Je eher es geschieht, je eher wird sich der Jude als Deutscher fühlen. Auf der anderen Seite verzichte der Jude auf seine veralteten und heute nur provozierenden religiösen Eigenheiten, gebe z. B. endlich die Sabbatheiligung auf ... Lächerlich ist auch ihr Neujahrstag, sind alle ihre Feste, die doch nur einem eigensinnigen Festhalten an religiösen Eigentümlichkeiten dienen, für die jede Vorbedingung längst entschwunden ist.«
(Werner Sombart, a.a.O., S. 40 f.)

---

2. Diese Zielsetzung von seiten der Christen entsprach Strömungen innerhalb des Judentums.

Martin Philippson, 19. Jahrhundert:
»Ihre (der jüdischen Gemeinden) Verwaltungen gingen mit dem bösen Beispiel voran. Sie betrachteten ihre Gemeinden als ein finanzielles Unternehmen wie etwa einen Fabrik- oder Handelsbetrieb, bei dem man die Unkosten möglichst herabsetzen mußte. Wenige Gotteshäuser, wenige Geistliche, wenige Schulen, keine Förderung irgendeiner allgemein jüdischen Angelegenheit – nur alles hübsch billig, denn im Grunde war ja das Judentum doch eine alte, aufgegebene Einrichtung, für die kein ›Gebildeter‹ mehr wahre Anteilnahme hegen könnte.«
(Ismar Elbogen, Geschichte der Juden in Deutschland, Berlin 1935, S. 273)

Verein der Reformfreunde, Frankfurt, 1842:
»3. Ein *Messias*, der die Israeliten nach dem Lande Palästina zurückführe, wird von uns weder erwartet noch gewünscht. Wir erkennen kein Vaterland als dasjenige, dem wir durch Geburt oder bürgerliches Verhältnis angehören.«
(Simon Dubnow: Die neueste Geschichte des jüdischen Volkes, Berlin 1929, Bd. II, S. 99)

Reformgenossenschaft, 1844:
»Wir können nicht mehr beten mit wahrhaftem Munde um ein irdisches Messiasreich, das uns aus dem Vaterlande, dem wir mit allen Banden der Liebe anhängen, wie aus einer Fremde heimführen soll in unser Urväter Heimatland. Wir können nicht mehr einen Kodex als unveränderliches Gesetzbuch anerkennen, der die Aufgabe des Judentums bestehen läßt in unnachsichtigem Festhalten an Formen, die einer ... für immer entschwundenen Zeit ihren Ursprung verdanken.«
(H. G. Adler, Die Juden in Deutschland, München 1960, S. 66 f.)

Abraham Geiger, Frankfurt, 1845:
»Wenn die hebräische Sprache als wesentliches Moment des Judentums aufgestellt würde, würde dieses als eine *nationale* Religion dargestellt werden, da eine besondere Sprache ein charakteristisches Moment eines gesonderten Volkslebens ist; die notwendige Verknüpfung des Judentums mit einer gesonderten Nationalität wird aber sicherlich von keinem der Mitglieder dieser Versammlung behauptet.«
(Simon Dubnow, a.a.O., S. 105)

Abraham Geiger, 1810–1874:
»Jerusalem ist eine ehrwürdige Erinnerung aus der Vergangenheit, es ist die Wiege der Religion; es ist keine Hoffnung für die Zukunft, nicht Ort, aus dem neues Leben sich entwickeln wird ... Ehre sei Jerusalem und seinem Andenken, wie einem jeden großen Toten, aber stören wir nicht seine Ruhe!«
(Ismar Elbogen, Geschichte der Juden in Deutschland, Berlin 1935, S. 299; neu: Ismar Elbogen, Eleonore Sterling: Die Geschichte der Juden in Deutschland, Frankfurt/Main 1966, S. 276)

---

3. Die Taufe spielte als Weg zur Gleichberechtigung der Juden eine wichtige Rolle; dies bedeutete eine eindeutige Absage an das Judentum.

Rühs, Historiker, Berlin, 1815:
»Ein fremdes Volk kann nicht Rechte erlangen, welche die Deutschen zum Teil nur durch das Christentum genießen ... Es muß alles geschehen, um sie (die Juden) auf dem Wege der Milde zum Christentum und dadurch zur wirklichen Aneignung der deutschen Volkseigentümlichkeiten zu veranlassen, um auf diese Weise den Untergang des jüdischen Volkes mit der Zeit zu bewirken.«
(Hans Günter Adler, Die Juden in Deutschland, München 1960, S. 56)

Wohlfahrt, Sprecher des preußischen Finanzministeriums, Berlin, 1816:
»Es wäre zu wünschen, wir hätten gar keine Juden im Lande. Die wir einmal haben, müssen wir dulden, aber unablässig bemüht sein, sie möglichst unschädlich zu machen. Der Übertritt der Juden zur christlichen Religion muß erleichtert werden, und mit dem sind alle staatsbürgerlichen Rechte verknüpft. Solange der Jude aber Jude bleibt, kann er keine Stellung im Staate einnehmen, in welcher er als Repräsentant der Regierung über christliche Staatsbürger gebieten würde.«
(Simon Dubnow, a.a.O., Bd. II, S. 37)

Minister in Baden, gegen 1820:
»Solange die Juden Juden sind, auch wenn sonst nichts gegen sie eingewendet wird, können sie in einem christlichen Staate den christlichen Staatsgliedern niemals ganz gleich gehalten werden.«
(Ismar Elbogen, a.a.O., S. 213)

Heinrich Heine, 1825:
»Ich bin jetzt bei Christ und Jude gleich

verhaßt. Ich bereue sehr, daß ich mich getauft hab; ich sehe noch gar nicht ein, daß es mir seither besser gegangen sei, im Gegenteil, ich habe seitdem nichts als Unglück.«
(Karl Thieme, Dreitausend Jahre Judentum, Paderborn 1960, S. 74)

Josef Kohler, Berlin, 1912:
»Ich glaube, daß aus der Taufe und dem Übertritt der Juden für die deutsche Nation außerordentliche Vorteile erwachsen können: der Übertritt ist die Bedingung vollständiger Assimilation. Natürlich würde ich niemals einer Preisgebung der Religion gegen die persönliche Überzeugung, noch weniger der Verleugnung der Religion aus äußerlichen Gründen das Wort reden, aber Tausende und aber Tausende der Juden sind in dem Stande, daß sich ihre Vorstellungen mit dem protestantischen Christentum vollkommen vertragen.«
(J. K., in: Werner Sombart, Hrsg., Judentaufen, München 1912)

Gegen diese Art der Gleichberechtigung wandte sich unter anderem der jüdische Jurist *Gabriel Rießer (1806–1863):*
»Die immer wiederkehrende Beziehung der Religion zum äußeren Vorteil, der in Preußen sich täglich wiederholende Fall, daß die Annahme des Christentums als die Bedingung einer bürgerlichen Existenz erscheint, mußte am Ende dazu führen, daß man die Religion als etwas Äußerliches, das Bekenntnis derselben als einen bürgerlichen Akt, zu welchem sich die Wahrheit und Überzeugung ganz gleichgültig verhalten, ansehe.«
(Hans Günter Adler, a.a.O., S. 62)

Alfred Jeremias, 1927:
»Verständnisvolle Christen werden niemals danach streben, Juden zu taufen um jeden Preis. Judenmission im Sinne einer Assimilation ist öffentlicher Unfug. Man wird im einzelnen Falle einen Juden zur Taufe zulassen, wenn sie in innerster Überzeugung begehrt wird.«
(A. J., in: Judentum und Christentum, Sonderheft: Der Jude, 1927, S. 49)

---

4. Von seiten vieler Juden war die Assimilation und Gleichberechtigung gleichbedeutend mit einer tiefen Verehrung und großen Zuneigung für das Land, in dem sie wohnten.

David Friedländer, Berlin, 1812:
»Heute haben wir nur *ein* Vaterland, Preußen – und nur für dieses dürfen wir beten. Unsere Muttersprache ist die deutsche, und nur durch die unverkümmerte Einführung dieser Sprache in das Gebet kann der religiöse Dienst zu neuem Leben erweckt werden.«
(Simon Dubnow, a.a.O., Bd. I, S. 210)

Die Ältesten der Judenschaft, Berlin, 18. März 1812:
». . . Unsere Voreltern haben von jeher, mit unerschütterlicher, nie wankender Treue die Pflichten des *Unterthanen* erfüllt. Des gibt die Geschichte Zeugniß. Um wieviel stärker und unauflöslicher wird das Band den *Bürger* an die geheiligte Person Ew. K. M. und an das Vaterland fesseln, da nun zur Ehrfurcht und Liebe sich die höchste Dankbarkeit gesellt . . .«
(Ludwig Geiger, Geschichte der Juden in Berlin, Berlin 1871, S. 144)

Bericht über die Freiheitskriege 1814/15:
»Als der schwere Krieg glorreich beendet war, kehrten auch jüdische Jünglinge, zu Offizieren ernannt, mit dem Zeichen des Eisernen Kreuzes als Lohn ihrer Tapferkeit geschmückt, nach der Heimath zurück. Aber das Vaterland richtete den Unterschied wieder auf, den die feindlichen Kugeln nicht gekannt hatten; Kämpfer, die durch erhaltene Verwundungen sich den Anspruch auf Staatsstellungen erworben hatten, erhielten sie nicht, weil sie jüdischen Glaubens waren.«
(Ludwig Geiger, a.a.O., S. 149 f.)

Abraham Geiger (1810–1874):
»Ich liebe Deutschland, trotzdem, daß mich, den Juden, dessen Staatseinrichtungen verstoßen. Frägt die Liebe nach

einem Grunde? Ich fühle mich mit seiner Wissenschaft, mit seinem ganzen Ernste verwebt, und wer wird den Nerv seines Daseins ungestraft durchschneiden!«
(Arthur Eloesser, Vom Ghetto nach Europa, Berlin 1936, S. 243)

Gabriel Rießer (1806–1863), Obergerichtsrat in Hamburg und 1849 Vizepräsident des Frankfurter Parlaments:
»Uns vorzuhalten, daß unsere Väter vor Jahrhunderten oder vor Jahrtausenden eingewandert sind, ist so unmenschlich als es unsinnig ist. Wir sind nicht *eingewandert*, wir sind *eingeboren*, und weil wir es sind, haben wir keinen Anspruch anderswo auf Heimat; wir sind entweder Deutsche oder wir sind heimatlos. Oder will man im Ernste die ursprünglich fremde Abkunft gegen uns geltend machen? Will man zivilisierte Staaten auf das barbarische Prinzip der Autochthonenschaft zurückführen? Die Fragen bedürfen keiner Antwort.
Es gibt nur eine Taufe, die zur Nationalität einweiht: das ist die Taufe des Blutes in dem gemeinsamen Kampf für Freiheit und Vaterland: ›Ihr Blut hat sich mit dem unsrigen auf den Schlachtfeldern vermischt‹, das war das Machtwort, womit man in den Französischen Kammern die letzten ohnmächtigen Regungen von Unduldsamkeit und Abneigung zu Boden schlug. Auch die deutschen Juden haben diesen vollgültigen Anspruch auf Nationalität vollgültig erworben ...
Daß wir nach Erlangung einer höheren Freiheit auf einem anderen Wege, als der ist, den man uns zeigt, mit allen Kräften ringen und streben und bis zum letzten Lebenshauch zu ringen und zu streben entschlossen sind, das ist es, glauben wir, das uns würdig macht, Deutsche zu sein und zu heißen. Die kräftigen Klänge deutscher Sprache, die Gesänge deutscher Dichter haben in unserer Brust das heilige Feuer der Freiheit entzündet und genährt; der Hauch der Freiheit, der über die deutschen Gaue zog, hat unsere schlummernden Freiheitshoffnungen geweckt, und manche frohe Aussicht ist ihnen schon seitdem geworden. Wir wollen dem deutschen Vaterlande angehören; wir werden ihm aller Orten angehören. Es kann und darf und mag von uns Allen fordern, was es von seinen Bürgern zu fordern berechtigt ist; willig werden wir ihm alles opfern – nur Glaube und Treue, Wahrheit und Ehre nicht; denn Deutschlands Helden und Deutschlands Weise haben uns nicht gelehrt, daß man durch solche Opfer ein Deutscher wird!«
(Hans Joachim Schoeps, Jüdische Geisteswelt, Köln 1960, S. 286 f.)

Gabriel Rießer:
»Bietet man mir in der einen Hand die Emanzipation, auf die alle meine innigsten Wünsche gerichtet sind, mit der anderen die Verwirklichung des schönen Traums von der politischen Einheit Deutschlands, mit seiner politischen Freiheit verknüpft, ich würde ohne Bedenken letztere wählen; denn ich habe die feste, tiefste Überzeugung, daß in ihr auch jene enthalten ist.«
(Arthur Eloesser, a.a.O., S. 238 f.)

Gabriel Rießer:
»Wer mir den Anspruch auf mein deutsches Vaterland bestreitet, bestreitet mir das Recht auf meine Gedanken, meine Gefühle, auf die Sprache, die ich rede, auf die Luft, die ich atme; darum muß ich mich gegen ihn wehren, wie gegen einen Mörder. Wohl mir, daß ich es in freier, deutscher Rede kann, daß mindestens die Muttersprache, liebreicher als alle ihre Jünger, sich mütterlich meiner annimmt, und mir ihre mächtigen Waffen zu diesem Kampfe nicht versagt.«
(H. G. Adler, a.a.O., S. 71)

Walter Heymann, Schriftsteller, am 12. 9. 1914 (gefallen am 9. 1. 1915 in Frankreich):
»... Aber fest stand und steht mir, daß wir wenigstens im Krieg alle gleich sind. Es ist keine Phrase, wer fällt, ist ein Opfer für alle, besonders für die Überlebenden. Mit seinem Leben bezahlen ist sicher schwer. Aber im Tode wie durch ein volles Leben noch für andere Nutzen stiften – das tut man auch als ›Kanonen-

futter‹, *gleichgültig*, wie der Fall liegt – ist ungeheuer viel. Nun sage ich mir ganz klar: Wo steht geschrieben, daß andere für mich bezahlen und an meiner Stelle bezahlen müssen. Denn so ist's . . .«
(Kriegsbriefe gefallener deutscher Juden, Stuttgart 1961, S. 21 f.)

Fritz Mayer, Leutnant d. R., am 21. 11. 1914 (gefallen am 19. 7. 1916):
». . . Ich bin glücklich, nun in blutigem Ernst für die heilige Wahrheit unserer Idee zeugen zu dürfen, und stärker als je lodert in uns die Liebe zum deutschen Vaterland. Daß leider Gottes in der Heimat die ehrlosen Stimmen der Verleumdung noch nicht verstummt sind, vermag uns nicht zu entmutigen. Nur traurig, furchtbar traurig macht uns dies. Was wollen sie denn mehr als unser Blut? – Mögen sie doch an dem vergossenen unserer Glaubensbrüder weitere Rassenstudien treiben. – Die feindlichen Kugeln machen sich mit solcher Unterscheidung keine Mühe. Gott sei Dank! Aber fort mit bitteren Gedanken. ›Ich stritt aus Haß der Städter und nicht um euern Dank . . .!‹«
(Kriegsbriefe . . ., a.a.O., S. 87)

Hans Mosse, Leutnant d. R., am 9. 5. 1915 (gefallen am 23. 8. 1916):
». . . Ihr wißt auch, wie gerne ich bei der Sache bin und wie mich der klare Weg der Pflicht, der Verantwortung, die man für andere trägt, und die Ehre, die man genießt, endlich die Gelegenheit, den inneren Feinden zu zeigen, daß sie Unrecht hatten, wie mich das alles erfreut und stärkt . . .«
(Kriegsbriefe . . ., a.a.O., S. 94)

Warburg, Bankier, an Prinz Max von Baden, 1918:
»Es kommt mir seltsam vor, daß ich als Zivilist den Militärs heute zurufen muß: Kämpfen Sie weiter! Ich weiß, daß mein einziger Sohn, der jetzt ausgebildet wird, in vier Wochen im Schützengraben sein wird, aber ich beschwöre Sie, machen Sie jetzt nicht Schluß!«
(H. G. Adler, a.a.O., S. 130)

Franz Rosenzweig an Rudolf Hallo, Ende Januar 1923:
». . . Ich glaube, die Verjudung hat aus mir keinen schlechteren, sondern einen besseren Deutschen gemacht. Ich halte die Generation vor uns . . . wirklich für keine besseren Deutschen als uns . . . Unsere Arbeit wird uns von Deutschland höchstens posthum gelohnt, aber darum tun wir sie doch, solange wir sie in Deutschland tun, für Deutschland . . .
Also ich, was mich angeht, fürchte mich weder vor hebräischen Liedern, noch glaube ich durch meinen Verzicht auf Schweinefleisch das Deutschtum, woran ich Anteil habe, verloren zu haben. Versuch du auch einmal, an diesem Punkt, ich meine in der Frage von Deutschtum und Judentum, etwas harmloser zu sein.
Als man mich in Hamburg in jener Sitzung vor die diversen Gretchenfragen stellte, fragte einer – der Vorsitzende des C. V. natürlich – auch diese. Da habe ich erwidert, die Antwort auf diese Frage lehnte ich ab; wenn mich das Leben einmal auf die Folter spannen würde und mich in zwei Stücke reißen, so wüßte ich freilich, mit welcher der beiden das Herz, das ja unsymmetrisch gelagert sei, mitgehen würde; ich wüßte auch, daß ich diese Operation nicht lebendig überstehen würde.«
(F. R., Briefe, Berlin 1935, S. 474 f.)

5. Zahlreiche Juden und Nichtjuden sind auf Grund ihrer Einsicht und Erfahrung der Meinung, daß die Assimilation Selbstzerstörung des Judentums bedeutet.

Theodor Herzl, Wien, 1896:
»Wir haben überall ehrlich versucht, in der uns umgebenden Volksgemeinschaft unterzugehen und nur den Glauben unserer Väter zu bewahren. Man läßt es nicht zu. Vergebens sind wir treue und an manchen Orten sogar überschwängliche Patrioten, vergebens bringen wir dieselben Opfer an Gut und Blut wie unsere Mitbürger, vergebens bemühen wir uns, den Ruhm unserer Vaterländer

in Künsten und Wissenschaften, ihren Reichtum durch Handel und Verkehr zu erhöhen. In unseren Vaterländern, in denen wir ja auch schon seit Jahrhunderten wohnen, werden wir als Fremdlinge ausgeschrieen; oft von solchen, deren Geschlechter noch nicht im Lande waren, als unsere Väter da schon seufzten. Wer der Fremde im Lande ist, das kann die Mehrheit entscheiden; es ist eine Machtfrage, wie alles im Völkerverkehre. Ich gebe nichts von unserem ersessenen guten Recht preis, wenn ich das als ohnehin mandatsloser Einzelner sage. Im jetzigen Zustande der Welt und wohl auch noch in absehbarer Zeit geht Macht vor Recht. Wir sind vergebens überall brave Patrioten, wie es die Hugenotten waren, die man zu wandern zwang. Wenn man uns in Ruhe ließe.
Aber ich glaube, man wird uns nicht in Ruhe lassen.«
(Th. H., Der Judenstaat, Jerusalem 1946, S. 11 f.)

Hermann Bahr, 1912:
»Die Assimilation erscheint mir nun einmal schon deshalb nicht möglich, weil ich den Eindruck habe, daß weder die Deutschen noch die Juden sie wollen, der Judenstaat dagegen scheint möglich, weil die Deutschen keinen Grund haben, sich gegen ihn zu wehren, viele Juden ihn wollen und ja kein Jude gezwungen sein wird, sich ihm anzuschließen ... Haben die Juden erst ihren eigenen Staat, und damit eine Zuflucht, so werden sich auch Juden und Deutsche nicht mehr so befangen gegenüberstehen wie jetzt, wo beide stets glauben, an ihrer Seele Schaden zu leiden.«
(Werner Sombart, Judentaufen, a.a.O., S. 22)

Richard Dehmel, 1912:
»Aber die kirchliche Taufe hat, Gott sei Dank, nichts mehr mit Religion zu tun, sondern bloß noch mit der Konfession; und jedes staatlich begünstigte Glaubensbekenntnis wird schließlich ein Wuchergeschäft des Unglaubens ...
Allerdings müssen wir von den Juden fordern, die mosaische Konfession abzulegen; denn sie bindet ihn und seine Familie nicht sowohl an den mosaischen Glauben, als vielmehr an talmudischen Afterglauben, verhindert also die Anpassung an unsere besten Traditionen und erst recht an neue Kulturtendenzen. Aber die Forderung hat nicht zu lauten: werde Katholik oder Protestant! sondern: werde Dissident! Das könnte noch wirklich religiösen und auch sozialen Zusammenschluß anbahnen; Religion heißt nämlich auf deutsch nichts weiter als innerliche Verbundenheit, williges Gemeinschaftsgefühl.«
(W. S., Judentaufen, a.a.O., S. 26 f.)

Simon Dubnow, 1929:
»Die aufwärts strebende Judenheit suchte nun auf dem Wege der religiösen Reform den Beweis zu erbringen, daß sie keine Nation in der Staatsnation bilde und daß der von seinen national-geschichtlichen Eigenheiten befreite Judaismus nichts als den Inbegriff rein religiöser Dogmen und Riten bedeutete, deren Anhänger lediglich eine Kirche neben anderen Kirchen bedeute.«
(S. D., Die neueste Geschichte ..., a.a.O., Bd. II, S. 85)

Simon Dubnow, 1929:
»Indem Geiger (s. o.) und Hirsch das Judentum als eine nationale Ganzheit verleugnen und es lediglich als eine individuell gefärbte Religionsgemeinschaft anerkannt wissen wollten, fanden sie sich beide unbewußt mit der *nationalen* Assimilation ab, die letzten Endes die völlige Auflösung der Juden unter den anderen Völkern, d. h. das Verschwinden des lebendigen Trägers des Judaismus im Gefolge haben muß. Man übersah, daß, sobald dem Faß der Boden ausgeschlagen wird, auch der Wein verloren geht: daß ohne ein lebenskräftiges, einen kulturgeschichtlichen Sondertypus darstellendes jüdisches Volk auch der Inbegriff seiner geistigen Gestaltungsformen, der Judaismus, undenkbar ist.«
(S. D., a.a.O., Bd. II, S. 95)

Simon Dubnow, 1929:
»In dem von den Vorkämpfern der Re-

form hergestellten Amalgam der beiden Kulturen war das jüdische Element in der Tat gänzlich von dem deutschen absorbiert. Die religiöse Reform in ihrer weltlichen Berliner Prägung entsprach nicht im geringsten dem ihr vorangegangenen Aufruf zu einem *Ausgleich* zwischen Judentum und neuer Zeit. Sie bedeutete vielmehr eine bedingungslose *Kapitulation* des Judentums vor den Bedürfnissen und Anforderungen des Augenblicks und ließ die Bereitwilligkeit erkennen, die Religion in den Dienst der Germanisierung und der bürgerlichen Emanzipation zu stellen. Die Männer, die ›zwischen den Gräbern der Väter und den Wiegen der Kinder‹ zu stehen wähnten, erwiesen sich wohl als tüchtige Totengräber, jedoch als Stümper in der Baukunst. Sie waren im nationalen Sinne *morituri*, und so war auch die von ihnen durchgeführte, der historischen Wurzeln ermangelnde Reform eine dem Tod geweihte Mißgeburt.«
(S. D., a.a.O., Bd. II, S. 110 f.)

Jakob Klatzkin, Vitznau (Schweiz), 1917:
»Hat sich ein Teil der Juden – der Juden, nicht des Judentums – mit der fremdnationalen Kultur verbunden, so ging er in ihr auf und trat eo ipso aus dem Judentum aus, wenn auch nicht auf dem Weg der Taufe: Die Assimilation als *nationaler Übertritt* hat die gleiche, wenn auch weniger sichtbare Wirkung des Austritts wie die religiöse Taufe. Unsere Assimilanten konnten daher höchstens ihr Judesein subjektiv vernichten, nicht aber das Judesein objektiv assimilieren. Insofern also eine innere Verknüpfung der Juden mit einer fremden Kultur sich vollzogen hat, war es eine Auflösung der Juden in ihrem Wirtsvolk, das Erlöschen ihres Judentums, nicht eine Verquickung des Judentums mit dem Geist des Wirtsvolks.«
(J. K., in: Der Jude, Nr. 5/6, Berlin, Aug./Sept. 1917, S. 363)

Ismar Elbogen, Berlin, 1935:
»Wie reagierten die Juden auf die Bewegung (der Antisemiten)? Sie waren zunächst wie gelähmt, als hätte ein grausiges Gespenst ihr Blut zum Erstarren gebracht! Sie hatten ihr Bestes getan, sich zu assimilieren, sich bemüht, ihr jüdisches Bekenntnis so unmerkbar wie möglich zu gestalten, ihre jüdische Betätigung auf Gottesdienst und Wohltätigkeit zu beschränken – nicht wenige ›Arrivierte‹ und Angesehene verzichteten sogar auf das Religiöse und trafen Vorsorge, daß ihre Enkel nicht mehr als Juden geboren wurden. Und nun erfuhren sie, daß das alles nicht genügte, daß ihr bloßes Dasein störte, daß selbst dem freiesten Christen der freie Jude noch zu viel Jude war.«
(I. E., a.a.O., S. 294)

Martin Buber, Jerusalem, 1948:
»Man kann die beiden Tendenzen (des Zionismus) in ihrem Ursprung als zwei verschiedene Interpretationen des Begriffs ›Wiedergeburt‹ erfassen.
Die eine verstand unter ›Wiedergeburt‹, daß von neuem ein echtes Israel aufkomme ... Mit Wiedergeburt ist hier somit nicht ein gesicherter Fortbestand des Volkes anstatt des bisher ungesicherten gemeint, sondern eine Existenz der Verwirklichung anstatt der bisherigen, in der unverwirklichte Ideen und ideenlose Wirklichkeit einander stießen.
Die andere Tendenz verstand unter ›Wiedergeburt‹ einfach: Normalisierung. Zu einem ›normalen‹ Volk gehören Land, Sprache und Selbständigkeit; diese müssen wir wiederbekommen, alles andere braucht uns nicht zu bekümmern, das wird sich schon von selber fügen. Wie die Menschen in dem Land miteinander leben, was die Menschen in dieser Sprache sagen, in welchem Verhältnis diese Selbständigkeit zur übrigen Menschenwelt steht, das gehört gar nicht zum Kapitel der Wiedergeburt. Werde normal und du bist wiedergeboren!
(M. B., Zweierlei Zionismus, in: Der Jude und das Judentum, Köln 1963, S. 349)

Martin Buber, Jerusalem, 1948:
»Diese beiden Tendenzen sind im Grunde nur eine neue Gestalt jener zwei, die schon einst in der Frühzeit Israels wider einander standen: das mächtige Bewußt-

sein der Aufgabe, im ganzen Volksleben, nach innen und außen, Wahrheit und Gerechtigkeit zu erfüllen und damit der Menschenwelt Vorbild und Anleitung zu werden, und das natürliche, nur allzunatürliche Verlangen, ›wie alle Völker‹ zu sein. Es ist damals den Juden nicht gelungen, normal zu werden.
In dieser Stunde scheint es ihnen in einem furchtbaren Maße zu gelingen.
Nie im Lauf unserer Geschichte waren Geist und Leben so fern voneinander wie jetzt in dieser Epoche der ›Wiedergeburt‹. Oder will man etwa die kollektive Selbstsucht, die kein höheres Kriterium anerkennt und sich keinem höheren Gebote beugt, als ›Geist‹ bezeichnen? Wo werden hier noch, nach außen und nach innen, Wahrheit und Gerechtigkeit zur Richtschnur des Handelns genommen?...
Dieser ›Zionismus‹ entweiht den Namen Zion; er ist nichts mehr als einer der krassen Nationalismen unserer Zeit, die keine höhere Autorität als das – vermeintliche – Interesse der Nation anerkennen. Damit entpuppt er sich als eine Form der *nationalen Assimilation*, die gefährlicher ist als jede individuelle war, denn diese verdarb nur die sich assimilierenden Einzelnen und Familien, die nationale aber zersetzt den Wesenskern Israels.«
(M. B., a.a.O., S. 349 f.)

Georges Friedmann, Paris, 1965:
»Eine völlige Assimilation kann erst stattfinden, wenn der Antisemitismus ausstirbt und damit die ›Produktion‹ des Juden aufhört. Die wichtigste Voraussetzung dafür ist ein Wandel in der Einstellung der christlichen Kirchen (der unter unseren Augen einsetzt) und der Millionen, der Hunderte von Millionen von Männern und Frauen, die sie jahrhundertlang von Generation zu Generation durch die ›Erziehung zur Verachtung‹ geformt haben. Diese läßt nach, aber wie tief sind die Spuren, die zurückbleiben! Die Diaspora tendiert zur Assimilation wie eine Asymptote: ohne sie in absehbarer Zukunft völlig erreichen zu können. Sorgt nicht andererseits der vielfältige, nachhaltige Einfluß des Schmelzkessels Israel für eine rasche Assimilation?...
Die Assimilation der Emigranten in Israel kann total werden, wenn die Benachteiligung der ›Orientalen‹ und die Vorurteile ihnen gegenüber überwunden sind. Ebenfalls aus der Perspektive der Assimilation erklärt sich eine weitere Redensart, die in gewissen Kreisen über atheistische Sabras zirkuliert: ›Sie sind physisch gerettet, aber geistig verloren‹. Gerettet durch das Gelobte Land, befreit von Haß und Verfolgungen, aber verloren, auf jeden Fall irregeleitet sind in den Augen der Orthodoxen alle Israelis, die aufgehört haben, an den Gott Abrahams, Isaaks und Jakobs zu glauben und seine Gebote zu befolgen.«
(G. F., Das Ende des jüdischen Volkes?, Hamburg 1968, S. 212–214)

Georges Friedmann, Paris, 1965:
»Haben die Juden nicht letzten Endes nur noch die Wahl zwischen zwei Formen der Assimilation? Den Führern und Theoretikern des Zionismus zufolge droht dem ›jüdischen Volk‹ heute die größte Gefahr weder vom Antisemitismus noch von der wirtschaftlichen Diskriminierung, sondern von der Assimilation. ›Die Assimilation ist eine ungeheure Gefahr geworden, seit wir die Ghettos und Mellas verlassen haben‹, sagte Nahum Goldmann am 16. März 1963 vor den Führern der Zionistischen Weltorganisation ... Die Ghettos haben jahrhundertlang Juden ›produziert‹, die ein voll und ganz jüdisches Leben führten. Ihre Lebensform schloß jede Gefahr der Assimilation aus. Kommt aber heutzutage ein Jude aus der Diaspora, der auf der Flucht vor der Assimilation, die seine Judaizität aushöhlt, nach Israel geht, nicht vom Regen in die Traufe? Viele Orthodoxe in Israel selbst verkünden, daß im Gelobten Land selbst den heiligsten Überlieferungen des Judentums eine neue, tödliche Gefahr erwächst: die Assimilation der Juden im Staat Israel, die ›Israelisierung‹.«
(G. F., a.a.O., S. 215 f.)

Jochanan Bloch, Berlin, 1966:
»So kommt es zum Grundphänomen der Assimilation: der entlaufende Jude ist eben immer dies – entlaufender Jude. Er mag alles von sich weisen: Ursprung, Behaustheit, Sprache; er tut es als der sein Judentum von sich weisende Jude – und so verliert er es nicht. – Es sei angemerkt: Jude wie Nichtjude haben dabei ein sicheres Gefühl, die Eigenheit möge sich nur auf dem Wege einer durch Generationen wiederholten Mischehe ganz verlieren. Dieses ernstnehmen heißt nicht, einem Rassismus zum Munde reden; eine Mischehe wirkt sich vielfältig aus. Doch weist es uns zu Recht darauf hin, daß dem biologischen Faktor eine nicht unerhebliche Rolle in dem Geschehen zukommt.«
(J. B., Judentum in der Krise, Göttingen 1966, S. 10)

Arthur A. Cohen, Vereinigte Staaten, 1966:
»Ich fürchte mich weniger vor Härte als vor mangelnder Echtheit. Ich fürchte mich weniger davor, den Juden anormal erscheinen zu lassen als ihn zu normalisieren. Und zwar deshalb, weil es mir weniger zu tun ist um die jüdische Geschichte als solche, um die Werke des jüdischen Geistes, um seine besondere Form und seinen Akzent, um seine Wesensart und seine Kraft, sondern um ein spezifisches Phänomen: um den jüdischen Geist, wie er über seine übernatürliche Berufung gedacht hat und heute noch denkt.«
(A. A. C., Der natürliche und der übernatürliche Jude, Freiburg 1966, S. 18)

Ismar Elbogen, o. J.:
»Ihre eigenen soziologischen Verhältnisse boten den Juden Grund genug zur Nachdenklichkeit. Denn so hell auch die Fassade glänzte, das Gebäude war im Inneren allenthalben brüchig und bot keine Gewähr für die Zukunft. Die Grundlagen des Gemeindelebens verschlechterten sich in den westlichen Ländern zusehends. Die Zahl der Eheschließungen und Geburten nahm ab, die Zahl der Mischehen nahm zu. Die Zahlen waren nicht überall gleich katastrophal, aber überall im Ansteigen – im orthodoxen Amsterdam genausogut wie im liberalen Berlin, in einem jüdischen Zentrum wie Budapest nicht weniger als in der skandinavischen oder italienischen Diaspora. Die Konzentration der Juden auf die Großstädte ging ständig weiter und ebenso die auf einige wenige Berufe. Die Folge des Geburtenrückgangs war überall eine ungesunde Verschiebung der Altersstufen – noch keine Vergreisung, aber eine Tendenz zu ihr. Ernste Beobachter in allen Lagern stießen Kassandrarufe aus und mahnten zur Berufsumschichtung und zum Wechsel der Wohnsitze. Es war nicht nur die leibliche Wohlfahrt, die litt, sondern auch die geistige. Die dauernde Auflösung kleiner jüdischer Gemeinden zerstörte Zentren jüdischer Erziehung und jüdischen Gottesdienstes. Vielleicht war es zu pessimistisch, wenn ein jüdischer Sozialarbeiter in Berlin den ›Untergang der deutschen Juden‹ voraussagte, aber ein Alarmruf war berechtigt – nicht nur für Deutschland, sondern für alle Länder, in denen die Juden emanzipiert waren!«
(I. E., Ein Jahrhundert jüdischen Lebens, Frankfurt/Main 1967, S. 393 f.)

Nahum Goldmann, 1968:
»Die zionistische Bewegung ... hatte von ihrem Ursprung her zwei widersprüchliche Ziele. Die einen sagten: Der Zionismus will die Existenz des jüdischen Volkes normalisieren; seien wir also wie alle anderen Völker! Die anderen Völker haben ein Land, also müssen wir auch ein uns gehörendes Land haben. Sie bilden in ihren Ländern die Mehrheit, also bilden wir sie auch. Sie sprechen eine eigene Sprache, also bilden wir auch eine eigene Sprache heraus. Herzl war der bedeutendste Vertreter dieser Tendenz, die auf die Normalisierung des jüdischen Volkes ausging. Herzl war ein Jude, der das Judentum überhaupt nicht kannte. Ich frage mich, ob er die Kühnheit aufgebracht hätte, die Idee eines jüdischen Staates zu proklamieren, wenn er die ungeheure Vielfalt des jüdischen Volkes gekannt hätte ...

Aber dieser Tendenz stand eine andere gegenüber. Für sie bestand das oberste Ziel nicht in der Normalisierung, sondern in der Aufrechterhaltung der einzigartigen und spezifischen Charakterzüge des jüdischen Volkes!«
(N. G., in: Information juive, Paris, Mai/Juni 1968, Nr. 183, S. 2)

Bibliographie

Vor 1945 erschienen:
Dubnow, Simon: Die neueste Geschichte des jüdischen Volkes, Berlin 1929, III Bde.
Elbogen, Ismar: Geschichte der Juden in Deutschland, Berlin 1935.
Eloesser, Arthur: Vom Ghetto nach Europa, Berlin 1936.
Geiger, Ludwig: Geschichte der Juden in Berlin, Berlin 1871.
Rosenzweig, Franz: Briefe, Berlin 1935.
Sombart, Werner, Hrsg.: Judentaufen, München 1912.
Nach 1945 erschienen:
Adler, Hans Günter: Die Juden in Deutschland, München 1960.
Bloch, Jochanan: Judentum in der Krise, Göttingen 1966.
Buber, Martin: Der Jude und sein Judentum, Köln 1963.
Elbogen, Ismar und Sterling, Eleonore: Die Geschichte der Juden in Deutschland, Frankfurt/Main 1966.
Elbogen, Ismar: Ein Jahrhundert jüdischen Lebens, Frankfurt/Main 1967.
Friedmann, Georges: Fin du peuple juif?, Paris 1965 (deutsch: Ende des jüdischen Volkes?, Hamburg 1968).
Herzl, Theodor: Der Judenstaat, Jerusalem 1946.
Kriegsbriefe gefallener deutscher Juden, Stuttgart 1961.

Bar-Mizwa

Mit dreizehn Jahren wird der junge Jude ein Bar-Mizwa (Sohn des Gesetzes); damit wird er mündig. Bei der in diesem Zusammenhang erfolgenden Feier liest er im Gottesdienst einen Abschnitt aus der (→) Tora und zählt von diesem Augenblick an zu dem Kreis von erwachsenen Männern, deren mindestens zehn (Minjan) eine Synagogengemeinde bilden können (→ Synagoge).

Herman Wouk, 1961:
»Meine Vorbehalte gegen die amerikanische Bar Mizwa sind die gleichen, wie sie von einigen christlichen Geistlichen in bezug auf das Warenhausweihnachten gehegt werden. Die Gefahr besteht, daß die bloße Vergnügungsmaschinerie die Bedeutung des Ereignisses verwischen kann, so daß die Feier eine stürmische Jahrmarktszene wird, bei der sich alles um ein Nichts dreht.«
(H. W., Er ist mein Gott, Hamburg 1961, S. 182)

Herman Wouk, 1961:
»Wie jeder andere Lebensweg erfordert der jüdische Weg eine Unterweisung, die mit dem Erwachen des kindlichen Verstandes beginnt. Bei einem Kind unter dreizehn Jahren ist der Verstand noch nicht so weit entwickelt, die Lehren zu erfassen, noch hat es die Willenskraft, die Gebote zu halten. Erst wenn der Junge dreizehn ist, begibt sich der Vater der Verantwortung für die Religionspflichten seines Sohnes, die dieser nun auf die eigenen Schultern nimmt. Von nun an legt er die Gebetsriemen an, und an dem Sabbat unmittelbar nach vollendetem dreizehnten Lebensjahr erhält er eine ALIJA, einen Aufruf zur Thora, bei welcher Gelegenheit er den Segen über einen Teil des Wochenabschnitts spricht, was ein Vorrecht der erwachsenen Männer ist. Dieser Aufruf kennzeichnet seine neue Stellung.«
(H. W., a.a.O., S. 183)

Herman Wouk, 1961:
»Da Eltern wie Kinder die Bar Mizwa von jeher als eine Art Abschlußprüfung betrachten, behandeln die Rabbinen sie jetzt als solche und verlangen wie bei jeder Abschlußprüfung ausreichende Kenntnisse, bevor sie das Diplom verleihen. Mit dem mechanisch heruntergeleierten Prophetenabschnitt ist es nun vorbei. Der Junge muß sich ernsten Prüfungen im Hebräischen, in der klassischen Literatur, in den Religionsgesetzen und der jüdischen Geschichte unterziehen.«
(H. W., a.a.O., S. 185)

Herman Wouk, 1961:
»Es (Bar Mizwa) bedeutet ganz einfach, daß der Junge nun groß und vernünftig genug ist, sich in seinem Tun und Lassen als Jude zu erweisen. Er ist seiner geistigen Kindheit entwachsen, und also obliegen ihm die Religionspflichten des Mannes.«
(H. W., a.a.O., S. 186)

Leo Hirsch, o. J.:
»Man macht ihm (dem Kandidaten) das (die Bar Mizwa) also mit allem Ernst begreiflich, und zu seiner leisen Beklommenheit, daß er nun innerlich auf eigene Füße gestellt ist, wird sich auch der Stolz finden dürfen, daß er doch ein Mann ist, ein ganzer Jude, einer von denen, die einst aus Ägypten zogen, um am Sinai Gottes Gebot zu empfangen, die in vierzigjähriger Wüstenwanderung und in vielhundertjährigen Wanderzügen, in Metzeleien und Hetzen, in Martern, Not und Glauben, in Blut, Entbehrung und Gottestreue auserwählt wurden, ein Körnlein vom ›Salz der Erde‹.«
(L. H., Jüdische Glaubenswelt, Gütersloh 1962, S. 47)

Jacob Soetendorp, Amsterdem, 1963:
»Die Ansprache (bei der Feier der Bar Mizwa) gipfelt in den Worten: Wir ste-

hen nicht am Ende, sondern am Anfang. Nun heißt es zu lernen, was das Judentum eigentlich fordert! Denn der durchschnittliche bar miswa sieht in diesem Tage nur den Abschluß seiner Unterweisung. Diese irrige Ansicht wird noch dadurch unterstützt, daß oft der volle Akzent auf der Festlichkeit liegt, denn viele Familien mit einer äußerst losen Bindung an die Gemeinde wollen einfach ›den Tag nicht so vorbeigehen lassen‹. Dementsprechend ist dann oft die letzte Station dieses in der (→) Beschneidung begonnenen Weges das jüdische Begräbnis.«
(J. S., Symbolik der jüdischen Religion, Gütersloh 1963, S. 28 f.)

Jacob Soetendorp, Amsterdam, 1963:
»Vielfach aber haben sich Mißbrauch und Gleichgültigkeit breitgemacht: Oft ist der Junge nach einer unzureichenden Vorbereitungszeit nicht einmal in der Lage, eine Probe seines Könnens zu geben, sondern plappert völlig sinnlos seine Lobpreisungen und seine parascha (Abschnitt der sidra = Wochenabschnitt) herunter. Es kommt vor, daß ein Junge den Sinn dessen, was er mit diesem Tage auf sich nimmt, überhaupt nicht erfaßt und erfassen kann. Verantwortungsbewußte Lehrer fordern daher mit Recht eine Vorbereitung von zwei Jahren, in denen dann einem jungen Menschen von 12–13 Jahren die Bedeutung seines neuen Standes genug deutlich gemacht werden kann.«
(J. S., a.a.O., S. 30)

Lee A. Belford, 1967:
»Im orthodoxen Judentum nimmt die Bar-Mizwa-Feier einen wichtigen Platz ein; sie wird begangen, wenn ein Junge sein dreizehntes Jahr vollendet und damit ein ›Sohn des Gesetzes‹ wird. Man erwartet von dem Jungen, daß er ein Stück aus den Propheten lesen und die Segenssprüche öffentlich sprechen kann. Im konservativen Judentum hat man daneben oft auch eine Feier für Mädchen, die Bat-Mizwa-Feier. Im reformierten Judentum werden Bar-Mizwa und Bat-Mizwa im allgemeinen durch einen Konfirmationsgottesdienst für Jungen und Mädchen, die fünfzehn oder sechzehn Jahre alt sind, ersetzt, der gewöhnlich am Schawout gefeiert wird, dem Tag, an dem man an die Gesetzgebung am Sinai gedenkt.«
(L. A. B., Einführung in das Judentum, Kassel 1967, S. 70)

Bibliographie
Belford, Lee A.: Einführung in das Judentum, Kassel 1967.
Hirsch, Leo: Jüdische Glaubenswelt, Gütersloh 1962.
Soetendorp, Jacob: Symbolik der jüdischen Religion, Göttingen 1963.
Wouk, Herman: Er ist mein Gott, Hamburg 1961.

Bekehrung

Bekehrung ist im Verhältnis zwischen Juden und Christen ein Fachausdruck geworden, der keinen guten Klang hat. Er bezeichnet den Übertritt von Juden zum Christentum (und umgekehrt). Eine unrichtige Auslegung von Galater 3, 28 führte dazu, die Relativierung des Judeseins im Blick auf die Herrschaft Jesu Christi mit der völligen Ausschaltung der so geprägten Existenz zu verwechseln. Dies stand im Widerspruch zum Leben der Urgemeinde von Jerusalem, die als Juden an den (→) Messias Israels glaubten. Diese völlige Ausscheidung des jüdischen Charakters der Gemeinde Jesu Christi hängt auch mit der Verlagerung des Schwergewichts auf die Seite der – vorher nur eine Minderheit bildenden – Heidenchristen zusammen. Für die Juden bedeutete darum die Bekehrung als Zuwendung zur Kirche eine Verleugnung des (→) Judentums und eine Auslöschung ihres Judeseins. In der Treue zu der ihnen gewordenen Offenbarung setzte man darum dem Werben um Bekehrung entschiedene Ablehnung entgegen. Diese Gegenwehr wurde oft durch das Siegel des (→) Leidens und Sterbens gekrönt, wenn es galt, am Namen des einen Gottes gegenüber Druck und Zwang zur Bekehrung festzuhalten.

---

1. Oft wurde die Bekehrung der Juden – auch entgegen kirchlichen Anordnungen – unter offenem oder heimlichem Zwang durchgeführt; sie garantierte das Überleben oder führte zur Gleichberechtigung.

IV. Konzil von Toledo, 633:
»Was die Juden anbelangt, so beschließt das heilige Konzil, daß in Zukunft keine Gewalt gegen irgend jemand angewandt werden soll, um ihn zum Glauben zu führen. Denn ›Gott erbarmt sich, wessen er will, und verhärtet, wen er will‹ (Röm. 9,18). Man darf sie nicht *gegen*, sondern nur *mit* ihrem Willen retten, damit die Gerechtigkeit vollkommen sei. Denn gleichwie der Mensch durch den freien Gehorsam gegenüber der Schlange verlorenging, so wird jedermann auch nur durch die Bekehrung seines eigenen Geistes gerettet, indem er durch die Gnade Gottes gerufen wird. Sie (die Juden) dürfen nicht mit Gewalt herbeigeführt werden, sondern man muß sie durch Überredung überzeugen, damit sie sich aus ihrem eigenen Willen bekehren.«
(Bernard Blumenkranz, Juifs et Chrétiens dans le monde occidental, Paris 1960, S. 110)

IV. Konzil von Toledo, 633:
»Aber diejenigen (Juden), die schon vorher zum Christentum genötigt wurden, wie dies zur Zeit des sehr frommen Königs Sisebut geschah, sollen gezwungen werden, an ihrem Glauben festzuhalten; denn es ist sicher, daß sie schon den Sakramenten eingegliedert wurden, da sie die Taufe und die Salbung durch das Chrisma erhalten und an der Eucharistie teilgenommen haben. Daran muß festgehalten werden, damit der Name des Herrn nicht verlästert und der ihnen zuteil gewordene Glaube nicht als geringschätzig und verächtlich betrachtet werde.«
(B. B., a.a.O., S. 110)

IV. Konzil von Toledo, 633, Kanon 59:
»Die meisten Juden, die seinerzeit dem christlichen Glauben zugeführt worden waren, lästern jetzt Christus; denn es stellt sich heraus, daß sie nicht nur jüdische Gebräuche beobachten, sondern daß sie auch bedenkenlos die Beschneidung praktizieren.«
(B. B., a.a.O., S. 110)

Isidor von Sevilla, 633, auf dem Konzil von Toledo:
»Der König hat sich in seinem wenig erleuchteten Eifer dazu bewegen lassen, die Juden zur Bekehrung zu zwingen. Denn man soll die Juden durch Schlußfolgerungen aus dem Gesetz und nicht durch Gewalt zur Bekehrung bringen.«
(B. B., a.a.O., S. 108)

Trier, 1. Kreuzzug, etwa 1096:
»... Als sie sich Trier näherten, nahmen einige Juden, die da wohnten ... ihre Kinder und stießen ihnen das Messer in den Leib und sagten, sie müßten sie in den Schoß Abrahams schicken, damit sie nicht ein Spielball der Raserei der Christen würden ... Die übrigen, denen noch etwas am Leben lag, rafften ihre Habe zusammen und flüchteten in den Palast, wo gerade der (Erzbischof) Egilbert weilte, und baten unter Tränen um seinen Schutz. Diese Gelegenheit nahm er wahr, um sie zur Bekehrung zu mahnen ... Nach dieser Ermahnung trat ein Rabbiner namens Micha vor und bat den Erzbischof um Belehrung, die dieser gab, indem er den Inhalt des katholischen Glaubens vorlegte. Daraufhin sagte Micha: Ich rufe Gott zum Zeugen an, daß ich glaube, was du angegeben hast, und daß ich dem Judentum entsage; wenn dann die Zeiten ruhiger geworden sind, will ich das eingehender erforschen. Nur taufe uns jetzt rasch, damit wir den Verfolgern entgehen. Ähnlich redeten auch alle anderen Juden. Dann taufte ihn der Erzbischof und gab ihm seinen Namen, und die Priester, die zugegen waren, tauften die übrigen. Diese fielen im folgenden Jahre wieder ab, während jener dem Bischof treu blieb und im Glauben verharrte.«
(Ernst Ludwig Ehrlich, Geschichte der Juden in Deutschland, Düsseldorf 1958, S. 16)

König Ferdinand von Spanien, 1482:
»Welch würdigen Dank kann ich Gott bezeugen, daß er mir zu diesem Sieg verhalf und mir diese Stadt (Granada) unterwarf? Ich werde ihm sicher einen dankbaren Sinn zeigen, wenn ich das Volk Israel zum Gehorsam bringe; entweder werde ich es zum Christentum nötigen oder aus dem Lande jagen.«
(Rudolf Pfisterer, Im Schatten des Kreuzes, Hamburg 1966, S. 84)

2. Ohne Zwang soll den Juden das Zeugnis von Jesus Christus zuteil werden, damit sie in aller Freiheit den Weg zu ihm finden können.

Philipp Jakob Spener, Frankfurt, 1675:
»Die Juden ärgern sich an der Äußerlichkeit der Christen ... Sie werden in dem Unglauben bestärkt, ja den Namen des Herrn zu lästern bewogen, als die da nicht können glauben, es sei möglich, daß wir Christum für einen wahren Gott halten, dessen Geboten wir gar nicht folgen, oder es müsse unser Jesus ein böser Mensch gewesen sein, wo sie ihn und seine Lehre aus ihrem Leben urteilen, also daß wir nicht können in Abrede sein, daß dieses der bisherigen Verstockung der Juden und Hindernis der Bekehrung eine große Ursache gewesen, das Ärgernis, so die armen Leute an uns nehmen.«
(J. F. A. de le Roi, Die evangelische Christenheit und die Juden, Bd. I, Karlsruhe 1884, S. 207)

Philipp Jakob Spener, 17. Jahrhundert:
»Das Gute muß auch auf eine gute Weise vollbracht werden. Gewaltmittel stiften nur Unheil. Das Reich Christi ist nicht von dieser Welt, weltliche Gewalt hat also darin keinen Platz; daher nichts vorgenommen werden darf, was wider das Gewissen eines Juden ist. Die vom Herrn geheiligten Mittel sind anzuwenden, die Herrschaft über die Gewissen dagegen bleibt ihm allein zu überlassen ...
Das rechte eigentliche Hauptmittel, um die Bekehrung der Juden zu erreichen, sind das Gebet und das göttliche Wort. Das Gebet müssen die einzelnen üben und ist für die Gemeinde in der Kirche zu verordnen. Wenn ernstlich gebetet wird, wird der Herr auch als Antwort

den Weg zeigen, auf dem die Juden herbeigebracht werden ...
Die Zahl der Bekehrten wird bis zur Stunde der Ernte freilich keine große sein. Trotzdem muß man den Juden nachgehen; denn die Hoffnung ist für keinen aufzugeben, und für jeden Gewonnenen dem Herrn zu danken.«
(J. F. A. de le Roi, a.a.O., S. 210 f.)

Friedrich I., König von Preußen, 1703:
»Wenn wir mit erbarmenden Augen das arme Judenvolk, so uns Gott in unseren Landen unterwürfig gemachet, ansehen, so wünschen wir wohl herzlich, daß dies Volk, welches der Herr ehemals so hoch geliebt, und vor allen anderen Völkern zu seinem Eigentum erwählet hatte, endlich von seiner Blindheit möchte befreiet und mit uns zu einer Gemeinschaft in dem Glauben an den aus ihnen selbst geborenen Messiam und Heiland der Welt gebracht werden. Weil aber das große Werk der Bekehrung zu dem geistlichen Reich Christi gehöret, und unsere weltliche Macht keinen Platz darin findet, wir auch die Herrschaft über die Gewissen der Menschen dem Herrn aller Herrn einig überlassen, so müssen wir Zeit und Stunde abwarten, welche der barmherzige Gott sie zu erleuchten, seinem allein gnädigen Willen vorbehalten hat, indessen sie mit Geduld ertragen, und die Mittel zu ihrer Bekehrung mit aller Liebe und Sanftmuth anwenden lassen. Wie wir dann hiermit insonderheit die Geistlichen und Seelsorger ermahnet haben wollen, so oft sie Gelegenheit dazu ersehen, sich zu bemühen, wie sie dies ungläubige Volk mit Sanftmut gründlich überzeugen, und dem Messia, unserem Herrn, zuführen mögen, und alle und jede, so den Namen Christi unter uns bekennen, ernstlich dahin weisen, ihnen Ärgernis nicht zu geben, und keinen Stein des Anstoßes in den Weg zu legen, dagegen wir aber auch die Bosheit, die sich wider Christum Jesum, unsern Herrn und Heiland, und sein Reich erheben wollte, zu wehren und sie mächtiglich zu stören, uns höchst verpflichtet zu sein achten.«
(Hilde Spiel, Fanny Arnstein oder die Emanzipation, Frankfurt/Main 1962, S. 16 f.)

---

3. Die Bekehrung mit ihrem sichtbaren Siegel der Taufe wurde in ihrem Ernst und ihrer Glaubwürdigkeit in Frage gestellt durch Nützlichkeitserwägungen aller Art.

Heinrich Heine, Hamburg, 23. 4. 1826 (Brief an Moses Moser):
»... Du hattest damals auch einige sehr gute Gedanken über Judentum, christliche Niederträchtigkeit der Proselytenmacherei, Niederträchtigkeit der Juden, die durch die Taufe nicht nur Absicht haben, Schwierigkeiten fortzuräumen, sondern durch die Taufe etwas erlangen, etwas erschachern wollen und dergleichen gute Gedanken mehr, die Du gelegentlich einmal aufschreiben solltest. Du bist ja selbständig genug, als daß Du es wegen Gans nicht wagen dürftest; und was mich betrifft, so brauchst Du Dich wegen meiner gar nicht zu genieren ...«
(H. H., Jüdisches Manifest, New York 1946, S. 68)

Heinrich Heine, Paris, 1853:
»Sehr fromme, aber nicht gescheite Männer des protestantischen Deutschlands haben mich dringend befragt, ob ich dem lutherisch-evangelischen Bekenntnisse, zu welchem ich mich bisher nur in lauer, offizieller Weise bekannte, jetzt, wo ich krank und gläubig geworden, mit größerer Sympathie als zuvor zugetan sei? Nein, ihr lieben Freunde, es ist in dieser Beziehung keine Änderung mit mir vorgegangen, und wenn ich überhaupt dem evangelischen Glauben angehörig bleibe, so geschieht es, weil er mich auch jetzt durchaus nicht geniert, wie er mich früher nicht allzusehr genierte. Freilich, ich gestehe es aufrichtig, als ich mich in Preußen und zumal in Berlin befand, hätte ich, wie manche meiner Freunde, mich gern von jedem kirchlichen Bande bestimmt losgesagt, wenn nicht die dortigen Behörden jedem, der sich zu keiner von den staatlich privilegierten positiven Religionen bekannte,

den Aufenthalt in Preußen und zumal in Berlin verweigerten. Wie Henri IV. einst lachend sagte: ›Paris vaut bien une messe‹, so konnte ich mit Fug sagen: ›Berlin vaut bien un prêche‹, und ich konnte mir nach wie vor das sehr aufgeklärte und von jedem Aberglauben filtrierte Christentum gefallen lassen, das man damals sogar ohne Gottheit Christi, wie Schildkrötensuppe ohne Schildkröte, in den Berliner Kirchen haben konnte! Zu jener Zeit war ich selbst noch ein Gott, und keine der positiven Religionen hatte mehr Wert für mich als die andere; ich konnte aus Courtoisie ihre Uniformen tragen, wie z. B. der russische Kaiser sich in einen preußischen Gardeoffizier verkleidet, wenn er dem König von Preußen die Ehre erzeigt, einer Revue in Potsdam beizuwohnen.«
(H. H., a.a.O., S. 257 f.)

Heinrich Heine, o. J.:
»Der Taufzettel ist das Entréebillet zur europäischen Kultur.«
(H. H., a.a.O., S. 265)

Generalsuperintendent Christiani, Riga, 1868:
»Die beste Emanzipation der Juden ist ihre wahrhafte Bekehrung zum Heiland, weil sie dadurch Bürger des Himmelreichs werden und ihren Seelen geholfen wird.«
(Friede über Israel, Osnabrück 3/1964, S. 83)

---

4. Die Bekehrung darf in keinem Fall als nur auf die einzelne Person bezogen gesehen werden; sie muß im Horizont der Umkehr und Heimkehr zum Messias Israels ins Blickfeld geraten.

Johannes Müller, Leipzig, 1892:
»Wohl sucht man christlicherseits den Juden das Evangelium nahe zu bringen. Aber was ist das für eine Liebe, die einen Vernichtungskrieg treibt und unter Friedensschalmeien Überläufer zu sich lockt! Gerade diese antisemitische Proselytenmacherei, diese Missionsbestrebungen, denen es nicht so sehr um die Anerkennung der Wahrheit des Evangeliums im jüdischen Lager als um Übertritte zu tun ist, haben die Annäherung zwischen Juden und Christen auf religiösem Grunde verhindert.«
(J. M., Der Weg zur Verständigung, Leipzig 1892)

Johannes Müller, Leipzig, 1892:
»Darum werden sich Juden und Christen auf dem Bekehrungswege zu Gott bei Jesus finden, und in dem Gott und Vater Jesu Christi eins werden.
Geschieht das – und es wird geschehen, wenn Gottes Heilswirken ein Ziel hat und sich nicht in einem Chaos menschlicher Irrtümer verliert –, dann wird der gottgläubige Teil der Juden Jesus wieder aufnehmen in seines Volkes heilige Mitte und der Kreislauf des Evangeliums zu seinem Ursprung zurückkehren.
Denn es kommt darauf an, daß das Judentum von Jesus und seinem Evangelium erfüllt werde, nicht, daß die an ihn glauben, sich in die christlichen Konfessionen zersplittern. Nicht die Übertritte bringen den Frieden zwischen Judentum und Christentum herbei und schließen die Jahrhunderte alte Kluft, sondern die Verständigung auf dem gemeinsamen Grunde und der einhellige Glaube an den einzig-einen lebendigen Gott, der sich endgültig und völlig in Jesus für alle Menschen geoffenbart hat.
Wenn das geschieht, wird Friede werden und ein edler Wettstreit zwischen Juden und Nichtjuden entbrennen, Gott zu loben und die Erkenntnis des Einzig-Einen auszubreiten in aller Welt.«
(J. M., a.a.O., S. 84)

F. Lovsky, Poligny, 1962:
»Unsere Hoffnung besteht darin, daß sich Israel auf eine jüdische Weise bekehren wird, das heißt auf eine *seinem* Messias eigentümliche Art. Es handelt sich also hier weder um eine ›Bekehrung‹ noch um den Eintritt in irgendeine Kirche, sondern um eine *Versöhnung*, die für den Rest der Kirche eine Bereicherung, eine *Fülle*, eine tiefgreifende Neu-

belebung, das Leben aus dem Tode, bedeuten wird.«
(F. L., in: Semeur, Paris 1962, S. 623)

Georges Richard-Molard, Paris, 1964:
»Die Wiederkunft Christi und das Kommen seines Reiches werden zweifellos weniger durch die Bekehrung der Juden zu einer christlichen Splittergemeinschaft näherrücken als durch die Bekehrung der endlich vereinten Kirche zu Gottes ewiger Liebe.«
(G. R. M., in: Judaica, Zürich 1964, S. 73)

---

5. Juden und auch Christen lehnen jede Bekehrung ab, da dieselbe nach ihrer Meinung die Preisgabe des Judentums und seines Eigenwerts bedeutet.

Lea Salomon (spätere Schwiegertochter Moses Mendelsohns), Berlin, 26. August 1799:
»Die meisten Abtrünnigen haben bisher durch schlechtes oder doch inkonsequentes Betragen eine Art von Verächtlichkeit auf diesen Schritt geworfen, der auch die Besseren brandmarkt. Träte jemand auf, der durch untadelhaften Charakter, durch Ausdauer in seinen Vorsätzen und Weltklugheit im Benehmen (nach welcher die meisten Urteile ja, traurig genug, gefällt werden) ein achtungswertes Muster darstellte, so würde ein großer Teil dieser nur zu gegründeten Behauptung verschwinden. Erfreulich wärs, wenn man dieser Heuchelei entbehren könnte; aber der Drang nach höherem Wirken, als dem eines Kaufmanns, oder tausend zarte Verhältnisse, in denen der nahe Umgang mit anderen Religionsverwandten junge Gemüter verwickeln kann, lassen doch in der Tat keinen anderen Ausweg. – Mich dünkt, ich habe nie Ihre Meinung über diesen Schritt gehört, und sie ist mir sehr interessant und wichtig; sprechen Sie mir darüber sowohl als über die Art, mit der Sie diese Materie in Ihrem Buche zu behandeln denken.«
(Sebastian Hensel, Die Familie Mendelsohn, Leipzig 1924, Bd. I, S. 97 f.)

Ende des 18. Jahrhunderts, Deutschland:
»Da die Juden aus Oberflächlichkeit oder Verzweiflung ihre Situation nicht mehr länger ertragen können, verlassen sie die Religion ihrer Väter, um mit heuchlerischen und schädlichen Prinzipien und einem verdorbenen Herzen in die herrschende religiöse Gesellschaft einzudringen. Die herrschende Partei gewinnt nichts mit der Erwerbung derartiger Bekenner, sie hat damit nur Überläufer, die um den Preis des Opfers ihres moralischen Charakters ihr Ziel erreicht haben.«
(Ismar Freund, Die Emanzipation der Juden in Preußen, Berlin 1912, S. 65; zit. nach Léon Poljakov, De Voltaire à Wagner, Paris 1968, S. 223)

Werner Sombart, 1912:
»Und es scheint mir fast, als gäbe es unter den Assimilationsjuden eine schwere Menge solcher Duckmäuser und Leisetreter, die am liebsten gar nicht bemerkt werden möchten, die bei jeder Gelegenheit beteuern, sie seiens gar nicht, sie seiens nicht gewesen. Ganz abgesehen davon, daß eine solche Vertuschungspolitik herzlich dumm ist (es wird den Juden dieser Art doch nicht gelingen, ihr Judentum zu verleugnen und sicher werden sie mit ihrer Selbstaufgabe sich nie die Sympathie eines ehrlichen Juden erwerben): sie zerstört die Charaktere und züchtet Jammerlappen, vor denen uns Gott bewahre!«
(W. S., Hrsg., Judentaufen, München 1912, S. 16 f.)

Felix Goldmann, o. J., aber vor 1921:
»Die Welt lernt also nur den getauften Juden kennen, und da sie in ihm den Juden erblickt, erscheint er ihr als der typische Vertreter der Judenheit. Darin liegt insofern eine Quelle des Antisemitismus, als man die ungünstigen Eigenschaften der Taufjuden in üblicher Verallgemeinerung auf die Gesamtheit seiner ehemaligen Glaubensgenossen überträgt. Es läßt sich selbstverständlich nicht bestreiten, daß die Taufjuden von ethisch-moralischen Gesichtspunkten aus eine recht minderwertige Abart der jüdischen Gemeinschaft sind. Es gehört

schon eine sehr große Dosis von Unehrlichkeit und Gesinnungslosigkeit dazu, um den Glauben seiner Väter um eines äußeren Vorteils wie eine alte Hose zu verschachern. Es gehört nicht minder eine frappante Skrupellosigkeit und ein sehr weites Gewissen dazu, um einen Meineid darauf zu leisten, daß man an die Dogmen der christlichen Lehre glaube. Die Ehrfurcht vor den Lehren des Christentums, die jedem anständigen Menschen und insbesondere jedem Juden eine Selbstverständlichkeit sein müßte, kennt der Täufling nicht, weil er traditionslos und ohne Achtung vor dem geschichtlich Gewordenen durch das Leben geht.«
(F. G., Das Wesen des Antisemitismus, Berlin o. J., S. 83)

Hermann Levin Goldschmidt, Zürich, 1960:
»Keine der Weltreligionen kann von der Welt ablassen, deren ganzem All sie die frohe Botschaft bringt, daß hier alles vollständig geheiligt werden kann und soll und wird. Aber die jüdische und die christliche Weltreligion können und sie müssen davon absehen, sich gegenseitig bekehren zu wollen. Die Neuzeit ermöglicht, und das heißt zuletzt: sie verlangt diesen Schritt. Eine organisierte Judenmission des Christentums, organisierte Christenmission des Judentums darf es nicht mehr geben!«
(H. L. G., Die Botschaft des Judentums, Frankfurt/Main 1960, S. 158)

Rabbiner Eisenberg, Paris, 1963:
»Die Weigerung der Juden, sich zu bekehren, erschien im römischen Reich als ein psychologisches Hindernis für die Ausbreitung des Christentums; denn die Heiden wollten zwar damit einig gehen, daß Jesus der Messias sei, aber sie verstanden nicht, daß gerade das Volk dieses Jesus die Bekehrung zu ihm ablehnte.
(Rabb. E., in: Candide, Paris, Nr. 1212, 1963, S. 7)

Philippe Larcher, Paris, 1966:
»Im Verlauf von zwei Generationen ist der jüdische Charakter von Christen vollständig verschwunden. Das gleiche Phänomen wiederholt sich übrigens bei allen bekehrten Juden; sie selbst können nach ihrer Bekehrung wohl noch ihren jüdischen Charakter behaupten, aber für ihre Söhne gilt dies schon viel weniger und für ihre Enkel überhaupt nicht mehr. Die Bekehrung Israels würde also tatsächlich zu seiner Vernichtung führen! Deshalb kann Israel eine derartige Bekehrung nicht annehmen, wenn es nicht *Selbstmord* begehen will. Ich glaube also nicht zu übertreiben, wenn ich im Blick auf die Bekehrung der Juden von Antisemitismus rede.«
(Ph. L., in: Les nouveaux Cahiers, Nr. 5, Paris 1966, S. 15)

Oberrabbiner Alexander Safran, Genf, 1967:
»Wir bleiben das Volk Gottes, ›Kinder des lebendigen Gottes‹, Gott selbst hat uns zu sich bekehrt. Darum ist irgendeine andere Bekehrung weder notwendig noch möglich. Wir haben unser jüdisches Wesen nicht aus der Hand irgendeines Menschen bekommen; wir haben unser Judentum nicht von irgendeinem anderen Volk erhalten. Keine menschliche Macht ist darum fähig, uns unser Judentum abzusprechen und wegzunehmen und das aufzulösen, was Gott selbst geschaffen hat.«
(A. S., in: Rencontre, Nr. 2, März 1967, Paris, S. 23)

Bibliographie

Belford, Lee A.: Einführung in das Judentum, Kassel 1967, S. 69 ff.
Lisowsky, Gerhard: Kultur- und Geistesgeschichte des jüdischen Volkes, Stuttgart 1968, S. 134 f.
Soetendorp, Jacob: Symbolik der jüdischen Religion, Gütersloh 1963, S. 13 ff.
Wouk, Herman: Er ist mein Gott, Hamburg 1961, S. 178 ff.

Beschneidung

Die Beschneidung ist sichtbares Zeichen für die Zugehörigkeit männlicher Juden zu dem mit Abraham für das ganze Volk geschlossenen (→) Bund. Sie wird kurz nach der Geburt vollzogen und besteht in der Entfernung eines Stükkes Vorhaut. Innerhalb des Judentums ist dieser rituelle Akt noch heute ein festliches Ereignis. Auch vom Judentum her wird dem Mißverständnis gewehrt, als könne dieses Merkmal die innere Bereitschaft zum Gehorsam ersetzen. Es geht vielmehr darum, im Rahmen des dadurch mit ihm besiegelten Bundes sich Gottes Geboten unterzuordnen.

Heinrich Heine (1797–1856):
»Statt sie (die Juden) von ihrem Glauben durch gesetzliche Beschränkungen abtrünnig zu machen, sollte man sie noch durch Prämien darin zu stärken suchen, man sollte ihnen auf Staatskosten ihre Synagogen bauen, damit sie nur hineingehen und das Volk sich draußen einbilden mag, es werde in der Welt noch etwas geglaubt. Hütet euch, die Taufe unter den Juden zu befördern. Das ist eitel Wasser und trocknet leicht. Befördert vielmehr die Beschneidung, das ist der Glauben eingeschnitten ins Fleisch; in den Geist läßt er sich nicht mehr einschneiden ...«
(Ernst Ludwig Ehrlich, in: W. D. Marsch und K. Thieme, Christen und Juden, Frankfurt/Main und Göttingen 1961, S. 166)

Herman Wouk, Vereinigte Staaten, 1961:
»Die Beschneidung, deretwegen die Juden Jahrhunderte verspottet wurden, ist neuerdings ein geachteter Brauch geworden. Sie stellt sich als eine brauchbare hygienische Maßnahme heraus. Auf die Empfehlung der ärztlichen Wissenschaft hin lassen gebildete Leute in der ganzen Welt jetzt ihre Kinder beschneiden.«
(H. W., Er ist mein Gott, Hamburg 1961, S. 178)

Herman Wouk, Vereinigte Staaten, 1961:
»Aber für die Juden ist die Beschneidung heute wie in den vergangenen viertausend Jahren keine Frage der Hygiene. Sie ist das alte Zeichen des Bundes zwischen Abraham und seinem Schöpfer, ein Zeichen im Fleisch, ein Merkmal an der Quelle des Lebens. Sein Leben lang sieht der Mann in seiner Nacktheit dadurch anders aus als der Mann gemeinhin aussieht. Die Gleichmacher sagen gern, daß, wenn man den Menschen entkleidet, niemand mehr einen Bettler von einem König unterscheiden kann. Aber nackt oder tot, der Jude ist als Jude erkennbar. Es stimmt, daß dieses Zeichen im zwanzigsten Jahrhundert keine komische Verstümmelung mehr darstellt, sondern als eine medizinische Vorbeugeregel gilt, weshalb die Kritiker des Judentums sich um ihre alten Vorhautwitze gebracht sehen. Aber diese Entdeckung sollte kaum überraschen. Wir dürfen von der Symbolik eines so lange währenden Glaubens annehmen, daß sie, wo sie Körperliches berührt, unschädlich und sinnvoll ist und dem Gläubigen nicht ans Leben will. Die Juden haben das Mosaische Gesetz mit einem Vertrauen befolgt, das die moderne Medizin mehr und mehr gutheißt. Die ärztliche Bestätigung bedeutete jedoch keinen Höhepunkt im Judentum. Sie kommt als Fußnote.«
(H. W., a.a.O., S. 179)

Herman Wouk, Vereinigte Staaten, 1961:
»Der Vater spricht bei der Zeremonie folgenden Segensspruch:

> Gelobt seist zu, Ewiger, unser Gott, König der Welt, der du uns geheiligt durch deine Gebote und uns befohlen, den Sohn in den Bund unseres Vaters Abraham aufzunehmen.

Idealerweise sollte der Vater die Be-

schneidung selbst vornehmen, wie es auch Abraham tat. Nach allgemeiner Praxis bestellt er jedoch einen hochqualifizierten Mohel oder Beschneider für die Handlung. Der Mohel, der Hunderte solcher Beschneidungen im Jahr ausführt, erlangt dabei eine Fertigkeit, wie sie vielen Chirurgen, nach ihrem offenen Eingeständnis, nicht gegeben ist. Die Beschneider bedienen sich natürlich aller vorhandenen medizinischen Sicherheitsvorkehrungen und Antiseptika.«
(H. W., a.a.O., S. 180)

Jacob Soetendorp, Amsterdam, 1963:
»Selbstverständlich mußte man für die Beschneidung, war sie erst einmal eingeführt, auch eine Erklärung finden – eine Erklärung im Sinne der modernen jüdischen Theologie: der Körperteil des Menschen soll ›gezeichnet‹ werden, durch welchen er die Welt bauen oder sie zugrunde richten kann – ein Hinweis auf die Bindung des Menschen an Gott, sein Mitarbeiter an den Werken der Schöpfung. Im Zusammenleben mit anderen soll er sich bewußt sein, daß er von Gott für eine ganz bestimmte Aufgabe geschaffen ist, daß er einen ganz bestimmten Auftrag für sein Leben empfangen hat.«
(J. S., Symbolik der jüdischen Religion, Gütersloh 1963, S. 13)

Jacob Soetendorp, Amsterdam, 1963:
»Der große Unterschied zwischen der jüdischen und der griechischen Anschauung vom Leben liegt in der Wertschätzung des Beschneidungsgebotes. Was Griechen und Juden immer trennte, war – neben dem großen Unterschied in der Anschauung vom Leben – vor allem die Beschneidung. Wer sich vor Augen hält, welch großen Wert der Grieche ... auf den schönen und vollkommenen Körper legte, dem ist auch deutlich, daß ihm die Beschneidung als Verstümmelung erscheinen mußte. Unter dem Einfluß des Hellenismus stehende Juden, die auch an den Spielen und sportlichen Wettkämpfen der Gymnasien teilnehmen wollten, versuchten durch bestimmte Eingriffe das Zeichen der Beschneidung zu verbergen, denn die Wettkämpfer waren nackt. Diese operativen Eingriffe wurden von strenggläubigen Juden ganz besonders verabscheut. Antiochus Epiphanes (175 bis 161 v. Chr.) nahm in seine Dekrete gegen die Juden, die ihrem Glauben und den Bräuchen der Väter treu bleiben wollten, ausdrücklich auch das Verbot der Beschneidung auf.«
(J. S., a.a.O., S. 14)

Lee A. Belford, 1967:
»Am achten Tag nach der Geburt wird ein männliches Kind durch die Beschneidung in das Haus Israel aufgenommen (1. Mose 17, 1–14; 3. Mose, 12, 1–3). Die Verantwortung dafür liegt bei dem Vater, aber ein Mohel (ein ausgebildeter Beschneider) nimmt, vor allem im orthodoxen Judentum, im allgemeinen die Beschneidung vor.«
(L. A. B., Einführung in das Judentum, Kassel 1967, S. 70)

Gerhard Lisowsky, 1968:
»Wie allgemein bekannt ist, turnte man in den antiken Gymnasien völlig unbekleidet. Damit huldigte man keineswegs dem Ideal der Nacktheit, denn diese war auch bei den Griechen verpönt. Ein griechischer Jüngling fühlte sich nämlich erst dann nackt, wenn die zurückgestreifte Vorhaut die Eichel sehen ließ. Griechische Vasenbilder zeigen uns, wie man sich deshalb vor einem in der Hitze des Wettkampfs unbeabsichtigten Zurückgleiten der Vorhaut schützte: Man umschlang sie mit einem zur Schleife gebundenen Band. Ein jüdischer Knabe, der das Bundeszeichen der Beschneidung trug, dessen Eichel also im unbekleideten Zustande ständig sichtbar war, konnte sich auf dem Sportplatz nicht blicken lassen und blieb von einem der anziehendsten und achtenswertesten Merkmale der herrschenden Kultur ausgeschlossen. Vielleicht wählte der Jüngling einen Ausweg und schlich sich zu einem der Chirurgen, die sich allenthalben niedergelassen hatten, und ließ ersetzen, was fromme Übung ihm im zarten Kindesalter von acht Tagen genommen hatte. Doch dieser

Schritt, der dem jungen Menschen die Tore der Stadions öffnete, bedeutete die bewußte und vollständige Abkehr vom Glauben der Väter, bedeutete in den meisten Fällen ein tragisches Zerwürfnis mit den Eltern und einem großen Teil der Freunde.«

(G. L., Kultur- und Geistesgeschichte des jüdischen Volkes, Stuttgart 1968, S. 44)

Gegner des Judentums haben sich manchmal scharf gegen die Beschneidung ausgesprochen.

In der französischen Revolution heißt es in »La Feuille du Salut public«:

»Wieviele Kinder können als Opfer dieser jüdischen Gesetzesvorschrift zugrunde gehen, noch ehe dieser Irrtum überhaupt verbreitet werden kann? Diese Sache, die die Gesellschaft interessiert, hat noch nicht die Aufmerksamkeit unserer Gesetzgeber auf sich gelenkt. Ein Gesetz ist notwendig, in dem deutlich ausgesprochen wird, daß den Nachkommen Abrahams verboten wird, ihre männlichen Kinder zu beschneiden.«

(Léon Poljakov, De Voltaire à Wagner, Paris 1968, S. 238)

Bibliographie

Soetendorp, Jacob: Symbolik der jüdischen Religion, Gütersloh 1963, passim.

Wouk, Herman: Er ist mein Gott, Hamburg 1961, passim.

Bibel

Die hebräische Bibel, das Alte Testament der Kirche, ist für Juden und Christen als Urkunde der Offenbarung des Gottes Abrahams, Isaaks und Jakobs verbindliche Aussage. Für die Juden ist Schwerpunkt dieses Buches die (→) Tora (Weisung, Die 5 Bücher Moses), als deren geistliches Zentrum die Zehn Gebote zu gelten haben. Man darf nicht vergessen, daß mit der Bezeichnung »Schrift« im Neuen Testament eben dieser Teil der Bibel gemeint ist.

1. Die Bibel ist Heimat und Grundlage der Existenz der Juden.

Heinrich Heine (1797–1856):
»Weder eine Vision noch eine Verzückung noch eine Stimme vom Himmel brachte mich auf den Weg des Heils, und ich verdanke meine Erleuchtung ganz einfach der Lektüre eines Buches und dieses Buch heißt auch ganz kurzweg das Buch, die Bibel. Wer seinen Gott verloren hat, der kann ihn in diesem Buch wiederfinden, und wer ihn nie gekannt, dem weht hier entgegen der Odem des göttlichen Wortes.«
(H. H., zit. nach R. R. Geis, in: Littera Judaica, Frankfurt/Main o. J., S. 244)

Heinrich Heine:
»Versenkt in die Lektüre seiner Bibel merkte der Jude wenig von den Veränderungen um sich. Völker erhoben sich und schwanden – Staaten blühten empor und verloschen. Revolutionen stürmten über die Erde. Sie aber, die Juden, lagen gebeugt über ihrem Buch und merkten nichts von der wilden Jagd der Zeit.«
(H. H., zit. nach Allgemeine Wochenzeitung der Juden, Düsseldorf, 11. 10. 1963)

Heinrich Heine, 7. Mai 1853:
»Jetzt würdige ich den Protestantismus ganz absonderlich ob der Verdienste, die er sich durch die Auffindung und Verbreitung des heiligen Buchs erworben. Ich sage die Auffindung, denn die Juden, die dasselbe aus dem großen Brand des zweiten Tempels gerettet und es im Exile gleichsam wie ein portatives Vaterland mit sich herumschleppten das ganze Mittelalter hindurch, sie hielten diesen Schatz sorgsam verborgen in ihrem Ghetto, wo die deutschen Gelehrten, Vorgänger und Beginner der Reformation, hinschlichen, um Hebräisch zu lernen, um den Schlüssel zu der Truhe zu gewinnen, welche den Schatz barg.«
(H. H., Jüdisches Manifest, New York 1946, S. 259)

Heinrich Heine, 7. Mai 1853:
»Ja, den Juden, denen die Welt ihren Gott verdankt, verdankt sie auch dessen Wort, die Bibel; sie haben sie gerettet aus dem Bankerott des römischen Reiches, und in der tollen Rauferei der Völkerwanderung bewahrten sie das teure Buch, bis es der Protestantismus bei ihnen aufsuchte und das gefundene Buch in die Landessprachen übersetzte und in alle Welt verbreitete. Diese Verbreitung hat die segensreichsten Früchte hervorgebracht und dauert noch bis auf den heutigen Tag, wo die Propaganda der Bibelgesellschaft eine providentielle Sendung erfüllt, die bedeutsamer ist und jedenfalls ganz andere Folgen haben wird, als die frommen Gentlemen dieser britischen Christentum-Speditions-Sozietät selber ahnen ... Indem sie die Bibel über die ganze Erde verbreiten, sie sozusagen der ganzen Menschheit durch merkantilische Kniffe, Schmuggel und Tausch in die Hände spielen und der Exegese, der individuellen Vernunft, überliefern, stiften sie das große Reich des Geistes, das Reich des religiösen Gefühls, der Nächstenliebe, der Reinheit und der wahren Sittlichkeit, die nicht durch dogmatische Begriffsformeln gelehrt werden kann, sondern durch Bild und Beispiel, wie der-

gleichen enthalten ist in dem schönen, heiligen Erziehungsbuche für kleine und große Kinder, der Bibel.«
H. H., a.a.O., S. 260)

Juda Bergmann, Rabbiner, Berlin, 1927:
»Die griechische Weltsprache wurde die Muttersprache der Juden. Da sie das Hebräische allmählich verlernten, mußte die Bibel für sie ins Griechische übersetzt werden. Die Übersetzung der Bibel ins Griechische, ein Ereignis von großer religions- und kulturhistorischer Tragweite, ist nicht von König Ptolemäus II., sondern von den Juden selbst veranlaßt worden. Durch die Übertragung in eine Weltsprache ist die jüdische Bibel ein Weltbuch und ein Buch der Völker geworden. Die Griechen, die die Bibel lasen, feierten gemeinsam mit den Juden alljährlich ein Dankfest zur Erinnerung an die Bibelübersetzung. Die Ungebildeten erbauten sich an den Josefsgeschichten, beteten jüdische Psalmen und verwendeten Bibelverse zu Zauberzwecken; die Gebildeten dagegen wurden von der Erhabenheit des Schöpfungsberichts, der lapidaren Einfachheit des Zehnworts und der elementaren Kraft der prophetischen Weissagungen ergriffen. Manchen gebildeten Griechen erschien die Bibel als ein philosophisches Buch und die jüdische Religion mit ihrer bilderlosen, geistigen Gottesverehrung als eine philosophische Religion. Die Bibel wurde ein beredter Missionar des Judentums; sie gewann die Herzen der ›gottesfürchtigen‹ Heiden, die sich in großer Zahl zum jüdischen Glauben bekehrten.«
(J. B., in: Entwicklungsstufen der jüdischen Religion, Gießen 1927, S. 29)

Franz Rosenzweig (1886–1929), 1928:
»Die Einzigartigkeit der Bibel läßt sich unwiderleglich aufzeigen nicht am geschriebenen, sondern nur am gelesenen Buch. Die Bibel ist nicht das schönste Buch der Welt, nicht das tiefste, nicht das wahrste, nicht das weiseste, das spannendste und was es sonst für Superlative geben mag – wenigstens kann man keine von diesen Einzigartigkeiten einem, der nicht schon ein Vorurteil dafür hat, aufzwingen. Aber die Bibel ist das wichtigste Buch. Das kann man beweisen, und auch der wütendste Bibelhasser muß es, für die Vergangenheit wenigstens, zugeben und gibt es durch seinen wütenden Haß sogar auch noch für die Gegenwart zu. Denn da wird keine Frage des persönlichen Geschmacks oder der seelischen Veranlagung oder der geistigen Richtung aufgeworfen, sondern eine Frage der bisherigen geschehenen Weltgeschichte.«
F. R., Die Schrift, Frankfurt/Main o. J., S. 24 f.)

Franz Rosenzweig, 1929:
»Wenn Dogma und Gesetz nicht mehr die allumschließenden Klammern der Gemeinschaft sind, sondern nur noch tragende Versteifungen im Innern, dann muß die ›Schrift‹ zu der einen tragenden Aufgabe aller Schrift: den Zusammenhang der Geschlechter zu stiften, noch die andere gleichfalls aller Schrift obliegende übernehmen: den Zusammenhang von Mitte und Peripherie der Gemeinschaft zu gewährleisten. So würde, auch wenn Kirche und Synagoge nicht mehr das Portal des Weges der Menschheit flankieren sollten, dennoch die Bibel weiter bereitliegen, daß die Menschheit auf ihrem Weg sie um eben diesen Weg befrage und, sie um- und umwendend, ›alles in ihr‹ finde.«
(F. R., a.a.O., S. 12)

André Néhér, Straßburg:
»Die Bibel zwingt die Philosophie gegen ihre eigenen Grenzen zu stoßen und ist damit die *Antithese* der Philosophie, ihr dauernder *Widerspruch*. Lange bevor die Philosophie im Raume der Geschichte entstand, hatte die hebräische Bibel schon ein Denken geschaffen, das auch ihren Mittelpunkt in der *Liebe* und *Weisheit* hatte, aber wo die Begriffe einen derartigen Inhalt hatten, so daß sie von vornherein der Beziehung Trotz boten, die die Griechen später zwischen diesen beiden Sachverhalten aufstellten.«
(A. N., Littera Judaica, Frankfurt/Main o. J., S. 29)

André Néhér, Straßburg:
»Die Bibel macht sich die Torheit zu eigen, nur von besonderen Fällen aus ihre Schlüsse zu ziehen.«
(A. N., a.a.O., S. 31)

André Néhér, Straßburg:
»Seit der Erschaffung des Adam spielt sich ein dramatisches Geschehen ab; seinen Höhepunkt erreicht es in der Frage, die Gott an den ersten Menschen richtet: ›Wo bist du?‹ (Gen. 3. 9). Die Bibel setzt voraus, daß das Echo dieser Frage in unablässiger Wiederholung im Ohr eines jeden Menschen laut wird. Alles geschieht, wie wenn Gott vom ersten Augenblick an den aus seiner schöpferischen Hand hervorgegangenen Menschen verloren hätte, wie wenn er unablässig auf Suche nach ihm sich befände, indem er ihn ruft, anredet und ihn in Unruhe versetzt, ohne ihn je ganz wiederzufinden. Die hebräische Definition des Menschen besteht in dieser Frage, die, wie man sieht, nicht auf das Wesen des Menschen abzielt, sondern auf seine Existenz; sie trachtet nicht danach, die Natur des Menschen zu definieren, sondern eine Kunde über seine Berufung abzugeben. Jeder biblische Entwurf hat den angesprochenen Menschen im Blickfeld; jede biblische Ökonomie ordnet das Du des Menschen zusammen gegenüber dem Ich Gottes. Das biblische Denken hat als Ausgangspunkt, Mitte und Erfüllung dieses Erfassen des Menschen zum Gegenstand, das im klassischen Sinn dieser Begriffe so wenig philosophisch ist, da es die Autonomie des Menschen zerschlägt, die für ein philosophisches Voranschreiten unerläßlich ist, und verhindert, daß das menschliche Verhalten etwas anderes als ein *Dialog* ist.«
(A. N., a.a.O., S. 31)

---

2. Die hebräische Bibel, unser Altes Testament, ist Klammer der Gemeinsamkeit zwischen Juden und Christen. Innerhalb der Christengemeinde darf es nicht als Schande und Vorwurf gelten, wenn die Bibel als Judenbuch bezeichnet wird.

Moses Maimonides (1135–1204):
»Die Christen glauben und bekennen wie wir, daß die Tora göttlichen Ursprungs ist und durch unseren Lehrer Moses geoffenbart wurde. Sie unterscheiden sich von uns nur in der Interpretation (der Schrift).«
(K. Hruby, Die Konzilsdeklaration über die Juden, Judaica, Zürich 1966, S. 18)

Johann Salomo Semler (1725–1791):
»... Sind denn diese Grundlagen für immer notwendig, die die ungebildeten und unfähigen Juden, die wir kennen und die nicht einmal mit vielen anständigen Griechen und Römern verglichen werden können, unter dem Namen der Heiligen Schrift als ehrwürdige Chronik ihres Volkes angenommen haben ... Daß ihr Altes Testament für die gesamte Menschheit bestimmt sei, behaupten nicht einmal die Juden; sie wollen diese Bücher für sich selbst behalten, um sich auf diese Weise von den Gojim (den Völkern) zu unterscheiden, die Gott als der Glückseligkeit nicht für würdig erachtet hat ... Für uns andere, für uns Christen als Christen, kommt es nur darauf an, nachzuprüfen, ob der Geist Jesu Christi in diesen Büchern vorhanden ist, ehe wir sie als einen Teil der christlichen Lehre betrachten.«
(Léon Poljakov, De Voltaire à Wagner, Paris 1968, S. 203 f.)

Johann Gottfried Herder (1744–1803):
»Wahrlich, die Jüdischen Worte thun es nicht; in Schällen wohnt nicht der Geist Gottes, sondern in Gesinnungen, die immer den natürlichen wahren, eigensten Ausdruck wählen. Hierauf drang Luther seiner Zeit gemäß; hierauf sollen wir fortdringen und den alten Judaismus germanisieren.«
(Wolfgang Tilgner, Volksnomostheologie und Schöpfungsglaube, Göttingen 1966, S. 26, Anm. 33)

Entschließung der »Glaubensbewegung Deutsche Christen«, Sportpalast Berlin, 13. November 1933:
»4. Wir erwarten, daß unsere Landeskirche als eine deutsche Volkskirche sich

frei macht von allem Undeutschen in Gottesdienst und Bekenntnis, insbesondere vom Alten Testament und seiner jüdischen Lohnmoral.«
(Kurt Meier, Kirche und Judentum, Göttingen 1968, S. 91)

Domherr aus Regensburg, etwa 1934:
»Das größte Wunder der Bibel ist, daß sich die wahre Religion gegen die Stimme des semitischen Blutes behaupten und erhalten konnte.«
(Friedrich Heer, Der Glaube des Adolf Hitler, München 1968, S. 282)

Adolf Hitler (zu Hermann Rauschning), o. J.:
»Das Alte und das Neue Testament sind ein und derselbe jüdische Bluff.«
(Jacques Nobécourt, ›Le vicaire‹ et l'histoire, Paris 1964, S. 173)

Emmanuel Hirsch, Göttingen, 1936:
»Wir Christen nichtjüdischen Blutes haben überhaupt kein unmittelbares Verhältnis zum Alten Testament (es geht uns als Gottes Offenbarung an sich selbst nichts an), sondern ein lediglich durch das Neue Testament vermitteltes Verhältnis.«
(Wolfgang Tilgner, a.a.O., S. 153)

Reichsbruderrat, 9. März 1937:
»Hemmungslos und ohne Ehrfurcht wird das Alte Testament als Judenbuch gelästert und die Kirche als Judenkirche geschmäht. Dieser Angriff trifft ebenso das Neue Testament. Er richtet sich in Wahrheit gegen die Menschwerdung und Mittlerschaft des Sohnes Gottes, gegen das Grundbekenntnis der Kirche, daß Jesus von Nazareth der Heiland ist. Wer hier einen Stein ausbricht, der zerstört das ganze Gebäude.«
(Die Evangelische Kirche in Deutschland und die Judenfrage, Genf 1945, S. 154)

Leo Baeck, Berlin, 1938:
»Wenn so diese alte Tradition vor den Blick tritt, dann wird das Evangelium, dieses jüdische, welches es ursprünglich war, zu einem Buche, einem nicht geringen im jüdischen Schrifttum. Es wird dazu nicht oder nicht nur, weil in ihm Sätze stehen, wie sie uns gleich oder ähnlich in den jüdischen Überlieferungen jener Zeit begegnen. Es wird dazu auch nicht, und noch viel weniger, weil aus der griechischen Übersetzung in Wortgebilden und Satzformen immer wieder das Hebräische und Aramäische hervordringt. Es ist ein jüdisches Buch vielmehr deshalb, durchaus und ganz deshalb, weil die reine Luft, die es erfüllt und in der es atmet, die der Heiligen Schrift ist, weil jüdischer Geist, und nur er, in ihm waltet, weil jüdischer Glaube und jüdische Hoffnung, jüdisches Leid und jüdische Not, jüdisches Wissen und jüdische Erwartung, sie allein, es durchklingen – ein jüdisches Buch inmitten der jüdischen Bücher. Das Judentum darf an ihm nicht vorübergehen, es nicht verkennen, noch hier verzichten wollen. Auch hier soll das Judentum sein Eigenes begreifen, um sein Eigenes wissen.«
(L. B., Paulus, die Pharisäer und das Neue Testament; München 1961, S. 162)

Walther Zimmerli, Göttingen, 1959:
»Das Buch, das die Juden zu dem gemacht und als das erhalten hat, was sie sind, liegt als die erste Hälfte unserer Bibel auch in unseren Händen und auf unseren Kanzeln. Wir sind dadurch, sooft wir das auch in unserer Blindheit übersehen haben, ganz untrennbar mit diesem Volk als einer Hörergemeinschaft der gleichen Gottesanrede verbunden. Gerade dadurch sind wir in einer Brudergemeinschaft mit Israel. Wir hören mit ihm auf *ein* Wort.«
(W. Z., Israel und die Christen, Neukirchen 1964, S. 12)

Generalsynode der Niederländischen Reformierten Kirche, 1959:
»Die Kirche auf der ganzen Welt liest in ihrer Bibel von Gottes Handeln mit Israel in früher Zeit, die Jahrhunderte hindurch, bis zu dem Kommen Christi. Wir sind überzeugt, daß sie aus derselben Bibel lesen kann, wie Gott auch heute noch mit Israel handelt und es auch in Zukunft tun wird.
Es ist aber fraglich, ob die Kirche auf

dieses Zweite mit ebenso großer Offenheit aufmerksam ist wie auf jenes Erste. Hat man nicht oft Israel als ein Volk, auf das sich noch immer Gottes besondere Absichten richteten, schon im voraus abgeschrieben? Und hören wir nicht noch oft die unmutige Frage laut werden, warum man Israel eigentlich anders betrachten solle denn einfach als ›ein‹ Volk unter den vielen Völkern auf Erden? ...

Mit Beschämung müssen wir bekennen, daß es zum guten Teil diese Ereignisse (›die abscheulichen Maßnahmen des Nationalsozialismus‹) waren, die der Kirche für die besondere Berufung des jüdischen Volkes die Augen weiter geöffnet haben, und daß es nicht in erster Linie die Heilige Schrift selbst war, die sie sehend gemacht hat für die Bedeutung, die Israel in Gottes Heilsplan auch für die Gegenwart und für die Zukunft hat.«

(Israel und die Kirche, Zürich 1961, S. 9 f.)

F. Lovsky, Poligny, 1962:

»Obwohl wir das Alte Testament nicht für sich selbst lesen können und wir niemals vergessen dürfen, daß es dazu dient, Jesus Christus anzukündigen, müssen wir uns jeder marcionitischen Versuchung entgegenstellen, die darin bestehen würde, das Lesen des Alten Testaments als zweitrangig, nebensächlich und nicht unerläßlich zu betrachten. Es ist in der Tat unmöglich, das Neue Testament zu lesen und dabei seine *Verwurzelung* im Alten Testament zu streichen; es ist aber auch unmöglich, das Alte Testament zu lesen und seine *Erfüllung* im Neuen Testament zu entfernen.«

(F. L., Semeur, Paris 1962, S. 621)

Alfred de Quervain, Bern, 1964:

»Wir stehen gemeinsam vor dem Gott, der in der Bibel zu uns redet; unsere Abgötter, unsere eigenwilligen Gottesanschauungen, unsere sittlichen Grundsätze, unsere eigengeläuterte, verinnerlichte Religiosität, das alles wird uns genommen. Wir werden geprüft, ob wir eine religiöse Gemeinschaft oder eine Versammlung *Gottes* sind, ob wir den Verheißungen Gottes an Israel glauben und mit ihm zusammenstehen, für dieses Volk Gottes vor Gott stehen oder uns an seine Stelle setzen und damit Gottes Treue und Güte verachten ...

Das Judentum erinnert uns daran, daß wir nach dem Gott Abrahams, Isaaks und Jakobs fragen, daß wir diesen Gott preisen, diesem Gott dienen sollen. Dieser Gott verbindet, dieser Gott trennt uns auch. Es gibt so wenig einen jüdischen wie einen christlichen Gott; wir fragen nach dem in der Bibel bezeugten Gott, und das heißt nach dem Gott Israels ... Eine Kirche, die das Alte Testament nicht mehr hören, die einen vom Alten Testament gelösten neutestamentlichen Gott predigen und bekennen würde, würde zur Pflegerin einer Religion werden, die behauptet, dem Judentum überlegen zu sein. Sie würde sich vom Judentum distanzieren, das Judentum preisgeben; es wäre keine Gemeinde Jesu Christi mehr.«

(A. d. Q., Das Zeugnis der Gemeinde Jesu Christi gegenüber Israel, in: Kirche für die Welt, Düsseldorf 1964, Nr. 2, S. 62 f.)

Robert Martin-Achard, Genf, 1965:

»Es kommt darauf an, gemeinsam die Bibel zu befragen. Wie bei allem ökumenischen Forschen drängt sich auch hier eine Rückkehr zu den Quellen auf: Christen und Juden sind zu einem gemeinsamen Lesen von ›Gesetz und Propheten‹ aufgerufen ... Weil die Schrift das Buch des ganzen Volkes Gottes ist, ist dieses ganze Volk dazu bestimmt, die Botschaft dieses Buches entgegenzunehmen.«

(R. M.-A., Le peuple élu de Dieu au service du monde, in: Verbum Caro, Nr. 74, Taizé 1965, S. 4)

Alfred de Quervain, Bern, 1966:

»Als Glieder der Gemeinde reden wir von den Juden als dem Volk Gottes. Wir sehen sie so an, wir reden sie so an, nicht, um sie zu gewinnen, nicht, weil sie einen Anspruch darauf erheben, sondern, weil die Gemeinde das bekennen *muß*. Zu lange hat die Predigt zu ihrem großen Schaden darüber geschwiegen

oder keine Folgerungen aus dem gezogen, was sie verkündigen mußte.«
(A. d. Q., Das Judentum in der Lehre und Verkündigung der Kirche heute, Theologische Existenz, Neue Folge, Nr. 130, München 1966, S. 10)

Alfred de Quervain, Bern, 1966:
»Die Juden, die vielleicht heute Jesus verehren, in ihm einen der größten Juden sehen, aber die endgültige Hilfe Gottes ablehnen, die Juden, die sich dafür auf das Alte Testament berufen, zwingen die Gemeinde Jesu Christi, neu zu prüfen, ob sie das Alte Testament recht liest, recht hört. Kann die Gemeinde sich vom Alten Testament nicht trennen, dann muß sie sich von den Juden fragen lassen, ob sie das Alte Testament recht liest, recht hört.«
(A. d. Q., a.a.O., S. 11)

Alfred de Quervain, Bern, 1966:
»Das Neue Testament ist eine Auslegung alttestamentlicher Texte, die wir nicht preisgeben können, ohne die Sache selber preiszugeben.«
(A. d. Q., a.a.O., S. 16)

Alfred de Quervain, Bern, 1966:
»Daß aus den neutestamentlichen Schriften das kanonische Neue Testament wurde, das schulden Christentum und Neues Testament ihrer Bindung an das Judentum und das Alte Testament. Denn der Rückweg in die noch fortbestehende Schöpfung war nur zu finden, wenn der Gott der Schöpfungskapitel und ›der, der gesprochen hat durch die Propheten‹, der gleiche war, den das Vaterunser ansprach, und nicht wie die Gnostiker wollten, ein alter und dem Gott der neuen Weltzeit abgewandter Gott.«
(A. d. Q., a.a.O., S. 17 f., Anm. 6)

Elieser Berkovits, Rabbiner, New York, 1966:
»Viele Leute meinen, Juden und Christen hätten zumindest das ›Alte Testament‹ gemeinsam. Hier besteht ein Mißverständnis ... Das ›Alte Testament‹ macht ein Neues Testament erforderlich; die hebräische Bibel ist aber in sich vollständig ... Von jüdischem Standpunkt aus ist der Begriff ›Altes Testament‹ eine schlechte Deutung der Völker im Blick auf den wirklichen Grund der hebräischen Bibel.«
(E. B., in: SIDIC [Service international de documentation chrétienne], Rom 1968, Bd. I, Nr. 3, S. 25)

Edmond Jacob, Strasbourg, 1968:
»Die Bibel gibt uns keine Lösungen an die Hand, sondern redet mit einer derartigen Eindringlichkeit vom Eingreifen Gottes in die Geschichte und von einem in der Geschichte durch die Vermittlung Israels sich verwirklichenden Plan, daß wir unbedingt auf die Zeichen aufmerksam sein müssen, die auf diesen Plan hinweisen. Die Fortdauer des jüdischen Volkes in einer Geschichte von Bedrohungen und Verfolgungen, in der man oft einen unwiderleglichen Beweis für die Existenz Gottes gesehen hat, die Rückkehr dieses Volkes in das Land seiner Vorfahren nach dem fürchterlichsten Aderlaß, den dieses Volk erfahren hat, sind Zeichen, die nicht nur die Geschichte erhellen, sondern auch auf ihr lasten.«
(E. J., Israel dans la perspective biblique, Strasbourg 1968, S. 10)

Bibliographie

Adler, Leo: Der Mensch in der Sicht der Bibel, Basel 1965.
Baeck, Leo: Die Pharisäer und das Neue Testament, 1964.
Buber, Martin: Werke, III. Band, Schriften zur Bibel, München 1964.
Fleg, Edmond: Salomon raconté par les peuples, Paris 1959.
Israel und die Kirche, Zürich 1961.
Jacob, Paul: Ernst Ludwig Ehrlich, Littera Judaica, Frankfurt/Main o. J.
Néhér, André: L'existence juive, Paris 1962.
Néhér, André: Moses, Hamburg 1964.
La Pàque dans la conscience juive, Paris 1957.
de Quervain, Alfred: Das Zeugnis der Gemeinde Jesu Christi gegenüber Israel, in: Kirche für die Welt, Düsseldorf 1964, Nr. 2.
de Quervain, Alfred: Das Judentum in Lehre und Verkündigung der Kirche heute, Theologische Existenz, Neue Folge, Nr. 130, München 1966.

Rosenzweig, Franz: Die Schrift, Frankfurt/Main o. J.
Rosenzweig, Franz: Die Schrift und Luther, Berlin 1926.
Susman, Margarete: Das Buch Hiob und das Schicksal des jüdischen Volkes, Zürich 1948.
Susman, Margarete: Deutung biblischer Gestalten, Zürich 1960.
Schalom ben Chorin, Die Antwort des Jona, Hamburg 1956, 1966[2].
Schröter, Karl Heinz, Hrsg.: Daß dein Ohr auf Weisheit achte, Wuppertal 1966.

Bund

Bund ist ein Hauptwort der Beziehung des lebendigen Gottes zu seinem Volk, das zunächst in der Sammlung Israels besteht. Damit wird ausgesagt, daß der Gott Israels sich mit seinem Partner für immer einläßt, einen »ewigen Bund« (Jer. 32, 40) schließt und an diesem Volk in unerschütterlicher Treue festhält. Der Rahmen dieses Bundes wird weder durch Ungehorsam noch durch Gleichgültigkeit von seiten dieses seines Volkes gesprengt; der Bund wird nicht gekündigt und das Siegel seiner Zugehörigkeit zum lebendigen Gott nicht zerbrochen.

Darum bleiben Israel und die Juden im Dienste Gottes als seine Zeugen (→ Zeugnis). Durch die Klammer dieses Bundes, dem auch die Christen durch das Evangelium von Jesus Christus zugeführt werden, werden diese beiden Glaubensgemeinschaften trotz aller Trennung in einer unvergleichlichen Weise aufeinander bezogen und zusammengehalten.

Gottes Entscheidung für Israel schlägt sich in seinem Bund für dieses Volk nieder; an diesem hält er überall und immer fest.

Jeremia 32, 40: »Ich will einen ewigen Bund mit ihnen machen, daß ich will nicht ablassen, ihnen Gutes zu tun, und will ihnen meine Furcht ins Herz geben, daß sie nicht von mir weichen.«

Römer 9, 3–5: »Ich habe gewünscht, verbannt zu sein von Christo für meine Brüder, die meine Stammesgenossen sind nach dem Fleisch, die da sind von Israel, welchen gehört die Kindschaft, und die Herrlichkeit und der Bund und das Gesetz und der Gottesdienst und die Verheißungen, welcher auch sind die Väter, und aus welchen Christus herkommt nach dem Fleisch, der da ist Gott über alles, gelobt in Ewigkeit. Amen.«

Römer 11, 1–2: »So sage ich nun: Hat denn Gott sein Volk verstoßen? Das sei ferne! Denn ich bin auch ein Israelit von dem Samen Abrahams, aus dem Geschlechte Benjamins. Gott hat sein Volk nicht verstoßen, das er zuvor ersehen hat.«

Jehoschua' ben Levi:
»Selbst eine eiserne Scheidewand kann keine Trennung bewirken zwischen Israel und seinem Vater im Himmel.« (Pesachim 85 b)
(Hans Joachim Schoeps, Israel und die Christenheit, München 1961, S. 48)

»Wenn auch alle Völker der Erde sich versammeln würden, die Liebe Gottes zu Israel aufzuheben, sie vermögen es nicht.« (Schemot rabba zu 2. Mose 2, 32)
(H. J. Schoeps, a.a.O., S. 48)

Adolf Schlatter, 1895:
»Es bleibt das heilige Volk ... So war Israel nicht nur heilig, sondern es ist es und wird es sein. Gott hat sich die Väter geheiligt, indem er ihnen seinen Bund und seine Verheißung gab ... Dieses Erbe können die Söhne nicht verlieren, so wenig es die Väter selbst erworben haben. Mögen sie von Gott weichen in Unglauben und Bundbrüchigkeit, so bleibt doch das Siegel der Heiligung, die Gott ihnen gegeben hat, an ihnen.«
(A. Schl., Der Römerbrief, Calw 1895, S. 224 f.)

Martin Buber, 1933:
»Ich lebe nicht fern von der Stadt Worms, an die mich auch eine Tradition meiner Ahnen bindet; und ich fahre von Zeit zu Zeit hinüber. Wenn ich hinüberfahre, gehe ich immer zuerst zum Dom. Das ist eine sichtbar gewordene Harmonie

der Glieder, eine Ganzheit, in der kein Teil aus der Vollkommenheit wankt. Ich umwandle schauernd den Dom mit einer vollkommenen Freude. Dann gehe ich zum jüdischen Friedhof hinüber. Der besteht aus schiefen zerspellten, formlosen, richtungslosen Steinen. Ich stelle mich darein, blicke von diesem Friedhofsgewirr zu der herrlichen Harmonie empor, und mir ist, als sähe ich von Israel zur Kirche auf. Da unten hat nicht ein Quentchen Gestalt; man hat nur die Steine und die Asche unter den Steinen...
Ich habe da gestanden, war verbunden mit der Asche und quer durch sie mit den Urvätern. Das ist Erinnerung an das Geschehen mit Gott, die allen Juden gegeben ist. Davon kann mich die Vollkommenheit des christlichen Gottesraumes nicht abbringen, nichts kann mich abbringen von der Gotteszeit Israels.
Ich habe da gestanden und habe alles selber erfahren, mir ist all der Tod widerfahren: all die Asche, all die Zerspelltheit, all der lautlose Jammer ist mein; aber der Bund ist mir nicht aufgekündigt worden. Ich liege am Boden, hingestürzt wie diese Steine. Aber aufgekündigt ist mir nicht.
Der Dom ist, wie er ist. Der Friedhof ist, wie er ist. Aber aufgekündigt ist uns nicht worden.«
(M. B., Der Jude und sein Judentum, Köln 1963, S. 569)

Karl Wolfskehl (1869–1948):
»Und so dürfen wir gewiß sein, daß diese stets straffe und stets zerstiebende Einheit, dies Beharren und dieses Verstreuen, dieses Bändigen und dieses Befreien, dieses ewige Jetzt, stets Gegenwart sei. Denn ER, der den Bund schloß mit dem Ahnherrn, Er ist in dessen Samen fern und nah geblieben, nie so eins mit ihm, daß ER ihn ganz zu sich zwinge, ganz ihn übergehen lasse in das Andere Reich, nie so abgewandt, daß er in Spreu zerstaube, in Scherben zerfalle und Schutt und untergehe irgendwann.«
(Hans Joachim Schoeps, Jüdische Geisteswelt, Köln 1960, S. 262)

Hans David Leuner, London, 1963:
»Sie (die Vertreter des Gesprächs mit Israel) wissen um die Kontinuität des Bundes mit Israel und kennen nur *ein* Gottesvolk, Israel, in das die Kirche aufgenommen ist, die also nicht Erbin, sondern Mit-Erbin Israels ist, denn Gott ist treu und hält seine Treue auch den Treulosen.«
(H. D. L., in: Neubesinnung zwischen Mission und Gespräch, Lutherische Rundschau, Stuttgart 1963, S. 471)

Ernst Lange, Berlin, 1963:
»Israel ist das Volk des Bundes. Das heißt: es sieht sich selbst und die ganze Welt im Licht seiner Geschichte: Befreiung aus Ägypten, Wüstenzug, Bundesschluß am Sinai, Landnahme in Palästina. Leben, menschlich leben, frei und geborgen sein in der guten Verbindung mit Gott; zugrundegehen am Bruch dieser Verbindung; mitten im Untergang gehalten bleiben von der Bundestreue Gottes; als Volk im Niemandsland keine andere Lebensgewähr haben als die göttliche Verheißung, in ihr aber wirklich das Leben finden – das ist die Erfahrung Israels, die Erfahrung des Gottesbundes. Der Prophet Hosea beschreibt die Geschichte der Treue des Bundesgottes als den unermüdlichen Kampf eines Ehemannes um die Liebe seiner treulosen Frau.«
(E. L., in: Theologie für Nichttheologen, Kapitel »Ehe«, Stuttgart 1963, S. 68)

Schalom ben Chorin, Jerusalem, 1964:
»Ebenso wie man bei Moses und den Propheten im Alten Testament Zornreden gegen das abtrünnige, jüdische Volk finden kann, so kann man derartige Äußerungen auch im Neuen Testament lesen. Jede Isolierung solcher Stellen ist aber eine Fälschung. Man muß solche Worte in ihrem Kontext betrachten. Es ist die Liebe, die auch zu zürnen vermag. Die Worte des Zornes sind aber weder im Alten Testament noch im Neuen Testament letztes Wort, sondern Gnade und Verheißung überwiegen.«
Sch. b. Ch., in: Tribüne, Frankfurt/Main 1964, Nr. 11, S. 1163)

Rudolf Pfisterer, Schwäb. Hall, 1966:
»Der Herr Israels hat trotz all dieser tatsächlichen Abdankung seines Volkes seinen Bund nicht gekündigt. Das unauslöschliche Siegel der Erwählung ist nicht getilgt worden. Wohl hat Gott oft scharf zugegriffen mit Plagen und Strafen! Die Deportation nach Babylon wurde als unverkennbares Zeichen seines Ernstes verstanden. Die Propheten reden hier eine unmißverständliche Sprache; aber alle Gerichte, von deren tiefem Ernst nichts abzumarkten ist, finden im Rahmen des Bundes Gottes mit diesem Volke statt.«
(R. Pf., Im Schatten des Kreuzes, Hamburg 1966, S. 14)

Dom Grammont, Abt von Bec-Hellouin (Belgien), 1966:
»Gott wandelt sich nicht, und sein Plan ist immer der gleiche. Wenn die Kirche die Nachfolge Israels antritt, so geschieht dies nicht in der Weise, daß sie eine Erbschaft bekäme, deren erster Besitzer von ihr verdrängt würde. Der Neue Bund ist eine Erneuerung des Bundes, der unwiderruflich zwischen Gott und seinem Volke geschlossen wurde. Es handelt sich um den gleichen Bund, der aber erneuert und dadurch endgültig geworden ist. Wenn auch die Gesamtheit der Juden nicht in die Fülle des erneuerten Bundes eingetreten ist, so bleibt sie trotzdem weiterhin das erwählte Volk, die Gemeinschaft des Bundes, und es wäre wichtig, die hier miteingeschlossene Einheit deutlich herauszustellen, die nach der Überzeugung des Paulus am Ende der Zeiten (Röm. 11, 15) wiederhergestellt wird.«
(Dom Gr., In spem contra spem, in: »VAV«, Paris, Nr. 1/1966, S. 53)

Alexander Safran, Oberrabbiner, Genf, 1967:
»Meine lieben christlichen Freunde, nehmt es bitte zur Kenntnis, daß Israel in seinem Glauben an Gott, an seinen Gott, den Fels Israels, fest bleibt wie ein Fels. Weder die direkten Einladungen noch die indirekten Anspielungen von heutzutage können das Volk Israel in seiner Zähigkeit und Hartnäckigkeit erschüttern; sie werden da nicht gelingen, wo Schlauheit und Brutalität gescheitert sind. Nach der Art des ins Meer geworfenen Jona, nach der Art der auf die Scheiterhaufen eines Torquemada geschleppten und in die Feueröfen Hitlers gepreßten Juden bekennt Israel: ›Ich bin ein Hebräer und ich fürchte Gott.‹ Niemand auf der Welt ist in der Lage, seinen Willen zu brechen, in dem es ohne Nachgiebigkeit und ohne Wanken seinem Gott treu bleiben will, so wie es sich von seiner Geburt an bedingungslos mit ihm verbunden hat.«
(A. S., in: Rencontre, Paris, 2/1967, S. 25)

Johannes Oesterreicher, Newark (USA), 1968:
»Gottes Bund mit Israel war jedoch einzigartig. Er war der Mittelpunkt der Existenz Israels, so daß im zweiten Jahrhundert v. Chr. das Wort ›Bund‹ bereits synonym war mit Israels ›Weg und Gottesdienst‹ (Dan. 11, 22. 28. 30. 32). Das Leben anderer Völker, die durch einen Vertrag an irgendeinen Gott gebunden waren, wurde durch diese Verträge weder gelenkt noch umgewandelt; oft glaubten die Völker und Stämme des Nahen Ostens sogar, daß ihre Götter und ihre natürlichen Eltern derselben Rasse und demselben Geschlecht entstammten. Israels Bund mit Jahwe entbehrte nicht nur der Naivität und Überheblichkeit eines natürlichen Bandes, er war eine übernatürliche Realität. Es gab wohl Zeiten, in denen Teile des Volkes sich Illusionen der Hoheit hingaben, wenn sie versucht waren, Israel als Antwort auf Gottes ›Bedrängnis‹ anzusehen, als einen wohlbestallten königlichen Erben, der seinem Vater unentbehrlich und deshalb sicher in seiner Stellung ist. Wann immer sich solche falschen Auffassungen verbreiteten, wurden sie von den Verkündern des Gotteswortes zerschlagen. Die Idee des auserwählten Volkes ist mit dem nationalistischen Traum einer angeborenen Überlegenheit unvereinbar; sie ist vielmehr das völlige Gegenteil einer ›Herrenrasse‹. Gott, der Schöpfer und Herr des Bundes, hat zwar

Israel ›geadelt‹, aber dieser Adel ist in Wirklichkeit der Adel Gottes.«
(J. Oe., Der Baum und die Wurzel, Freiburg/Brsg. 1968, S. 87)

Johannes Oesterreicher, Newark (USA), 1968:
»Gott war bereit, von neuem zu beginnen; er bot ihnen (den Israeliten) einen erneuten Bund an, der auf seiner Verzeihung beruhte und der lobenden Anerkennung des ewigen Erbarmens durch das Volk ... Die von Jeremia (31, 31–34) vermittelte göttliche Ankündigung offenbart eindeutig das Ungenügen, keineswegs aber den sogenannten Formalismus des Alten Gesetzes. Es muß immer von neuem wiederholt werden, daß die Ansicht, der Alte Bund verlange nur äußere Unterwerfung, während nur der Neue Bund den von Herzen kommenden Gehorsam fordere, weder dem Geiste noch dem Buchstaben des Alten Bundes gerecht wird.«
(J. Oe., a.a.O., S. 135 f.)

Bibliographie

Buber, Martin: Der Jude und sein Judentum, Köln 1963, S. 558 f.

Goldschmidt, Dietrich und Hans Joachim Kraus: Der ungekündigte Bund, Stuttgart 1962.

Oesterreicher, Johannes: Der Baum und die Wurzel, Freiburg 1968.

Pfisterer, Rudolf: Im Schatten des Kreuzes, Hamburg 1966, S. 9 ff.

Chassidim

Durch den Einfluß der (→) Kabbala entstand in Polen unter Israel Baal Schem Tov (Meister des heiligen Namens) die Bewegung der Chassidim. Mittelpunkt ihrer Frömmigkeit ist die persönliche Beziehung zu Gott, die in freudigem Gebet und einem entsprechenden Leben sich äußert. Bei dieser Gemeinschaft mit Gott geht es zugleich um ein fröhliches Vergessen der eigenen Person und Umgebung und um den dankbaren Verzicht auf die Güter dieser Welt. Im alltäglichen Leben gilt es, den Namen Gottes durch Gehorsam zu heiligen. Eine systematische Zusammenfassung dieser Gedanken in einer Lehre war nie beabsichtigt und ist nie erfolgt. Die entscheidenden Hinweise werden deshalb in – oft legendenhaften – Berichten uns übermittelt als Zeichen und Anleitung für eine Bewährung in unseren alltäglichen Freuden und Schwierigkeiten.

1. Die Chassidim haben dem Judentum eine entscheidende Prägung gegeben; schon im Mittelalter sind Vorläufer dieser Richtung zu erkennen (siehe 1. Zitat).

André Chouraqui, 1959:
»Das dauernde Praktizieren einer strengen Keuschheit wurde durch oft leidenschaftliche Bußübungen ergänzt. Diese Askese sollte zur heiteren Schau des Geheimnisses Gottes führen. Der Chassid soll mit Freuden die ganze Verleugnung der Welt auf sich nehmen, und Unrecht, Drangsal und das Martyrium erdulden, ohne um der Liebe zu Gott willen in seiner Freude schwach zu werden. Sein Leben muß ein ständiges Gott und dem Nächsten dargebrachtes Opfer sein; das himmlische Gebot für den Chassid wird beherrscht durch den Befehl eines vollkommenen Verzichts auf seinen eigenen Willen, um in der Erleuchtung der Furcht und Liebe Gottes zu leben. Die Erfüllung des Willens Gottes wird so in der Seele des Gläubigen ein reiner Liebesakt . . .«
(A. Ch., Histoire du Judaisme, Paris 1959, S. 81)

Martin Buber, Jerusalem, 1963:
»Die chassidische Lehre ist wesentlich ein Hinweis auf ein Leben in Begeisterung, in begeisterter Freude. Aber diese Lehre ist nicht eine Theorie, die unabhängig davon besteht, ob sie verwirklicht wird. Vielmehr ist sie nur die theoretische Ergänzung eines Lebens, das wirklich von Zaddikim (Gerechten) und Chassidim gelebt worden ist . . .
Im Judentum war, unbeschadet des Glaubens an ein ewiges Leben, stets die Tendenz mächtig, der Vollkommenheit eine irdische Stätte zu schaffen. Die große messianische Konzeption einer kommenden Vollendung auf Erden, an deren Bereitung jedermann tätigen Anteil nehmen kann, vermochte trotz ihrer Macht über die Seelen doch dem persönlichen Leben nicht jene stete und unüberwindliche begeisterte Freiheit am Dasein zu schenken, die eben nur aus einer in sich erfüllten Gegenwart, nicht aus der Hoffnung auf eine künftige Erfüllung, quellen kann . . . Nur in den messianischen Bewegungen selber, die jeweils auf dem Glauben gründeten, die Vollendung beginne eben jetzt, brach die Begeisterung aus und durchdrang das ganze Leben. Als die letzte dieser Bewegungen, der sabbatianische Taumel, samt seinen Nachwirkungen, in Abfall und Verzweiflung endete, war für die lebendige Kraft der Religion die Probe gekommen; denn hier konnte nicht eine bloße Sänftigung des Leidens, sondern nur ein Leben in begeisterter Freude Abhilfe schaffen. Die

Entstehung des Chassidismus bedeutet das Bestehen dieser Probe.«
(M. B., Werke, Bd. III, Schriften zum Chassidismus, S. 79 f.)

Arnold Mandel, Paris, 1963:
»Der besondere Stil des Chassidismus prägt das Denken, indem dieses von allen schon feststehenden Formeln und von jedem Formalismus befreit wird. Die Rabbinisten besaßen nur den Wortschatz. Die Chassidim ergreifen endlich das Wort. Zum ersten Mal entfaltet sich der Schwung eines wahrhaft freien religiösen Denkens.«
(A. M., La voie du Hassidisme, Paris 1963, S. 251)

Nicolas Baudy, Paris, 1965:
»Die chassidische Lehre der Flucht durch Freude galt für alle Handlungen des alltäglichen Lebens. Die leibliche Freude ist ein Weg der Erlösung; man muß essen, trinken und lachen. Man muß die Traurigkeit in all ihren Gestalten verbannen ... ›Schüttelt euch, auch wenn ihr gesündigt habt.‹ Der *Bescht* (Abkürzung von Baal Schem, Beiname für Israel ben Elieser, den Stifter des Chassidismus) hielt keinen Menschen, auch wenn er Verbrecher war, für ganz verloren. Da Gott in der Demut, der Freude und der Liebe zum Nächsten gegenwärtig ist, kann er gerettet werden.
In einem gewissen Umfang war der Chassidismus eine Gegenwehr gegen die Strenge und den Ritualismus der Rabbiner. Hat er nicht die Stunden der Gottesdienste verlagert und die Feier gewisser Feste verändert, indem er die Meinung vertrat, man könne die gottesdienstlichen Pflichten auch außerhalb der Synagoge, etwa in der Natur, erfüllen? Als der Chassidismus nach Litauen, einer Hochburg jüdischer Gelehrsamkeit und Gesetzestreue eindrang, rief er eine starke Reaktion hervor; er wurde als Irrlehre behandelt und seine Anhänger wurden aus der Gemeinde ausgeschlossen.«
(N. B., Les grandes questions juives, Paris 1965, S. 187)

Lee A. Belford, 1967:
»Er (Baalschem Tob) ließ sich weitgehend vom Sohar der Kabbalisten inspirieren und verkündete, Gott sei überall und alles Tun könne und müsse ein Akt des Gottesdienstes sein, der frohen Herzens und begeistert geschehen solle. Man sagt, er habe zahlreiche Wunder getan und viele Menschen geheilt, die ernsthaft krank waren. Obwohl er nicht versuchte, grundlegende Lehren zu verändern, und an den überlieferten Sitten und Gebräuchen gewissenhaft festhielt, erregte er bei den Talmudisten Verdacht, weil er die persönliche Gemeinschaft mit Gott so stark betonte und weil man ihm und seinen Anhängern besondere geistliche Kräfte nachsagte. Die Folge davon war, daß diese in die Rolle einer Sekte im Judentum gedrängt wurden. Die Anhänger des Baalschem Tob werden Chassidim, d. h. die ›Frommen‹ genannt. In New York kann man ihnen häufig begegnen. Die Männer tragen auch heute noch die osteuropäische Kleidung ihrer Vorfahren, Vollbärte und Seitenlocken. Man sieht sie in schwarzen knielangen Seidenröcken und mit schwarzen breitkrempigen Hüten. Jeweils kleine Gruppen unterstehen einem Rabbiner, den man den ›Zaddik‹ oder liebevoller ›Admor‹ nennt ...«
(L. A. Belford, Einführung in das Judentum, Kassel 1967, S. 50)

---

2. Die Botschaft und Weisheit der Chassidim schlägt sich in Berichten von Ereignissen und in Sinnsprüchen nieder, die in ihrer Anschaulichkeit an die Gleichnisse im Neuen Testament erinnern.

Rabbi Bunam von Pzyha – Die große Schuld:
»Rabbi Bunam sprach zu seinen Chassidim: ›Die große Schuld des Menschen sind nicht die Sünden, die er begeht – die Versuchung ist mächtig und seine Kraft gering! Die große Schuld des Men-

schen ist, daß er in jedem Augenblick die Umkehr tun kann und nicht tut.‹«
(Martin Buber, Werke, Bd. III, Schriften zum Chassidismus, München 1963, S. 641)

Rabbi Bunam – Die Ausnahme:
»Rabbi Bunam sprach einmal: ›Ja, ich kann alle Sünder zur Umkehr bringen – nur die Lügner nicht.‹«
(M. B., a.a.O., S. 637)

»Rabbi Bunam erging sich einmal mit einigen Schülern vor der Stadt. Er bückte sich, hob ein Sandbröcklein auf, betrachtete es und legte es wieder an seinen Ort. ›Wer nicht glaubt‹, sagte er, ›daß Gott will, dieses Bröcklein solle eben hier liegen, glaubt überhaupt nicht.‹«
(M. B., a.a.O., S. 633)

Rabbi Bunam:
»Einmal spielte Rabbi Bunam mit einem Mann Schach, den von seinem üblen Weg abzubringen ihm besonders anlag. Er machte einen falschen Zug, alsbald zog der Partner und brachte ihn in eine schlimme Lage. Rabbi Bunam bat, ihn den Zug zurücknehmen zu lassen, und der Mann gestand es zu. Als das sich aber bald wiederholte, weigerte er sich, es ihm nochmals nachzusehen. ›Einmal habe ich's Euch hingehen lassen‹, sagte er, ›aber jetzt muß es gelten.‹ ›Wehe dem Menschen‹, rief der Zaddik (der Gerechte), ›der sich schon so tief ins Böse verkrochen hat, daß ihm kein Gebet mehr hilft, umkehren zu können!‹ Stumm und regungslos, die Seele lichterloh entbrannt, starrte der Spielpartner ihn an.«
(M. B., a.a.O., S. 622)

Menachem Mendel von Kozk – Gottes Rückseite:
»Zum Vers der Schrift (Exodus 33, 23): ›Du wirst meinen Rücken sehn, aber mein Antlitz wird nicht gesehn‹, sprach der Kozker Rabbi: ›All das Widerstreitende und Verkehrte, das die Menschen wahrnehmen, wird Gottes Rücken genannt. Sein Antlitz aber, wo alles mit allem übereinstimmt, kann kein Mensch sehn.‹«
(M. B., a.a.O., S. 663)

Rabbi Nachum von Stepinescht – Das Damspiel:
»An einem der Tage des Chanukkafestes kam Rabbi Nachum, des Riziners Sohn, unerwartet ins Lehrhaus und fand die Schüler beim Damspiel, wie es der Brauch an diesen Tagen war. Als sie den Zaddik eintreten sahen, wurden sie verwirrt und hielten inne. Er aber nickte ihnen freundlich zu und fragte: ›Kennt ihr auch die Gesetze des Damspiels?‹ Und da sie vor Scheu kein Wort über die Lippen brachten, gab er selber die Antwort. ›Ich will euch die Gesetze des Damspiels sagen. Das erste ist, man darf nicht zwei Schritte auf einmal gehen. Das zweite, man darf nur vorwärtsgehen und sich nicht rückwärts kehren. Und das dritte, wenn man oben ist, darf man schon gehen, wohin man will.‹«
(M. B., a.a.O., S. 467)

Rabbi Mosche von Kobryn – Das Wichtigste:
»Bald nach dem Tode Rabbi Mosches von Kobryn wurde einer seiner Schüler von dem ›alten Kozker‹, Rabbi Mendel, gefragt: ›Was war für Eueren Lehrer das Wichtigste?‹ Er besann sich, dann gab er die Antwort: ›Womit er sich gerade abgab.‹«
(M. B., a.a.O., S. 563)

Rabbi Mosche von Kosnitz: Zum Leuchten:
»Rabbi Mosche, der Sohn des Kosnitzer Naggids, sprach: ›Es steht geschrieben (Exodus 27, 20): Öl von Oliven, lautres gestoßnes, zum Leuchten.‹ Gepreßt und zerstoßen soll man sein, aber zum Leuchten, nicht zum Liegen.«
(M. B., a.a.O., S. 564)

Rabbi Bunam: – Der Sinn:
»Als Rabbi Bunam im Sterben lag, weinte seine Frau. Er sprach: ›Was weinst du? All mein Leben war ja nur dazu, daß ich sterben lerne.‹«
(Hans Joachim Schoeps, Jüdische Geisteswelt, Köln 1960, S. 218)

Die Nächstenliebe:
»Der Sassower erzählte seinem Jünger, dem Zydaczower:

›Die Erkenntnis wahrer Nächstenliebe verdanke ich einem Gespräch zweier Dorfleute, denen ich zuhörte.

Erster: ›Sage mir, Freund Iwan, liebst du mich?‹

Zweiter: ›Ich liebe dich sehr.‹

Erster: ›Weißt du, Freund, auch, was mir weh tut?‹

Zweiter: ›Wie kann ich denn wissen, was dir weh tut?‹

Erster: ›Wenn du nicht weißt, was mir weh tut, wie darfst du auch nur sagen, daß du mich lieb hast?‹

›Verstehst du, Hersch‹, führt der Sassower aus, ›lieben, wirklich lieben, heißt wissen, was dem andern weh tut.‹«

(H. J. Sch., a.a.O., S. 218 f.)

Bibliographie

Baudy, Nicolas: Les grandes questions juives, Paris 1965, S. 186 f.

Buber, Martin: Werke, Bd. III, Schriften zum Chassidismus, München 1963.

Dubnow, Simon: Weltgeschichte des jüdischen Volkes, Bd. VII, Berlin 1928, S. 213 ff.

Hoeck, Wilhelm: Die Botschaft der Chassidim, in: Stimme der Gemeinde, Frankfurt/Main 1969, Nr. 15/16, S. 477–484.

Langer, Georg: Neun Tore – das Geheimnis der Chassidim, München 1959.

Mandel, Arnold: La voie du Hassidisme, Paris 1963.

Néhér-Bernheim, Renée: Histoire juive, Bd. I, Paris o. J., S. 152 ff.

Schoeps, Hans Joachim: Jüdische Geisteswelt, Köln 1960, S. 211 ff.

Wilhelm, Kurt: Jüdischer Glaube, Bremen 1961, S. 294 ff.

Christentum – jüdische Fundamente

Im Mittelpunkt des christlichen Glaubens steht der Jude (→) Jesus von Nazareth, zu dem sich die Kirche als dem Messias (→) Israels und Heiland der Welt bekennt. Auf diesen Herrn weist nach dem Glauben der Kirche die ganze Heilige Schrift, vor allem auch der erste Teil der (→) Bibel, unser Altes Testament, hin. Die Person des Jesus von Nazareth und die hebräische Bibel, unser Altes Testament, bringen es mit sich, daß die Christenheit auf jüdischen Fundamenten geht und steht. Jeder Versuch einer »Arisierung« ist Rückfall ins Heidentum.

1. Die Kirche bewegt sich immer und überall auf jüdischem Boden, weil die entscheidende Zuwendung Gottes zur Welt in der Person des Messias Israels, Jesus von Nazareth, geschehen ist.

Epheser 2, 19 f.:
»So seid ihr nun nicht mehr Gäste und Fremdlinge, sondern Bürger mit den Heiligen und Gottes Hausgenossen, erbaut auf dem Fundament der Apostel und Propheten, wobei Jesus Christus der Eckstein ist.«

Moritz Lazarus, Berlin, 1880:
»Wer noch in der Heiligen Schrift, im Neuen Testament das Ideal menschlicher Sittlichkeit ausgeprägt findet, der sollte doch nie vergessen, daß dieses Ideal ein Erzeugnis des semitischen Geistes ist. Anti-Semitentum ist Anti-Christentum denn Christus, der Stifter selbst, und alle seine Apostel sind Semiten ...«
(Selbstzeugnisse des deutschen Judentums 1870–1945, Hrsg. Achim von Borries, Frankfurt/Main 1962, S. 20)

Martin Kähler (1835–1912):
»Jesus hat die Sammlung des kleinen Judenvolks zu einem der gewaltigsten geistig wirkenden Faktoren der ganzen Menschheitsgeschichte erhoben. Seit Jesu sind Millionen in ihrem sittlichen Bewußtsein an den zehn Geboten gebildet. Seit Jesu haben nicht viel weniger Millionen am Psalter beten gelernt. Seit Jesu sind die Gestalten des Alten Testaments den Völkern vertraut geworden, vertrauter als die Gestalten ihrer Sage und ihrer Vergangenheit. Seit Jesu kommt dieses Buch mit seinem großen Inhalt, mit seinen prophetischen Gerichts- und Trostworten an jeden. Seit Jesu steht es als ein Himmel mit strahlenden Sternen über den Nächten der Kranken und über den Totenbetten. So kommt durch Jesus das Alte Testament an jeden Menschen heran, der unter den Schall der christlichen Predigt gerät. Das ist eine große Geschichte ... So ist in Saft und Kraft der modernen Völker übergegangen, was im Alten Testamente lebte! Wir sind alle semitisiert, und wir müßten unser religiöses, auch unser ästhetisches Denken, wie es sich an unseren größten Künstlern gebildet hat, auflösen, wenn wir diese Fasern semitischen Denkens herausziehen wollten.«
(Hans Joachim Iwand, Theologische Existenz, Neue Folge, Nr. 41, München 1954, S. 15)

Johannes Müller, 1892:
»Man vergißt ganz, daß Jesus und seine Apostel fromme Juden waren und sein wollten, und verleidet so den Juden das Streben, der inneren Verwandschaft zwischen Christentum und Judentum nachzuspüren.«
(J. M., Der Weg zur Verständigung, Leipzig 1892, S. 33)

Pfarrer Grimm, Frankfurt/Main, vor 1920:
»Haben wir Christen vergessen, daß das Judentum, die jüdische Religion, die Mutter der christlichen Religion ist, daß unser Herr Jesus Christus aus dem jüdischen Volke stammt und sein jüdisches

Volk lieb gehabt hat, daß wir in unserem Bibelbuch ein Altes Testament haben? Das Religionsbuch der Juden, mit seinen herrlichen Psalmen, mit seinen wunderbaren Prophetenworten, mit seinen zehn Geboten! Haben wir all das vergessen? Und dann, steht nicht im Mittelpunkt unserer Religion der Glaube an den Gott, der aller Menschen Vater ist, und an die Brüderschaft aller Menschen? Haben wir die Juden schon einmal von diesem Standort aus betrachtet? ›Haben wir nicht alle *einen* Vater? Hat uns nicht *ein* Gott geschaffen? Warum verachten wir denn einer den anderen?‹«
(Pfarrer G. in: Abwehr-ABC, Berlin 1920, S. 40)

J. H. Grolle, Amsterdam, 1949:
»Seit Gott seinen Bund mit diesem Volk schloß und es aussonderte inmitten der Völker, hat Israel in der göttlichen Offenbarungsökonomie gegenüber Welt und Menschheit eine ganz eigene Stellung eingenommen, so daß nach Gottes Ratschluß das Heil aus den Juden kommt ... Die Juden bleiben die natürlichen Zweige, und wir, die Christen aus den Heiden, sind und bleiben die eingepropften Zweige.
Weil für die christliche Kirche das uns in der Bibel geoffenbarte göttliche Heilsbekenntnis Gegenstand tiefster Anbetung und Dankes ist, kann und darf auch eine christliche Kirche nicht anders leben als aus dem Wissen einer besonderen Verbundenheit und Beziehung zum Volk Israel.«
(J. H. Grolle, Die Niederländische Reformierte Kirche und das Gespräch mit Israel, Judaica, Zürich 1949, S. 106)

André Lacocque, Brüssel, 1958:
»Es gibt für die zerrissene heidenchristliche Kirche kein anderes Heilmittel, als demütig heimzukehren, nicht nach Rom, Genf oder Moskau, sondern nach Jerusalem. Dies bedeutet zunächst eine neue, vollkommene Bekehrung zum Zeugnis der Apostel. Ja, es kommt auf diese Heimkehr nach Jerusalem an, indem man entschlossen zurückkehrt zur Botschaft der Apostel und gleichzeitig für die Wiederherstellung der juden-christlichen Kirche betet und mit allen Kräften wirkt ...«
(A. L., Israel, pierre de touche de l'oecuménisme; Verbum Caro, Neuchâtel 1958, S. 341)

Roland de Pury, 1958:
»Es gibt nur einen Ausweg für die jungen Kirchen – und mit ihnen für uns selbst aus der Verirrung des nationalen Christentums heraus: das Einpfropfen in einen gemeinsamen Stamm, der weder die protestantische reformierte Kirche, noch sonst irgend ein Christentum des Westens ist, sondern Israel, unser aller gemeinsamer Stamm. Wir sind nichts anderes als Zweige dieses Baumes. Auch die jungen Kirchen sind nichts anderes als solche Zweige. Der gemeinsame Stamm ist Israel. Die wichtigste Erkenntnis, auf die wir in der heutigen Welt immer neu hinzuweisen haben, ist diese gemeinsame Vergangenheit aller Kirchen in der Geschichte des Volkes Israel. Das ist das Alte Testament. Es kann weder ein französisches, noch ein deutsches, noch ein chinesisches Christentum geben, weil es nur ein jüdisches Christentum gibt. Wir sind nur die Zweige, die dem Ölbaum Israel eingepfropft werden, wie es der Apostel den Römern im 11. Kapitel einschärft. Das ist unser Schutz gegen den drohenden Nationalismus westlicher und östlicher Prägung. Der Versuch einer Partei, einer Nation, einer Ideologie, das Christentum für sich in Anspruch zu nehmen, kann nur unter Verwerfung des Alten Testaments gelingen.«
(R. de P., Das Evangelium und die Zivilisation, in: Gottesdienst–Menschendienst, Festschrift für Eduard Thurneysen, Zürich 1958, S. 309)

Roland de Pury, 1958:
»Haben wir jedoch unsere Wurzeln in der Geschichte des Volkes Israel, ist unser Herr nicht nur der Sohn Gottes, sondern gleichzeitig der Sohn Davids, ist unser König König der Juden, dann können wir in aller Gelassenheit, Klarheit und Freiheit jeder nationalen Situation,

jedem Rassenkonflikt, jeder Zivilisation und jeder Kultur gegenübertreten.«
(R. de P., a.a.O., S. 310)

André Lacocque, Brüssel, 1960:
»Die Rückkehr Israels in sein Land hat eine sehr bedeutsame Zeugnisbedeutung. Der Staat Israel hat den unschätzbaren Wert, daran zu erinnern, und zwar in historischen und konkreten Fakten, daß das Zentrum unseres biblischen Glaubens weder in Rom noch in Byzanz, weder in Moskau noch in Genf liegen kann, sondern in Jerusalem. Dies bedeutet offensichtlich etwas ganz anderes als die Fixierung einer ›Hauptstadt‹ der jüdisch-christlichen Welt. Man müßte vielmehr sagen, daß die Quelle, der ›edle Ölbaum‹, aus dem wir unseren Lebenssaft ziehen, nur in Israel steht und nur dort stehen kann. Die Sünde der Kirche besteht schon seit Jahrhunderten in der Tat in diesem intellektuellen und geistlichen Bruch mit ihrer Daseinsberechtigung ..., mit Jerusalem. Dies ist uns schon außerordentlich teuer zu stehen gekommen; denn unser Glaube wurde neuplatonisch, indem er sich auf eine der Bibel ganz fremde Trennung zwischen dem Heiligen und dem Profanen, zwischen Leib und Seele, zwischen Kirche und Welt, zwischen Israel nach dem Geist (ein im Neuen Testament nicht vorkommender Ausdruck) und Israel nach dem Fleisch gründete.«
(A. L., Israël moderne et prophétie, in: maggel shaquedh, La Branche d' Amandier, Hommage à Wilhelm Vischer; Montpellier 1960, S. 110)

Heinrich Spämann, 1961
»Weithin aus den Herzen verdrängt ist auch, was wir Christen aus den Weltvölkern dem jüdischen Volke verdanken: daß Jesus Mensch geworden ist aus Maria, der Tochter Davids und Abrahams, daß Moses und die Propheten, daß die Apostel, die Zeugen der Auferstehung, die ›Säulen des Erdkreises‹ und die pfingstliche Urgemeinde, daß der Lehrer der Völker, Paulus, und alle ersten Verkünder der Freudenbotschaft *Juden* waren, daß Gott Juden die Heilige Schrift anvertraut hat und aus ihnen die Fülle des ›Lichts zur Erleuchtung der Heiden‹ hervorgehen ließ.«
(H. Sp., Christlicher Sonntag, Würzburg 1961, Nr. 34, S. 265)

F. Lovsky, Lons-le-Saunier, 1962:
»Israel ist also der Ölbaum, der die Kirche trägt. Die Kirche würde sterben, wenn man sie von diesem jüdischen Wurzelstock losrisse.«
(F. L. Semeur, Paris 1962, S. 622)

Stanislas Fumet, Paris, 1964:
»Die Mitbürger aus allen möglichen Ländern neigen dazu, zu vergessen, daß sie als Christen nur existieren, weil sie von Israel ihr Heil und ihren Gott geerbt haben. ›Mr. Fumet‹, so schrieb eines Tages ein Chorherr aus Belgien, ›ging so weit, daß er uns (in einem Vortrag) sagte, der jüdische Gott und der christliche Gott sei derselbe Gott ...‹ Vielleicht hatte dieser Chorherr einen anderen Gott als den Gott Jesu – ich jedenfalls nicht.«
(S. F., in: Arche, Paris, März 1964, S. 58)

Bernard Lambert, Quebec, 1964:
»Wir kehren nach Jerusalem, der Mutter aller Kirchen, zurück. In diese Stadt, die der einzig wahre Mittelpunkt der Welt ist und die die Menschen immerfort anzieht, weil hier die Welt ihrem Herrn begegnet ist. Sie ist der wirkliche Maßstab Roms und jeder Kirche, die sich auf den Erlöser beruft.«
(B. L., Von Rom nach Jerusalem, Freiburg 1964, S. 168)

Roland de Pury, Ambatolampy (Madagaskar), 1962:
»Es gibt kein französisches, deutsches, indisches oder madagassisches, kein westliches oder östliches Christentum. Es gibt nur ein jüdisches Christentum. Das Land der Juden liegt nicht in Europa, sondern im Nahen Osten; es ist der Kreuzungspunkt von drei Erdteilen ... Der Jude ist überall ein Fremder und ist überall zu Hause. Wenn Jesus Franzose oder Inder, Senegalese oder Argentinier gewesen wäre, dann würde sich das Evangelium in einer gefährlichen Weise mit der

Politik dieser Nationen vermengen. Aber er ist Jude; dies bedeutet, daß er nicht angepaßt und nicht vereinnahmt werden kann und daß er in Europa wie in Afrika und Asien ein Fremder bleibt. Die jüdische Identität Jesu ist das wunderbarste und nicht wegzudiskutierende Zeichen der Transzendenz, der Universalität und der Partikularität der Offenbarung. Der Antisemitismus, der jahrhundertelang in der Christenheit in Europa gewütet hat, erbringt auf eine schreckliche Weise den Beweis dafür, wie diese Christenheit selbst der Versuchung erlag, alle diejenigen auf die Seite zu schaffen, die durch ihre bloße Existenz an die menschliche Identität und die Unabhängigkeit ihres Gottes zugleich erinnerten. Ein jüdischer Gott ist in der Tat nicht geeignet, den Plänen irgendeines Imperialismus oder Nationalismus zu dienen.«
(R. de P., La nationalité du Christ, sauvegarde de l'Unité de l'Église, in: Semeur, Paris 1963, S. 51)

Johannes Oesterreicher, Newark, 1964:
»Die tiefste Verbindung der Kirche zum jüdischen Volk besteht in der Menschheit Christi. Sie kann und darf nicht vergessen, daß der Herr, als er der Bruder der Menschen wurde, als Jude geboren war. Seine Mutter stammte aus dem Hause David; seine Apostel und Jünger waren aus Abrahams Stamm ...«
(J. Oe., The Brotherhood of Christians and Jews, Newark [New Jersey] 1964 S. 12)

---

2. Eine Schmähung des jüdischen Charakters der Bibel ist deutlich zurückzuweisen und jede »Arisierung« als Attentat auf das Evangelium zu brandmarken.

Heinrich von Treitschke, Berlin, 1880:
»Die Größe der christlichen Lehre liegt darin, daß sie, hervorgegangen aus einem semitischen Volke, das Semitenthum überwand und zur Weltkirche wurde.«
(H. v. T., in: Walter Boehlich, Hrsg.: Der Berliner Antisemitismusstreit, Frankfurt/Main 1965, S. 88 f.)

Friedrich Nietzsche, 1888:
»Das Christentum, aus jüdischer Wurzel und nur verständlich als Gewächs dieses Bodens, stellt die Gegenbewegung gegen jede Moral der Züchtung, der Rasse, des Privilegiums dar; – es ist die antiarische Religion par excellence: das Christentum die Umwertung aller arischen Werte ..., das Evangelium den Armen, den Niedrigen gepredigt, der Gesamtaufstand alles Niedergetretenen, Elenden, Mißratenen, Schlechtweggekommenen gegen die ›Rasse‹ – die unsterbliche Tschandala – Rache als Religion der Liebe.«
(Johannes Oesterreicher; Auschwitz, der Christ und das Konzil; Meitingen b. Augsburg 1964, S. 23 f.)

C. Radenhausen, Leipzig, 1888:
»Obwohl die nachfolgend namhaft gemachten zahlreichen Götter durch Profetenmund die schärfsten Anklagen und gräßlichsten Drohungen über das Volk aussprechen, wollen jene doch die hartgesottenen Sünder als ein Prachtvolk darstellen und ihr bluttriefendes Heidentum zum Vorläufer des Christentums machen. Sogar die gräuelvollen Götzen der heidnischen Israeliten werden noch jetzt, wie von Alters her, mit dem Gottesglauben des milden Stifters Jesus vereint in schmachvoller Weise.«
(C. Radenhausen, Esther, Leipzig 1888, S. 70 f.)

Houston Stewart Chamberlain, Wien, 1904:
»Die Absurdität des Gedankens, diese Religion (das Judentum), sie der Stamm des Christentums, das Christentum aber dessen Blüte, muß auch dem Befangensten in die Augen springen.«
(H. St. Ch., Die Grundlagen des 19. Jahrhunderts, München 1904^{5}, S. 448, Anm. 3)

Adolf Hitler (1889–1945), o. J.:
»Das Christentum ist ein jüdischer Schwindel. Man ist entweder Deutscher oder Christ. Man kann den Epileptiker Paulus zwar aus dem Christentum hinauswerfen, das nützt aber nicht viel. Wir wollen keine Menschen, die nach drüben schielen. Wir wollen freie Män-

ner, die Gott in sich wissen und spüren ... Den Jesus können Sie nicht zum Arier machen, das ist Unsinn.«
(Friedrich Heer, Der Glaube des Adolf Hitler, München 1968, S. 294)

Schwarzbuch des antifaschistischen Komitees, Moskau:
»Der Krieg gegen Judenheit und Judentum war zudem die Vorfront des nationalsozialistischen Kreuzzuges gegen die christliche Religion, die ja dem neuen Evangelium von Führer und Führerstaat diametral entgegengesetzt ist. Hatten die Nationalsozialisten mit einem Schmähangriff gegen das Alte Testament begonnen, so lancierten sie bald danach eine Kampagne gegen das ›mit allem Wust des vorderasiatischen, des jüdischen und afrikanischen Lebens‹ beladene Neue Testament. Mit der Schändung und dem Niederbrennen der Synagogen machten sie den Anfang, doch ehe sie (ihren Feldzug) beendet hatten, beherrschten sie beinahe die Kirchen Deutschlands. Ihr Antisemitismus war eine strategische Waffe gegen das jüdisch verderbte Christentum.«
(Johannes Oesterreicher, a.a.O., S. 10)

G. Hummel, 1961:
»Aus dem historischen Kontra der Urchristenheit gegenüber dem zeitgenössischen Judentum läßt sich nur unglaubwürdig ein ›okulierter Nebenast am Hauptstamm der Juden‹ fabrizieren.«
(G. H., Ausverkauf der Kirchengeschichte?, in: Christ und Welt, 28. 7. 1961)

---

3. Die Verknüpfung von Judentum und Christentum wird auch von Juden, zum Teil mit großer Deutlichkeit, gesehen.

Jakob Emden (1679–1776) aus dem Jahre 1757:
»Der Stifter des Christentums hat der Welt eine doppelte Wohltat erwiesen; einerseits hat er ... mit aller Kraft die Lehre Moses befestigt und deren ewige Verbindlichkeit nachdrücklichst betont; andererseits hat er den Heiden eine große Wohltat erwiesen, indem er die Abgötterei von ihnen entfernte, sie zu den sieben (noachidischen) Geboten verpflichtete und ihnen dazu noch eine Morallehre gab, in der er ihnen, wie bekannt, noch mehr Erschwerungen auferlegte als das Gesetz Moses ... Und nun, ihr christlichen Völker insgesamt, wie schön und lieblich wäre es, wenn ihr beobachtet, was euch von euren ersten Lehrern vorgeschrieben wurde; wie schön wäre euer Anteil, wenn ihr den Juden in der Beobachtung ihrer Torah beistündet!«
(Karl Hruby, Die Konzilsdeklaration über die Juden, in: Judaica, Zürich 1966, S. 19)

Moses Mendelsohn, Berlin (an Lavater):
»Wenn es wahr ist, daß die Ecksteine meines Hauses nachgeben und das Gebäude einzustürzen droht, ist es dann zweckmäßig, wenn ich meine Habseligkeiten aus dem untersten Stockwerk in das oberste rette? Bin ich da sicherer? Nun ist das Christentum, wie Sie wissen, auf dem Judentum aufgebaut und muß notwendig, wenn dieses fällt, zusammenstürzen.«
(Münchener Jüdische Nachrichten, 5. 8. 1960, siehe auch Léon Poljakov, Histoire de l'Antisémitisme, Bd. III, De Voltaire à Wagner, Paris 1968, S. 189)

Ernst Ludwig Ehrlich, Basel, 1962:
»Die Gefahr, daß Christentum sich in irgendeine Form der Philosophie auflösen könnte, hatte von jeher bestanden. Die christliche Religion war bereits bald nach ihrem Beginn davon bedroht, ihr historisches Element auszuklammern, um auf diese Weise den geistigen Zusammenhang mit der jüdischen Mutterreligion zu verlieren. Aber erst im 19. Jahrhundert wurde mit einer solchen Denkweise völliger Ernst gemacht und damit die biblische Wurzel aus dem Christentum gerissen. Fichte zum Beispiel war der Auffassung, Paulus hätte einen schweren Fehler begangen, das Christentum nicht gänzlich von dem Judentum zu lösen; der eigentliche Schaden des Christentums sei das Alte Testament, die echte christliche Vorgeschichte das Griechentum ...

Schließlich könnte eine Auseinandersetzung mit dem für viele Christen offenbar kaum zu ertragenden Gedanken recht fruchtbar sein, daß sie in den ›Ölbaum‹ Israel eingepfropft sind, und sich damit selbst schänden, wenn sie die jüdische Wurzel aus ihrem Bewußtsein verdrängen, weil sie sich ihrer schämen...
Es ist kein Zufall, daß die ›Bekennende Kirche‹ (wie übrigens auch die Katholiken) ihre Stimme gegen den Mord an den Geisteskranken viel mutiger und viel lauter erhoben haben als gegen den Mord an den Juden. Das war keineswegs nur Feigheit, auch der Protest gegen das Euthanasie-Verbrechen erforderte beträchtlichen Mut; es war die Blindheit dafür, die unauflösbare Verbundenheit von Judentum und Christentum zu erkennen und in der Bewährung durchzuhalten, indem auch der individuelle Jude als ›getrennter Bruder‹ akzeptiert wird...
Wenn auch die Verbindung mit dem Judentum von Christen nicht mehr gesehen wird, so ist sie dennoch da, nicht etwa weil wir Juden es wollten, sondern weil die Bibel davon redet. Das ist nicht Menschenwerk, sondern biblische Offenbarung.«
(E. L. E., Ausverkauf der Kirchengeschichte?, in: Allgemeine Wochenzeitung der Juden, Düsseldorf, 9. März 1962, S. 6)

Léon Askenazi, Jerusalem, 1966:
»Sie (die Juden) wissen, daß die Christen nur sind, was sie sind, in dem Maß, wo dieses göttliche Zeugnis als auf einem jüdischen Mutterboden gewachsen anerkannt wird. Sie wissen, daß es sich dabei um die ›Religion‹ eines beträchtlichen Teils der Menschheit handelt, der nach einem Bekanntwerden mit Israel in die hebräische Religiosität nur auf dem Umweg über den Mythos vom Gottmenschen einwilligt und, wenn ich so sagen darf, unter der ausdrücklichen Voraussetzung einer derartigen Abstammung.«
(L. A., Tant que dure la nuit ..., in: Les nouveaux cahiers Nr. 5, Paris 1966, S. 9)

Pinchas E. Lapide, Jerusalem, 1966:
»Das Hitlertum war die Nemesis für das Christentum, weil dieses seine jüdischen Wurzeln abgeschnitten hatte ... Erst die große und strahlende Gewissenskrise, die Papst Johannes XXIII. auslöste, bewegte die Christen endlich zur Reue über das Gemetzel der Juden im christlichen Europa und setzte an die Stelle von Hitlers ›Endlösung‹ Roncallis ›Endgültige Lösung‹: die Selbstreinigung des Christentums von dem unchristlichen Antisemitismus und die Heimkehr der Kirche in ihr lange vernachlässigtes jüdisches Erbe. Der Glaube an die gemeinsamen Wurzeln des Judentums und des Christentums führte Hitler nach Auschwitz, Papst Johannes wies er den Weg nach Jerusalem.«
(P. E. L., Rom und die Juden, Freiburg 1966, S. 344)

Bibliographie

Ehrlich, Ernst Ludwig: Ausverkauf der Kirchengeschichte?, in: Allgemeine Wochenzeitung der Juden, Düsseldorf 9. 3. 1962.
Grolle, Johan Hendrik: Die Niederländische Reformierte Kirche und das Gespräch mit Israel, in: Judaica, Zürich 1949, S. 104–116.
Israel und die Kirche, Zürich 1961, passim.
Lacocque, André: Israel, pierre de touche de l'oecuménisme, in: Verbum Caro, Neuchâtel 1958, S. 331–343.
Lacocque, André: Pérennité d'Israël, Paris 1964, passim.
Lambert, Bernard: Le problème oecuménique, Paris 1962, S. 597–652.
Lambert, Bernard: Von Rom nach Jerusalem, Freiburg 1964, S. 164–171.
Oesterreicher, John: The Brotherhood of the Christians and the Jews, Newark 1964.
Oesterreicher, John: Der Baum und die Wurzel, Freiburg 1968.
Pury de, Roland: Das Evangelium und die Zivilisation, in: Gottesdienst – Menschendienst, Zürich 1958, S. 305–320.
Tresmontant, Claude: Le christianisme est – il vraiment d'origine juive, in: Janus, Nr. 1, Paris 1964, S. 31–34.
Tresmontant, Claude: L'enseignement de Jeschoua de Nazareth, Paris 1970.

Diaspora

Damit wird der eigenartige Sachverhalt beschrieben, daß die Juden schon ziemlich früh außerhalb ihres eigentlichen Siedlungsgebietes in Palästina nicht nur einzeln, sondern in Gemeinschaften ansässig wurden. Das erste große, außerhalb des ihnen zugesagten Landes sich bildende Zentrum war Babylonien; später kamen Ägypten und noch andere derartige Zentren dazu. Als nach der Eroberung Jerusalems durch die Römer (70 n. Chr.) der letzte Rest staatlicher Souveränität verschwand, existierten die Juden nur noch in solchen Zentren, die jeweils die Schwerpunkte des jüdischen Lebens bildeten.
Diese Zerstreuung der Juden über die ganze Welt wurde von denselben unter dem Vorzeichen des Gerichts, aber auch als Aufgabe für das (→) Zeugnis unter den Heiden gesehen. Dieser Aufenthalt außerhalb des ihnen von Gott verheißenen Landes bedeutete letztlich Heimatlosigkeit; die Sehnsucht einer Heimkehr nach Zion (→ Zionismus) und einer Sammlung aller Zerstreuten gehörte zur (→) Hoffnung Israels.
Schon in der frühen Christenheit wurde die Zerstreuung der Juden mit ihrer angeblichen Alleinschuld an der (→) Kreuzigung des Jesus von Nazareth in Zusammenhang gebracht. Diese Auffassung widerspricht den geschichtlichen Tatsachen.

---

1. Die Zerstreuung der Juden wird nach den Aussagen der Bibel als eine von Gott verhängte Strafe, darum als eine von seiner Gnade begrenzte und darum befristete Maßnahme und zugleich auch als ein Auftrag zum Zeugnis unter den Völkern angesehen.

---

5. Mose 4, 25 ff.:
25: ». . . Wenn ihr euch Bilder macht von irgend einer Gestalt, daß ihr übel tut vor dem Herrn, eurem Gott, und ihr ihn erzürnet,
26: so rufe ich heutigen Tages über euch zu Zeugen Himmel und Erde, daß ihr werdet bald umkommen von dem Lande . . .
27: Und der Herr wird euch *zerstreuen* unter die Völker . . .
29: Wenn du aber daselbst den Herrn, deinen Gott, suchen wirst, so wirst du ihn finden . . .
30: Wenn du geängstet sein wirst, und dich treffen werden alle diese Dinge in den letzten Tagen, so wirst du dich bekehren zu dem Herrn, deinem Gott, und seiner Stimme gehorchen.
31: Denn der Herr dein Gott, ist ein barmherziger Gott, er wird dich nicht lassen noch verderben, und auch nicht vergessen des Bundes, den er deinen Vätern geschworen hat.«

5. Mose 30, 3. 4:
»Er wird sich deiner erbarmen und wird dich wieder versammeln aus allen Völkern, dahin dich der Herr, dein Gott, verstreut hat. Wenn du bis an den Himmel verstoßen wärest, so wird dich doch der Herr, dein Gott, von dannen sammeln und dich von dannen holen.« (vgl. Jeremia 31, 10)

Tobias 13, 3:
»Ihr Kinder Israel, lobet den Herrn und vor den Heiden preiset ihn! Denn darum hat er euch zerstreut unter die Heiden, welche ihn nicht kennen, daß ihr seine Wunder verkündiget und daß die Heiden ihn erkennen, daß kein allmächtiger Gott ist, denn er allein.«

Josephus (37–105), Schriftsteller:
»Wenn wir auch die Bräuche der anderen nicht nachahmen zu dürfen glauben, so nehmen wir doch unsererseits mit Freu-

den alle die Menschen in unserer Mitte auf, die an unseren gottesdienstlichen Versammlungen teilnehmen wollen ... So ist eine große Anzahl schon seit langer Zeit von einem starken Eifer für unsere Übung der Frömmigkeit erfaßt. Es gibt keine griechische Stadt noch ein barbarisches Volk, in dem nicht unser Brauch der wöchentlichen Ruhe verbreitet wäre und wo nicht das Fasten, das Anzünden der Lampen und viele andere, auf die Nahrung sich beziehenden Vorschriften beobachtet würden. Sie mühen sich auch darum, unsere Eintracht und Standhaftigkeit nachzuahmen, die wir im Erleiden der Folter für unsere Gesetze bewährt haben. Denn das Erstaunliche ist, daß das Gesetz ohne irgendwelchen Charme oder irgend eine Anziehungskraft zum Vergnügen sich in eigener Kraft durchgesetzt hat. Und man muß darüber staunen, daß Gott in der ganzen Welt ausgebreitet worden ist und ebenso auch das Gesetz unter allen Menschen seinen Weg gemacht hat. Wenn jedermann daraufhin die Zustände in seinem Heimatland nachprüft, kann er meine Worte nicht in Zweifel ziehen ... Was die Griechen betrifft ..., so ist es vorgekommen, daß viele dort unser Gesetz angenommen haben; einige haben hier Ausdauer gezeigt, wieder andere hatten nicht die nötige Standhaftigkeit und haben sich wieder von diesem Gesetze gelöst.«
(Zit. nach Rudolf Pfisterer, Im Schatten des Kreuzes, Hamburg 1966, S. 32)

Wolfgang von Weisl, 1968:
»Diaspora, ›Zerstreuung‹ ist der technische Ausdruck, mit dem die Gesamtheit der jüdischen Gemeinden bezeichnet wird, die sich *außerhalb* Israels befinden. Die jüdische Gemeinde in Israel wird mit dem Begriff ›Jischuw‹ (Niederlassung, Kolonie) bezeichnet. Die Diaspora gab es schon zur Zeit des Tempels von Jerusalem; Sendboten aus Israel besuchten damals schon die über das römische Reich hin zerstreuten Gemeinden, um die jährliche Kopfsteuer für ›jeden zwanzig Jahre alten und älteren Juden‹ einzusammeln. Zum Zeitpunkt der großen Frühlings- und Herbstfeste kamen aus allen Ländern des Schöpfers unzählige Pilger nach Jerusalem, ganz wie dies heute noch geschieht.«
(W. v. W., in: D'Auschwitz à Israël, Paris 1968, S. 222)

Wolfgang von Weisl, 1968:
»Zahlreiche jüdische Gemeinden (in der Diaspora) werden in einer ständig steigenden Zahl durch die Gefahr der Mischehen von einem völligen Verschwinden bedroht ... Wenn man feststellen muß, daß in einigen jüdischen Gemeinden die Mischehen zahlreicher sind als die anderen Eheschließungen, dann ist diese jüdische Gemeinschaft selbst zum Verschwinden verurteilt.«
(W. v. W., a.a.O., S. 226)

Wolfgang von Weisl, 1968:
»Die Galut (Exil) war ein Unheil; dagegen war die Zerstreuung in der Vergangenheit ein Segen. Denn sie hat es uns trotz aller Verfolgungen ermöglicht, uns zu retten. Es hat den Anschein, als sei dieser Segen immer noch gültig. Sogar die Israelis, die ganz und gar ihren Mittelpunkt in Palästina sehen, ... sind sich dessen bewußt. Israel weiß, daß es eine starke Diaspora braucht, und die Diaspora versteht immer besser die Bedeutung der Existenz eines starken und mächtigen Israel für das Judentum der gesamten Welt.«
(W. v. W., a.a.O., S. 228)

---

2. Die den Juden angelastete Alleinschuld an der Kreuzigung des Jesus von Nazareth wurde in der Christenheit als Ursache für ihre Zerstreuung angesehen und mit der Eroberung Jerusalems im Jahre 70 n. Chr. in Zusammenhang gebracht. Dies ist deshalb falsch, weil die Diaspora schon lange Zeit vor diesem Ereignis bestand und weil auch nachher noch eine zahlreiche jüdische Bevölkerung in Palästina lebte.

Origenes, 2. Jahrhundert:
»Wir können also die ganz zuverlässige Aussage machen, daß die Juden ihre Stellung von ehedem nicht mehr finden werden; denn sie haben das abscheulichste Verbrechen begangen, indem sie die Verschwörung gegen den Herrn des Menschengeschlechts anzettelten, und zwar eben in der Stadt, in der sie nach ihrer Überlieferung den Gottesdienst feierten ... Es mußte also folgerichtigerweise die Stadt, in der Jesus litt, von oben bis unten zerstört, das jüdische Volk von seiner Heimat vertrieben und andere von Gott zur seligen Erwählung berufen werden.«
(Marcel Simon, Verus Israel, Paris 1948, S. 90)

Eusebius von Cäsarea, 4. Jahrhundert:
»Die Juden, die Christus töteten und nicht an ihn glauben wollten, wurden von den Römern vertrieben und in die ganze Welt zerstreut.«
(Jules Isaac, L'enseignement du mépris, Paris 1962, S. 38)

Augustin, 4./5. Jahrhundert:
»Was die Juden anbetrifft, die Jesus dem Tode überantworteten und nicht an ihn glauben wollten, so wurden sie verjagt aus ihrem Land durch die Römer und über die ganze Erde zerstreut.«
(Jules Isaac, a.a.O., S. 38)

Papst Gregor der Große, 6. Jahrhundert:
»Die Apostel hatten kaum ihren Fuß in das Land der Verbannung gesetzt, als Judäa von Titus unterworfen wurde; ihre Kinder (d. h. die Juden) wurden über die ganze Erde zerstreut.«
(Jules Isaac, a.a.O., S. 39)

Isidor von Sevilla, Bischof, 7. Jahrhundert:
»Die Juden wurden zur Strafe für die Kreuzigung zerstreut und Jerusalem zerstört.«
(Bernard Blumenkranz, Les auteurs chrétiens latins du moyen âge sur les juifs et le judaisme, Paris 1963, S. 93)

Sargis von Aberda (Äthiopien), 7. Jahrhundert:
»Die Juden wurden mit Schande überschüttet und waren bei allen Völkern verworfen von dem Augenblick an, in dem Christus gekreuzigt wurde; sie wurden zerstreut und sind Sklaven der Völker der ganzen Erde geworden, weil sie nicht an Christus geglaubt haben.«
(Jules Isaac, a.a.O., S. 39)

Professor Jean Bosc, Paris, 1946:
»Die Juden haben ihrem König die Anerkennung verweigert. Sie haben ihn beschimpft, verurteilt und gekreuzigt. Sie haben damit nein gesagt zu Gott. Und Gott hat ihnen das Land genommen, das er ihnen als Zeichen der Verheißung gegeben hatte. Sie sind auf der Oberfläche der Erde zerstreut, ohne ein Gebiet, in dem sie sich einwurzeln könnten.«
(Jules Isaac, a.a.O., S. 41)

Heinrich Wiesemann, 1965:
»Wie jeder Mensch ohne den Glauben an Jesus Christus ein Minus in seinem Leben hat, einen Schaden und Verlust, so erst recht das Volk Israel. Aus seinem Unglauben entstand das Unglück, das gipfelte in der Zerstörung Jerusalems im Jahre 70 n. Chr. und in der Zerstreuung unter die Völker, die noch immer anhält.«
(H. W., Das Heil für Israel, Stuttgart 1965, S. 170)

---

3. Die Diaspora ist Exil. Diesem Leben in der Fremde, das oft auch Anfeindung mit furchtbaren Konsequenzen bedeuten kann, steht die Heimkehr in das Israel zugesagte Land gegenüber (→ Zionismus).

Martin Buber (1878–1965), Jerusalem, 1938 an Mahatma Gandhi:
»Zerstreuung ist erträglich und zuweilen sogar sinnreich, wenn es irgendwo eine Sammlung, eine wachsende heimatliche Mitte gibt, ein Stück Erde, wo man nicht

in der Zerstreuung, sondern in der Sammlung ist und von wo aus der Geist der Sammlung in alle Stätten der Zerstreuung hinauswirken kann. Von da aus ist die Frage unseres jüdischen Schicksals unablösbar an die Möglichkeit der Sammlung, diese aber an Palästina gebunden.«
(Mahatma Gandhi und Martin Buber, Juden, Palästina und Araber, München 1961, S. 16)

Martin Buber, Jerusalem, 1938 an Mahatma Gandhi:
»Wir haben damals nicht zustande gebracht, was uns aufgetragen worden war, wir sind unverrichteter Sache ins Exil gegangen, aber das Gebot ist uns geblieben, und es ist drängender geworden als je. Wir brauchen eigene Erde, um es zu erfüllen, wir brauchen die Freiheit, um unser eigenes Leben zu ordnen ... Wir sind nicht begehrlich, Mahatma; wir wollen nur endlich gehorchen können.«
(Mahatma Gandhi ..., a.a.O., S. 19)

W. Rabi, Frankreich, 1968:
»Für die Diaspora ist der Staat Israel weder eine staatlich geschützte Zufluchtsstätte (obwohl die Möglichkeit dafür niemals ausgeschlossen ist) noch ein Heiliger Stuhl (denn das Judentum schließt keine hierarchische und zentralistische Organisation in sich), noch eine Metropole (denn die verschiedenen Gemeinden in der Welt betrachten sich nicht als Kolonien), noch ein politisches Zentrum (denn der Staat Israel hat seine besondere Geschichte im natürlichen Rahmen des Nahen Ostens), noch ein ausschließlicher geistlicher Mittelpunkt (denn die Diaspora kann sich zu einem Verzicht auf ein solches Vorrecht nicht verstehen). Trotzdem fühlen sich die in der Diaspora lebenden Juden mit Israel durch ein sehr starkes Band verknüpft; es handelt sich dabei um eine Schicksalsgemeinschaft, die durch die Katastrophe noch vertieft wurde, um eine weltumspannende Solidarität und trotz allem um eine gemeinsame messianische Hoffnung. Israel ist, wie Philo dies einmal ausgedrückt hat, ›ein Mutterland‹.«
(W. R., in: D'Auschwitz à Israel, a.a.O., S. 234)

Bibliographie

Dubnow, Simon: Weltgeschichte des jüdischen Volkes, Bd. II, Berlin 1925, S. 485 ff.

Isaac, Jules: Les bases de l'antisémitisme chrétien, Paris 1948, S. 14 ff.

Isaac, Jules: La dispersion d'Israël – fait historique et mythe théologique, Paris 1957.

Isaac, Jules: Genèse de l'Antisémitisme, Paris 1956, S. 44 ff.

Isaac, Jules: Jésus et Israël, Paris 1959², S. 155 ff.

Isaac, Jules: L'enseignement du mépris, Paris 1962, S. 33 ff.

Keller, Werner: Und wurden zerstreut unter alle Völker, München 1966, S. 50 ff.

Pfisterer, Rudolf: in: Christen, Juden, Deutsche; Stuttgart 1961, S. 116 ff.

Pfisterer, Rudolf: Im Schatten des Kreuzes, Hamburg 1966, S. 32 ff.

Pfisterer, Rudolf: Juden – Christen, getrennt – versöhnt, Gladbeck 1968², S. 15 f.

Roth, Cecil: Geschichte der Juden, St. Gallen 1959, S. 165 ff.

Schneersohn, Isaac, Hrsg.: D'Auschwitz à Israël, Paris 1968, S. 215 ff.

Simon, Marcel: Verus Israël, Paris 1948, S. 52 ff.

Einheit – des Volkes Gottes

Die Einheit des Volkes Gottes ist Abbild und Hinweis für die im Frieden der Versöhnung sich vollziehende Aussöhnung aller Menschen. Die vom Spaltpilz der Sünde (Absonderung) hervorgerufene Zerrissenheit der Christenheit und des Volkes Gottes ist kein Schönheitsfehler, sondern ein Skandal, der alle Menschen, an die wir als Christen gewiesen sind, am Glauben hindert und ihnen den Weg zum lebendigen Gott versperrt (vgl. Joh. 17, 21). Die Einheit des Volkes Gottes darf nicht im Sinn einer starren, von Menschen gefügten Uniformierung mißverstanden werden; sie ist eine lebendig bewegte Einheit, die mit ihrer inneren Vollmacht sich als treibende Kraft auf das Einswerden aller Menschen auswirken soll. Sie ist nicht Selbstzweck, sondern Instrument in der Hand Gottes für das Heil und den Frieden aller Menschen.

---

1. Die Einheit der Christenheit hängt eng zusammen mit dem Verhältnis der Christen zu den Juden. Die Juden sind Zeugen und Zeichen der Einheit des ganzen Volkes Gottes. Dies drückt sich in einer auch die schmerzliche Trennung umspannenden Bruderschaft aus.

Origenes, Theologe (185–254):
»Die Juden sind und bleiben unsere Brüder, die sich freilich uns erst später anschließen werden, dann nämlich, wenn wir kraft unserer Lehre und unseres vorbildlichen Lebens sie bewegt haben werden, es uns darin gleich zu tun.«
(Wolfgang Seiferth, Kirche und Synagoge, München 1964, S. 109)

Johannes Müller, Leipzig, 1892:
»Nicht nachdrücklich, nicht laut genug kann es ausgesprochen werden, daß eine Verständigung zwischen Judentum und Christentum nicht eine theoretische, sondern eine ungemein praktische Sache, nicht eine Aufgabe der Reflexion, sondern des Herzens und des Willens ist. Die Einsicht in die Entwicklungseinheit zwischen Judentum und Christentum, in die Einheit der göttlichen Offenbarung hier wie dort, die wir zu fördern versucht haben, hat nur vorbereitenden Wert. Nicht auf eine Erkenntnis, sondern auf eine Tat kommt alles an: auf die einmütige Bekehrung zu Gott.«
(J. M., Der Weg zur Verständigung, Leipzig 1892, S. 82)

Brief der katholischen Bischöfe in Frankreich an Pétain, den damaligen Staatschef (in der Zeit zwischen 1940–1943):
»Die Israeliten sind unsere Brüder, und das kann kein Mensch vergessen.«
(Stuttgarter Zeitung, 10. Mai 1961)

Reinhold Schneider, Schriftsteller, o. J.:
»An dem Tag, an dem die erste Synagoge brannte, hätte sich die Kirche wie eine Schwester an die Seite der Synagoge stellen müssen.«
(Jacques Nobécourt, Le »vicaire« et l'histoire, Paris 1964, S. 93)

Paul Démann, Paris, 1953:
»Bis zum jetzigen Zeitpunkt – man muß dies einfach zugeben – fehlt Israel fast vollständig im Gesichtskreis der ökumenischen Bewegung und den katholischen Bemühungen um die Einheit. Gewiß gibt es Länder oder Diözesen, in denen man im Rahmen der Gebetswoche der Einheit aller Christen auch der Fürbitte für Israel einen Platz einräumt. Aber dies geschieht fast in derselben Weise, wie man für den Islam oder für andere der Offenbarung noch fernstehende Völker bittet. Damit sieht man Israel praktisch als ›Missionsvolk‹ und nicht als einen getrennten Teil des Volkes Gottes an. Des-

halb ist man auch ganz bestimmt der Meinung, man müsse *für* sie, aber kaum *mit* ihnen beten und sie einladen, mit uns für die Einheit des Volkes Gottes zu beten.«
(P. D., Israël et l'unité de l'église, in: Cahiers Sioniens, Paris, März 1953, S. 16)

Dr. Leo Baeck (1873–1956), Rabbiner, London,
über die sogenannte Reichskristallnacht im November 1938, als man die Synagogen in Brand steckte:
»In jener Nacht ist auch, ob wir das wissen wollen oder nicht, an die Kirche Hand angelegt worden; denn die Synagoge ist geschichtlich und geistlich die Mutter der Kirche. Jüdische und christliche Gotteshäuser haben letzten Endes ein unteilbares Schicksal. Was dem einen angetan wird, wird auch dem anderen zugefügt.«
(Gerhard Jasper, Der Antisemitismus und seine Hintergründe, in: Kirche in der Zeit, Düsseldorf 1961, Nr. 2, S. 57)

Wort der Generalsynode der Reformierten Kirche der Niederlande, 1959:
»Fehlt der Kirche diese Einheit oder gar der Schmerz über ihre Uneinigkeit, betrachtet man in der Kirche das Getrenntsein als normale Erscheinung – z. B. unter dem Titel der ›Pluriformität‹ –, so hält Israel dafür, daß die Kirche noch nicht einmal an das allererste Kennzeichen Gottes und seines Messias herankommt. Ökumenische Einheit ist für die Begegnung der Kirche mit Israel die Frage von Sein oder Nichtsein.«
(Israel und die Kirche, Zürich 1961, S. 52 f.)

Eintrag im Gästebuch der Benediktinerabtei Niederalteich (1961):
»Wenn die Christen *eins* werden, dann tun sie Israel einen Dienst. Wo wir als Christen auf Israel hören, da fördern wir auch unser Einssein miteinander.«
(Ernst Ludwig Ehrlich, Begegnung statt Bekehrung, in: Juden – Christen – Deutsche, Stuttgart 1961, S. 277)

Johannes Mehl, Kirchenrat in Bayern, 1961:
»Es stellt eine neue Mode dar, daß Christen und Juden sich in geistlichem Sinn ›Bruder‹ heißen (Berliner Kirchentag 1961). Das ist nicht biblisch, sondern Schwärmerei ... Solange noch die Hoffnung auf eine unmittelbare Bekehrung Israels (Judas) zu Gott bestand (sie haben nach der Lehre der Schrift mit Christus auch Gott verworfen) ..., redeten die Judenchristen die Juden auch noch als Brüder an – aber wirklich nur so lange noch! Dann waren die Juden nicht mehr ›Brüder‹ sondern des ›Satans Synagoge‹ (Offenbg. 2, 9; 3, 9). Der Jude ist für den Christen eben nur insoweit ›Bruder‹, wie auch der mohammedanische Arier oder heidnische Eskimo oder Hotentott über Adam sein ›Menschenbruder‹ ist ...«
(J. M., Kirche und Synagoge, in: Gottesdienst und Kirchenmusik, Oktober 1961, S. 162)

Roland de Pury, Pfarrer in Frankreich und Afrika, 1961:
»Übrigens ist der Schmerz, dem Paulus im Römerbrief Ausdruck verleiht, ganz und gar voller Hoffnung. Denn der Apostel weiß, daß Jesus Christus schließlich die Einheit Israels zustande bringen wird, die an Pfingsten zerrissen wurde, wie wir auch wissen, daß er die Einheit der im 16. Jahrhundert entzweiten Kirche wieder herstellen wird. Dies ist die Einheit des Neuen Jerusalems, in dem Israel und Rom und die Kirche der Reformation sich in einer gemeinsamen Anbetung Jesu Christi wiederfinden werden ... Ein Protestant kann ... an die Einheit der Kirche nicht denken, ohne hier Israel einzuschließen ...
Jeder Antisemitismus ist für einen Christen unmöglich. Darüberhinaus führt die Kirche der Reformation ... jeden Protestanten zu Abraham, den Vater der Gläubigen; dieser Weg führt über Rom und Jerusalem. Deshalb kann die Einheit der Kirche, mit der man sich im Nachdenken über den Protestantismus unbedingt befassen muß, nicht mehr als eine Rückkehr nach Rom oder Jerusalem verstanden werden; aber sie darf noch weniger aufgefaßt werden *ohne* die römische Kirche und *ohne* Israel. Der Prote-

stantismus ist weder Endziel noch Ausgangspunkt. Er ist von seinem Wesen her Durchgangsstation, in der man von der Kirche zur Kirche geht, wie man von Israel zu Israel ging.«
(R. de P., Qu'est-ce que le Protestantisme?, Paris 1961, S. 17)

Jacques Martin, Buchhändler, Lyon, 1962:
»... Das Judentum ist die gemeinsame Wurzel unserer verschiedenen christlichen Konfessionen. Die Einheit der Kirche kann man ohne Israel überhaupt nicht erfassen.«
(Jean Toulat; Juifs, mes frères; Paris 1962, S. 174)

F. Lovsky, Lons-le-Saunier, 1963:
»Wegen des Falls Israels gibt es nun in der Welt zwei Völker der Erwählung, nämlich das Israel Christi, in dem die durch das Kreuz versöhnten Juden und Heiden einen einzigen Leib bilden, die Kirche, und dann jenes Israel Gottes, das sich gegen Christus verhärtet hat, aber trotzdem auf Grund der unverdienten und freien Gnade Gottes das erwählte Volk bleibt. Die Gesamtheit dieser beiden Israel ... bildet ein geteiltes, aber einzigartiges, zur Einheit gerufenes Ganzes. Das sogenannte verworfene Israel gehört zur Gemeinschaft der Erwählung.«
(F. L., Remarques sur la notion de rejet par rapport au mystère d'Israël et à l'unité de l'Eglise, in: Revue d'Histoire et de Philosophie Religieuses, Paris 1963, S. 43)

Rudolf Pfisterer, Schwäb. Hall, 1964:
»Die Grundeinstellung zwischen Juden und Christen kann für die Christen aus Römer 11, 28 erhoben werden. Diesen Vers erläutert man zutreffend wohl so: ›Sie (die Juden) sind (noch) Feinde (besser: Gegner) nach dem Evangelium um euretwillen, sie sind aber (schon immer) nach der Erwählung Geliebte um der Väter willen.‹ Es ist ein Test für sachgerechtes Reden über Juden und Christen, wenn die in diesem Text vorhandene Spannung durchgehalten und nicht kurzschlüssig in irgendeinem menschlichen Standpunkt aufgelöst wird. Es gilt wirklich zu vermeiden, daß man auf der einen oder anderen Seite aus dem Sattel fällt. Dies geschieht aber, wenn man nur noch den Bruch oder nur noch die Solidarität zwischen Juden und Christen anzuerkennen bereit ist. Eine ausschließliche Betonung des Bruches ohne die Berücksichtigung einer durch die Erwählung vorgegebenen Solidarität – diese Einstellung hat sich in der Kirchengeschichte im allgemeinen durchgesetzt – ist die Wurzel des Antisemitismus aller Schattierungen. Aber ein Übersehen des noch bestehenden Bruches reduziert die Solidarität zwischen Juden und Christen zu einer oberflächlichen und bedeutungslosen Höflichkeitsbezeugung. Dabei geht es bei dieser Dialektik nicht um die Statik fein ausgewogener Standpunkte, sondern um die Dynamik des Übergewichtes des Handelns Gottes an Juden und Christen, die diese beiden Gruppen in der Hoffnung auf Gottes Reich zur Begegnung führen und gemeinsam nach vorwärts bewegen darf.«
(R. Pf., Juden – Christen, getrennt – versöhnt, Gladbeck 1968[2], S. 7)

Robert Martin-Achard, Professor, Genf, 1965:
»Die Einheit der Kirche kann ohne das jüdische Volk nicht erfolgen ... Das Volk Gottes ist *eins* an seinem Ursprung. Es ist *eins* am Ziel der Heilsgeschichte. Es kann keine zwei Völker Gottes geben. Diese Einheit an Beginn und Ende des Erwählten Gottes stellt in einer radikalen Weise den unbedingten und endgültigen Charakter unserer gegenwärtigen Spaltungen in Frage.«
(R. M.-A., Le peuple élu de Dieu au service du monde, in: Verbum Caro, Nr. 74, Taizé 1965, S. 3, 5)

Arbeitsgemeinschaft »Juden und Christen«, 12. Deutscher Evangelischer Kirchentag in Köln, 1965:
»Die erste und tiefste Trennung im Volke Gottes ist die zwischen Juden und Christen. Rechte Verständigung und Zusammenarbeit zwischen den christlichen Kir-

chen ist aber nicht zu haben ohne eine neue Gemeinschaft zwischen Juden und Christen. Indem evangelische und katholische Christen ihre Verbindung mit dem erwählten Volk Israel besser erkennen und bewähren, werden sie sich auch gegenseitig näherkommen.«
(Freiburger Rundbrief 1965, Freiburg, Nr. 61–64, S. 176)

Markus Barth, Pittsburgh, USA, 1967:
»Nach Paulus leben Juden und Christen in ein und demselben Haus: dem Hause Gottes ... Durch den Juden Jesus hat Gott die Heiden einladen lassen. Seine Einladung brachte uns Heiden mit den Juden zusammen. Jesus hat die Mauer zerbrochen, welche die einen einschloß, die anderen ausschloß. Beide sind in dasselbe Haus eingeladen. Er selbst ist der Gastgeber, der für alle seine Gäste sorgt.«
(M. B.; Jesus, Paulus und die Juden, in: Theol. Studien, 91, Zürich 1967, S. 35 und 38)

2. Die Durchsetzung dieser Einheit ist Gottes Sache und Geheimnis.

Martin Buber, am 14. Januar 1933 im Stuttgarter Lehrhaus:
»Wie es möglich ist, daß es die Geheimnisse nebeneinander gibt, das ist Gottes Geheimnis. Wie es möglich ist, daß es eine Welt gibt als Haus, in dem diese Geheimnisse mitsammen wohnen, ist Gottes Sache. Nicht indem wir uns jeder um seine Glaubenswirklichkeit drükken, nicht indem wir trotz der Verschiedenheit ein Miteinander erschleichen wollen, wohl aber indem wir unter Anerkennung der Grundverschiedenheit in rückhaltlosem Vertrauen einander mitteilen, was wir wissen von der Einheit dieses Hauses, von dem wir hoffen, daß wir uns einst ohne Scheidewände umgeben fühlen werden von seiner Einheit, dienen wir getrennt und doch miteinander, bis wir einst vereint werden in dem einen gemeinsamen Dienst, bis wir alle werden, wie es in dem jüdischen Gebet am Fest des Neuen Jahres heißt: ›ein einziger Bund, seinen Willen zu tun.‹«
(M. B., Der Jude und sein Judentum, Köln 1963, S. 563)

Martin Buber, am 14. Januar 1933 in Stuttgart:
»Wenn das Judentum wieder Israel würde, wenn aus der Larve das heilige Antlitz hervorträte, dann gäbe es ... wohl die Scheidung unabgeschwächt, aber keine schärfere Auseinandersetzung zwischen uns und der Kirche, vielmehr etwas ganz anderes, das heute noch unaussprechbar ist.«
(M. B., a.a.O., S. 570)

Paul Démann, Paris, 1953:
»Man kann auf der einen Seite die ganze Weite des Problems der Einheit weder aufwerfen noch begreifen, wenn man Israel aus diesem Gesichtskreis wegläßt. Das Umgekehrte ist jedoch ebenso richtig, ja es trifft sogar noch mehr zu. Wir können von unserer christlichen Schau der Welt her Israel keinen genauen Standort zuweisen, auch nicht die wirkliche Beziehung zwischen der Kirche und ihm begreifen, noch für uns selbst die aus *diesem Geheimnis* sich ergebenden Forderungen richtig unterscheiden, wenn wir Israel nicht in die Perspektive der Einheit der Kirche, der Einheit des Volkes Gottes rücken.«
(P. D., Israël et l'unité de l'église, in: Cahiers Sioniens, Paris, März 1953, S. 17)

Generalsynode der Niederländischen Reformierten Kirche, 1959:
»So schaut die Kirche sehnlich aus nach der Zeit, da auch der ältere Sohn hereinkommen und sich an die Festtafel setzen wird (Luk. 15, 28). Solange die Kirche und Israel voneinander getrennt leben, leidet beider Dasein Mangel. Bei der Untersuchung der Ursachen für die Verlangsamung im Fortgang des geistlichen Lebens in unserer Kirche werden wir das Fehlen der Offenheit für Israel und der Einheit mit Israel, die zum Wesen einer christlichen Kirche gehören, mit in Rechnung stellen müssen. Man könnte eifrig dabei sein, überall die Schäden zu

flicken, und doch diesen fundamentalen Schaden übersehen.«
(Israel und die Kirche, Zürich 1961, S. 76)

Ernst Ludwig Ehrlich, Basel, 1964:
»Man müßte miteinander wohl noch einmal von vorn beginnen, in dem Wissen, daß die bisherigen Vorstellungen – an dem Gotteswort der Bibel gemessen – versagt haben. Man müßte sich wohl für ihr Wort und seine Bedeutung offenhalten, und die bisherigen Schlagworte verbannen, mit denen man vielleicht den Antisemitismus leidlich bekämpfen kann, aber niemals zu der – wenn auch getrennten – Bruderschaft gelangt, die jetzt, wenn überhaupt, zu realisieren wäre ...«
(E. L. E., in: Christlich-jüdisches Forum, Basel, März 1964, S. 4)

Heinrich Spämann, 1965:
»Die Vollendung dieser Einheit durch die Rettung ganz Israels ist nach Röm. 11, 26 das Ziel der Zeiten. Diese Einheit erbittet letztlich auch das hohepriesterliche Gebet, das man einseitig immer nur als ein Gebet um die Wiedervereinigung der unter sich getrennten Christen versteht.«
(H. Sp., Die Christen und das Volk der Juden, in: Hochland, München, Juni 1965, S. 411)

Bibliographie

Barth, Markus: Jesus, Paulus und die Juden; Theol. Studien, 91, Zürich 1967, passim.

Baum, Gregory: Die Juden und das Evangelium, Einsiedeln 1963, vor allem S. 310 bis 376.

Démann, Paul: Israël et l'unité de l'Église, in: Cahiers Sioniens, Paris 1953, S. 1–24.

Ehrlich, Ernst Ludwig: Die Juden und das Evangelium, in: Christlich-jüdisches Forum, Basel 1964, Nr. 33, S. 1 ff.

Ehrlich, Ernst Ludwig: Israel und die Kirche, Zürich 1961, passim.

Lovsky, F.: Remarques sur la notion de rejet par rapport au mystère d'Israël et à l'unité de l'Église, in: Revue d'Histoire et Philosophie Religieuses, Paris 1963, S. 32–47.

Martin-Achard, Robert: Le peuple élu de Dieu au service du monde, in: Verbum Caro, Nr. 74, Taizé 1965, S. 1–12.

Pfisterer, Rudolf: Juden – Christen, getrennt – versöhnt, Gladbeck 1968[2].

Spämann, Heinrich: Die Christen und das Volk der Juden, in: Hochland, München 1965, S. 409–427.

Spämann, Heinrich: Die Christen und das Volk der Juden, München 1965, passim.

Emanzipation

Unter Emanzipation versteht man das Bemühen von Juden und Nichtjuden, der erstgenannten Gruppe im Zusammenleben mit den Völkern, unter denen sie wohnen, eine vollkommene Gleichberechtigung auf allen Gebieten zu verschaffen. Damit soll durch Gesetze und Maßnahmen, aber auch durch einen tiefgreifenden Wandel in der Grundeinstellung dem Status einer über Jahrhunderte sich erstreckenden, viele Vorurteile erzeugenden und bestätigenden Ungleichheit die Axt an die Wurzel gelegt werden. Dies soll geschehen, ohne die Eigenart und Besonderheit des (→) Judentums anzutasten.
Bei der Emanzipation im Sinne einer völligen Gleichberechtigung von Juden und Nichtjuden wurde auf der einen Seite die gänzliche Rechtsgleichheit ohne irgendeine Einschränkung vertreten, auf der anderen Seite gab es Stimmen, die daran die Bedingung eines Übertritts zum Christentum knüpfen.

Christian Wilhelm Dohm (1751–1820), preußischer Kriegsrat und Archivar, 1781:
»Der moralische Charakter der Juden ist so wie der aller Menschen der vollkommensten Ausbildung und der unglücklichsten Verwilderung fähig und der Einfluß der äußeren Lage ... hierbei nur zu sichtbar ... Mit der Bescheidenheit, ohne die ein Privatmann seine Gedanken über öffentliche Angelegenheiten nie sagen sollte, ... wage ich es ... anzugeben, wie die Juden glücklichere und bessere Glieder der bürgerlichen Gesellschaft werden könnten. Um sie dazu zu machen, müßten sie ... vollkommen gleiche Rechte mit allen übrigen Untertanen erhalten ... Die vollkommenste Freiheit der Beschäftigung (würde) die Juden zu brauchbaren und glücklichen Gliedern der Gesellschaft ... bilden. Mit der sittlichen Verbesserung der Juden müßte aber dann auch die Bemühung der Christen, ihre Vorurteile und ihre lieblose Gesinnung zu benehmen, in gleichem Schritte gehen. Früh in der Jugend müßten sie schon gelehrt werden, die Juden wie ihre Brüder und Mitmenschen zu betrachten ...«
(Ernst Ludwig Ehrlich, Geschichte der Juden in Deutschland, Düsseldorf 1958², S. 76)

Kaiser Joseph II. von Österreich, Toleranzpatent vom 2. Januar 1782:
»... Zwar geht Unser höchster Wille keineswegs dahin, der in Wien wohnenden Judenschaft in Beziehung auf die äußere Duldung eine Erweiterung zu gewähren, sondern es bleibt auch in Zukunft dabei, daß dieselbe eine eigentliche Gemeinde unter einem besonderen Vorsteher ihrer Nation bilden, sondern wie bisher jede einzelne Familie für sich des Schutzes der Landesgesetze ... genießen soll ...«
(E. L. Ehrlich, a.a.O., S. 77)

Friedrich Gottlieb Klopstock (1724–1803), 1782 an Kaiser Joseph II.:
»Wen fasst des Mitleids Schauer nicht, wenn er sieht, wie unser Pöbel Kanaans Volk entmenscht! Und thut ers nicht, weil unsere Fürsten, sie in eiserne Fesseln schmieden? Du lösest ihnen, Retter, die rostige, engangelegte Fessel vom wunden Arm. Sie fühlen's, glauben's kaum. So lange hat's um die Elenden hergeklirret ...«
(Léon Poljakov, De Voltaire à Wagner, Paris 1968, S. 182, Anm. 4)

Rabaut von Saint-Étienne, 1789 in der Nationalversammlung von Frankreich:
»Meine Herren, ich verlange also für die französischen Protestanten, für alle Nichtkatholiken des Königreichs, was Sie für sich verlangen, nämlich die Freiheit und die Gleichheit der Rechte. Ich verlange dies auch für jenes aus Asien losgerissene, immer irrende und geächtete, seit 18 Jahrhunderten immer verfolgte

Volk. Dies würde unsere Sitten und Gebräuche annehmen, wenn es durch unsere Gesetze uns eingegliedert würde. Wir dürfen ihm seine Moral nicht zum Vorwurf machen; sie ist die Frucht unserer eigenen Barbarei und der Demütigung, zu der wir es ungerechterweise verurteilt haben. . .«
(Léon Poljakov, a.a.O., S. 233)

David Friedländer, Berlin, 1790:
»Es ist Zeit, daß uns die Fesseln abgenommen werden, die uns so lange beschweren. Wenigstens getrösten wir uns, daß eine hohe Landesregierung ihrerseits alles anwenden wird, den Unterschied, den die Verschiedenheit der Religion festgestellt hat, so viel als möglich ist in Vergessenheit zu bringen. Dies kann aber nicht anders geschehen, als wenn wir in *vollkommener Gleichheit* mit anderen Untertanen gesetzt werden . . .
Alle erwarten mit der größten Sehnsucht die Aufnahme in den Schoß des Vaterlandes; alle wollen gerne ihre Kräfte einem Staate weihen, der zuerst ihnen die Fessel abnahm . . .«
(Ludwig Geiger, Geschichte der Juden in Berlin, Berlin 1871, S. 137 f.)

Wilhelm von Humboldt, damals Sektionsdirektor für Kultus und Unterricht im preußischen Innenministerium, Gutachten vom 17. Juli 1809:
»Betrachtet man diese (zwei Methoden für die Einführung der Rechtsgleichheit der Juden) an sich, und ich möchte sagen, rein logisch, so ist wohl nicht zu bestreiten, daß nur eine plötzliche Gleichstellung aller Rechte gerecht, politisch und konsequent ist.
Gerecht: denn es läßt sich kein möglicher Rechtsgrund denken, warum der Jude, der alle Pflichten der Christen erfüllen will, nicht auch der Rechte teilhaftig sein soll . . . Politisch: denn diejenigen, die nicht viritim und persönlich, sondern aus Vorurteil und weil sie, als zu einer Kaste gehörig, die Schuld ihrer Mitbrüder tragen müssen, verachtet werden, zu der, selbst zur Moralität nötigen Achtung zu bringen, ist ein Sprung, eine plötzliche Erklärung nötig . . .
Endlich konsequent: denn eine allmähliche Aufhebung bestätigt die Absonderung, die sie vernichten will, in allen nicht mit aufgehobenen Punkten, verdoppelt, gerade durch die neuere größere Freiheit, die Aufmerksamkeit auf die doch noch bestehende Beschränkung und arbeitet dadurch sich selbst entgegen.«
(Wilhelm Grau, Wilhelm von Humboldt und das Problem der Juden, Hamburg 1935, S. 114 f.)

Aus einer Petition jüdischer Gemeinden an den bayerischen Landtag 1831:
». . . Wo es aber geboten ist, die Zahl der Familien zu vermindern, wo ihre Vermehrung verboten und die Ansässigmachung auf eine gewisse Anzahl und auf einige Orte beschränkt, übrigens aber untersagt ist, da haben unsere Kinder kein Vaterland, kein Eigentum, keinen Erwerb, da sind sie verurteilt, ehelos zu bleiben, auf Vater- und Menschenrechte zu verzichten und physisch und sittlich zugrunde zu gehen.«
(Hans Günter Adler, Die Juden in Deutschland, München 1960, S. 60)

Gabriel Rießer, Rechtsanwalt, Hamburg, 1848 (in der Frankfurter Nationalversammlung):
»Ich nehme das Recht in Anspruch, vor Ihnen aufzutreten im Namen einer seit Jahrhunderten unterdrückten Klasse, der ich angehöre durch Geburt und der ich . . . ferner angehöre durch das Prinzip der Ehre, das mich hat verschmähen lassen, durch einen Religionswechsel schnöde versagte Rechte zu erwerben . . .
Ich selbst habe unter den Verhältnissen der tiefsten Bedrückung gelebt, und ich hätte bis vor kurzem in meiner Vaterstadt nicht das Amt eines Nachtwächters erhalten können. Ich darf es als ein Werk, ich möchte sagen als ein Wunder des Rechts und der Freiheit betrachten, daß ich befugt bin, hier die hohe Sache der Gerechtigkeit und Gleichheit zu verteidigen, ohne zum Christentum übergegangen zu sein.«
(H. G. Adler, a.a.O., S. 77)

Ludwig Philippson, 1858:
»Der Jude als Jude fängt schon an conservativ zu sein, wo ihm nur die *Gleichheit der Rechte* gewährt ist.«
(Jakob Toury, Die politischen Orientierungen der Juden in Deutschland, Tübingen 1966, S. 104)

Norddeutscher Bund, am 3. Juli 1869, ein von König Wilhelm I. unterzeichnetes und von Bismarck gegengezeichnetes Gesetz:
»Alle noch bestehenden, aus der Verschiedenheit des religiösen Bekenntnisses hergeleiteten Beschränkungen der bürgerlichen und staatsbürgerlichen Rechte werden hierdurch aufgehoben. Insbesondere soll die Befähigung zur Teilnahme an der Gemeinde- und Landvertretung und zur Bekleidung öffentlicher Ämter vom religiösen Bekenntnis unabhängig sein.«
Die vorausgegangenen Aussprachen im Reichstag des Norddeutschen Bundes zeigten, daß es hier in erster Linie um die Gleichberechtigung der Juden ging: Nach dem Krieg von 1870 wurden diese Bestimmungen auch von den süddeutschen Staaten übernommen.
(Simon Dubnow, Die neueste Geschichte des jüdischen Volkes, Berlin 1929, Bd. II, S. 340)

Leo Pinsker (1821–1891), Arzt, Odessa, 1882:
»Da der Jude nirgends zu Hause ist, nirgends als Einheimischer betrachtet wird, so bleibt er überall ein Fremdling. Daß er selbst, daß auch seine Vorfahren im Lande geboren sind, ändert an diesem Tatbestand nicht das Geringste. In den allermeisten Fällen wird er als Stiefkind, als Aschenbrödel behandelt, im günstigsten Falle gilt er als Adoptivkind, dessen Rechte bestritten werden können: nie als legitimes Kind des Vaterlandes. Der auf sein Germanentum stolze Deutsche, der Slawe, der Kelte gibt nicht zu, daß der semitische Jude ihm ebenbürtig sei. Und wenn er auch als gebildeter Mensch ihm alle bürgerlichen Rechte einzuräumen bereit ist, so wird er es doch nie dahin bringen, in diesem seinem Mitbürger den *Juden zu vergessen*. Die *legale Emanzipation* der Juden ist der Kulminationspunkt der Leistungen unseres Jahrhunderts. Aber diese *gesetzliche Emanzipation* ist nicht die *gesellschaftliche*, und mit der Dekretierung der ersteren sind die Juden bei weitem noch nicht von der Ausschließlichkeit ihrer *gesellschaftlichen Stellung* emanzipiert.
Die Emanzipation der Juden findet natürlich ihre Rechtfertigung darin, daß sie immer ein Postulat der *Logik*, des *Rechtes* und des *wohlverstandenen Interesses* gewesen sein wird. Niemals wird man sie als einen spontanen Ausdruck menschlichen *Gefühls* ansehen können. Weit entfernt, ihre Entstehung dem spontanen Gefühl der Völker zu verdanken, ist sie darum auch *nirgends selbstverständlich* und hat sie noch nirgends so tiefe Wurzel gefaßt, daß von ihr zu sprechen nicht mehr nötig wäre.«
(L. P., Autoemanzipation, Berlin 1936[8], S. 12 f.)

Rechtsstellung der Juden in Preußen, 1890:
»In Preußen gab es:

unter 64 750	Volksschullehrern	78 Juden
unter 4 400	Richtern	89 Juden
unter 6 247	Lehrern an höheren Schulen	62 Juden«

(H. G. Adler, a.a.O., S. 95)

Constantin Brunner, Berlin, 1922:
»Dennoch gibt es keinen anderen Weg für sie (die Juden) als den der Emanzipation in ihren Heimatländern, den der verhältnismäßigen Emanzipation, und auf diesem Wege waren sie in einigen ihrer Heimatländer schon ein gut Stück vorangekommen. Die erneute Heftigkeit des Judenhasses entzündet sich hauptsächlich an den entwurzelten unglücklichen Ostjuden, die in ihren Heimatländern nicht leben können, genötigt sind, hinzuziehen, wo sie fremd sind, und dort – nun erst gar in den Zeiten dieser großen allgemeinen Menschheitskrise – den Fortgang der Emanzipation in allen diesen Ländern stören. Auch bei den Juden innerlich: durch den Zionismus, das ärgste Hindernis der Emanzipation (aus

Angst vor dem Nichtgelingen der Emanzipation) und die verhängnisvollste Illusion, die über Juden kommen konnte, die sie wieder zu ärgeren Wartenarren macht, als sie je gewesen, ihre Kraft lähmt und auf Unnützes lenkt und womit sie ihren Feinden den größten Vorteil in die Hände arbeiten: die Illusion, daß sie wieder ein Volk werden könnten.«
(C. B., Der Judenhaß und das Denken, Berlin 1922, S. 20 f.)

Fürst Radziwill, Berlin, 1847:
»Zur völligen Emanzipation sind die Thüren alle Tage geöffnet. Mögen sie sich bekehren, zum christlichen Glauben übertreten, so sind sie unsere Brüder in allem und nehmen Teil sowohl an den bürgerlichen als an den politischen Rechten.«
(H. G. Adler, a.a.O., S. 74)

Graf York, Berlin, 1847:
»Ich wünsche, daß die Juden Christen würden. Die Erfahrung lehrt, daß dazu das beste Mittel die Emanzipation ist.«
(H. G. Adler, a.a.O., S. 75)

Bibliographie

Adler, Hans Günter: Die Juden in Deutschland, München 1960, passim.
Brunner, Constantin: Der Judenhaß und das Denken, Berlin 1922.
Brunner, Constantin: Von den Pflichten der Juden und von den Pflichten des Staates, Berlin 1930, passim.
Elbogen, Ismar: Ein Jahrhundert jüdischen Lebens, Frankfurt/Main 1967, S. 35–149.
Dubnow, Simon: Die neueste Geschichte des jüdischen Volkes, Berlin, Bd. I, 1920, S. 77–332; Bd. II, 1929, S. 319–504.
Geiger, Ludwig: Geschichte der Juden in Berlin, Berlin 1871, passim.
Grau, Wilhelm: Wilhelm von Humboldt und das Problem der Juden, Hamburg 1935.
Hensel, Sebastian, Hrsg.: Die Familie Mendelsohn, 2 Bde., Leipzig 1924.
Poljakov, Léon: De Voltaire à Wagner, Paris 1968, passim.
Toury, Jakob: Die politischen Orientierungen der Juden in Deutschland, Tübingen 1966, passim.
Zechlin, Egmont: Die deutsche Politik und die Juden im Ersten Weltkrieg, Göttingen 1969, passim.

Enterbung – der Juden

Unter diesem Ausdruck versteht man, daß die Kirche schon früh Israel und den Juden die denselben in der hebräischen Bibel – unserem Alten Testament – zuteil gewordenen Verheißungen absprach und deren Geltung ausschließlich auf sich bezog. Man war der Überzeugung, diese Zusagen an das erwählte Bundesvolk seien nach der (→) Kreuzigung des Jesus von Nazareth nichtig geworden; denn die Kirche sei als Alleinerbin an seine Stelle getreten. Dabei wurde vergessen, daß die Kirche nur als »Miterbin mit den Heiligen« (Eph. 2, 20) zählen konnte. Das Heimatrecht für den jüngeren Bruder im Hause des Vaters kam nicht dadurch zustande, daß dem älteren gekündigt wurde und er des Hauses verwiesen worden wäre. Doch hat die Kirche mit der Tatsache, daß die Juden noch weiterlebten, nur so fertig werden können, daß sie ihnen die Verheißungen wegnahm und sie in das Dunkel der (→) Verwerfung abdrängte. Diese Fehlentscheidung ist zu einer der Wurzeln der »christlichen« Judenfeindschaft (→ Antijudaismus) geworden.

---

1. Im allgemeinen setzte sich im Laufe der Kirchengeschichte die Tendenz durch, den Juden die ihnen von Gott gegebenen Zusagen abzusprechen, sie zu »enterben«. Schon der von seiten der Christenheit vorgebrachte Anspruch, Alleinerbe anstatt Miterbe zu sein, verzerrt die Wahrheit.

Justinus Martyr, 2. Jahrhundert:
»Wenn nun Gott unser Volk (d. h. die Kirche) Israel nennt, und es als Erbe bezeichnet, warum bekehrt ihr euch nicht, die ihr durch die Vorspiegelung, ihr wäret allein Israel, betrüget und das gesegnete Volk Gottes verfluchet ...?«
(J. M., Dialog mit dem Juden, Trypho, Kap. CXXII, 6, Kempten 1917, S. 202)

Barnabasbrief, 2. Jahrhundert:
»Das Testament gehört in Wahrheit uns; sie (die Juden) haben das ehemals durch Mose empfangene Testament verloren.«
(Barnabasbrief, IV, 6–8; zit. n. F. Lovsky, Antisémitisme et mystère d'Israël, Paris 1955, S. 147)

Th. Kliefoth, 19. Jahrhundert:
»Mit dem Berufe, den Israel wirklich hatte, war es der Natur der Sache nach aus und zum Ende, als es sein Ziel erreicht, als der Heiland seine Stätte auf Erden gefunden, das Offenbarungswerk vollbracht, sein Evangelium zu allen Völkern entsendet hatte, und Israel trat damit von selbst in die Reihe der anderen Völker zurück. Selbst wenn Israel in der Vollzahl den Herrn angenommen hätte, würde es zwar das erste der christlichen Völker gewesen und an die Spitze der kirchlichen Entwicklung getreten sein, aber auch nicht mehr. Vollends aber ist unbegründet, was die Chiliasten von einem ›Heilsberufe‹ sagen, den Israel noch für die Zukunft und sogar unverlierbar habe.«
(Friedrich Wilhelm Marquardt, Die Entdeckung des Judentums für die christliche Theologie, München 1967, S. 330)

Adolf Stoecker, Hofprediger, Berlin, 1890:
»Eben das ist das Verhängnis der Juden, daß sie, an Christo gescheitert, ihren göttlichen Kern verloren, ihre hohe Mission preisgegeben haben und nach dem schneidigen Entweder/Oder des Herrn Jesu: ›Ihr könnt nicht Gott dienen und dem Mammon‹ – den Götzen des Goldes nachlaufen, weil sie die Wege Gottes versäumt haben.«
(A. St., Christlich-sozial, 2. Aufl. 1890, S. 363; zit. n. Ev. Theologie, München 1963, S. 601, Anm. 46)

Adolf von Harnack, Berlin, 1902:
»Das jüdische Volk hat durch die Verwerfung Jesu seinen Beruf verleugnet und sich selbst den Todesstoß versetzt. So rückt, vorbereitet durch die Entschränkung der jüdischen Religion im Diasporajudentum, die Kirche an die Stelle der Synagoge.«
(A. v. H., Die Mission und Ausbreitung des Christentums, 1902, S. 50; zit. n. Ev. Theologie, München 1963, S. 601)

Adolf von Harnack, Berlin, 1902:
»Das Alte Testament, dieses ganze Buch, geht die Juden überhaupt nichts an. Widerrechtlich und frech haben sie es an sich gerissen, mit Beschlag belegt, und suchen es seinem einzigen Eigentümer zu entziehen ... Jeder Christ muß ihnen daher den Besitz des Alten Testaments absprechen; ein Christ, der sagen würde, dieses Buch gehört uns und den Juden, der sündigt; das Buch gehört von Anfang an, jetzt und immerdar, den Christen allein.«
(A. v. H., Die Mission und Ausbreitung des Christentums, 1902, S. 73; zit. nach: Entwicklungsstufen der jüdischen Religion, Berlin 1927, S. 57)

Paul Althaus, 1926:
»Israels Heilsberuf ging mit dem Kommen Christi zu Ende, und seit Christus da ist, hat die Wiederbringung des Volkes aus der Diaspora *keine heilsgeschichtliche Bedeutung* mehr, weil die besondere Bedeutung des Landes, Jerusalems, des Reiches Israel, des Kultus vergangen ist. Seither ist die Diaspora Israels ebensowenig ein theologisches Problem wie die Diaspora des deutschen Volkes in der Welt.«
(Karl Kupisch, Die Bekennende Kirche und die Judenfrage, in: Vom Herrngeheimnis der Wahrheit, Berlin 1962, S. 362)

Kardinal Michael Faulhaber, Erbischof von München, 1933:
»Wir müssen *erstens unterscheiden zwischen dem Volk Israel vor dem Tode Christi und nach dem Tode Christi.* Vor dem Tode Christi ... war das Volk Israel *Träger der Offenbarung* ... Nur mit diesem Israel der biblischen Vorzeit werden meine Adventspredigten sich befassen.
Nach dem Tode Christi wurde Israel *aus dem Dienst der Offenbarung entlassen.* Sie hatten die Stunde der Heimsuchung nicht erkannt. Sie hatten den Gesalbten des Herrn verleugnet und verworfen, zur Stadt hinausgeführt und ans Kreuz geschlagen. Damals zerriß der Vorhang im Tempel zu Sion und damit der Bund zwischen dem Herrn und seinem Volk. Die Tochter Sion erhielt den Scheidebrief, und seitdem wandert der ewige Ahasver ruhelos über die Erde ...«
(M. F., Judentum, Christentum, Germanentum – gehaltene Predigten im Advent 1933, München o. J., S. 10)

Erik Peterson, München, 1933:
»Die ganze Fülle des in dem Worte Israel enthaltenen Reichtums wird hier (Röm. 9, 4.5) entfaltet, wird noch einmal sozusagen unter den Augen der Juden ausgebreitet, bevor es in den Besitz der Heidenkirche übergeht. ›So spricht der Herr, Israel ist mein erstgeborener Sohn‹ (Ex. 4,22), jetzt aber geht der Sohnestitel von der Synagoge auf die Ekklesia über. Die Glorie Gottes wohnte in Israel, das Zeichen der göttlichen Souveränität war im Tempel zu Jerusalem sichtbar, und als der Prophet Jesaja diese Herrlichkeit geschaut hatte, meinte er schier vergehen zu müssen. Jetzt aber wird die Glorie Gottes von ihnen genommen, um in der Ekklesia der Heiden zu wohnen und in dem Dreimal-heilig-Ruf ihrer Liturgie bezeugt zu werden. Die Testamente, die Gott im Hinblick auf Abraham, Isaak, Jakob und Moses erlassen hatte, erweisen sich als wirksam nur an den Heiden. Die Juden erben nichts mehr von dem, der doch allein reich ist. Das Israel gegebene Gesetz wird in der Agape, in der ›Liebe‹, von denen, deren ›Gerechtigkeit‹ überströmender ist als die der Pharisäer und Schriftgelehrten, erfüllt. Der Kult im Tempel von Jerusalem wird durch den geistigen Gottesdienst derer abgelöst, die um ein Opfer wissen, das mehr ist als das Opfer von Tieren. Die den Vätern

gegebenen Verheißungen, die alle Segensfülle Gottes in das irdische Leben fließen lassen, werden von der Kirche, der nicht nur das gegenwärtige, sondern auch das zukünftige Leben verheißen ist, empfangen. Abraham, Isaak, Jakob gehören nicht mehr den Juden, sondern der Kirche ... Gott hat Israel niemals auserwählt, oder wenn er es auserwählt haben sollte, so ist diese seine Erwählung doch mit der Entstehung der Kirche dahingefallen.«
(E. P., Die Kirche aus Juden und Heiden, Salzburg 1933, S. 13 f., 18)

Eugenio Pacelli, Kardinalsstaatssekretär (nachmaliger Papst Pius XII.), Rom, 1936:
»Dem Stellvertreter Christi beugt sich die Bestimmung Roms; in ihm verdichtet es sich und wendet sich zu einem Ziel, das nicht von dieser Welt ist. Keine Stadt besiegt oder wird jemals besiegen die Bestimmung Roms. Jerusalem und sein Volk sind nicht mehr die Stadt und das Volk Gottes, Rom ist das neue Sion ...«
Friedrich Heer, Der Glaube des Adolf Hitler, München 1968, S. 558)

Konferenz der Landesbruderräte in der Deutschen Evangelischen Kirche, 1939:
»Es hat Gott gefallen, Israel zum Träger und Werkzeug der göttlichen Offenbarung zu machen. Das wird dadurch nicht aufgehoben, daß die Juden selbst ihrer göttlichen Bestimmung untreu geworden sind. Die Kirche als das wahre Israel ist Erbe der Verheißung, die dem Volke Israel gegeben wurde (vgl. Gal. 4,28 und 29). Der christliche Glaube steht in einem unüberbrückbaren Gegensatz zum Judaismus. Dieser Judaismus lebt aber nicht nur im Judentum, sondern ebenso in allen nationalkirchlichen Bestrebungen. Er ist nichts anderes als der Versuch des natürlichen Menschen, seine religiöse und moralische Selbstrechtfertigung durch Vermischung mit einem völkischen Sendungsbewußtsein unangreifbar zu machen und so Jesus als den Christus Gottes abzulehnen.«
(Die Evangelische Kirche in Deutschland und die Judenfrage, Genf 1945, S. 177 f.)

Wort des Reichsbruderrats, Darmstadt, 8. April 1948 (→ auch Erwählung):
»Indem Israel den Messias kreuzigte, hat es seine Erwählung und Bestimmung verworfen. Darin ist zugleich der Widerspruch aller Menschen und Völker gegen den Christus Gottes Ereignis geworden. Wir sind alle an dem Kreuze Christi mitschuldig. Darum ist es der Kirche verwehrt, den Juden als den allein am Kreuze Schuldigen zu brandmarken. Die Erwählung Israels ist durch und seit Christus auf die Kirche aus allen Völkern, aus Juden und Heiden, übergegangen.«
(Karl Kupisch, Volk der Geschichte, Berlin 1960, S. 221)

Civiltà Cattolica, Rom, Mai 1948:
»Das moderne Israel ist nicht Erbe des biblischen Israel. Das heilige Land gehört nur dem wahren Israel, nämlich der Christenheit.«
(Le Monde, Paris, 24. 11. 1964)

Peter Vogelsanger, Zürich, 1961 (→ auch Erwählung):
»Dabei ist freilich vor einer Tendenz zu warnen, die in vielen theologischen Beiträgen und Gesprächen zum Judenproblem in den letzten Jahrzehnten sichtbar wird ...: vor einer Mythifizierung des Judentums. Es wird so getan, wie wenn von der Bibel her immer noch von einer Auserwähltheit Israels, und zwar des heutigen Israel geredet werden könnte und müßte; daß also das Geheimnis der jüdischen Geschichte in einem seltsamen Ineinander von Auserwählung und Verwerfung bestehen würde. Gewiß, die Auserwähltheit Israels ist ein ernstes theologisches Problem. Aber dieses Problem ist mit dem Tode Christi abgeschlossen. Seither ist das Judentum als Volk innerhalb der Geschichte unter profanen Gesichtspunkten zu sehen und zu beurteilen. Als Gegenstand göttlicher Gnade und Erwählung ist es auf der geschichtlich-völkischen Ebene nur noch so wie jedes andere Volk, also grundsätzlich gleich wie das schweizerische oder englische oder amerikanische oder russische, zu verstehen. Und der Satz des Jo-

hannesevangeliums: ›Das Heil kommt von den Juden‹ hat nur retrospektive Bedeutung. Dies gilt auch und gerade unter dem Eindruck von Römer 9–11. Auch für die Israeliten geht heute der Weg zur Erwählung und Gnade ausschließlich über die Taufe und nicht über die rassisch-völkische Geburt oder über ein geschichtliches Schicksal. Das, das allein ist das Geheimnis Israels post Christum natum. Und den Juden theologisch doch stets wieder eine andere, rassisch bestimmte Auserwähltheit zu attestieren, ist nicht nur ein Widerspruch zu dem im Neuen Testament bezeugten Geheimnis des Glaubens, durch das das alttestamentliche des Gesetzbundes aufgehoben ist, löst nicht nur kein Rätsel Israels, versucht lediglich eine theologische Doktrin in das geschichtliche Schicksal Israels hineinzugeheimnissen, sondern ist zudem ein recht schlechter Dienst, den man den Juden heute leistet ...«
(P. V., Notwendige Konsequenzen, in: Reformatio, Zürich, Juni 1961, S. 260 f.)

Karl Bernhard Ritter, Marburg, 1964:
»Die Kirche ist das ›neue Israel‹ und Erbe der Verheißungen des Alten Bundes.«
(K. B. R., in: Deutsches Pfarrerblatt, 1. 5. 1964, S. 234)

Friedrich Oppler, Stuttgart, 1964 (→ auch Erwählung):
»Mission eines einzelnen bedeutet die Bestimmung zu einer Aufgabe für andere. Mission eines ganzen Volkes bedeutet aber die Bestimmung zu einer solchen für die Menschheit. Nach dem Alten Testament war die Mission des biblischen jüdischen Volkes, die heilige Mission, zu der es damals ›auserwählt‹ worden war, die Verkündung des einen und allmächtigen Gottes. Die Juden waren das ›Gottesvolk‹. Sie waren dasjenige, das in einer Welt der Vielgötterei den Monotheismus lehrte. Ist diese Mission nicht längst erfüllt? Kann das noch die jetzige oder künftige Mission des Judentums in der Diaspora sein?«
(F. O., Das falsche Tabu, Stuttgart 1966, S. 323)

---

2. Vor allem nach der Katastrophe des Judentums durch den Nationalsozialismus sind die Stimmen immer eindringlicher geworden, die in Übereinstimmung mit dem Zeugnis der Schrift die Fortdauer der Israel von Gott gegebenen Zusagen unterstreichen.

Christoph Ernst Luthardt (1823–1902):
»Hiefür (für die Gestaltwerdung der Kirche) hat Israel einen Beruf und Bedeutung, die nicht für immer aufgehoben sind. Kein Volk ist an seine Stelle getreten, auch das deutsche nicht, obgleich es einen vorzüglichen Beruf innerhalb der Heidenkirche hat, wie in der Tat der Reformation offenbar geworden ist.«
(Hans Joachim Barkenings, Die Stimme der anderen, in: Christen und Juden, Mainz und Göttingen 1961, S. 228 f.)

Christoph Ernst Luthardt:
»Ihre Behaglichkeit in den Ordnungen des gegenwärtigen Äons, ihre Staatsfreundschaft und ihr Anrufen des weltlichen Arms, die mannigfachen Erscheinungen des konfessionellen Pharisäertums und was sonst noch hieher gehört, sind lauter Äußerungen jener Identifizierung der Heidenkirche mit Israel, Äußerungen der Anschauung, als habe die Kirche ihre adäquate Leiblichkeit bereits gefunden und als sei der Naturboden der Heidenwelt hiefür ebenso geeignet als der israelitische.«
(H. J. Barkenings, a.a.O., S. 229)

Adolf von Harnack, 1902:
»Eine solche Ungerechtigkeit wie die der Heidenkirche dem Judentum gegenüber ist in der Geschichte fast unerhört. Die Heidenkirche streitet ihm alles ab, nimmt ihm sein heiliges Buch, und, während es selbst nichts anderes ist als transformiertes Judentum, durchschneiden sie jeden Zusammenhang mit demselben: die Tochter verstößt die Mutter, nachdem sie sie ausgeplündert.«
(A. v. H., Die Mission und Ausbreitung des Christentums, 1902, S. 76, in: Micha-

el Guttmann, Zur Entstehung des Talmuds, in: Entwicklungsstufen des Judentums, Berlin 1927, S. 58)

Dietrich Bonhoeffer (1906–1945), Berlin, 1933:
»Die Kirche weiß, daß kein Staat mit diesem rätselhaften Volk fertig werden kann, weil Gott noch nicht mit ihm fertig ist. Jeder neue Versuch, die ›Judenfrage‹ zu lösen, scheitert an der heilsgeschichtlichen Bedeutung dieses Volkes.«
(Dietrich Bonhoeffer, Gesammelte Werke, Bd. II, Die Kirche und die Judenfrage, München 1959, S. 50)

Bernard Lambert, O.P., Quebec (Kanada), 1962:
»Das Neue Testament stiehlt dem Alten nicht den Platz, als ob das Alte ihm gänzlich fremd wäre.«
(B. L., Le problème oecuménique, Paris 1962, Bd. II, S. 605)

Josy Eisenberg, Rabbiner, Paris, 1963:
»Das Judentum kann nicht vergessen, daß es die Mutterreligion ist, aus der das Christentum hervorging. Zweitausend Jahre hat die Kirche diese Abstammung anerkannt, dies aber nur, um zu verkündigen, daß die Kirche notwendigerweise an die Stelle des Judentums getreten sei. Für die Kirche ist das Judentum bis zum heutigen Tage ein Anachronismus.«
(J. E., in: Candide, 12. 12. 1963, Paris, S. 7)

Hans Joachim Kraus, Göttingen, 1963:
»Wir sehen uns vor die Frage gestellt, was konkret unter diesem väterlichen Erbe der jüdischen Gemeinschaft zu verstehen ist. Ohne alle Frage handelt es sich hier um die *Thora*, um die Heilige Schrift – um das Alte Testament. Dieses väterliche Erbe ist die Mitte alles Lebens und Denkens der komplexen Welt des Judentums. Es gibt keine jüdische Idee, die nicht von Mose und den Propheten her geprägt wurde. Selbst im areligiösen Judentum ist der Mosaismus noch lebendig. – Nun pflegt aber die christliche Theologie angesichts dieses Faktums sogleich ihren Protest anzumelden: ›Die Juden sind ja gar nicht die Erben des Alten Testaments, sondern wir, die Christen, die wir im Neuen Testament die Erfüllung aller alttestamentlichen Verheißungen besitzen und an die Stelle des verworfenen Judentums getreten sind! Wir sind die *rechtmäßigen Erben* des Bundes, den Gott mit den Vätern geschlossen hat! Wir sind die Erwählten! Israel hat den verheißenen Messias, Jesus Christus, verworfen und ist darum von Gott verstoßen worden! Wie kann man also noch von einem väterlichen Erbe der Juden reden? Man müßte vielmehr von einer Erbschleicherei, von einem Erbbetrug reden und darauf hinweisen, daß sich die Juden *widerrechtlich* noch im Besitz der Heiligen Schriften befinden ...‹
Ich wage zu behaupten, daß dieses *vermessene Rechtsbewußtsein*, mit dem der Christ dem Juden das Erbe seiner Väter streitig macht, eine wesentliche, wenn nicht sogar die entscheidende *Wurzel des Antisemitismus* ist, der sich im ›Dritten Reich‹ der Waffen einer verlogenen rassischen Ideologie bedient hat ...
Man beruft sich gegenüber dem Judentum in christlichem Erwählungsbewußtsein auf das Neue Testament und vergißt völlig, daß der Apostel Paulus im 9. Kapitel des Römerbriefes die Worte geschrieben hat: ›Ich sage die Wahrheit in Christus und lüge nicht, daß ich große Traurigkeit und unablässigen Schmerz in meinem Herzen habe. Denn ich wünschte, als ein Verfluchter selbst ferne von Christus zu sein, zum Besten meiner Brüder, meiner Verwandten dem Fleische nach, die ja Israeliten sind, denen die Sohnschaft angehört und die Gegenwart Gottes und die Bündnisse und die Gesetzgebung und der Gottesdienst und die Verheißungen, denen die Väter angehören und von denen Christus dem Fleische nach herstammt ...‹
Diese Worte sind für den Christen die Grundlage jeder rechten Begegnung mit dem Judentum: Ihr seid die rechten Erben! Ihr! Euch gehört die Erfüllung des Alten Testaments! Euch! Daß wir als ›Heiden‹ Anteil haben an dem Erbe Is-

rael, ist eine *unfaßbare Gnade,* die nur in tiefster Beugung und Dankbarkeit aufgenommen werden kann«
(H. J. Kr., Begegnung mit dem Judentum, Hamburg 1963, S. 13–15)

Johan Hendrik Grolle, Utrecht, 1964:
»Die Kirche kann hier (im Neuen Testament) auch das ›neue Israel‹ genannt werden, jedoch in welch total anderem Sinne des Wortes! Neu in der Bedeutung von ›erneuert‹ ... Doch dann ist es nicht ein zweites, nicht ein anderes Israel, sondern ganz und gar dasselbe ... Nichts ist abgetan. Es ist keine Rede von Erben und Erbschaften. Auch in der ältesten Kirchengeschichte ist die örtliche Synagoge gleichzeitig die älteste Christusgemeinde.«
(J. H. Grolle, Der Zeuge, London, Juni 1964, S. 5)

Ernst Ludwig Ehrlich, Basel, 1964:
»Nichts gibt den Judenmissionaren das Recht, den aus freier Wahl Gottes mit Israel geschlossenen Bund als gekündigt zu erklären. Eine solche These ist eine menschliche Anmaßung. Aus ihr resultiert die Abwertung des Judentums.«
(E. L. E., in: Tribüne, Frankfurt/Main 1964, S. 1159)

Axel Torm (Dänemark), 1964:
»Das Neue Testament spricht nicht von einem neuen Israel anstelle des alten, sondern von einem neuen, aus Juden und Heiden geschaffenen Menschen. Aber auch der Teil Israels, der Christus verwarf, ist noch immer Israel. Gott hat sein Volk nicht verworfen, sagt Paulus. Er bleibt seiner Gnade und Berufung treu.«
(A. T., The Church and Israël will meet one day, in: The International Review of Missions, London, Juli 1964, S. 291)

Robert Martin-Archard, Genf, 1965:
»Man muß die Art und Weise bestreiten, in der nur allzu viele christliche Theologen von der Kirche im Verhältnis zu Israel sprechen, indem sie verlauten lassen, daß die Kirche Israel im Plane Gottes abgelöst habe. Die Zeit der Kirche sei der Zeit Israels gefolgt, wie die Erfüllung der Verheißung nachfolge. Israel sei nun zugunsten der Kirche seiner Vorrechte entkleidet, die Kirche sei seine Erbin geworden ... Es ist üblich geworden, derart zweideutige und gefährliche Begriffe wie ›neues Israel‹ oder ›Israel nach dem Geist‹ zur Bezeichnung der Kirche zu verwenden. Solche Ausdrücke finden sich in den apostolischen Schriften nicht; diese lassen in uns die Meinung aufkommen, als habe sich die Kirche an die Stelle Israels gesetzt. Nein, Gott hat Israel nicht entwurzelt, um an seine Stelle die Kirche zu pflanzen. Wenn man die von Paulus verwandten Bilder aufgreift, so hat er die Kirche Israel eingepfropft, oder noch genauer, er hat die Völker zu dem mit Israel und ihm besiegelten Bund hinzugebracht, und sein Messias hat diesen Bund zugleich bestätigt und erneuert.«
(R. M.-A., Le peuple élu de Dieu au service du monde, in: Verbum Caro, Taizé 1965, Nr. 74, S. 5 f.)

Heinrich Spämann, 1965:
»Die Drohweissagungen, die sich auf Israel bezogen, haben wir wörtlich genommen, haben Ort und Zeit ihrer geschichtlichen Verwirklichung aufgewiesen. Die Heilsweissagungen verstanden wir so, als seien sie nur auf uns als ein geistiges Israel anzuwenden ...
Im Neuen Testament gibt es bezeichnenderweise nicht den Ausdruck das ›Neue Israel‹, ein weiterer Hinweis darauf, daß Gott seine Verheißung an Israel nicht widerrufen hat.«
(H. Sp., Die Christen und das Volk der Juden, in: Hochland, München, Juni 1966, S. 409, 415)

J. Kaplan, Oberrabbiner, Paris, 1966:
»Welcher Text aus der Bibel auch angezogen wird – er sagt niemals aus, daß die Heiden im Bund an die Stelle der Juden treten, sondern daß sie sich ihnen zugesellen werden; dies erkennen übrigens in unseren Tagen viele protestantische und katholische Theologen an, umsomehr als die Bibel mehrfach erklärt: Gott wird Israel, sein Volk, nicht verwerfen.«
(J. K., in: Arche, Paris, April 1966, Nr. 110, S. 27)

Friedrich Heer, Wien, 1967:
»Dieser – von den Juden her betrachtet (und der wache Christ, der sich selbst ernst nimmt, muß dies würdigen) – größte Raubzug der Weltgeschichte führt das Alte Testament in den Dienst der christlichen Kirche über: Was in über tausend Jahren jüdische Propheten, Priester, Künder, Söhne, Väter des jüdischen Volkes an Gebet, Opfer, Liturgie, Dichtung, Wortaussage geschaffen haben – unter unsäglichen Leiden und Schmerzen, lange vor und lange nach der Babylonischen Gefangenschaft – wird nun, als Beutegut des ›neuen Israel‹, der Kirche zum unantastbaren Erbgut der Kirche.«
(F. H., Gottes erste Liebe, München 1967, S. 54)

Hans Küng, Tübingen, 1967:
»Aber gerade die Kirche, die mit Hilfe der staatlichen Gewalt die Juden unterdrückte und verfolgte, zweifelte am wenigsten daran, daß sie die Nachfolgerin, Stellvertreterin, Erbin des nunmehr endgültig verworfenen Israel sei. Dieses verworfene Volk sind die ›Juden‹, denen alle *Gerichte* und *Verfluchungen* des Alten Testaments gelten. Die Kirche aber ist ›Israel‹, dem alle *Verheißungen* gelten: das wahre, geistliche Israel, *das* Gottesvolk schlechthin! Nach der Kreuzigung Jesu, an der die Juden schuld sind, hat das Judenvolk für diese Kirche faktisch aufgehört, Gottes Volk zu sein. Und das Judenvolk muß es bezahlen in einer Leidensgeschichte, die ihresgleichen in der Geschichte der Menschheit sucht.«
(H. K., Die Kirche, Freiburg 1967, S. 163)

Friedrich Heer, Wien, 1968:
»Theologen haben die totale Expropriation der Juden vorgedacht: Zuerst nahm man ihnen die Bibel, das Alte Testament, nahm ihnen die Propheten, die geistliche Sprache, die religiöse Literatur, die Psalmen – so kann man dem Juden jede Religion absprechen. Alle Religion gehört dem Christen.«
(F. H., Der Glaube des Adolf Hitler, München 1968, S. 226)

Bibliographie

Bonhoeffer, Dietrich: Die Kirche vor der Judenfrage (1933), Gesammelte Werke, Bd. II, München 1959, S. 44 ff.

Die Evangelische Kirche in Deutschland und die Judenfrage, Genf 1945.

Faulhaber, Michael, Kardinal: Judentum, Christentum, Germanentum; München o. J. (Die Predigten wurden 1933 im Advent gehalten und kurz darauf veröffentlicht.)

Heer, Friedrich: Gottes erste Liebe, München 1967, passim.

Heer, Friedrich: Der Glaube des Adolf Hitler, München 1968, passim.

Kraus, Hans Joachim: Begegnungen mit dem Judentum, Hamburg 1963.

Küng, Hans: Die Kirche, Freiburg 1967, S. 131 ff.

Lambert, Bernard, O. P.: Le problème oecuménique, Bd. II, Paris 1962, S. 597 ff.

Marquardt, Friedrich Wilhelm: Die Entdekkung des Judentums für die christliche Theologie, München 1967, vor allem S. 266 ff.

Martin-Achard, Robert: Le peuple élu de Dieu au service du monde, in: Verbum Caro, Nr. 74, Taizé 1965, S. 1 ff.

Peterson, Erik: Die Kirche aus Juden und Heiden, Salzburg 1933.

Spämann, Heinrich: Die Christen und das Volk der Juden, in: Hochland, München 1966, S. 409 ff.

Torm, Axel: The Church and Israel will meet one day, in: The International Review of Missions, London 1964, S. 290 ff.

Entmenschlichung

Eine traurige Konsequenz aus der angeblichen (→) Verwerfung der Juden bestand darin, daß eine schreckliche Entmenschlichung gegenüber den Juden innerhalb der Christenheit um sich griff. Die Verwerfung – als theologisches Fehlurteil – wurde zu einer den Juden anhaftenden Verworfenheit.
Einmal wurden die Juden nicht mehr als Menschen in ihrer unveräußerlichen Würde angesehen. Dazu kam, daß sie schon früh als enge Verbündete, ja als Verkörperung des Teufels angesehen wurden; in mittelalterlichen Mysterienspielen trat dieser Widersacher Gottes als ein an seinem gelben Fleck kenntlicher Jude auf. Schließlich wurden die Juden im Zusammenhang mit Tieren, ja mit Ungeziefer gebracht. Von da aus war es nur ein kurzer Schritt, daß die Ausrottung der Juden als Ungeziefervertilgung betrieben und gerechtfertigt wurde.

1. Judenhaß ist immer auch Unmenschlichkeit.

Petrus Venerabilis (1092 oder 1094–1155), Abt von Cluny:
»Ich zweifle wirklich daran, ob ein Jude menschlich sein kann; denn er stimmt weder einer menschlichen Schlußfolgerung zu noch gibt er sich mit autoritativen Äußerungen zufrieden. Dabei spielt es keine Rolle, ob dieselben jüdisch oder göttlich sind.«
(Joshua Trachtenberg, The Devil and the Jews, Cleveland 1961, S. 18)

Eugen Dühring, Berlin, 1886:
»Es würde alle Humanität mißverstehen heißen, wenn man hier auch nur einen Augenblick Anstand nehmen und sich scheuen wollte, den Kampf gegen die Juden nicht ernsthaft auf eine dauernde Unschädlichmachung einzurichten.«
E. D., Die Judenfrage als Frage der Racenschädlichkeit, Karlsruhe 1886, S. 120)

Adolf Hitler, München und Berlin:
»Zwei Menschen stehen einander gegenüber. Der Gottesmensch und der Satansmensch. Der Jude ist der Gegenmensch, der Antimensch. Der Jude ist das Geschöpf eines *anderen* Gottes. Er muß einer *anderen* Wurzel des menschlichen Stammes entwachsen sein. Der Arier und der Jude, stelle ich sie einander gegenüber und nenne den einen Mensch, so muß ich den andern anders nennen. Sie sind so weit voneinander wie das Tier vom Menschen. Nicht daß ich den Juden ein Tier nenne. Er steht dem Tier viel ferner als wir Arier. Er ist ein fremdes, naturfernes Wesen.«
(Paul Vogt, Hrsg., Judennot und Christenglaube, Zürich 1943, S. 23)

Worte an die Christen in der Schweiz zur Judenfrage: Das Heil kommt von den Juden, Oktober 1938:
»Es hat nun Gott einmal gefallen, seine unbegreifliche Sympathie mit den Menschen gerade an den Juden und zuhöchst durch die jüdische Geburt seines Sohnes zu beweisen. Darum *greift der Judenhaß direkter als jeder Menschenhaß die Humanität an der Wurzel an.*«
(Juden – Christen – Judenchristen, Zürich 1939, S. 45)

Heinrich Himmler, Reichsführer SS; Berlin, am 10. August 1942:
»Juden sind keine Menschen; sie sind Auswurf, und Mitleid mit den Juden wäre Mitleid am falschen Platz.«
(Albert Wucher, Eichmanns gab es viele, München 1961, S. 217)

Ein junger Mann, der an den Judenmorden beteiligt war und von einem Arzt gefragt wurde, ob er sich nicht dessen bewußt sei, daß er Menschen mor-

dete, stutzte einen Augenblick, dann lachte er:
»Sie sind wirklich komisch! Menschen? Das sind doch keine Menschen!«
(Wladimir Lindenberg; Richter, Staatsanwälte, Rechtsbrecher; Berlin 1965, S. 181)

2. Die Juden wurden als die von Gott Verworfenen in engem Zusammenhang mit dem Teufel gesehen.

Johannes Chrysostomus, Bischof von Antiochien (4. Jahrhundert):
»Sie (die Juden) sind schlimmer als die Tiere, und grundlos ermorden sie ihre eigenen Kinder, um den schrecklichen Teufeln damit zu dienen, die ja die Feinde unseres Lebens sind ...
Die Synagogen der Juden sind Behausungen von Göttern und Teufeln, auch wenn sie keine Bilder von ihnen haben ...
Die Juden beten nicht Gott, sondern den Teufel an, so daß alle ihre Feste unrein sind.«
(J. Trachtenberg, a.a.O., S. 21)

Martin Luther (1483–1546), Wittenberg, 1543:
»Und ich sollte mit solchem verteufelten Maul (den Juden) essen, trinken oder reden, so möchte ich aus der Schüssel oder Kanne mich voller Teufel fressen und saufen, als der ich mich damit gewiß teilhaftig machte aller Teufel, so in den Juden wohnen und das teure Blut Christi verspeien ...
Das ist, das ich droben gesagt habe, daß ein Christ nächst dem Teufel keinen giftigeren, bittereren Feind habe als einen Juden, so wir doch niemand so viel Gutes tun, als eben diesen bösen Teufelskindern und Schlangengezüchte.
Wer nun Lust hat, solch giftige Schlange und junge Teufel ... zu herbergen, zu füttern und zu ehren ..., der lasse sich diese Juden treulich befohlen sein ... Er rühme sich danach, er sei barmherzig gewesen, habe den Teufel und seine jungen Teufel gestärkt, zu lästern unsern lieben Herrn und das teure Blut, damit wir Christen erkauft sind.«
(M. L., Von den Jüden und ihren Lügen, 1543, Münchener Ausgabe, Ergänzungsreihe, 3. Band, München 1938, S. 196, 199)

Johann Jakob Studt, Theologe und Antiquar, Frankfurt/Main, um 1551:
»Die Juden haben es nicht nötig, sich selbst durch den sonst üblichen Pakt mit den bösen Geistern zu verbünden wie andere Zauberer; ihre kabbalistischen magischen Künste reichen für das Werk des Satans schon aus.«
(J. Trachtenberg, a.a.O., S. 86)

Papst Pius V., 1569:
»Das Allerschlimmste ist, daß sie (die Juden) eine große Anzahl unkluger und schwacher Personen verführen mit ihren satanischen Täuschereien, mit ihrem Wahrsagen und ihren magischen Tricks und Hexereien; sie machen sie glauben, daß die Zukunft wahrgesagt, daß gestohlene gute und verborgene Schätze aufgedeckt und daß noch viele andere Dinge ans Licht gebracht werden können.«
(J. Trachtenberg, a.a.O., S. 76)

Abraham a Santa Clara, Wien, 17. Jahrhundert:
»Nach dem Satan haben wir Christen keine größeren Feinde als die Juden ... Sie beten vielfach jeden Tag, Gott möge uns vernichten durch Pest, Hunger und Krieg, ja daß alle Wesen und Kreaturen sich gegen die Christen erheben möchten. Können größere Ungeheuer als diese Juden irgendwo auf der ganzen Welt gefunden werden?«
(J. Trachtenberg, a.a.O., S. 42)

Gaston Ritter (Arbogast Reiterer), katholischer Pfarrer, Diözese Graz, 1933:
»... Mit Polypenarmen umspannt so Israel in allen Preßzweigen die Länder der Welt, und die großen Korrespondenzbüros sitzen wie giftige Riesenspinnen im Nacken der Völker und spritzen ihr Gift in deren Rückenmark.«
(Friedrich Heer, Der Glaube des Adolf Hitler, München 1968, S. 212)

Adolf Hitler, München und Berlin:
»Der Jude, er ist der Dämon der Völkerzersetzung, das Symbol der dauernden Zerstörung der Völker.«
(F. Heer, a.a.O., S. 194)

Josef Goebbels, Berlin, auf dem Parteitag der NSDAP 1937:
»Sehet, das ist der Feind der Welt, der Vernichter der Kultur, der Parasit unter den Völkern, der Sohn des Chaos, die Inkarnation des Bösen, das Ferment der Dekomposition, der plastische Dämon des Verfalls der Menschheit.«
(Helmut Gollwitzer, Forderungen der Freiheit, München 1962, S. 261)

Walter Sulzbach, 1959:
»... Der Säkularisation verfallen ist zweitens im Zusammenhang mit den Juden der Gegenspieler Gottes, der Teufel ... Der Jude, der aus Teuflischkeit das Messiastum Jesu leugnete, ist in einem mehr an Politik als Theologie interessierten Zeitalter zum internationalen Verschwörer geworden, der immer mit denjenigen verbündet ist, die die jeweilige Nation als ihre Feinde ansieht.«
(Walter Sulzbach, Die zwei Wurzeln des Judenhasses, Stuttgart 1959, S. 40 f.)

Friedrich Heer, Wien, 1968:
»*Hitlers Judenglaube ist so echt wie der christliche Teufelsglaube, aus dem er wächst:* ein Teufelsglaube, der deutsche Katholiken beseelt, die sich mit der Niederlage im Weltkrieg, mit der industriellen Revolution, mit dem Beginn der Neuzeit nicht abfinden können.«
(F. H., a.a.O., S. 194)

3. Verhängnisvoll war die Gleichsetzung von Juden mit Tieren aller Art bis hin zum Ungeziefer und Bazillen.

Johannes Chrysostomus, Bischof von Antiochien (4. Jahrhundert):
»Die Juden sind auf eine Stufe gefallen, die unter der der gemeinsten Tiere liegt. Unzucht und Trunksucht haben sie auf die Ebene eines auf den Luxus erpichten Bockes und des Schweines erniedrigt. Sie kennen nur eines, nämlich ihren Magen zu befriedigen, sich zu betrinken, sich gegenseitig zu töten und sich zu schlagen.«
(Paul Giniewski, Les complices de Dieu, Neuchâtel 1963, S. 56)

Über Jean Alard (12.–13. Jahrhundert), Paris:
»Im Mittelalter wird der Fall von einem gewissen Johann Alardus erwähnt (Jean Alard), der eine Jüdin zu sich in sein Haus nahm und mehrere Kinder mit ihr hatte. Er wurde der Sodomie überführt und auf Grund dieser intimen Beziehungen zusammen mit seiner Buhlerin verbrannt, ›da ja sexueller Verkehr mit einer Jüdin das gleiche ist, wie wenn ein Mann intime Beziehungen zu einem Hunde hätte‹.«
(J. Trachtenberg, a.a.O., S. 187)

Über Moses Mendelsohn, 18. Jahrh.:
»Der Philosoph *Moses Mendelsohn* (18. Jahrhundert) wurde beim Betreten von Berlin gezwungen, dem Zoll die gleiche Abgabe in derselben Höhe und Art zu zahlen, wie man sie bei der Einfuhr eines Kalbes oder eines Schweines verlangte; in der gleichen Zeit war der Intendant eines polnischen Herrn gezwungen, den Bären zu machen und auf den Hochzeiten seiner Adelsgenossen zu tanzen.«
(Arnold Mandel, La voie du hassidisme, Paris 1963, S. 51 f.)

Paul de Lagarde, Ende 19. Jahrhundert:
»Es gehört ein Herz von der Härte einer Krokodilshaut dazu, um mit den armen, ausgesogenen Deutschen nicht Mitleid zu empfinden und ... die Juden nicht zu hassen und (jene), die – aus ›Humanität‹ – diesen Juden das Wort reden oder die zu feige sind, dies Ungeziefer zu zertreten. Mit Trichinen und Bacillen wird nicht verhandelt. Trichinen und Bacillen werden auch nicht ›erzogen‹, die werden so rasch und gründlich wie möglich unschädlich gemacht.«
(H. G. Adler, Die Juden in Deutschland, München 1960, S. 99 f.)

H. Naudh, Berlin, 1877:
»Wenn also der deutsche Staat die Personification des deutschen Volkes ist, so gehören die in Deutschland lebenden Juden so wenig zum deutschen Staate, als der Bandwurm zur Person des Patienten.«
(H. N., Die Juden und der deutsche Staat, Leipzig 1885[11], S. 39)

Adolf Hitler, München, 1930:
»Gab es denn da einen Unrat, eine Schamlosigkeit in irgendeiner Form, vor allem des kulturellen Lebens, an der nicht wenigstens ein Jude beteiligt gewesen wäre?
Sowie man nur vorsichtig in eine solche Geschwulst hineinschnitt, fand man, wie die Made im faulenden Leibe, oft ganz geblendet vom plötzlichen Lichte, ein Jüdlein ...
Er (der Jude) ist und bleibt der typische Parasit, ein Schmarotzer, der wie ein schädlicher Bazillus sich immer mehr ausbreitet, sowie nur ein günstiger Nährboden dazu einlädt. Die Wirkung seines Daseins aber gleicht ebenfalls der von Schmarotzern: wo er auftritt, stirbt das Wirtsvolk nach kürzerer oder längerer Zeit ab.«
(A. H., Mein Kampf, München 1930, S. 61 und 334)

Alfred Rosenberg, 1934:
»Wenn der Sackkrebs sich durch den After des Taschenkrebses einbohrt, nach und nach in ihn hineinwächst, ihm die letzte Lebenskraft aussaugt, so ist dies der gleiche Vorgang, als wenn der Jude durch offene Volkswunden in die Gesellschaft eindringt, von ihrer Rassen- und Schöpferkraft zehrt – bis zu ihrem Untergang.«
(A. R., Der Mythus des 20. Jahrhunderts, München 1934, S. 461)

Reichsleiter Buch in »Deutscher Juristenzeitung« (nach 1933):
»Der Jude ist kein Mensch, sondern ein schädlicher Bazillus, von dem die Menschheit befreit werden muß.«
(Helmut Gollwitzer, a.a.O., S. 260)

---

4. Die Entmenschlichung führte zum Massenmord an den Juden und mußte zugleich dazu dienen, diesen barbarischen Akt zu rechtfertigen.

Josef Goebbels, Berlin, im »Angriff« vom 21. Januar 1929:
»Gegen alle Injurien ist der Jude immunisiert: Lump, Parasit, Betrüger, Schieber, das geht ihm herab wie Wasser an der Teerjacke. Nenne ihn Jude, und du wirst mit Erstaunen feststellen, wie er betroffen wird, wie er plötzlich ganz klein in sich zusammensinkt: ›Ich bin erkannt‹... Wir Nationalsozialisten, wir sind bis ins letzte über seine Wesenheit orientiert und haben den Mut ..., unsere radikalen Schlüsse zu ziehen. Und die sind: Man kann den Juden nicht positiv bekämpfen. Er ist ein Negativum, und dieses Negativum muß ausradiert werden aus der deutschen Rechnung ...«
(H. G. Adler, Die Juden in Deutschland, München 1960, S. 149)

Hanns Kerrl, Justizminister, vor dem 1. April 1933:
»Die Juden sind Ungeziefer, Wanzen, die man ausräuchern, zerknacken und vertilgen muß.«
(Kurt Jakob Ball-Kaduri, Das Leben der Juden in Deutschland, Frankfurt/Main 1963, S. 61)

Zitate aus dem »Stürmer«, Herausgeber Julius Streicher, Nürnberg, 1925 und 1939:
»Eine Sau bleibt immer eine Sau. Und aus einem Juden kann man keinen Nichtjuden machen.«
»Die Juden und die Wanzen sind einander sehr ähnlich. Sie gehören beide zum Ungeziefer. Beide kommen immer zuerst zwischen Lumpen und alten Kleidern vor. Sie sind aus dem Osten zu uns gekommen und sind eine ekelhafte Plage. Wo viele Wanzen sind, stinkt's fürchterlich. Bei den Juden stinkt es auch. Frische Luft können Juden und Wanzen nicht leiden. Dort wo es am schlampigsten zugeht, fühlen sie sich am wohlsten. Sie

ernähren sich vom Blutsaugen. Dabei spritzen sie den Menschen gleichzeitig ihr Gift ein, Juden und Wanzen scheuen das Licht sehr und arbeiten immer im Finstern. Wo sie gehaust haben, da hinterlassen sie nur Schmutz und Kot. Wenn sie keine Menschen zum Aussaugen haben, dann müssen sie sich selbst auffressen. Denn sie gehören zu den Schmarotzern. Wenn die Wanzen sich einmal wo festgesetzt haben, dann ist bald alles von ihnen versaut. Sie verkriechen sich in alle Winkel. Anfangs merkt man sie kaum, bis es dann so viele sind, daß man sich nicht mehr anders helfen kann, als daß man sie ausbrennt. Wer über die Wanzen nicht Herr wird, über den werden die Wanzen Herr und fressen ihn auf. Bei den Juden ist es auch so.«
(Hermann Glaser, Das Dritte Reich, Freiburg 1961, S. 40)

Hermann Esser, 1939:
»Adolf Hitler hat erreicht, daß alle Kulturvölker sich mit dem Judentum als Trichinen und Bazillen befassen.«
(H. Huss und A. Schröder, Hrsg., Antisemitismus, Frankfurt/Main 1965, S. 96)

Hans Frank, Generalgouverneur in Polen, Krakau, 1940:
»Freilich in einem Jahr konnte ich weder sämtliche Läuse noch sämtliche Juden beseitigen.«
(Albert Wucher, Eichmanns gab es viele, München 1961, S. 64 f.)

Hans Frank, Polen, 1940:
»Die Juden sind wie die Läuse; Läuse haßt man nicht; man tötet sie.«
(François Steiner, in: Arche, Paris, April 1966, S. 29)

Von einem Kindertransport in Frankreich (Drancy, 1942):
»... Man entlud sie inmitten des Lagerhofes wie kleine Tiere ... Die Kinder stiegen aus dem Wagen, und sogleich nahmen die größeren die kleineren bei der Hand und ließen sie erst in den Unterkünften wieder los. Auf den Treppen nahmen die Größeren die Kleineren auf den Arm und schleppten sie keuchend vier Stock hoch. Dort blieben sie alle, eins an andere gedrängt stehen, wie eine verschüchterte Herde ...
Man hörte, wie sie in sehr höflicher Form fragten: ›Monsieur, ich weiß nicht, wo meine kleine Schwester geblieben ist, vielleicht hat sie Angst, allein zu sein.‹ Man nahm also die Kleineren auf den Arm und die Größeren bei der Hand und zog von Zimmer zu Zimmer, über drei Treppen hinauf, bis daß die kleine Schwester oder der kleine Bruder wiedergefunden war ...
Die Kinder befanden sich zu hundert in einem Raum ... und gar bald litten alle an Durchfall ... Die ganz Kleinen wußten häufig nicht einmal ihren Namen ... Jede Nacht hörte man im Lager irgendwo verzweifeltes Kindergeheul ...«
(Albert Wucher, a.a.O., S. 180)

Alfred Rosenberg, Berlin, 1942:
»Nun gehen wir daran, diesen Schmutz auszurotten, und was heute mit der Ausschaltung der Juden aus allen Staaten des europäischen Kontinents geschieht, ist auch eine *Humanität*, und zwar eine harte biologische Humanität ... Die Judenfrage in Europa und Deutschland ist nur dann gelöst, wenn es keinen Juden auf dem europäischen Kontinent mehr gibt.«
(Albert Wucher, a.a.O., S. 69)

Adolf Hitler, Schloß Kleßheim bei Salzburg, 1943:
»Die Juden sind wie Tuberkelbazillen zu behandeln. Weshalb sollte man die Bestien, die uns den Bolschewismus bringen wollen, mehr schonen?«
(Friedrich Heer, Der Glaube des Adolf Hitler, München 1968, S. 429 f.)

H. Adler, Wilna 1942–1943:
»... Und ich habe Familienväter in deutschen Uniformen gesehen, die Säuglinge an den Beinchen packten und die Säuglinge an der Wand zerschmetterten; denn so sagten die Männer: ›Kleine Wanzen sind auch Wanzen!‹«
(H. Adler, in: Junge Stimme, Stuttgart 1961, Nr. 6)

Theodor Saevecke, damals Rom, später Bonn, zu einem Arzt in Italien während der Besetzung dieses Landes durch die Deutschen:
»Die Juden sind Ungeziefer, und wie Ungeziefer muß man sie zertreten.«
(Vera Elyaschiv, Deutschland – und kein Wintermärchen, Düsseldorf 1964, S. 62)

Gideon Hausner, Jerusalem, 1962:
»Wo liegen die schauerlichen Giftquellen, aus denen die Leute schöpften, um Menschen wie Ungeziefer zu zertreten, Säuglinge wie Fetzen zu zerreißen und über fünf Jahre sich mit der systematischen Ausrottung von Menschen zu befassen?«
(Arthur Richter, Die Juden und wir, Marburg/Lahn 1962, S. 16)

Bibliographie

Dühring, Eugen: Die Judenfrage als Frage der Racenschädlichkeit, Karlsruhe 1886, passim.
Glaser, Hermann: Das Dritte Reich, Freiburg/Brsg. 1961, passim.
Hitler, Adolf: Mein Kampf, München 1930, passim.
Luther, Martin: Von den Jüden und ihren Lügen, 1543, in: Ausgewählte Werke, Ergänzungsreihe, 3. Bd., München 1938, passim.
Naudh, H.: Die Juden und der deutsche Staat, Leipzig 1885[11], passim.
Rosenberg, Alfred: Der Mythus des zwanzigsten Jahrhunderts, München 1934, passim.
Schwedhelm, Karl, Hrsg.: Die Propheten des Nationalismus, München 1969, passim.
Trachtenberg, Joshua: The Devil and the Jews, Cleveland 1961, passim.
Vogt, Paul, Hrsg.: Judennot und Christenglaube, Zürich 1943, passim.
Wucher, Albert: Eichmanns gab es viele, München 1961, passim.

Entrechtung – der Juden

Eine das alltägliche Leben bestimmende Konsequenz aus der angeblichen (→) Verwerfung der Juden bildete ihre Entrechtung, die sie zu Bürgern zweiter Klasse stempelte. Man leitete aus dieser falschen theologischen Aussage den Rechtssatz ab, daß Juden für immer in eine untergeordnete Stellung gewiesen seien und daß sie deshalb nie eine Funktion ausüben könnten, durch die ihnen Befehlsgewalt über Christen eingeräumt würde. Diese rechtliche Deklassierung hat bis in die jüngste Vergangenheit hinein als Modell gedient; sie hatte zur Folge, daß die Juden schließlich in den (→) Geldhandel gedrängt wurden und darum später vor allem in den sogenannten freien Berufen tätig wurden. Die Landwirtschaft wurde ihnen verschlossen, da ihnen nur nichtchristliche Arbeitskräfte gestattet waren (die es im Zug der fortschreitenden Christianisierung immer weniger gab), und die Ausübung eines Handwerks war ihnen deshalb unmöglich, weil die Zünfte als christliche Bruderschaften organisiert waren und sich um das Sakrament des Altars scharten. Die Konzentrierung von Juden in verschiedenen Berufen rührt von den durch ihre christlichen Mitbürger bestimmten Rechtsverhältnissen her; den Juden dies anzulasten, ist falsch, weil es der Wahrheit widerspricht.

---

1. Den Juden wurde als den von Gott Verworfenen (→ Verwerfung) das Recht abgesprochen, eine Stellung einzunehmen, die ihnen Befehlsgewalt über Christen verleihen konnte.

Augustinus (4. Jahrhundert–430), Theologe, Hippo Rhegius (Nordafrika):
»Der Ältere soll dem Jüngeren dienen (nämlich Esau dem Jakob), das heißt, das der Geburt nach ältere Volk der Juden dem der Geburt nach jüngeren Volk der Christen«.
(Willehad Paul Eckert, O.P. [Dominikaner], Das Verhältnis von Christen und Juden im Mittelalter, in: Monumenta Judaica, Köln 1963, S. 135)

Codex Theodosianus, 438:
»... Wir halten es für eine Sünde, daß die Feinde der himmlischen Majestät und der römischen Gesetze die Vollstrecker unserer Gesetze sein sollen ... und daß sie auf Grund der Autorität des erworbenen Rangs die Macht haben sollen, nach ihrem Belieben über Christen zu richten und zu entscheiden, ja selbst häufig über Bischöfe unserer heiligen Religion; das beleidigt unseren Glauben ...«
(Ernst Ludwig Ehrlich, Geschichte der Juden in Deutschland, Düsseldorf 1958, S. 8)

XII. Konzil von Toledo, 681 (Spanien):
»Juden bleiben auch nach ihrer Bekehrung von öffentlichen Ämtern ausgeschlossen, wenn nicht der König aus Nützlichkeitserwägungen eine Ausnahme gestattet. Auch Intendanten dürfen sie nicht sein; denn diese gebieten über christliche Sklaven. Wenn Sklaven die Übertretungen ihrer Herren angeben, werden sie sofort in Freiheit versetzt.«
(Bernard Blumenkranz, Juifs et chrétiens dans le monde accidental 430–1096, Paris 1960, S. 128)

Papst Gregor VII. in einem Brief an König Alfons VI. von Spanien (11. Jahrhundert):
»Er ermahnt ihn, die Juden von allen Posten zu entfernen, die sie unerlaubterweise einnehmen, und man solle sie daran hindern, irgendwelche Gewalt über Christen auszuüben. Wenn man Christen den Juden unterordnet, kommt dies einer Unterdrückung der Kirche und einer Erhöhung der Synagoge gleich.

Wenn der König den Feinden Christi gefallen wolle, dann zeige er damit seine Verachtung für Christus selbst. Er solle sich in acht nehmen, seinem Gott und Schöpfer solche Schande zu bereiten; dieser werde es nicht dulden, wenn ihm solches widerfahre.«
(B. Blumenkranz, a.a.O., S. 184)

Kaiser Friedrich an die Stadt Wien, 1237:
»Getreu den Pflichten eines katholischen Fürsten schließen wir die Juden von öffentlichen Ämtern aus, damit sie nicht die Amtsgewalt zur Bedrückung der Christen mißbrauchen. Denn die kaiserliche Machtfülle hat von alters her zur Bestrafung des jüdischen Verbrechens den Juden immerwährende Knechtschaft auferlegt.«
(Monumenta Judaica, a.a.O., S. 140)

Johann Gottlieb Fichte, Berlin, 1791:
»Fast durch alle Länder von Europa verbreitet sich ein mächtiger, feindselig gesinnter Staat, der mit allen übrigen im beständigen Kriege steht, und der in manchem fürchterlich schwer auf die Bürger drückt: Es ist das Judentum ...
Erinnert ihr euch denn hier nicht des Staates im Staate? Fällt euch denn hier nicht der begreifliche Gedanke ein, daß die Juden, welche ohne euch Bürger eines Staates sind, der fester und gewaltiger ist als die eurigen alle, wenn ihr ihnen auch noch das Bürgerrecht in euren Staaten gebt, eure übrigen Bürger völlig unter die Füße treten werden? Menschenrechte müssen sie haben, ob sie gleich uns dieselben nicht zugestehen; denn sie sind Menschen, und ihre Ungerechtigkeit berechtigt uns nicht, ihnen gleich zu werden ... Aber ihnen Bürgerrechte zu geben, dazu sehe ich wenigstens keine Mittel als das: in einer Nacht ihnen allen die Köpfe abzuschneiden und andere aufzusetzen, in denen auch nicht eine jüdische Idee steckt. Um uns vor ihnen zu schützen, dazu sehe ich wieder kein anderes Mittel, als ihnen ihr gelobtes Land zu erobern und sie alle dahin zu schicken.«
(L. Graf von Westphalen, Geschichte des Antisemitismus in Deutschland im 19. und 20. Jahrhundert, Stuttgart o. J., S. 13 f.)

Innenminister Rochow von Preußen, Berlin, 5. Mai 1842:
»Seine Majestät erachten aber für notwendig, daß die Gewährung all dessen an die Bedingungen geknüpft werde, die in dem Wesen eines christlichen Staates beruhen, nach welchem es nicht zulässig ist, den Juden irgendeine obrigkeitliche Gewalt über Christen einzuräumen oder Rechte zu bewilligen, welche das christliche Gemeinwesen beeinträchtigen könnten.«
(Simon Dubnow, Die neueste Geschichte des jüdischen Volkes, Bd. II, Berlin 1929, S. 49)

Otto von Bismarck, Abgeordneter, Berlin 1847:
»... Ich bin kein Feind der Juden, und wenn sie meine Feinde sein sollten, so vergebe ich ihnen. Ich liebe sie sogar unter Umständen. Ich gönne ihnen auch alle Rechte, nur nicht das, in einem christlichen Staate ein obrigkeitliches Amt zu bekleiden ...
Wenn ich mir als Repräsentanten der geheiligten Majestät des Königs einen Juden denke, dem ich gehorchen soll, so muß ich bekennen, daß ich mich tief niedergedrückt und gebeugt fühlen würde ... Ich teile diese Empfindung mit der Masse der niederen Schichten des Volkes und schäme mich dieser Gesellschaft nicht.«
(L. Graf von Westphalen, a.a.O., S. 20 f.)

Ludwig Geiger, Berlin, 1871:
»Die Ämter eines Feldmessers und eines Apothekers wurden als Staatsämter betrachtet und den Juden untersagt ... Im Gegensatz zur Städteordnung, die keinen Glaubensunterschied kannte, wurde das Amt eines Schulzen und Bürgermeisters ihnen verschlossen; die Militärpflichtigen sollten im Gardecorps nicht dienen dürfen, wodurch die jungen Leute aus Berlin genötigt wurden, außerhalb ihrer Pflicht zu genügen; christliche Vornamen zu führen wurde den Juden verboten.«
(L. G., Geschichte der Juden in Berlin, 1871, S. 153)

Eugen Dühring, Berlin, 1886:
»Beispielsweise kann das Unleidlichste von Allem, nämlich daß Juden Herrschaftsfunktionen über Angehörige moderner Völker vermittelst Bekleidung obrigkeitlicher Ämter ausüben, offenbar nicht durch die bloße Initiative der Gesellschaft fortgeschafft oder verhindert werden. Der erste leitende Grundsatz in der Politik der Judeneinschränkung muß aber der sein, das Judenrecht so zu gestalten, daß kein Rassenjude über einen Deutschen, Franzosen, Engländer, Russen usw. richterliche, verwaltende oder sonst befehlshaberische Funktionen ausübe.«
(E. D., Die Judenfrage als Frage der Racenschädlichkeit, Karlsruhe 1886, S. 117)

Innenminister Schönstedt, Preußen, 1901:
»Ich leugne nicht die ausgezeichneten Eigenschaften der jüdischen Notare, ihre Ehrlichkeit, Gewissenhaftigkeit und Pflichttreue, aber ich kann die Tatsache nicht unberücksichtigt lassen, daß ein großer Teil der christlichen Bevölkerung den Juden mißtrauisch gegenübersteht, und gerade das Amt des Notars setzt doch ein besonderes Vertrauen voraus. Das gleiche gilt von der Ernennung der Juden zu Richtern.«
(H. G. Adler, Die Juden in Deutschland, München 1960, S. 123)

Gesetz zur Wiederherstellung des Berufsbeamtentums vom 7. April 1933.
»Dieses richtete sich in erster Linie gegen politische Gegner des Regimes; dadurch suspendierte man einen Teil der jüdischen Beamten von ihren Ämtern.«
(Wolfgang Scheffler, Judenverfolgung im Dritten Reich, Berlin 1960, S. 18)

Professor Dr. James Franck, Nobelpreisträger, 1933:
»Ich habe meine vorgesetzte Behörde gebeten, mich von meinem Amt zu entbinden. Wir Deutsche jüdischer Abstammung werden wie Fremde und Feinde des Vaterlandes behandelt. Man fordert, daß unsere Kinder in dem Bewußtsein aufwachsen, sich nie als Deutsche bewähren zu dürfen. Wer im Kriege war, soll die Erlaubnis haben, weiter dem Staate dienen zu dürfen. Ich lehne es ab, von dieser Vergünstigung Gebrauch zu machen, wenn ich auch Verständnis für den Standpunkt derer habe, die es heute für ihre Pflicht halten, auf ihrem Posten auszuharren.«
(W. Scheffler, a.a.O., S. 68)

2. Die Entrechtung führte zur sozialen Deklassierung.

Papst Stephan VI. (885–891):
»Dieser Papst schämte sich nicht, die Juden Hunde zu nennen und in einem Schreiben an den Erzbischof von Narbonne zu bekennen: In tödliche Angst habe ihn die Kunde versetzt, daß dort die Juden, diese Gottesfeinde, durch königliche Verleihung Grundeigentum haben dürften, und daß Christen mit diesen zusammenwohnten und sogar bei ihnen bedienstet seien, wo ihnen doch zur Strafe für den Tod Christi alle von Gott selbst geschworenen Gewährungen und Verheißungen genommen seien.«
(J. M. Nielen, »Christlicher« Antisemitismus, Köln 1962, S. 19)

Stellung der Juden im Mittelalter:
»Man mußte zur Abendmahlsgemeinschaft, zur conjuratio, gehören, um in den Bürgerverband, in die Eidgenossenschaft der Bürger aufgenommen zu werden. Der Bürgereid mußte in mehreren Lebensetappen wiederholt werden. Allgemein spielte die Eidesleistung mit christlichen Eidesformeln eine große Rolle. Dabei waren aber nur die eidesfähig, die als ›ehrlich‹ galten. Auch in eine Zunft konnten nur ›Ehrliche‹ aufgenommen werden. Zu ihnen gehörten nicht Unfreie, leiblich Gestrafte, unehelich Geborene, Juden, Türken, Zigeuner, Scharfrichter, Abdecker, Schäfer, Marktschreier und viele andere Gruppen. –
Die Handwerksgesellen mußten zweimal im Jahr das Sakrament des Abendmahls empfangen, die Zunftmeister nahmen an kirchlichen Prozessionen teil, christliche Zunfteide waren zu leisten, Gesellentau-

fen nach christlichem Ritus fanden bei mehreren Gelegenheiten statt.«
(Otto Veit, Christlich-jüdische Coexistenz, Frankfurt/Main 1965, S. 24 f.)

Antonio Morono, marranischer Dichter (Spanien):

»Steuern woll'n wir gerne zahlen,
Sklaven sein und dienen;
Arm, unglücklich und verachtet sein
Nehmen wir gerne auf uns –
Wenn wir nur unser Leben fristen!«

(Léon Poljakov, De Mahomet aux Marranes, Paris 1961, S. 179)

Juden in Preußen, 1787:
»In einer an Friedrich II. von Preußen unter dem 6. Februar 1787 gerichteten Supplik baten die Juden, daß ›die Lage dieser verfolgten Nation nach Möglichkeit erleichtert werde‹. Sie wiesen auf die unerträgliche Lage der ›unter der Last unaufbringlicher Abgaben und unter dem nicht weniger harten Druck der Verachtung seufzenden Judenheit‹ hin und führten weiter aus: ›Beide haben unsere Nation herabgewürdigt und uns gehindert, auf dem Wege der Geistesbildung, der größeren Industrie und jeder Art von Glückseligkeit Fortschritte zu machen ... Ausgeschlossen von allem Nahrungserwerb, vom Handwerk, vom Ackerbau, von allen Bedienungen des Staates bleibt allein die Handlung, und auch diese noch mit vielen Einschränkungen, das einzige Erwerbsmittel unserer Kolonie!‹«
(Simon Dubnow, a.a.O., Bd. I, Berlin 1920, S. 23)

Bibliographie

Adler, H. G.: Die Juden in Deutschland, München 1960, passim.
Blumenkranz, Bernard: Juifs et chrétiens dans le monde occidental, Paris 1960, S. 65 ff., S. 291 ff.
Elbogen, Ismar und Sterling, Eleonore: Die Geschichte der Juden in Deutschland, Frankfurt/Main 1966, passim.
Hilberg, Raul: The Destruction of the European Jews, Chicago 1967, S. 1–176.
Scheffler, Wolfgang: Judenverfolgung im Dritten Reich, Berlin 1960.

Erwählung

Die Erwählung gilt als Gottes freie Zuwendung Juden und Christen. Diese unwiderrufliche Beschlagnahmung der Juden (und Christen) steht unter dem Vorzeichen des Segens und zielt auf die ganze Welt (1. Mose 12, 3). Diese Verhaftung zur Freiheit geschieht aus reiner Gnade; irgendein Anspruch kann von menschlicher Seite für dieses Widerfahrnis nicht geltend gemacht werden. Darum ist das letzte Wort dieser Gnadenwahl Gottes unerschütterliche Treue zu diesem seinem Volk. Ungehorsam wird wohl geahndet, löscht aber das Siegel der Erwählung nicht aus. Diese Aussonderung durch Gott bedeutet Dienstverpflichtung für die Erwählten und kann kein Anlaß für gleichgültiges Dahindämmern sein. Der Gehorsam gegenüber den Weisungen Gottes zieht ein andersartiges Verhalten nach sich, als es sonst üblich ist und ruft deshalb Widerspruch hervor, der oft im Leiden des Gott gehorsamen Volkes seinen Ausdruck findet.

1. a) Die Erwählung Israels ist grundlos, einzigartig und unwiderruflich.

5. Mose 7, 8 a:
»Nicht hat euch der Herr angenommen und euch erwählt, darum, daß ihr mehr wäret als alle Völker – denn du bist das kleinste unter allen Völkern –, sondern darum, daß er euch geliebet hat.«

J. G. Hamann, 18. Jahrhundert:
»Warum hat Gott dieses Volk erwählt? Nicht auf Grund seiner Vorzüge. Starke Geister mögen seine Torheit und seine Bösartigkeit im Verhältnis zu anderen Völkern veranschaulichen: Hat Gott nicht auch ebenfalls sein Evangelium durch unwissende und armselige Werkzeuge ausbreiten lassen? Wer kann darin den Ratschluß Gottes ergründen?«
(Léon Poljakov, Histoire de l'Antisémitismus, De Voltaire à Wagner, Paris 1968, S. 205)

Franz Rosenzweig (1886–1929), Frankfurt/Main, 27. 3. 1922:
»Die Welt ist voller Herrlichkeiten geschaffen, voll ›Asiens, Ägyptens, Chinas und Trojas‹, und uns hat sich Gott nicht wegen unserer Herrlichkeit ausgesucht, nicht wegen unserer jüdischen Kultur, mit der es immer ziemlich mau war. Es gäbe keine Juden, wenn es keine Christen gäbe. Es gäbe keine Christen, wenn es keine Heiden gäbe. Werden wir wirklich Heiden, weil es – Heiden gibt? ... Werden wir gar ›religiös‹, weil es unleugbar ›Religionen‹ gibt? Wird das Judentum eine Religion, weil der Buddhismus eine ist? Wird Moses zum ›religiösen Genie‹, weil Buddha allerdings eins war? Bedenke, daß wir weder eine ›Religion‹ hervorgebracht haben (denn unsere diesbezüglichen Leistungen an Baals-, Astarte- und dergl. Kulten sind doch wohl nur mittelmäßige Imitationen gewesen, die sich mit den religiösen Urgewalten von Sidon und Tyrus nicht vergleichen lassen), noch ›religiöse Persönlichkeiten‹, noch all das, was außerdem zu einer kompletten Kultur gehört. Es ist immer sehr nüchtern bei uns hergegangen, ganz wie heute noch, wo wieder alle Welt um uns herum religiöses Leben ausschwitzt, nur wir, die Besten von uns, leben ganz nüchtern, zwar unter Gott, aber ohne ›Religion‹!
Überall ist die geschaffene Natur zur Kultur geworden. Die Offenbarung hat die Natur wieder offenbar gemacht. Sie hat uns wieder gelehrt, auf das Wort Gottes an uns zu hören und auf die Zauberkräfte, durch die wir unsre kreatürliche Natur in allmächtige, auch Gottes und der Götter mächtige Kultur umzaubern, zu verzichten.«
(F. R., Briefe, Berlin 1935, S. 430)

Julien Green, Paris, 1949:
»Als Gott die Wahl unter so vielen Völkern hatte, in denen er hätte Fleisch werden können, erwählte er die Juden. Wir hätten vielleicht anders gehandelt, wenn wir diese Frage zu regeln gehabt hätten. Wir hätten zum Beispiel mit unserer Weisheit an der Stelle von Bethlehem Athen ausgesucht. Wir hätten einem Erlöser zugestimmt, der in den Hallen einer Akademie sich ergangen hätte, um dort in aller Würde seine aufgeweckten Schüler zu lehren. Aber einen Juden, mein Gott! Was dachten Sie dabei? Es ist zu spät, dieses zu bedauern. Die Erlösung ist schon vollbracht, und wenn wir gerettet werden wollen, dann ist es das Klügste, danach auf den Knien das Herz eines Juden, namens Jesus anzurufen. Wie bedeutend Athen und wie groß auch Rom sein mögen, so wird uns doch weder ein feinsinniger Grieche noch ein klug denkender Römer, sondern ein Jude richten, den man eines Tages für sein Vaterland weinen sah.«
(F. Lovsky, Antisémitisme et mystère d'Israël, Paris 1955, S. 41)

Martin Buber (1878–1965), Jerusalem, 1950:
»In den Stämmen, die sich zu ›Israel‹ zusammenschlossen, hat sich dieser Begriff auf eine besondere Weise entwikkelt und gewandelt: die Heiligkeit ist nicht mehr ein Machtstoff, ein magisches Fluidum, das wie Menschen und Menschengruppen, so auch Ortschaften und Gegenden innewohnen kann, sondern es ist eine Eigenschaft, die diesem Volk und diesem Land dadurch verliehen wird, daß ein Gott beide *erwählt*, um dieses Volk, sein Volk unter allen, in dieses Land, sein Land unter allen, zu führen und sie miteinander zu verbinden. Seine Erwählung heiligt das Volk als die Schar, der er unmittelbar gebietet, und das Land als einen Königssitz, und weist sie aufeinander an.«
(M. B., Der Jude und sein Judentum, Köln 1963, S. 325)

Synode von Berlin-Weißensee, 27. April 1950:
»... Wir glauben, daß Gottes Verheißung über dem von ihm erwählten Volk Israel auch nach der Kreuzigung Jesu Christi in Kraft geblieben ist ...«
(Karl Kupisch, Das Volk der Geschichte, Berlin 1960, S. 227)

François Fejtö, Paris, 1960:
»Hat vielleicht der Jude Gott erwählt? Nein, es scheint, daß diese Wahl durch Gott vollzogen worden ist. Er hat erwählt. Er hat diesen Bund vorgeschlagen, hat seine Verpflichtungen übernommen und seine Verheißungen aufgestellt. An diesem Punkt läßt die Schrift keinen Zweifel aufkommen. Gott ist der Vater.«
(F. F., Dieu et son Juif, Paris 1960, S. 48)

Gustav Heinemann am 18. 2. 1960 im Deutschen Bundestag (Bonn):
»Juden sind und bleiben Gottes Volk in einem besonderen Sinn, auch wenn sie auf den Messias noch warten, von dem die Christen sagen, daß er in Jesus Christus gekommen sei.«
(Parlament Nr. 8/1960)

Eliane Amado Lévy-Valensi, Paris, 1961:
»Wenn Saulus, der St. Paulus geworden ist, im Römerbrief sagen konnte, daß ›die Erwählung Gottes unwiderruflich ist‹, dann könnten wir hier noch anfügen, daß sie auch unausweichlich bleibt. Der Antisemit erreicht es nicht, das Zeichen des Juden – auch nicht durch die Vernichtung von 6 Millionen Juden – auszulöschen. Und der Jude bringt es nicht zustande, sich selbst auszulöschen, auch nicht in der Gestalt von tausenderlei Arten kleinen Verrats.«
(E. A. L.-V., Que signifie l'élection d'Israel dans son rapport aux nations?, in: Information juive, Algier 1961, August-September, Nr. 132, S. 6)

Bernard Lambert, Quebec (Kanada), 1962:
»Wir können also das Problem Israel nicht in Angriff nehmen, als ob es sich schlicht und einfach um ein missionarisches Problem handeln würde, das all den Fragen entsprechen würde, auf die man in nichtchristlichen Gebieten stößt. Denn zwischen Israel und den Heiden besteht der Abstand der Erwählung, und

diese Erwählung ist unwiderruflich. Im Blick auf den Plan Gottes muß sich die grundlegende Versöhnung nicht zwischen Orthodoxen, Katholiken, Protestanten und Anglikanern, sondern zwischen Juden und Heiden, zwischen Juden und Christen vollziehen. Es geht wirklich um die Ökumene in ihren beiden, für ihre Einheit konstitutiven Teilen; dabei geht es wirklich um die Versöhnung zwischen den beiden Aspekten der Erwählung, der Erwählung von der Natur her und der Erwählung durch die Gnade.«
(B. L., Le problème oecuménique, Bd. II, Paris 1962, S. 600)

Alfred de Quervain, Bern, 1964:
»Gewiß, die Juden sind nicht mehr, nicht besser als die anderen, aber sie können sich den anderen nicht angleichen, ungeschehen machen, daß Gott sie gerufen hat. Das bekennt die Gemeinde Jesu Christi. Es verleugnen die Christen die Liebe und Treue Gottes, die behaupten, daß die Juden heute nicht mehr Gottes Volk sind.«
(A. d. Q., Das Zeugnis der Gemeinde Jesu Christi gegenüber Israel, in: Kirche in der Zeit, Düsseldorf Nr. 2/1964, S. 63)

Kristen Ejnar Skydsgaard, Dänemark, 1964:
»Blicken wir auf die Geschichte Israels, des auserwählten Gottesvolkes. Was gibt es in dieser Geschichte an Dunkel und Verhüllung, an Abgründen und Höhen, an Schuld und Gnade Gottes? Oft wurde das Volk in das vernichtende Gericht bis zum Erlöschen und zur Vertilgung geführt, aber im Gericht war immer die grundlose Gnade und Barmherzigkeit Gottes wirksam, und dem Volk wurde das Leben aufs neue geschenkt.«
(K. E. S., in: Junge Kirche, Dortmund 1964, Nr. 1, S. 6 f.)

Ernst Simon, Professor in Jerusalem, Köln 1965:
»Diese Askese, diese Zurückhaltung in Bewußtseinsformulierungen zeigt sich auch in der Frage nach der Erwählung. Die Mehrheit der Juden hält von der Erwählung nichts. Sie möchten frei werden wie alle Völker. Freilich, wer die Erwählung abschneidet, kann uns auch entbinden von dem, der uns zum Volk macht. Wenn wir die Erwählung abstreifen, werden wir das unnormalste aller Völker.«
(E. S., Deutscher Ev. Kirchentag, Köln 1965, Stuttgart 1965, S. 674)

Georges Casalis, Paris, 1967:
»Theologisch gesehen, ist das Problem Israels mit dem Geheimnis der Erwählung verbunden: Wenn Gott, indem er Abram erwählt, ihm verspricht, daß *alle* Völker der Erde in seiner Nachkommenschaft gesegnet werden sollen (Genesis, 12, 1–3), bekennt die Kirche, daß die Erfüllung in Jesus von Nazareth der Auserwählung Israels die Grenzen des Volkes des Alten Testaments gesprengt hat und aus *jedem* Menschen durch den Glauben einen echten Sohn Abrahams macht (Galater 3, 6–8; s. Pius XI. ›Geistig sind wir Semiten‹); aber zugleich glaubt sie, daß ›Gott sein Volk nicht verworfen hat‹ (Römer 9–11), und weiß sich deswegen durch eine besondere Solidarität mit allen Juden (Christen, Gläubigen und Atheisten) verbunden. Die universale Verheißung schließt nicht aus, sondern vielmehr ein, daß das Schicksal der Juden eine besondere Bedeutung behält, die von keinem Christen ignoriert werden darf. Es ist also unerläßlich, daß die Christen jederzeit alles, was die Existenz der Juden betrifft, ob sie an Christus glauben oder nicht, aufmerksam verfolgen.«
(G. C., Bemerkungen über die Erwählung Israels, in: Junge Kirche, Dortmund 1967, S. 571)

Johannes Oesterreicher, Newark, USA, 1968:
»Sollte jemand fragen, warum Gott gerade Israel und kein anderes Volk erwählt habe, so müßte man einfach antworten, weil er es liebte. Wenn jemand dann weiterfragen würde, warum liebte Gott gerade *dieses* Volk, wäre die Antwort wiederum, weil er es *liebte*. Es gibt keine andere Antwort, keinen anderen

Grund, denn die Liebe ist ihr eigener Beweggrund.«
(J. Oe., Der Baum und die Wurzel, Freiburg 1968, S. 88)

F. Lovsky, Lons-le-Saunier, 1969:
»Man muß auch ganz kühn sagen, daß die Erwählung Israels von seiten Gottes ein Liebesakt sowohl gegenüber Israel selbst wie auch gegenüber allen Menschen ist. Das Volk der Bibel ist zugleich das *einzige* erwählte Volk – nur unsere tollen Nationalisten werfen sich zu erwählten Völkern auf – und der Zeuge Gottes gegenüber *allen* Völkern der Erde. Es ist das *einzige* erwählte Volk und das einzige *Volk* Gottes; nach den Aussagen der Bibel treten bis zur Fleischwerdung (Jesu Christi) alle anderen Menschen als Nationen auf, die alle zusammen die Heiden bilden.«
(F. L., Le peuple d'Israel dans l'éducation chrétienne, Paris 1969, S. 6)

---

b) Ein Ende der Erwählung Israels – von seiten der Juden oder Christen – zu statuieren, widerspricht dem Zeugnis der Schrift.

Baruch Spinoza (1632–1677), Amsterdam:
»Heutigen Tages haben die Juden gar nichts mehr, was sie sich vor allen Nationen zuschreiben könnten. Daß sie sich aber so viele Jahre hindurch in der Zerstreuung und ohne ein eigenes Reich erhalten haben, ist durchaus kein Wunder, nachdem sie sich einmal in einer Weise von den Völkern abgesondert, die ihnen den Haß aller zugezogen hat, eine Absonderung nicht nur in äußeren Gebräuchen ..., sondern auch im Zeichen der Beschneidung, das sie gewissenhaft beobachten ...«
(Hans Joachim Schoeps, Jüdische Geisteswelt, Köln 1960, S. 206)

Ein jüdischer Maler, Ungarn, nach dem Zweiten Weltkrieg:
»... Ich bin nicht dafür, daß sich der Fluch verewigt, der durch das Judentum seit Jahrtausenden repräsentiert wird ... Wir sind lange genug Dein auserwähltes Volk gewesen, würde ich zu Gott sagen, wenn ich wüßte, daß er mir zuhört – sei doch so freundlich und wähle Dir jetzt ein anderes aus.«
(François Fejtö, Judentum und Kommunismus – Antisemitismus in Osteuropa, Wien 1967, S. 245)

Wort des Reichsbruderrates, 1948, Darmstadt:
»Indem Israel den Messias kreuzigte, hat es seine Erwählung und Bestimmung verworfen. Darin ist zugleich der Widerspruch aller Menschen und Völker gegen den Christus Gottes Ereignis geworden. Wir sind alle an dem Kreuze Christi mitschuldig. Darum ist es der Kirche verwehrt, den Juden als den allein am Kreuze Schuldigen zu brandmarken. Die Erwählung Israels ist durch und seit Christus auf die Kirche aus allen Völkern, aus Juden und Heiden übergegangen ...«
(Karl Kupisch, Das Volk der Geschichte, Berlin 1960, S. 221)

Hans Conzelmann, Göttingen, 1954:
»... Es ist das Werk der Juden, daß Jerusalem seine Bestimmung nicht erfüllt. Die Juden zerstören ihre Erwählung, indem sie Jesus töten ... Indem sie Tempel und Stadt in ihrer Gewalt haben, machen sie beide zu profanen Größen. In der Zukunft haben daher beide keine Heilsfunktion mehr ... Die Folge ist: a) das geschichtliche Strafgericht kommt mit Recht über sie; b) das ist ein geschichtlicher, profaner Vorgang. Für die christliche Hoffnung hat die Stadt ihre Funktion verloren.«
(Friedrich Wilhelm Marquardt, Die Bedeutung der biblischen Landverheißung für die Christen, Theologische Existenz, Neue Folge, Nr. 116, München 1964, S. 26, Anm. 28)

Peter Vogelsanger, Zürich, 1961:
»Die negative Mystifikation des jüdischen Schicksals – am eindrücklichsten dargestellt in der Legende von (→) Ahasver – war in der Vergangenheit eine der Hauptquellen des Antisemitismus. Die

positive Mystifikation – die moderne theologische Doktrin vom Weiterbestehen einer dialektischen Spannung zwischen Erwählung und Verwerfung Israels – birgt ganz ähnliche Gefahren. Denn jede Behauptung einer weiteren rassisch-völkischen Erwähltheit müßte früher oder später wieder antisemitische Reaktionen zeitigen, während man dem Volke Israel als einem echten Freund in der Gegenwart und Zukunft, was die geschichtliche Existenz betrifft, nur die schlichte Bewährung und Behauptung seines ungestörten Daseins innerhalb der Völkerwelt wünschen und gönnen kann.«
(P. V., Reformatio 5/6, Zürich, Juni 1961, S. 216)

Robert Raphael Geis, Düsseldorf, 1965:
»Ein gut Teil der Juden in Palästina würde sagen: ›Wir haben genug von unserer Auserwähltheit. Wir wollen nicht mehr.‹«
(R. R. G., Antisemitismus, Judentum, Staat Israel; Frankfurt/Main 1965, S. 98)

Fritz Oppler, Berlin-Wilmersdorf, 1966:
»Welche religiöse Mission sollte das Judentum als solches noch in der Diaspora haben?
Mission eines einzelnen bedeutet die Bestimmung zu einer Aufgabe für andere. Mission eines ganzen Volkes bedeutet aber die Bestimmung zu einer solchen für die Menschheit. Nach dem Alten Testament war die Mission des biblischen jüdischen Volkes, die heilige Misson, zu der es damals ›auserwählt‹ worden war, die Verkündung des einen und allmächtigen Gottes. Die Juden waren das ›Gottesvolk‹. Sie waren dasjenige, das in einer Welt der Vielgötterei den Monotheismus lehrte. Ist diese Mission nicht längst erfüllt? Kann das noch die jetzige oder künftige Mission des Judentums in der Diaspora sein?«
(F. O., Das falsche Tabu, Stuttgart-Degerloch 1966, S. 323)

---

2. Die Erwählung der Juden ist weithin Anlaß und Grund einer tiefgreifenden Feindschaft.

Martin Buber (1878–1965), 1934:
»Die jüdische Gemeinschaft ist schlechthin uneinreihbar, sie widerstrebt allen geschichtlichen Kategorien und Allgemeinbegriffen, sie ist einzig. An dieser Einzigkeit muß das natürliche Bedürfnis der Völker nach Erklärung – und Erklärung bedeutet immer Einordnung in Kategorien – zerschellen. Was sich aber nicht einordnen, sich also nicht verstehen läßt, das ist erschreckend.«
(Hans Joachim Schoeps, Jüdische Geisteswelt, Köln 1960, S. 252)

Adolf Hitler (1889–1945), Berlin:
»Der Jude sitzt immer in uns. Aber es ist leichter, ihn in sichtbarer Gestalt zu bekämpfen als den unsichtbaren Dämon. Denken Sie, diese ewig beweglichen Menschen und wir mit unserem neuen Glauben an die ewige Bewegung, wie so verwandt und in anderem völlig verschieden. Es gilt wahrhaftig den Entscheidungskampf um das Schicksal der Welt. Es kann nicht zwei auserwählte Völker geben. Wir sind das auserwählte Volk. Besagt dies nicht alles?«
(Hermann Diem, Das Rätsel des Antisemitismus, Theologische Existenz, Neue Folge, Nr. 80, München 1960, S. 7)

Will Herberg, USA, 1951:
»Der Antisemitismus ist die andere Seite der Erwählung und Berufung Israels. Er ist der Aufruhr des Heiden gegen den Gott Israels und seine unbedingte Forderung. Er ist eine der Arten – die typisch symbolische Art –, in der die heidnischen ›Götter des Raums‹ sich rächen an dem Volk des ›Herrn über die Zeit‹.«
(W. H., in: George A. F. Knight, Hrsg., Jews and Christians, Philadelphia 1965, S. 159)

Eliane Amado Lévy-Valensi, Paris, 1961:
»Ein Nichtjude, der auf keinen Fall Antisemit war, sagte mir eines Tages, zurückgetrieben in die letzten Verschanzungen: ›Was wollen Sie eigentlich? Was den Antisemitismus erweckt, ist gerade jene Idee der Erwählung. Da hat man

leichtes Spiel; das ist aufreizend, das geht nicht.‹«
(E. A. L.-V., Que signifie l'élection d'Israel dans son rapport aux nations?, in: Information juive, Algier 1961, S. 6)

Jochanan Bloch, Berlin, 1964:
»In Wahrheit ist die Judenfeindschaft, wieviel auch an anderen Faktoren in ihr mitschwingt und die endgültige Erscheinung prägt, in ihrem Ursprung nur vom Judentum zu erfassen: Sie ist der Schatten, den Israel durch die Geschichte der Völker wirft.«
(J. B., Das anstößige Volk, Heidelberg 1964, S. 12, Anm. 2)

Rudolf Pfisterer, Schwäb. Hall, 1968:
»Der tiefste Grund der Feindseligkeit gegen Israel ist eine folgenschwere Verkennung der Reichweite und der Tragkraft der durch den lebendigen Gott ergangenen Erwählung.«
(R. Pf., Juden – Christen, getrennt – versöhnt, Gladbeck 1968², S. 34)

3. Die Erwählung ist Gottes Tat, und nicht menschliche Selbsterhöhung.

Paul de Lagarde, 19. Jahrhundert:
»Der kalte, giftige Hochmut, welcher aus der Beobachtung dieser Gebote floß, wurde noch dadurch gesteigert, daß man ihm einen patriotischen Vorwand in dem rechtsanwaltsmäßig gefaßten Glauben an die Erwählung des gepriesenen Volkes durch Jahwe und eine methaphysisch-theologische Widerlage in der den Alten nicht bekannten, in der Kindheit auch Israels sogar verworfenen, jeden religiösen Werts baren Lehre von der Einheit Gottes gab.«
(P. de L., Deutsche Schriften; zit. nach »Ev. Theologie«, München 1963, S. 606)

C. Radenhausen, Hamburg, 1888:
»Es reizt zur Heiterkeit, wenn Juden ganz ungescheut als ›Gottes Volk‹ sich bezeichnen, als ob ihr Adonai lediglich für sie da sei und sich um die übrigen Menschen nicht bekümmere, oder sie nur so nebenher berücksichtige, wie etwa das liebe Vieh. Ihr Eigenlob erinnert an das bekannte Sprichwort: ›Bescheidenheit ist eine Zier, doch besser geht es ohne ihr‹, und vielleicht hilft auch noch der Gedanke, daß sie sich selbst loben müssen, weil Andere es nicht tun und sie doch gern gelobt werden mögen.«
(C. R. Esther, Die semitische Unmoral im Kampf wider Staat und Kirche, Leipzig 1888, S. 71)

Alfred Rosenberg, Verantwortlicher für weltanschauliche Schulung der NSDAP, München, 1934:
»Es entspricht dieser schmarotzerhaften Umwertung des schöpferischen Lebens, daß auch der Parasit seinen ›Mythus‹ hat; im Falle des Judentums wie die Kaiser-Illusion eines Wahnsinnigen, den Mythus der Auserwähltheit. Es klingt wie ein Hohn, ein *Gott* habe sich diese Gegennation, deren Beschreibung Wilhelm Busch und Schopenhauer bereits erschöpfend geliefert haben, zu seinem Liebling auserwählt. Da aber das Gottesbild von Menschen geformt ist, so ist es allerdings begreiflich, daß *dieser* ›Gott‹ sich *dieses* ›Volk‹ ausgesucht hat unter allen anderen. Wobei es für die Juden nur gut war, daß ihre bildnerische Unfähigkeit sie daran hinderte, diesen ›Gott‹ auch körperlich darzustellen. Das sonst hervorgerufene Grausen hätte dann sicher die Übernahme des Jahwe und seine Veredelung durch Dichter und Maler von vornherein verhindert.«
(A. R., Der Mythus des zwanzigsten Jahrhunderts, München 1934, S. 462)

Eliane Amado Lévy-Valensi, Paris, 1961:
»Die Tradition besteht darauf: Mose weist die Erwählung zurück. Ganz Israel stellt sich ihr entgegen, bezeugt seine Schwachheit und unterstreicht, daß Gott es nicht erwählt hat, weil es besser wäre als die anderen, sondern – wie eine naive Formulierung es aussagt –, weil die anderen Völker die Erwählung nicht wollten.«
(E. A. L.-V., Information juive, Algier 1961, a.a.O., S. 6)

Rudolf Pfisterer, Schwäb. Hall, 1966:
»Die Erwählung bietet also keinen Anlaß zur *Überheblichkeit.* Das Herabsehen auf die anderen ist ausgeschlossen. ›Ich danke dir, Gott, daß ich nicht bin wie die anderen Leute‹ (Luk. 18, 11) – diese Einstellung des Pharisäers zeugt von der immer lauernden Gefahr, die Gnade der Erwählung in einen eigenen Anspruch umzudeuten und so von Grund auf mißzuverstehen. Die Erwählung darf nie zu einer Waffe gegen die anderen werden. Darum tadeln die Boten Gottes dauernd die aus dieser Überheblichkeit stammende Sicherheit; denn der erwählende Ruf ist immer auch ein Aufruf zum *Gehorsam.*«
(R. Pf., Im Schatten des Kreuzes, Hamburg 1966, S. 13)

Alfred de Quervain, Bern, 1966:
»Diese Verheißung und auch das jüdische Verständnis dieser Gabe, das wir Ablehnung nennen, diese Wahl Gottes kann nicht einfach in eine Eigenschaft dieses Volkes und seiner Glieder verwandelt werden. Es ist nicht eine Marke, die der Jude oder jeder, der von Juden abstammt, trägt. Sonst hätte der Antisemitismus und der mit ihm verwandte Philosemitismus recht.«
(A. d. Q., Das Judentum in der Lehre und der Verkündigung der Kirche heute, Theologische Existenz, Neue Folge, Nr. 130, München 1966, S. 7)

Edmond Jacob, Straßburg, 1968:
»Die Erwählung ist eine Tatsache und nicht eine erst nachträglich durch Israel angestellte Erklärung seiner Geschichte, wenn auch diese Tatsachen Gegenstand einer theologischen Überlegung sind.«
(E. J., Israël dans la perspective biblique, Strasbourg 1968, S. 17)

4. Erwählung ist immer Dienstverpflichtung.

1. Mose 12, 3 b:
Gott zu Abram:
»In dir sollen gesegnet sein alle Geschlechter auf Erden.«

Martin Buber, Jerusalem, 1938:
»Erwählt ist Israel nur, wenn es mit seinem Leben als Gemeinschaft die Erwählung verwirklicht.«
(M. B., Die Erwählung Israels, in: Werke, II. Band, München und Heidelberg 1964, S. 1050)

Martin Buber, Jerusalem, 1950:
»Es (Israel) lernt die Verheißung als eine Wahlhandlung der Allmacht verstehen, die sich aus allen Völkern eins und aus allen Ländern eins erliest und sie zusammenbringt, um einen Vorposten des Reiches zu errichten . . .
Die Allmacht straft, sie zerstreut das Volk in Feindesländern und läßt das Land wüst werden, aber sie läßt von beidem nicht, sie bleibt ihrer Wahlhandlung treu bis in den Anbruch des Reiches hinein, da beide, Volk und Land, wiedervereint das vollbringen werden, was einst in der Verheißung ihnen zugesagt war.«
(M. B., Israel und Palästina – Zur Geschichte einer Idee, München 1968, S. 41 f.)

Jacques Madaule, Paris, 1951:
»Das jüdische Volk war Träger Gottes auf Grund der Verheißung; trotz seiner häufigen Untreue verkündigt es ihn noch unaufhörlich unter den heidnischen Völkern, und als es später zerstreut wurde, da hat es seine Treue gegenüber der ihm anvertrauten Botschaft unter christlichen und mohammedanischen Völkern gehalten.«
(J. M., Le Retour d'Israël, Paris 1951, S. 170)

Leo Baeck, London, 1955:
»Das ist doch der Sinn der Erwählung: gleichsam das Experiment Gottes zu sein. Denn dieses Volk ist eine Frage von Gott. Es selber und darum auch die Menschheit, in die es hineingestellt ist, sollen die Antwort geben. Antwort an Gott.«
(Hans David Leuner, Religiöses Denken im Judentum des 20. Jahrhunderts, Wuppertal 1969, S. 62)

Eliane Amado Lévy-Valensi, Paris, 1961:
»Ich ertappe mich beim Nachdenken dar-

über, daß die Idee der Erwählung in ihrem traditionellen Sinn keinerlei Hinweis auf irgend eine Überlegenheit in sich schloß und daß sie das Herrschen nicht gestattete. Sie bildete kein ungeheuerliches Vorrecht, sondern einen Auftrag, und darum handelte es sich dabei nicht darum, die Völker zu verknechten, sondern ihnen zu dienen ...
Die Erwählung ist kein Vorrecht, sondern Auftrag. Israel erhebt darauf keinen Anspruch, sondern übernimmt die darin gesetzte Aufgabe. Dieser Auftrag würde es zur Beschränkung auf sich selbst führen, wenn er bei ihm selbst sein Ende fände. Mit der Erwählung Israels sind nach dem Wortlaut der ältesten Texte alle Geschlechter der Erde gemeint. Dies ist das mystische, Völker und Israel umschließende Band; diese Verbundenheit und Verbindung ist weder von den Völkern noch von Israel immer in der richtigen Weise aufgenommen worden.«
(E. A. L.-V., Que signifie l'élection d'Israël dans son rapport aux nations, Algier 1961, S. 6, Information juive, Nr. 132)

Herman Wouk, New York, 1961:
»Gott lebt, und wir sind sein Volk, das er erwählte, damit wir nach seinem Namen und seinem Gesetz leben bis an den Tag, an dem der Herr einzig und sein Name einzig sein wird. Wir sind entweder überhaupt nichts, oder wir sind ein besonderes Volk, dem die Geschichte das Geschick bestimmt hat, die Höhen und Tiefen menschlicher Erfahrungen zu umfassen. Wir leben, und wir leben in einer Zeit, in der wir in Freiheit atmen und unsere geschwächte Kraft neu beleben können.«
(H. W., Er ist mein Gott, Hamburg 1961, S. 363)

Ernst Namenyi, Paris, 1963:
»Israel ist an der Vergangenheit nicht interessiert; die Erwählung wendet es der Zukunft zu.«
(E. N., in: Conscience juive, Paris 1963, S. 13)

André Blancy, Frankreich, 1966:
»Die Juden können als Einzelpersonen untreu sein, die Gemeinschaft der Juden bleibt trotzdem auf geheimnisvolle Weise treu. Das ist das Geheimnis der Erwählung.«
(A. B., in: Réforme, Paris, 30. 7. 1966)

Rudolf Pfisterer, Schwäb. Hall, 1966:
»Die Wahl dieses Volkes durch Gott beginnt mit dem Befehl an Abraham, Heimat und Verwandtschaft zu verlassen (1. Mose 12, 1). In diesem Ruf Gottes deutet sich schon der *Abstand Israels* zu allen Völkern an. Es wird auf die Seite genommen. Das Ergriffenwerden durch Gott ist eine *Dienstverpflichtung* für Israel. Seine Existenz hat ihren *Sinn* nicht mehr in sich selbst. Der enge Rahmen selbstzufriedenen Eigenlebens wird gesprengt; denn mit der Erwählung Israels greift Gott nach der ganzen Welt. Allen Geschlechtern der Erde soll durch diese Beschlagnahmung Israels Segen zuteil werden (1. Mose 12, 3). Als ›Licht der Heiden‹ (Jes. 42, 6) soll Israel Heil und Recht unter die Völker bringen (Jes. 42, 1). Seine Existenz und das damit verbundene Zeugnis bedeuten für die Heiden das Ende aller Nacht. (Jes. 60, 3). Darum muß der Abstand zu den Völkern gewahrt werden, damit Israel diesen Auftrag Gottes erfüllen kann. Keine Spur von überheblichem Dünkel steckt in dieser von Gott gewollten Absonderung. Als Botschafter muß Israel ja unter allen Völkern ›exterritorial‹ bleiben. Es darf sich nicht zu einer unüberlegten Verbrüderung hinreißen lassen. Anpassung ist eine stets lauernde Gefahr. Gleichschaltung darf nicht in Frage kommen. Alle diese Möglichkeiten sind aus dem einen Grund verboten, weil dies ein Überlaufen ins fremde Lager und damit Verrat am eigenen Auftrag bedeuten würde. Letzten Endes würden dadurch alle Völker um die Gegenwart des lebendigen Gottes betrogen. Darum liegt alles daran, daß Israel auch nicht die geringste Überfremdung von anderer Seite mitmacht oder bei sich duldet. Damit würde es Gott entfremdet – und Gott würde letzten Endes auch auf un-

serer Welt fremd und unbekannt bleiben. Wir griffen dann nur nach den Gespenstern unserer selbsterdachten Götter.«
(R. Pf., Im Schatten des Kreuzes, Hamburg 1966, S. 13)

André Néhér, Straßburg, 1967:
»Die Auserwählung des jüdischen Volkes ist keine Auserwählung zum Stolz, zur Eitelkeit oder zu einem Vorrang, es ist die Auserwählung zur Verantwortlichkeit.«
(A. N., Israel, Juni 1967: Ein Zeugnis, Freiburger Rundbrief, Nr. 69–72, Freiburg 1967, S. 6)

Johannes Oesterreicher, Newark, 1968:
»Man kann gar nicht genügend betonen, wie gewichtig der Satzteil: ›denn mein ist die ganze Erde‹ ist; er bedeutet nicht nur, daß Gottes Wahl frei und unbeeinflußt war, sondern er verkündet auch, daß er der Gott aller Menschen, ihr unumschränkter Herr wie ihr treusorgender Vater ist. Das Volk Israel wurde daher als pars pro toto, als ›Teil, der das Ganze repräsentiert‹, auserwählt. Es sollte eine priesterliche Rolle versehen; es sollte ein ihm heiliges Volk sein, seinem Dienst geweiht, ja, ›ein Königreich von Priestern, ein heiliger Stamm‹ (5. Mose 7, 6; 2. Mose 19, 6). Offensichtlich war sein Priesteramt nicht Selbstzweck; denn Priester sind ausgesondert, nicht um von ihren Mitgläubigen sich fernzuhalten, sondern um frei zu sein für den Dienst an ihnen.«
(J. Oe., Der Baum und die Wurzel, Freiburg/Brsg. 1968, S. 97 f.)

Bibliographie

Buber, Martin: Die Erwählung Israels, Werke Bd. II, München 1964, S. 1035 ff.

Casalis, Georges: Bemerkungen über die Erwählung Israels, Junge Kirche, Dortmund 1967, S. 571 ff.

Jocz, Jacob: A theology of election, London 1958.

Lévy-Valensi, Eliane Amado: Que signifie l'élection d'Israël dans son rapport aux nations?, Information juive, Algier 1961.

Lovsky, F.: Antisémitisme et mystère d'Israël, Paris 1955, passim.

Molinski, Waldemar, Hrsg.: Unwiderrufliche Verheißungen, Recklinghausen 1968, S. 23–66.

Oesterreicher, Johannes: Der Baum und die Wurzel, Freiburg 1968, passim.

Pfisterer, Rudolf: Im Schatten des Kreuzes, Hamburg 1966, S. 13 ff., 99 f., 112 ff.

Pfisterer, Rudolf: Juden – Christen, getrennt – versöhnt, Gladbeck 1968², S. 32 ff., 46–52.

de Quervain, Alfred: Das Judentum in der Lehre und Verkündigung der Kirche heute, Theologische Existenz, Neue Folge, Nr. 130, München 1966, passim.

Geheimnis

Die Erwählung Israels und die Berufung des ganzen Volkes Gottes aus Juden und Heiden sind ein Geheimnis. Die Hoheit und Souveränität Gottes spiegelt sich in dem Unvermögen von uns Menschen wider, sein Herrschen und Regieren im Koordinatensystem unserer menschlichen Bedürfnisse und Begründungen unterzubringen. Es bleibt immer ein Rest. Die durch Verfolgungen und (→) Leiden durchgerettete Existenz der Juden legt ein besonders eindrückliches (→) Zeugnis Gottes von dem in seiner Treue und Zuwendung lebendigen Geheimnis der Machtentfaltung Gottes ab. Der Plan seines Rettungswerkes wird durchgeführt; er läßt sich dabei weder vom Zögern seiner Freunde noch vom Widerstand seiner Feinde abhalten.

---

1. Das Geheimnis Israels ist ein Zeichen für die jedem menschlichen Zugriff und Begreifen sich entziehende Hoheit und Andersartigkeit Gottes. Darum reicht für das Judentum und die Juden keine menschliche Definition aus.

Martin Buber, Stuttgart, 14. Januar 1933:
»Das Juden und Christen Verbindende bei alledem ist ihr gemeinsames Wissen um eine Einzigkeit, und von da aus können wir auch diesem im Tiefsten Trennenden gegenübertreten; jedes echte Heiligtum kann das Geheimnis eines anderen echten Heiligtums anerkennen. Das Geheimnis des anderen ist innen in ihm und kann nicht von außen her wahrgenommen werden. Kein Mensch außerhalb von Israel weiß um das Geheimnis Israels. Und kein Mensch außerhalb der Christenheit weiß um das Geheimnis der Christenheit. Aber nichtwissend können sie einander im Geheimnis anerkennen. Wie es möglich ist, daß es die Geheimnisse nebeneinander gibt, das ist Gottes Geheimnis. Wie es möglich ist, daß es eine Welt gibt, als Haus, in dem diese Geheimnisse mitsammen wohnen, ist Gottes Sache, denn die Welt ist ein Haus Gottes.«
(M. B., Der Jude und sein Judentum, Köln 1963, S. 563)

Heinrich Vogel, Berlin, 1933:
»Daß wir doch nicht vergessen, daß hinter der Judenfrage die Gottesfrage steht, daß wir doch nicht in rassisch-nationale Kurzschlüsse verfallen, die sich furchtbar rächen könnten! Hinter dem Problem des Weltjudentums steht das Geheimnis Israels!«
(Kurt Scharf, Hrsg., Vom Herrngeheimnis der Wahrheit, Berlin 1962, S. 350)

Weltkirchenkonferenz Amsterdam, 1948:
»Für viele ist das Weiterbestehen eines jüdischen Volkes, das Jesus Christus nicht anerkennt, ein Geheimnis, das seine einzig zureichende Erklärung in dem Vorsatz der unveränderlichen Treue und Barmherzigkeit Gottes findet (Röm. 11, 25–29).«
(W. A. Visser't Hooft, Hrsg., Die erste Vollversammlung des Ökumenischen Rates der Kirche, Genf 1948, S. 214)

Leo Baeck, London, 1950:
»Judentum und Christentum sind durch das Mysterium miteinander verbunden. Ja, durch das Mysterium; denn Judentum und jüdisches Volk sind nicht nur *ein* Mysterium, sondern, man darf es sagen, *das* Mysterium. An ihnen kann man begreifen lernen, was in der Menschheit und in der Geschichte das Geheimnis ist, und wäre einer ohne den Sinn für das Geheimnis, so wäre er im Grunde ohne Religion.«
(L. B., Das Judentum auf alten und neuen Wegen, in: Judaica, Zürich 1950, S. 147)

Martin Buber, Jerusalem, 1950:
»Als die nationale Bewegung dieses Vol-

kes das Geheimnis erbte, wurde in ihr trotz des Einspruchs ihrer wichtigsten geistigen Führer der Wille mächtig, es aufzulösen. Es erschien als zur ›Religion‹ gehörig, und die Religion war auf zwiefache Art diskreditiert: im Westen wegen ihrer Bestrebung in der Emanzipationsepoche, sich zu entnationalisieren, im Osten wegen ihres Widerstandes gegen die Europäisierung des jüdischen Volkes, auf der sich die nationale Bewegung aufbauen wollte. Die säkularisierende Tendenz im Zionismus richtet sich auch gegen das Geheimnis Zions. Ein Volk wie alle Völker, ein Land wie alle Länder, eine nationale Bewegung wie alle nationalen Bewegungen – das wurde und wird als Postulat des gesunden Menschenverstandes gegen alle ›Mystik‹ proklamiert. Und von da aus wurde und wird der urzeitliche Glaube bekämpft, daß das Gelingen der Wiederverbindung dieses Volkes mit diesem Land an ein Gebot, an eine Bedeutung geknüpft ist. Dem jüdischen wie jedem anderen Volk freie Entfaltung all seiner Kräfte in seinem Land, mehr ist nicht not, das heißt eben ›Auferstehung‹ – so lautet die Losung.

Ihr gegenüber wird hier die Gewißheit der Geschlechter Israels zum Zeugnis aufgerufen, daß es an dem nicht genug ist. In tieferen Regionen des Erdreichs wurzelt, in höheren Regionen des Äthers erhebt sich der Gedanke Zions ... Wenn Israel auf das Geheimnis verzichtet, verzichtet es auf den Kern seiner Wirklichkeit selber. Nationale Formen ohne den ewigen Sinn, aus dem sie entstanden sind, bedeuten das Ende der spezifischen Fruchtbarkeit Israels. Eine freie Entfaltung der Kräfte ohne einen höchsten Wert, um dessen willen sie sich entfalten, ohne eine ihrer Entfaltung gesetzte Richtung auf die Verwirklichung dieses Wortes, bedeutet nicht Auferstehung, sondern das Spiel einer gemeinsamen Selbsttäuschung, hinter dem der Tod der Seele lauert. Wenn Israel weniger will, als was mit ihm gemeint ist, wird es auch das Wenige verfehlen.«

(M. B., Der Jude und sein Judentum, Köln 1963, S. 328 f.)

Jacques Madaule, Paris, 1950:

»Die Geschichte hat ihrerseits auch weltlichen Charakter angenommen. Weil man zu Beginn in einer zu neuen Weise das Übernatürliche eingeführt hatte, fand man dafür keinen rechten Platz mehr; man ist dabei zum Beispiel dazu gelangt, über das jüdische Problem zu diskutieren, wie wenn dies kein Geheimnis wäre, und zwar ein übernatürliches Geheimnis. Dabei vergaß man, daß Gott sein Volk nicht aufgegeben hat und daß es auch heute noch – ob es das weiß oder nicht – das Werkzeug seiner göttlichen Pläne ist.«

(J. M., in: Génie d' Israël, Paris 1950, S. 335)

Edmond Fleg, Paris, 1953:

»Jesus ist ein Geheimnis, wie Israel ein Geheimnis ist.«

(E. F., Jésus raconté par le Juif errant, Paris 1953, S. 164)

Roland de Pury, Aix-en Provence, 1958:

»Die Juden sind von jeher von den anderen Religionen verdächtigt, wenn nicht gar verstoßen worden. Das wird wohl auch in Zukunft so bleiben. Sie sind überall Fremdlinge, aber auch überall zu Hause. Sie sind das einzige Volk, von dem sich das sagen läßt. In diesem Doppelschicksal liegt das Geheimnis Israels begründet. Es trifft auch auf den Juden Jesus, auf unseren Herrn zu.«

(R. d. P., Das Evangelium und die Zivilisationen, in: Gottesdienst – Menschendienst, Zürich 1958, S. 310)

Léon Askenazi, Paris, 1966:

»Zweifellos haben so viele religiöse Menschen diesen fremdartigen Charakter einer der Existenz aufgeprägten Messianität zum Ausdruck bringen wollen, als sie in ihrem Reden von Israel vom ›Geheimnis‹ sprachen. Die Juden sind vielleicht die einzigen, die dieses Geheimnis nicht erfahren können, da es sich gerade um sie selbst handelt. Zumindest können sie dies nur rückwärts blickend und zur Erfreuung ihres Geistes tun, dann nämlich, wenn das Drama sein Ende gefunden hat, am Ende der Nacht.

Aber wo ist dieses Ende der Nacht, wo für ›Jakob die Sonne leuchtet‹?« (1. Mose 32, 32)
(L. A., Tant que dure la nuit ..., in: Nouveaux Cahiers, Paris 1966, Nr. 5, S. 8)

Rudolf Pfisterer, Schwäb. Hall, 1966:
»Israel und die Juden sind für uns ein *Geheimnis*, das wir mit unseren menschlichen Methoden nicht enträtseln können. Immer wieder stoßen wir auf eine alle Juden trotz ihrer Verschiedenheit umspannende Einheit. Gewiß fehlt es nicht an Versuchen, diese verschlossene Tür zu öffnen: aber so sehr wir uns um die Fertigung eines Schlüssels mühen – kein Schlüssel paßt in dieses Schloß.«
(R. Pf., Im Schatten des Kreuzes, Hamburg 1966, S. 9)

Alfred de Quervain, Bern, 1966:
»Um des ganzen, vollen, biblischen Evangeliums willen denken wir nach über das Geheimnis, über das Mysterion, das der Jude ist. Das ist etwas anderes noch als eine Disputation mit den Juden, als eine Aufforderung an sie, Christen zu werden. Als durch das Evangelium Gebundene, in diesem Gegenüber zu den Juden überprüfen die Glieder der Gemeinde Verkündigung und Lehre. Sie tun es nicht, um Juden zu gewinnen, um ihnen den Zugang zur Kirche zu erleichtern. Sie tun es auch nicht, um die Juden zu verherrlichen, um sie ihres eigenen, ihres anderen Weges ziehen zu lassen. Es soll das Evangelium von Jesus Christus klarer erkannt und freudiger bekannt werden.«
(A. d. Q., Das Judentum in der Lehre und der Verkündigung der Kirche heute, Theologische Existenz, Neue Folge, Nr. 130, München 1966, S. 6)

Roland Blum, Paris, 1968:
»Der jüdische Mensch, die Existenz des Judentums, der Versuch, diese kollektive sich in Zeit und Raum bewegende Existenz, entzieht sich offenkundig jeder Definition ... Jeder versucht jeden Tag, den Juden und das Judentum auf seine Vorstellung festzulegen.«
(R. B., Tu ne feras point d'images ..., in: Nouveaux Cahiers, Nr. 16, Paris 1968, S. 48)

Edmond Jacob, Straßburg, 1968:
»Israel ist geheimnisvoll und oft fremdartig, und auf Grund dieser Fremdartigkeit wird es bald bewundert und idealisiert, wird es ein Thema der Verklärung für die Romanschreiber, viel öfter wird es aber leider gehaßt und verfolgt.«
(E. J., Israel dans la perspective biblique, Strasbourg 1968, S. 15)

---

2. Auch die Ablehnung des Geheimnischarakters kann auf diese Eigenart aufmerksam machen.

Joseph Kaplan, Oberrabbiner, Paris, 1966:
»Es gibt kein Geheimnis Israels; wir bleiben ganz einfach Juden aus Treue gegenüber dem Gesetz Gottes und der Lehre Moses und der Propheten. In der Kontinuität unserer Überlieferungen, unserer Glaubensanschauungen und unseres religiösen Auftrags bedeutet das Christentum kein Problem für uns.«
(J. K., in: Le Monde, 13./14. Februar 1966)

Bibliographie

Buber, Martin: Der Jude und sein Judentum, Köln 1963, passim.
Buber, Martin: Werke, Bd. II, München und Heidelberg 1964, passim.
Jacob, Edmond: Israël dans la perspective biblique, Strasbourg 1968, passim.
Lovsky, F.: L'antisémitisme et le mystère d'Israël, Paris 1955, passim.
Maritain, Jacques: Le mystère d'Israël, Paris 1965.
Pfisterer, Rudolf: Im Schatten des Kreuzes, Hamburg 1966, S. 9 ff.

Geldhandel

Der Ausschluß der Juden aus fast allen üblichen Berufen (→ Entrechtung) hatte zur Folge, daß ihnen zur Bestreitung ihres Lebens nur noch der Handel mit Geld übrigblieb. Hier füllten sie eine doppelte Lücke aus: Einmal konnten sie in die Bresche springen, weil für sie als Juden das kanonische Zinsverbot keine Gültigkeit besaß, fürs andere stellten sie der dringend flüssigen Geldes bedürftigen Wirtschaft die nötigen Mittel zur Verfügung. Sie wurden durch dieses Gedrängtwerden zum Geldhandel Lückenbüßer; es kam so weit, daß Juden in diesem Zusammenhang ungute Eigenschaften angedichtet wurden, obwohl ganz allein die christliche Gesellschaftsordnung die Verantwortung dafür trägt, daß Juden den Geldhandel betreiben mußten. Im großen Geldgeschäft wurden die Juden im Mittelalter nie tätig. Christen (Fugger, Welser, Medici, Lombarden, Cahorsiner) standen den großen Bankhäusern vor und kümmerten sich um das kirchliche Zinsverbot nur wenig.
Juden kann nicht zum Vorwurf gemacht werden, wofür allein Christen die Verantwortung tragen.

1. Christen und Nichtchristen zeigen Verständnis für die Situation der Juden als Geldhändler; sie wird häufig als wirtschaftliche Notwendigkeit motiviert.

Petrus Abälard (1079–1142), Theologe, Frankreich:
»Keine Nation hat je derartiges für Gott erlitten. Unter alle Nationen zerstreut, ohne König oder weltlichen Fürsten, werden die Juden mit schweren Steuern bedrückt, als ob sie jeden Tag von neuem ihre Leben loskaufen sollten. Die Juden zu mißhandeln hält man für ein Gott wohlgefälliges Werk. Denn eine solche Gefangenschaft, wie sie die Juden erleiden, können sich die Christen nur aus dem höchsten Haß Gottes erklären. Das Leben der Juden ist ihren grimmigsten Feinden anvertraut. Selbst im Schlaf werden sie von Schreckensträumen nicht verlassen. Außer im Himmel haben sie keinen sicheren Zufluchtsort. Wenn sie zum nächstgelegenen Ort reisen wollen, müssen sie mit hohen Geldsummen den Schutz der christlichen Fürsten erkaufen, die in Wahrheit ihren Tod wünschen, um ihren Nachlaß an sich zu reißen. Äcker und Weingärten können die Juden nicht haben, weil niemand da ist, der ihren Besitz garantiert. Also bleibt ihnen als Erwerb das Zinsgeschäft, und dieses macht sie wieder bei den Christen verhaßt.«
(Karl Thieme, Dreitausend Jahre Judentum, Paderborn 1960, S. 51)

König Friedrich III. als Begründung des Aufenthaltsrechtes für Juden in Nürnberg (15. Jahrhundert):
»Nürnberg liegt auf sandigem, dürren, unfruchtbaren Boden; Handel und Gewerbe können in der Stadt nicht ohne Wucher und Zinsen bestehen; daher sei das kleinere Übel zu wählen und den außerhalb der christlichen Gemeinschaft stehenden Juden der Wucher zu gestatten.«
(Ismar Elbogen, Geschichte der Juden in Deutschland, Berlin 1935, S. 92)

Kaiser Friedrich III. von Deutschland, 1470:
»Wo der Christ 10 Schock nimmt, soll der Jude 20 im Jahre nehmen dürfen, weil, wenn er so wenig nehmen würde wie der Christ, er nicht leben könnte, da er zuerst Uns gegenüber seinen Pflichten nachkommen muß, zweitens dem Herrn, dessen Schutz er sich empfohlen hat, zahlen muß, drittens selbst die Interessen zu berichtigen hat, viertens selten ein Amt, dessen Dienst er nötig hat,

ihn umsonst entläßt, und er endlich selbst etwas haben muß, um davon mit Weib und Kind leben zu können.«
(H. G. Adler, Die Juden in Deutschland, München 1960, S. 24 f.)

Stadtschreiber Purgoldt, Eisenach (15. Jahrhundert):
»Nun ist ihre Ordnung aber anders eingerichtet, da sie weder Landeigentum, noch erbliche Güter besitzen dürfen, und hätten sie die, so würde ihnen von den Leuten Schaden daran angerichtet werden. Arbeiten sie die Handwerke, so leiden das die Zünfte und Handwerksmeister nicht, die sie nicht in ihre Gesellschaften aufnahmen und sie nicht arbeiten ließen. Treiben sie Kaufmannschaft, so kauft niemand gern bei ihnen, und darum müssen sie Wucher treiben, und das ist ihre Entschuldigung; aber die christlichen Wucherer haben keine Entschuldigung, denn sie treibt ihre Gier und verzweifelte Bosheit.«
(Ismar Elbogen, a.a.O., S. 93)

In einer 1590 erschienenen Schrift:
»Wie sollten wohl die Juden soviel Unheil und Verderbens mit ihrem Wucher, Geldhandel und allen sonstigen Finanzereien und Hantierungen haben zuwege schaffen können, wenn ihnen nicht die Christen überall die Hand geboten, durch ihre Faulheit in der Arbeit, unmäßige Pracht und Verschwendung ihrer bedürftig gewesen, sie wohl gar völlig aufgesucht und an ihren wucherischen Geschäften Teil genommen hätten? Da klagt man denn allein die Juden an und sagt nicht, als man billig tun sollte: Mea maxima culpa, meine Schuld ist die allergrößte.«
(Wolfgang Seiferth, Kirche und Synagoge im Mittelalter, München 1964, S. 111)

Kommissarialischer Bericht betreffend die Gravamina der Memelschen Kaufmannszunft wider daselbige beide Hofjuden Moses und Jacob de Jonge, 28. August 1697:
»... Die übrigen Kaufleute erklärten alle, daß sie mit der Juden Handel, wenn sie mit ihnen verkehret, höchst vergnügt gewesen noch deswegen zu klagen verursachet worden ...
Daß von den Juden die Stadt Mümmel bis aufs Blut ausgesogen wird, so daß der meiste Teil verarmt und fast an den Bettelstab geraten, da ist nun gleichfalls nichts von allem erwiesen worden, hat auch kein einziger genannt werden können, der durch die Juden in Armut gekommen. Vielmehr haben die Juden nebst demjenigen, so desfalls und von der Ursache des schlechten Zustandes einiger Bürger, die zu anfangs der Relation genannte 30 Kaufleute referiret, absonderlich vorgestellt, daß sie nicht allein nach dem Brande ihrer vielen, die jetzt wohl stehen, zur Erbauung ihrer Häuser und sonnsten Gelder teils ohne Interesse, teils mit Aussetzung langer Termine geliehen und gelassen, sondern daß sie solches auch bis dato tun, ja daß sie etlichen von ihren Schuldforderungen viel fallen lassen, daß sie mit etlichen noch Geduld und über 15 000 Gulden in Mümmel ausstehen haben ...«
(Selma Stern, Der Preussische Staat und die Juden, I. Teil: Die Zeit des Großen Kurfürsten und Friedrichs I., Zweite Abteilung: Akten, Tübingen 1962, S. 419, 423 f.)

Jean Paul Sartre, Paris, 1954:
»Wenn die Kirche des Mittelalters die Juden duldete, während sie doch dieselben mit Gewalt assimilieren oder sie niedermachen konnte, so geschah dies deshalb, weil sie eine wirtschaftliche Funktion von gebieterischer Notwendigkeit ausfüllten. Sie waren verflucht, und mußten ein verfluchtes Handwerk ausüben. Sie konnten kein Land besitzen noch in der Armee dienen; darum wurden sie im Geldhandel tätig, den ein Christ nicht ausüben konnte, ohne sich zu beschmutzen. So verdoppelte sich der ursprüngliche Fluch recht bald noch um einen solchen wirtschaftlicher Art; vor allem dieser letztgenannte hat sich zäh gehalten. Man wirft den Juden heutzutage vor, unproduktiven Berufen nachzugehen, ohne sich darüber im klaren zu sein, ... daß man sie auf diese Berufsarten beschränkte, indem man ihnen die anderen

verbot. So ist es nicht übertrieben, wenn man sagt, die Christen hätten *den Juden geschaffen* ...«
(J. P. S., La question juive, Paris 1954, S. 82 f.)

---

2. Die Juden wehren sich gegen die Beschäftigung mit dem Geldhandel, um nicht der Unredlichkeit verdächtigt zu werden.

Talmud:
»Die Geldverleiher sind dem Menschen gleich, die Blut vergießen.«
»Wer Geld auf Zins ausleiht, dem rechnet dies die Heilige Schrift an, als ob er alle Übeltaten und alle Übertretungen der Welt begangen hätte.«
(Zit. n. Claude Gruber-Magitot, Les Lions de Juda, Paris 1959, S. 199)

Buch der Frommen, um 1200:
»Wenn jemand eine andere Erwerbsmöglichkeit hat, soll er nicht Geld auf Zins leihen.«
(Ismar Elbogen, a.a.O., S. 40)

Schulchan Aruch (Gedeckter Tisch), 15. Jahrhundert:
»Es ist verboten, die Menschen im Kauf und Verkauf zu betrügen oder ›ihre Gedanken‹ zu stehlen. Ist zum Beispiel ein Fehler an der Ware, so muß man dies dem Käufer mitteilen, ob dieser ein Jude oder Nichtjude ist.«
(Karl Thieme, Dreitausend Jahre Judentum, a.a.O., S. 65)

Theodor Herzl (1860–1904), Wien:
»Die (Judenfeinde) wissen nicht, daß wir so sind, weil man uns unter Qualen so gemacht hat, weil die Kirche das Wuchergewerbe unehrlich machte und weil wir durch die Herrscher in Geldgeschäfte gedrängt wurden. Wir kleben am Geld, weil man uns aufs Geld geworfen hat. Zudem mußten wir immer bereit sein, zu fliehen oder unseren Besitz vor Plünderung verbergen. So ist unser Verhältnis zum Geld entstanden ... Wir zogen dem Volk das Geld ab, das uns nachher geraubt oder konfisziert wurde.«
(Israels Weg zum Staat, DTV Nr. 181, München 1964, S. 103 f.)

---

3. Für Judenfeinde ist das Argument einer angeblichen Ausbeutung durch den Geldhandel der Juden ein beliebtes Mittel für das Hochspielen des Antisemitismus.

Georg Nigrinus (1520–1602), Pfarrer in Gießen, 1570:
»Wenn einer sagt: Wuchern, schinden und schaben denn die Juden allein? Tun es nicht auch die Christen untereinander? Dazu sage ich lauter Nein! Rechte Christen tun es nicht. Aber es gibt falsche Maulchristen in der Welt, die solches auch tun ... Ich ... sage: Ich halte Juden für Juden, sie seien getauft oder beschnitten. Sind sie nicht alle einer Abkunft, gehören sie doch alle in eine Zunft. Sie dienen gleich einem Gott, den Christus Mammon genannt hat, welcher mit seinen Dienern endlich gleich, wird fahren in des Teufels Reich.«
(Karl Heinrich Rengstorf und Siegfried von Kortzfleisch, Hrsg., Kirche und Synagoge, Bd. I, Stuttgart 1968, S. 458)

Maria Theresia, Kaiserin von Oesterreich, Wien, 1777:
»Künftig soll keinen Juden, welchen Namen sie auch haben mögen, erlaubt werden, hier zu sein ohne meine schriftliche Erlaubnis. Ich kenne keine größere Pest für den Staat als diese Nation wegen ihres Betrugs, Wuchers und Geldvertragens, die Leute in den Bettelstand zu bringen, alle üblen Handlungen ausüben, die ein anderer ehrlicher Mann verabscheut; mithin sind sie, soweit dies möglich ist, von hier abzuhalten und zu vermindern.«
(Hilde Spiel, Fanny Arnstein oder die Emanzipation, Frankfurt/Main 1962, S. 75)

Immanuel Kant, Königsberg:
»Die unter uns lebenden Palästinenser

haben den durchaus gerechtfertigten Ruf, Betrüger zu sein; dies rührt von dem Geist des Wuchers her, der unter dem größten Teil dieser Leute herrscht. Es ist zwar seltsam, ein Volk von Betrügern sich vorzustellen; aber es ist ebenso seltsam, sich ein Volk von Handeltreibenden vorzustellen ... Sie trachten nach keiner bürgerlichen Ehre, und wollen diesen Mangel ausgleichen durch den Vorteil, das Volk zu betrügen, das ihnen seinen Schutz gewährt, oder betrügen sie sich sogar gegenseitig. Aber ein Volk, das sich nur aus Handeltreibenden zusammensetzt, das heißt aus unproduktiven Gliedern der Gesellschaft (wie zum Beispiel die Juden in Polen), kann gar nichts anderes als dies sein ...«
(Léon Poljakov, De Voltaire à Wagner, Paris 1968, S. 196)

Caroline von Humboldt, Berlin, nach 1813:
»Wenn ich was zu sagen hätte, ich ließe sie (die Juden) drei Generationen lang nicht handeln und alle zwanzigjährigen Jünglinge, ohne irgend eine Ausnahme als die der körperlichen Gebrechlichkeit, wären Soldaten, da wollte ich wetten, daß in 50 Jahren die Juden als Juden vertilgt wären. Und daß das nicht ein Gewinn für die Menschheit wäre, lasse ich mir nicht ausreden; die Juden in ihrer Gesunkenheit, ihrem Schachergeist, ihrem angeborenen Mangel an Mut, der von diesem Schachergeist herrührt, sind ein Flecken der Menschheit.«
(Wilhelm Grau, Wilhelm von Humboldt und das Problem des Juden, Hamburg 1935, S. 84)

Eugen Dühring (1833–1921), Berlin, 1886:
»Die Juden sind in allen Jahrhunderten die Hauptausbeuter gewesen und haben ja auch stets als die Wucherer par excellence gegolten – als Wucherer nicht bloß in dem Sinn von Erpressern hoher oder gesetzwidriger Zinsen, sondern im allgemeineren Sinn der Anwendung corrupter Praktiken zur ökonomischen Übervortheilung ... Wie der Judengott alle anderen Götter aufzehrt, so streben auch das Judengeld und die Judenwirthschaft dahin, alles andere Geld und alle andere Wirthschaft in sich aufzusaugen. Gegen diese Sucht fehlt jeglicher Zügel; denn die Judenreligion und zugehörige Moral bestärken nicht nur darin, sondern sind selber die ursprünglichsten Verkörperungen dieser Selbstsucht ... Überhaupt wird durch die mit den schlechtesten Mitteln manipulierende Judenconcurrenz der bessere Stand der Geschäftssitte auch anderwärts beeinträchtigt. Viele verfallen, da sie sich in der Concurrenz schlechten Mitteln gegenübersehen, auf den übeln Ausweg, ihrerseits zur Parirung der Judenmanipulationen ebenfalls minder gediegene Geschäftsgrundsätze walten zu lassen ...«
(E. D., Die Judenfrage als Frage der Racenschädlichkeit, Karlsruhe und Leipzig 1886, S. 128–130)

C. Radenhausen, 1888:
»Wie so vieles andere ist auch der Vorwurf unbegründet, daß sie sich dem Handel nur gewidmet hätten, weil sie an anderen Beschäftigungen verhindert worden wären. Denn sie haben gerade von Alters her Handels- und Geldgeschäfte mit Vorliebe betrieben!«
(C. R. Esther, Leipzig 1888, S. 78)

Theodor Fritsch, Leipzig, 1893:
»Sie (die Semiten) ziehen dahin, wo ihnen die beste Beute winkt. Sie bauen und bebauen nichts selbst ... Ackerbau, Technik und Kunst ist ihnen fremd, wie jede ehrlich schaffende Arbeit. Sie geben sich den Anschein, als verachteten sie die Arbeit, in Wahrheit aber fehlen ihnen die Fähigkeiten dazu ... Überdies haben sich die Juden niemals nach ehrlicher Handwerks-Thätigkeit gesehnt; der Schacher und Wucher war für sie nicht etwa nur ein Notbehelf, sondern ... er bildet von jeher den Grundzug ihrer Semiten-Natur.«
(Th. F., Antisemitenkatechismus, Leipzig 1893, S. 19, 21)

Werner Sombart, 1911:
»Für die Juden muß ebenso wie für den Kapitalismus das Geld und seine Vermehrung im Mittelpunkt des Interesses

stehen. Nicht nur weil seine abstrakte Natur der ebenso abstrakten Natur des Judenvolkes kongenial ist, sondern vor allem, weil die Hochwertung des Geldes einem anderen Grundzug des jüdischen Wesens gemäß ist: dem Teleologismus (Zielstrebigkeit). Das Geld ist das absolute *Mittel:* es hat überhaupt nur einen Sinn im Hinblick auf die damit zu verwirklichenden Zwecke. Ganz naturgemäß muß eine beständig zweckbedachte Sinnesart, muß ein beständig unter dem Gesichtspunkt der Zwecke ausgerichtetes Leben die Erlangungen dieses ebenfalls nur im Zweckverhältnis wertvollen, aber in diesem über alles wertvollen Geldes als höchstes Ziel seines Strebens anerkennen ...
Der Händler, sahen wir, lebt in Zahlen, und Zahlen sind von jeher ein Element des Juden gewesen. Seine abstrakte Veranlagung macht ihm das Rechnen leicht ...
Immer und immer wieder ist der Eindruck derselbe: höchste kapitalistische Leistungen zu vollbringen, eignet sich keine Eigenschaft so gut wie die jüdische. Ich denke, ich kann darauf verzichten, noch mehr Belege im einzelnen zu erbringen: der Leser kann, wenn er noch nicht genug Beweise hat, deren Zahl leicht vermehren, wenn er die Analysen miteinander vergleicht, die ich vom Kapitalismus und kapitalistischen Unternehmer einerseits, vom jüdischen Wesen anderseits zu machen versucht habe. (So ließen sich beispielsweise noch interessante Parallelen aufstellen zwischen der Unruhe des Börsenverkehrs, der seiner inneren Natur nach auf Veränderung des bestehenden Zustandes hindrängt, und der unruhevollen, rastlosen Natur des Juden und so fort.) Aber es ist genug.«
(W. S., Die Juden und das Wirtschaftsleben, München und Leipzig 1928[6], S. 330, 332 f.)

Otto Veit, Frankfurt/Main, 1965:
»Das kirchliche Verbot des Zinsnehmens betraf die Juden nicht. Von dem Mangel an Geldkredit, der daraus erwuchs, Gebrauch zu machen, war den Juden daher dauernd nahegelegt; verübelt wurde ihnen dies jedoch nicht minder. Nicht abweisen läßt sich die Erinnerung an Vernehmungsmethoden von Schergen der Hitler-Tyrannis. Zuerst werden die Opfer aufgefordert, Platz zu nehmen, oder wird ihnen ein Zigarre angeboten. Kaum haben sie sich gesetzt oder einen Rauchzug getan, werden sie schwer mißhandelt, weil sie sich unterstanden, in Gegenwart eines SS-Mannes zu sitzen oder zu rauchen.«
(O. V., Christlich-jüdische Coexistenz, Frankfurt/Main 1965, S. 37)

---

4. Das Verhalten der Juden im Geldgeschäft spielte sich im Rahmen der bestehenden Gesetze ab; die Juden befanden sich dabei oft in starker Abhängigkeit von den politischen Gewalten.

Bernhard von Clairvaux, 12. Jahrhundert:
»Ich schweige davon, daß, wo keine Juden sind, christliche Wucherer nur um so ärger die Juden machen, wenn man sie überhaupt Christen und nicht getaufte Juden nennen soll.«
(K. H. Rengstorf und S. von Kortzfleisch, Hrsg., Kirche und Synagoge, Stuttgart 1968, Bd. I, S. 123)

Rheinischer Städtebund, 1255:
»Der rheinische Städtebund setzte 1255 den Höchstzins bei wöchentlichen Darlehen auf $43^1/_3$ %, bei jährlichen auf $33^1/_3$ % fest, und dies blieb lange Zeit der gesetzliche Durchschnittszins in Deutschland. Aber je nach der Geldknappheit und ungenügender Sicherheit konnte der Zins in doppelter Höhe gestattet werden. In Wien wurden 1244 sogar 174 % zugelassen.«
(Ismar Elbogen, a.a.O., S. 57)

Mittelalter:
»Nach der Austreibung der Juden aus Brindisi stieg der Zinsfuß von 40 % bei den Juden auf 240 % bei den christlichen Geldhändlern. Hier wäre der Ausdruck ›Wucherer‹ wirklich angebracht.«
(Paul Giniewski, Les complices de Dieu, Paris 1963, S. 55)

G. Molin, Graz, 1963:
»Als Gottesfeinde, verstockt und verflucht, standen sie (die Juden) unter einem Sonderrecht, Eigentum der Herrscher oder der großen Barone, mehr und mehr auf Handel und Geldgeschäft eingeengt, ohne Grundeigentum, das ihnen untersagt war. Am Geldgeschäft, dessen hohe Zinsen behördlich vorgeschrieben waren, hatten die Herrscher ihren Anteil und mit Sonderabgaben für Schutz und Ansiedlungserlaubnis noch weiteren Nutzen ...
Man schob behördlicherseits den Juden das verhaßte Geschäft des Geldverleihens zu und hinderte sie an jedem anderen Gelderwerb. So erhielten sie zwangsweise ein Bankmonopol, soweit nicht Lombarden und Genuesen sich bereitfanden, das kanonische Recht zu übertreten und sich dies durch noch höhere, aber nicht von der Obrigkeit festgelegte Zinsen bezahlen zu lassen. Die Gewinne, die jüdische Geldverleiher einstreichen konnten, hatten sie auf dem Wege über Steuern, Schutzgelder und Erbschaftskonfiskationen mit den Landesherren zu teilen. Diese dürften dabei kein schlechtes Geschäft gemacht haben, wie der Verkauf und die Verpfändung von Juden und ganzen Judengemeinden erkennen läßt.«
(G. M., Warum kann ein Christ kein Antisemit sein?, in: Judaica, Zürich 1963, S. 103–105)

Bibliographie
Dühring, Eugen: Die Judenfrage als Frage der Racenschädlichkeit, Karlsruhe und Leipzig 1886, passim.
Poljakov, Léon: Les banchieri juifs et le Saint Siège du XIII au XVII siècles, Paris 1965.
Poljakov, Léon: Réflexions sur les fondements et l'évolution du rôle économique des Juifs en Europe, in: Jacob, Paul und Ehrlich, Ernst Ludwig, Hrsg.: Littera Judaica, Frankfurt/Main o. J.
Radenhausen, C.: Esther, Leipzig 1888, passim.
Sombart, Werner: Die Juden und das Wirtschaftsleben, München und Leipzig 1928[6].
Stern-Täubler, Selma: Der Preußische Staat und die Juden, Tübingen 1962, passim.
Straus, Raphael: Die Juden in Wirtschaft und Gesellschaft, Frankfurt/Main 1964.

Gespräch

Mit diesem Ausdruck soll das Verhältnis zwischen Juden und Christen beschrieben werden; er entstand aus einer neuen theologischen Besinnung und soll den Begriff (→) »Mission« ablösen, weil es in der Begegnung mit den Juden nicht um die Ausrichtung einer Botschaft an Heiden geht.
Wenn von einem Gespräch die Rede ist, dann heißt dies einmal: Juden und Christen treffen als gleichberechtigte Partner zusammen. Dann: man geht von der Erwartung aus, daß beide sich etwas zu sagen haben. Damit ist eingeschlossen, daß sich hier eine gegenseitige Infragestellung ereignen kann.
Grundlegende Voraussetzung bleibt, daß jeder Partner liebevoll und sachlich seinen Standpunkt vertritt, ohne aus Höflichkeit oder Sentimentalität vor dem anderen zu kapitulieren. Ein Gespräch ohne (→) Zeugnis entartet zum Geschwätz. Was der lebendige Gott aus einer solchen Begegnung machen wird, dürfen wir ihm überlassen. »Gott hat uns befohlen das Bekennen und sich vorbehalten das Gewinnen.« (Martin Luther)

---

1. Das Gespräch zwischen Juden und Christen ist der angemessene Ausdruck für die Besonderheit der gegenseitigen Beziehung.

Moses Maimonides (1135–1204):
»Die Christen glauben und bekennen wie wir, daß die Tora göttlichen Ursprungs ist und durch unseren Lehrer Moses geoffenbart wurde. Sie unterscheiden sich von uns nur in der Interpretation (der Schrift).«
(Kurt Hruby, Die Konzilsdeklaration über die Juden, in: Judaica, Zürich 1966, S. 18, Anm. 18)

Johan Hendrik Grolle, Utrecht, 1949:
»Daß hier im Zusammenhang mit Israel nicht das gesund-biblische Wort Mission steht, sondern das Wort Gespräch steht, weist hin auf die neue Überzeugung, welche der reformierten Kirche geschenkt wurde, daß nämlich die Beziehung zu den Juden eine ganz andere ist, als das Verhältnis zu den heidnischen Völkern.«
(J. H. Gr., Die niederländische reformierte Kirche und das Gespräch mit Israel, in: Judaica, Zürich 1949, S. 114)

Jakob Jocz, Toronto, 1949:
»Wo Gläubige von beiden Seiten (d. h. von der Seite der Juden und Christen) sich wirklich im Glauben begegneten, war das Gespräch das Ergebnis. Solch eine Begegnung ruft eine ungewöhnliche Situation hervor; denn beide Seiten erwecken den Anschein, über Israel zu sprechen. Hierin liegt das seltsame Verhältnis zwischen der Kirche und der Synagoge. In der Synagoge trifft die Kirche nicht auf eine andere Religion, sondern auf sich selbst, allerdings in einer anderen Ausprägung, als sie damals war. Das gleiche läßt sich von der Synagoge sagen. Kirche und Synagoge sind ungleichen Zwillingen gleich, die sich in manchen Zügen gleichen, in anderen aber wieder unterschieden sind ... Diese innerste Verschiedenheit leitet sich von der zentralen Tatsache her: die Kirche zieht ihre Erkenntnis aus Jesus Christus, die Synagoge geht an ihm vorbei.«
(J. J., The Jewish People and Jesus Christ, S. 52; zit. n. Bernhard E. Olson, Faith and Prejudice, New Haven 1963, S. 192)

Hermann Levin Goldschmidt, Zürich, 1960:
»Die jüdisch-christliche Begegnung stellt nicht nur etwas Neues, erst Künftiges, höchst Zukunftsreiches dar, sondern auch schon eine Tatsache, und zwar in dreifacher Hinsicht: als bereits tragende Ver-

gangenheit, als bereits ertragene Gegenwart, als bereits aufgetragene Zukunft.«
(H. L. G., Botschaft des Judentums, Frankfurt/Main 1960, S. 164)

Generalsynode der Niederländischen Reformierten Kirche, 1961:
»Natürlich ist es wahr, daß die Kirche, auch wenn sie sich Israel nähert, aus der Kraft des Sendungscharakters handeln wird, der ihrem Wesen innewohnt. Aber sie wird sich Israel auf eine ganz andere Weise nähern als den übrigen Völkern. Der tiefste Grund dafür ist der, daß dem Wesen nach auf Israel selbst der Auftrag liegt, ›Mission‹ zu treiben, nämlich vor den übrigen Völkern Zeugnis von Gottes Heil zu geben ...
Darum darf die Kirche den älteren Bruder an eine nicht zu versäumende Pflicht erinnern. Alle Heilsverkündigung beginnt bei Jerusalem, und die *Thora*, die Weisung des Herrn, wird von Zion ausgehen (Jesaja 2, 3). Wenn dieser Bruder seine besondere Aufgabe einmal annimmt, wird sein Zeugnis schließlich zu einem Zeugnis von dem Messias werden müssen, von seinem eigenen Messias. Davon ist die Kirche, die jüngere Schwester, überzeugt. Also darf die Kirche nicht so tun, als rede sie zu einem Unwissenden. Mit Recht wird ein solches Reden von dem jüdischen Volk zurückgewiesen. Der jüngeren Schwester ziemt es nur, zu versuchen, ein Gespräch mit dem älteren Bruder anzuknüpfen.«
(Israel und die Kirche, Zürich 1961, S. 42)

Leo Arthur Elchinger, Bischof von Straßburg, auf dem Konzil in Rom (1964):
»Die Beziehung zwischen Kirche und Synagoge ist nämlich ganz besonderer Art. Beim Dialog zwischen Christen und Juden handelt es sich um die Gemeinsamkeit zwischen dem Stamm der Kirche und seinen eigenen Wurzeln. Nach dem heiligen Paulus sind die Christen gleichsam der auf die israelitischen Äste aufgepfropfte Ölzweig, der mit ihnen eine gemeinsame Wurzel hat (vgl. Röm. 11, 17).«
(Freiburger Rundbrief, Freiburg, Nr. 61 bis 64, 1965, S. 18)

David Flusser, Jerusalem, 1964:
»Zusammenfassend möchte ich sagen, es gibt keinen Grund, warum wir den Gedanken eines Dialogs mit den Christen nicht willkommen heißen sollten. Aber noch wichtiger ist etwas anderes: wir brauchen einen Dialog mit uns selbst über die wirklichen Werte des Judentums.«
(D. F., in: The Church and the Jewish People, Genf, Dezember 1964, S. 6)

Alfred de Quervain, Bern, 1964:
»Was heißt aber *hören*, mit dem Juden einen Dialog führen? ... Es heißt mit ihm die Bibel lesen. Das unterscheidet unsere Begegnung mit dem Juden von der mit dem Buddhisten. Weil wir so nahe beieinander sind, müssen wir uns fragen lassen. Weil wir so nahe beieinander sind, ist dieses Sichprüfenlassen, ist diese Begegnung so schmerzlich.«
(A. d. Q., Das Zeugnis der Gemeinde Jesu Christi gegenüber Israel, in: Kirche in der Zeit, Düsseldorf 1964, S. 62)

Schalom ben Chorin, Jerusalem, 1964:
»Für den Christen steht jedes Glaubensgespräch mit dem Juden unter einem Doppelauftrag: das Evangelium aller Kreatur zu predigen (Markus 16, 12) und darüber hinaus es zunächst den Juden zu verkündigen (Römer 1, 16). Auch wenn der Christ auf Mission im alten Stile unter den Juden verzichtet, wenn er nicht überzeugen oder gar überreden will, so ist er doch gehalten, ein lebendiges Zeugnis von Christus abzulegen und durch dieses Zeugnis im Sinne des Sämanngleichnisses (Mt. 13, 24 ff.) zu wirken. So steht auch das Glaubensgespräch, das von Existenz zu Existenz geführt wird, unter dem Missionsgebot.«
(H. O. Kühner, Christlich-jüdisches Forum, Basel, März 1964, S. 16)

Robert Martin-Achard, Genf, 1965:
»Die Missionstätigkeit hat nur zuviel Opfer gefordert und Bitterkeit und Mißtrauen geweckt. Darum muß sie durch den Dialog abgelöst werden – durch eine Begegnung ohne Nebenabsichten. Es muß um sich greifen der Wunsch, mit

dem andern zusammenzutreffen, ihn vor einer Beurteilung überhaupt kennenzulernen und ihn zu lieben, anstatt seine Bekehrung zu erkaufen.«
(R. M.-A., Le peuple élu de Dieu au service du monde, in: Verbum Caro, Lausanne und Taizé, Nr. 74, 1965, S. 2)

F. G. Friedmann, München, 1966:
»Das unbefangene Gespräch zwischen Christen und Juden – denn solch ein Gespräch ist ja nicht möglich unter unauthentischen Persönlichkeiten – ist also auch für den Christen ein Zeichen der Selbstbefreiung.«
(F. G. F., Unbefangenheit und Anspruch, in: Stimmen der Zeit, Freiburg/Brsg. 1966, Nr. 8, S. 92)

Joseph Hoffmann, 1966:
»Der Dialog zwischen Juden und Christen kann keinem anderen derartigen Gespräch gleichen, weil darin die größte Möglichkeit zum Verständnis und die radikalste Bestreitung des anderen verschlungen sind.«
(J. H., Vatican II et les Juifs, in: Esprit, Paris 1966, S. 1170)

Karl Hermann Schelkle, Tübingen, 1968:
»Geeigneter als das Wort Mission, so sagt man nun wohl, wären Israel zugewandte Wörter wie Gespräch und Dialog. Vielleicht wäre dies für uns heute und für lange Zeit das zunächst Gebotene. Wir müßten zuerst einmal Israel zu Wort kommen lassen.«
(K. H. Sch., Die Auserwählung Israels in christlicher Sicht, in: Waldemar Molinski, Hrsg., Unwiderrufliche Verheißung, Recklinghausen 1968, S. 39)

---

2. Das Gespräch setzt gleichberechtigte Partner voraus, die aufeinander zu hören bereit sind.

Hermann Levin Goldschmidt, Zürich, 1960:
»Neben der jüdischen Erfassung des Christentums bleibt die christliche Erfassung des Judentums mit nicht weniger Dankbarkeit zu rühmen, selbst wenn sie sich erst noch auf dem Weg zu diesem Ziel befindet, oder gerade deshalb; bestätigt sich doch so nur wieder das Gleichgewicht der Begegnung zwischen dem Judentum und dem Christentum, von der keine Verschiedenheit ausgeschlossen wird, deren jede aber auch auf Ergänzungen stößt. Die volle Erfassung des Judentums durch das Christentum ist ebenfalls erst noch zu vollenden: Bejahung der Juden nicht deswegen, weil ihnen in bezug auf die Vergangenheit Dank und in der Gegenwart Liebe geschuldet wird, zu der ausnahmslos jedes leibhaftige Gegenüber verpflichtet, sondern weil sie und obgleich sie ihr Judentum vertreten – eine der christlichen Offenbarung in jeder Hinsicht ebenbürtige Botschaft!«
(H. L. G., Die Botschaft des Judentums, a.a.O., S. 156)

Ernst Ludwig Ehrlich, Basel, 1961:
»›Ihr seid meine Zeugen‹, heißt es beim Propheten Jesaja, und die Christen fühlen sich aufgerufen durch das Wort Jesu in der Apostelgeschichte: ›Ihr werdet meine Zeugen sein.‹ Von dieser jüdischen Existenz wird der Jude seinem christlichen Gesprächspartner erzählen, und beide werden miteinander begreifen, was ihr gemeinsamer Gott sie lehrt. In einem solchen Gespräch ist kein Raum für einen irgendwie gearteten Antisemitismus, denn beide, Juden und Christen, sind hier Lernende, weil sie beide verstehen wollen. Es mag sein, daß der Weg zu einem wahren Verständnis noch weit ist, daß es noch eines ernsten Bemühens bedarf, bis gegenseitig die zahlreichen in Jahrhunderten aufgetürmten Vorurteile beseitigt sind. Aber Juden und Christen wissen heute, daß sie sich als *Partner* gegenüberstehen.«
(E. L. E., Begegnung statt Bekehrung, in: Juden, Christen, Deutsche; Stuttgart 1961, S. 275)

Bernard Lambert, O. P., Quebec (Kanada), 1962:
»Der Dialog zwischen einem protestantischen Pfarrer, einem katholischen Prie-

ster und einem Rabbiner, die um die Bibel versammelt sind, beginnt unvermeidlich mit drei voneinander abweichenden Stellungnahmen. Aber ein solcher Dialog hat nur dann eine Erfolgschance, wenn er zu dritt weitergeführt wird. Das Wort Gottes hat uns wie mit einer Kette zusammengebunden und hat uns in die Solidarität eines gemeinsamen Schicksals eingeschlossen. Zwanzig mit Kämpfen und Konflikten erfüllte Jahrhunderte haben gezeigt, daß die Trennung keine Lösung darstellt. Durch eine harte Pädagogik will Gott uns den Weg zur Einheit entdecken lassen. Wenn wir an unserem Ausgangspunkt dem zustimmen könnten, daß unser einziger Weg zum Heil die Einheit ist, dann wären wir in der Lage, Dinge zu hören und zu vernehmen, denen wir uns bis jetzt verschlossen und verweigert haben.«
(B. L., Le problème oecuménique, Bd. II, Paris 1962, S. 630)

Bernard Lambert, O. P., Quebec, 1962:
»Das beste Verhalten ist zugleich auch das einfachste: Wenn Israel uns bittet, ihm zu erklären, wie wir uns selbst sehen, werden wir es ihm sagen. Wir werden es fragen, uns seinerseits zu sagen, wie es sich im Verhältnis zu uns sieht. Aber ehe ein in die Tiefe reichender Dialog beginnen kann, muß man zunächst den üblen Geruch einer beträchtlichen Anzahl von nichttheologischen Faktoren beseitigen; dieser kann nur eine Behinderung für den Schwung der neuen Beziehungen bedeuten.
Israel hat seine Überzeugungen. Es hat einen Anspruch darauf, daß dieselben gehört werden. Wir haben auch unsere Überzeugungen. Mehrere dieser Glaubenssätze, vor allem die sich auf Christus und die Kirchen beziehen, sind für Israel nicht annehmbar. Wir haben nicht die Absicht, ihm dieselben aufzudrängen. Aber sie berühren unsere Existenz als Christen zu tief, als daß wir nicht verlangen müßten, daß dieselben respektiert werden. Auf der Grundlage gegenseitigen Respektes kann der Dialog anheben. Eines der großen Wunder der ökumenischen Beziehungen besteht darin, daß die Unvereinbarkeit der Systeme das Einvernehmen von Einzelpersonen nicht verhindert; denn im tiefsten Grund unseres Herzens wissen wir, daß es eine geheime und geheimnisvolle Zuordnung des guten Willens auf Gott zu gibt.«
(B. L., a.a.O., S. 633)

Willehad Eckert, O. P., Köln o. J.:
»Brüderliches Gespräch setzt Kenntnis und Anerkennen voraus. Das verlangt Mitarbeit. Das ist nicht bequem.«
(W. P. E., Monumenta Judaica, in: Littera Judaica, Hrsg. Paul Jacob und Ernst Ludwig Ehrlich, Frankfurt/Main o. J., S. 218)

Zwi Werblowsky, Jerusalem, 1964:
»Dialog meint nicht nur eine Atmosphäre gegenseitiger Wertschätzung, sondern eine vollkommene Öffnung der Seele, die sich den Aussagen des Partners aussetzt, auch mit dem Risiko, zu diesem anderen Standpunkt ›bekehrt‹ zu werden. Wenn dies nicht der Fall ist, dann ist es überhaupt kein Dialog, sondern nur ein höflicher, erhabener und netter Meinungsaustausch.«
(Z. W., The Church and the Jewish People, Genf 1964, S. 10)

Eliane Amado Lévy-Valensi, Paris, 1965:
»Der Talmud ... zeigt, daß man bei einem wirklichen Dialog ›zu dritt‹ ist. Ob dieser dritte den gemeinsamen Ursprung von Subjekt und Objekt, das heißt Gott, meint oder ob es sich einfach um den verborgenen Sinn handelt, der das Leben des Gesprächs verändert, es bleibt dabei, daß ein Dialog daran stirbt, wenn er sich darauf beschränkt, nur ein duellierender Zweikampf zu sein. Wenn man nur zu zweit ist, handelt es sich nur um einander überlagernde Monologe. Der Dialog lebt nur von diesem Dritten, der die Worte eines jeden Partners orientiert und sich unterordnet.«
(E. A. L.-V., Dialogue Israel – Diaspora?, in: VAV, Paris, Nr. 2, 1966, S. 12)

Markus Barth, USA, 1966:
»Die zum Gespräch versammelten Akademiker litten unter einer weitverbreiteten akademischen Krankheit. Wir Pro-

fessoren, Schriftsteller, Kanzel- und anderweitige Dauerredner sind von unserem Wissen und unserer Überzeugung so vollständig ausgefüllt, daß wir lieber reden als zuhören. Wie selten war ein Votum in unserer Diskussionsgruppe eine wirkliche Frage oder Antwort zu der Äußerung eines anderen Votanten! Wie wenige unter den langen oder kurzen Reden verrieten, daß der Redende sich weiter- oder fortbewegt hatte von der Position, die er eine Stunde oder zwanzig Jahre vorher schon bezogen und vertreten hatte!«

(M. B., Die Grenzen bloßen Dialogs, in: Christlich-jüdisches Forum, Basel 1967, Nr. 39, S. 69)

Rabbiner Rackman, USA, 1966:
»Zwischen Juden und Christen kann es keinen Dialog im wirklichen Sinn dieses Wortes geben, ehe man nicht an erster Stelle anerkennt, daß alle Teilnehmer gleichberechtigt sind und daß jede Gruppe nur an ihrem geistlichen Erbe festzuhalten trachtet, ohne durch die andere verschlungen oder assimiliert zu werden.«

(Service international et documentation judéo-chrétienne, SIDIC, Rom, I/3, 1968, S. 27)

---

3. Das Gespräch darf nicht dazu dienen, daß ein Partner sich der ihm gewordenen Botschaft schämt, sie verschweigt oder vor dem anderen kapituliert.

Ernst Ludwig Ehrlich, Basel, 1961:
»So haben Juden und Christen heute gelernt, ihren Dialog nicht dadurch zu entwürdigen, daß sie den Partner mit freundlichen oder gar erregten Worten überreden wollen, sondern sie bemühen sich, in der Existenz des anderen das Eigene immer wieder neu zu erkennen, es zu prüfen und zu erleben. Die von den Christen an die Juden herangetragenen Begriffe und Gedanken sind dem jüdischen Gesprächspartner selten fremd; sie stammen meist aus seiner eigenen Welt des Glaubens, Denkens und Fühlens, wenngleich sie im christlichen Bewußtsein gelegentlich einen veränderten Sinngehalt erhalten haben ...
In dem christlich-jüdischen Gespräch gibt es keine Sieger und keine Besiegten. Es gibt keine beschämten Juden und keine triumphierende Kirche.«

(E. L. E., Begegnung statt Bekehrung, in: Juden, Christen, Deutsche; Stuttgart 1961, S. 273 f.)

Israel und die Kirche, Niederländische Reformierte Kirche, 1961:
»Und darum ist ›Gespräch‹ nicht gemeint als ein lahmes und fades Miteinander-Reden, sondern in dem tiefen Sinn des Wortes: als ein Vorgang, bei dem sich die Herzen füreinander erschließen und der Funke überspringt in der Berührung der Geister. In jedem guten Gespräch muß man in erster Linie bereit sein zu hören. Hier muß das sicher mit besonderer Ehrerbietung geschehen.«

(Israel und die Kirche, Zürich 1961, S. 43)

Karl Heinrich Rengstorf, Münster, 1961:
»Jahrhunderte hindurch hat eine Kirche, die sich ihres religiösen Monopols ebenso bewußt war wie ihrer politischen Macht, Gespräche mit dem Judentum so gut wie ausschließlich mit dem Ziel der Kapitulation vor ihrem eigenen Anspruch geführt. Die sich darin ausdrückende Haltung unterschied sich in mancher Hinsicht nur äußerlich von den Gewaltmaßnahmen, die solche Gespräche auf weite Strecken begleitet haben. In ihr traten ja Überredung und religiöser Zwang an die Stelle von überzeugendem und überführendem Bekenntnis. So machte sich die Kirche in ihr selbst unglaubwürdig wie die ihr anvertraute Sache. Hier wird es nun für die Kirche gefährlich. Das Christentum wird nämlich niemals auf das verzichten können, was das Wort ›Mission‹ einschließt, auch und gerade den Juden gegenüber nicht; es würde sonst sich selbst aufgeben, da es mit dem Satz des Paulus steht und fällt, daß das Evangelium ist ›eine Kraft Gottes, die da selig macht, die Juden vornehmlich und auch die Griechen‹ (Röm. 1,16). Hier liegt eine Frage beschlossen, die zuerst den Chri-

sten gilt: Wie steht es um euer Evangelium als Gotteskraft bei euch selbst? . . .
Als Verantwortung kann ein solches Gespräch in der Begegnung eben nur dann richtig geführt werden, wenn auf der christlichen Seite völlige Klarheit darüber besteht, daß es letztlich die Christen selbst sind, die die Gültigkeit des Christentums immer wieder in Frage stellen. Das entspricht sogar der Erkenntnis, daß sich fruchtbare Gespräche nur führen lassen, wenn die Gesprächspartner bereit sind, sich zunächst einmal in Frage stellen zu lassen . . .
Es mag paradox klingen, aber es ist so: Durch sein Gespräch mit der Kirche hilft das Judentum dieser, sich darüber klar zu bleiben, was das eigentlich ist: ›christlich‹, und insofern hat die Kirche allen Grund, gerade heute und nach allem, was geschehen ist, dem Judentum zu danken, wenn es sich zum Gespräch mit ihr bereit findet und dies Gespräch zugleich als seine eigene Sache führt.«
(K. H. R., Begegnung statt Bekehrung, in: Juden, Christen, Deutsche; Stuttgart 1961, S. 268 f.)

André Néhér, Straßburg, 1962:
»Ich habe gewiß nicht das Recht, von einem Christen den Verzicht auf seine Schau der Dinge zu verlangen. Dies wäre gleichbedeutend mit dem Verlangen, er möchte mit seinem Christsein aufhören. Gerade weil ich wünsche, daß der Christ mich in der Echtheit meiner jüdischen Existenz anerkennt, habe ich den Wunsch, daß er in der Echtheit seiner christlichen Existenz in mein Blickfeld tritt. Die Gespräche zwischen Juden und Christen, in denen man sich zu rasch einig wird, haben im allgemeinen ihre Grundlage darin, daß man seinen eigenen Standpunkt preisgibt und Kompromisse schließt. Das Gespräch muß in aller Klarheit und Freimütigkeit in Angriff genommen werden, auch wenn es recht lange dauert, auch wenn es sich in einer Sackgasse festfährt. Es ist besser, sich in der Verschiedenheit Achtung entgegenzubringen, als sich im Aufgeben des eigenen Standpunkts zu begegnen.«
(A. N., Existence juive, Paris 1962, S. 234)

Josy Eisenberg, Paris, 1963:
»Wir warten auf Christen, die uns bitten, Juden zu bleiben, und die uns sagen: wir brauchen euch.«
(J. E., in: Candide, Paris 12. 12. 1963, S. 7)

Hans David Leuner, London, 1963:
»Vielfach wird angenommen, daß es (das Gespräch) einen Verzicht auf das christliche Zeugnis bedeutet, und gerade diese Vermutung muß . . . als gegenstandslos bezeichnet werden . . . Besteht nicht die Gefahr, daß mit dem Verzicht auf die Mission der christusgläubige Jude aus der Gemeinde verschwindet? Sicher ist, daß die Kirche aus Juden und Heiden bestehen muß, weil sie unglaubwürdig wird, wenn sie den Christus nur als Heiland der Heiden proklamiert, während er doch gerade zuerst als Messias zu seinem Volk Israel gekommen ist, aus diesem Volk seine ersten Jünger und Gemeinden sammelte . . . Sicher ist auch, daß sich ernste Christen da und dort vor die Gewissensfrage gestellt sehen, ob die Juden nicht am Ende der Tage den Christen vorwerfen könnten, sie hätten ihnen das Beste vorenthalten.«
(H. D. L., Neubesinnung auf Gespräch und Mission, in: Lutherische Rundschau, Stuttgart 1963, S. 483)

Johan Hendrik Grolle, Utrecht, 1964:
»Gegenüber den Heiden müssen sich Paulus und die Kirche wohl mit ›Mission‹ begnügen, was unter Umständen einen Monolog bedeutet; die Heiden haben noch gar keine Idee, also noch keinerlei Gegenrede. Gegenüber den Juden aber verändert sich der Aspekt des Geschehens; in der Schule, dem Cheder, dem Bethahmidrasch, der Schule Talmud-Tora wird Diskussion geführt, und wenn die Predigt zu den Heiden naturgemäß Monolog war, ist die Verkündigung an die Juden naturgemäß Dialog . . .«
(J. H. Gr., Judenmission oder Gespräch?, in: Zeuge, London, Juni 1964, S. 7)

Léon Askenazi, Paris, 1966:
»Man muß sich gewiß eingestehen, daß es sich zwischen Christen und Juden nicht um einen ›Dialog‹ handeln kann, der

schließlich auf einen Ansturm von Höflichkeitsbezeugungen – und seien dieselben liebenswürdig und voller Zuneigung – hinausliefe, mit dem Ziel, eine Anerkennung der Vaterschaft oder der Sohnschaft durchzusetzen. Nach so vielen Jahrhunderten! Und nach so vielem Wechsel! Ganz gewiß nein! Wir müssen wissen, daß es sich dabei um ein aus einem Ereignis hervorgegangenes Fragen und Reden handelt, das einmal mehr für Israel Mord und Auferstehung zugleich bedeutet. Es geht einmal um den an Israel im Gebiet der Christenheit begangenen Mord, bei dem man sich auf ein Beklagen nicht beschränken kann, und es handelt sich um die Auferstehung Israels im jüdischen Land, in der Unsicherheit einer in der Nähe des Nils gelegenen Wiege, wobei man hier ein Nichtwissen nicht vorgeben kann ...«
(L. A., Tant que dure la nuit, in: Nouveaux Cahiers, Paris 1966, Nr. 5, S. 8)

Lucien Lazare, Paris, 1966:
»Trotzdem sind heute schon einige konkrete Tatsachen, die vor einigen Jahren noch unfaßbar waren, als feststehende Errungenschaften zu betrachten. Neu ist jene Möglichkeit gegenseitigen Gesprächs, indem man ohne Berechnung Zeugnisse miteinander austauscht, die gelegentlich unangenehm zu hören sind. Diese rufen aber keine Feindseligkeit hervor, noch bedeuten sie einen Anschlag auf den gemeinsamen Willen, die Brüderlichkeit voranzutreiben. Man ist ganz im Gegenteil auf beiden Seiten von der Überzeugung erfüllt, daß derartige Zeugnisse dazu dienen, die Vorurteile zu zerstreuen und die Konflikte zu lösen, anstatt dieselben zu verewigen. Der Dialog kann beginnen.
Um dahin zu gelangen, brauchte es eine Feindschaft von zweitausend Jahren, den Zweiten Weltkrieg und zwanzig Jahre des Nachdenkens. Aber wir wollen von ganzem Herzen und ohne Hintergedanken die Zeichen grüßen, die bezeugen, daß eine Seite umgeblättert wurde. Neu ist auch in der Kirche der Umstand, zu lehren und in Erinnerung zu rufen, daß Jesus und die Apostel Juden sind. Neu ist auch, daß man die Lebenskraft und das geistliche Leben der Juden anerkennt und entdeckt, daß dieses voller Schätze steckende geistliche Leben seine ganz eigene Würde besitzt.«
(L. L., Une opinion juive, in: Esprit, Paris, Juni 1966, S. 1176)

Alfred de Quervain, Bern, 1966:
»Das mißverständliche Wort ›nicht Judenmission, sondern Gespräch mit Israel‹ hat einen Sinn, wenn es bedeutet: Zeugnis vom Evangelium von Jesus Christus auch gegenüber Juden, aber in der Erkenntnis, daß der jüdische Spruch und Widerspruch zuerst eine Reformation unter den Gliedern der Gemeinde herbeiführen muß.«
(A. d. Q., Das Judentum in der Lehre und Verkündigung der Kirche heute, in: Theologische Existenz, Neue Folge, Nr. 130, München 1966, S. 27 f., Anm.)

Ernst Ludwig Ehrlich, Basel, 1967:
»Der christlich-jüdische Dialog stellt die große Chance dar, daß Menschen zueinander finden, nicht auf dem Boden eines nihilistischen Nichts, nicht auf der Ebene unverbindlicher Harmlosigkeit, sondern in der jeweils verschiedenen Bindung, die zugleich dann aber auch eine Verbundenheit über die Konfessionen hinaus ermöglicht. Frei für den anderen sein, kann man nur, wenn man selbst gebunden ist: Der Jude in seinem ihm nie von Gott gekündigten Bund, der Christ in dem, was ihn das Evangelium lehrt, seine ›Heilsbotschaft von Jesus, dem Messias, Gottes Sohn‹ (Mark. 1, 1).
Der Dialog soll zu etwas führen, was mehr ist als das Aufweisen des jeweiligen Standpunktes; ein Gespräch, das am Ende nicht eine Verantwortung und Solidarität füreinander brächte, hätte nur akademische Bedeutung. Möchte es schließlich so gelingen, daß der ›getrennte Bruder‹, der nach dem anderen ruft, nicht mehr jenes große Wort der Bereitschaft vermissen muß, das ›Hineni‹, hier bin ich.«
(E. L. E., Probleme des theologischen Gesprächs zwischen Juden und Christen, in: Christlich-jüdisches Forum, Basel, Nr. 39, Oktober 1967, S. 27)

A. Roy Eckardt, Bethlehem (PA), 1967:
»Wenn man ›Dialog‹ gegen ›Zeugnis‹ setzt, dann mißversteht man das Wesen dieser beiden Aussagen; es gibt keinen wirklichen Dialog ohne Zeugnis, und es gibt kein bedeutsames Zeugnis ohne Dialog.«
(A. R. E., Elder and younger brothers, New York 1967, S. 154)

Kurt Hruby, Paris, 1968:
»Wenn eine christliche Kirche die Absicht hat, den ›Dialog‹ mit dem Judentum aufzunehmen (wobei noch festzulegen wäre, was damit eigentlich gemeint ist), muß sie vorher wahrhaft Buße tun und ihre historischen Positionen weitgehend rektifizieren. Diese ›Mission‹ erstreckt sich selbstredend auch auf die exegetische und theologische Arbeit, die ja die Grundlage einer solchen ›Umkehr‹ sein muß.«
(K. H., Mission, Zeugenschaft oder Israelarbeit?, in: Der Freund Israels, Zürich, Dezember 1968, S. 111)

Pater Jorge Mejia, Bogota, 1968:
»Unter diesem Gesichtspunkt beruht also der jüdisch-christliche Dialog darauf, daß die Kirche anerkennt, das Judentum habe einen Sinn und Bedeutung in der Darlegung des göttlichen Planes, den die zeitgenössische Theologie als ›Heilsgeschichte‹ bezeichnet. Mit anderen Worten: ein Katholik kann unmöglich in der Existenz und Kontinuität des Judentums den Sinn der Vorsehung theologisch leugnen oder, noch schlimmer, sie als den Vollzug einer Strafe in unserer Zeit erklären wollen. Diese und andere, ähnliche Interpretationen sind eine Karikatur der Wahrheit. Die Kirche muß sie mit Stumpf und Stiel ausrotten, um einen wirkungsvollen Dialog führen zu können. Sie muß auch erkennen, daß es zwar für die Kirche schwer ist, etwas zu akzeptieren, das – abgesehen von einigen rühmlichen Ausnahmen – lange Zeit hindurch als unannehmbar galt, daß dies aber dem Judentum noch schwerer fallen mag; in jüdischen Augen bedeutet ja dies, anzuerkennen, daß eine erfolgreiche Sekte vielleicht einen Platz in dem geheimnisvollen Plan der göttlichen Vorsehung beanspruchen darf. Ich wage jedoch zu sagen, daß diese Anerkennung nötig ist, wenn ein echter und spezifischer Dialog entstehen soll, d. h., wie bereits gesagt, ein Dialog religiösen Charakters ...
Ein Dialog, der keine Reformen bezweckt, würde riskieren, in einer Lüge zu enden. Aber aus dem gleichen Grund muß man dabei jeden offenen oder geheimen Bekehrungsversuch ausschließen. Das öffnet ein weites Feld für fruchtbare Zusammenarbeit, die ja vielerorts schon begonnen hat. Diese Zusammenarbeit führt zum Dialog, und der Dialog wiederum fördert die Zusammenarbeit ...
In all dem kann ein Dialog mit dem Judentum uns bei unserer Umkehr helfen, in dem Sinn, den die Tradition der Propheten und des Neuen Testaments diesem Wort geben – als ›Rückkehr‹ zu dem Herrn, von dem wir uns entfernt hatten.
Gerade unter diesem Zeichen einer demütigen, doch verwandelnden Umkehr möchte ich das ganze Programm des jüdisch-christlichen Dialogs stellen; er sollte in Gott beginnen – der uns, Angehörige der römisch-katholischen Kirche, zur Umkehr ruft, und er sollte in Gott enden; denn nur in ihm können wir eine fruchtbare und dauernde Begegnung mit unseren jüdischen Brüdern haben.«
(J. M., Zur Problematik des Dialogs, in: Christlich-jüdisches Forum, Basel, Nr. 41, April 1969, S. 16, 19, 20)

4. Zur Gleichberechtigung der Partner gehört auch die Ablehnung oder der Abbruch des Gesprächs.

Martin Buber (1878–1965), 1909–1911:
»Was am Christentum schöpferisch ist, ist nicht Christentum, sondern Judentum, und damit *brauchen* wir nicht Fühlung zu nehmen, brauchen es nur in uns zu erkennen und in Besitz zu nehmen, denn wir tragen es unverlierbar in uns; was aber am Christentum nicht Judentum ist, das ist unschöpferisch, aus tausend Riten und Dogmen gemischt, und damit – das

sagen wir als Juden und als Menschen – *wollen* wir nicht Fühlung nehmen.«
(M. B., Der Jude und sein Judentum, Köln 1963, S. 38 f.)

Ernst Ludwig Ehrlich, Basel, 1961:
»Das *Judentum* benötigt als Religion das Gespräch mit den Christen nicht. Wenn *Juden* diesen Dialog führen, so tun sie dies in Erfüllung einer humanen Aufgabe. Das Christentum hat den Dialog mit dem Judentum nötig, weil nach christlicher Auffassung das Christentum in den ›jüdischen Ölbaum‹ aufgepfropft worden ist. Kein vernünftig denkender Jude wird sich einem Glaubensgespräch verschließen, das reinen Herzens geführt wird. Juden vermögen jedoch das *missionarische* Ansinnen nicht als ›rein‹ zu erkennen.«
(E. L. E., Die Judenmission in der Krise, in: Freiburger Rundbrief, XIII. Folge, Freiburg 1961, S. 49)

Zwi Werblowsky, Jerusalem, 1964:
»Im allgemeinen waren die Christen die Angreifer und die Juden befanden sich in der Verteidigung. Deshalb waren die Juden zum größten Teil behindert in der Auseinandersetzung, weil sie nicht ganz frei sprechen konnten. Heute sind aber die Juden offenbar noch mehr behindert, weil sie keine Absicht zum Sprechen haben, aus dem einfachen Grund, weil ein pseudotheologischer Journalismus und ein billiges Wiederkäuen von idealistischen, pragmatischen oder existenzialistischen philosophischen Standpunkten kein Ersatz für echte jüdische Theologie ist ...
Jeder Jude – solange er im Bewußtsein seines Judentums handelt – hat die Freiheit, mit anderen ein Gespräch anzuknüpfen; er braucht dafür keine Erlaubnis von einem Papst oder einem Lehrhaus nachzusuchen. Dieses Gespräch ist aber problematisch, weil die eifrigsten Vertreter eines solchen Dialogs oft die zweifelhaftesten Vertreter – nicht jüdischer Existenz, aber jüdischer Religiosität – sind ...
Ein Christ ist der Meinung, daß die Kirche die direkte Verlängerung des alten Israels ist. Er ist Christ auf Grund des Glaubens an den Mann, den nach seiner Überzeugung das Gesetz und die Propheten als Messias ankündigen. Das Vorhandensein von Juden, das heißt des ›alten Israel‹, bringt den Christen mit einem Problem zusammen – oder um es in der Sprache der christlichen Theologie zu sagen –, nicht mit einem Problem, sondern mit einem ›Geheimnis‹. So führt ihn von daher seine Erfahrung als Christ zum Dialog.
Der Jude kann dagegen das Christentum ganz und gar außer acht lassen, ohne daß dadurch seiner jüdischen Echtheit irgendein Schaden erwüchse ... Der Jude, der mit seinem christlichen Bruder einen Dialog zu führen wünscht, tut dies als menschliches Wesen und gehorcht dabei einem menschlichen Ruf; es geschieht dies aber nicht auf Grund innerer Erfordernisse seines Judentums.«
(Z. W., The Church and the Jewish People, Genf, Dezember 1964, S. 9, 11, 12)

Zwi Werblowsky, Jerusalem, 1966:
»Für den Christen bedeutet allerdings das Judentum eine ständige interne Frage, insofern der christliche Glaube vom Judentum herkommt und diese Wurzel nicht ohne Schaden verleugnen kann. Für den Juden bedeutet aber das Christentum nach den immanenten Prinzipien seiner Religion keineswegs eine notwendige Frage, der er sich stellen muß.«
(Hans Werner Bartsch, Was trennt die Christen vom Volk Gottes?, in: Zeit, Hamburg, Nr. 20, 13. 5. 1966, S. 23)

Elieser Berkovits, Rabbiner, USA, 1966:
»Für das ganze Judentum ist ein aufrichtiger und brüderlicher Dialog mit dem Christentum in diesem Zeitpunkt gefühlsmäßig unmöglich. Die Mehrzahl des jüdischen Volkes empfindet eine noch zu persönlich geprägte Trauer ...
Auf der Ebene philosophischen Denkens sind Kontakt und Gedankenaustausch gewiß wünschenswert ... Aber es gibt keine zwingenderen Gründe oder eine dringlichere Notwendigkeit eines Dialogs zwischen Juden und Christen als etwa zwischen Juden und Mohammedanern, Juden und Hindus ..., Juden und Atheisten ...

Was einen rein theologischen Dialog anlangt, so könnte nichts weniger fruchtbar und sinnvoll sein. Das Judentum ist Judentum, weil es das Christentum verwirft, und das Christentum ist Christentum, weil es das Judentum ablehnt. Was man gewöhnlich als ›judenchristliche Tradition‹ anspricht, existiert nur in der Phantasie der Christen oder des Volkes ...

Viele Leute sind der Meinung, daß Juden und Christen zumindest das ›Alte Testament‹ gemeinsam haben. Darin liegt ein ernstes Mißverständnis ... Das ›Alte Testament‹ verlangt ein Neues Testament; die hebräische Bibel ist aber in sich vollständig ... Vom jüdischen Standpunkt aus ist der Ausdruck ›Altes Testament‹ eine schlechte, von den Heiden vorgenommene Deutung der wirklichen Grundlage der hebräischen Bibel.«

(E. B., in: SIDIC [Service international de documentation judéo-chrétienne], Rom 1968, Bd. I/3, S. 25)

Jakob Neusner, Rabbiner, Dartmouth College, USA, 1967:

»Es will mir scheinen, als dürfe man das Schweigen der meisten Führer des Christentums in Amerika (obwohl nicht alle geschwiegen haben) in dem Augenblick, in dem der Genozid am israelischen Volk unmittelbar bevorzustehen schien, nicht übersehen ... Ein Partner im jüdisch-christlichen Dialog scheint hier in einer peinlichen Weise Stillschweigen bewahrt zu haben. Verschiedene Kreise und Personen haben die Meinung vertreten, die Beziehungen zwischen Israelis und Arabern bildeten nur eine politische Frage.«

(J. N., in: SIDIC, a.a.O., S. 27)

Dagobert David Runes, 1969:

»Es bedarf keines Zwiegesprächs mit den Christen. Das Beste, was sie bieten können, haben sie in zweitausendjähriger Schmähung und Verfolgung gezeigt.

Alles, was wir von ihnen verlangen, ist, endlich damit aufzuhören, uns in Wort und Schrift zu verunglimpfen; aus ihren Schulbüchern die bösartige, übelwollende Fiktion zu entfernen, welche die Juden als Mörder Gottes anklagt. Die Juden, denen sie ihren Gott verdanken!«

(D. D. R., Der Jude und das Kreuz, Fürth-Erlangen 1969, S. 65)

Bibliographie

Barth, Markus: Jesus, Paulus und die Juden; Theol. Studien 91, Zürich 1967.

Barth, Markus: Die Grenzen des bloßen Dialogs, in: Jüdisch-christliches Forum, Basel 1967, Nr. 39, S. 66–72.

Daniélou, Jean SJ: Dialogue avec Israel, Paris 1963.

Dobbert, Reinhard: Das Zeugnis der Kirche für die Juden, Berlin 1968, vor allem S. 27–29.

Eckardt, Roy A.: Elder and younger brothers, New York 1967.

Goldschmidt, Hermann Levin: Die Botschaft des Judentums, Frankfurt/Main, S. 135–187.

Grolle, Johan Hendrik: Die niederländische reformierte Kirche und das Gespräch mit Israel, in: Judaica, Zürich 1949, S. 104–116.

Harder, Günther: Das christlich-jüdische Gespräch, in: Lutherische Rundschau, Stuttgart 1964, S. 413–426.

Jocz, Jakob: A Theology of Election, London 1958, passim.

Jocz, Jakob: The spiritual history of Israel, London 1961, passim.

Generalsynode der Niederländisch Reformierten Kirche. Israel und die Kirche, Zürich 1961, passim.

Lambert, Bernard: Le problème oecuménique, Paris 1962, S. 597–652.

Leuner, Heinz David: Neubesinnung zwischen Dialog und Gespräch, in: Lutherische Rundschau, Stuttgart 1963, S. 469–485.

Mayer, Reinhold: Zum Gespräch mit Israel, Stuttgart 1962.

Mejia, Jorge: Zur Problematik des Dialogs, in: Jüdisch-christliches Forum, Basel 1969, Nr. 41, S. 15–20.

Petuchowski, Jakob: Der christlich-jüdische Dialog aus jüdischer Sicht, in: Lutherische Rundschau, Stuttgart 1963, S. 453–468.

Quervain de, Alfred: Das Judentum in der Verkündigung und Lehre der Kirche heute, Theologische Existenz, Neue Folge, Nr. 130, München 1966.

Schalom ben Chorin: Im jüdisch-christlichen Gespräch, Berlin 1962.

Schelkle, Karl Hermann: Die Auserwählung Israels in christlicher Sicht, in: Waldemar Molinski, Hrsg.: Unwiderrufliches Erbe, Recklinghausen 1968, S. 23–40.

Service international de documentation judéo-chrétienne (SIDIC), Rom 1968, Nr. 3, S. 14–29.

Glaube

Der Glaube ist ganz und gar durch seinen Gegenstand, den lebendigen Gott, bestimmt. Gegen alle Wahrscheinlichkeit rechnet er gewiß mit der Zusage Gottes und mit dessen rettendem Eingreifen in unser Leben. Alle Formulierungen und Dogmen haben nur den Sinn, zu dieser »Hoffnung, da nichts zu hoffen ist« (Röm. 4, 18), zu ermutigen und anzuleiten und dieselbe auch einzuüben. Wo der Glaube nicht mehr zum Glauben führt, ist er im Grunde mißverstanden. Dieses unerschütterliche Zählen auf Gottes Eingreifen und Helfen gehört zu den Wesensmerkmalen des in der Bibel bezeugten Glaubens.

---

1. Der Glaube ist ein völliges Vertrauen zur Herrschaft und Führung Gottes, auch wenn dunkle, nicht zu verstehende Wegstrecken zu durchmessen sind.

Martin Buber (1878–1965), 1923:
»Glauben ist keine inhaltliche Erkenntnis, sondern ein Ereignis, eine Verbundenheit zwischen Mensch und Gott. Man nimmt dieser Verbundenheit ihr Wesen, wenn man sie erkenntnismäßig umschreibt. Für die Religion ist das Seiende Geheimnis, zu dem wir in unmittelbarer Beziehung stehen. Religiöse Welterfassung steht nicht auf dem Satze des Widerspruchs, ebensowenig wie das unmittelbar gelebte Leben. Sie bedeutet personhaft das Ganzwerden der Seele, das Ganzwerden des geistigen Lebens, das Leben in der Bezogenheit, in der Umfassung, Erschließung und Aufgeschlossenheit, wachsame Verantwortung. Religiöse Welterfassung ist der große Dialog zwischen Mensch und Gott, zwischen dem Ich und dem ewigen Du.«
(Hans Kahn, Martin Buber, Köln 1961, S. 282)

Martin Buber, 1929:
»Auf das Bedenken Moses, er wisse nicht, was er dem Volke sagen solle, wenn es ihn fragen würde, was es um den Namen Gottes sei, als dessen Bote er zu ihnen spreche, ... das heißt, wie es in seiner Not sich des Geheimnisses dieses Namens nach allgemeinem Völkerbrauch bemächtigen, den Gott beschwören und zwingen könne, ihnen zu erscheinen und sie zu retten, antwortete Gott mit der Erschließung eben des Namens ...: ›Ich werde dasein, als der ich dasein werde‹, das heißt, ihr braucht mich nicht zu beschwören, denn ich bin jeweils bei euch, wie ich jeweils sein will, ich selber nehme keine meiner Entscheidungen vorweg, ihr könnt mir nicht begegnen lernen, ihr begegnet mir, wenn *ihr* mir begegnet.«
(M. B., Der Jude und sein Judentum, Köln 1963, S. 195 f.)

Franz Rosenzweig (1886–1929), Kassel, 1929:
»Wenn Wissenschaft und Religion nichts voneinander wissen wollen, aber doch voneinander wissen, taugt weder die Wissenschaft noch die Religion etwas. Es gibt nur eine Wahrheit. Zu einem Gott, den er als wissenschaftlicher Mensch leugnet, kann kein Ehrlicher beten. Und wer betet, kann Gott nicht leugnen. Damit ist noch lange nicht gesagt, daß der Gelehrte Gott in seinem Reagenzglas oder in seinem Aktenfaszikel feststellt. Aber der Inhalt des Reagenzglases sowohl wie des Aktenfaszikels existierte nicht ohne Gott. Gott ist nicht Gegenstand der Wissenschaft, das ist die Welt. Aber Gott hat die Welt, also den Gegenstand der Wissenschaft geschaffen ...
Nicht Glaube steht gegen Wissen, sondern gläubiges Wissen gegen ungläubiges. Oder eigentlich, da ja eben dies die Legitimation des gläubigen Wissens ist, daß es das ungläubige miteinschließt, während umgekehrt dem ungläubigen Wissen das gläubige unzugänglich

bleibt: gläubig-ungläubiges Wissen steht gegen beschränkt ungläubiges.«
(F. R., Die Schrift, Frankfurt/Main o. J., S. 32 f.)

Ismar Elbogen (1874–1943):
»Die Herrschaft des Bösen wird gebrochen werden, aber wir werden immer noch weit vom irdischen Paradies entfernt sein. Entschlossene und unermüdliche Bemühungen werden nötig sein, um die Wunden zu heilen, aus denen die Welt blutet. Das jüdische Volk, obwohl mit dem Martyrium vertraut, hat niemals zuvor eine Katastrophe wie die unserer Generation erlebt. Aber wir dauern fort. Wir halten aus. Wir vertrauen auf die nie versagende Hilfe unseres Gottes, des Gottes unserer Väter. In all den sittlichen und geistigen Krisen des letzten Jahrhunderts haben wir unser eigenes Wesen nicht aufgegeben. Wir haben unsern Glauben bewahrt, unsere Moral und unser Geistesleben gerettet. Von allen Seiten geschlagen, waren wir dennoch fähig, der Welt einige der größten Leuchten der Zeit zu geben. Wir verzweifeln nicht. Solange Israel glaubt, wird Israel nicht untergehen. Wir vertrauen auf Gott und dauern fort.«
(I. E., Ein Jahrhundert jüdischen Lebens, Frankfurt/Main 1967, S. 610 f.)

Martin Buber, Jerusalem, 1950:
»Unter Glaubensgeschichte verstehe ich die Geschichte des uns bekannten menschlichen Anteils daran, was zwischen Gott und Mensch geschehen ist. Unter Glaubensgeschichte Israels verstehe ich demgemäß die Geschichte des uns bekannten Anteils Israels daran, was zwischen Gott und Israel geschehen ist. Es gibt ein Etwas in der Glaubensgeschichte Israels, das nur von Israel her zu erkennen ist, wie es ein Etwas in der Glaubensgeschichte der Christenheit gibt, das nur von ihr aus zu erkennen ist...
Daß das Judentum selbst hernach in der Sache der Glaubensweise dahin abgebogen ist, wo man dogmatisch ›glaubt, daß‹, bis es im Mittelalter sein Credo in eine nicht minder klamme Formel brachte als irgendeine christliche Kirche – nur daß die Formeln bei ihm nie ins Zentrum gerückt sind –, gehört in einen anderen Zusammenhang. In der Epoche der Entstehung des Christentums gab es hier noch keine andere Art von Bekenntnis als die Proklamation, sei es in der biblischen Form der Volksanrufung, ›Höre Israel‹, die ›unserem‹ Gott die Alleinigkeit und Ausschließlichkeit zuspricht, sei es in der zur Aussage umgegossenen Königsanrufung der Schilfmeerhymne: ›Es ist wahr, daß der Gott der Welt unser König ist.‹ Der Unterschied zwischen diesem ›Es ist wahr‹ und jenem ›Wir glauben und erkennen‹ ist nicht der zweier Glaubensäußerungen, sondern zweier Glaubensarten. Für das erste ist der Glaube ein Stand, in dem man steht, fürs zweite ein Begebnis, das sich an einem begeben hat, oder ein Akt, den man vollzogen hat und vollzieht, oder vielleicht beides in einem. Darum auch kann das ›Wir‹ nur hier zum Subjekt des Satzes werden. Gewiß kennt auch Israel ein ›Wir‹ als Subjekt; aber das ist das Wir des Volkes, das wohl auf ›Tun‹ oder auf ›Tun und Hören‹ (Exodus 24, 3. 7), aber nicht auf ein Glauben im Sinne des Bekenntnisses gehen kann. Wo (Exodus 4, 31; 14, 31) vom Volk erzählt wird, es habe ›geglaubt‹, da ist, wie bei Urvater Abraham, jenes schlichte Vertrauen gemeint, das man hat oder faßt. Wer jemand vertraut, glaubt freilich auch dem, was er sagt. Das Pathos des Glaubens fehlt hier, nicht anders als in der Beziehung des Kindes zum Vater, den es eben von Anbeginn als seinen Vater kennt. Auch da muß ja zuweilen ein Vertrauen, das entglitten ist, von neuem ›gefaßt‹ werden...
Der Glaube des Judentums und der Glaube des Christentums sind in ihrer Weise wesensverschieden, jeder seinem menschlichen Wurzelgrund gemäß, und werden wohl wesensverschieden bleiben, bis das Menschengeschlecht aus den Exilen der ›Religionen‹ in das Königtum Gottes eingesammelt wird. Aber ein nach der Erneuerung seines Glaubens durch die Wiedergeburt der Person strebendes Israel und eine nach der Erneuerung ihres

Glaubens durch die Wiedergeburt der Völker strebende Christenheit hätten einander Ungesagtes zu sagen und eine heute kaum vorstellbare Hilfe einander zu leisten.«
(M. B., Zwei Glaubensweisen, in: Werke, Bd. I, München und Heidelberg 1962, S. 657 f., 674 f., 782)

Martin Buber, Jerusalem, 1950:
»Es ist unmöglich, ein geschichtliches Israel zu konstruieren, das zu irgendeiner Zeit ohne den Glauben an seinen Gott besteht und ihn erst dann annimmt; eben durch diese Botschaft der gemeinsamen Führung schließen sich die wandernden Scharen zum Volk zusammen. Und ebenso ist es unmöglich, diesen Glauben als vorher und außerhalb Israels bestehend zu konstruieren: er ist ganz und gar Geschichtsglaube, Glaube an einen Gott, der erst die Väter und dann das Volk in geschichtlich-determinierten Zeiten um göttlich geschichtlicher Ziele willen in das Land führt. Es gibt hier keine ›Nation‹ als solche und keine ›Religion‹ als solche, sondern nur ein Volk, das seine geschichtlichen Erfahrungen als die Taten seines Gottes versteht.
Dieser Glaube an die Führung ist zugleich aber Glaube an diesen Auftrag ...«
(M. B., Israel und Palästina, Geschichte einer Idee; München 1968, S. 10)

Schalom ben Chorin, Jerusalem, 1956:
»Glaube heißt die bedingungslose, vertrauensvolle Hingabe an den lebendigen Gott, der in seiner unfaßbaren Polarität die letzte Wirklichkeit selbst ist, aus der wir leben, an der wir leiden, und der wir uns bedingungslos hinzugeben haben.«
(Sch. b. Ch., Die Antwort des Jona, Hamburg 1956, S. 36)

Margarete Susman, Zürich, o. J.:
»Mein Hiob-Buch ist nur ein aus der Verzweiflung geborener Versuch, hinter diesem grausamen Geschehen einen verborgenen Sinn aufzufinden – ich möchte sagen: die Hand Gottes aufzufinden, die sich hinter der Hand Satans verbirgt. Zwar würde ich heute, nach der Wandlung, die sich an einem Teil des jüdischen Volkes vollzogen hat, manches in diesem Buche anders schreiben. Aber natürlich, der Grundgedanke bleibt bestehen: Es ist der, daß in der Übergröße der an dieses Volk ergangenen Botschaft wie in der aus ihr erwachsenen Zerstreuung durch die Völker die Schwere seines Schicksals begründet ist. In der Gestalt und im Schicksal Hiobs ist dies alles angelegt. Indem Gott Satan Macht gibt über seinen Knecht, legt er selbst seine schwere Hand auf ihn – und der, der Gott rein gedient hat, kann so seine Hand nicht wiedererkennen ... Er (Gott) will, was *Liebe* will: Er will das *Ganze.* Er will seinen Knecht nicht nur in der Taghelle des Lebens sehen, er will ihn auch in der dunkelsten Nacht als seinen Knecht wiedererkennen. Aus dem ›*Ganz* sollst du sein mit dem Ewigen, deinem Gott‹, stammt ebenso das Schicksal Hiobs wie die Leidensgeschichte des jüdischen Volkes ...
Denn der Glaube des Judentums war nicht der an eine *Gestalt* Gottes. Dies wird erschütternd klar in dem Augenblick, in dem der Hohepriester Kaiphas den vor ihm erscheinenden Jesus fragt: ›Bist du wirklich der Sohn Gottes?‹, Jesus die Antwort gibt: ›Du sagst es‹ – und der Hohepriester vor dem sichtbaren Anblick dessen, den kein Auge lebend schauen darf, im Entsetzen sein Gewand zerreißt.«
(M. S., Einige Gedanken über Judentum und Christentum, in: Littera Judaica, Frankfurt/Main o. J., S. 222, 225)

Juden in Rußland, 1964:
»Ihr werdet den Glauben nicht aus unseren Herzen reißen; die jüdische Religion wird auch euch überleben. Die Juden werden der Tora nicht den Abschied geben, und ihr werdet durch Verfolgungen nichts erreichen.«
(Léon Léneman, L'amer destin du Judaisme religieux, in: Arche, Paris 1964, Nr. 91/92, S. 45)

Markus Barth, Pittsburgh, USA, 1967:
»Die Wurzel des genannten biblischen Begriffs ämunah (Treue, Glauben) be-

zeichnet einen festen Stand auf einem soliden Boden. Wer dem Bunde des treuen Gottes durch seine Lebensführung entspricht, in welcher Gott, seiner Verheißung und seinen Erwählten die Treue gehalten wird, der beweist ämunah.«
(M. B., Jesus, Paulus und die Juden; Zürich 1967, S. 37)

Edmond Jacob, Straßburg, 1968:
»Der Glaube, der als normale Form der Existenz gefordert wird, ist die Antwort auf die Erwählung.«
(E. J., Israël dans le perspective biblique, Strasbourg 1968, S. 17)

Elie Wiesel, New York, 1969:
»Man muß glauben, trotz allem, trotz der Menschen, trotz Gottes.«
(E. W., in: Arche, Paris 1969, Nr. 147, S. 16)

---

2. Der Glaube hat den Auftrag, als Rechnen mit der Zuwendung Gottes dem Menschen zu dienen; dieser Glaube steht in der dauernden Gefahr des Erlöschens.

Martin Buber, 1925:
»Der Glaube an den Anteil der Menschenkraft am Werke der Welterlösung: Umkehr des Menschen, Israels, der Welt, ist der Sinn der Prophezeiung. Dieser Anteil des sich entscheidenden, des vom Wege des Menschen auf den Weg Gottes umkehrenden, endgültig auf das Schicksal der Welt einwirkenden Menschen konzentriert sich in der Gestalt des Gottesknechts, der das ihm auferlegte Leiden will und nichts verlangt als die Erlösung.«
(Hans Kohn, Martin Buber, Köln 1961, S. 270)

Martin Buber, Jerusalem, 1950:
»Die Scheidung, die in der Schrift Israels angesagt wird, kann keine zwischen Glaubenden und Nichtglaubenden sein, weil es hier keine Entscheidung des Glaubens oder des Unglaubens gibt. Die Scheidung, die hier gemeint ist, vollzieht sich zwischen denen, die ihren Glauben wirklichmachen, und denen, die ihn nicht wirklichmachen. Wirklichmachung eines Glaubens begibt sich aber nicht in einer einmaligen Entscheidung, die über den sich Entscheidenden entscheidet, sondern in dem ganzen Leben des ganzen Menschen, also in der aktualen Gesamtheit seiner Beziehungen, nicht zu Gott allein, sondern auch zu dem ihm angewiesenen Weltbereich und zu sich selbst. Die Werke Gottes wirkt danach ein Mensch in dem Maße, als sein Glaube in allem wirkend wird. Für Israel kann, seiner Glaubensweise gemäß, alles nur darauf ankommen, daß es seinen Glauben als gelebtes Vertrauen wirklichmache. Man kann glauben, ›daß Gott ist‹, und in seinem Rücken leben; wer ihm vertraut, lebt in seinem Angesicht.«
(M. B., Zwei Glaubensweisen, Werke, Bd. I, München und Heidelberg 1962, S. 678 f.)

Martin Buber, Jerusalem, 1964:
»Es kann nicht darum gehen, daß sich die Religionen der Welt über ihre Glaubenslehre verständigen. Das ist nicht an ihnen und würde ihnen auch nicht gelingen: das ist Gottes Sache allein. Es kann nur darum gehen, daß die Religionen der Welt gemeinsam die Rettung des Menschen vor dem Untergang entwerfen und in Angriff nehmen.«
(M. B., in: Monumenta Judaica, Fazit, Köln 1965, S. 159)

Arnold Mandel, Paris, 1964:
»Wenn man auch zugeben muß, daß der Glaube Israels in seinem innersten Wesen und im Ton seiner Stimme eine geistliche Hochspannung bleibt, so bleibt es doch trotzdem wahr, daß seine Ausstrahlung einer außerordentlichen Minderung unterworfen, ja fast einem völligen Auslöschen im Bereich eines sehr großen Teiles der Judenheit ausgeliefert ist. Kafka, der neben seiner literarischen Begabung auch über eine sehr große Intelligenz verfügte, stellte schon fest, daß der Glaube uns am allermeisten fehle.«
(A. M., Le langage intérieur, in: Arche, Paris 1964, Nr. 88, S. 41)

Bibliographie

Barth, Markus: Jesus, Paulus und die Juden; Zürich 1967.
Buber, Martin: Zwei Glaubensweisen, Werke, Bd. I, München und Heidelberg 1962, S. 653 ff.
Cohen, A. Arthur: Der natürliche und der übernatürliche Jude, Freiburg 1966.
Hirsch, Leo: Jüdische Glaubenswelt, Gütersloh 1962.
Jacob, Edmond: Israël dans la perspective biblique, Strasbourg 1968.
Rosenzweig, Franz: Die Schrift, Frankfurt/Main o. J.
Schalom ben Chorin: Die Antwort des Jona, Hamburg 1956, passim.
Schalom ben Chorin: Das Judentum im Ringen der Gegenwart, Hamburg 1965.

Hoffnung

Israel und die Juden sind durch die Erwählung auf die Seite genommen und werden durch den Ruf Gottes zum Dienst an der Gerechtigkeit und am Frieden in der Welt in besonderer Weise berufen. Ihr Ausschauen nach dem »neuen Himmel und der neuen Erde« (Jes. 65, 17) prägt ihnen den Charakter des Wanderns und Unterwegsseins ein. In dieser Hoffnung auf die vollkommene Erlösung der ganzen Welt in der Gestalt des sichtbaren, völligen Anbruchs und Durchbruchs der Gottesherrschaft erinnern sie die Christen daran, daß auch sie zu »denen gehören, die hinwegeilen« (Ex. 12, 11), und daß sie als Heimwanderer hier nur auf der Durchreise sind (vgl. Hebr. 13, 14). In diesem Sinn kann Paulus den Auftrag seines gesamten Zeugnisses unter dem Stichwort »Hoffnung Israels« (Apg. 28, 20) zusammenfassen.

---

1. Israel ist für die Welt und Kirche ein Zeichen der Hoffnung in dem Sinn, daß die entscheidende Erfüllung göttlichen Handelns noch aussteht, aber eintrifft.

Hebräer 13, 14:
»Wir haben hier keine bleibende Stadt, sondern die zukünftige suchen wir.«

Martin Buber (1878–1965), 1916:
»In diesem Sinne sind wir *unterwegs.* Das Wort meines Briefs, daß jeder wahrhafte Zionist auch im innerlichen Sinn unterwegs ist, ist fast das einzige, auf das Cohen eingeht, allerdings ohne es recht zu verstehen, denn er faßt nur den äußerlichen Sinn davon. Seine Entgegnung lautet: ›Mit diesem Worte allein ist unsere ganze Kulturdifferenz gekennzeichnet. Der Zionist ist unterwegs. Wir wollen aber durchaus überall nur daheim sein und immer mehr uns heimisch machen.‹
Ja, mit diesem Wort *ist* unsere ganze Differenz gekennzeichnet. Unterwegs – ja, wir sind unterwegs, wir mit unserem alten Wanderherzen und dem jungen Richtungswillen in ihnen. Alle Judenseelen wandern immer noch Tag um Tag und wissen es nicht, und auch ›die sich heimisch machen‹, sind Irrfahrer und ruhelos, und ihre Parole vom Daheimsein ist nur wie der Rabe, den Noah aussandte. Wir aber sind die, die aus der Irrfahrt der Seelen die Wanderung nach dem Ziel gemacht haben. Aber eben deshalb sind *wir* es, die nicht mehr unstet und flüchtig sind, wir *im Ziel* Wurzelnden, wir ›Söhne des Messias‹.
Jene versichern etwa den Deutschen, sie seien nicht *anders* als sie, um nicht als *fremd* zu gelten. Wir aber sagen aus, daß wir anders sind, und dürfen als eine Wahrheit unserer Seele, die niemand verkennen kann, hinzufügen, daß wir nicht fremd sind.«
(M. B., Der Jude und sein Judentum, Köln 1963, S. 303)

Martin Buber, Stuttgart, 14. Januar 1933:
»Wenn das Judentum wieder Israel würde, wenn aus der Larve das heilige Antlitz hervorträte, dann gäb es ... wohl die Scheidung unabgeschwächt, aber keine schärfere Auseinandersetzung zwischen uns und der Kirche, vielmehr etwas ganz anderes, das heute noch unaussprechlich ist.«
(M. B., Der Jude und sein Judentum, Köln 1963, S. 570)

Memorandum »Das Heil kommt von den Juden«, Schweiz, 1938:
»Mit ihnen (den Juden) hat Gott vor den Augen der Welt die Offenbarung seiner Gnade angefangen; mit ihnen wird er sie vollenden. Darum ist ihr Dasein so unvergleichlich anstößig und verheißungsvoll. ›Das Heil kommt von den Juden‹ (Joh. 4, 22). Darum ist jeder Jude eo ipso ein Zeuge der Heiligkeit und

Treue Gottes. An der Stellung zu den Juden entscheidet es sich, ob der Glaube, die Liebe und die Hoffnung der Christenheit echt sind.«
(Juden – Christen – Judenchristen, Zollikon 1939, S. 45)

Margarete Susman, Zürich, 1948:
»Um unserer Seelen willen ist es uns verwehrt, uns schauend oder gestaltend der Gegenwart hinzugeben, statt lebendig voranzuschreiten in die Zukunft. Um unserer Seelen willen sollen wir uns nicht fremdem noch eigenem Werk hingeben, sondern allein dem, was in der Zukunft durch uns wirklich werden soll: der aus Kampf und Not der Vielen durch die einigende Kraft unserer Herzen geeinten, einigen Menschheit.«
(M. S., Das Buch Hiob und das Schicksal des jüdischen Volkes, Zürich 1948, S. 87)

Jakob Jocz, Toronto, 1958:
»Bis zu diesem Zeitpunkt muß das historische Israel das Volk der Zeit, das Volk der Erde, das Volk dieser vergehenden Welt bleiben. Als solches ist es das lebendige Zeugnis der kommenden Zeit und von Gottes endgültigem Triumph über Sünde und Tod ...
Israels Rettung läßt sich von der ganzen Menschheit nicht trennen. Israels Erwählung ist die Erwählung der Menschen. Solange es Hoffnung für Israel gibt, gibt es auch Hoffnung für die Welt.«
(J. J., A theology of election, London 1958, S. 155, 192)

Edmond Fleg, Paris, 1960:
»... Akiba, der Rabbi aus deinen alten Berichten, steigt zusammen mit Rabban Gamliel, Rabbi Eleasar, dem Sohn von Azariah, und Rabbi Josua auf den Tempelberg.
Und siehst du nicht auch den Schakal? Den Schakal, der aus der heiligen Stätte herausspringt?
Sieh doch! Was machen die drei Rabbis? Sie weinen. Und was tut Akiba? Er lacht. Hör! Hör zu, was die drei ihn fragen: ›Warum lachst du?‹ Und was er ihnen antwortet: ›Warum weinet ihr?‹
›Ja, warum? Aus der heiligen Stätte, von der geschrieben steht: ‚Der Fuchs wird auf ihr herumlaufen', sehen wir einen Fuchs springen, und wir sollten nicht weinen?‹
Und jetzt höre auf Akiba: ›Gerade darum lache ich! Uria, der Priester, sagte: ‚Jerusalem wird nichts als ein Aschenhaufen sein!', und Zacharias, der Sohn Berechjas, sagte: ‚Von neuem werden auf den Plätzen von Jerusalem alte Frauen und Männer sitzen, mit ihren Stecken in der Hand, und die Mädchen werden mit den Knaben ihre Tänze tanzen!' Da die schlimme Prophezeiung sich als wahr erwiesen hat, warum sollte die gute Prophezeiung falsch sein?‹«
(E. F., Vers le monde qui vient, Paris 1960, S. 292)

Edmond Fleg, Paris, 1963:
»Den Messias erwarten, ihn hier auf Erden erwarten in einer leidenschaftlichen Hoffnung, ob es sich um eine Wiederkunft handelt wie bei euch Christen oder um eine erste einzige Ankunft wie bei uns Juden – immer geht es um ein Warten. Und indem wir diese Erwartung zur gemeinsamen Sache machen, nähert ihr euch uns an. Ihr nährt von neuem den christlichen Glauben mit diesem semitischen Ferment, von dem sich entgiftet zu haben Charles Maurras sich beglückwünschte. Ja, ihr bringt die Kirche wieder unter jüdischen Einfluß, mein ehrwürdiger Vater. Ich kann mich darüber nur freuen.«
(E. Fleg an Jean Daniélou, in: J. D., Dialogue avec Israël, Paris 1963, S. 118)

Jacques Madaule, Paris, 1963. Er berichtet von einer nichtpraktizierenden Jüdin:
»Wir sind das Volk der Hoffnung, das Volk des Noch-nicht. Wir sind immer unterwegs, weil wir noch nicht angekommen sind. Dies ist die Bedeutung des ewig irrenden Juden.«
(J. M., Les Juifs et le monde actuel, Paris 1963, S. 213)

Bernard Olson, New Haven, Connecticut, USA:
»Hier ist aufgezeigt, daß Gott Jakob und sein Volk *letztlich* erwählte um des ver-

worfenen Esau willen. Durch den Segen, mit dem Gott Jakob segnete in allen Stücken, wurde Esau auch gesegnet. Und ohne Esau konnte Jakob nicht das verheißene Land betreten – ein wundervolles Gleichnis gewiß, daß wir ohne die Juden, das heißt ohne die Vereinigung der Synagoge durch der Juden Annahme der in der Kirche vorhandenen Bundesgaben, das Reich Gottes nicht ererben können.«
(B. O., Faith and Prejudice, New Haven und London 1963, S. 191)

Alfred de Quervain, Bern, 1964:
»Die Juden bleiben, ob in Israel oder in der Diaspora, eine Schar von Hoffenden, Wartenden, in der Hoffnung Arbeitenden und Lebenden . . .«
(A. d. Q., Das Zeugnis der Gemeinde gegenüber Israel, in: Kirche in der Zeit, Düsseldorf 2/1964, S. 64 f.)

Margarete Susman, Zürich, o. J.:
»Das Judentum *hofft* auf den Messias, das Christentum *glaubt* ihn schon gekommen. Das Judentum ist die Geschichte des Messias, das Christentum ist die Einkehr dieser Geschichte in die rein innere Sphäre des Glaubens. Aber beide, der erwartete wie der erschienene Messias, bringen gemeinsam die Botschaft vom Reich. Diese Gemeinschaft ist äußerlich zerklüftet; innerlich ist sie *eine* Wahrheit. Hoffnung und Glaube sind gleich mächtige Gewalten, und die dritte, die Liebe, die der Apostel die größte unter ihnen nennt, lebt als die letzte Urkraft in beiden Bekenntnissen.«
(M. S., Littera Judaica, Frankfurt/Main o. J., S. 226)

Hermann Levin Goldschmidt, Zürich, 1968:
»In diesem Sinn, dem Sinn der biblischen Botschaft, wird so auch von Anfang an deutlich, was es ist, das die Hoffnung des Judentums in dermaßen beschwingender Weise zu einer wirklichen Hoffnung macht. Israel in der Hoffnung des Judentums kündet nicht bloß Hoffnung für das Judentum, sondern kündet, was die Bibel kündet, wenn sie Freiheit ruft, Freude aussagt, Friede verheißt: daß diese Freiheit und diese Freude und dieser Friede, wenn sie – die bisher nur immer erst eingeleitet wurden – einst gekommen sind, dann für alle Menschen und für das ganze All gekommen sein werden.«
(H. L. G., Israel in der Hoffnung des Judentums, in: W. Molinski, Hrsg., Unwiderrufliche Verheißung, Recklinghausen 1968, S. 67)

Rudolf Pfisterer, Schwäb. Hall, 1968:
»Israel ist in seinem Dasein ein unübersehbarer Hinweis auf die Einlösung der Verheißungen Gottes, die sich erst noch ereignen muß. Dieses Volk lebt – und die Kirche ebenfalls; denn die christliche Hoffnung ist die Tochter der jüdischen Erwartung – von diesem Hoffen auf die Treue Gottes.
Diese unerschütterliche, nach vorwärts gerichtete Hoffnung der Juden ist ein Pfahl im Fleische aller menschlichen Projekte und Programme, die irgendein Paradies auf Erden errichten wollen; dabei spielt es keine Rolle, ob das Bild von diesem Paradies mehr ›christlich‹ oder mehr kommunistisch getönt ist. Die Juden sind hier wie ein ›erratischer Block‹, der sich in das Gebäude der menschlichen Weltanschauungen nicht als irgendein Grund- oder Baustein einfügen läßt. Diese Durchkreuzung nimmt man den Juden von jeher übel. Als Christen sollten wir aber hier nicht in irgendeiner Weise aufbegehren, sondern uns daran erinnern lassen, daß die Juden eine nicht wegzuräumende Barriere gegen jede Art von sichtbarer Vorwegnahme des Reiches Gottes in dieser Welt bilden. Sie rufen uns unüberhörbar ins Gedächtnis, daß auch wir Christen ›hier keine bleibende Stadt haben, sondern die zukünftige erst suchen‹ (Hebr. 13, 14) . . .
In der Geschichte sind Juden und Christen getrennt worden, entfernten sie sich voneinander und wurden sich fremd, so daß Argwohn und Mißtrauen das gegenseitige Verhältnis immer mehr bestimmten. Doch kann die uns durch den lebendigen Gott zuteil gewordene Hoffnung das Getrennte wieder zusammenfügen. Wenn wir als Christen ernsthaft mit un-

serer Hoffnung rechnen und daraus auch die Konsequenzen für unser Verhalten ziehen, treffen wir mit den Juden zusammen, nicht so, daß damit plötzlich wie mit einem Zauberstab der Riß zwischen Juden und Christen geheilt wäre, sondern in der Weise, daß der bösartige und tiefgreifende geistliche Konflikt als schmerzlich empfunden, brüderlich ausgetragen und vom Heil des Gottes Israels in Jesus Christus die wirkliche Heilung erhofft wird. In der Atmosphäre dieser Hoffnung auf Gottes Endsieg muß jede Feindschaft gegen die Juden verdorren wie eine giftige Pflanze, der der Nährboden entzogen wird. Jeder Versuchung und Verführung zur prinzipiellen Feindschaft gegen Israel und die Juden dürfen wir getrost das Wort der Schrift wie einen schützenden Schild entgegenhalten: ›Das Heil kommt von den Juden‹ (Joh. 4, 22). Denn in diesem Wort wird die Geschichte Gottes mit Israel und unser Heil in einer unverbrüchlichen Weise zusammengefaßt. Dieses Wort schließt ja nicht nur die Vergangenheit der Geschichte Gottes mit der Welt, sondern auch die Zukunft der noch ausstehenden Vollendung des Heiles in sich; dieses Heil, die umfassende Rettung, bleibt nach der geheimnisvollen Anordnung Gottes mit der Existenz Israels verknüpft. Jeder Antisemitismus feiner oder grober Art entzündet sich im Grunde daran, daß er an dieser Erwählung Israels und darum an seinem Heilscharakter Anstoß nimmt und ihn darum in Abrede stellt. Dabei spielt es keine Rolle, ob der Antisemit sich dessen bewußt ist.«
(R. Pf., Juden – Christen, getrennt – versöhnt, Gladbeck 1968², S. 42 ff.)

Eugen Ionescu, 1968:
»Ich glaube also, daß ohne sie (die Juden) die Welt hart und traurig wäre. Wovon leben wir? Von der Hoffnung, daß eines Tages die ganze Welt, all dies, sich ändert und alles schön und gut ist. Ohne sie würde man nicht an das Kommen, an die Wiederkunft eines Messias glauben, darauf nicht hoffen. Wir hoffen immer in dem Wissen, daß der Messias schon hinter der Türe steht, wir hoffen, daß er sie eines Tages öffnet und daß dann die ganze Welt von Freude und Licht überflutet wird. Wir hoffen alle auf die ideale Stadt, das heißt, wir hoffen alle, daß aus den Wüsten und aus dem Tod das neue Jerusalem erstehen wird. Wir hoffen auf die Veränderung der Welt und wir hoffen darauf, solange es Juden gibt. Ohne sie gibt es nur die Tollheit des Verbrechens und die Finsternis.«
(Tribune juive, Strasbourg 1968, Nr. 20, S. 14)

2. Juden und Christen sind als Hoffende auf die Durchsetzung der Herrschaft Gottes – trotz der Trennung – verbunden; dadurch tritt die Existenz auf dieser Welt an die zweite Stelle.

Exodus 12, 11:
»Also sollt ihr's aber essen: Um eure Lenden sollt ihr gegürtet sein und eure Schuhe an euren Füßen haben und Stäbe in euren Händen, und sollt's essen, als die hinwegeilen; denn es ist des Herrn Passah.«

Margarete Susman, 1925:
»Dieser zentrale Tatbestand: die Kern- und Keimzelle des jüdischen Problems in der Diaspora, aus dem darum auch allein seine Lösung entspringen könnte, ist und bleibt die Tatsache, daß der Jude als der Mensch, dessen Nation und Religion, dessen Geschichte und Ewigkeit eins sind, bei dem also Nation und Geschichte selbst übergeschichtlich sind, daß dieser Mensch eben darum in keiner zeitlichen Konstellation, in keiner Gestalt des geschichtlichen Lebens sein letztes Ziel haben und darum in keinem realen Staat und Land seine endgültige Heimat finden kann ...
Und genau so viel und so weit ist er Jude, als er sich diese letzte Fremdheit gegen die endgültige Festlegung in den Gestaltungen des geschichtlichen Lebens bewahrt hat.«
(M. S., Die Brücke, in: Der Jude, Sonderheft: Antisemitismus und deutsches Volkstum, Berlin 1925, S. 80)

Karl Barth (1886–1968), Basel, 1940:
»Der Kirche eigene Hoffnung steht und fällt mit der Hoffnung für ganz Israel.«
(K. B., Kurze Erklärung des Römerbriefes, München 1967, S. 140)

F. Lovsky, Lons-le-Saunier, 1952:
»Israel, Lehrer der Hoffnung! Öffnen Sie die Bibel und lernen Sie darin die aktive, lebendige Erwartung der Zusagen Gottes. Grüßen Sie diese Juden, die die erste Ankunft des Retters erlebt haben; dies geschah nicht etwa zufällig, sondern auf Grund des Zusammenspiels ihres Glaubens und des barmherzigen und treuen Willens Gottes. Diese ersten Juden, die ihn gesehen haben, waren die junge Jüdin Maria und der greise Jude Simeon. Die christliche Hoffnung ist die Tochter der Erwartung Israels. Sie ist ihre geschichtliche Erbin, bis hinein in diesen oder jenen weniger sicheren Aspekt dieser Hoffnung, wie etwa den Millienarismus. Sie ist aber eine durch Juden in einer wirklichen Abfolge zuwege gebrachte Erbin – ganz sichtbar und greifbar zustande gekommen durch Simeon und Maria, Paul von Tarsus und Justinus Martyr. Dies ist das erste Band, das die Kirche mit Israel in der Hoffnung verknüpft ...
Wirklich, die Rolle und der Platz Israels in der christlichen Hoffnung sind nicht gering einzuschätzen. Jedesmal wenn ein frommer Jude zu uns sagt, der Messias sei noch nicht gekommen, weiß dieser Jude nicht, daß er in uns Freude und Lob auslöst, weil wir das Kreuz und die Auferstehung unseres Herrn kennen. – Aber jedesmal wenn ein Jude sich zum gekreuzigten und auferstandenen Christus bekehrt – ich sage nicht zum ›Christentum‹ –, nein, dann triumphiere ich nicht angesichts des wirklichen oder eingebildeten Grams der Synagoge; ich sage Dank dem Gott Israel für das prophetische Angeld der Wiedereingliederung Israels, für diese Wunder, neben dem das Wunder der Wiedererrichtung eines jüdischen Staates nur ein Bild aller der Gaben ist, die für die Juden und für uns zubereitet sind von der Treue Gottes.
Darf ich folgende Aussage wagen? Das Eintreten eines Juden in die Kirche ist wie ein Sakrament der Hoffnung ...
Man kann nicht auf die dem ganzen Israel Gottes verheißenen Zusagen Gottes hoffen, wenn man die Juden in den tiefen Kerker christlichen Denkens verbannt.
Man muß den Preis für die Hoffnung auf das Reich Gottes zahlen. Jawohl! Dieser Preis schließt unwiderruflich Israel ein. Das am meisten verfolgte und geplagte Volk der Geschichte schiebt sich zwischen uns und die Erfüllung unserer Hoffnung. So ist es. Wer sind wir, wenn wir uns in den Kopf setzen wollten, deshalb an Gott unsere Vorwürfe zu richten? Gott pflanzt den Weinstock, und der Herr der Weingärtner ist Gott. Gott der Vater erwählt den Ölbaum, und wiederum ist es Gott, der diesen Ölbaum pfropft und pflegt ...«
(F. L., Le mystère d'Israël et l'espérance chrétienne, in: Verbum Caro, Nr. 24, Neuchâtel 1952, S. 171, 173, 180 f.)

Wilhelm Vischer, Montpellier, 1959:
»Es ist die gemeinsame Hoffnung, die Hoffnung Israels, welche die Christen unauflöslich mit den Juden verbindet und welche die Juden von den Christen trennt ...
Schlatter fügt dieser einfachen und überzeugenden Erklärung bei: ›Paulus hat das ‚Geheimnis' redlich und ernst als Geheimnis behandelt und ihm keine Ausdeutung angehängt.‹ Und ich meine, wir sollten es redlich und ernst als Geheimnis behandeln. Das heißt jedenfalls, daß wir es als einen wesentlichen Bestandteil des Evangeliums glauben sollen und den herrlichen Ausblick, den es der Hoffnung der Kirche durch den Blick auf die Juden eröffnet, unverrückt und hell im Auge behalten. Um so bestimmter und eifriger werden wir dann auch das tun, was uns damit heute als praktische Aufgabe angewiesen ist, nämlich so völlig, vor allem auch im Glauben, Hoffen und Lieben den Juden gegenüber so völlig Christen zu werden, daß es die Juden nicht mehr länger aushalten, Juden zu bleiben und so die Hoffnung Gottes bald ganz erfüllt wird. An unserer Einstel-

lung zu den Juden, die heute erbarmungsloser denn je als Schlachtschafe geachtet sind, erweist es sich, ob wir dem König der Gnade angehören, der sich um unserer Sünde willen wie ein Schaf zur Schlachtbank führen ließ. Stoßen wir die Juden von uns, so verleugnen wir den leidenden Christus. Wenn wir aber die Last, die er mit den Juden unserem Glauben und unserer Liebe auferlegt, annehmen, dann stärkt er uns auch durch seine besondere Verheißung für sie in der Hoffnung des völligen Sieges seiner Gnade.«
(W. V., Die Hoffnung der Kirche und die Juden, in: Communio Viatorum, Prag 1959, S. 17, 34)

Claude Muller-Duvernoy, Jerusalem, 1964:
»Solange Israel noch Angst davor hat, diesen Namen (Jesus) auszusprechen und solange Rom sich fürchtet, den Israels in den Mund zu nehmen, kann ein Gespräch nicht in einer befriedigenden Weise zustande kommen. Allein die messianische Hoffnung – keine andere Hoffnung! – kann die Kinder Abrahams wieder zusammenbringen. Es ist nicht zu spät, dieser Hoffnung Anerkennung zu verschaffen, die die Ankunft des Messias, den die Synagoge noch erwartet, und die Parusie (Wiederkunft), die von der Kirche erhofft wird, miteinander verbindet.«
(Cl. M.-D., in: Réforme, Paris, 11. Januar 1964)

Johannes Oesterreicher, Newark, 1964:
»Die Vorstellung von der ›Herrschaft Gottes‹ mag nicht zu jeder Zeit bei Juden und Christen die gleiche gewesen sein. Doch sind Juden und Christen Träger der Hoffnung und werden selbst durch die Hoffnung getragen. Hoffnung ist darum eines der Kennzeichen ihrer Verwandtschaft und ihrer Unterscheidung von Menschen, die einem nichtbiblischen Glauben angehören.«
(J. Oe., The Brotherhood of Christians and Jews, Newark 1964, S. 9)

Alfred de Quervain, Bern, 1964:
»Was schließlich die Gemeinde Jesu Christi mit dem Volk Gottes, auch mit den Juden heute, verbindet, ist *das Leben in der Diaspora, das Leben aus der Hoffnung heraus, in der Erwartung der Offenbarung der Zukunft Gottes.*«
(A. d. Q., Das Zeugnis der Gemeinde gegenüber Israel, in: Kirche in der Zeit, 2/1964, Düsseldorf, S. 64)

Alfred de Quervain, Bern, 1966:
»So ist Christus allein seine (Israels) Freude, seine Hoffnung. Gerade weil Gottes Ja in Jesus Christus die Hoffnung Israels ist, kennt er für sich keine doppelte Hoffnung: die Abstammung aus Israel und Jesus Christus. Eine zweifache Hoffnung wäre eine geteilte Hoffnung, ja eine Hoffnung auf den Menschen und nicht auf den Gott Israels.«
(A. d. Q., Das Judentum in der Lehre und der Verkündigung der Kirche heute, in: Theologische Existenz, Neue Folge, Nr. 130, S. 29 f.)

Abt Grammont, Bec-Hellouin (Belgien), 1966:
»An diesem Punkt muß man ganz dringend den Kontakt und die Kontinuität zwischen christlicher Hoffnung und der Hoffnung Israels wiederentdecken. Neigt unsere christliche Hoffnung nicht dazu, sich in einer schlecht verstandenen Spiritualisierung aufzulösen? Und rührt das Unbehagen so vieler Christen, die mit den großen menschlichen Hoffnungen in Berührung kommen, nicht daher, daß ihre Hoffnung ihre Verwurzelung im Geheimnis Israels verloren hat und nichts mehr weiß vom gemeinsamen Schicksal als im Exil Lebender? Unsere Hoffnung muß die Kraft wiederfinden, die ihr durch den Glauben Abrahams an die Verheißung Jahwehs zuteil wird; nur so kann sie den Naturalismus in all seinen Ausprägungen überwinden.
Die ganze Welt wird durch diese jüdische und christliche Hoffnung in Frage gestellt. Sie verhindert es, sich im gegenwärtigen Leben fest anzusiedeln, und weist allen menschlichen Hoffnungen ihren richtigen Platz zu.«
(Abt Gr., In spem contra spem; Le mystère d'Israël, mystère d'espérance, in: VAV, Nr. 1, Paris 1966, S. 55)

Markus Barth, 1967:
»Nicht nur die Juden, auch die Christen warten noch auf den von Gott verheißenen Messias. Sie haben somit eine gemeinsame Hoffnung. Sie unterscheiden sich nicht wie wissende und nicht-wissende, besitzende und nicht-besitzende oder wie offenherzige und verstockte Menschen. Sie sind vielmehr Mitreisende, die demselben Ziel zustreben und von derselben Erfüllung der Erwartung abhängen.«
(M. B., Jesus, Paulus und die Juden; Zürich 1967, Theol. Studien 91, S. 14 f.)

Bibliographie

Dobbert, Reinhard: Die Hoffnung der Kirche und die Zukunft Israels, Neuendettelsau 1969.
Fleg, Edmond: Le monde qui vient, Paris 1960.
Goldschmidt, Hermann Levin: Israel in der Hoffnung des Judentums, in: Waldemar Molinski: Unwiderrufliche Verheißung, Recklinghausen 1968, S. 67 ff.
Abt Grammont: In spem contra spem. Le mystère d'Israël, mystère d'espérance, VAV I, Paris 1966, S. 51 ff.
Jocz, Jacob: A Theology of election, London 1958, passim.
Lovsky, F.: Le mystère d'Israël et l'espérance chrétienne, in: Verbum Caro, Neuchâtel 1952, S. 168 ff.
Lovsky, F.: Antisémitisme et mystère d'Israël, Paris 1955, S. 101 ff., 343 ff., 518 ff.
Lovsky, F.: The Christian Hope and the Mystery of Israel, in: Ecumenical Review, Genf 1955, S. 43 ff.
Lovsky, F.: Le peuple d'Israël dans l'éducation chrétienne, Paris 1969, S. 98 ff.
Quervain de, Alfred: Das Zeugnis der Gemeinde gegenüber Israel, Düsseldorf 1964, in: Kirche in der Zeit, Nr. 2, passim.
Pfisterer, Rudolf: Antisemitismus und Eschatologie, in: Ev. Theologie, München 1959, S. 266 ff.
Pfisterer, Rudolf: Juden – Christen, getrennt – versöhnt, Gladbeck 1968², S. 41 ff.
Vischer, Wilhelm: Die Hoffnung der Kirche und die Juden, in: Communio viatorum, Prag 1959, S. 17 ff.

Israel

Israel ist zunächst der von Gott dem Jakob zuerkannte Ehrentitel, weil dieser »mit Gott und Menschen gekämpft und obgesiegt« habe (1. Mose 32, 29). Später wurden alle von Gott durch den Bundesschluß am Sinai zu seinem Volk erwählten Stämme aus der Nachkommenschaft Jakobs mit diesem Namen bezeichnet. Und schließlich wird das von Jerusalem und Juda sich trennende Nord-Königreich Israel genannt (10. Jahrhundert vor Christus). Israel besagt, daß die dieses Volk bildenden (→) Juden immer im Zusammenhang mit dem lebendigen Gott und darum mit seinem (→) Bund und seiner (→) Erwählung gesehen werden müssen. Daß der jetzt in Palästina gebildete, von Juden besiedelte und vom Judentum geprägte Staat diese Bezeichnung führt, bedeutet eine bewußte Anknüpfung an diese Tradition und an diesen Anspruch. Die innerhalb der christlichen Kirche oft gehörte Redeweise vom »neuen Israel« steht nicht nur nicht im Neuen Testament, sondern widerspricht auch dem Evangelium. Die heilsgeschichtliche Bedeutung der Juden ist nach dem Tod und Auferstehung Jesu Christi nicht erloschen, und die Juden sind nicht in die Reihe der übrigen Völker zurückgetreten, als wäre die Aussonderung dieses Volkes zu besonderem Zeugendienst (→ Zeugnis) aufgehoben und erloschen.

---

1. Nach dem klaren Zeugnis der hebräischen Bibel, unserem Alten Testament, besteht ein eindeutiger Zusammenhang zwischen dem lebendigen Gott, dem von ihm erwählten Volk und dem diesem zugesagten und zugewiesenen Land. Diese Zusage wurde niemals rückgängig gemacht; sie bildet letztlich die alleinige Grundlage für die Rückkehr der Juden nach Israel und die Bildung dieses Staates. Darin zeigt sich die Treue des lebendigen Gottes, der zu seinen Zusagen steht.

Moses Heß (1812–1875), 1862:
»Die Erwerbung eines gemeinschaftlichen vaterländischen Bodens, das Hinarbeiten auf gesetzliche Zustände, unter deren Schutz die Arbeit gedeihen kann, die Gründung von jüdischen Gesellschaften für Ackerbau, Industrie und Handel nach mosaischen, d. h. sozialistischen Grundsätzen, das sind die Grundlagen, auf welchen das Judentum im Orient sich wieder erheben, aus welchen das unter der Asche eines toten Formalismus glimmende Feuer des altjüdischen Patriotismus wieder hervorbrechen, durch welche das ganze Judentum neu belebt werden wird. Auf dem gemeinsamen Boden des jüdischen Patriotismus werden Altgläubige und Aufgeklärte, Arme und Reiche sich als die Nachkommen derselben Helden wiedererkennen, welche mit den mächtigsten und zivilisiertesten Völkern der alten Welt, mit Ägyptern und Assyrern, mit Griechen und Römern den Kampf aufgenommen und bis zum Ende jener Welt, die sie allein überlebt, durchfochten haben, – als Kinder desselben Stammes, der, wie kein Volk der Weltgeschichte, ein zweitausendjähriges Märtyrertum standhaft ertragen und das Banner seiner Nationalität, die Gesetzesrolle, um derentwillen er verfolgt worden, stets emporgetragen und heilig gehalten hat . . .«
(M. H., Rom und Jerusalem, Erste Ausgabe Leipzig 1862, jetzt: Köln 1962, S. 289)

Theodor Herzl, Basel, 1867:
»Fasse ich den Baseler Kongreß in ein Wort zusammen – das ich mich hüten werde, öffentlich auszusprechen – so ist es dieses: In Basel habe ich den Juden-

staat gegründet. Wenn ich das heute laut sagte, würde mir ein universelles Gelächter antworten. Vielleicht in fünf Jahren, jedenfalls in fünfzig, wird es jeder einsehen.«
(Moritz Bernstein, Betrachtungen zum Zionismus unter spezieller Berücksichtigung seiner Beziehung zu Basel, in: Juden und Christen, gestern und morgen, in Basel und anderswo; Basel 1968, S. 46)

Hermann Bahr, 1912:
»Die Assimilation erscheint mir nun einmal schon deshalb nicht möglich, weil ich den Eindruck habe, daß weder die Juden noch die Deutschen sie wollen, der Judenstaat scheint mir möglich, weil die Deutschen keinen Grund haben, sich gegen ihn zu wehren, viele Juden ihn wollen und ja kein Jude gezwungen sein wird, sich ihm anzuschließen. Der jetzige Zustand scheint mir unhaltbar, weil in ihm viele Juden das Gefühl haben, unterdrückt und um ihr Recht betrogen zu sein, und wieder viele Deutsche das Gefühl, in ihrer Eigenart bedroht zu sein. Haben die Juden erst ihren eigenen Staat und damit eine Zuflucht, so werden sich auch Juden und Deutsche nicht mehr so befangen gegenüber stehen wie jetzt, wo beide stets glauben, an ihrer Seele Schaden zu leiden.«
(H. B., in: Werner Sombart, Hrsg.: Judentaufen, München 1912, S. 22)

Chaim Weizmann (in einer Übereinkunft mit Emir Feisal), Oktober 1918:
Artikel IV:
»Alle nötigen Maßnahmen werden ergriffen, um zu einer Einwanderung von Juden nach Palästina in großem Umfang zu ermutigen und anzureizen und die Ansiedlung dieser Einwanderung durch eine größere Bevölkerungsdichte und durch eine intensivere Bearbeitung des Bodens so rasch als möglich zu begünstigen. Im Rahmen dieser Maßnahmen wird das Recht der arabischen Bauern und Pächter geschützt und für ihre wirtschaftliche Entwicklung wird Sorge getragen.«
(Saul Friedländer, Réflexions sur l'avenir d'Israel, Paris 1969, S. 12)

Martin Buber, 1933:
»Wir sind nicht ein anderes Exemplar der Gattung Nation, wir sind das einzige Exemplar unserer Gattung. Wir sind Israel. Heruntergekommen, preisgegeben, sind wir uneinreihbar geblieben ... Den Kindern ist Israel nicht als Ersatz aufzuschließen, sondern als die wahre Einzigkeit, aus der wir leben und die wir vergessen haben. Wieder einmal läßt die Not uns unseren Namen wiederfinden.«
Waldemar Molinski, Hrsg.: Unwiderrufliche Verheißung, Recklinghausen 1968, S. 79)

Wilhelm Vischer, Montpellier, 1953:
»Die erste Antwort auf die Frage, was von dem neuen Staat Israel zu halten sei: Er ist ein Zeichen dafür, daß tatsächlich ein Zusammenhang besteht zwischen den Juden von heute und dem auserwählten Volk der Bibel.«
(Friedrich Wilhelm Marquardt, Die Bedeutung der biblischen Landverheißungen für die Christen, Theologische Existenz, Neue Folge, Nr. 115, München 1964, S. 48)

Stellungnahme der protestantischen Kirchen in Ungarn, 1955:
»Der neuerdings geschaffene Staat Israel ist ein eminent theologisches Problem, das damit der Kirche gestellt wird. Die Existenz des neuen Staates Israel muß mindestens bedeuten, daß Gott die von uns schon längst vergessenen Verheißungen ebensogut erfüllen kann wie diejenigen, die er in den Zeiten der Bibel erfüllt hat.«
(VAV, Paris 1967, Nr. 3, S. 22)

Eine vom Weltkirchenrat veranstaltete Konsultation, Bossey, 1956:
»Wenn wir im besonderen die Frage nach dem Staat Israel im Rahmen der Beziehungen zwischen der Kirche und dem jüdischen Volk stellen, dann können wir noch einmal nur mit einem Ja und mit einem Nein antworten. Wir können kein unbedingtes Nein aussprechen; denn wir müssen alle Mitleid haben mit den Leiden des jüdischen Volkes und uns jedesmal freuen, wenn es durch die Gnade Gottes davon befreit wird. Doch kön-

nen wir auch nicht ein unbedingtes Ja aussprechen; denn die Errichtung des Staates Israel hat zwar die Leiden zahlreicher Juden gemildert, dagegen zahlreichen Arabern großes Leiden zugefügt, soweit dieselben ihr Land und ihre Häuser verloren haben. Auch sie sind ein Volk, um das sich Gott kümmert. Noch mehr: Wenn wir verstehen, daß die Juden den Wunsch haben, ein eigenes Land zu besitzen, so glauben wir, daß es ihre Berufung ist, als Volk Gottes zu leben, und nicht einfach eine Nation wie die anderen zu werden.«
(VAV, a.a.O., S. 21)

Jacques Nantet, Paris, 1956:
»Wenn wir einen letzten Blick auf die ganz verschiedenartigen Bestandteile (dieses Staates) werfen, dann müssen wir uns fragen, was anderes alle seine Einwohner zusammenhalten kann außer der biblischen Tradition. Sie ist der einzige Hauptnenner. Auch wenn ein amerikanischer und ukrainischer Jude Israelis geworden sind, besteht deren einzige Identität in der Erinnerung an die Bibel. Daß dieses Prinzip wirksam ist (der Staat Israel existiert), macht den Beweis seiner Kraft und seiner weltumspannenden Bedeutung aus. Nur er kann die israelischen Bürger erreichen und zusammenführen, die durch Jahrhunderte und durch Kontinente voneinander getrennt sind.«
(J. N., Les Juifs et les nations, Paris 1956, S. 108)

David ben Gourion, Jerusalem, 1957:
»Das Leid des jüdischen Volkes in der Diaspora, ob wirtschaftlich, politisch oder kulturell, war ein mächtiger Faktor für die Einwanderung nach Israel. Aber es war nur die messianische Vision, die diesen Faktor fruchtbar machte und ihn zur Errichtung eines Staates führte. Das Leid allein ist degradierend, Unterdrückung zerstörend; und hätten wir von den Propheten nicht die messianische Vision der Erlösung geerbt, hätte das Leid des jüdischen Volkes in der Diaspora zur Auslöschung geführt. Die Sammlung der Verbannten, das heißt die Rückkehr des jüdischen Volkes in sein Land, ist der Anfang der Verwirklichung der messianischen Vision.«
(Eleonore Sterling, Kulturelle Entwicklung im Judentum von der Aufklärung bis zur Gegenwart, Wuppertal 1969, S. 49 f.)

Robert Raphael Geis, Düsseldorf, 1961:
»Wenn nach dem Verlust von sechs Millionen Menschen das in seinen Grundfesten erschütterte Judentum die gigantische Kraft zur Wiedergewinnung des ›Altneuland‹ aufbringt und nicht in Verzweiflung untergeht, dann wirken da – teils bewußt, teils unbewußt – alte Hoffnungen auf die totale Erlösung aller Lebensbereiche mit ... Der Jude außerhalb Palästinas wird in seiner Sucht und Sehnsucht nach Angleichung ganz wesentlich durch die Existenz dieses Staates gehemmt, fruchtbare Einwirkung des Zentrums auf jede jüdische Peripherie. Meint etwa israelische Politik, die normalen Wege aller anderen Völker gehen zu können, mahnen die oft nicht gerade freundlichen Stimmen der Völker der Welt in einer merkwürdigen Stellvertretung für die eifernde Liebe der Propheten daran, daß Israel niemals ein Normalvolk sein darf.«
(R. R. Geis, Vom unbekannten Judentum, Freiburg/Brsg. 1961, S. 210 f.)

Arnold Mandel, Paris, 1963:
»Nach jüdischer Sicht erhält das heilige Land seine Heiligkeit nicht von einer Imprägnierung, wie dies für die Christen der Fall ist, die in ihm vor allem die Stätte erblicken, auf der sich das Leben und Leiden Jesu abgespielt haben. Es ist ein Heiligtum der Erwählung und Zuneigung, das Land Gottes, wie Israel das Volk Gottes ist. Es ist eine mitzwa, ein gutes Werk, im Land Israel zu wohnen, auch wenn dieses verwüstet und verlassen ist und von Heiden beherrscht wird.«
(A. M., La voie du hassidisme, Paris 1963, S. 36)

André Néhér, Paris, 1962:
»In dieser Stätte, und hier allein, spielt sich das Geschick Israels ab. Hier ver-

wirklicht sich der Erfolg oder das Scheitern seiner Berufung. Erez ist die Test-Stätte der Erwählung.«
(A. N., Israël, terre mystique de l'Absolu; in: Existence juive, Paris 1962, S. 169)

Günther Harder, Berlin, 1964:
»Der Staat Israel ist ein Zeichen der Treue Gottes zu dem Volk Israel, dessen Existenz durch den Staat erneut erwiesen wird. Er ist Zeichen des Zusammenhangs der Juden mit dem Volk Israel.«
(Friedrich Wilhelm Marquardt, Die Bedeutung der biblischen Landverheißungen ..., a.a.O., S. 49)

Konsultation des Lutherischen Weltbundes, Løgumkloster, 1964:
»Die Sammlung der Juden im Lande der Väter kann in Gottes Heilsplan besondere Bedeutung haben. Wir stehen jedoch diesem Tatbestand zu nahe, um jetzt schon ein Urteil über dessen religiöse Bedeutung zu haben: Gottes Handeln in der Geschichte vermögen wir nicht zu durchschauen.«
(Lutherische Rundschau, Stuttgart 1964, Nr. 3, S. 340)

Georges Friedmann, Paris, 1965:
»Man unterstreicht, daß das historische Recht der Israelis auf ein Leben in Palästina in der Hauptsache sich ableitet von ihrer Verbundenheit mit der Tora: ›Unsere Religion verlieren ist gleichbedeutend mit dem Verlust unserer Rechte auf die Besitzergreifung des verheißenen Landes.‹ Junge, für den Liberalismus gewonnene Israelis räumen ein, daß, ›wer im verheißenen Land leben will, die Orthodoxen tolerieren muß, aber wohlverstanden, ohne daß dieselben von ihrer Seite religiösen Zwang ausüben dürfen‹. Das Ehren unserer Vorfahren, die ihre Religion bekannt und für sie gelitten haben, besteht im Annehmen ihres Erbes. Das Werthalten ihres Gedächtnisses ist gleichbedeutend mit dem Festhalten an der Religion als Grundlage unserer Verfassung: ›Das jüdische Überleben durch die Jahrtausende ist ein nur durch die Religion erklärbares Wunder.‹«
(G. F., Fin du peuple juif?, Paris 1965, S. 215 f.; deutsche Ausgabe: G. F., Das Ende des jüdischen Volkes?, Hamburg 1968)

Beth Oren, in der Knesseth (Jerusalem) 1967:
»Für den Fall, daß für unser legitimes Recht auf Erez Israel eine Rechtfertigung notwendig erschiene, betrachte ich die unserem Patriarchen durch den Hüter Israels gegebene Zusage für viel entscheidender als die Balfour-Erklärung.«
(Tribune juive, 20. 9.–3. 10. 1968, Strasbourg, S. 22)

Kurt Hruby, Paris, 1967:
»So haben die gegenwärtigen Ereignisse, wie etwa die Versammlung eines Teils des jüdischen Volkes im verheißenen Land nach fast zwei Jahrtausenden, die Errichtung eines jüdischen Staates und das fortgesetzte Wunder seiner Bewahrung inmitten einer feindlichen Umgebung gewiß eine Bedeutung im Blick auf den Plan Gottes, ohne daß es uns im übrigen möglich wäre, ganz genau sein Wesen festzulegen.«
(K. H., Le judaisme dans le plan du Salut après l'avènement du Christ, in: L'ami d'Israël, Zürich 1967, Nr. 6, S. 132)

Léon Arthur Elchinger, katholischer Bischof von Straßburg, 1967:
»Es ist notwendig, daß wir in einer biblischen Perspektive besser verstehen lernen, was der Staat Israel den Juden bedeutet, und daß wir bereit sind zu einer wahrhaftigen Anerkennung der Wiederauferstehung Israels, und daß wir den Juden die Besetzung unserer heiligen Stätten, die ja zugleich heilige Orte ihrer eigenen Geschichte sind, nicht streitig machen. Dies ist der Weg, glaube ich, den die christlichen Kirchen einschlagen müssen, wenn sie sich auf einen wahrhaftigen Dialog zwischen allen menschlichen Zweigen der Familie Abrahams hin bewegen wollen.«
(Yona Malachy, Christliches Nein zum jüdischen Staat?, in: Evangelische Kommentare, Stuttgart, Februar 1969, S. 102)

Amitié judéo-chrétienne, Frankreich, 26. Juni 1967:
»Die unabhängige und souveräne Existenz des Staates Israel kann kein Gegenstand der Diskussion sein.
Diese Existenz hat für sie (die Amitié) eine geistliche Bedeutung, und das Schicksal des Weltjudentums ist mit dem Geschick des Landes Israel verknüpft. Wer auch der weltliche Besitzer Jerusalems sein mag – dies kann kein Grund dafür sein, daß Juden, Christen und Mohammedaner nicht brüderlich in Jerusalem zusammenleben, in der Stadt, die ihnen allen heilig ist. Der freie Zugang zu den heiligen Stätten muß jedermann in gleicher Weise zugesichert sein.«
(VAV, Paris, Nr. 3, November 1967, S. 22)

Protestantische Pfarrer der Région Alpes-Rhône der Reformierten Kirche Frankreichs, 1967:
»Auf Grund der heiligen Schrift ist das jüdische Volk das Volk der Verheißung. Darum sind die Probleme, sobald es sich um Israel handelt, nicht mehr nur rein politischer Art, und dies gilt in besonderer Weise für die Kirche Jesu Christi. Israel bleibt das Volk Gottes. Gewiß sind wir der Meinung, daß der israelische Staat nicht deckungsgleich ist mit ›Israel‹, aber ist er deshalb etwa ein Staat wie alle anderen? Ist mit seiner Existenz nicht noch etwas anderes gemeint als das Geschick einer nationalen Gemeinschaft? ...«
(Le Monde, Paris, 15. Juni 1967)

Edmond Jacob, Straßburg, 1968:
»Der an diesem Abend von mir vertretene Standpunkt betrifft nur meine eigene Verantwortlichkeit. In meinem Bemühen um Sachlichkeit, was nicht Neutralität bedeutet, möchte ich zumindest meine tiefe Überzeugung deutlich machen und womöglich dieselbe von Ihnen teilen lassen, nämlich, daß das, was sich im Namen Israel verbirgt, für uns kein auszureißender Pfahl im Fleische oder eine Quelle der Unruhe ist, sondern das Unterpfand dafür, daß es für uns und die Welt eine Zukunft und eine Hoffnung gibt, wie dies eines Tages der Prophet Jeremia (31, 17) sagte ...
Bei Israel geht es um einen Kampf, aber der Partner in diesem Kampf ist Gott. Israel kann Gott nicht entrinnen, es ist durch Gott gezeichnet, und darum ist es verwundet, zerschlagen und gesegnet zugleich ...
Gott hat alles getan, damit diese Erwählung in einer sichtbaren Weise kund würde und so das Volk wirklich ein Volk sein könnte. Ein Volk ist aber notwendigerweise mit einem geographischen Raum verknüpft. Das Land, das Gott gleichzeitig erwählte, als er Abraham berief, ist eine schrecklich zweideutige Wirklichkeit. Es hat seinen Standort am Schnittpunkt mehrerer Kulturen, an den Grenzen zwischen dem Orient und dem Okzident; dieser Kreuzungspunkt war mehr als irgendein anderer eine Stätte des Durchgangs und ein Schauplatz von Kriegen. Und dann war auch die geographische Anordnung dieses Landes derart, daß sie jede nationale Einheit sehr erschwerte, und schließlich waren seine natürlichen Schätze so geringfügig, daß die dort wohnende Bevölkerung nur ein Leben in Armut führen konnte. Aber die göttliche Verheißung behielt über diese Beisteuer der Geographie und der Geschichte die Oberhand und machte aus diesem Land eine Stätte, die für den Ausdruck und die Ausbreitung des Segens geeignet wurde ...
Man muß auch beachten, daß die Ausdrücke wie Eid, Bund und Erbe alle der Rechtssprache entnommen sind; das Besitzen des Landes ist gewiß wie der Eid, fest wie ein Bündnis, das die beiden damit befaßten Parteien verpflichtet, und unveräußerlich wie ein Erbe.«
(E. J., Israël dans la perspective biblique, Strasbourg 1968, S. 12, 15, 21, 22)

Lucien Lazare, Jerusalem, 1968:
»Zweitausend Jahre mußten die Juden verstümmelt und ihrem eigentlichen Verlangen entfremdet leben; heute existiert diese Situation nicht mehr, außer noch für die Juden, die in der Diaspora bleiben wollen. Wenn man an die weltumspannende Bedeutung der jüdischen

Kultur glaubt, wird man unausweichlich dazu geführt, nach Israel aufzubrechen; unsere Kinder können anderswo nicht ihre völlige Entfaltung finden.«
(L. L., Tribune juive, Nr. 26, Strasbourg 1968, S. 8)

Die »Rainbow-Group« (»Regenbogengruppe«, eine aus Juden und Christen sich zusammensetzende Vereinigung), Jerusalem, 1968:
»Wir halten es für einen der schlechtesten Dienste, den die Christen den arabischen Völkern in den letzten 20 Jahren geleistet haben, daß sie ihnen nicht geholfen haben, der umfassenden jüdischen Realität, insbesondere der jüdischen Bindung an das Land, ins Angesicht zu sehen. Das betrifft die Unausweichlichkeit der fortgesetzten Anwesenheit von Juden in diesem Land in der Gestalt des heutigen Staates Israel. Indem die Christen dieses Faktum heruntergespielt haben, haben sie ohne ihren Willen die Fortdauer des Kriegszustandes gefördert und die Eröffnung von Gesprächen verhindert, die zu einer ausgehandelten Regelung führen könnten. Da die Christen sich zunehmend ihrer Verantwortung für die Förderung von Frieden und Gerechtigkeit in der Völkergemeinschaft bewußt werden, ist es gleichermaßen ihre Pflicht, alle möglichen Mittel zur Erreichung eben dieses Zieles im Mittleren Osten zu erforschen.«
(Yona Malachy, a.a.O., S. 102)

Josy Eisenberg, Paris, 1969:
»Wie kann man jenen Satz unseres großen Dichters Juda Halevi vergessen, der vor fast tausend Jahren sagte: ›Mein Herz ist im Orient und ich lebe in den Gebieten des Okzidents‹? Ist der Satz dieses Dichters, müßte dieser Satz nicht wahr sein für jeden Juden, so daß die Behandlung dieses Themas, ja schon seine Definition, schon beinahe, wenn ich mir diesen Ausdruck zu gestatten wagen darf, eine Art von Häresie, Kritik und Unruhe bildet? Was würde man wohl von einem Christen sagen, der in aller Öffentlichkeit sich über den Platz fragt, den Jesus Christus im christlichen Denken einnimmt, was würde man von einem Juden einer Jeschiwa (Talmudschule) denken, der sich über den Ort der Tora in seinem religiösen Denken fragt, wenn nicht dies, daß dadurch eine Krise offenbar wird? ...
Wenn eine (jüdische) Gemeinde dazu geführt wird, sich über dieses Thema (Israel und sein Land) zu fragen, dann ist dies ein Zeichen dafür, daß sie teilweise assimiliert oder dem Judentum entfremdet ist ...
Das Land Israel, das die Stätte war, wo diese Geschichte praktisch entstanden ist, wo ihre Grundlagen gelegt wurden, wo sie sich in weitem Umfang entwickelte und aus dem sie das Wesentliche ihrer lebendigen Kräfte gezogen hat, spielt selbstverständlich eine wesentliche Rolle ...
Israel ist in erster Linie ein Land der Erwählung ... Israel ist für uns nicht ein Douaumont oder Verdun, und wir sind keine alten Kämpfer, die zurückgekehrt sind an die Stätten, auf denen sich etwas Außerordentliches ereignet hat ...
Im Bereich der Theologie haben wir es mit einer heiligen Geschichte zu tun, aber es geht für uns hier auch um eine heilige Geographie, und diese beiden Begriffe sind in unserem religiösen Denken absolut untrennbar ...
Der erste Text (des Talmud) sagt aus: ›Wer außerhalb des heiligen Landes lebt, gleicht einem Menschen, der keinen Gott hat.‹ Ich glaube, man hat alles gesagt, wenn man diesen Text aus dem Talmud zitiert hat, aber man muß ihn auch begreifen. Und schließlich gibt es auch jenen anderen Text aus dem Talmud: ›Es ist besser, in Israel in einer ganz und gar von Heiden bevölkerten Stadt zu leben als außerhalb des Heiligen Landes in einer Stadt, die ganz und gar von Juden bewohnt wäre.‹ ...
Die Situation Israels ohne Land ist eine pathologische Situation. Sie ist jedenfalls nicht die normale Situation, zu der Israel berufen wurde, um das Volk Gottes zu sein. Während der mehr als 2000 Jahre in der Diaspora haben wir wie ein kranker Organismus reagiert, der seine eigenen Abwehrstoffe aussondert, um

den krankhaften Zustand zu bekämpfen, in den er gestürzt wurde; die Situation Israels im Heiligen Land ist dagegen eine normale Situation.«
(J. E., Israël et sa terre, in: Lumière et Vie, Nr. 92, Lyon 1969, S. 83ff., 94)

Kurt Hruby, Paris, 1969:
»Die ganze Existenz Israels in Vergangenheit, Gegenwart und Zukunft ist nur im Zusammenhang mit dem Plan Gottes erklärbar.«
(K. H., Israël, Peuple de Dieu; in: Lumière et Vie, Nr. 92, Lyon 1969, S. 77)

Yona Malachy, Jerusalem, 1969:
»Zugleich mit allen negativen Reaktionen zeigten sich auch erste Anzeichen einer Wende im Denken des Christentums und des Beginns eines neuen Verstehens des Judentums, des Zionismus und des Staates Israel. Die vollständige Identifizierung des Weltjudentums mit dem Staat Israel in der Zeit der Krise, die fast mystische Bewegung unter der israelischen Bevölkerung Israels in den Tagen des Krieges und danach, das Offenbarwerden der tiefinneren Beziehungen zu Jerusalem, die mit der Befreiung der Altstadt wie ein Sturzbach hervorbrachen, gaben mehr und mehr christlichen Theologen und Geistlichen den Anstoß dazu, das Wesen des Judentums und seines Verhältnisses zum Land Israel und zu Jerusalem neu zu durchdenken. Katholische und protestantische Kreise, insbesondere solche, die auch schon früher für das Verständnis zwischen Juden und Christen gearbeitet hatten, erkennen mehr und mehr, daß die Verbindung zwischen dem jüdischen Volk und seinem Land zu einem zentralen Thema der zukünftigen Gespräche zwischen Judentum und Christentum werden muß.«
(Y. M., Christliches Nein zum jüdischen Staat?, in: Evangelische Kommentare, Stuttgart 1969, S. 102, Nr. 2)

---

2. Die gegen Israel gerichteten Vernichtungspläne müssen uns Christen auf Grund unserer Zugehörigkeit zum Gott Israels zu einer Bezeugung unserer Solidarität veranlassen. Die Vernichtung Israels war und ist geplant und darf auf keinen Fall als eine nur wortreiche Übertreibung verharmlost werden. Eine derartige Stellungnahme für die Existenz Israels bedeutet nicht, daß dadurch Kritik an Maßnahmen Israels ausgeschlossen würde.

Andrej Gromyko, derzeitiger Außenminister der Sowjetunion, damals Botschafter bei der UNO, 1948:
»Was den jüdischen Staat betrifft, so ist seine Existenz bereits ein Faktum, das gefalle oder nicht ... Die Delegation der UdSSR kann sich nicht enthalten, ihr Erstaunen über die Einstellung der arabischen Staaten in der palästinensischen Frage auszudrücken. Ganz besonders sind wir überrascht zu sehen, daß diese Staaten oder zumindest einige von ihnen sich entschlossen haben, militärische Maßnahmen zu ergreifen mit dem Ziele, die nationale Befreiungsbewegung der Juden zu vernichten. Wir können die vitalen Interessen der Völker des Nahen Ostens nicht identifizieren mit den Erklärungen gewisser arabischer Politiker und arabischer Regierungen, deren Zeugen wir sind.«
(Jean Améry, Der ehrbare Antisemitismus, in: Zeit, Hamburg, 25. Juli 1969, S. 16)

Leiterkreis der Kirchlichen Bruderschaft in Württemberg, 1964:
»Als Christen haben wir durch unsere Schuld hindurch das Volk Gottes wieder entdeckt, in welchem auch unser Glaube unwiderruflich wurzelt. Wir sind auf dem Wege, zu erkennen, was das an Konsequenzen für uns als Kirche Christi bedeutet. Die Kirchentage in Berlin und Dortmund sind in dieser Richtung bedeutsam gewesen. Aber auch abgesehen von dieser besonderen Erkenntnis sind wir als Deutsche verantwortlich dafür, daß das Volk der Juden sein Lebensrecht behält in dieser Welt. Darum haben wir *allen Anlaß, dem Schicksal des neuen*

Staates Israel nicht mit verschränkten Armen gleichgültig zuzusehen, sondern uns im Rahmen unserer Möglichkeiten positiv dafür einzusetzen, daß die Existenz dieses Staates und seine Fortentwicklung gewährleistet bleiben. Die finanziellen Leistungen unseres Staates im Rahmen der sogenannten Wiedergutmachung waren ein erster wichtiger Schritt. Wir hoffen, daß die hier noch bestehenden Unstimmigkeiten großzügig und rasch geklärt werden. *Die formelle Anerkennung des Staates Israel* als zweiter Schritt in dieser Richtung ist längst überfällig. Es ist für rechtlich denkende Menschen unbegreiflich, daß unsere Regierung zu einem Staat wie Ägypten, der den Mord an Juden als ›polizeiliches Delikt‹ wertet und dementsprechend polizeilich gesuchte Verbrecher nicht ausliefert, ungetrübte Beziehungen pflegt, während dem Staat Israel die Anerkennung verweigert wird. Wir müssen von unserer Regierung verlangen, daß auch die von führenden Politikern erhobene Forderung nach Aufnahme von diplomatischen Beziehungen mit Israel endlich in die Tat umgesetzt wird.«
(Walter Schlenker, Hrsg.: Politik in der Kirche?, Stuttgart 1969, S. 67 f.)

Ben Bella, Algier, 1. Mai 1965:
»... Israel ist das Werkzeug des Imperialismus, und Israel wird verschwinden. Dabei spielt es keine Rolle, ob dies durch friedliche Mittel oder durch Waffengewalt geschieht – Israel wird jedenfalls verschwinden ... Ich hatte schon Anlaß, es auszusprechen. Ich bin nicht vernünftig, wenn es sich um Israel handelt ... Wir wünschen gewiß, daß eine friedliche Lösung sich durchsetzt, aber es ist selbstverständlich, daß wir unter unserer friedlichen Lösung das Verschwinden Israels verstehen.«
(B. B., Le Monde, Paris, 4. Mai 1965)

Gamal Abdel Nasser, Staatspräsident von Ägypten, am 1. Mai 1965:
»Es stimmt zwar, daß dieses Problem (um Israel und Palästina) 17 Jahre zurückgeht, aber wir werden die Schlacht um Palästina gewinnen, weil wir das Recht und die Zahl für uns haben. Der Tag wird kommen, an dem die Araber zwei oder drei Millionen Soldaten mobilisieren können. An diesem Tag werden sie Palästina befreien und die Palästinenser wieder in ihre Rechte einsetzen, ganz gleich, über wieviel Waffen Israel verfügt, die ihnen von den Westmächten geliefert wurden. Das ist unser Weg zur Regelung des Palästinaproblems.«
(A. G. N., Le Monde, 4. Mai 1965)

Helmut Gollwitzer, Berlin, 1965:
»... Solange leider die arabischen Führer nicht erkennen, daß Frieden mit dem Staat Israel für ihre Völker viel besser und nützlicher ist als die jetzige Feindschaft, und solange sie die Vernichtung Israels planen, muß sich die Christenheit verantwortlich wissen für die Verhinderung dieser Vernichtung. Eine Christenheit, die ein zweites Mal in unserem Jahrhundert einem großen Morden an den Juden untätig zusieht, wäre ein Ekel vor Gott.«
(H. G. und Eleonore Sterling, Hrsg.: Das gespaltene Gottesvolk, Stuttgart 1966, S. 121)

Hussein, König von Jordanien, 5. Juni 1967:
»Tötet die Juden überall, wo ihr sie trefft. Tötet sie mit euren Armen, mit euren Händen, mit euren Nägeln und euren Zähnen.«
(Richard Z. Chesnoff, Edward Klein, Robert Litell, Si Israël avait perdu la guerre, Paris 1969, S. 9)

Martin Luther King, USA, 30. Mai 1967:
»Wer ein Gewissen hat, darf jetzt nicht schweigen. Der Mittlere Osten befindet sich am Rand des Krieges. Der ägyptische Präsident Nasser hat die Blockade eines internationalen Seeweges, der Meerenge von Tiran, begonnen, die Israels Seeweg nach Afrika und Asien ist. Diese Blockade kann zu einem Großbrand führen.«
(Yona Malachy, a.a.O., S. 98)

Gamal Abdel Nasser, Staatspräsident von Ägypten, 27. 5. 1967:
»Die Armeen Ägyptens, Jordaniens, Sy-

riens und des Libanon haben an den Grenzen Israels Stellung bezogen. Die Armeen des Irak, Algeriens, von Kuweit, des Sudan und des ganzen arabischen Volkes stehen hinter ihnen. Wir wollen einen allgemeinen Angriff durchführen. Dies wird einen totalen Krieg geben. Unser wesentliches Ziel: die Vernichtung Israels.«
(R. Z. Chesnoff, u. a., Si Israël vait perdu la guere, a.a.O., S. 9)

Kurt Scharf, Bischof von Berlin, 16. Juni 1967:
»3. Gottes Verheißung ist über dem von ihm erwählten Volk Israel in Kraft geblieben. Obwohl zum Staat Israel nur ein Teil der Juden in der Welt gehört, ist dieser in die Absichten Gottes mit hineingenommen. Darum bezeugt allenthalben: Wer Israel auslöschen will, widersteht Gottes Verheißung und Willen.
4. Helft Israel in mannigfaltiger Weise, durch Spenden wie durch persönlichen Einsatz! Wir sind dazu verpflichtet, denn zahlreiche Bürger des Staates Israel sind zur Zeit der Judenverfolgung im Dritten Reich dorthin geflohen.
5. Durch Schweigen und Unterlassen sind wir damals mitschuldig geworden an dem Frevel, der durch Menschen unseres Volkes an den Juden begangen worden ist. Das macht uns zu Mitbeteiligten. Darum achtet darauf, daß wir nicht durch Unterlassen und Schweigen neue Schuld auf uns laden!«
(K. Sch., in: Waldemar Molinski, Hrsg., Unwiderrufliche Verheißung, Recklinghausen 1968, S. 60)

---

3. Die Gefahr Israels besteht unter anderem darin, seine Besonderheit nicht mehr ernst zu nehmen und so zu einer inneren Aushöhlung des Judentums beizutragen.

Georges Friedmann, Paris, 1965:
»Die Sabras (in Israel geborene Bürger dieses Staates) sind Israelis. Aber man weiß nicht recht, was das Judesein für die meisten von ihnen bedeutet ...
Wenn unser Volk seit 15 Jahrhunderten so viel gelitten hat, so rührt dies daher, daß es nicht war, wie die anderen. Man muß mit all diesen Unterschieden reinen Tisch machen und unseren Staat wie jeden anderen organisieren ...
Die Erfahrung des Staates Israel unterminiert die entscheidenden Fundamente der mosaischen Religion.«
(G. F., Fin du peuple juif?, Paris 1965, S. 138, 216, 321)

Léon Askenazi, Paris, 1966:
»Was uns unaufhörlich in Unruhe versetzt, ist der Umstand, daß eine derartige Charta auch das Risiko in sich schließt, daß ein solches Fragen zu einem Verhör sich umwandelt. Man trägt nicht ohne Risiko den Namen Israel. Man hat nicht ohne Risiko an dieser Art des Menschseins Anteil, wo die Entscheidung für den moralischen Optimismus sich nicht darauf beschränkt, der Geschichte der Meinungen oder der ehrbaren Überzeugungen unseres Empfindens anzugehören, sondern wo dieser Optimismus die conditio sine qua non der Existenz bedeutet.«
(L. A., Tant que dure la nuit ..., Les nouveaux cahiers, Paris 1966, Nr. 5, S. 8)

Frank Rosenthal, Rabbiner aus Chicago (früher Beuthen), 1966:
»Das Judentum besteht nicht nur aus Israel. Unter den jungen Israelis sind nur noch wenige gläubige Juden. Millionen von Juden in aller Welt haben mit Israel nichts zu tun ...«
(F. R., Stuttgarter Zeitung, 23. 7. 1966)

Jean François Steiner, Paris, 1966:
»Den Hauptvorwurf, den ich gegen Israel erhebe, ist seine Ablehnung des Judentums. Die Israelis bezeichnen sich als Israelis und nicht als Juden.«
(Jean-François Steiner, Mourir à Treblinka, in: Arche, Paris, April 1966, Nr. 110, S. 28)

Wolfgang von Weisl, 1968:
»Von dieser Zeit an hat die ›kanaanitische‹ Weltanschauung nicht gering zu schätzende Kreise der Jugend erfaßt:

›Wir anderen in Palästina Geborenen haben viel mehr mit den Arabern von Palästina gemeinsam als mit den Juden Europas, die sich ohne Gegenwehr abschlachten ließen, oder mit den amerikanischen Geschäftsleuten, die uns Almosen schicken. Wir sind übrigens keine Juden, sondern mit den Phöniziern und Karthagern von ehedem verwandte Hebräer.‹ ...
Man sah also bald die ›kanaanitische‹ Weltanschauung aufblühen, die dazu angetan war, an die hitlerischen Lehren von ›Blut und Boden‹ zu erinnern; außerdem formierten sich hier antireligiöse, um nicht zu sagen, antijüdische Gruppen. Die Kanaaniter wünschten in wohlüberlegter Absicht, zwischen Israel und der Diaspora einen tiefen Graben zu ziehen: die Sabras, die in Israel *geborene* junge Generation sollte nach ihrer Meinung einem palästinensischen Volk zugehören, dem die Araber des Landes ebenfalls angehörten. Radikal verschieden von diesen Kreisen waren ›die Juden‹ der Diaspora, deren Judentum am Samstag in der Synagoge sich kundtat und die Geld für die zionistischen Organisationen spendeten. Die Sabras hätten mit derartigen Leuten nichts gemeinsam.«
(W. v. W., Israël et la Diaspora vingt ans après la deuxième guerre mondiale, in: D'Auschwitz à Israël, Paris 1968, S. 220, 225)

David Catariva, 1968:
»Eine vollkommene Gestaltwerdung der leiblichen und geistlichen Wiedergeburt des jüdischen Volkes im Land Israel besteht darin: die Westmauer (des Tempels) gehört uns und zum ersten Mal seit 19 Jahrhunderten können die Kinder Israels *in voller Freiheit* und als *souveränes Volk* dorthin zurückkehren, um sich zu freuen und nicht mehr zu klagen. Man hat die Hora (israelischer Nationaltanz) vor der Klagemauer getanzt ...
300 000 Pilger haben sich am Pfingstfest nach dem Krieg zu diesem Symbol des Tempels begeben, und dies ist die beste Antwort an alle diejenigen, die Zweifel über das Judentum in Israel zum Ausdruck bringen.
In der ganzen Welt wissen nun Menschen, die sich fragten, was sie *zuerst* seien, daß sie *in erster Linie* Juden sind, und diese – manchmal für sie umstürzende – Entdeckung verdanken sie Israel. Durch Israel und wegen Israel haben sie sich selbst gefunden, wiedergefunden.«
(D. C., L'État d'Israël: une renaissance culturelle, in: D'Auschwitz à Israël, a.a.O., S. 197 f.)

---

4. Innerhalb der Christenheit widerspricht das Selbstverständnis der Kirche als »neues Israel« der Besonderheit dieses Volkes und dem Zusammenhang zwischen diesem Volk und dem ihm zugesagten, ganz bestimmten Land. Dadurch wird der Blick für die Bedeutung des mit Israel verbundenen Geschehens getrübt.

Heinrich Ebeling, 1895:
»Nach dem irdischen Kanaan und Jerusalem verheißt die Schrift den Juden *keine Rückkehr*; dagegen sprechen schon die Propheten. Also nichts soll den Juden gelingen, Jerusalem nicht wieder gebaut werden, das ganze Volk wie ein Topf in so kleine Scherben zerschlagen werden (Ps. 2, 9; Jes. 30, 12 ff.; Jer. 2, 37), daß man es nicht wieder zusammenbringen kann; wie schlechtes Silber soll's verworfen werden (Jer. 6, 30), wie Silo, wohin die Stiftshütte *nie* zurückgekehrt ist, nie zurückkehren *kann* (Jer. 26, 6. 9), wie Ephraim (die zehn Stämme), der nach der assyrischen Gefangenschaft nie wieder vereinigt ist noch vereinigt werden kann (Jer. 7, 14 ff.). Hier ist also die *ewige* Verwerfung der Juden als Volk geweissagt, weil sie ihren Erlöser verwerfen.«
(H. E., Der Juden Vergangenheit, Gegenwart und Zukunft in Kirche und Welt; Zwickau 1895, S. 66 f.)

Yves Congar, Paris, 1958:
»Die geschichtliche Erfüllung der Verheißungen ist erreicht und damit vergangen. Man kann sich auf diese Texte nur noch im Zusammenhang mit dem Gebet, aber

auf keinen Fall im Blick auf die Verheißung beziehen ...
Ich für meinen Teil kann nur schlecht sehen, wie die Verheißungen Gottes sich auf den jüdischen Staat in Palästina anwenden lassen sollen, so wie sich dieser vor unseren Augen bildet ...
Biblisch gesprochen gibt es keine Befreiung noch Wiederherstellung, die nicht diesen Sinn hätte. So setzt auch die Wiederherstellung des jüdischen Volkes in einem repräsentativen Teil seiner selbst in einer Heimat und was noch mehr ist – in Palästina, diesen religiösen Sinn und Bedeutung aller dieser an Israel geschehenen Befreiungstaten voraus, wenn dies positiv und direkt Gottes Wille sein soll.
Wenn man aber jetzt den gegenwärtigen jüdischen Staat im Licht dieser biblischen Voraussetzung betrachtet, dann muß man feststellen, daß er in keiner Weise ein religiöser Staat ist, und dies auch nicht sein will. Von seinem Beginn an hat er sich als moderner weltlicher Staat verstanden und sich vielmehr in einer sozialistischen Grundrichtung verwirklicht. Selbstverständlich kann er nicht ganz und gar weltlich sein. Er gleicht ein wenig jemand, der zwar eine Berufung hat, dieselbe aber ablehnt; er kann sich in Wirklichkeit nicht davon freimachen, und er verwickelt sich darin, wie jemand, der ein zu langes Kleid anhat.«
(Y. C., Le sens religieux de la restauration d'une nation et d'un état juifs en terre sainte, in: Chrétiens en dialogue, Paris 1964, S. 538 f., 542)

Helmut Gollwitzer, Berlin, 1958:
»Die Kirche, zu der man durch den Glauben kommt, verdrängt nach Röm. 11 nicht Israel, sondern fügt ihm eine neue Schar hinzu; die Kirche, selbst nicht ein Volk, hat Israel als Volk bei sich und hebt Israel als Volk des Bundes nicht auf. So hebt Joh. 4 auch nicht den Zusammenhang auf, der zwischen dem erwählten Volk und dem verheißenen Land besteht.«
(Friedrich Wilhelm Marquardt, a.a.O., S. 49, Anm. 5)

Yona Malachy, Jerusalem, 1969:
»Die Zurückhaltung gegenüber allem, was das jüdische Volk angeht, hatte ihren Grund vor allem in der Befürchtung, daß jede Erörterung dieses Themas, auch jede theologisch-religiöse, als politisches Interesse am Staate Israel ausgelegt werden könnte ...
Charakteristisch für die meisten dieser Erklärungen vor dem Kriege ist das fast völlige Schweigen über die Vernichtungsdrohungen von seiten der Araber und über die tiefe Beunruhigung der Bürger Israels auf Grund der offenen Provokation. Im offiziellen Christentum waren keine Anzeichen von Sorge um den physischen Bestand des Volkes im Staate Israel erkennbar, einer Sorge, die zum Beispiel das ganze Weltjudentum während der schweren Tage vor dem Krieg erfaßte.«
(Y. M., Christliches Nein zum jüdischen Staat?, in: Ev. Kommentare, Stuttgart, Februar 1969, S. 97 f.)

Rabbiner Olan, USA, 1969:
»Die christliche Lehre besteht darin, daß die erfolgreiche Existenz Israels für die Christen eine Häresie bedeutet; das Volk, das Jesus als den Retter verwarf, mußte fallen und leiden, so daß dadurch seine Sündhaftigkeit unter Beweis gestellt wurde.«
(R. O., in: Church and the Jewish People, Genf 1969, S. 1)

Bibliographie

Al Joundi, Sami: Juden und Araber, München und Eßlingen 1968.
Avnery, Uri: Israel ohne Zionisten, Gütersloh 1969.
Badi, Joseph: Religion und Staat in Israel, Gütersloh 1961.
Baratz, Joseph: Siedler am Jordan, Göttingen o. J.
Baudy, Nicola: Les grandes questions juives, Paris 1965, S. 201 ff.
Ben Dan: Der Spion aus der Wüste, Bayreuth 1967.
Ben Gourion, Hrsg.: Die Juden in ihrem Land, Würzburg 1967.
Ben Gourion: Wir und die Nachbarn, Tübingen 1968.
Ben Gourion: Briefe an meine Frau, München 1969.

Berendsohn, Walter: Das Volk der Bibel im Land der Väter, Stuttgart 1962.
Birnbaum, Ernst: Roter Davidsstern über Israel, Velbert 1969.
Bourdelette, Jean: Pour Israël, Paris 1968.
Chesnoff, Richard; Klein, Edward; Littell, Robert: Si Israël avait perdu la guerre, Paris 1969.
Chouraqui André: Lettre à un ami arabe, Paris 1969.
Churchill, Randolph und Winston: ... und siegten am siebenten Tag, Bern 1967.
Congar, Ives, O. P.: Le sens religieux de la restauration d'une nation et d'un état juifs en terre sainte, in: Chrétiens en dialogue, Paris 1964, S. 529.
Däniker, Gustav: Israels Dreifrontenkrieg, Frauenfeld und Stuttgart 1967.
Davis, J. H.: Israel als Provocation?, Olten 1969.
Debus, Gerhard: Schalom Israel, Gütersloh 1967.
Eisenberg, Josy: Israël et sa terre, in: Lumière et Vie, Nr. 92, Lyon 1969, S. 81 ff.
Eytan, Steve: L'oeil de Tel Aviv, Paris 1970.
Flannery, Edward H.: Theological Aspects of Israel, Bridge III, Newark 1958, S. 301 ff.
Gilboa, Amir: Israel, Jerusalem 1967.
Goldmann-Wimmer, Hrsg.: Das Land, das ich dir zeigen werde ..., Frankfurt/Main 1967.
Gollwitzer, Helmut: Vietnam, Israel und die Christenheit; München 1967.
Heuss, Theodor: Staat und Volk im Werden, Stuttgart und München 1960.
Huygens, Petrus: Begegnungen in Israel, Kassel 1961.
Huygens, Petrus: Israel – Land der Bibel und der Zukunft, Kassel 1966.
Jacob, Alfred: Der Krieg geht weiter, München 1968.
Jacob, Edmond: Israël dans la perspective biblique, Strasbourg 1968.
Imhoff von, Christoph: Israel – die zweite Generation, Stuttgart 1964.
Imhoff von, Christoph: Duell im Mittelmeer, Freiburg 1968.
Joseph, Dov: Die Belagerung von Jerusalem 1948, Frankfurt/Main 1962.
Jérusalem, Jérusalem; Christianisme social, Paris 1967, Nr. 9 und 10.
Krupp, Michael: Vergesse ich dein Jerusalem, Metzingen 1962.
Larteguy, Jean: Les murailles d'Israël, Paris 1968.
Maas, Hermann: ... und werde Rahels Kinder wieder bringen in das Land, Heilbronn 1955.
Malachy, Yona: Christliches Nein zum jüdischen Staat?, in: Ev. Kommentare, Stuttgart Februar 1969, S. 97 ff.
Marquardt, Friedrich-Wilhelm: Die Bedeutung der biblischen Landverheißungen für die Christen, Theologische Existenz, Neue Folge, Nr. 116, München 1964.
Molinski, Waldemar, Hrsg.: Unwiderrufliche Verheißung, Recklinghausen 1968.
Nantet, Jacques: Les Juifs et les nations, Paris 1950.
Néhér, André: Existence juive, Paris 1962, S. 154 ff., 166 ff.
Néhér, Renée: La Declaration Balfour, Paris 1969.
Nick, Dagmar: Israel gestern und heute, Gütersloh 1968.
Pfisterer, Rudolf: Das Israel des alten Bundes und der Staat Israel heute, in: Briefe an junge Christen, Gelnhausen 1963, S. 4–7.
Ramati, Alexander: Das ungelobte Land, München 1961.
Salomon, Michel: Israël, le Royaume et l'Utopie; Paris 1968.
Sartre, Jean-Paul, Hrsg.: Le conflict israéloarabe, in: Les Temps Modernes, Paris 1967.
Schäble, Walter: Brennpunkt Palästina, Wuppertal 1961.
Schneersohn, Isaac, Hrsg.: D'Auschwitz à Israël, Paris 1968.
Shinnar, Felix: Bericht eines Beauftragten, Tübingen 1967.
Spender, Stephen: Aliyah, Stuttgart 1953.
Stamm, Johann Jakob: Der Staat Israel und die Landverheißungen der Bibel, Zürich 1957.
Weckerling, Rudolf, Hrsg.: Le Chaim – zum Leben, Berlin 1962.

Jerusalem

Jerusalem ist durch die von Gott getroffene Wahl für seinen (→) Tempel die heilige Stadt für die Juden und für die sich an der Offenbarung der (→) Bibel orientierenden Glaubensgemeinschaften. Zunächst ist aber Jerusalem als diese heilige Stadt Ausgangspunkt, Zentrum und Ziel allen jüdischen Denkens von Gottes Herrschaft und Machtergreifung. Darum blieb diese Stadt als Mittelpunkt des den Juden zugesagten Landes auch in der Zeit der Zerstreuung (→ Diaspora) unvergessen (vgl. Ps. 137, 4). Dies schlug sich in den täglichen Gebeten und in der Liturgie des Gottesdienstes nieder. Die Hoffnung auf Heimkehr in diese Stadt ist verknüpft mit messianischen Erwartungen. Daß seit dem Sechs-Tage-Krieg Jerusalem sich wieder ganz in der Hand der Juden befindet, ist für die Geschichte Gottes mit Israel und der Welt von Bedeutung. Der Verzicht auf Jerusalem von seiten der Juden ist darum immer auch einer Selbstaufgabe des Judentums und einem Aufgehen unter anderen Völkern gleichgekommen.

1. Jerusalem ist für das Judentum und die Juden der unersetzliche Mittelpunkt ihres Glaubens und Lebens.

Psalm 137, 5:
»Vergesse ich dein, Jerusalem, so werde ich meiner Rechten vergessen.«

Sechster Zionistenkongreß, Basel, 1903:
»Die Opposition der Gruppe um Martin Buber und der Chowewe Zion allerdings war ebenso selbstverständlich; denn das, was sie in Palästina zu finden hofften, brauchten sie in Uganda nicht zu suchen. Nur Palästina war das Land ihrer Väter und konnte ihnen wieder Heimat werden. Herzl und Nordau versicherten, daß vom Basler Programm nicht abgewichen werden solle: ›Das jüdische Volk kann selbstverständlich kein anderes Endziel haben als Palästina.‹ Uganda sei nur Zwischenlösung, ›Nachtasyl‹ für die verfolgten Juden. Aber die am härtesten betroffen waren, die russischen Chowewe-Zion, lehnten entschieden ab. Weinend verließen sie den Kongreß und hielten in Nebenzimmern eine Trauersitzung. Herzl wollte sie zurückholen und zitierte auf Hebräisch – das einzige Mal in seinem Leben, daß er Hebräisch sprach – Psalm 137: ›Vergesse ich dein, Jerusalem, so werde meiner Rechten vergessen.‹ Der Gegensatz war aber unüberbrückbar. Der Kongreß beschloß gegen die Stimmen der ›Chowewe Zion‹ eine Untersuchungskommission nach Uganda zu schicken.«
(Michael Krupp, Vergesse ich dein, Jerusalem . . ., Konstanz 1965, S. 63 f.)

André Chouraqui, Jerusalem, 1967:
»Unser an der Grenze gelegenes Haus hat acht Bombentreffer erhalten, und es ist ein Wunder, daß wir unversehrt geblieben sind . . . Jerusalem ist wieder zur Stätte der Einheit geworden. Wie die im Wald schlafende Schöne aus ihrem tiefen Schlaf gerissen wurde, so kehrt diese Stadt in der wunderbaren Vielfalt ihrer Gemeinden, Kirchen, Synagogen und Moscheen zum Leben zurück. Die Vereinigung Jerusalems schweißt den Orient und den Okzident aufs neue zusammen und verleiht unserer Stadt die Berufung, zu einer Hochburg des Monotheismus und zu einer Stätte der Begegnung und Erfüllung für das Judentum, das Christentum und den Islam zu werden. Die Botschaft Jerusalems richtet sich durch uns Juden, Christen und Mohammedaner an die ganze Menschheit. Wenn wir wirklich den Gott Abrahams ehren, müssen wir uns über alle Konflikte erheben, um auf der Erde wie im Himmel die auf

die Liebe sich gründende Ordnung der Einheit zu verwirklichen.«
(Jean Toulat; Juifs, mes frères; Paris 1968, S. 95 f.)

Niederländische katholische und evangelische Theologen, 1967:
»Jerusalem und das jüdische Volk gehören zusammen.
Das jüdische Volk, das Gelobte Land und die Stadt Jerusalem sind – sowohl biblisch wie historisch gesehen – auf besondere Weise miteinander verbunden. An eine Loslösung des jüdischen Volkes von diesem Land und von Jerusalem zu denken oder sie de facto durchzuführen, würde einen Angriff auf das Judentum als solches bedeuten.
Eine autonome Existenz des jüdischen Volkes in einem eigenen Land mit Jerusalem als Hauptstadt wird von der übergroßen Mehrzahl des jüdischen Volkes in der ganzen Welt als lebenswichtige Vorbedingung seiner Existenz schlechthin empfunden.
Die Anerkennung des internationalen Charakters der Heiligen Stätten darf keineswegs bedeuten, daß die biblische und historische Verbundenheit des jüdischen Volkes mit dem ungeteilten Jerusalem verkannt wird.«
(Freiburger Rundbrief, Freiburg 1967, XIX. Folge, Nr. 69–72, S. 3)

Alain Goldmann, Rabbiner, Paris, 1969:
»Während der jahrhundertelangen Dauer seines Exils verlor Israel niemals die Hoffnung einer Wiederaufrichtung Zions, das zum Symbol der Heiligen Stadt geworden war – und in einem weiteren Sinn das geistliche Leben und die Hoffnung bezeichnete, die durch sie verkörpert wird. Die Synagoge bittet unaufhörlich dreimal am Tage für den Wiederaufbau Jerusalems und die Rückkehr der Verbannten. Das Heilige Land war das Symbol für alle inneren und äußeren Hoffnungen der Juden im Exil, deren Hauptgebet sich um den Wiederaufbau Jerusalems drehte. Durch diese immer gegenwärtige Gewißheit, die durch einige Prophezeiungen in der Bibel bestätigt wurde, wurde das Volk durch die Zerreißproben seiner Geschichte bis zu der von seiner Rückkehr markierten Stunde getragen.«
(A. G., Judaisme et terre d'Israël, in: Amitié judéo-chrétienne, Paris 1968, Nr. 2, S. 4)

André Néhér, Straßburg, 1968:
»Man muß wissen, daß die Vorstellung von der *Unersetzlichkeit* durch nichts auf der Welt so gegenwärtig gemacht wird wie durch die Existenz Jerusalems. Die Christen haben für Jerusalem Rom, die Mohammedaner Mekka und die Agnostiker Paris, Moskau oder Peking eingetauscht, während die Juden zweitausend Jahre lang es ablehnten, *an seiner Statt etwas anderes zu wollen* ... Die Stadt ist von jetzt ab mehr als ein *Symbol* des Unersetzlichen; sie ist wie der *Kristall*, der in Tausenden von Nuancen den reinsten Formen zum Ausdruck dessen verhilft, was es nur ein einziges Mal gibt und was durch nichts auf der Welt ersetzt werden kann.«
(A. N., Jérusalem – Irremplaçable, in: Information juive, Paris 1968, Nr. 186, S. 1)

---

2. Unter dem Druck der Feindschaft und in der Absicht einer willigen und völligen Einordnung in die Gemeinschaft, in der sie lebten, bemühten sich viele Juden darum, Jerusalem als Heimat auf dieser Welt zu vergeistigen und so abzuschreiben. In diese Richtung weisen auch Äußerungen von Christen, die nach dem Auftreten Jesu Christi die zentrale Bedeutung dieser Stadt für Juden und Christen als erledigt ansehen.

Abraham Geiger (1810–1874), Berlin:
»Jerusalem ist eine ehrwürdige Erinnerung aus der Vergangenheit, es ist die Wiege der Religion; es ist keine Hoffnung für die Zukunft, nicht der Ort, aus dem neues Leben sich entwickeln wird ... Ehre sei Jerusalem und seinem Anden-

ken, wie einem jeden großen Toten, aber stören wir nicht seine Ruhe!«
(Ismar Elbogen, Geschichte der Juden in Deutschland, Berlin 1935, S. 299)

Hanns Lilje, Landesbischof, Hannover, 1961:
»Jerusalem wird nach der Verwerfung Jesu nicht mehr das Zentrum der Weltgeschichte sein in dem Sinne, in dem es vorher für jeden Juden ihr Mittelpunkt war. Ihr Anspruch ist aufgehoben, Entscheidungszentrum der Welt ist Christus.«
(Niels-Peter Moritzen, Zum Gottesdienst am 10. Sonntag post Trin., Breklum o. J.)

Niels-Peter Moritzen, Hamburg, 1968:
»Jerusalem hat seine zentrale Bedeutung verloren ... Jerusalem ist reichlich ein Menschenalter später zerstört worden. Dieses Ereignis hat wesentlich dazu beigetragen, daß Kirche und Judentum getrennte Wege gingen. In Jerusalem treffen sich seit dem Jahre 70 nur Pilger verschiedener Art, die dort das Gedächtnis der großen Taten Gottes feiern und auch zugleich die Hoffnung auf die noch unerfüllte Verheißung stärken wollen. Aber ein Lebenszentrum ist Jerusalem seitdem eigentlich nicht mehr. Die Kirche, ebenso wie das Judentum, ist seitdem unterwegs, auf der Wanderung. Auf ihrem Wege entstehen und vergehen wechselnde Schwerpunkte und Zentren.«
(N.-P. M., a.a.O., S. 4 f.)

Peter Klemm, Stuttgart, 1969:
»Zunächst gehört der Streit entideologisiert. Die Gründung des Staates Israel ist kein heilsgeschichtliches Ereignis, und jede Art von Landtheologie als Argument für Israel läßt sich vom NT her und also christlich nicht halten ... Es handelte sich bei der Eroberung Jerusalems um ein kriegerisches, ein politisches, vielleicht ein notwendiges und befreiendes, aber ganz gewiß um kein Heilsereignis. Vernunft und Politik und Menschlichkeit sollen hier sprechen.«
(P. K., ESG-Nachrichten Nr. 44, 1. 2. 1969; zit. nach Materialien zum Nahostkonflikt, Arbeitskreis Kirche und Israel, Frankfurt/Main, Nr. 21, S. 1)

Bibliographie
Prigent, Pierre: La fin de Jérusalem, Neuchâtel (Schweiz) 1969.
Schalom ben Chorin: Wünschet Jerusalem Friede ..., Hamburg 1967.

Jesus von Nazareth

Nur zu oft wurde der Versuch unternommen, durch Darstellungen und Abbildungen Jesus von Nazareth aus seinem jüdischen Mutterboden loszureißen und zu einer zeitlosen Verkörperung einer Gottesidee zu machen. Dieser böse Irrweg einer »Arisierung« (→ Christentum – jüd. Fundamente) des Jesus von Nazareth hat nicht nur vergessen lassen, daß wir durch ihn nicht nur der durch Israel und die Juden gebildeten Geschichte des Volkes Gottes zugeführt und diesem Volke eingegliedert wurden, sondern er hat auch bewirkt, daß wir als Christen gegenüber den groben und feinen Machenschaften der Judenfeindschaft teilnahmslos und gleichgültig blieben, wenn wir nicht gar dieselbe priesen und unterstützten. Der Angriff auf die (→) Juden und das (→) Judentum zielt immer auch auf den Jesus von Nazareth; er unterminiert die jüdischen Fundamente des christlichen Glaubens. Wir können deshalb für die von jüdischer Seite durchgeführte ›Heimholung Jesu ins Judentum‹ nur dankbar sein; denn durch die Betonung der Zugehörigkeit Jesu zum Judentum werden wir vor jeder Gedankenlosigkeit im Umgang mit den Juden gewarnt und bewahrt.

---

1. Jesus von Nazareth ist nur als Angehöriger des jüdischen Volkes der Messias Israels und der Heiland der Welt.

Otto Morgenstern, 1933:
»Noch eine andere Frage, fast getraue ich mich nicht, sie anzuschneiden. Die Juden gelten heute als verworfene Rasse. Unsere Religion ist aber vollständig aus der jüdischen Religion erwachsen. Die Schriftsteller der Bibel waren fast ausnahmslos Juden. Jesus war Jude. Paulus, Petrus, Johannes waren Juden.«
(Gerhard E. Stoll, Die evangelische Zeitschriftenpresse im Jahre 1933, Witten 1963, S. 217)

Julien Green, 1949:
»Als Gott die Wahl unter so vielen Völkern hatte, in denen er Fleisch werden konnte, erwählte er die Juden. Wir hätten vielleicht anders gehandelt, wenn wir mit diesem Problem befaßt gewesen wären. Zum Beispiel hätten wir in unserer Weisheit anstatt Bethlehem Athen ausgesucht. Wir hätten einem Erlöser zugestimmt, der in den Hallen einer Akademie sich ergangen hätte, um dort in aller Würde seine aufgeweckten Schüler zu lehren. Aber einen Juden, mein Gott! Was dachten Sie dabei? Es ist zu spät, dies zu bedauern. Die Erlösung ist schon vollbracht, und wenn wir gerettet werden sollen, dann ist es das Allerweiseste, was wir tun können, dieses Heil auf unseren Knien in dem Herzen eines Juden namens Jesus zu suchen.«
(J. G., Ecumencial Review, Genf 1955, S. 241)

Edmond Jacob, Straßburg, 1968:
»In Jesus ist die Erwählung verwirklicht; er ist selbst der Erwählte, er ist der Bund, der sich durch das Blut wie auf dem Sinai in sakramentaler Weise konkretisiert ... Zwischen Jesus und Israel kann es keinen Bruch geben; in ihm ist ganz Israel gegenwärtig, und der Leib Christi, der die Kirche ist, kann sich nicht dem Leib, der Israel ist, entgegenstellen noch ihn ignorieren wollen, wenn die Kirche nicht ihre Berufung verfehlen will.«
(E. J., Israël dans la perspective biblique, Strasbourg 1968, S. 28, 30)

---

2. Eine innerhalb der Christenheit oft vorgenommene Verzerrung der Person Jesu bestand in ihrer »Arisierung«; von dieser Seite wird darum

Jesus auch als grundsätzlicher Gegner des Judentums und der Juden dargestellt.

Johann Gottlieb Fichte, Berlin, 1808:
»... Was das Historische anlangt, ist ihm (Johannes) seine Lehre so alt, als die Welt und die erste ursprüngliche Religion; das Judentum aber, als eine spätere Ausartung verwirft er unbedingt, und ohne alle Milderung ... Es bleibt auch bei diesem Evangelisten immer zweifelhaft, ob Jesus aus jüdischem Stamme kam, und falls er es doch etwa wäre, wie es sich mit seiner Abstammung eigentlich verhalte ...«
(Léon Poljakov, De Voltaire à Wagner, Histoire de l'antisémitisme, Bd. III, Paris 1968, S. 199, Anm. 2)

H. Naudh, Berlin, 1885:
»Schon bei oberflächlicher Betrachtung muß es auffallen, daß das Christentum sich nur innerhalb der arischen Völkerfamilie entwickelt hat. Aber in dem germanischen Stamme ist es so weit lebendig geworden, daß es auf die Person Christi und auf die ganze jüdische Überlieferung nicht mehr ankommt. In diese letztere, soweit sie im Alten Testament enthalten ist, haben jene Völker ihr eigenes Bewußtsein und ihre Ideale hinein gelesen, und den Juden einen ganz unverdienten Dank abgestattet. Eine unbefangene Kritik holt sich aus jenen Verbrecherlegenden wenig Erbauung ...
Es fällt in die Augen, wie die Religionen Raceneigenthümlichkeiten sind, weil sie eben die sittliche Natur des Volkes ausdrücken. Nicht zufällig wird Christus mit germanischer Gesichtsbildung und sogar meistens blond gemalt.«
(H. N., Die Juden und der Deutsche Staat, Leipzig 1885, S. 62)

Houston Stewart Chamberlain (1855–1927), Wien, 1904:
»Ganz allgemein, ja vielleicht ohne Ausnahme, wird das Verhältnis so dargestellt, als sei Christus der Vollender des Judentums, das heißt also, der religiösen Ideale der Juden. Selbst die orthodoxen Juden, wenn sie in ihm auch nicht gerade den Vollender verehren können, sehen doch einen Seitenast an ihrem Baume und betrachten mit Stolz das ganze Christentum als einen Anhang des Judentums. Das ist ein Irrtum; dessen bin ich tief überzeugt; es ist eine angeerbte Wahnvorstellung, eine von den Meinungen, die wir mit der Muttermilch einsaugen und über die in Folge dessen der Freidenkende so wenig zur Besinnung kommt, wie der orthodox kirchlich Gesinnte.«
(H. St. Ch., Die Grundlagen des neunzehnten Jahrhunderts, München 1904, S. 220)

Otto Bangert, Barby, 1927:
»Dasselbe Judentum aber, das die echte Religion ans Kreuz schlug, ging mit dreister Stirne hin und verkündigte uns seine verbrecherischen politischen Grundsätze als Religion, als die Religion, deren Vollender Jesus Christus sei. Und man weiß wirklich nicht, was man mehr bewundern soll, das satanisch schlaue Spiel der Juden, der (sic) selbst aus dem Kreuz noch Kapital zu schlagen versteht, oder die grenzenlose Verblödung unserer Rasse, die nicht merkt, wie sie ihrer selbst spottet, indem sie den vom Judentum ermordeten großen nordischen Idealisten Jesus als Juden verehrt. Noch heute bildet die jüdische Religion mit ihrem Kultus eines rücksichtslosen egoistischen Strebens den dogmatischen Unterbau des nordischen Christentums, der erhabensten Religion brüderlicher Verbundenheit und opferwilliger Liebe.«
(O. B., Gold oder Blut, München 1930, S. 78)

Alfred Rosenberg, München, 1934:
»Eine Deutsche Kirche wird nach und nach in den ihr überwiesenen Kirchen an die Stelle der Kreuzigung den lehrenden Feuergeist, den Helden im höchsten Sinn darstellen. Schon fast alle Maler Europas haben das Gesicht und die Gestalt Jesu aller jüdischen Rassenmerkmale entkleidet. So verzerrt durch Lamm-Gottes-Lehren sie auch ihren Heiland malen mußten, bei allen Großen des nordischen

Abendlandes ist Jesus schlank, hoch, blond, steilstirnig, schmalköpfig. Auch die großen Künstler des Südens haben für einen krummnasigen, plattfüßigen Heiland kein Verständnis gehabt. Selbst in der Auferstehung des Matthias Grünewald ist Jesus blond und schlank. Von der Brust der Sixtinischen Madonna schaut der blonde Jesus ›geradezu heroisch‹ in die Welt, gleich wie die blauäugigen Engelsköpfe aus den Wolken.«
(A. R., Der Mythus des zwanzigsten Jahrhunderts, München 1934, S. 616 f.)

Theodor Pugel, 1937:
»War Christus ein Jude oder ein Arier? – Der Christenglaube lehrt, daß Christus als Gottes Sohn und Erlöser der Menschheit schon wegen seiner wunderbaren vaterlosen Zeugung über den Nationen steht und daher nicht als Rassejude gewertet werden kann. Die geschichtlich echten und unbedingt glaubwürdigen Zeugnisse der vier Evangelien und der Apostelgeschichte lehren uns die Feindschaft der Juden gegen Christus vom Anbeginn seines Auftretens an! – Christus, der den Juden gegenüber eine fremde Geisteswelt im Sinne einer allumfassenden Liebe offenbarte, wurde von den Juden als Galiläer verachtet. Diese Verachtung war letzten Endes rassisch begründet; die Galiläer waren nämlich keine Rassejuden und, wie wir heute wissen, vielfach Arier; Christus seinerseits, der vom Judentum verachtete Prophet und Religionsstifter, nennt die Juden des öfteren ein ehebrecherisches Geschlecht und prophezeit sogar den Untergang durch das römische Imperium; ja, Christus entäußerte sich selbst jeder jüdischnationalen Gesinnung und Überlieferung, indem er gebot, dem römischen Kaiser, dem Todfeind des Judenvolkes, treu zu sein. Christus wurde daher von der obersten jüdischen Behörde, dem hohen Rat in Jerusalem, auch zum Tode verurteilt und hingerichtet ...
... Die feige, selbstsüchtige Einstellung des Pilatus dem verhetzten, wild tobenden Judenpöbel gegenüber trug die Schuld am Tode des größten Antisemiten aller Zeiten. Christus, der Religionsheld, wagte es als erster in der Geschichte, das Judentum in seiner Welthauptstadt, ja in seinem Zentralheiligtum, im Tempel, an der Stätte des nationalen Symbols anzugreifen und sogar handgreiflich seinen Krämergeist zu züchtigen! Christus, *der Nichtjude*, der ›Galiläer‹, beging durch den *Sturz des Mosaismus die folgenschwerste Tat der Menschheitsgeschichte.*«
(Robert Körber und Theodor Pugel, Antisemitismus der Welt in Wort und Bild, Dresden 1937, S. 45, 47)

Bernhard E. Olson, New Haven (USA) 1962:
»Ein Religionslehrer bat kürzlich in einer Oberschulklasse darum, mehrmals den Satz ›Jesus war ein Jude‹ zu wiederholen. Mehrere Schüler in der Klasse sagten, daß sie dies nicht tun möchten, weil es ihnen seltsam vorkomme. Wenn sie sagen sollten, ›Jesus ist ein Jude‹, dann würden sie etwas sagen, was ihnen nicht ganz richtig erscheine; es erschiene ihnen ein wenig respektlos gegenüber Jesus.«
(B. E. O., Faith and Prejudice, New Haven und London 1963, S. 189)

---

3. In einigen Kreisen des Judentums wird Jesus von Nazareth heute als großer Jude angesehen; dabei ist die theologische Bewertung dieser Verwurzelung von Jesus im Judentum recht unterschiedlich.

Moses Mendelsohn (1729–1786), Berlin:
»Auch wenn jemand von uns die christliche Religion annimmt, so kann ich nicht begreifen, wie ihn das in seinem Gewissen vom Joch des Gesetzes befreien soll. Jesus von Nazareth hat niemals verlauten lassen, daß er gekommen sei, um das Haus Jakob vom Gesetz loszulösen. Ganz ausdrücklich hat er das Gegenteil gesagt, und was noch mehr ist: er hat das Gegenteil davon getan. Jesus von Nazareth hat nicht nur das Gesetz Moses gehalten, sondern auch die Vorschriften der Rabbiner beobachtet. Durch sein

ganzes Verhalten, wie auch durch das seiner ersten Apostel, wird der rabbinische Grundsatz veranschaulicht: Wer nicht unter dem Gesetz geboren ist, wird durch das Gesetz gebunden; aber wer unter dem Gesetz geboren ist, muß unter dem Gesetz leben und sterben.«
(Léon Poljakov, Histoire de l'antisémitisme, Bd. III, De Voltaire à Wagner, Paris 1968, S. 191)

Johan Hendrik Grolle, Utrecht, 1949:
»Das moderne Judentum ist nicht länger erfüllt mit Haß gegenüber der Person des Jesus von Nazareth. Sofern es noch nicht ganz zu einer säkularisierten Gleichgültigkeit abgesunken ist, hat es im Gegenteil eine große Ehrfurcht vor Jesus und seiner Lehre. Es kann dem Anspruch von Jesus nicht länger aus dem Weg gehen. Die Möglichkeit, einer wirklichen Begegnung mit dem Christus der Schrift zu entgehen, hat es gesucht in der Konstruktion einer tiefen Kluft zwischen dem Urchristentum und dem späteren Christentum, zwischen Jesus und Paulus. Dieser jüdischen Beurteilung der Evangelien boten wir Stütze durch ein betrübliches Stück neutestamentlicher Wissenschaft in unserem Protestantismus. Das moderne Judentum hat sogar Wege gefunden, Jesus für sich zu fordern als einen der edelsten Zeugen des Judentums.«
(J. H. G., Die niederländische reformierte Kirche und das Gespräch mit Israel, in: Judaica, Zürich 1949, S. 110 f.)

Martin Buber (1878–1965), Jerusalem 1950:
»Jesus habe ich von Jugend auf als meinen großen Bruder empfunden. Daß die Christenheit ihn als Gott und Erlöser ansieht, ist mir immer als eine Tatsache von höchstem Ernst erschienen, die ich um seinetwillen und um meinetwillen zu begreifen suchen muß. Mein eigenes brüderlich aufgeschlossenes Verhältnis zu ihm ist immer stärker geworden, und ich sehe ihn heute mit einem stärkeren und reineren Blick denn je.«
(M. B., Zwei Glaubensweisen, Werke, Bd. I, München und Heidelberg 1962, S. 657)

Edmond Fleg, Paris, 1953:
»Aber Jesus! ... Stellen Sie sich vor, Sie hätten jemand zwanzig Monate lange gekannt, und dann zeigte man Ihnen zwanzig Jahre lang jeden Tag zwanzig Porträts, die ihm nicht gleichen – wird dann Ihr Gedächtnis sein wahres Bild wiederentdecken? So hält man mir schon zwanzig Jahrhunderte lang in hunderttausendfacher Weise verschiedene Bilder von Jesus vor, lange Jesusgestalten auf dem Hintergrund von Mosaik, blonde Jesuserscheinungen mit einer goldenen Aureole, Jesusgestalten, die als Apollo, als Jupiter und als Adonis verkleidet sind, ja Jesus in flämischer, italienischer und spanischer Ausprägung, Jesus in der Gestalt eines Kaffern und eines Auvergnaten, Jesus aus Holz, Bronze, Marmor, aus Gips und Margarine – alle sind aber *Heiden*! Wie kann ich mich dabei ganz genau an den Juden erinnern, dem ich selbst vor neunzehnhundert Jahren begegnet bin?«.
(E. F., Jésus raconté par le Juif errant, Paris 1953, S. 19)

André Schwarz-Bart, Paris, 1959:
»Ich war in ihren Kirchen, ich habe ihre Evangelien gelesen; weißt Du, wer der Christus war? Ein einfacher Jude wie dein Vater, eine Art von Chassid ... Glaub es mir doch, und ich möchte wetten, daß sich die beiden gut verstanden hatten; denn es war wirklich ein guter Jude, weißt Du, in der Art von Baal Schem Tov – ein Barmherziger, ein Sanfter. Die Christen sagen, daß sie ihn lieben, aber ich für meine Person glaube, daß sie ihn verabscheuen, ohne es zu wissen; sie nehmen dann das Kreuz am anderen Ende, und machen daraus ein Schwert, und schlagen damit auf uns ein! Du verstehst ... Sie nehmen das Kreuz und wenden es um, wenden es um, mein Gott ... Der arme Jehoshuah (Jesus), wenn er auf die Erde wiederkäme und sehen würde, daß die Heiden aus ihm ein Schwert gegen seine Brüder und Schwestern gemacht haben, dann wäre er

traurig, aber von einer Trauer, die kein Ende mehr nehmen würde ...«
(A. Sch.-B., Le Dernier des Justes, Paris 1959, S. 298)

Schalom ben Chorin, Jerusalem, 1962:
»Eine gewaltige Wandlung hat eingesetzt. Israel hat Jesus wieder neu erkannt als Fleisch von unserem Fleische und als Geist von unserem Geiste. Durch das Ikonenbild des dogmatischen Christus wurde das lebendige, jüdische Bruderantlitz des Lehrers und Dulders von Nazareth für sein eigenes, von ihm heiß geliebtes Volk wieder sichtbar.«
(Sch. b. Ch., Im christlich-jüdischen Gespräch, Berlin 1962, S. 102)

Edmond Fleg, Paris, 1963:
»Ich liebe dich Jesus. Ich liebe, die dich lieben, und die dich hassen, hasse ich. Ich schäme mich, und leide unter all dem, was sie dir angetan haben.«
(Jean Daniélou, Dialogue avec Israël, Paris 1963, S. 91)

Josy Eisenberg, Paris, 1966:
»Das von der Tradition geprägte Judentum befürchtet, daß die Gedanken der am weitesten vorgepreschten Vertreter dieser Richtung (der sogenannten »Heimholung Jesu ins Judentum«) auf einen jüdisch-christlichen Synkretismus hinauslaufen möchten ...
Da Jesus für das Judentum sich in einer außerbiblischen Dimension befindet, kann er für die Juden nur an der Peripherie ihrer theologischen Geschichte in Erscheinung treten ... Entweder glaubt man, daß das Kommen Jesu in den Plan der Vorsehung hineingehört und daß es also unerläßlich für die Heilsökonomie ist, dann ist man Christ, und die Beziehung zu Jesus gehört in den theologischen Sprachgebrauch. Oder aber man ist Jude und glaubt, daß schon alles im Alten Testament und in der jüdischen Tradition gesagt wurde; dann gehört die Person Jesu nur in den Bereich der Geschichte und zählt also zum geistlichen Erbe der ganzen Menschheit.«
(J. E., Le Monde, Paris, 7. Mai 1966)

Dagobert D. Runes, 1969:
»Christus wurde Jude durch die Beschneidung, er wurde aus dem Schoß einer Jüdin geboren, seine Freunde waren Juden. Er lebte das Leben der Söhne Israel, feierte mit ihnen ihre Festtage und trauerte mit ihnen an den Gedenktagen ihrer Leiden.«
(D. D. R., Die Juden und das Kreuz, Erlangen und Fürth 1969, S. 13)

Bibliographie

Aron, Raymond: Les années obscures de Jésus, Paris 1966.
Aron, Raymond: Ainsi priait Jésus enfant, Paris 1968.
Bartsch, Hans Werner: Urgemeinde und Israel, Wuppertal 1969, S. 12–26.
Buber, Martin: Zwei Glaubensweisen, Werke, Bd. I, München 1962, S. 647 ff.
Chamberlain, Houston Stewart: Die Grundlagen des neunzehnten Jahrhunderts, München 1904, passim.
Daniélou, Jean: Dialogue avec Israël, Paris 1963, S. 87 ff.
Fleg, Edmond: Jésus raconté par le juif errant, Paris 1953, passim.
Körber, Robert und Pugel, Theodor, Hrsg.: Antisemitismus der Welt in Wort und Bild, München 1934, passim.
Lapide, Pinchas E.: Jesus in Israel, Gladbeck 1970, passim.
Rosenberg, Alfred: Der Mythus des zwanzigsten Jahrhunderts, München 1934, passim.
Schalom ben Chorin: Juden und Christen, Berlin 1960, passim.
Schalom ben Chorin: Im jüdisch-christlichen Gespräch, Berlin 1962, S. 61 ff.
Schalom ben Chorin: Das Judentum im Ringen der Gegenwart, Hamburg 1965, S. 14 ff.
Schalom ben Chorin: Bruder Jesus, München 1967.

Jude

Wohl kein Begriff hat im Laufe der Geschichte Anlaß zu so vielen Mißdeutungen gegeben wie die Bezeichnung »Jude«. Bilden die Juden ein Volk (→ Zionismus), oder ist ihr Merkmal und Kennzeichen die Zugehörigkeit zu einer Glaubensgemeinschaft? Die auffallende Andersartigkeit der Juden besteht darin, daß sie nach der Entscheidung des lebendigen Gottes beides zugleich in einer einzigartigen Weise sind. Dabei ist durch die innerhalb dieses Volkes sich vollziehende, fortgesetzte Bewegung der (→) Erwählung – die Juden sind als Israel immer nur ein »Rest«, der für das ganze Volk steht – dafür gesorgt, daß eine Normalisierung der Juden im Sinne einer restlosen Angleichung und eines völligen Aufgehens in die anderen Völker nicht gelingt. Ihre Existenz hat den Sinn, die Andersartigkeit des lebendigen Gottes zu bezeugen. Darum sind beide Aspekte – Volk und Glaubensgemeinschaft – von Bedeutung; auch Juden, die keine Verbindung zum Glauben ihrer Väter mehr haben, können sich dieser Zeugenrolle nicht entledigen. Äffen die Weltvölker die Juden in der Zusammengehörigkeit von Volk und Religion nach, so entsteht der Baalskult der totalitären Regime aller Schattierungen. Die Existenz des Juden entzieht sich allen Begriffsbestimmungen. Denn wir können keine die Erwählung vorwegnehmende Formel finden. Die Frage: »Wer ist Jude?« weist quer durch alle vordergründigen und vorläufigen Antworten hindurch auf die Frage, die niemand für einen anderen beantworten kann: »Wer ist erwählt?« Die Existenz der Juden muß eine offene Frage bleiben. Wollen wir sie selbst beantworten und lösen, dann bekommt eine solche Antwort zu leicht ein Gefälle, das in die Richtung der sogenannten »Endlösung« sich bewegt.

---

1. Judesein heißt in Wort und Tat, Zeugnis ablegen von dem Handeln des lebendigen Gottes; eine von uns aus festzulegende Definition des Judeseins scheitert immer. Ein grundsätzliches Aufgeben dieser Ausrichtung auf den lebendigen Gott unterminiert die jüdische Existenz.

Moses Heß (1812–1875), 1862:
»Dem Juden ist nicht der Glaube, sondern das Forschen nach Erkenntnis geboten. Das ist eine Gewissensangelegenheit, über welche man niemand außer sich selbst Rechenschaft zu geben hat, auch nicht zu geben vermag.«
(M. H., Rom und Jerusalem, Leipzig 1862; jetzt Ausgewählte Schriften, Köln 1962, S. 253)

Edmond Fleg (1874–1963), Paris, 1927:
»Man fragt mich, warum ich Jude bin. Dir will ich darauf antworten, mein Enkel, der du noch nicht geboren bist ...
Wirst du, mein Kind, dich als Jude fühlen? Man sagt mir: ›Sie sind Jude, weil Sie als Jude geboren sind. Sie haben dies nicht gewollt; Sie können dies nicht ändern.‹ Wird dir diese Erklärung genügen, wenn du, als Jude geboren, dich nicht mehr als Jude fühlst?
Mit zwanzig Jahren glaubte ich selbst, nichts mehr von einem Juden an mir zu haben; ich war davon überzeugt, daß der Jude verschwinden werde, und daß man in zwanzig Jahren nicht mehr von ihm reden würde. Diese zwanzig Jahre sind vergangen, und weitere zwölf Jahre auch noch, und ich bin wieder Jude geworden, so offenkundig, daß man mich fragt, warum ich dies bin.
Was mir widerfahren ist, widerfährt vielleicht auch dir, mein Kleiner. Wenn du glaubst, die jüdische Flamme sei in dir erloschen, sieh her und warte; eines

Tages wird sie wieder aufleuchten. Das ist eine alte Geschichte, die in jedem Jahrhundert von neuem beginnt. Das Judentum hat schon tausend Gelegenheiten zum Sterben gehabt; tausendmal ist es wieder auferstanden. Ich will dir erzählen, wie es in mir gestorben und auferstanden ist, damit auch du es in dir wiedererstehen fühlst, wenn es in dir abstirbt ...

Mein Kind, ich für meinen Teil, der ich so lange nach einem Beweis für die Existenz Gottes gesucht habe, habe ihn in der Existenz Israels gefunden.

Ich bin Jude, weil ich, aus Israel geboren, Israel verloren hatte und es in mir wieder aufleben fühlte, lebendiger als mein eigenes Selbst.

Ich bin Jude, weil ich, aus Israel geboren, Israel wiedergefunden habe und will, daß es auch nach mir lebt, lebendiger als in mir selbst.

Ich bin Jude, weil der Glaube Israels von meinem Herzen jede Entsagung fordert.

Ich bin Jude, weil an jedem Ort, an dem man über ein Leiden weint, der Jude mitweint.

Ich bin Jude, weil in allen Zeiten, in denen der Schrei der Verzweiflung laut wird, der Jude hofft.

Ich bin Jude, weil das Wort Israel zugleich das älteste und neueste Wort ist.

Ich bin Jude, weil die Verheißung Israels die der ganzen Welt geltende Zusage ist.

Ich bin Jude, weil für Israel die Welt noch nicht vollendet ist; die Menschen vollenden sie.

Ich bin Jude, weil für Israel der Mensch noch nicht fertig geschaffen ist; die Menschen erschaffen ihn.

Ich bin Jude, weil Israel über die Völker und auch über Israel den Menschen und seine Einheit setzt.

Ich bin Jude, weil Israel über den Menschen, das Abbild der göttlichen Einheit, die göttliche Einheit und seine Göttlichkeit stellt.«

(E. F., Vers le monde qui vient, Paris 1960, S. 11 f., 72 f. Der zweite Teil des Zitats ist auf deutsch enthalten in: Hans Joachim Schoeps, Jüdische Geisteswelt, Köln 1960, S. 257 f.)

Karl Barth (1886–1968), Bonn, 1933:

»Der Jude erinnert uns daran, daß es etwas Besonderes, Neues, Wunderbares ist, wenn wir nun dennoch ›nicht mehr Gäste und Fremdlinge, sondern Mitbürger der Heiligen und Gottes Hausgenossen‹ sind (Eph. 2, 19). Wir sind das nicht von Hause aus. Der Jude ist in seiner so rätselhaft fremdartigen und ebenso rätselhaft unzerstörbaren Existenz unter allen Völkern der lebendige Beweis dafür, daß Gott frei ist, zu erwählen, wen er will, daß er es uns keineswegs schuldig ist, uns auch zu erwählen, daß es Gnade ist, wenn er uns auch erwählt.«

(K. B., Predigt über Römer 15, 5–13, in: Theologische Existenz heute, Heft 5, München 1933, S. 14)

Léon Algazi (1890–1971), Paris, 1957:

»Das Judesein bleibt für mich als Erwachsenen eine Entscheidung. Zu einem gegebenen Zeitpunkt müssen wir uns dafür entscheiden, dies oder jenes zu sein, und die Juden, die als Juden sich einsetzen – dabei spielt es keine Rolle, ob dies geschieht im religiösen Bereich oder auf nationaler Ebene wie in Israel oder in zionistischen Kreisen, oder im rein kulturellen Bereich wie in den jüdischen Organisationen, die sich mit dem befassen, was man als jüdische Kultur bezeichnet – diese Juden haben ihre Entscheidung getroffen. Sie haben sich entschieden, Juden zu sein, und dies allein ist wichtig. Es handelt sich also nicht darum, ob der Antisemitismus stark ist oder nicht, ob der Antisemitismus morgen dazu nötigt, irgend etwas zu bekennen. Nein es geht darum, ob wir der historischen Tatsache, die sich Judentum nennt, ... zustimmen oder ob wir draußen bleiben.«

(E. Amado Lévy-Valensi und Jean Halperin, Hrsg.: La conscience juive, Paris 1963, S. 63)

Paul Bénichou, Paris, 1957:

»Ich bin durch tiefste persönliche Verlegenheit gekennzeichnet, weil ich ein Mensch bin, der niemals dem Gedanken zugestimmt hat, er könne nicht Jude sein und dem es jedoch nie gelungen ist, sich

eine klare Vorstellung von dem zu machen, was Judesein heißt. Diese Stellungnahme ist reine Ratlosigkeit. Ich bin der Meinung, daß sie mich bis zu meinem Tod begleiten wird, und ich muß sagen, daß ich meine Entscheidung getroffen habe. Dies ist jedoch ein mich bedrückender Zustand, den ich gerne hinter mir ließe.«
(P. B., in: La conscience juive, a.a.O., S. 21)

Wladimir Jankelewitsch, Paris, 1957:
»Das Judesein ist ein Sachverhalt, der weder durch die Naturalisierung noch durch die Bekehrung ausgelöscht wird. Wie soll man dieses Etwas definieren, das seinem Wesen nach nicht zu definieren ist? Es steckt in ihm eine Kraft zum Alibi, eine grundlegende Andersartigkeit, die den Juden eigen ist. Diese unbestimmbare Eigentümlichkeit, die ein Jude hat, nämlich niemals vollständig präsent, sondern immer in einer gewissen Weise abwesend zu sein – diese Eigentümlichkeit hat nichts Beständiges und nichts Objektives an sich ... Aber im Judesein gibt es dazu noch einen weiteren Exponenten der Andersartigkeit; er liegt darin, daß der Jude sich jeder Definition entzieht. Wir erheben Anspruch auf unser Judentum und versuchen, dasselbe in uns in seiner wesentlichen Dimension wiederzuentdecken; darum legen wir Protest ein, wenn man uns durch diese Eigenschaft des Judeseins definiert, und wir sind der Meinung, daß es eines der Kennzeichen des Antisemitismus ist, den Juden als solchen anzusehen und ihn nicht als solchen ansehen zu wollen.«
(W. J., in: La conscience juive, a.a.O., S. 55)

Saul Lewin, Paris, 1957:
»Die Juden sind, könnte man im Licht unserer Geschichte sagen, ein Orden .., ein Bund. Während des Auszugs aus Ägypten gab es hier Menschen aus mehreren Rassen. Es waren nicht nur die Kinder Abrahams, Isaaks und Jakobs dabei, sondern auch noch andere Menschen, die in diesen Bund zur Verwirklichung einer bestimmten Idee eingetreten sind. Man kann diese Idee in der einen oder anderen Weise erläutern, man kann ihr eine theologische Erklärung geben oder ganz im Gegenteil dieselbe auf weltliche Art erläutern. Aber auf jeden Fall liegt hier eine zentrale Idee vor, nämlich die Idee des Monotheismus. Diese Idee des Monotheismus hat diese statische Gruppe umgewandelt, indem sie dieselbe in eine auf das Wesentliche gerichtete Bewegung hineinzog ...«
(S. L., in: La conscience juive, a.a.O., S. 19)

André Néhér, Paris, 1957:
»Der Jude ist zugleich ein Mensch, der im Exil lebt, das heißt, der dabei ist, etwas dort zu verwirklichen, wo in Wirklichkeit sein Platz nicht ist, da, wo seine Zeit nicht ist, aber der durch diese Verwirklichung in der Zeit als Verbannter das Reich Gottes begründet, und einen Stein für das ewig dauernde Reich Gottes legt.«
(A. N., in: La conscience juive, a.a.O., S. 71)

Ben Gourion, Jerusalem, 1963:
»Wir sind Juden ohne Definition seit mehr als dreitausend Jahren und werden dies auch bleiben. Es gibt mehrere Definitionen und es gibt Juden ohne Definition. Ich bin einer, und habe keine Definition nötig: ich bin, der ich bin.«
(Paul Giniewski, Les complices de Dieu, Paris 1963, S. 25)

Josy Eisenberg, Paris, 1964:
»Jude sein heißt mit völliger Gewißheit daran glauben, daß der Tag unbedingt eintreffen wird, an dem sich die Völker kennen und achten werden. Dazu gehört auch, alles ins Werk zu setzen, um das Eintreffen dieses Tages zu beschleunigen.«
(J. E., Sommes-nous racistes?, in: Information juive, Paris, Februar-März 1964, Nr. 144, S. 1)

William S. Schlamm, 1964:
»Zum Beispiel hatten im Jahr 1963 israelische Gerichte zu entscheiden, ob ein Jude, der katholischer Priester geworden war, einen Anspruch auf israelische Staatsangehörigkeit hat, die im israeli-

schen Grundgesetz ›jedem Juden der Welt‹ (unbeschadet seiner physischen, politischen und ideologischen Färbung) versprochen ist, der nach Israel zu ziehen wünscht. Der jüdische Katholik wünschte eben das; und er verfocht seine Überzeugung, daß er mit seinem Übertritt zum Katholizismus das Judentum keineswegs verlassen habe; und daß er es ja auch keineswegs verlassen könne – wenn nämlich, wie er und die zionistische Theorie behaupten, die Zugehörigkeit zum Judentum ›objektiv‹, unentrinnbar und also dem persönlichen Entschluß entzogen ist. Das Oberste Gericht Israels verweigerte dem jüdischen Mönch die israelische Staatsbürgerschaft. Ausschlaggebend war diese Formulierung des israelischen Staatsanwalts: ›Wir wissen nicht, wer ein Jude ist – aber wir wissen, wer *kein* Jude ist: ein Apostat ist kein Jude ...‹

Wenn Religion ›eine Privatsache‹ ist, wie das die israelische Verfassung bindend behauptet, dann ist dies wohl auch die Apostasie; und wenn ein deklarierter Atheist ein unbestrittener Staatsbürger Israels sein darf – welche Dialektik kann diesen Anspruch einem jüdischen Bekenner Jesu Christi verbieten? Entweder ist die Zugehörigkeit zum Judentum an die Zugehörigkeit zur jüdischen Religion gebunden; oder sie ist es nicht. Ist ein Jude nur der, wer an den jüdischen Gott glaubt, dann ist jeder zweite Jude kein Jude. Wenn aber Jude ist, wer Jude ist, und zwar unbeschadet seiner Selbstdefinition, dann ist der jüdische Mönch so zweifellos ein Jude, wie Ben Gourion einer ist.

Der Judenstaat, mit anderen Worten, ist erst dann geschaffen, wenn er sich endlich selbst definieren kann. Da er nunmehr besteht, kommen er und die Umwelt um eine echte und verpflichtende Zählung der Juden nicht mehr herum. Und wenn nicht bald Denkkategorien auftauchen, die in der globalen Debatte von Jahrhunderten überhaupt nicht aufgetaucht sind, dann werden wir uns also an diese einzige von der Ratio faßbare Definition halten müssen: Wer ein Jude ist, bestimmen weder die Antisemiten noch die Zionisten; sondern es bestimmt das jeder für sich selbst.

... Der nationale Jude, der nach Israel zieht, handelt richtig. Der religiöse Jude, der im Gott der Väter seinen eigenen Gott erkennen kann und ihm dient, handelt richtig. Der national und religiös indifferente Jude, der sich in die national und religiös indifferente Zivilisation seiner Umgebung restlos einfügt, handelt richtig. Der Jude, der in Jesus Christus seinen Heiland zu erkennen vermag und also Christ wird, handelt richtig. Unrichtig handelt nur der Jude, der weder in Israel noch in der Synagoge zu Hause ist, aber trotzdem die sinnlos gewordenen ›ethnischen‹ Symbole einer sinnlos gewordenen Stammeszugehörigkeit als Vereinsabzeichen eines leeren Sippentrotzes gebraucht. Denn dieser Jude handelt überhaupt nicht. Er läßt sich vom trägen Gefälle seines rassischen Hochmuts ins Nichts tragen. Und also wird er untergehen.«

(W. S. Sch., Wer ist Jude?, Stuttgart 1964, S. 130, 131, 235 f.)

Markus Barth, 1965:

»Die einzig sinnvolle Definition eines Juden, deren ich gewahr wurde, ist diese: Ein Jude ist, wer Glied jenes Volkes ist, das Gott erwählt hat zu einem besonderen Dienst, und das er nicht fallen läßt. Dies Volk ist auf der ganzen Erde bekannt. Mit Neid oder Haß, mit Freude oder Verachtung wird vernommen, was über seine Berufung, Bewahrung und Beurteilung durch Gott in der Bibel gesagt und von vielen Juden und Nicht-Juden auch geglaubt wird. Keine einseitige Beschreibung oder Karikatur kann diesem Volke gerecht werden; man kann von ihm so wenig wie von seinem Gotte ein Bild machen. Denn es hat gehorcht und rebelliert, sich zu Gott gehalten und ihn verleugnet oder mit Götzen vertauscht; es hat gelitten in Verfolgung und jubiliert in Triumph; es hat in der Zerstreuung immer wieder alles verloren und hat doch Gewaltiges aufgebaut und viele Völker gefördert. Ist dies Volk über Jahrtausende hinweg schwerer heimgesucht worden als andere Völker,

so ist es doch auch in einzigartiger Weise bewahrt worden.«
(M. B., Jesus, Paulus und die Juden; Theologische Studien, Nr. 91, Zürich 1967, S. 20 f.)

Nicolas Baudy, Paris, 1965:
»Obwohl die Juden vertrieben, verjagt und zerstreut wurden, so haben sie doch durch die Jahrtausende ihre Identität bewahrt. Wenn man alle Erklärungsversuche und alle Hypothesen in Augenschein nimmt, die im Blick auf sie formuliert werden – es sei denn, man stimme einer theologischen Erklärung des Bundes Israel mit Gott zu –, dann hat es den Anschein, als sei noch der verständlichste Versuch einer Erklärung der ihrer tiefen Verbundenheit mit ihren Gesetzen, wie es dies sonst nicht gibt. Aber welchen Umständen verdanken sie das Festhalten an diesen Gesetzen, an ihren strengen, vielfältigen Formulierungen, und die treue Übermittlung ihrer Tora und ihrer Bücher? Durch ihre Verbundenheit mit diesen Traditionen ist es möglich geworden, diese heiligen Bücher zu bewahren und weiterzugeben, die dann ihrerseits den Juden geholfen haben, in ihrer Identität zu beharren. Was war hier das erste? Das Ei oder die Henne? Der ausreichende Grund ist hier ein weiteres Mal keine befriedigende Erklärung.«
(N. B., Les grandes questions juives, Paris 1965, S. 27)

Eliane Amado Lévy-Valensi, Paris, 1966:
»Obadja erhob Anspruch auf seine Eigenschaft als Israeli und behauptete, dadurch würde er mit seiner Eigenschaft als Jude brechen. Dies lief auf die Aussage hinaus: ›Ich will nicht mehr Jude, ich will Israeli sein.‹ Und er führte weiter aus: man muß ›brechen mit einer Vergangenheit der Zugeständnisse, mit der man nichts mehr zu tun hat‹. Die Verbundenheit mit der Tradition der Erwählung für eine Mission im Exil sei nur Hochmut, und für ihn sei die Vorstellung von einer ›jüdischen Seele‹ nur ein gefährlicher Köder, die eine konkretere Form annehmen müsse, indem sie sich in Jerusalem durch den Kampf und nicht durch das Gebet umwandle.«
(E. A. L.-V., Dialogue Israel – Diaspora?, in: VAV, 2, Paris 1966, S. 14)

André Blancy, 1966:
»Für die Juden bedeutet Zeuge sein Märtyrer werden, und Märtyrer sein hat keinen anderen Sinn als Zeuge sein.«
(A. B., in: Réforme, Paris, 30. 7. 1966)

Alfred de Quervain, Bern, 1966:
»Der Jude ist der Mensch, der unter das Wort gestellt ist, daß ganz Israel gerettet werden wird (Röm. 11, 26), der Mensch, an den wir denken, indem wir dieses Gnadenwort bedenken. Gott spricht dem Menschen etwas zu.«
(A. d. Q., Das Judentum in der Lehre und der Verkündigung der Kirche heute, Theologische Existenz, Neue Folge, Nr. 130, S. 25)

Lucien Gilles Benguigui und Armand Lévy, 1968:
»Man weiß, daß im Verlauf der Geschichte des jüdischen Volkes zahlreiche Gemeinden verschwunden sind, indem sie sich mit der Gesellschaft ihrer Umgebung verschmolzen haben. Man kennt dagegen keine Gemeinde, der die Bewahrung eines typisch jüdischen Charakters gelungen ist, ohne zugleich mehr oder weniger mit der Beobachtung der Tora verbunden zu bleiben. Für einen in der Diaspora lebenden religiösen Juden schließt diese religiöse Existenz neben anderen Bedeutungen in sich, sich einer Assimilation zu verschließen und die Unterbrechung der Übermittlung eines Erbes abzulehnen. Dieser Kern religiöser Juden stellt letzten Endes die Fortdauer und den Bestand einer Gemeinde sicher. Noch genauer gesagt: die Existenz der Juden aller Richtungen und aller Tendenzen ist nur gewährleistet, weil dieser Kern der Unbeirrbaren weiterbesteht, die hartnäckig verkündigen: Man muß weitermachen, wir haben nicht so viele Jahrhunderte überdauert, um jetzt zu verschwinden und zu vergehen. Die jüdischen Randsiedler verdanken ihre Existenz als Juden der Hartnäckigkeit dieser religiösen Juden, auch und vor allem

dann, wenn dieselben sich im Gegensatz zu diesen Juden definieren.«
(L. G. B. und A. L., Un monologue sans conséquences, in: Les nouveaux cahiers, Nr. 16, Paris 1968/69, S. 9)

Roger Ikor, Paris, 1968:
»Judesein bedeutet für einen Juden, wie für alle Menschen, er selbst, Mensch sein. Ich bin, der ich bin ... Wie schon Jahwe sagte.«
(R. I., Peut-on être juif aujourd'hui?, Paris 1968, S. 250)

Josy Eisenberg, Paris, 1969:
»Wenn ein Jude außerhalb des jüdischen Staates lebt, dann ist er selbstverständlich gehalten, für sein gesamtes Tun auch andere Regeln als diejenigen der Tora anzuwenden ... In Israel ist der Jude nicht mehr ein verstümmeltes Wesen; im Heiligen Land lebt er seine jüdische Berufung in vollkommener Weise.«
(J. E. Israël et sa terre, in: Lumière et Vie, Nr. 92, Lyon 1969, S. 88 f.)

Josy Eisenberg, Paris, 1969:
»Noch eine andere Unruhe ergreift und ängstigt uns; dies ist die Tatsache, daß die Mehrzahl des jüdischen Volkes die jüdische Religion aufgibt. Die meisten Juden sind dies nur noch de jure, aber nicht mehr de facto.«
(J. E., Plaidoyer pour le Talmud, in: Arche, Paris 1969, Nr. 147, S. 49)

André Frossard, 1969:
»Für den Juden ist das alles eines: Jude sein und glauben, und er könnte seinen Gott nicht leugnen, ohne sich selbst zu verleugnen. Aber sie sagten niemals ein Wort über die Religion bei uns, die wir Republikaner ganz roter Couleur waren ...
Die Juden sagten uns allesamt überhaupt nichts von ihrem Glauben. Die Juden machen keine Propaganda; ihre Religion ist eine Familienangelegenheit, die die Fremden nicht zu interessieren braucht, und wären dieselben Halbjuden ... Sie teilten unsere Überzeugungen, um besser die ihrigen behalten zu können. Sie lebten das geheimnisvolle Leben ihrer seit zweitausend Jahren zerstreuten und doch einheitlichen Gemeinschaft, die wie ein Sauerteig unter die Völker hineingegeben war, der durch einen schweren deutschen Teig für immer erstickt werden sollte. Sie blieben unverändert und sind doch außerordentlich geschickt und bereit für Veränderungen, sie blieben treu bis in den Unglauben hinein (denn einige erklärten sich als ungläubig und zeigten sich oft fester als die anderen, wenn es um das Festhalten an den Gebräuchen und an den Verheißungen der Schrift ging)! Sie waren fähig, jedes beliebige Scheitern zu ertragen, und was noch seltener ist, auch jeden beliebigen Erfolg; sie konnten schließlich alles begreifen mit Ausnahme dessen, was ein Jude ist; aber wer könnte dies überhaupt sagen?«
(A. F., Dieu existe, je L'ai rencontré, Paris 1969, S. 19, 31)

B. Gross, 1969:
»Es ist (jedoch) sicher, daß ein Jude, der in dieser Hinsicht der jüdischen Tradition den Rücken dadurch kehrt, daß er Christ wird – was ganz und gar sein Recht ist – sich dadurch vom Schicksal des jüdischen Volkes abwendet.«
(B. G., in: Amitié judéo-chrétienne, Paris, Nr. 2 [April–Juni] 1969, S. 10)

Elie Wiesel, New York, 1969:
»Denn Judesein ist meiner Meinung nach kein Problem, sondern eine Situation im existenziellen Sinne dieses Ausdrucks. Ich bin Jude, weil ich Jude bin, und nicht deshalb, weil ich als ein solcher angesehen werde. Der These von Sartre kann ich nicht zustimmen. Wer von einem Juden sagt, seine Existenz sei von außen her bedingt, stellt damit zugleich seine Identität und seine schöpferische Kraft in Abrede. Als Mensch bestimmt sich der Jude nur durch das Verhältnis zu seinem eigenen Sein. Er ist ein in sich ruhender Zweck und nicht eine Funktion dessen, was er nicht ist ...
Wird damit gesagt, daß die Stellung eines Juden jedes Element einer eigenen Wahl ausschließt? Diese beiden Begriffe sind in keiner Weise unvereinbar. Im

Gegenteil! Judesein heißt in erster Linie sein Schicksal als Jude auf sich nehmen, und es heißt dann zweitens, dieses Schicksal auch zu wählen. Anders ausgedrückt: es handelt sich hier um eine Wahl mit rückwirkender Kraft. Weil ich als Jude geboren bin, kann und muß ich mich als solcher auch wählen. Im Bereich des Seins kann eine solche Wahl nur zu einem Engagement führen ...
Der Jude entzieht sich allen Theorien und allen von uns aus fixierten Gewißheiten. Die messianische Zeit selbst versteht er nur im Zeichen des Wartens.
Der Jude, der sich als Jude verleugnet, um damit dem Menschen helfen zu können, verleugnet nur seinerseits den Menschen ... Denn ein Jude kann nur Mensch sein als Jude ...
In unserer Zeit bedeutet also das Judesein Zeugnis ablegen. Zeugnis ablegen, von dem, was ist und von dem, was nicht mehr ist. Die Vorstellung, daß jeder von uns berechtigt ist, im Namen aller zu sprechen, ist nie wahrer gewesen als jetzt. Außer, daß jeder Jude jetzt auch noch redet im Namen der Juden, die nicht mehr sind. Ist dies zu schwierig? Judesein heißt das Schwierige suchen, und es nachher überwinden ...«
(E. W., Être juif c'est quoi?, in: Figaro Littéraire, Nr. 1188, 10.–16. Februar 1969, S. 11)

---

2. Zur jüdischen Existenz gehört die Zugehörigkeit zu der von Gottes eingreifendem Handeln geprägten Gemeinschaft; Juden gibt es nur als Glieder dieses Volkes.

Heinrich Heine (1797–1856), Paris, 1852 bis 1854:
»Wie über den Werkmeister, hab' ich auch über das Werk, die Juden, nie mit hinlänglicher Ehrfurcht gesprochen, und zwar gewiß wieder meines hellenischen Naturells wegen, dem der judäische Ascetismus zuwider war. Meine Vorliebe für Hellas hat seitdem abgenommen. Ich sehe jetzt, die Griechen waren nur schöne Jünglinge, die Juden aber waren immer Männer, gewaltige, unbeugsame Männer, nicht bloß ehemals, sondern bis auf den heutigen Tag, trotz achtzehn Jahrhunderten der Verfolgung und des Elends. Ich habe sie seitdem besser würdigen gelernt, und wenn nicht jeder Geburtsstolz bei den Kämpen der Revolution und ihrer demokratischen Prinzipien ein närrischer Widerspruch wäre, so könnte der Schreiber dieser Zeilen stolz darauf sein, daß er ein Abkömmling jener Märtyrer ist, die der Welt einen Gott und eine Moral gegeben und auf allen Schlachtfeldern des Gedankens gekämpft und gelitten haben.«
(H. H., Jüdisches Manifest, New York 1946, S. 257)

Moses Heß (1812–1875), 1862:
»In der Tat, das Judentum hat als Nationalität eine Naturbasis, die nicht wie ein Glaubensbekenntnis durch ein anderes verdrängt werden kann. Ein Jude gehört seiner Abstammung nach stets dem Judentum zu, gleichviel, ob er oder seine Vorfahren Apostaten geworden sind. – Das mag nach den modernen Religionsbegriffen paradox erscheinen. In der Praxis wenigstens habe ich diese Ansicht bewährt gefunden. Auch der getaufte Jude bleibt Jude, wie sehr er sich auch dagegen sträuben mag. Heute ist kaum noch ein Unterschied wahrzunehmen zwischen den aufgeklärten und den getauften. Mein Freund Armand L., dessen Großeltern sich schon taufen ließen, interessiert sich noch lebhafter als mancher beschnittene Jude für das Wohl und Wehe seiner Stammesgenossen, und er hat den Glauben an die jüdische Nationalität treuer bewahrt als unsere aufgeklärten Rabbiner ...
Vom *aufgeklärten* Gesichtspunkte aus sehe ich für den Fortbestand des Judentums so wenig wie des Christentums irgendeinen haltbaren Grund. – Der Jude, der nicht an die nationale Wiedergeburt seines Volkes glaubt, kann nur noch, gleich dem aufgeklärten Christen, an der *Auflösung* seiner Religion arbeiten. Ich begreife, daß man diese Ansicht hegen kann. Was ich weniger begreife, ist die Zumutung, daß man zugleich für die Auf-

klärung und den ›Beruf des Judentums in der Zerstreuung‹, d. h. zugleich für seine *Auflösung* und für seinen *Fortbestand* schwärmen soll.

Die Juden haben, trotz mißverstandener Aufklärung und Orthodoxie, zu viel bon sens, um sich religiösen Schwärmereien anzuschließen, die keinen Boden in der Gegenwart haben. Aber gerade dieser realistische Sinn, den unsere Rasse in so hohem Grade besitzt, wird unsere Brüder, die noch ein jüdisches Herz haben, gleichviel ob aufgeklärt oder orthodox, schließlich für nationale Bestrebungen gewinnen, die sich nur auf dem praktischen Boden der Wirklichkeit bewegen ...

Die jüdische Religion ist wirklich seit zweitausend Jahren, wie schon *Heine* und mit ihm alle gebildeten jüdischen Zeitgenossen richtig gefühlt haben, mehr noch ein *Unglück* als eine *Religion* gewesen. Nur kann man diesem Unglück nicht, wie sich die Gebildeten einreden möchten, durch Aufklärung oder durch Taufen entfliehen. Jeder Jude ist, er mag es wollen oder nicht, solidarisch mit seiner ganzen Nation verbunden, und erst wenn das jüdische Volk von der Last befreit sein wird, die es Jahrtausende mit heroischem Opfermut auf seinem gebeugten Nacken getragen hat, wird sie auch von den Schultern jener Aufgeklärten genommen sein, die stets nur eine verschwindend kleine Minderheit bilden werden. – Wir alle haben das Joch des Himmelsreichs bis zum *Ende* zu tragen ...

Die Existenz des Judentums ist unzertrennlich von der Existenz unseres Volkes. Diese Voraussetzung ist so wahr, daß sie schon einer Tautologie gleicht. Indessen muß man nachdrücklich darauf hinweisen, wenn man uns unaufhörlich sagt, daß wir unser Volkstum verwischen und dennoch weiter Israeliten bleiben sollen. Warum sind unsere Reformer in einen Widerspruch verfallen, den man als absurd bezeichnen kann? Weil sie keine Ahnung von unserer uns durch die Vorsehung bestimmten Mission haben. Sie wollen das Unmögliche, die Wirkung ohne die Ursache, das Endziel ohne den Weg, der dahin führt. Man nehme der messianischen Religion das Messias-Volk, und diese Religion, die Gott selbst in uns gepflanzt hat, existiert nicht mehr; es bleibt nur noch ein Schatten zurück, vor dem sehr schnell Skeptizismus und Materialismus verschwindet. Man nehme im Gegenteil unserem Volk seinen alten, nationalen Kultus, und es hat keine Daseinsberechtigung mehr; es geht zugrunde in dem ungeheuren Ozean der Völker, zwischen die es geworfen worden ist, wie es teilweise schon seit dem frühesten Altertum bis heute in dem Maße zugrunde gegangen ist, als es die Religion unserer Väter verlassen und den Kultus der umwohnenden Völker nachgeahmt hat. Es wäre schon völlig untergegangen, wenn es in seiner Mitte nicht immer wieder einen Kern von Menschen gehabt hätte, die von unserer göttlichen Mission begeistert waren, und eifrige Patrioten, die sich um diesen Kampf gruppierten. Der Kern eifriger Israeliten existiert heute noch: aber die von göttlicher Begeisterung Erfüllten sind heute selten. Wie kann man erwarten, daß wir Fortschritte machen auf dem Wege unserer göttlichen Mission, wenn die in intellektueller Hinsicht Höherstehenden den Kern der Israeliten, die an diese Mission glauben, zurückstoßen und man sich daher infolge einer uns zu natürlichen Reaktion gegen alles sträubt, was Wissenschaft und Kritik lehrt ...

Wenn wir von unserer göttlichen Mission durchdrungen sind, werden wir diese Idee der nationalen Wiedergeburt schätzen, die ich für die Trümmer unseres unglücklichen Volkes in Polen und im Orient angerufen habe und die ich als den Ausgangspunkt von weit ernsteren und andersartigen Reformen betrachte, als es die unserer Reformer jenseits des Rheines sind ...

Vor Gott und vor den Menschen sind alle diejenigen Israeliten, die ihrer Abstammung nach zu den Kindern Israels gehören – die ›von dem Samen Gottes sind‹. Vergebens ist es, unsere Religion und Nation zu verleugnen. Wir sind nichtsdestoweniger ihre Glieder, und wenn der größte Teil unseres alten Vol-

kes im Elend ist, solange unsere nationale Wiedergeburt noch nicht vollzogen ist, werden alle übrigen den moralischen Rückschlag verspüren ...
Die größte Strafe, die uns auferlegt wurde, weil wir von dem uns durch die Vorsehung vorgezeichneten Wege abgewichen sind, und die unser Volk immer am tiefsten gebeugt hat, ist, daß wir seit dem Verluste unseres *Landes*, Gott nicht mehr als Nation durch Institutionen dienen können, die in der Diaspora nicht aufrechterhalten und entwickelt werden können. Sie setzen eine im Lande unserer Väter bestehende Gemeinschaft voraus. Ja, das *Land* fehlt uns, um unsere Religion auszuüben!
›Das Land fehlt uns, um unsere Religion auszuüben‹ – werden unsere aufgeklärten Brüder wiederholen und in lautes Gelächter über eine so veraltete religiöse Auffassung ausbrechen. Sie, die sie im Grunde mehr Christen als Juden sind, kümmern sich eben nicht um eine so *irdische* Religion. Menschen, die nur ihr persönliches Heil erst hienieden und dann im Jenseits, erst in der Zeit, und dann in der Ewigkeit suchen, diese Menschen kennen die religiösen Bedürfnisse der unserer Mission ergebenen Israeliten nicht. Das edle Blut unserer Väter ist aus ihren matten Herzen entflohen, und nur sein geisterhafter Schatten ist darin zurückgeblieben. Aber die, welche noch einige Tropfen davon in ihren Adern fließen fühlen, begnügen sich nicht mit dem Himmel; ihnen fehlt das Land, um das historische Ideal unseres Volkes zu verwirklichen, welches kein anderes Ideal ist als die Herrschaft Gottes auf Erden, die messianische Zeit, die von allen unseren Propheten verkündet worden ist. Diese trauern über das, worüber andere spotten; sie weinen bitter, wo die anderen laut lachen.
Trocknet Eure Tränen, Ihr Weinenden; denn die Zeit der Rückkehr ist nahe! ...«
(M. H., Rom und Jerusalem, Erste Ausgabe 1862; zit. n. Ausgewählte Schriften, Köln 1962, S. 253, 263, 329, 330 f., 334 f.)

Léon Bloy, 1905:
»Die Geschichte der Juden hält die Geschichte des Menschengeschlechtes auf, wie ein Damm einen Fluß staut, um den Wasserspiegel zu heben. Sie stehen fest wie für die Ewigkeit, und wenn man mit ihnen zusammenstößt, kann man sie nur mit mehr oder minder großem Anlauf überspringen, ohne Hoffnung, sie je zu vernichten.«
(L. B., Das Heil durch die Juden, Paris 1905, in: L. B., Das Heil und die Armut, Heidelberg 1953, S. 316)

Arthur A. Cohen, USA, 1962:
»Erstens: Es gibt einen Unterschied zwischen dem natürlichen und dem übernatürlichen Juden. Der natürliche Jude ist ein in die Natur gestelltes und durch die Geschichte aktiviertes Geschöpf ... In einer Gemeinschaft wie die der Juden, die nicht nur daran glaubt, daß sie vor Gott offen ist, sondern daß sie die eine ist, der sich Gott geöffnet hat, kann man von einer übernatürlichen Gemeinschaft sprechen. Gott hat mit dem jüdischen Volk einen Vertrag abgeschlossen, nach dem es Natur und Geschichte in ihn allein transzendieren soll ... Ohne das Gebot, die eigene übernatürliche Berufung zu bewahren (das heißt, den Glauben, daß Gott den Juden zu sich berufen hat), ist es nur eine halbe Wahrheit, sich Jude zu nennen – eine bloße Bezeichnung ohne letzten Sinn.
Zweitens: Das Bewußtsein von der übernatürlichen Berufung als Bedingung der jüdischen Existenz wird doppelt wichtig durch die fortdauernde Bedeutung des Exils. Das Exil, wie ich es verstehe, ist kein geschichtlicher Zufall, der durch Sicherheit in der Diaspora oder nationale Erfüllung im Staat Israel geheilt wäre, sondern eine theologische Kategorie. Das Exil ist der historische Koeffizient des Unerlöstseins.
Drittens: Da das Exil der Koeffizient des Unerlöstseins ist, besteht der Zweck der übernatürlichen Berufung des Juden darin, der gesamten Geschichte ihre eigene Unvollkommenheit bewußt zu machen. Das bedeutet nichts anderes, als zu bestätigen, daß der Jude ein messianisches Wesen ist, für das es *keine* Erlösung gibt, bis die *gesamte* Geschichte erlöst ist.

Viertens: Obwohl der Jude ein messianisches Wesen ist, kann er messianisch nicht in der Isolierung von der Gemeinschaft der Juden und der ganzen Menschheit sein. Wenn er einzeln, isoliert und allein bleibt, stellt er die fordernde Voraussetzung seiner Übernatur bloß, daß er nicht in der Einsamkeit, sondern in der Gemeinschaft im Bund mit Gott war. Gott erwählt nicht den einzelnen Juden, sondern das jüdische Volk. Die Verpflichtung, in Gemeinsamkeit am Werk der Erlösung zu wirken, verbindet das jüdische Volk mit den Geschicken aller Völker. Das jüdische Volk darf sich nicht allein erlösen.
Fünftens: Insofern das jüdische Volk eine natürliche und übernatürliche Dimension hat (und es ist klar, daß beide nicht ungetrübt und rein bestehen können), ist es verpflichtet, anzuerkennen, daß seine Lage in jedem Augenblick nicht nur von Gott, sondern auch von den Ereignissen der Zeit und Geschichte geformt wird . . .«
(A. A. C., Der natürliche und der übernatürliche Jude, Freiburg-München 1966, S. 15–17)

Uri Avery, 1969:
»Doch was ist ein Jude? Wer ist ein Jude? Eine scharf umrissene juristische Definition gibt es nicht. Und eine andere als eine religiöse Definition wäre auch gar nicht möglich. Über die Zeiten hin waren die Juden eine Religionsgemeinschaft. Die Gerichte Israels haben sogar entschieden, daß aufhört, Jude zu sein, wer zu einer anderen Religion übertritt – eine Feststellung, die deutlich macht, daß Judentum grundsätzlich eine Frage der Religionszugehörigkeit ist. Wenn es sich aber so verhält, wie könnte es dann eine Trennung von Staat und Synagoge geben? Wenn Israel für die Juden der ganzen Welt da ist, wenn es sein Hauptziel darin sieht, diese als Religionsgemeinschaft organisierten Juden heimzuholen, wie ließe sich dann der Gedanke einer jüdischen Nation von dem der jüdischen Religion absondern? In der Tat werden diejenigen unter uns, die für die Trennung von Staat und Synagoge kämpfen, immer wieder beschuldigt, sie wollten das Band zwischen Israel und den Juden der übrigen Welt zerreißen und aus Israel einen x-beliebigen levantinischen Kleinstaat machen. Daher befürwortet keine der großen zionistischen Parteien eine solche Trennung. Alle von ihnen erklären, daß in dem einzigartigen Fall der Juden Staat und Religion, Nation und Religion eins sind.«
(U. A., Israel ohne Zionisten?, Gütersloh 1969, S. 161)

Josy Eisenberg, Paris, 1969:
»Wenn die Juden in der Diaspora leben, tragen sie zur Festigung der Zivilisationen bei, in denen sie leben. Sie nehmen an einem kollektiven Werk teil, das aber nicht das Israels ist. Tatsächlich arbeiten sie an der Entstehung der verschiedenartigen Zivilisationen mit, in denen sie leben. Persönlich sind sie Juden, aber im gemeinschaftlichen Bereich haben sie am Schutz und an der Entfaltung der Zivilisationen teil, in deren Umkreis sie leben; dadurch arbeiten sie notwendigerweise auch mit an der religiösen Prägung, die den Hintergrund derartiger Zivilisationen bildet. Darum tragen sie anstatt einer Mitarbeit am Werk der Offenbarung dazu bei, die vorhandenen verschiedenartigen Formen von Religiosität und Zivilisation zu verstärken.«
(J. E., Israël et sa terre, in: Lumière et Vie, Nr. 92, Lyon 1969, S. 93)

---

3. Durch die ungute Tradition des »christlichen« (→) Antijudaismus ist die Bezeichnung »Jude« oft gleichbedeutend mit der Verkörperung des Bösen und des Unheils geworden (siehe auch »Antisemitismus« und »Geldhandel«).

Friedrich Wilhelm II., König von Preußen, 1703:
»Man ziehe ferner in Betrachtung, daß ein Jude sich kein Gewissen macht, einen, der nicht seiner Religion ist, zu betrügen, auch einen falschen Eid wider ihn zu leisten. Item, daß sich der geringste Jude

in seinem Herzen weit besser dünket als ein christlicher Herr, Fürst oder König, so muß man sich wundern, daß sie irgendwo in einem christlichen Staate geduldet werden.«
(Siegfried Reimer, Philosemitismus im deutschen evangelischen Kirchenlied des Barock, Stuttgart 1963, S. 12)

Alphonse Toussenel, Frankreich, 1849:
»Ich halte den Juden für die Personifizierung des Wuchers, und dies nicht nur deshalb, weil Tradition und Ausdrucksweise aller Völker diese Personifizierung längst vor mir so festgelegt haben, sondern vor allem, weil der Jude, der richtige Jude aus Juda, der Shylock, der Geld auf das menschliche Fleisch als Pfand leiht, in Wirklichkeit der vollkommenste Typ des Wucherers ist, weil der Jude, der überhaupt nirgends ein Vaterland hat, keinen Blutzoll entrichtet, weil man keinen Juden kennt, der das Land bebaut, der mit seinen Händen eine nützliche Arbeit verrichtet, der mit keinem Gewehr, Hobel oder Schaufel umgehen kann, weil die einzige Funktion dieses Juden überall darin besteht, mit Trödelwaren zu handeln und Dukaten zusammenzukratzen, weil für ihn – für ihn ganz besonders – Mose, der Schurke aller Schurken, den blutrünstigen und barbarischen Gott erfunden hat . . .«
(Jeannine Verdès-Leroux, Scandale financier et antisémitisme catholique, Paris 1969, S. 106)

Léon Bloy, 1905:
»Im Moralischen wie im Physischen scheint der moderne ›Jude‹ alle Scheußlichkeiten der Welt in sich zu vereinigen.«
(L. B., a.a.O., S. 308)

Charles Péguy, Frankreich, 1910:
»Aber denken Sie schließlich einmal daran: Es ist nicht leicht, Jude zu sein. Sie erheben gegen die Juden immer einander widersprechende Vorwürfe. Wenn sie gegenüber dem Rufen ihrer Brüder, gegenüber den Hilfeschreien der Verfolgten . . . in der ganzen Welt gefühllos bleiben, dann sagen Sie: Das sind schlechte Juden. Und wenn sie nur ihr Ohr öffnen für die Seufzer, die von der Donau und dem Dnjepr zu ihnen dringen, dann sagen Sie: Sie verraten uns; es sind schlechte Franzosen.«
(Ch. P., in: SIDIC-Service international de documentation judéo-chrétienne, Rom 1969, II/2, S. 6)

Paul Wilhelm von Keppler, Bischof von Rottenburg, 1910:
»Kaum sollte man glauben, daß das Stammesbrüder des Judenvolkes sind, das außerhalb Palästinas den Christenvölkern wie ein Pfahl im Fleische sitzt, das ihnen das Blut aussaugt, sie knechtet mit den goldenen Ketten der Millionen und mit Rohrzeptern giftgetränkter Federn die öffentlichen Brunnen der Bildung und Moral durch das Einwerfen ekliger und eitriger Stoffe vergiftet.«
(Günter Lewy, Die katholische Kirche und das Dritte Reich, München 1965, S. 296)

Bibliographie

Aubéry, Pierre: Milieux juifs de la France contemporaine, Paris 1957.
Aubier, Dominique: Le cas juif, Genf 1968.
Avnery, Uri: Israel ohne Zionisten, Gütersloh 1969, passim.
Barth, Markus: Jesus, Paulus und die Juden; Theol. Studien, Nr. 91, Zürich 1967.
Baudy, Nicolas: Les grandes questions juives, Paris 1965, S. 27 ff.
Bloy, Léon: Das Heil durch die Juden (1905), Heidelberg 1953.
Buber, Martin: Der Jude und sein Judentum, Köln 1963, passim.
Catane, Moché: Les juifs dans le monde, Paris 1962.
Cohen, Arthur A.: Der natürliche und der übernatürliche Jude, Freiburg und München 1966.
Donath, Doris: L'évolution spirituelle d'Edmond Fleg (Vie spirituelle, Nr. 47), Paris 1958.
Fejtö, François: Dieu et son juif, Paris 1960.
Fleg, Edmond: Vers le monde qui vient, Paris 1960.
Giniewski, Paul: Les complices de Dieu, Paris 1963.
Heß, Moses: Ausgewählte Schriften, Köln 1962.
Ikor, Roger: Peut-on être juif aujourd'hui, Paris 1968.

Ikor, Roger: Lettre ouverte à un juif, Paris 1970.
Lévy-Valensi, Eliane Amado und Halperin, Jean, Hrsg.: La conscience juive, Paris 1965.
Madaule, Jacques: Les Juifs et le monde actuel, Paris 1963.
Mandel, Arnold: Les voies du Hassidisme, Paris 1963.
Memmi, Albert: Portrait d'un juif, Paris 1962.
Memmi, Albert: La libération du juif, Paris 1966.
Néhér, André: L'existence juive, Paris 1962.
Pfisterer, Rudolf: Im Schatten des Kreuzes, Hamburg 1966, passim.
Rosenzweig, Franz: Briefe, Berlin 1935.
Rosenzweig, Franz: Der Stern der Erlösung, Heidelberg 1954[3].
Schlamm, William: Wer ist Jude?, Stuttgart-Degerloch 1964.
Wiesel, Elie: Les Juifs du Silence, Paris 1966.
Wiesel, Elie: Le mendiant du Jérusalem, Paris 1968.

Judentum

Unter Judentum versteht man die Seite der jüdischen Existenz, die vornehmlich durch die Aussagen Gottes und die Antwort des Gehorsams geprägt ist. Daß das Judentum keine Dogmen im Sinne verbindlicher Glaubenswahrheiten kennt, ist ein Zeichen dafür, daß hier der Weg für die Anrede Gottes offengehalten wird. Weil es darauf ankommt, aus dieser Begegnung Gottes mit dem Menschen Konsequenzen zu ziehen, ist das Judentum als Glaubensgemeinschaft wesentlich an der (→) Tora – dem Gesetz – als der Weisheit und Weisung Gottes für unser alltägliches Leben orientiert. Die Trennung zwischen Sakralem und Profanem existiert nicht. Überall und immer gilt es die Herrschaft und Hoheit des *einen* Gottes zu bezeugen; ausgesparte Bezirke und tote Winkel gibt es nicht.

1. Judentum schließt als Übermittlung einer Lebensorientierung Unterweisung und Vorbildlichkeit in sich.

Gaon Hai ben Scherira (930–1038):
»Wenn du Kinder erzeugt hast, so unterweise sie jederzeit, jedoch mit Milde. Wende alles auf, ihnen Bücher zu kaufen, und halte ihnen von Jugend auf einen Lehrer. Besolde den Lehrer reichlich; was du ihm gibst, gibst du deinem Sohn. Und wisse, daß dein Glück durch deine Kinder erhöht wird, ihr Wohlergehen auch das deinige ausmacht. Lasse deine Söhne ein Handwerk lernen; für künftige Zeiten wird es ihnen gut tun. Solange du selbst nicht Weisheit und Einsicht erlangt hast, halte dich an den Umgang erfahrener Männer, und schäme dich nicht, zu lernen und zu fragen. Sei der Schweif der Weisen, dann wirst du einst ein Führer werden. Weisheit aber heißt in den Wegen des Glaubens wandeln, Gott fürchten und das Böse meiden, das ist Einsicht. Lerne Weisheit, und wenn sie dir unbegreiflich ist, lerne wenigstens die Rechenkunst und lies medizinische Bücher.«
(Robert Raphael Geis, Vom unbekannten Judentum, Freiburg 1961, S. 60)

Moses Heß, 1862:
»Das Judentum hat sich niemals angemaßt, eine Gewissenspolizei zu sein. Sein Dogma ist weit genug, um die Gedankenfreiheit nicht fürchten zu müssen. Wenn es zugesteht, daß der menschliche Verstand irren kann, erkennt es über dem Irrtum keinen anderen Richter als den höchsten Richter. Im jüdischen Gesetz handelt es sich nicht um das, was man *denkt*, sondern um das, was man *tut*; keine unverständlichen, dem Verstand aufgezwungenen Mysterien, sondern offensichtliche Dinge.«
(M. H., Ausgewählte Schriften, Köln 1962, S. 328)

Franz Kafka (1883–1924), Prag, in einem Brief an seinen Vater:
»Aber wie sah das Judentum aus, das ich von Dir empfing? Ich begriff nicht, wie Du mit diesem Nichts von Judentum, über das Du verfügtest, mir vorwerfen konntest, mich nicht damit abzumühen, ein ähnliches Nichts zu entfalten ... Soweit ich mir darüber klar werden konnte, war dieses Judentum wirklich ein Nichts, eine Farce, weniger als eine Farce. Viermal im Jahr begabst Du Dich in die Synagoge. Hier standest Du den Gleichgültigen zumindest viel näher als denen, die dies ernstnahmen ... Was wichtig gewesen wäre, hätte nicht darin bestanden, Deinen Kindern irgend eine Unterweisung zukommen zu lassen, sondern in Deinem Leben ein Beispiel zu geben; wenn Dein Judentum vollmächtiger gewesen wäre, wäre Dein Beispiel auch zwingender geworden.«
(F. K., in: Georges Levitte und David

Catarivas, Naissance de la question juive, in: Arche, Paris, Mai 1964, Nr. 88, S. 57)

Hermann Cohen (1842–1918), 1910:
»Die Ethik ist das Lebensprinzip des Judentums. Seine Religion will Sittenlehre sein und ist Sittenlehre. Die Liebe Gottes ist Erkenntnis Gottes. Und die Erkenntnis Gottes ist die Erkenntnis von dem sittlichen Endzweck des Menschengeschlechts.«
(Heinz David Leuner, Religiöses Denken im Judentum des 20. Jahrhunderts, Wuppertal 1969, S. 55)

Leo Baeck (1873–1956), 1905:
»Gott suchen, das ist: nach Gutem streben; Gott finden, das ist: Gutes tun. Von Gott wissen und das Recht üben sind gleichbedeutende Begriffe ... Der ethische Charakter, die grundsätzliche Bedeutung des sittlichen Tuns ist für die israelitische Religion ursprünglich. Wie immer man ihre zeitliche Entstehung ansetzen und wie immer man sich zu der Frage nach ihrem Weiterschreiten stellen mag, das eine steht doch fest, daß, von Anfang an, seit die eigentliche, israelitische Religion vorhanden ist, für sie das Sittengesetz den Angelpunkt bildet. Das Judentum ist nicht nur ethisch, sondern die Ethik macht sein Prinzip, sein Wesen aus ...
Weise ist, wer in den Wegen Gottes wandelt, wer das Gute tut; so wiederholt es im Judentum die Überzeugung aller Jahrhunderte, Religion und Leben werden damit aufs innigste verbunden, die Religion, welche bewiesen werden soll durch das Leben, das Leben, welches geweiht werden soll durch die Religion. Diese wird zur Erde herabgeführt, jenes zu göttlichem Inhalt erhöht. Dem Zwiespalt zwischen Glauben und Tun ist damit der Boden genommen; keine Frömmigkeit gibt es als die, welche durch die Lebensführung bewährt wird; keine Lebensführung kann gelten als die, in welcher sich die Religion verwirklicht ... Das Judentum ist eine Religion, die ihre Bewährung im Leben sucht und in der sicheren Klarheit des Lebens auch ihre letzte und höchste Vollendung findet.«
(Heinz David Leuner, a.a.O., S. 57)

Martin Buber (1874–1965), 1928:
»Auf das Bedenken Moses, er wisse nicht, was er dem Volk sagen solle, wenn es ihn fragen würde, was es um den Namen Gottes sei, als dessen Bote er zu ihnen spreche ..., d. h. wie es in seiner Not sich des Geheimnisses dieses Namens nach allgemeinem Völkerbrauch bemächtigen, den Gott beschwören und zwingen könne, ihnen zu erscheinen und sie zu retten, antwortete Gott mit der Erschließung eben des Namens ...: ›Ich werde dasein, als der ich dasein werde‹, d. h. ihr braucht mich nicht zu beschwören, denn ich bin jeweils bei euch, wie ich jeweils sein will, ich selber nehme keine meiner Entscheidungen vorweg, ihr könnet mir nicht begegnen lernen, ihr begegnet mir, wenn *ihr* mir begegnet ...«
(M. B., Der Jude und sein Judentum, Köln 1963, S. 195 f.)

Leo Baeck (1873–1956):
»Nur wenn ein Jude das ganz versteht, um wessentwillen er ein Jude ist, dann lebt er nicht nur für sich, sondern für Kinder und Kindeskinder ... Es darf nie vergessen werden: das Judentum ist als Religion Israels zuerst in die Welt getreten als religiöse, aber ebensosehr als eine soziale Revolution. Es trat in die Welt als eine Proklamation an alle die Armen und die Kleinen, die Bedrückten, die Bedürftigen.«
(L. B., in: Allgemeine Wochenzeitung der Juden, Düsseldorf, 24. Mai 1963)

Arnold Mandel, Paris, 1963:
»Das Wesentliche am Judesein bedeutet, um jeden Preis zu leben, aber als Jude zu leben. Dieser letztgenannte Imperativ gewinnt weniger Gestalt in einem Zustand strikter Unterordnung unter eine Fülle von Richtlinien, Anordnungen und Geboten, als in der Aufrechterhaltung eines ursprünglichen Rhythmus, der die religiösen Vorschriften prägt und der nicht durch sie geprägt wird. Ganz offenkundig hat das ›Wie?‹ immer den Vorrang vor dem ›Was?‹ Im äußersten Fall könnte man sich einem sehr strengen Praktizieren aller Gebote der Tora unterziehen und sich doch außerhalb der be-

sonderen Sphäre des Judentums befinden, und zwar in dem Maß, in dem man sich seinem Rhythmus entziehen und seinen Stil vernachlässigen würde ... So ist es zum Beispiel eine Besonderheit der modernen jüdischen Apologetik, ganz eindringlich den jüdischen Monotheismus zu betonen; dies läuft darauf hinaus, das Judentum auf eine Kategorie des *Theismus* zurückzuführen, nämlich den *Monotheismus* (während doch die Vorstellung vom Bund und nicht die des einen Gottes den Vorrang hat). Eine solche Darstellung läuft auf eine Herausarbeitung ›mosaischen Denkens‹ hinaus, die echtem jüdischem religiösem Empfinden fremd ist; denn dies ist in keiner Weise von der ausschließlichen theologophilosophischen Begründung durch die Einzigkeit Gottes durchdrungen, sondern ist dauernd ausgesetzt dem Zeichen der besonderen Verbindung, das das jüdische Volk mit seinem Gott vereinigt.«
(A. M., La voie du hassidisme, Paris 1963, S. 58 f.)

Jüdische Jugend in Rußland, 1964:
»Wer heute in Moskau, Leningrad, in der Ukraine und in Zentralasien das jüdische Passafest nach den Vorschriften feiern, seine Kinder beschneiden und Psalmen singen möchte –, gehört zu den Menschen, die durch die kommunistischen Jugendorganisationen gegangen sind, die an die Botschaft der weltlichen Eschatologie von Lenin geglaubt und die mit Begeisterung den Budjonnymarsch und die Internationale gesungen haben.«
(Arnold Mandel, Le langage intérieur, in: Arche, Paris, Mai 1964, Nr. 88, S. 41)

Joseph Kaplan, Paris, 1967:
»Wir erleben das Wiederauferstehen des Judentums; dieses hat den Auftrag, unserer Zivilisation den ihr fehlenden Sinn für Gott zu geben. Im Augenblick wird die Welt von der Vernichtung durch die Herstellung von Atomwaffen bedroht, aber wir glauben an die Zukunft der Menschheit und an den weltumspannenden Frieden.«
(J. K., in: Le Monde, Paris, 15. November 1967)

Lucien Lazare, Jerusalem, 1968:
»Das jüdische Volk besitzt das Geheimnis des Lebens, des Überlebens. Es handelt sich dabei nicht nur um heldenhafte Taten des Widerstandes gegenüber der Verfolgung und dem Völkermord. Es geht hier vor allem um das System der Erziehung inmitten der Familie, die die Persönlichkeit prägt und aus dem Juden ein unzerstörbares Wesen macht. Dies ist das Geheimnis. Darin liegt der grundlegende Wert. Es genügt, alles dem Familienleben unterzuordnen, nicht nur um zu überleben, sondern um die Fülle des Lebens zu erreichen. Wir haben auch entdeckt, daß die ganze Welt auf der Suche nach diesem Geheimnis sich befindet; deshalb wissen wir, daß das Judentum als wichtiger Faktor der Zivilisation eine weltumspannende menschliche Reichweite besitzt.«
(L. L., in: Tribune juive, Nr. 26, Strasbourg 1968, S. 8)

---

2. Die Eigenständigkeit des Judentums hängt damit zusammen, daß seine Gemeinschaft als Volk und seine Zusammengehörigkeit im Glauben grundsätzlich nicht bestritten und tatsächlich nicht verleugnet werden.

Martin Buber, 1934:
»Was ist die Ursache dieses Ungesichertseins? Die jüdische Gemeinschaft ist schlechthin uneinreihbar, sie widerstrebt allen geschichtlichen Kategorien und Allgemeinbegriffen, sie ist einzig. An dieser Einzigkeit muß das natürliche Bedürfnis der Völker nach Erklärung – und Erklärung bedeutet immer Einordnung in Kategorien – zerschellen. Was sich aber nicht einreihen, sich also nicht verstehen läßt, das ist durch sein Dasein erschrekkend. Die Bemerkung, der Antisemitismus sei eine Gespensterfurcht, hat in diesem Sachverhalt ihren Wahrheitsgrund. Die wandernde, irrende, preisgegebene Gemeinschaft, anders beschaffen als jede andere und keiner vergleichbar, hatte für die Völker, in deren Mitte sie lebte, stets etwas Gespenstisches, und

das konnte wohl nicht anders sein – sie war in Wahrheit ein ›Unheimliches‹, Heimloses ...
Israel widersteht auch den beiden Kategorien, deren Anwendung zu seiner Einreihung am häufigsten versucht wird: der Kategorie ›Nation‹ und der Kategorie ›Glaubensgemeinschaft‹. Völker und Glaubensgemeinschaften sind durch ein kennzeichnendes Merkmal voneinander zu unterscheiden. Völker erfahren ihre Geschichte als Völker; was die einzelnen als solche erfahren, auch das, worin die Erfahrung des einzelnen zur Gestalt wird – Dichtung, Philosophie, Kunst – ist nicht die Geschichte. In den Glaubensgemeinschaften wird das Bestimmende durch einzelne Menschen erfahren; es ist das, was man in seiner höchsten und reinsten Form ›Offenbarung‹ nennt. Bringen sie das Erfahrene den Scharen zu, und ihre Botschaft stiftet Gemeinschaft, dann ist eine Glaubensgemeinschaft geboren. So scheiden Völker und Glaubensgemeinschaften sich, wie Geschichte und Offenbarung sich scheiden. Es gibt nur ein Einziges, wo beides zusammengeht. Israel empfängt seine entscheidende Glaubenserfahrung als Volk, nicht der Prophet, sondern die Gemeinschaft als solche. Sie erfährt Geschichte und Offenbarung entscheidend in einem, jene als diese und diese als jene. In der Stunde des Glaubens wird die Schar zum Volk, nur als Volk kann sie vernehmen, was sie zu vernehmen hat. Die Einheit von Volkstum und Glaubensgemeinschaft, welche die Einzigkeit Israels ausmacht, ist nicht bloß empirisch-schicksalhaft; hier rührt das Göttliche an das Menschliche.«
(M. B., Der Jude und sein Judentum, Köln 1963, S. 216–218)

Schalom ben Chorin, Jerusalem, 1956:
»Sie (die Juden) versuchten die nationale Seite ihrer Existenz zu historisieren. Sie beschränkte sich auf den zweiten Teil der Antwort des Jona, auf den monotheistisch-universalistischen. Sie versuchten, aus der unlösbaren Einheit von Nationalem und Religiösem das Religiöse herauszuschälen und allein weiterbestehen zu lassen.«
(Sch. b. Ch., Die Antwort des Jona, Hamburg 1956, S. 15 f.)

Paul Démann, Paris, 1961:
»Was den jüdischen Gemeinden in ihrer so verschiedenen Situation und mit ihren so verschiedenartigen Strömungen gemeinsam ist, ist der Eindruck, in einer Übergangszeit und an einem Wendepunkt der jüdischen Geschichte zu stehen. Dieser Eindruck besteht darin, daß das Überleben und die Erneuerung des Judentums nur in dem Maß gesichert sind, in dem die aufkommenden jungen Generationen, die der jüdischen Tradition treu bleiben, sich in die moderne Welt einordnen und wo die anderen dazu gelangen, organisch an den ewigen Werten der jüdischen Tradition wiederanzuknüpfen.«
(P. D., Les Juifs, foi et destinée; Paris 1961, S. 48 f.)

Hans Joachim Kraus, Göttingen, 1963:
»Man muß wohl einmal die einfache Frage stellen: Wie können wir heute noch zu einer Begegnung mit dem Judentum gelangen? Zwei Antworten sollen hier gegeben werden: Wo immer uns ein Jude begegnet, da würde gelten, sich seiner in einer ganz besonderen Weise anzunehmen. Hier käme es darauf an, Außerordentliches zu tun, denn die zu uns zurückkehrenden Juden haben es oft unendlich schwer, wieder Heimat, Arbeit und Kontakt zu finden. Sodann könnte unsere Aufgabe darin bestehen, die Botschaft des Judentums – das Wort, an das der Jude sich klammert und von dem er lebt – neu zu hören. Was bewegt denn eigentlich diese jüdischen Menschen? Was verbindet sie untereinander? Wie kommt es, daß über Jahrhunderte hinweg das Judentum sein Eigenleben bewahrt hat und die Kraft besaß, nach Jahrhunderten einen Staat zu gründen, dessen weltpolitische Bedeutung uns allen in den letzten Jahren stark ins Bewußtsein getreten ist?
Wir sind vor allen anderen Völkern der Erde aufgerufen, in unserem geistigen

Leben dem Judentum Türen und Tore zu öffnen, uns aufs intensivste mit der religiösen Welt des Juden zu befassen. In den Räumen der Universität, in denen die massivsten Lügen und Gemeinheiten über das Judentum ausgestreut worden sind, sollte die Wahrheit über das Judentum einen Ehrenplatz einnehmen. Der Appell gilt darum der akademischen Jugend, aber auch allen einsichtigen und verantwortungsbereiten Menschen: Niemand weiche diesen brennenden Fragen aus! Es geht um eine neue Begegnung mit dem Judentum. Hier lasse sich jeder aufrufen zu neuem Nachdenken über das unergründliche Geheimnis jener Gemeinschaft, die eine Spur von Blut und Tränen in der Geschichte der Völker und insbesondere in der Geschichte unseres Volkes hinterlassen hat. Jeder beweise seine Ehrfurcht und Liebe vor dem anderen, vor dem leidgezeichneten Juden, indem er nicht an ihm vorübergeht und nicht an ihm vorbeiträumt! Dieser Appell trifft aber insbesondere die Christen, die stets geneigt waren, mit kurzschlüssigen theologischen Antworten und mit der Überheblichkeit der Erwählten auf das Schicksal des ›verworfenen‹ Volkes herabzuschauen. Es gilt, einem Anstoß zu neuem Nachdenken und zu einer neuen Begegnung des Christen mit dem Judentum zu folgen. Wir wollen versuchen, das Fremde, das oft so gar nicht Vertraute, zu Gesicht zu bekommen und aufzunehmen.«

(H. J. K., Begegnung mit dem Judentum, Hamburg 1963, S. 6 f.)

Josy Eisenberg, Paris, 1969:

»Das Judentum besteht zunächst darin: es ist eine Geschichte zwischen Partnern, Gott auf der einen, Israel auf der anderen Seite.«

(J. E., Israël et sa terre, in: Lumière et Vie, Nr. 92, Lyon 1969, S. 84)

Josy Eisenberg, Paris, 1969:

»Das Problem des Judentums besteht nicht darin, seinem Jahrhundert zu entsprechen, sondern der Säkularisierung der Juden ein Ende zu bereiten.«

(J. E., Plaidoyer pour le Talmud, in: Arche, Paris 1969, Nr. 147, S. 51)

Kurt Hruby, Paris, 1969:

»Jedoch ist im Judentum es bis heute nach der Meinung der berühmtesten Lehrer der jüdischen Tradition ... nicht möglich gewesen, einen Unterschied zwischen religiöser und nationaler Zugehörigkeit zu machen. Denn die Erwählung trifft das *Volk*; dadurch wird seine Einheit und sein Wesen geprägt, das *nur auf Grund der Annahme des Gesetzes Gottes* denkbar ist. Wenn es seit dem Beginn der christlichen Verkündigung – und wahrscheinlich wird es dies immer geben – Juden gegeben hat, die *für ihre Person* diese Botschaft des Evangeliums annehmen, *so ändert dies nichts an der Art der Existenz dieses Volkes, das bis zu seinem ›Eingehen‹ sich immer auch durch seine Ablehnung dieser Botschaft definieren wird.«*

(K. H., Israël, peuple de Dieu; in: Lumière et Vie, Nr. 92, Lyon 1969, S. 81)

---

3. Das Judentum ist unter uns oft noch wenig bekannt; es wird deshalb häufig stark verzeichnet. So kommt es darauf an, sachlich und wahrheitsgetreu sein Bild wiederzugeben.

Friedrich Schleiermacher, 1799:

»Das Judentum ist seit langem eine tote Religion, und die noch seine Farben tragen, beklagen sich bei einer unverweslichen Mumie und beweinen sein Verscheiden und sein trauriges Verschwinden. Ich spreche nicht von ihm, weil es etwa der Vorläufer des Christentums wäre; in Sachen der Religion verabscheue ich diese Art von historischen Beziehungen ... Seine letzte, mit großer Mühe hervorgebrachte Frucht, war der Glaube an den Messias ... Dieser hat sich lange Zeit gehalten, wie dies manchmal mit einer einzelnen Frucht geschieht, die bis mitten in die schlechte Jahreszeit hängen bleibt ... Wegen seiner Enge hatte diese Religion nur ein kurzes Leben. Sie starb, als die heiligen Bücher abgeschlossen waren. Damals wurde das Gespräch zwischen Jehova und seinem Volk als beendet angesehen.«

(Léon Poljakov, Histoire de l'antisémi-

tisme, Bd. III, De Voltaire à Wagner, Paris 1968, S. 204)

Adolf Friedrich Karl Streckfuß, 1833:
»Immer mehr einzelne Steine werden aus der Ruine (des Judentums) fallen, je schwächer der Druck wird. Und wenn er dereinst ganz aufgehört hat, wird die ganze Ruine ohne Geräusch verschwunden sein. Und so wird das Ende des Judentums sein: Ahasver, welcher seine unerschöpfliche Lebenskraft durch die feindselige Berührung der Christen und die von diesen erfahrenen Verfolgungen bis jetzt bewahrt hat, wird still sein müdes Haupt zum ewigen Schlummer niederlegen, wenn man ihn ruhig und unbeachtet sein Ziel sich suchen läßt.«
(Hans-Joachim Barkenings, Die Stimme der Anderen, in: Christen und Juden, Hrsg.: Karl Thieme und Wolf-Dieter Marsch, Göttingen und Mainz 1961, S. 157)

Hans von Lüpke, um 1933:
»Darum müssen wir auch ebenso bereit sein, von anderen Völkern zu nehmen, was sie uns zu geben berufen sind, und in allen eine gleiche Berufung anerkennen, was nicht ausschließt, daß ein jedes Volk seine besondere Zeit hat, wo es vor anderen zur Entscheidung für die ganze Welt berufen ist. Dies gilt auch vom Judentum, an dem wir jetzt nur noch das Dämonische sehen. Es ist ihm aber eben darum trotz höchster Berufung verfallen, weil es sich dem höheren Maßstab versagte und sein fleischliches Dasein in der Entscheidungsstunde über den Gottesgedanken in ihm stellte. Nur der sieht die wahre Größe des Deutschtums, der gerade jetzt auch schaudernd diesen Abgrund sieht.«
(Kurt Meier, Kirche und Judentum, Göttingen 1968, S. 80)

Paul Démann, Paris, 1961:
»Um das wirkliche Gesicht eines Bruders zu erkennen, braucht man die Augen eines Bruders. Wir haben den Versuch unternommen, das Gesicht des Judentums zu betrachten, nicht durch die Brille einer Leidenschaftlichkeit oder irgend einer Illusion, sondern ganz einfach mit den Augen eines Bruders. Dies setzt ganz bestimmt ein Sichmühen um Aufrichtigkeit, um Verstehen und um Achtung im Suchen nach den Zügen dieses fernen Bruders voraus, dieses älteren Bruders, der so viel gelitten hat und der trotz allem seinem Erbe treu geblieben ist. Dies setzt vor allem ein klares Wissen um unsere eigenen Wurzeln und unser gemeinsames Schicksal voraus; diese Solidarität bleibt trotz der Spaltungen, der Konflikte und dem Wechsel der Geschichte bestehen. Es handelt sich um das Bewußtsein, daß man zur gleichen Familie gehört, zur Familie des Volkes Gottes, und zwar in der Gewißheit, daß nach den Plänen Gottes diese Familie in ihrem Grund und Wesen eins ist.«
(P. D., Les Juifs, foi et destinée; Paris 1961, S. 105 f.)

Hermann Th. Braun, Stuttgart 1963:
»Leider erwähnen Sie einen mir grundlegend erscheinenden Punkt nicht: Seit mehreren tausend Jahren werden die Juden von Priestern und Propheten zum Fremdenhaß erzogen. Das Ergebnis ist der religiöse Rassenwahn vom auserwählten Gottesvolk. Welches Gastvolk nimmt eine solche Deklassierung widerspruchslos hin? Hier scheint mir die Wurzel des Antisemitismus zu liegen und nicht . . ., weil sie Jesus Christus ans Kreuz geschlagen haben.«
(H. Th. Br., in: Spiegel, Hamburg, Nr. 33, 14. August 1963, S. 9)

Martin Buber, Jerusalem, 1964:
»Es kann nicht darum gehen, daß sich die Religionen der Welt über ihre Glaubwürdigkeit verständigen. Das ist nicht an ihnen und würde ihnen auch nicht gelingen: das ist Gottes Sache allein. Es kann nur darum gehen, daß die Religionen der Welt gemeinsam die Rettung des Menschen vor dem Untergang in Angriff nehmen.«
(M. B., in: Fazit, Köln 1964, S. 159)

Josy Eisenberg, Paris, 1964:
»Wir sollten wissen, daß das Abendland erst an der Schwelle der Entdeckung des

Judentums steht, und daß es auf diesem Gebiet noch alles zu tun gilt. Das Judentum ist noch ein berühmter Unbekannter.«
(J. E., Sommes-nous racistes?, in: Information juive, Paris 1964, Nr. 144, S. 4)

Kurt Hruby, Paris, 1969:
»Trotz dieser geschichtlichen Verbindung muß man in der Kirche das *gegenwärtige Judentum* buchstäblich wiederentdecken – in seinen Beziehungen zum biblischen Judentum; und damit gilt es auch fast zweitausend Jahre jüdischer nachchristlicher Geschichte wiederzuentdekken. Jeder, der die Meinung vertreten sollte, eine derartige Aussage stelle eine tendenziöse Übertreibung dar, dem müßte es zum Beispiel genügen, eine gewisse Art von ›theologischen‹ Veröffentlichungen zu lesen, die vor allem auf katholischer Seite überreich in Erscheinung trat und die sich auf den Staat Israel nach den Juniereignissen des Jahres 1967 bezog. Diese Reaktion schloß jedoch auch positive Faktoren in sich; sie hat nämlich den deutlichen Beweis dafür erbracht, daß auf diesem Gebiet trotz allem, was man sagen und schreiben konnte, trotz der tragischen Ereignisse des Zweiten Weltkrieges und trotz des Erwachens des Gewissens von einigen Christen, das durch diese Ereignisse unbezweifelbar hervorgerufen wurde, daß trotz der im Zweiten Vatikanischen Konzil gegen alle Hindernisse entfalteten Bemühungen fast alles erst noch getan werden muß. Sobald man irgendeine Seite der jüdischen Wirklichkeit in Angriff nimmt, ist man sofort in einen Teufelskreis von falschen Fragestellungen eingeschlossen, was ein Beweis dafür ist, wie hier alles vollkommen verwirrt ist.«
(K. H., Israël peuple de Dieu, in: Lumière et Vie, Lyon 1969, Nr. 92, S. 59 f.)

Bibliographie

Adler, Leo: Die Bedeutung der jüdischen Festtage, Basel o. J.
Adler, Leo: Der Mensch in der Sicht der Bibel, Basel 1965.
Baeck, Leo: Dieses Volk, Frankfurt/Main 1955.
Baeck, Leo: Aus drei Jahrtausenden, Tübingen 1958.
Belford, Lee A.: Einführung in das Judentum, Kassel 1967.
Bloch, Jochanan: Judentum in der Krise, Göttingen 1966.
Borries, Achim v., Hrsg.: Selbstzeugnis des deutschen Judentums, Frankfurt/Main 1962.
Buber, Martin: Der Jude und sein Judentum, Köln 1963.
Cohn, Emil: Judentum, München 1923.
Démann, Paul: Les Juifs, foi et destinée; Paris 1961.
Freyhan, Wilhelm: Der Weg zum Judentum, Frankfurt/Main 1959.
Gamm, Jochen: Judentumskunde, Frankfurt/Main 1961.
Geis, Robert Raphael: Vom unbekannten Judentum, Freiburg/Brsg. 1961.
Glatzer, Nahum Norbert und Ludwig Strauß: Sendung und Schicksal, Berlin 1931.
Goldschmidt, Hermann Levin: Das Vermächtnis des deutschen Judentums, Frankfurt/Main 1957.
Goldschmidt, Hermann Levin: Das Vermächtnis des deutschen Judentums, Frankfurt/Main 1965.
Goldschmidt, Hermann Levin: Die Botschaft des Judentums, Frankfurt/Main 1960.
Gruber-Magitot, Claude: Les Lions de Juda, Paris 1959.
Guttmann, Michael, Hrsg.: Entwicklungsstufen der jüdischen Religion, Gießen 1927.
Heß, Moses: Ausgewählte Schriften, Köln 1962.
Hirsch, Leo: Jüdische Glaubenswelt, Gütersloh 1962.
Hruby, Kurt: Israël, peuple de Dieu; in: Lumière et Vie, Nr. 92, Lyon 1969, S. 59 ff.
Kraus, Hans-Joachim: Begegnung mit dem Judentum, Hamburg 1963.
Leuner, Heinz David: Religiöses Denken im Judentum des 20. Jahrhunderts, Wuppertal 1969.
Liebeschütz, Hans: Das Judentum im Geschichtsbild von Hegel bis Max Weber, Tübingen 1967.
Mandel, Arnold: La voie du hassidisme, Paris 1963.
Oppenheimer, John, Hrsg.: Lexikon des Judentums, Gütersloh 1967.
Rosenzweig, Franz: Der Stern der Erlösung, Heidelberg 1954[3].
Schalom ben Chorin: Die Antwort des Jona, Hamburg 1956.
Schalom ben Chorin: Jenseits von Liberalismus und Orthodoxie, Frankfurt/Main 1964.
Schalom ben Chorin: Das Judentum im Ringen der Gegenwart, Hamburg 1965.

Schalom ben Chorin: Das heutige Judentum in Israel und in der Diaspora, in: Rolf Italiaander, Gefährdung der Religionen, Kassel 1966, S. 164–181.

Schoeps, Hans Joachim: Jüdische Geisteswelt, Köln 1960.

Scholem, Gershom: Judaica, Frankfurt/Main 1963.

Schröter, Karl Heinz, Hrsg.: Daß dein Ohr auf Weisheit achte, Wuppertal 1966.

Soetendorp, Jacob: Symbolik der jüdischen Religion, Gütersloh 1963.

Sterling, Eleonore: Kulturelle Entwicklung im Judentum von der Aufklärung bis zur Gegenwart, Wuppertal 1969.

Weltsch, Robert, Hrsg.: Deutsches Judentum, Aufstieg und Krise, Stuttgart 1963.

Wilhelm, Kurt, Hrsg.: Jüdischer Glaube, Auswahl aus zwei Jahrtausenden, Bremen 1961.

Wilhelm, Kurt, Hrsg.: Wissenschaft des Judentums im deutschen Sprachbereich, 2 Bde., Tübingen 1967.

Wouk, Herman: Er ist mein Gott, Hamburg 1961.

Kabbala

Die Kabbala (wörtliche Übersetzung: Überlieferung) bildet innerhalb des Judentums eine besondere Art und Weise der Erkenntnis und Aneignung der Offenbarung. Sie ist ein System der Schriftauslegung, in dem jedes Wort, jede Zahl und jeder Akzent eine geheime, besondere Bedeutung bekommen. Man bestreitet hier, mit Gründen der Vernunft in die letzte Wahrheit der Bibel eindringen zu können; erst jenseits der Vernunft gelangt man hier zur Gewißheit. Dies geschieht auf dem Weg der Kontemplation und der Mystik. Die Kabbala setzt aber eine fundierte Kenntnis der Bibel und der gesamten talmudischen Literatur voraus. Ursprünglich beschränkte sich die Kabbala auf einen engen Kreis Eingeweihter, doch wurde später ihr Einfluß auf das ganze Judentum spürbar, vor allem in einer deutlichen Unterstreichung des Geheimnisses Gottes. Als historische Erscheinung ist die Kabbala im Mittelalter in der Provence aufgetaucht, wenn auch deutlich Vorläufer in den mystischen Bewegungen innerhalb des Judentums zu erkennen sind.

Simon Dubnow (1860–1941), 1927:
»Im Spanien und Frankreich des XIII. Jahrhunderts verbreitete sich immer weiter jene esoterische Lehre, für die der Name *Kabbala*, d. h. ›Überlieferung für die Eingeweihten‹, aufgekommen war. Gleich der im Talmud fixierten ›Mündlichen Lehre‹ des Altertums klammerte sich auch die neue mystische Lehre an den Urquell des Judaismus, an die Bibel. Ebenso wie einstmals die Schöpfer des Talmud, sich auf die mündliche Überlieferung berufend, ihre zahlreichen Gesetzesvorschriften von dem Wortlaut der Thora abzuleiten suchten, so wollten jetzt auch die Kabbalisten hinter jedem biblischen Ausdruck nur den Eingeweihten faßbare Erkenntnisse entdecken, die sie ihrerseits auf mysteriöse, angeblich aus der Zeit der Erzväter und Moses stammende Überlieferung zurückführten.
Der Kabbala des XIII. Jahrhunderts lag als unverrückbare Voraussetzung das schon von Philo eingeführte Prinzip der *Emanation* zugrunde. Nach der Lehre der Kabbala ist Gott der ›En-Sof‹, das Unendliche, das unerfaßbare, aller konkreten Attribute bare Urwesen, das sich nur in seinen Schöpfungswerken offenbart...
Die über alle Schranken des Bewußtseins hinausstrebenden Geister fanden in dieser Lehre das ersehnte Sprungbrett. Die Kabbala schien ihnen die Lösung der tiefsten Welträtsel zu bieten, auf die sie in dem ›geheimen Sinn‹ des Bibeltextes selbst vielsagende Anspielungen zu finden vermeinten.«
(S. D., Weltgeschichte des jüdischen Volkes, 5. Band, Berlin 1927, S. 140 ff.)

Simon Dubnow (1860–1941), 1927:
»Als ›praktische Kabbala‹ wird im Gegensatz zu der im XIII. Jahrhundert in Spanien erblühten ›spekulativen Kabbala‹ jene mystische Lehre bezeichnet, die sich im XVI. Jahrhundert auf palästinensischem Boden entfaltet hat...
Durch die praktische Kabbala wurde das Prinzip der philosophischen Forschung aus dem Bereich der Religion endgültig verdrängt und durch das Prinzip der mystischen Inspiration ersetzt. Den philosophischen Optimismus des Maimonides zur Seite schiebend, hob die Kabbala den Pessimismus auf den Schild. Sie züchtete im Volk eine düstere Lebensauffassung, der diese Erde als ein trostloses ›Jammertal‹ galt, in dem der Mensch von bösen, auf den Verderb seiner Seele ausgehenden Dämonen umringt sei. Die Phantasie des Gläubigen stand ganz im Banne der kabbalistischen Vorstellungen von der Hölle und den Martern im Jenseits, von der Seelenwanderung und der Sünden-

abbüßung. Selbst das von dem Anbruch der Messiaszeit entworfene Bild war so grausig verzerrt, daß es den politischen Einschlag dieses Dogmas ganz in den Schatten rückte. Die Kabbalisten waren es, die dem Volksaberglauben reichlich Nahrung zuführten und den schlichten Mann zur Anbetung vermeintlicher Wundertäter, gaunerhafter Heilkünstler und gauklerischer Geisterbeschwörer verleiteten. So wurde durch die sich weit über die Grenzen Palästinas hinaus ausbreitende praktische Kabbala der Boden für jene mystisch-messianische Bewegung vorbereitet, die die Judenheit im XVII. und XVIII. Jahrhundert aufs tiefste aufwühlen sollte.«
(S. D., a.a.O., Bd. VI, S. 66, 68)

Paul Démann, Paris, 1961:
»Die eigentlichen kabbalistischen Kreise nehmen in der gegenwärtigen jüdischen Welt nur einen verhältnismäßig geringfügigen Platz ein und die ganz und gar in die gemeinsame Tradition des Judentums übernommenen kabbalistischen Elemente sind ganz deutlich recht beschränkt. Aber zwischen diesen beiden Polen kann man in zahlreichen jüdischen Kreisen – sie zählen zu den rührigsten und eifrigsten im Judentum – von der Kabbala geprägte Strömungen oder Einflüsse entdecken. Man kann in diesem Zusammenhang auf ein starkes, neu erwachendes Interesse für das Studium der Kabbala aufmerksam machen; dies hat es möglich gemacht, die Bedeutung kabbalistischer Einflüsse besser zu ermessen, die sich nicht nur auf das Leben der Juden, sondern gleichfalls auch auf die Geschichte christlichen Denkens und auf die moderne Philosophie erstrecken.«
(P. D., Les Juifs, foi et destinée; Paris 1961, S. 102)

Gershom Scholem, Jerusalem, 1962:
»Die Kabbala als historische Erscheinung im mittelalterlichen Judentum ist in der Provence entstanden, und zwar in dem westlichen, als Languedoc bekannten Teil. Von hier wurde sie im ersten Viertel des 13. Jahrhunderts nach Spanien, nach Aragonien und Kastilien verpflanzt, und ihre klassische Entwicklung spielte sich im wesentlichen dann dort ab. Sie ist also ein Phänomen des Judentums im christlichen Abendland, und wir haben keinerlei historische Kenntnisse oder direkte Zeugnisse über die Existenz oder Verbreitung in den Ländern des Islam.«
(G. Sch., Ursprung und Anfänge der Kabbala, Berlin 1962, S. 9)

Nicolas Baudy, Paris, 1965:
»Während der intensiven Konzentration auf die Schrift, auf das Wesen dieses einzigartigen Gutes, gewann jedes ihrer Worte, ja jeder Buchstabe der Tora eine selbständige Existenz und lösten sich sowohl vom Wortsinn als auch von der Bedeutung der Deutung aus verschiedenen Epochen ab.
Für die jüdischen Mystiker verflüchtigte sich das Wort Gottes, um nur noch eine Schau Gottes übrig zu lassen; Gefühle der an der Religion festhaltenden Treue verwandelten sich in maßlose Gefühlsausbrüche. Die Eingeweihten beschäftigten sich mehr mit dem Erkenntnisweg als mit der Erkenntnis selbst. Wir stoßen hier auf die Kabbala, jenen buntfarbigen Bereich der jüdischen Mystik.
Das Wort bedeutet ›Tradition‹ (Überlieferung). Tatsächlich gehen die Anfänge der Kabbala weit zurück; sie hat ihre Quellen schon in der Bibel selbst, eine zunächst mündlich übermittelte Überlieferung, eine Geheimlehre, die ihrem Wesen nach nur für den Eingeweihten bestimmt war und die, nur ungenügend verstanden, leicht zur Häresie führen konnte. Die Beziehungen zwischen Natur und dem Übernatürlichen, die durch die von Mose und den Propheten zustande gebrachten Wunder hervorgerufen wurden, zogen zwar die Einbildungskraft der Menschen mit einer Neigung zur Mystik in Bann; dagegen bezogen sich die beiden Themen, die am meisten die Spekulation anregten und darum auch die kühnsten und genauesten Übungen in Konzentration und Erhebung zuwege brachten, auf die Schöpfung in der Genesis und auf die Beschrei-

bung des Thrones Gottes (Gotteswagens) in Hesekiel.«
(N. B., Les grandes questions juives, Paris 1965, S. 175)

André Chouraqui, Jerusalem, 1965:
Ein Beispiel für die Auslegung der Kabbala:
»Gegen das Ende des 13. Jahrhunderts machte Gykatilla darauf aufmerksam, daß die Buchstaben des Wortes EHAD (Einheit) 13 ergeben und der Summe der Buchstaben des Wortes AHAVA (Liebe) entsprechen, die sich auch auf 13 belaufen. Die Summe von Einheit (13) und Liebe (13) ist gleich der Summe des Tetragramms (des Gottesnamens) YHWH (26). Gott ist so die Zusammenfassung von Einheit und Liebe.«
(A. Ch., La pensée juive, Paris 1965, S. 95)

Lee A. Belford, Kassel, 1967:
»Die Kabbala ist ein System der Schriftauslegung, das auf der Annahme beruht, jedes Wort, jede Zahl und jeder Akzent habe eine geheime Bedeutung. Sie bestreitet, daß die letzten Wahrheiten des Glaubens dem Verstand zugänglich sind. Im dreizehnten Jahrhundert verfaßte Moses de Leon den Sohar, oft die kabbalistische Bibel genannt, einen mystischen Kommentar zum Pentateuch, der neuplatonische Elemente enthält. Er betont die Bedeutung der Hingabe und Unterordnung unter Gott, bei ständiger Kontemplation der großen Liebe und Sorge Gottes für sein Volk, und die Bedeutung des Glaubens und des Gefühls, daß Gott alles in allem ist. Der Sohar enthält einige der schönsten Gebete der Literatur. Es ist das Verdienst der Kabbala und des Sohar, ein mystisches Element bewahrt zu haben, das sich mit der chassidischen Bewegung einer späteren Generation kraftvoll wieder entfalten sollte. Beide haben christliche Mystiker wie Mirandola, Reuchlin und Jacob Böhme beeinflußt. Sie inspirierten zahlreiche glühende Anhänger.«
(L. A. B., Einführung in das Judentum, Kassel 1967, S. 45)

Salcia Landmann, St. Gallen, 1967:
»Schon der Name, den die jüdische Mystik im Mittelalter sich gab, deutet in diese Richtung. Kabbala heißt nämlich Empfängnis, Überlieferung. Und die Adepten der Kabbala wollten damit ausdrücken, daß die mystischen Erkenntnisse genauso auf Offenbarung beruhten wie die Gesetze des Pentateuch.
Noch heute findet man bei frommen Juden die feste Überzeugung, daß die Geheimnisse der Kabbala im Grunde von Anfang an im Bibeltext mitenthalten waren. Auf dem Sinai – so lautete die These – sei zwar bloß die Tora, der Pentateuch, verkündet worden. Dieser Text sei aber nur eine Art von Stenogramm. Es habe daher der Anstrengung und Vertiefung vieler Generationen bedurft, um die Ergänzungen – die aber, wie gesagt, im Text bereits enthalten sind – zu formulieren. Die Talmudlehrer fügten zur Tora die ›offenbare Kabbala‹ und die Mystiker die ›geheime‹. Erst spät und willkürlich sei dann der Name ›Kabbala‹ nur noch auf die ›geheime Kabbala‹, die Mystik, angewendet worden.«
(S. L., Die Juden als Rasse, Olten und Freiburg/Brsg. 1967, S. 250)

Bibliographie
Baudy, Nicolas: Les grandes questions juives, Paris 1965, S. 175 ff.
Démann, Paul: Les Juifs, foi et destinée; Paris 1961, S. 102 ff.
Dubnow, Simon: Weltgeschichte des jüdischen Volkes; Bd. V, Berlin 1927, S. 139 ff.; Bd. VI, Berlin 1927, S. 66 ff.
Scholem, Gershom: Ursprung und Anfänge der Kabbala, Berlin 1962.

Kreuzigung

Die Hinrichtung des Jesus von Nazareth wurde schon früh den Juden als Alleinschuld angelastet. Innerhalb der Kirche fühle man sich berechtigt, das dafür die Juden treffende Strafgericht zu vollstrecken; die Untat der »Gottesmörder« konnte nicht ungesühnt bleiben. Dies geschah durch rechtliche Einschränkung und soziale Deklassierung (→ Entrechtung), erfolgte aber auch in wüsten (→) Pogromen und gezielten Ausrottungsaktionen. Gegenüber dieser folgenschweren und unheilvollen Verkehrung des Geschehens am Kreuz gilt es zu bezeugen, daß die Tötung des Jesus von Nazareth sachlich wie historisch eine Gemeinschaftsarbeit von Juden und Heiden war. Unter dem Kreuz können Christen – besonders im Blick auf die Juden – nur an die eigene Brust schlagen und auf keinen Fall auf andere deuten.

---

1. Die Kreuzigung des Jesus von Nazareth war eine »Gemeinschaftsleistung« von Juden und Heiden; die Behauptung einer Alleinschuld der Juden ist falsch. Von einem »Gottesmord« kann überhaupt nicht die Rede sein.

Apostelgeschichte 4, 27:
»Wahrlich ja, sie haben sich versammelt über deinen heiligen Knecht Jesus, welchen du gesalbt hast, Herodes und Pontius Pilatus mit den Heiden und dem Volk Israel.«

Aurelius Augustinus (354–430), Kirchenvater, Bischof von Hippo Rhegius (Nordafrika):
»Der Herr ist auferstanden und viele (aus den Juden) haben an ihn geglaubt. Sie hatten ihn gekreuzigt, ohne dies zu begreifen. Aber später haben sie an ihn geglaubt, und ihre so schwere Sünde wurde ihnen vergeben. Das Blut des Herrn, das sie vergossen hatten, wurde den *Menschenmördern* vergeben. Ich sage nicht den *Gottesmördern*; denn wenn sie dies begriffen hätten, dann hätten sie den Herrn der Herrlichkeit (1. Kor. 2, 8) nicht gekreuzigt. Der Mord an einem unschuldigen Menschen wurde ihnen vergeben und das Blut, das sie in ihrer Torheit vergossen hatten, haben sie aus Gnaden getrunken.«
(J. D. Lichtenberg, O. P., Contenu et portée de la Déclaration conciliare sur les Juifs, in: Nouvelle revue théologique, Louvain [Löwen] 1966, S. 245)

Domingo de Baltanas, O. P., Sevilla, 1556:
»Die Juden unterscheiden sich von den Heiden weder durch ihre Abstammung noch durch das Verbrechen des Gottesmordes. Sie haben in Abraham den gleichen Vater. Die Juden haben zwar Christus ungerechterweise angeklagt und verfolgt, aber durch die Rechtsprechung der Heiden wurde er zum Tode vururteilt.«
(Albert A. Sicroff, Les controverses des statuts de »pureté du sang« en Espagne du XV. au XVII siècles, Paris 1960, S. 145)

Christoph Ernst Luthardt (1823–1902):
»Ich weiß nicht, was demütigender für unser Geschlecht sein könnte als die Tatsache, daß eine solche Liebe, wie sie in Jesus offenbar geworden ist, einen solchen Haß hervorrufen und erzeugen konnte, wie er ihm zuteil wurde und daß diese himmlische Reinheit das Zeichen sein mußte, wider das sich alle Leidenschaften vereinigten; wenn etwas irre machen könnte an der Menschheit, so wäre es diese Tatsache. Zwar irre werden sollen wir nicht, aber demütig in unseren Gedanken und bei uns erwägen, was dazugehört, um eine Menschheit, die einer

solchen Tat fähig ist, für Gott zu gewinnen. Und man sage nicht: das war Israel! Mit dem Fanatismus der Juden hat sich die Gewissenlosigkeit der Heiden vereinigt. Und wer will behaupten, daß sein Volk die Probe besser bestanden haben würde . . .«
(Hans Joachim Barkenings, Die Stimme der Anderen, in: W. D. Marsch – K. Thieme, Christen und Juden, Mainz und Göttingen 1961, S. 227)

Karl Barth (1886–1968), Basel, 1946:
»Indem die Juden den von ihnen abgelehnten Messias den Heiden auslieferten zur Kreuzigung, wurden diese mit ihnen zu Instrumenten des im Tode Jesu Christi vollzogenen göttlichen Versöhnungswerkes. Mit den Juden und durch die Juden selbst veranlaßt, werden sie auch der Verheißungen Israels teilhaftig gemacht.«
(K. B., Kirchliche Dogmatik, Bd. II/2, Zollikon-Zürich 1946, S. 307)

Heinrich Spämann, 1961:
»Die Juden gelten auch heute noch vielen Christen nur als das Volk, das Jesus Christus abgelehnt und gekreuzigt hat, als stünde nicht die ganze Menschheit in der Solidarität mit Israel und als wären wir nicht alle an der Kreuzigung Jesu beteiligt.«
(H. S., Die Decke über dem Herzen, in: Christlicher Sonntag, Freiburg, Nr. 34, 20. 8. 1961, S. 265)

Ludwig von Hertling, S. J., 1961:
»Wenn nun nach dem christlichen Glauben der Gottesmord eine objektive Tatsache ist, so ist damit nicht gesagt, daß die an der Tötung Jesu Beteiligten alle oder auch nur einzelne die subjektive Schuld des Gottesmordes auf sich geladen haben. Das wäre nur dann der Fall, wenn die Tötenden die klare Einsicht besessen hätten, daß Jesus Gott war. Andernfalls könnte man ihre subjektive Schuld als Mord eines Unschuldigen oder als Justizmord bezeichnen, nicht aber als Gottesmord . . .
Wir haben also in den Texten, wo die Juden entschuldigt werden, einerseits kein Inabredestellen jeder Schuld und anderseits keine leeren Freundlichkeitsphrasen, die über eine bestehende Schuld einfach hinweggehen. Für derartige Phrasen war damals sicher nicht der Ort. Bei Jesus handelt es sich eindeutig um die Bitte um Verzeihung. Daß er zur Begründung dieser Bitte mildernde Umstände geltend macht, zeigt einerseits, daß eine wirkliche Schuld vorhanden ist, andererseits, daß sie nicht so groß ist, um jede Vergebung auszuschließen . . .
Von welcher Seite also man die Frage betrachtet, niemals kommt eine Kollektivschuld heraus, als ob das damalige jüdische Volk als ganzes in irgendeiner Weise an der Tötung Jesu mitgewirkt hätte. Das einzige, was man sagen kann, ist, daß die wirklich Schuldigen mit Ausnahme von Pilatus Angehörige des jüdischen Volkes waren. Aber man kann nicht aus einem Verbrechen, das innerhalb eines Volkes geschieht, ein Verbrechen des Volkes machen.«
(L. v. H., Die Schuld des jüdischen Volks am Tod Christi, in: Stimmen der Zeit, München 1962, S. 17, 18, 22)

Bernhard E. Olson, 1963:
»Obwohl die jüdischen Führer von Jerusalem für die Todesstrafe an Jesus waren, war seine Kreuzigung das Ergebnis des Entschlusses von Pilatus. Die Kreuzigung war eine römische Hinrichtungsart.«
(B. E. O., Faith and Prejudice, New Haven und London 1963, S. 209)

Patriarch Kyrillos von Alexandrien, 1964:
». . . Trotz ihrer umfassenden Kenntnis der Schrift und der Weissagungen über die Ankunft des Messias und trotz der Predigt Johannes des Täufers . . . haben die Juden Jesus verraten. Sie erwarteten ihn, aber sie behandelten ihn als Feind und verschworen sich gegen ihn, und dies nicht aus Unwissenheit, sondern in der Angst, ihrer Stellung verlustig zu gehen . . . Aus Neid und Haß haben sie seinen Tod herbeigeführt, indem sie zu Pilatus schrieen: ›Kreuzige ihn . . .‹«
(Aus der Weihnachtsbotschaft des Patriarchen zum 6. Januar 1964, Le Monde, Paris, 8. Januar 1964)

Eine siebzehnjährige Schülerin aus Deutschland, 1964:
»Ich finde es lächerlich, daß kein Pfarrer mehr sagen darf, die Juden haben Christus gekreuzigt. Das steht doch in der Bibel, oder? Steht nicht in der Bibel, daß die Juden Christus gekreuzigt haben? Wir halten uns doch an die Bibel ... Man wirft ja nicht einer bestimmten Person etwas vor, man sagt eben nur: die Juden. Juden ist ein Begriff, das hat doch existiert, ja das Volk gab's doch schon immer! Juden sind Juden, das Volk ist das gleiche geblieben, man kann sie doch nicht einfach umbenennen. Und es steht doch so in der Bibel, oder nicht?«
(Tribüne, Frankfurt/Main 1964, S. 1057)

André Chouraqui, Jerusalem, 1966:
Vor einiger Zeit wurde Chouraqi von einem katholischen Priester folgendermaßen angesprochen:
»Sie gehören zu Israel, Sie sind Jude; Sie gehören also dem Volk an, das unseren Herrn gekreuzigt hat.«
(A. Ch., Les Juifs, Dialogue entre Jean Daniélou et André Chouraqui, Paris 1966, S. 89)

Dagobert D. Runes, USA, 1969:
»... Nicht ein einziger Mann ist in Israel jemals gekreuzigt worden, solange jüdische Richter und Priester religiöse Vergehen in eigener Gerichtsbarkeit ahndeten. Wir kennen keinen einzigen Fall von Kreuzigung in der ganzen, doch gut bekannten Geschichte der alten Juden, nicht einmal gegen bewaffnete Eroberer. Hingegen war die Kreuzigung, wie sie im Evangelium beschrieben wird, die Todesstrafe für Hexerei und Hochverrat im römischen Reich. Immer wieder sind rebellierende Sklaven und ketzerische Rebellen gegen die Staatsreligion ans Kreuz geschlagen worden ...
Es gelang ihnen (den Christen), Jesu eigene Familie, seine Vettern und Nachbarn, als teuflische Mörder hinzustellen, die Römer aber als zögernde Ausführende einer jüdischen Teufelei.«
(D. D. R., Der Jude und das Kreuz, Fürth-Erlangen 1969, S. 26, 29)

---

2. Die angebliche Alleinschuld der Juden an der Kreuzigung bildete die Grundlage für Verdächtigungen, Vorwürfe und Verfolgungen dieser Menschengruppe.

Justinus Martyr, 2. Jahrhundert:
»Ihr leidet, euer Land ist verwüstet und eure Städte sind zerstört, weil ihr den Erlöser gekreuzigt habt.«
(Pinchas E. Lapide, Le combat des catholiques contre l'antisémitisme, Le Monde, Paris, 24. November 1964)

Johannes Chrysostomus (344–407), Antiochien:
»Juden sind die verhaßten Mörder Christi, und für den Mord an Gott gibt es keine Sühne, keine Nachsicht und keine Vergebung. Die Christen dürfen in ihrer Rache nicht nachlassen; denn die Juden müssen für immer in Knechtschaft leben. Gott hat die Juden stets gehaßt. Wer sich mit ihnen einläßt, wird ausgeschlossen sein am Tage des Gerichtes. Es ist die Pflicht aller Christen, den Juden zu hassen.«
(Dagobert D. Runes, a.a.O., S. 51)

Aurelius Augustinus (354–430), Bischof von Hippo Rhegius (Nordafrika):
»Die Juden, die Christus töteten und nicht an ihn glauben wollten, wurden von den Römern vertrieben und in die ganze Welt zerstreut.«
(Rudolf Pfisterer, Im Schatten des Kreuzes, Hamburg 1966, S. 33)

Friedrich Wilhelm I., König von Preußen, 1722:
»Was die Juden betrifft, sein leider sehr viel in Unsere lender die von mir keine schutzbriffe haben, die müsset ihr aus dem Lande Jagen, den(n) die Juden heuschrechen einnes landes ist und Ruiniren die Kristen ich bitte euch gehbet keine Neue schutzbriffe wen(n) sie euch auch wollten viell geldes gehben den(n) es euer größte schade ist und euer untertahnen Ruin davor sein die Juden guht

wen(n) Ihr vor euren Plesir wahs haben könnet sie lassen ofte eine Summe wollet Ihr geldes (so laßtet) auf die gantze Judenschaft ausschreiben 20 a 30 000 th. und das ale 3 a 4. Jahr über den schutz (geld) den sie euch gehben. Ihr müsset sie drücken den(n) sie Jesus Kristij verrehter sein und sie nicht trauen den(n) dass der redelichste Jude ein Erzbetriger und schelm ist des seidt Persuadieret.«
(Selma Stern, Der Preußische Staat und die Juden, Zweiter Teil, Die Zeit Friedrich Wilhelms I., Erste Abteilung: Darstellung, Tübingen 1962, S. 9 f.)

Sigmund von Storchenau, Wien, 1773:
»Daher war der Christusmord, eigentlich der Messiasmord, und wo findet man ein Wort, welches die Größe und die Abscheulichkeit dieses Lasters genug ausdrücke? Da sind wir bei dem Wahren. Der Christusmord, dieses ist das Verbrechen, um dessentwillen die jüdische Nation schon seit siebzehnhundert Jahren unter dem göttlichen Fluche seufzet.«
(Kenneth Hooker, Antijudaistische Polemik in christlichen Handbüchern, in: Jüdisch-christliches Forum, Basel 1963, Nr. 32, S. 16)

Antisemitische Proklamation, 1819:
»Brüder in Christo!
Auf, auf, sammelt euch, rüstet euch mit Muth und Kraft gegen deine Feinde unseres Glaubens, es ist Zeit, das Geschlecht der Christusmörder zu unterdrücken, damit sie nicht Herrscher werden über euch und unsere Nachkommen, denn stolz erhebt schon die Juden Rotte ihre Häupter und spotten unserer Ehrfurcht, daß wir unsere Knie beugen für den, den sie gewürgt, darum nieder! nieder mit ihnen, ehe sie unsere Priester kreutzigen, unsere Heiligthümer schänden und unsere Tempel zerstören, noch haben wir die Macht über ihnen und die Gewalt ist in unseren Händen, darum laßt uns jetzt ihr sich selbst gefälltes Urtheil an ihnen vollstrecken, laut dem sie geschrien: Sein Blut komme über uns und unsere Kinder! Auf, wer getauft ist, es gilt der heiligsten Sache, fürchtet nichts und zögert keine Stunde, den Streit für den Glauben offen zu wagen. Diese Juden, die hier unter uns leben, die sich wie verzehrende Heuschrecken unter uns verbreiten, und die das ganze preußische Christentum dem Umsturz drohen, das sind Kinder derer, die da schrieen: kreutzige, kreutzige.

Nun auf zur Rache! Unser Kampfgeschrey sey
Hepp! Hepp!! Hepp!!!

Aller Juden Tod und Verderben, Ihr müßt fliehen oder sterben. –«
Eleonore Sterling, Er ist wie du, München 1956, S. 189)

Bischof Luigi Carli, Segni (Italien), 1965:
»Sowohl aus textlichen Gründen wie aus Gründen der Autorität scheint mir vorläufig die These, daß der Judaismus als des Gottesmordes schuldig und in den oben erwähnten Grenzen als von Gott verflucht und verworfen angesehen werden müsse, mit Recht vertreten werden zu können. Daher halte ich ein Verbot des Konzils mit der Tendenz, die freie Diskussion des Problems im einen oder anderen Sinn abzuschneiden, für inopportun.«
(Freiburger Rundbrief, Nr. 61–64, Juli 1965, S. 37)

Erwin Dederstedt, 1965:
»Wir können weder an der Tatsache vorbei, daß der Mensch Jesus Christus seinem Blute nach israelitischer Herkunft gewesen ist, noch daran, daß sein irdisches Volk ihn gemordet und dazu gerufen hat: ›Sein Blut komme über uns und unsere Kinder!‹«
(E. D., Der Bruder aus dem Ghetto, Velbert und Kettwig 1965, S. 54)

Predigt in einer evangelischen Gemeinde in Württemberg, 1966:
»Israel ist der Mörder des Sohnes Gottes, der mit dieser Schuld beladen durch die Jahrtausende irrt ... Die Juden lehnten den Heiland ab; darunter mußten sie Jahrtausende leiden ...«
(Vom Verfasser selbst gehört)

Bibliographie

Barkenings, Hans Joachim: Die Stimme der Anderen, in: Wolf-Dieter Marsch und Karl Thieme, Hrsg.: Christen und Juden, Göttingen und Mainz 1961, S. 201 ff.

Hammer, Wolfgang: Gottesmord und Erwählung, in: Tribüne, Nr. 20, Frankfurt/Main 1966, S. 2112 ff.

von Hertling, Ludwig: Die Schuld des jüdischen Volkes am Tode Christi, in: Stimmen der Zeit, München 1962, S. 16 ff.

Olson, Bernhard E.: Faith and Prejudice, New Haven und London 1963, passim.

Pfisterer, Rudolf: Antijudaismus im Neuen Testament? – Fragen an den kirchlichen Unterricht, in: W. D. Marsch und Karl Thieme, a.a.O., S. 19 ff.

Pfisterer, Rudolf: Im Schatten des Kreuzes, Hamburg 1966, S. 31 ff.

Pfisterer, Rudolf: Juden – Christen, getrennt – versöhnt, Gladbeck 1968[2], S. 12–14.

Runes, Dagobert D.: Der Jude und das Kreuz, Fürth-Erlangen 1969.

Schultz, Hans Jürgen, Hrsg.: Juden, Christen, Deutsche; Stuttgart 1961, passim.

(Siehe vor allem auch unter Antijudaismus, Religionsunterricht, Verwerfung)

Leiden

Die (→) Erwählung durch den lebendigen Gott schließt als Zeugnis von der Herrlichkeit dieses Herrn die Schmach des ihm gehorsamen und nachfolgenden Volkes ein. Nur zu oft wurde dieser Zusammenhang vergessen, als man das bestürzende und tiefe Leiden der Juden ins Blickfeld bekam. Es wurde fast ausschließlich unter dem Vorzeichen von Schuld und Strafe gesehen und darum als ein die (→) Verwerfung nach sich ziehendes Gericht beurteilt. Dies ist falsch; hier muß man gründlich umlernen!
Daß Leiden auch als Prüfung und Züchtigung erkannt werden kann, liegt durchaus in der Linie des biblischen Zeugnisses. Aber diese Erkenntnis darf niemandem von außen aufgezwungen werden. Zum andern – dafür sind die Propheten Zeugen – stand ein solch scharfes Zupacken Gottes immer unter dem Vorzeichen letztlich liebevoller Zurechtweisung. Gottes (→) Bund mit seinem Volk wurde dadurch nicht gesprengt.

1. Das Leiden des Erwählten ist Zeichen und Konsequenz der Erwählung.

Johannes 15, 18 f.:
»Wenn euch die Welt haßt, so wisset, daß sie mich vor euch gehaßt hat. Wäret ihr von der Welt, so hätte die Welt das Ihre lieb; weil ihr aber nicht von der Welt seid, sondern ich habe euch von der Welt erwählt, darum haßt euch die Welt.«

Emil Cohn, 1923:
»So nimm Israel an deine Hand und führe es, da es von Menschen sich nicht führen läßt! Führe es den süßen Weg der Reue, der allein zu seiner Freiheit führt! Und führe doch auch die ganze Welt denselben Weg, denn siehe, sie leiden alle dasselbe Leid und schreien zu dir mit demselben Schrei! Vor allem aber nimm nach diesem Marterweg des vergangenen Jahres meine geschüttelte Seele an, die ich dir überantworte, ein anderer jetzt, als ich am Anfang war, und wer weiß, was für einer denn morgen? Wohin geht der Weg mit mir? Werde ich die Kraft behalten, ihn zu Ende zu gehen, die doch jetzt am Schluß noch so viel mehr werden müßte als die Kraft des Rufs? Wohin geht der Weg mit mir? Ich weiß es nicht. Doch wohin er auch geht, eines weiß ich und das will ich glauben an meinem hellsten Tage und in meiner dunkelsten Nacht: Immer näher zu dir, du mein Hort und Erlöser!«
(E. C., Judentum, München 1923, S. 248)

Eduard Lamparter, Stuttgart, 1928:
»Wir Christen sehen in dem Martyrium der Kirche in den ersten drei Jahrhunderten einen herrlichen Erweis der Wahrheit und Kraft unseres Glaubens. Aber das Judentum kann *auf ein viel längeres Helden- und Märtyrertum des Glaubens* zurückblicken, und die jüdischen Märtyrerakten wissen fast durch alle Jahrhunderte der christlichen Zeitrechnung von solchen zu erzählen, die mit dem Sch'ma Israel: ›Höre Israel, Jahwe, unser Gott, ist nur Einer‹ auf den Lippen Martern und blutigem Tod entgegengegangen sind. Die zähe Lebenskraft, welche das Judentum fast ein Jahrtausend lang allem Unrecht, aller Vergewaltigung und Schmach entgegengestellt hat, ist nicht rassenmäßigen Ursprungs, sondern ist gewonnen und erworben in der Schule der Trübsal. Sie ist eine Frucht des unbeugsamen Gottesglaubens und der inbrünstigen Gottesverehrung, die seit der Zeit der Frommen des alten Bundes sein geistiges Erbteil gewesen sind.«
(E. L., Das Judentum in seiner kultur- und religionsgeschichtlichen Entwicklung, Gotha 1928, S. 289)

Janus Korczak (Hendrik Goldszmid), Warschau, 1941:
»In diesen Tagen war ich Zeuge eines Vorfalls, wie er in unserem Ghetto häufig vorkommt. An einer Straßenkreuzung löste sich eine alte Frau aus einem Menschenauflauf und stellte sich mit ausgebreiteten Armen mitten auf die Straße. Sie rief: ›Adonai! Adonai! Du bist der einzige Gott.‹ Müssen wir Juden nicht gerade wegen dieses Glaubens an den einzigen lebendigen Gott, wegen unserer Treue zu diesem Glauben schon jahrhundertelang Verfolgungen erleiden?«
(Maria Czapska, Juifs et Polonais, in: Arche, Paris 1964, Nr. 87, S. 27)

Ilja Ehrenburg, Moskau, 1944:
»Es gibt das Blut *in* den Adern und gibt dasjenige, das *aus* den Adern fließt. Solches Blut von Juden, nicht aber ›jüdisches Blut‹ fließt in breiten Strömen, und in ihrem neuen Jordan weiß ich mich getauft, in der innigsten Blutsbruderschaft des jüdischen Märtyrertums.«
(Hermann Levin Goldschmidt, Das Vermächtnis des deutschen Judentums, Frankfurt/Main 1965, S. 213)

Margarete Susman, Zürich, 1948:
»Kann irgend ein jüdischer Mensch es als Zufall begreifen, in dieser Stunde als Jude geboren, in das jüdische Schicksal gestellt zu sein? Gibt Gott ihm nicht heute durch den Satan zu verstehen, was er von ihm will? Ein Volk, das rein naturhaft sich selbst wollte, hätte vor der Wucht dieses satanischen Angriffs fraglos sich selbst aufgegeben. Der Widerstand gegen die Selbstauflösung kann nur entspringen aus der unterirdisch das Volk durchströmenden, der Natur entgegenströmenden Quelle seines Ursprungs: als die klare Gewißheit, daß die Selbstauflösung zu vollziehen eine Bejahung des Satans selbst wäre, eine Verkennung der Hand, die sich hinter ihm verbirgt. Unterhalb des Bewußtseins, in der tieferen ursprünglichen Gewißheit des Seins lebt im Herzen des Volkes dies Wissen: die Zerstörung, die von Satan aus seinen Untergang meint, meint von Gott aus sein Bestehen und Überstehen. Es ist das kaum mehr aussprechbare Geheimnis, daß der dunkle Schicksalsring, in den Gott heute sein Volk eingeschlossen hat, der Ring seiner Liebe selbst ist.
So ungeheuren Sinn gewinnt in diesem Augenblick die Treue. Und wenn die Kirche die einzige Wirklichkeit ist, an der das Volk die Entscheidung über sein Fortbestehen vollziehen kann, so bedeutet dies so wenig eine Entscheidung gegen Christus, daß vielmehr aus ihr die Gewißheit sich aufdrängt, mit der sich der zersprengte Kreis, die tiefe Wunde des Volksschicksals sich schließt; daß Jesus selbst, wenn er einem heutigen Juden in der ganzen Schwere des Entscheidungserlebnisses begegnete, nicht in die Richtung der offenen leuchtenden Kirche weisen würde, sondern in das Dunkel des aus tausend Wunden blutenden Volkes – jenseits alles sichtbaren Heiligtums in die gestaltlose Sphäre der Liebeserweisungen, des Gebets und der Sühne.
In seiner radikalen Zersprengung und durch sie ist so heute eine innere Einheit des Volkes wieder aufgerichtet, wie die vergangenen Generationen sie nicht mehr kannten und nicht mehr als ihre Aufgabe begriffen: eine Einheit, die das heimgesuchte Volk, wie immer es sich wandeln möge, heimführt zu sich selbst. Damit schließt sie es neu wieder an seinen biblischen Sinn an. So dünn und schwach der Faden ist, der das heutige heilsfremde Geschlecht mit der leuchtenden Frühzeit verbindet – er ist eisern, unzerreißbar, ein Seil als das ewig gleiche Schicksal, das aus seinem Ursprung unaufhaltsam sich entrollt.«
(M. S., Das Buch Hiob und das Schicksal des jüdischen Volkes, Zürich 1948)

Robert Raphael Geis, Düsseldorf, 1958:
»Für mich ist eine Stunde im Lager Buchenwald unvergessen und unvergleichlich. Da standen wir zu Tausenden und Abertausenden an diesem Tag von morgens um sechs Uhr bis spät in die Nacht auf dem Appellplatz. Zur Abendstunde wurde vorn am Kommandoturm, für uns nicht sichtbar, ein Jude zu Tode geprü-

gelt. Er rief mit immer schwächer werdender Stimme das Bekenntnis: ›Höre Israel, Gott ist unser Gott, Gott ist Einer!‹ Juden, für die jeder Laut das Ende bedeuten konnte, beteten dennoch mit dem sterbenden Bruder ›Höre Israel, Gott ist unser Gott, Gott ist Einer!‹, antworteten wie Juden gläubigerer Zeiten, bekannten sich in der Stunde, die todeserfüllt bis über den Rand war, zu dem Gott ihrer Väter. Ja, zu Juden, zu bekennenden Juden wurden wir geschlagen.«

(Werkhefte deutscher Katholiken, November 1958, S. 275)

Lucie Adelsberger, 1960:

»Es war das übliche Bild: Wagen fuhren an, machten halt, SS kommandierte, Menschen wurden abgeladen, alles wie immer. Da, mit einem Male, erscholl es in die dunkle Nacht hinein, rhythmisch und harmonisch: ›Schema Jisroel!‹ Höre Israel! Weithin klang das Glaubensbekenntnis der Menschenschar unter dem freien Himmel, die Hymne Gottes an der offenen Pforte des Todes. – Wir, im Lager hart geworden, erstickten mit Mühe ein Schluchzen und hielten kaum die Tränen zurück. Einer der Freunde riß sich zusammen und brüllte: ›Scheiße! Die Suppe wird kalt!‹«

(L. A., Auschwitz, Berlin 1960, S. 87)

Bergneustädter Thesen zum Religionsunterricht, These 5:

»Nach biblischem Denken ist die Erwählung Gottes und das Leiden des Erwählten untrennbar verbunden; das jüdische Leiden ist nicht mit dem populären Denkschema ›Schuld und Strafe‹ zu erklären. (Jes. 53; Jer. 20, 7 und 9; Hiob 1; 1. Kor. 9, 16; 2. Kor. 11, 23 und Joh. 9, 1–3)

Es geht nicht an, nur das Martyrium der Christen zu preisen, den Juden es aber abzusprechen (das Fest der unschuldigen Kinder von Bethlehem). Nur von diesem Zusammenhang her kann man der Behauptung entgegentreten, als sei das Ungeheuerliche der Judenverfolgung selbstverschuldet.«

(Ekkehardt Krippendorf, Hrsg.: Erziehungswesen und Judentum, München 1960, S. 82)

Herman Wouk, USA, 1961:

»›Wofür auserwählt?‹ sagte der Kapitän eines israelischen Luxusdampfers mit einem bitteren Lächeln zu mir, das mir anzeigte, daß er aus Nazideutschland kam. ›Auserwählt, um zu leiden?‹

Auch dafür: wir kennen diese Wahrheit. Diese Auserwähltheit hat bis zur heutigen Stunde kein anders Volk begehrt. Die Juden waren Abkömmlinge Abrahams. Dieses Wissen um Gott lag ihnen im Blut. Sie sagten ›ja‹ am Sinai, weil sie nicht anders konnten, und sie betraten einen geschichtlichen Weg, der eher düster als hell, eher blutbefleckt als grün war. Aber jene Geschichte macht ihren Ruf, ihre Bedeutung und ihren Ruhm aus.«

(H. W., Er ist mein Gott, Hamburg 1961, S. 363 f.)

Arnold Mandel, Paris, 1963:

»Das jüdische Martyrium für die Heiligung des Namens wird in der jüdischen Geschichtsschreibung in keiner Weise als heldenhafte oder gar nur ausnahmsweise erfolgende Leistung angesehen. Sie gilt im Ernstfall als normales und selbstverständliches Handeln für jedes Glied der jüdischen Gemeinschaft. Es gibt ein Gebet, genauer gesagt eine Danksagung, das jeder Mensch aussprechen soll, der zur Hinrichtung geführt wird, um dort dem jüdischen Namen und dem Gott Israels Ehre zu erweisen. Dieses Gebet ist vorgeschrieben und in der gleichen Einfachheit und Sachlichkeit festgelegt, wie etwa die Segnung, die jemand auszusprechen hat, ehe er eine Frucht verzehrt. In der Schau des Judentums traditioneller und historischer Prägung geht es beim Martyrium um nichts Stolzes und Erhabenes. Es handelt sich um eine ganz natürlich getroffene Entscheidung, an der sich das Judentum in seinen Gedanken oder in seiner ›Grundlegung‹ nicht weiter aufhält. Die meisten jüdischen Märtyrer für den Glauben Israels sind anonym geblieben. Sie waren viel zu zahlreich, als daß es möglich gewesen wäre,

ihre Namen festzuhalten. Man beschwört ihre Erinnerung nur dadurch, daß man ihre Gemeinden erwähnt: die Märtyrer von Troyes, von Worms oder Blois.«
(A. M., La voie du hassidisme, Paris 1963, S. 55 f.)

Dr. Swarsensky, 1963:
»Das Leid dieser Zeit, in dem die Juden Märtyrer um des Glaubens willen wurden, hat das jüdische Volk nie vergessen können. Nicht, um es in Bitternis gegen die zu bewahren, die es gebracht haben. Nachzutragen ist nie die jüdische Art gewesen. ›Herr, vergib ihnen; denn sie wissen nicht, was sie tun‹, das ist zu allen Zeiten ein echt jüdisches Gebet gewesen. ›Besser Unrecht leiden als Unrecht tun‹, ist die Forderung unserer Religion. Leid empfinden wir daher nur als Prüfung dessen, der uns züchtigt, um zu erkennen, wie es in unserem Herzen ist.«
(Dr. S., Das jüdische Jahr, in: Allgemeine Wochenzeitung der Juden, Düsseldorf, 10. Mai 1963)

Hermann Levin Goldschmidt, Zürich, 1965:
»Der erste Schritt und ein äußerster Beitrag des deutschen Judentums zur inneren Entfaltung unseres Volkes, die Erringung dieser Erkenntnis gelang, als im biblischen Hiob die Spiegelung des jüdischen Schicksals begriffen wurde, und Margarete Susman in Zürich, Karl Wolfskehl in Neuseeland so die biblische Wahrheit mit der neuzeitlichen Wirklichkeit der Jahre 1933 bis 1945 verbanden.
Doch beklagen nicht auch zahlreiche andere Völker unzählige Tote? Ist nicht der Tod ganzer Völker zu beklagen? Wird nicht die Zahl der sechs Millionen Juden von noch größeren Millionenzahlen anderer Opfer des Zweiten Weltkriegs übertroffen? Und ist nicht, wenn nicht sogar Schlimmeres, dann doch Ähnliches schon oft geschehen, seit dem Beginn der Geschichte?
Nein! Denn so wenig es außerhalb der biblischen Nachfolge Märtyrer gibt, in dem vollen Sinn dieses Begriffs, der auf die Blutzeugen der makkabäischen Erhebung zurückgeht, die nach jüdischer und katholischer Auffassung die ersten gewesen sind, die für einen Glauben starben, dessen durch ihren Tod scheinbar besiegelte Niederlage einen neuen Maßstab setzte, der in Tat und Wahrheit sie als die Sieger erwies – und so wenig es außerhalb der biblischen Botschaft und Botenschaft Gottesknechtschaft gibt in dem heilvollen Sinn eins ›stellvertretenden Leidens‹ dieses Gottesknechts, wie ein solches zum ersten Mal in der Babylonischen Verbannung des biblischen Judentums ausgelebt wurde – so wenig hat es schon einmal ein Sterben gegeben, wie dasjenige des neuzeitlichen ›Opfergangs der jüdischen Unschuld‹.«
(H. L. G., Das Vermächtnis des deutschen Judentums, Frankfurt/Main 1965, S. 210 f.)

Margarete Susman, Zürich, o. J.:
»Mein Hiob-Buch ist nur ein aus der Verzweiflung geborener Versuch, hinter diesem grausamen Geschehen einen verborgenen Sinn aufzufinden – ich möchte sagen: die Hand Gottes aufzufinden, die sich hinter der Hand Satans verbirgt. Zwar würde ich heute, nach der Wandlung, die sich an einem Teil des jüdischen Volkes vollzogen hat, manches in diesem Buch anders schreiben. Aber natürlich, der Grundgedanke bleibt bestehen: Es ist der, daß in der Übergröße der an das Volk ergangenen Botschaft wie in der aus ihr erwachsenen Zerstreuung durch die Völker die Schwere seines Schicksals begründet ist. In der Gestalt und im Schicksal Hiobs ist dies alles angelegt. Indem Gott dem Satan Macht gibt über seinen Knecht, legt er selbst seine schwere Hand auf ihn – und der, der Gott rein gedient hat, kann so seine Hand nicht wiedererkennen.
Frage: Aber wie konnte Gott gerade an Hiob diesen furchtbaren Boten senden? Was will er damit von seinem Knecht erlangen?
Antwort: Er will, was *Liebe* will: Er will das *Ganze:* Er will seinen Knecht nicht nur in der Taghelle des Lebens sehen, er will ihn auch in der dunkelsten Nacht als seinen Knecht wiedererkennen. Aus dem

›*Ganz* sollst du sein mit dem Ewigen, deinem Gott‹, stammt ebenso das Schicksal Hiobs wie die Leidensgeschichte des jüdischen Volkes ...
Frage: Warum hat die Verfolgung der Menschen sich am schwersten gerade gegen *das* Volk gerichtet, von dem ihnen die Botschaft des Friedens gekommen ist?
Antwort: Vielleicht ist der tiefste Grund für diese Verfolgung gerade die Unbedingtheit und Unerfüllbarkeit des Gesetzes. Wir sind die Verfolgten und die Erwählten, wir sind die durch diese Botschaft *nicht* zu irdischem Glanz, sondern zum Leiden Auserwählten. Die Paradoxie, das Mysterium des jüdischen Schicksals ist nirgends klarer als im Johannes-Evangelium ausgesprochen. In ihm steht unüberhörbar das Wort: ›Das Heil kommt von den Juden‹, und zugleich wird in ihm das Gesetz, das die Juden der Menschheit gebracht haben, mit der bittersten Schärfe verworfen. Und zwar wird es um des Einen und Einzigen willen verworfen, der, selbst aus dem Judentum hervorgegangen, nicht gekommen ist, das Gesetz aufzulösen, sondern es zu erfüllen.
Von ihm aus spaltet sich die Geschichte zwischen Judentum und Christentum. Und das Judentum tritt den schweren Leidensweg durch die Menschheitsgeschichte an.«
(M. S., Einige Gedanken über Judentum und Christentum, in: Littera Judaica, Frankfurt/Main, o. J., S. 222, 224)

Markus Barth, USA, 1967:
»So sollen und dürfen die Christen treuen Juden dankbar sein für das, was sie von ihnen über das Tragen des Kreuzes lernen dürfen. Lernen sie wirklich etwas vom Leiden des Gottesknechtes, indem sie Augen und Herzen offenhaben für die Geschichte, die die Juden mitten unter den Christen und Heiden durchleben, so werden sie anerkennen, daß es neben der oben erwähnten Hoffnungsgemeinschaft auch eine Leidensgemeinschaft zwischen Christen und Juden gibt. Leider kann aber nicht bestritten werden, daß assimilations- und kompromißfreudige Christen oft selbst solche Juden in den Schatten stellen, die Sicherheit durch Anpassung an die Umwelt suchen ...
Wer von Gott erwählt und geliebt ist, wird unter den Menschen Verkennung, Einsamkeit, Züchtigung, Mißerfolg in Kauf nehmen. Er wird sich allein auf jene Rechtfertigung seines Glaubens und Tuns verlassen, die Gott durch sein Gottesgericht, die Auferstehung, beschaffen kann.«
(M. B., Jesus, Paulus und die Juden; Theologische Studien, Heft 91, Zürich 1967, S. 17, 24)

Edmond Jacob, Straßburg, 1968:
»Das Leiden Israels, von dem es im Verlauf seiner Geschichte dauernd begleitet und geprägt worden ist, ist nicht etwa das Zerrbild der Erwählung und auch nicht der Beweis für ihren illusorischen Charakter, sondern im Gegenteil der unwiderleglichste Nachweis dieser Erwählung. Die zahlreichen Bibel-Texte, die wir für den heilsamen und reinigenden Charakter des Leidens anführen könnten, sind meiner Meinung nach zusammengefaßt in einem Talmudtext (Berachot 5a), in dem es heißt: ›Die Leiden sind ebenso unentbehrlich wie das Salz, ohne das die Nahrungsmittel ihren Geschmack verlieren.‹ Das Leiden ist die über Israel ausgestreckte Hand Gottes, ein Zeichen – noch ehe dieser Begriff geprägt wurde –, durch das ihm ein character indelebilis aufgedrückt wird. Israel hinkt an seiner Hüfte, sein Gehen durch diese Welt bot ihm oft nur recht wenig Sicherheit, es hat ihm Verachtung und Haß eingetragen; aber gerade dies war ein Gehen in Richtung auf das Licht.«
(E. J., Israël, dans la perspective biblique; Strasbourg 1968, S. 18)

Rudolf Pfisterer, Schwäb. Hall, 1968:
»Der Segen der Erwählung ist aber kein bequemes Glück, von dem wir Menschen nur zu leicht und zu gerne träumen. Die Erwählung Gottes schließt als Zeugnis von der Herrlichkeit Gottes die Schmach des ihm nachfolgenden Volkes ein. Denn dieser Ruf führt in eine Richtung, die den üblichen Weltanschauungen und den Mächtigen dieser Welt genau entgegen-

gesetzt ist. Darum löst die Erwählung Widerspruch aus, die sich von der leisen Abneigung über glühenden Haß bis zu hemmungsloser Verfolgung steigern kann. Da Gott seinem Botschafter in dieser Welt – seinem Volk! – nicht seine Exterritorialität wegnimmt und dadurch eine Verbrüderung mit den Mächten dieser Welt verhindert, befindet sich der Erwählte in einer wenig beneidenswerten Lage: er ist von Gottes zurechtweisendem Eingreifen bedroht, wenn er sich offen oder auf Schleichwegen auf die andere Seite schlagen will. Diese Neigung, ›wie alle Heiden zu sein‹ (1. Sam. 8, 20) steckt in uns allen – und bedeutet tödliche Gefahr. Auf der anderen Seite bedeutet das Ausharren und Weitergehen nach den von Gottes Gebot erteilten Richtlinien Leiden von seiten der Menschen, die um jeden Preis diesen Weg Gottes mit den Menschen blockieren wollen.«

(R. Pf., Juden – Christen, getrennt – versöhnt, Gladbeck 1968², S. 47 f.)

Josy Eisenberg, Paris, 1969:

»Dieses Ereignis (die Opferung Isaaks) kann man vom Standpunkt Abrahams, aber auch in der Sicht Isaaks verstehen; es schließt also das Martyrium in sich. Als die ersten Märtyrer des jüdischen Glaubens im zweiten Jahrhundert vor der christlichen Zeitrechnung in Erscheinung traten, bezogen sie sich auf die Gestalt Isaaks. Es bildete sich eine Tradition, in der der zweite Patriarch zum Urbild des Martyriums wurde ... Die Opferung Isaaks ist nicht etwa nur ein weit zurückliegender Mythus, sondern eine in der jüdischen Existenz gelebte Wirklichkeit und ein aus freien Stücken übernommenes Engagement ...«

(J. E., La corne de bélier et le bouc émissaire, in: Le Monde, Paris, 12. 9. 1969, S. 12)

---

2. Das Leiden des Erwählten darf nicht als klarer Erweis und deutlicher Beweis einer selbstverschuldeten Strafe gedeutet werden. In diesem Zusammenhang muß gesagt werden, daß die Juden im Schatten des Kreuzes lebten; dieses wurde für sie dadurch zu einem Zeichen des Unheils, daß man ihr Leiden nur in der Perspektive ihrer Beteiligung an diesem Ereignis sehen wollte.

Heinrich Graetz (1817–1891):

»Dieselben aber, welche Tod und Verderben über Israel verhängten, erkannten seinen hohen Ursprung an, sangen seine Lieder und Psalmen in ihren Gebetshäusern, verehrten seine Schriften, als wäre es ihr Eigentum. Das soll in der Menschheitsgeschichte nicht vergessen werden, damit alle Völker der Erde die einzigartige Duldergröße Israels erkennen. Denn es hat mit Göttern und Menschen gerungen und obgesiegt.«

(H. G., in: Allgemeine Wochenzeitung der Juden, Düsseldorf, 8. Juni 1962)

Heinrich Ebeling, 1895:

»Die Juden stellen sich selbst gern als den unschuldig verfolgten Knecht Gottes hin, dem Gott als Lohn für diese Leiden die Weltherrschaft geben werde; und viele Christen bestärken sie in diesem Wahn. Aber alle Verfolgungen im Alten und Neuen Bund sind nach Gottes Wort nur Strafe für ihren Abfall von Gott, für ihre Verwerfung und Kreuzigung des Sohnes, sowie für ihren Haß gegen das Christentum und für ihre Angriffe auf Christi Jünger (Jer. 2, 29; Jes. 1, 2 ff.). Die Juden sind ein Fluch geworden für alle Völker und entheiligen Gottes Namen, wohin immer sie kommen.«

(H. E., Der Juden Vergangenheit, Gegenwart und Zukunft in Kirche und Welt; Zwickau 1895, S. 60)

Ungarischer Maler, nach dem Zweiten Weltkrieg:

»Mein Freund, ich habe viel über die jüdische Frage nachgedacht. Ich habe mehr darüber nachgedacht als jeder andere. Aber siehst Du, ich bin nicht dafür, daß sich dieser Fluch verewigt, der durch das Judentum seit Jahrtausenden repräsentiert wird ... Wir sind lange Dein auserwähltes Volk gewesen – würde ich zu

Gott sagen, wenn ich wüßte, daß er mir zuhört –, sei doch so freundlich und wähle Dir jetzt ein anderes aus.«
(François Fejtö, Les Juifs et l'antisémitisme dans les pays communistes, Paris 1960, S. 255; deutsch: F. F., Judentum und Kommunismus, Wien 1967, S. 245)

Hermann Levin Goldschmidt, Zürich, 1965:
»Wie oft hat nicht mit ganz derselben Anklage des Leidenden als des selber Schuldigen – eine Anklage, deren schnöde Selbstgerechtigkeit sich mit der auf den Leidenden abgeschobenen Verantwortung für sein Leiden jeder Mitverantwortung und allen Mitleidens enthebt – seine Umwelt dem Judentum daraus einen Strick drehen wollen, daß dieses Volk in einem besonders auffallenden Ausmaß Leiden zu ertragen hatte und hat! Auch Juden selber haben dieses Urteil übernommen, sei es unter vom Leiden nicht oder noch nicht ereilten Umständen, sei es vom Leiden eingeholt, unter Schlägen verzweifelnd. Ein dermaßen hartnäckiges und dermaßen furchtbares Leiden muß, so meint man, selbst verschuldet sein und könne also dadurch – nur dadurch –, aufgehoben werden, daß der Leidende diese eigene Schuld erkennt und sich ändert. Hört auf, Juden zu sein, und werdet Christen, werdet Muslim, werdet Marxisten, wie oft enthob sich und enthebt sich nicht die Umwelt mit diesem ›Trost‹, mit diesem ›Freundesrat‹ jeder Mitverantwortung am Leiden des Judentums und allen Mitleidens: die eigenen Hände, wie es von Pilatus heißt, in Unschuld waschend (Matthäus 27, 24). Bleibt ihr Juden, seid ihr selber daran schuld, daß euch das Leid zerschmettert.«
(H. L. G., a.a.O., S. 217)

Karl Hermann Schelke, Tübingen, 1968:
»Die Lasten und Leiden Israels wurden von der Christenheit oft genug als Strafe Gottes für dieses Volk gedeutet. Ja, die Christen meinten bisweilen, den Zorn Gottes an Israel mitvollstrecken zu sollen. Man hat sich wohl sogar getraut, die Zerstreuung Israels unter die Völker als Gottes Strafe zu erklären und zu folgern, also müsse die politische Heimat- und Staatenlosigkeit Israels als Strafe bleiben (etwa nach Dt. 28, 32. 37). Die Christenheit schien vergessen zu haben, daß Leiden nach dem Neuen Testament nicht Zeichen der Verwerfung, sondern der Erwählung und echten Jüngerschaft sind. ›Haben sie mich verfolgt, so werden sie auch euch verfolgen (Joh. 15, 20)!‹«
(H. H. Sch., Die Auserwählung Israels in christlicher Sicht, in: Waldemar Molinski, Unwiderrufliche Verheißung, Recklinghausen 1968, S. 36)

Rudolf Pfisterer, Schwäb. Hall, 1968:
»Es kann darum keine Rede davon sein, daß das Leiden der Juden eine Strafe für ihre Verwerfung sein müßte, während man in der Christenheit das Leiden als Auswirkung der gehorsamen Nachfolge verstehen dürfte. Eine derartig willkürliche Trennungslinie ist uns untersagt. Erwählung und Leiden des Erwählten gehören zusammen – für die Juden und für die Christen. Es ist eine schlimme Überheblichkeit, das Leiden sich selbst als Auszeichnung anzuheften, den Juden es aber als Brandmal der Schande aufprägen zu wollen.«
(R. Pf., a.a.O., S. 48)

---

3. Leiden kann auch als Prüfung und Züchtigung angesehen und beurteilt werden; doch darf man dabei nie das Vorzeichen der Zurechtweisung übersehen. Das Leiden kann aber auch rätselhaftes Geschick bleiben, gegen das man sich wehrt, weil dadurch das Angesicht Gottes verdeckt wird.

Heinrich Graetz (1817–1891), Breslau:
»Nehmt allen Jammer, messet alle Tränen, die je Menschen vergossen, vergegenwärtigt euch alle Martern, die je Menschen für ihren Glauben erlitten haben, und ihr erreicht nicht den ganzen Umfang des Leidens, das das jüdische Volk erleiden mußte.«
(H. G., in: Allgemeine Wochenzeitung der Juden, Düsseldorf, 8. 6. 1962)

Elie Wiesel, Paris – New York, 1958:
»Das ganze Lager (Auschwitz) ist auf dem Appellplatz angetreten. Drei gefesselte Häftlinge und drei Galgen, darunter ein dreizehnjähriges Kind! Der Kleine schwieg. ›Wo ist der liebe Gott, wo ist er?‹, fragte hinter mir jemand. Auf ein Zeichen des Lagerchefs stieß man die drei Stühle weg. Undurchdringliches Schweigen im ganzen Lager. Am Horizont ging die Sonne unter. ›Mützen ab!‹, schrie der Lagerchef. Seine Stimme war rauh. Wir heulten. ›Mützen auf!‹ Dann begann der Vorbeimarsch. Die beiden Erwachsenen lebten nicht mehr. Ihre Zunge hing heraus: sie war geschwollen und blau angelaufen. Aber der dritte Strick war noch nicht in Ruhe: wenn auch noch ganz schwach – das Kind lebte noch. So hing es mehr als eine halbe Stunde im Streit zwischen Leben und Tod und mußte seinen Todeskampf vor unseren Augen durchleiden. Und wir mußten ihm dabei gerade ins Gesicht sehen. Es lebte noch, als ich an ihm vorbeikam. Seine Zunge war noch rot und seine Augen noch nicht erloschen. Hinter mir hörte ich den gleichen Mann fragen: ›Wo ist denn Gott?‹ Und ich spürte in mir eine Stimme, die ihm antwortete: ›Wo ist er? Siehe doch hier – er ist gehenkt an diesem Galgen . . .‹ An diesem Abend schmeckte die Suppe nach Leichen.«
(E. W., La Nuit, Paris 1958, S. 104; deutsch: E. W., Die Nacht zu begraben, Elischa; Eßlingen, o. J., S. 93)

Lucie Adelsberger, Berlin, 1960:
»Wir starrten auf die Kamine. ›Warum?‹, fragte der Kamerad, der ahnte, daß dieses Mal seine Schwester dort hinten dabei war. ›Warum müssen wir das aushalten? Haben wir uns so versündigt? Wir sind unseren Weg gegangen, haben uns bemüht, nichts Unrechtes zu tun und anderen zu helfen. Wir haben keinen umgebracht, nichts verbrochen. Und selbst für einen Mörder wäre diese Strafe viel, viel zu grausam. Warum kommt das über uns, warum?‹ Wie oft hatten wir uns das alle schon gefragt, abends beim Einschlafen und morgens beim rauhen Aufwachen, zu jeder Stunde des Tages und in der Wache der Nacht.«
(L. A., Auschwitz, Berlin 1960, S. 88)

Dr. Tavor, Jerusalem, in Düsseldorf am 26. 1. 1964:
»Wir haben uns entschieden, niemals mehr Märtyrer zu sein.«
(Allgemeine Wochenzeitung der Juden, Düsseldorf, 31. 1. 1964)

Rudolf Vrba, 1964:
»Aus den Kehlen jener Tausender, die nun sterben sollten, erhob sich ein unheimliches Klagen, das gellender und gellender anstieg und immer lauter wurde und kein Ende mehr fand, eine alles durchdringende Auflehnung, die nur der Tod beenden konnte. Dann folgte die Panik.
Eine Frau schwang sich über die Seite des Lastwagens. Noch eine und noch eine. Die SS-Männer rückten mit ihren Knüppeln und Peitschen vor, um alle zurückzutreiben, die zu folgen versuchten. Diejenigen, die herabgesprungen waren, wurden ebenfalls geschlagen und versuchten nun, zurückzuklettern. Sie fielen unter die immer schneller sich drehenden Räder, während dieser Leichenzug mit lebendig Toten immer schneller und schneller fuhr, bis wir ihn nicht mehr sehen konnten.
Moses Sonnenschein murmelte: › Es gibt keinen Gott . . .‹ Dann hob sich seine Stimme zu einem Brüllen: › Es gibt keinen Gott! Und wenn es ihn gibt, verflucht ihn, verflucht ihn, verflucht ihn!‹«
(R. V., Ich kann nicht vergeben, München 1964, S. 190)

Elie Wiesel, Paris – New York, 1968:
»Warum und wie lange? Unschuldige und kindliche Frage, die im Verlauf der Generationen noch andere aus Ephraim sich unaufhörlich gestellt haben. Die Römer und die Feinde der Römer, die Christen und die Feinde der Christen, die Mohammedaner und die Feinde des Islam: Ephraim war ihre bevorzugte Zielscheibe. Man beschimpfte und folterte ihn im Namen der Liebe für den Menschen und für Gott, man tötete ihn zu

Ehren der künftigen Tage und zur Rache für seine und ihre Vergangenheit, man bezichtigte ihn umschichtig der Armut, des Reichtums, der Schwäche, der Macht, der Irrlehre, des Fanatismus, und er murmelte oder schrie: Wie lange und warum? Warum wir, immer nur wir? Was haben wir der Welt zugefügt, daß sie hartnäckig darauf besteht, uns so oft, uns so leichthin verwerfen zu wollen? Warum hält man ihre Existenz mit der unseren für unvereinbar? Seit zwanzig Jahrhunderten wechseln die Namen der Henker und der Opfer, wie die Umstände und die dafür angezogenen Vorwände wechseln, aber die Frage ist die gleiche geblieben, ja sie ist jetzt brennender denn je ...

Ein Zaddik (Gerechter) schloß sich anderswo in seine Studierstube ein, vergrub sein Haupt in seine Hände und wandte sich an Gott mit folgenden Worten: ›Ich habe Deine Gerechtigkeit, Deine Güte nie in Frage gestellt, obwohl ihre Wege meinem Begreifen oft entgangen sind. Ich habe mich unter alles gebeugt und habe zu allem ja gesagt viel mehr aus Liebe und Dank als aus Resignation. Ich habe die Züchtigungen, das Sinnlose, die Blutopfer auf mich genommen, ich bin selbst schweigend über den Tod einer Million Kinder hinweggegangen. Im Schatten des unerträglichen Geheimnisses von Auschwitz habe ich in mir den Schrei und den Zorn und das Verlangen, damit ein für allemal Schluß zu machen, zum Schweigen gebracht. Ich habe mich für das Gebet und die Anbetung entschieden. Ich habe mich bemüht, in ein Lied zu verwandeln den Dolch, den Du so oft in mein Dir gehorsames Herz gestoßen hast. Ich stieß mit meinem Kopf nicht gegen die Mauer, ich riß mir nicht die Wimpern aus, um nicht mehr zu sehen, und nicht die Zunge, um nicht mehr zu reden. Ich sagte mir: es ist leicht, für Dich zu sterben, leichter, als mit Dir zu leben, für Dich zu leben in Deiner gesegneten und verfluchten Welt, wo auch der Fluch, wie alles übrige, Dein Siegel trägt. Ich erfand Gründe und Freuden, um sie mit Dir in Verbindung bringen zu können und mich auch hier anzuhängen. Aber damit ist es Schluß. Hörst Du mich? Damit ist Schluß, sage ich. Ich bin am Ende, ich kann nicht mehr. Wenn Du dieses Mal Dein Volk im Stiche läßt, wenn Du dieses Mal dem Würger es gestattest, Deine Kinder zu erwürgen und ihre Treue zu Deinem Bund zu beschmutzen, wenn Du jetzt Deine Verheißung beschimpfst, dann wisse, o Herr von allem, was atmet, wisse, daß Du nicht mehr die Liebe Deines Volkes verdienst und seine Leidenschaft, Dich zu heiligen, Dich gegen alles und gegen jeden zu rechtfertigen, ja selbst gegen Dich selbst. Wenn dieses Mal wieder die Überlebenden massakriert werden und ihr Tod lächerlich gemacht wird, dann wisse, daß ich meinen Stuhl verlassen und meine Funktion als Führer aufgeben werde, daß ich mich, die Stirne bedeckt mit Asche, zur Erde fallen lassen und weinen werde wie noch nie in meinem Leben, daß ich seufzen und schreien werde wie keines der Opfer jemals vor seinem Sterben geseufzt und geschrien hat, wisse, daß jede meiner Tränen, jeder Schrei aus meinem Herzen Deine Herrlichkeit verdüstern, daß alle meine Gesten Dich und mich verleugnen werden, wie Du mich verleugnet hast, mich selbst, wie du Deine Diener bis in ihre deutliche alltägliche Wahrheit hinein verleugnet hast.«

(E. W., Le mendiant de Jérusalem, Paris 1968, S. 103, 106 f.)

Bibliographie

Adelsberger, Lucie: Auschwitz, Berlin 1960.

Ball-Kaduri, Jakob: Das Leben der Juden in Deutschland 1933, Frankfurt/Main 1963.

Behrend-Rosenfeld, Else: Ich stand nicht allein, Stuttgart 1963[2].

Deschner, Günter, Hrsg.: Menschen im Ghetto, Gütersloh 1969.

Franz, Helmut: Kurt Gerstein, Zürich 1964.

Friedländer, Saul: Kurt Gerstein, ou l'ambiguité du bien; Paris 1967.

Goes, Albrecht: Aber im Winde das Wort, Frankfurt/Main 1963, passim.

Goldschmidt, Hermann Levin: Das Vermächtnis des Judentums, Frankfurt/Main 1965, S. 199 ff.

Goldstein, Bernard: Die Sterne sind Zeugen, Frankfurt/Main 1960.

Hampe, Johann Christoph, Hrsg.: Im Feuer vergangen, München 1963.
Hersey, John: Der Wall, Zürich 1951.
Holzman, Koppel: Die Höhlen der Hölle, Graz 1961.
Hart, Kitty: Aber ich lebe, Hamburg 1961.
Kaplan, Chaim A.: Chronique d'une agonie, Paris 1966.
Kempner, Robert M. W.: Edith Stein und Anne Frank, Freiburg 1968.
Mathi, Maria: Wenn nur der Sperber nicht kommt, Gütersloh 1955.
Pfisterer, Rudolf: Im Schatten des Kreuzes, Hamburg 1966, S. 13–16.
Pfisterer, Rudolf: Juden – Christen, getrennt – versöhnt, Gladbeck 1968², S. 47–50.
Rosenfeld, Else und Luckner, Gertrud: Lebenszeichen aus Piaski, München 1968.
Susman, Margarete: Das Buch Hiob und das Schicksal des jüdischen Volkes, Zürich 1948.
Sperber, Manès: Wie eine Träne im Ozean, Berlin 1961, passim.
Schneersohn, Isaac, Hrsg.: D'Auschwitz à Israël, Paris 1968, vor allem S. 113–181.
Steiner, Jean-François: Treblinka, Paris 1966 (deutsch: Oldenburg 1966).
Vigée, Claude: La lune d'hiver, Paris 1970, passim.
Vrba, Rudolf: Ich kann nicht vergeben, München 1964.
Wiesel, Elie: La nuit, Paris 1958.
Wiesel, Elie: Entre deux soleils, Paris 1970, passim.

Liebe

Daß das doppelte Liebesgebot, als völlige Hingabe an Gott und den Menschen, ein Zitat aus der hebräischen Bibel (5. Mose 6, 3 und 3. Mose 19, 18), unserem Alten Testament, ist, ist in der christlichen Kirche oft nur den Theologen bekannt. Immer wieder wird zwischen Altem und Neuem Testament eine falsche Demarkationslinie gezogen, indem man Rache, Haß und Grausamkeit dem Alten Testament zuschiebt (der Gott Israels, der doch der Vater Jesu Christi ist, wird als »alttestamentarischer Rachegott« beschrieben und so entstellt), während die Liebe, Vergebung und Versöhnlichkeit als Errungenschaften des Neuen Testaments gepriesen werden. (Man spricht in diesem Zusammenhang oft vom »Geist der Bergpredigt«, ohne freilich zu wissen, daß man alle dortigen Aussagen aus dem zeitgenössischen Judentum belegen kann.) Das mit solch falschen Thesen betriebene Entjudungsprogramm der Bibel gilt es zu durchschauen und ihm gegenüber besonnen und dankbar die Einheit der Schrift zu bezeugen.

Die Liebe zu Gott und zu jedem Menschen ohne Unterschied – auch zu den Feinden – gehört zu den Geboten, die für das Judentum verbindlich sind.

---

3. Mose 19, 18:
»Du sollst deinen Nächsten lieben wie dich selbst; denn ich bin der Herr.«

5. Mose 6, 4 f.:
»Höre, Israel, der Herr unser Gott ist ein einiger Herr. Und du sollst den Herrn, deinen Gott, liebhaben von ganzem Herzen, von ganzer Seele, von allem Vermögen.«

Rabbi Elieser, 11. Jahrhundert:
»Gib, mein Sohn, Gott die Ehre und zolle ihm den Dank, denn er ist es, der dich gebildet und in diese Welt gebracht hat; du bedarfst seiner, er aber nicht deiner. Vertraue nicht deinem leiblichen Wohlergehen hienieden! ... Fürchte den Herrn, den Gott deiner Väter; ... heilige dich auf deinem Nachtlager und entweihe deine Seele auch in der vertraulichsten Stunde nicht durch unreine Worte ... Die Kranken besuche, die Trauernden tröste, weine über die (verstorbenen) Frommen, und du wirst nicht nötig haben, den Tod deiner Kinder zu beweinen. Ehre den Armen durch geheime Gabe; sieh ihn nicht (lieblos) an, wenn er an deinem Tische sitzt, fahre ihn nicht mit harten Worten an und gib ihm von deinen besten Speisen. Wenn du betest, sei gering und demütig vor dem Allmächtigen, bekenne deine Sünden und heilige dich mit angestrengter Kraft, damit du deine bösen Begierden zügeln kannst ... Verweile nicht unter Menschen, die Böses von ihren Nebenmenschen reden; sei nicht die Fliege, die stets die kranken Stellen aufsucht! Berichte nicht die Fehler deines Nächsten! Frohlocke nicht, wenn dein Feind fällt; aber gib ihm zu essen, wenn er hungert; hüte dich, Witwen und Waisen zu kränken; sei nicht Zeuge und Richter in eigener Sache. Verweise den Zorn, das Erbteil der Toren, liebe die Weisen und strebe nach der Erkenntnis deines Schöpfers.«
(H. G. Adler, Das unbekannte Judentum, in: Tribüne, Frankfurt/Main 1962, Heft 3, S. 233)

Rabbi Jehuda ben Samuel (gest. 1217), Regensburg:
»Man soll niemandem Unrecht tun, auch nicht Andersgläubigen ... Im Verkehr mit Nichtjuden befleißige dich derselben Redlichkeit wie mit Juden. Mache den Nichtjuden auf seine Fehler aufmerksam; besser du lebst von Almosen, als daß du, zur Schmach des Judentums und des jü-

dischen Namens, mit fremdem Gelde davonläufst. Holt sich der Nichtjude bei dir Rat, so sage ihm, wer an dem Orte, wohin er sich begibt, redlich und wer ein Betrüger ist. Siehst du einen Andersgläubigen eine Sünde begehen, so hintertreibe sie, wenn du die Macht dazu hast; der Prophet Jona sei hierin dein Vorbild. Flieht ein Mörder zu dir, so gewähre ihm keinen Schutz, auch wenn es ein Jude ist; begegnet dir aber auf schlechtem schmalen Weg ein Lasttragender, so mache ihm Platz, auch wenn es kein Jude ist.«
(H. G. Adler, a.a.O., S. 234)

Rabbi Eleasar (gest. 1238), Worms (er hatte durch Kreuzfahrer Frau und Kinder verloren):
»Handle so, daß du vor dir nicht erröten mußt; gib der Begierde kein Gehör! Die schönste Eigenschaft ist, Unrecht zu verzeihen.«
(H. G. Adler, a.a.O., S. 234)

Markus G. Dreifus, Endingen, 1860:
»Sehr viele Stellen in Moses und den Propheten sprechen es deutlich aus, daß sie das Gebot der Bruderliebe nicht auf den Israeliten allein beschränkt wissen wollen. Im vierten Buch Moses heißt es: Wie ihr seid, so soll auch der Fremdling sein; ein Gesetz und ein Recht soll sein für euch und den Fremdling, der sich aufhält bei euch. Ich frage: Welches Gesetz in der alten Welt ist wohl diesem gleich? Können sich die zivilisierten Staaten Europas alle eines solchen Gesetzes rühmen? Wer da weiß und bedenkt, was für Kämpfe die rechtliche Gleichstellung der Mitglieder einer nicht als ›Staatsreligion‹ anerkannten Konfession in den verschiedenen europäischen Ländern schon gekostet hat, der wird anerkennen, daß die mosaische Gesetzgebung einen höheren Standpunkt einnimmt als manche moderne Gesetzgebung. Es hieße die Erhabenheit und Göttlichkeit der mosaischen Lehre verkennen, so man an ihr den Makel finden wollte, daß ihre Vorschriften über Sittlichkeit und Nächstenliebe nicht über die Grenzen der Nationalität hinausgehen.«
(Lothar Rothschild, Gott und Mensch im Judentum, in: Juden und Christen, gestern und morgen, in Basel und anderswo; Basel 1968, S. 26)

Hermann Cohen (1842–1918):
»Das Gebot, Gott zu lieben, schließt sich unmittelbar an ›Höre Israel‹ an. Nur im innigsten Zusammenhang mit der Einheit, mit der geistigen Einzigkeit Gottes darf es verstanden werden. ›Du sollst den Ewigen, deinen Gott, lieben mit deinem ganzen Herzen, mit deiner ganzen Seele und mit deiner ganzen Kraft.‹ Dieser Satz atmet eine Ursprungskraft, daher die Häufung der Ausdrücke für die Innerlichkeit, in welcher die Liebe gefordert wird. Das Herz ist der nächstliegende, dazu tritt die Seele, welche für Leben und Person steht. Und endlich der schwer übersetzbare Ausdruck, der im Adverb ›sehr‹ bedeutet, daher wohl der Überschuß, die Kraft in ihrer ganzen Tiefe bedeuten mag. Was in allen diesen Ausdrücken, die alle noch durch das Wort ›ganz‹ verstärkt werden, beabsichtigt sein mag, das ist die Einheit der Persönlichkeit, von welcher die Liebe gefordert wird. Der ganze Mensch hat die Liebe zu Gott aus seinem Innersten hervorzubringen; in allen Richtungen seines Bewußtseins. Keineswegs allein dem Herzen ist die Liebe aufgetragen, sondern der Einheit des Menschen und daher vor allem dem Geist.«
(Lothar Rothschild, a.a.O., S. 27 f.)

Leo Baeck (1873–1956), Berlin, 1905:
»Das Judentum hat den ›Mitmenschen‹ geschaffen. Und damit auch den Begriff der Humanität in ihrem wahren Sinne, in dem des Verständnisses für das Leben der Nebenmenschen, der Achtung vor der Menschenwürde, der Ehrfurcht vor dem Göttlichen in allem, was Menschenantlitz trägt. Die Anerkennung, die wir dem Andern schulden, ist demnach unbedingt und unbeschränkt; denn sie beruht ausschließlich darauf, daß er ein Mensch und darum ein Mitmensch ist. Wesen von meinem Wesen, Würde von meiner Würde. Das Wort aus dem dritten Buche Mosis, welches Akiba

den bestimmenden Satz der Bibel genannt hat, das gemeinhin übersetzt wird: ›Liebe deinen Nächsten wie dich selbst‹, bedeutet in der ganzen Treue des Sinnes: ›Liebe deinen Nächsten, er ist wie du.‹ In diesem ›wie du‹ liegt der ganze Gehalt des Satzes. Der Begriff Mitmensch ist damit gegeben: Er ist wie du, er ist im Eigentlichen dir gleich, du und er sind als Menschen eins. Und dieses Wort ist hier nicht bloß Philosophie und nicht nur schwärmerische Sentimentalität, sondern unbedingtes Gebot, das Wort einer deutlichen Forderung, daß wir in dem anderen den, der wie wir ist, ehren sollen. Nicht weil er vielleicht dieses oder jenes leistet oder gilt, sondern weil er Mensch ist. Sein Wert besteht eben in dem, was unseren Wert ausmacht; sein Wert ist in der Tiefe gegründet und zum Ziel emporgewiesen, ist unendlich, wie der unsere. Wir können vor uns Ehrfurcht haben, nur wenn wir vor ihm auch Ehrfurcht hegen, Gott hat ihn wie uns gemacht.«
(Lothar Rothschild, a.a.O., S. 25)

Paul Démann, Paris, 1961:
»Es ist gerade ein Kennzeichen des Judentums, die Gerechtigkeit nicht von der Liebe zu trennen, weder Gott noch den Menschen gegenüber. Beide, Gerechtigkeit und Liebe, die doch nur eines sind, sind verwirklicht und – in den jüdischen Gemeinden – organisiert in einer Weise, die von der Person und von der Gemeinde ausgeht. Die jüdische Tradition betont oft die dem Nächsten, insbesondere dem ›Armen‹ geschuldete Achtung und die notwendige Uneigennützigkeit in der Ausübung der Liebe, die gleichzeitig eine Pflicht der Gerechtigkeit gegenüber Gott ist. Wenn der Akzent sich manchmal unterscheidet von dem, was in der christlichen Tradition im Licht der Lehre und des Vorbilds Christi den Vorrang bekommen hat, so darf man niemals vergessen, daß ›das zweite, dem ersten gleiche Gebot‹ (Mt. 22, 39), nämlich das der Nächstenliebe, sich schon in dem Israel und der Kirche gemeinsamen Erbe, nämlich im Alten Testament, findet (Lv. 19, 18). Die jüdische Lehre hat niemals die ausschlaggebende Bedeutung noch die weltumspannende Reichweite dieses großen Gebotes vergessen. In theologischer Hinsicht hat sie manchmal Schwierigkeiten empfunden, um der weltumspannenden Reichweite ihrer Mission Ausdruck zu verleihen; aber auf dem Gebiet der Moral und vor allem im Bereich der Nächstenliebe hat die jüdische Tradition diese allgemeine Geltung aufrechtzuerhalten gewußt ...«
(P. D., Les Juifs, foi et destinée; Paris 1961, S. 77 f.; deutsch: P. D., Das Judentum, Aschaffenburg 1961, S. 91 f.)

Herman Wouk, USA, 1961:
»Der Kern des Judentums ist das richtige Verhalten zum Nächsten. Der Talmud erzählt (wenn ich hier nicht zu anekdotenhaft werde), daß einst ein Nichtjude zu Rabbi Hillel kam und fragte, ob jener ihn, solange er auf einem Bein zu stehen vermöge, das ganze Judentum lehren könne. Rabbi Schammai nämlich hatte dem Mann die Türe gewiesen, weil er die Frage für eine Unverschämtheit hielt. Hillel erwiderte mit freundlicher Nachsicht: ›Was du nicht willst, das man dir tu, das füg auch keinem andern zu; das ist der Kern des Judentums. Alles übrige ist Beiwerk – nun gehe hin und lerne.‹ Dieser Mann trat zum Judentum über.«
(H. W., Er ist mein Gott, Hamburg 1961, S. 61)

Alexandre Safran, Genf, 1967:
»Die Liebe zu Gott ohne die Erfahrung des menschlichen Herzens ist ebenso wie die Liebe zum Nächsten ohne die Furcht Gottes nichts als Täuschung und Trug.«
(A. S., Conditions préliminaires à une rencontre entre chrétiens et juifs, in: Rencontre Nr. 2, Paris, März 1967, S. 20)

Lothar Rothschild, St. Gallen, 1968:
»Die Liebe als Ursprungskraft, die sich unbegrenzt aus dem Herzen, aus der Seele und aus der Willensmacht formt, entfaltet sich als Liebe zu Gott letztlich in ihrer tiefgreifendsten Wirksamkeit als Liebe zu den Menschen. Das entnehmen

wir auch einem Psalm, der an jedem Sabbat im Morgengebet gesprochen wird und der Gott preist als den Schöpfer der Welt, den Gesetzgeber und Retter Israels. Trügerisch sind äußere Kräfte, und nur das rechte Verhalten, das Gott gefällt, vermag dem menschlichen Leben höheren und ewigen Wert zu verleihen. Deutlich wird das ethische Gefühl als Triebfeder des Rechttuns und somit der religiösen Vertiefung des Gottesbewußtseins herausgearbeitet: ›Er liebt die Wahrheit und das Recht, voll von Gottes Liebe ist die Erde.‹«
(L. R., a.a.O., S. 28)

Bibliographie

Geis, Robert Raphael: Vom unbekannten Judentum, Freiburg 1961.
Glatzer, Norbert Nahum: Sendung und Schicksal des Judentums, Köln 1969, passim.
Jacob, Edmond: Théologie de l'Ancien Testament, Neuchâtel 1968, S. 86–90.
Rothschild, Lothar: Gott und Mensch im Judentum, in: Juden und Christen, gestern und morgen, in Basel und anderswo; Basel 1968.
Schoeps, Hans Joachim: Jüdische Geisteswelt, Köln 1960.
Wilhelm, Kurt: Jüdischer Glaube in zwei Jahrtausenden, Bremen 1961.
Wouk, Herman: Er ist mein Gott, Hamburg 1961, passim.

Martin Luther

Luther hat in seiner Stellung zu den Juden eine Wandlung durchgemacht. Man darf es als einen Durchbruch durch die damals gegen die Juden übliche Feindschaft bezeichnen, daß er im Jahre 1523 seine Schrift »Daß Jesus Christus ein geborener Jude sei« veröffentlichte. Der darin angeschlagene Ton war für die Juden so neuartig, daß ihm eine jüdische Abordnung ein handgeschriebenes Exemplar des 130. Psalms überreichte.
Die Einstellung Luthers änderte sich. Hierfür müssen vor allem zwei Gründe geltend gemacht werden. Es ist dies einmal die tiefe Enttäuschung darüber, daß die Juden sich nicht in hellen Scharen der Predigt des neu ans Licht getretenen Evangeliums zuwandten; dann rührte dies aus einer starken Beunruhigung her, die durch Gerüchte über angebliche Machenschaften und Anschläge der Juden gegen die Kirche und seine eigene Person ausgelöst wurden. Dies führte dazu, daß das kaum begonnene Gespräch (oder zumindest der Versuch) *mit* den Juden zu einem Reden *über* die Juden wurde. Davon legt er vor allem in seiner aus dem Jahre 1543 stammenden Schrift »Von den Juden und ihren Lügen« ein erschütterndes Zeugnis ab.

1. In der Frühzeit seines Wirkens hat Martin Luther den Juden gegenüber einen freundlichen Ton angeschlagen.

Martin Luther, Erklärung zum 22. Psalm (1513):
»Diese Wut (den Judenhaß) verteidigen auch einige sehr abgeschmackte Theologen und reden ihr das Wort, indem sie mit großem Hochmut daher plaudern, die Juden seien der Christen Knechte und dem Kaiser unterworfen. Ich bitte euch darum, sagt mir: Wer wird zu unserer Religion übertreten, auch wenn er des wohlwollendsten und geduldigsten Gemüts wäre, der so grausam und feindlich und nicht bloß nicht christlich, sondern mehr als viehisch von uns behandelt wird? Die meisten Passionsprediger in der Osterwoche tun nichts anderes, als daß sie der Juden Mutwillen, den sie an Christus verübt, sehr schwer und groß machen und das Herz der Gläubigen verbittern. Wenn Haß gegen die Juden und Kirchen und Ketzer zu Christen macht, so sind in Wahrheit die Wüteriche die allerchristlichsten Leute. Wenn aber die Liebe Christen macht, so sind wir ohne Zweifel schlechter als Juden und Türken und Ketzer, da niemand Christum weniger liebt als wir.«
(Eduard Lamparter, Evangelische Kirche und Judentum, Stuttgart 1928, S. 7 f.)

Martin Luther, 1521 (Magnificat):
»Darum sollten wir die Juden nicht so unfreundlich behandeln, denn es sind noch Christen unter ihnen zukünftig und werdens täglich. Dazu haben *sie* allein und nicht wir Heiden solche Zusage, daß es allezeit unter Abrahams Samen Christen geben werde, die den gesegneten Samen erkennen. *Unsere* Sache steht auf lauter Gnade ohne ausdrückliche Zusage Gottes, wer weiß, wie und wann. Wenn wir christlich lebten und die Israeliten mit Güte zu Christus brächten, das wäre wohl die rechte Weise. Wer möchte Christ werden, wenn er Christen so unchristlich mit Menschen umgehen sieht? So soll es nicht sein, liebe Christen; man sage ihnen gütlich die Wahrheit; wollen sie nicht, dann laß sie fahren! Wie viele Christen gibt es, die Christus nicht achten, seine Worte auch nicht hören und sind ärger als Heiden und Juden, und wir lassen sie doch im Frieden gehen, ja

fallen ihnen zu Füßen und beten sie bald wie einen Abgott an.«
(M. L., Ausgewählte Werke, Calwer Ausgabe, Bd. V, Stuttgart 1932, S. 136 f.)

Martin Luther, o. J., Vorlesung über das Deuteronomium:
»Die Synagoge hat die Erstgeburt. Denn aus ihr ist Christus kommen, die Apostel und das Wort, und nicht aus den Heiden. Denn Johannes 4: ›Das Heil kommt von den Juden.‹ Darum soll man heutigen Tages die Juden nicht verachten, dieweil aus ihnen, nicht aus uns, die Herrlichkeit (sc. kommt), wie Paulus tut Römer 5. Denn sie sind die ersten Christen gewesen und ihnen sind versprochen und befohlen die Gespräche Gottes.«
(M. L., a.a.O., S. 8)

Martin Luther, Daß Jesus Christus ein geborener Jude sei, 1523:
»Denn auch unsere Narren ..., die groben Eselsköpfe, haben bisher also mit den Juden verfahren, daß, wer ein guter Christ wäre gewesen, hätte wohl mögen ein Jude werden. Und wenn ich ein Jude gewesen wäre und hätte solche Tölpel und Grobiane gesehen den Christenglauben regieren und lehren, so wäre ich eher eine Sau geworden als ein Christ. Denn sie haben mit den Juden gehandelt, als wären es Hunde und nicht Menschen ...
Ich hoffe, wenn man mit den Juden freundlich handelt und aus der heiligen Schrift sie säuberlich unterweist, es sollten ihrer viel rechte Christen werden und wieder zu ihrer Väter, der Propheten und Patriarchen Glauben treten, davon sie nur geschreckt werden, wenn man ihr Ding verwirft und so gar nichts will sein lassen und handelt nur mit Hochmut und Verachtung gegen sie. Wenn die Apostel, die auch Juden waren, also hätten mit uns Heiden gehandelt, wie wir Heiden mit den Juden, es wäre nie einer Christ unter den Heiden geworden. Haben sie denn mit uns Heiden so brüderlich gehandelt, so sollen wir wiederum brüderlich mit den Juden handeln, ob wir etliche bekehren möchten ...
Und wenn wir gleich hoch uns rühmen, so sind wir dennoch Heiden und die Juden von dem Geblüt Christi, wir sind Schwäger und Fremdlinge, sie sind Blutsfreunde, Vettern und Brüder unseres Herrn. Darum wenn man sich des Blutes und Fleisches rühmen sollte, so gehören ja die Juden Christo näher zu als wir, wie auch S. Paulus Römer 9 (V. 5) sagt ...
Darum wäre meine Bitte und mein Rat, daß man säuberlich mit ihnen umginge und aus der Schrift sie unterrichtete, so könnten ihrer etliche herbeikommen. Aber nun wir sie nur mit Gewalt treiben und gehen mit Lügengerede um, geben ihnen schuld, sie müßten Christenblut haben, daß sie nicht stinken, und ich weiß nicht, was des Narrenwerks mehr ist, daß man sie gleich wie Hunde behandelt, was sollten wir Gutes an ihnen schaffen? Item daß man ihnen verbietet, unter uns zu arbeiten, hantieren und andere menschliche Gemeinschaft zu haben, damit man sie zu wuchern antreibt, wie sollte sie das bessern?
Will man ihnen helfen, so muß man nicht des Papstes, sondern christlicher Liebe Gesetz an ihnen üben und sie freundlich annehmen, mit lassen erwerben und arbeiten, damit sie Gelegenheit und Raum gewinnen, bei und um uns zu sein, unsere christliche Lehre und (christliches) Leben zu hören und zu sehen. Ob etliche halsstarrig sind, was liegt dran? Sind wir doch auch nicht alle gute Christen. Hier will ich's diesmal lassen bleiben, bis ich sehe, was ich gewirkt habe. Gott gebe uns allen seine Gnade, Amen.«
(M. L., Ausgewählte Werke, Ergänzungsreihe, Band 3, München 1938, S. 2 f., 28)

---

2. Durch verschiedene Enttäuschungen und durch Falschmeldungen, denen er Glauben schenkte, wurde Luther dazu geführt, in zum Teil recht gehässiger Weise über die Juden zu reden. Dabei ist es für die Auswirkung dieser Aussagen von zweitrangiger Bedeutung, daß Luther hier aus theologischer Ver-

antwortung so reden zu müssen glaubte. Diese von schrecklichen Äußerungen über die Juden geprägte Redeweise diente dem Antisemitismus der Moderne nach Stil und Inhalt zum Teil als willkommene Rechtfertigung.

Martin Luther, am 18. Januar 1525:
»Es ist hier ein fremder Jude, aus Polen geschickt, um den Preis von 1000 Goldgulden mich zu vergiften, mir von Freunden durch einen Brief verraten. Er ist Doktor der Medizin, alles zu wagen und zu tun bereit, von unglaublicher Schlauheit und Beweglichkeit, den ich in dieser Stunde zu ergreifen befohlen habe; was noch geschehen wird, weiß ich nicht.«
(Samuel Kraus, Luther und die Juden, in: Wissenschaft des Judentums, Tübingen 1967, S. 309)

Martin Luther, am 18. Juni 1537 an Josel von Rosheim:
»Mein lieber Jesel! Ich wollt wohl gern gegen meinen gnädigsten Herrn für euch handeln, beide mit Worten und Schriften, wie denn auch meine Schrift der ganzen Jüdischheit gar viel gedienet hat; aber dieweil die Euren solches meines Dienstes so schändlich mißbrauchen und solche Ding fürnehmen, die uns Christen von ihnen nicht zu leiden sind, haben sie selbst damit mir genommen alle Forderung, die ich sonst hätte bei Fürsten und Herren können tun.
Denn mein Herz ja gewesen ist und noch, daß man die Jüden sollt freundlich halten, der Meinung, ob sie Gott dermaleinst wollt gnädiglich ansehen und zu ihrem Messias bringen, und nicht der Meinung, daß sie sollten durch meine Gunst und Forderung in ihrem Irrtum gestärkt und ärger werden. Davon ich, so mir Gott Raum und Zeit gibt, will ein Büchlein schreiben, ob ich etliche könnte aus eurem väterlichen Stamm der heiligen Patriarchen und Propheten gewinnen und zu eurem verheißenen Messias bringen. Wiewohl es ganz fremd ist, daß wir euch sollen reizen und locken zu eurem natürlichen Herrn und Könige, wie denn vorhin eure Vorfahren, da Jerusalem noch stand, die Heiden gereizt und gelockt haben zu dem rechten Gott ...
Darum wollet doch uns Christen nicht für Narren oder Gänse halten und euch einmal besinnen, daß euch Gott einmal aus dem Elende, das nun über 1500 Jahre gewährt hat, helfen (wollte), welches nicht geschehen wird, ihr nehmet denn eueren Vettern und Herrn, den lieben gekreuzigten Jesum mit uns an ...
Ich will euch Prophet sein, wiewohl ein Heide, wie Bileam gewesen ist: es soll nicht gehen, das ihr hoffet, denn die Zeit, von Daniel bestimmt, ist lang aus; und wenn ihrs gleich noch so wunderlich drehet und aus dem Text machet, was ihr wollt, so ist das Werk vorhanden.
Solches wollet von mir freundlich annehmen, euch zu einer Vermahnung. Denn ich um des gekreuzigten Jüdens willen, den mir niemand nehmen soll, auch Jüden allen gerne das Beste tun wollte, ausgenommen, daß ihr meiner Gunst zu euer Verstockung gebrauchen sollt. Das wisset gar eben. Darum möget ihr eure Briefe an meinen gnädigsten Herrn durch andere vorbringen. Hiemit Gott befohlen. Datum aus Wittenberg, Montags nach Barnabä, im 37.«
(M. L., Luthers Werke, 6. Band, Berlin 1933, S. 402 f.)

Martin Luther, 1543:
Denn, wie gehört, Gottes Zorn ist groß über sie, daß sie durch sanfte Barmherzigkeit nur ärger und ärger, durch Schärfe aber wenig besser werden. Drum immer weg mit ihnen ...
Und euch, meine lieben Herrn und Freunde, so Pfarrherrn und Prediger sind, will ich ganz treulich euers Amts hiermit erinnert haben, daß auch ihr eure Pfarrleute warnet vor ihrem ewigen Schaden, wie ihr wohl zu tun wisset, nämlich, daß sie sich vor den Juden hüten und sie meiden, wo sie können, nicht daß sie ihnen viel fluchen oder persönlich Leid tun sollten. Denn sie haben sich selbst allzu hoch verflucht und beleidigt, wenn sie den Mann Jesum von Nazareth, Marien Sohn, verfluchen, wie sie leider tun nun über 1400 Jahre ...

Wenn du siehest oder denkest an einen Juden, so sprich bei dir selbst also: Siehe, das Maul, das ich da sehe, hat alle Sonnabend meinen lieben Herrn Jesum Christ, der mich mit seinem teuren Blut erlöset hat, verflucht und vermaledeiet und verspeiet, dazu gebetet und geflucht vor Gott, daß ich, mein Weib und Kind und alle Christen erstochen und aufs jämmerlichste untergegangen wären, woll's selber gern tun, wo er könnte, daß er unsere Güter besitzen möchte, hat auch vielleicht heute dieses Tages vielmal auf die Erde gespeiet über dem Namen Jesu (wie sie pflegen), daß ihm der Speichel noch im Maul und Bart hänget, wo er Raum hätte zu speien. Und ich sollte mit solchem verteufelten Maul essen, trinken oder reden, so möcht' ich aus der Schüssel oder Kanne mich voller Teufel fressen und saufen, als ich mich damit gewiß teilhaftig machte aller Teufel, so in den Juden wohnen und das teure Blut Christi verspeien. Davor behüt mich Gott ...

Ich hab viel Historie gelesen und gehört von den Juden, so mit diesem Urteil Christi stimmen. Nämlich, wie sie die Brunnen vergiftet, heimlich gemordet, Kinder gestohlen, wie droben gemeldet. Item, daß ein Jude dem andern über Feld einen Topf voll Bluts, auch durch einen Christen, zugeschickt, item, ein Faß Wein, da das ausgetrunken, ein toter Jude im Fasse gefunden und dergleichen viel. Und das Kinderstehlen hat sie oft (wie droben gesagt) verbrennet und verjagt. Ich weiß wohl, daß sie solches und alles leugnen. Es stimmt aber alles mit dem Urteil Christi, daß sie giftige, bittere, rachgierige, hämische Schlangen, Meuchelmörder und Teufelskinder sind, die heimlich stechen und Schaden tun, weil sie es öffentlich nicht vermögen. Darum wollt ich gerne, sie wären, da keine Christen sind. Der Türke und andere Heiden leiden solches nicht von ihnen, was wir Christen von den giftigen Schlangen und jungen Teufeln leiden. Sie tun's auch niemand als uns Christen ... (Die Fortsetzung zu diesen Sätzen steht in »Entmenschlichung« Absatz 2 und beginnt: »Das ist's was ich droben gesagt habe, daß ein Christ ...«) Ja, wenn sie uns das könnten tun, was wir ihnen tun können, würde unser keiner eine Stunde leben müssen. Weil sie es aber öffentlich nicht vermögen zu tun, bleiben sie gleichwohl im Herzen unsere täglichen Mörder und blutdürstigen Feinde. Solches beweisen ihr Beten und Fluchen, und so viel Historien, da sie Kinder gemartert und allerlei Laster geübt. Darüber sie oft verbrannt und verjagt sind ...

Ich will zur Letze für mich das sagen: Wenn mir Gott keinen anderen Messias geben wollt', als wie die Juden begehren und hoffen, so wollt' ich viel, viel lieber eine Sau als ein Mensch sein. Des will ich dir gute Ursach sagen. Die Juden begehren nicht mehr von ihrem Messias, als daß er soll ein Kochab und weltlicher König sein, der uns Christen totschlage, die Welt unter die Juden austeile und sie zu Herrn mache und zuletzt auch sterbe wie andere Könige, seine Kinder nach ihm auch also ...

So hat auch hierin (so hoffe ich) ein Christ, der sonst nicht Lust ein Jude zu werden, so viel, daß er sich der blinden giftigen Juden nicht allein wohl erwehren kann, sondern auch der Juden Bosheit, Lügen, Fluchen muß feind werden und begreifen, daß ihr Glaube nicht allein falsch, sondern sie gewißlich mit allen Teufeln besessen sind. Christus, unser lieber Herr, bekehre sie barmherziglich und erhalte uns in seiner Erkenntnis, welche das ewige Leben ist fest und unbeweglich. Amen.«

(M. L., Von den Juden und ihren Lügen, 1543, Ausgewählte Werke, Ergänzungsreihe, Bd. 3, München 1938, S. 189 f., 193, 195 f., 198 f., 209, 213, 227 f.)

Martin Luther, 1543:

»Summa, es sind junge Teufel, zur Hölle verdammt, ist aber etwa noch was Menschliches in ihnen, dem mag solch Schreiben zu nutz und gut kommen; vom ganzen Haufen mag hoffen, wer da will, ich habe da keine Hoffnung, weiß auch davon keine Schrift, können wir doch unsere Christen, den großen Hau-

fen, nicht bekehren, müssen uns am kleinen Häuflein begnügen lassen. Wieviel weniger ist's möglich, diese Teufelskinder alle zu bekehren. Denn daß etliche aus der Epistel an die Römer am 11. Kapitel (V. 15) solchen Wahn schöpfen, als sollten alle Juden bekehrt werden am Ende der Welt, ist nichts. Sankt Paulus meint gar viel ein anderes.«
(M. L., Vom Schem Hamphoras und vom Geschlechte Christi, a.a.O., München 1938, S. 230)

Martin Luther, 1543:
»Derselbe Johannes, samt andern Aposteln und Evangelisten und viel tausend ihrer Jünger sind auch Juden oder Israel und Abrahams Samen gewesen nach dem Geblüt, so wohl und viel reiner und gewisser, als diese jetzige Juden oder Israel sind, von denen niemand weiss, wer sie sind, oder woher sie kommen.
Wollen wir nun den Juden oder Israel glauben, so glauben wir billiger diesen Juden und Israel, welche nun bei 1500 Jahren, öffentlich in aller Welt, durch ihr Evangelium die Kirche regiert, Teufel, Tod und Sünde überwunden, die Schrift der Propheten ausgelegt, immer für und für durch ihre Jünger Wunder getan haben. Billiger, sage ich, glauben wir solchen rechten bekannten Juden und Israeliten, als daß wir sollten glauben den falschen unbekannten Juden oder Israeliten, die diese 1500 Jahre kein Wunder getan, keine Schriften der Propheten ausgelegt, alles verkehrt und im Licht öffentlich nichts getan, sondern in ihrem Winkel meuchlings wie die Kinder der Finsternis, das ist des Teufels, eitel Lästern, Fluchen, Morden und Lügen wider die rechten Juden Israel (das ist, wider die Apostel und Propheten) geübet haben, und noch üben täglich, damit sie überwiesen, daß sie nicht Israel noch Abrahams Samen, sondern giftige, teuflische Feinde sind, des rechten Israel und Abrahams Kinder, dazu der Heiligen Schrift Diebe, Räuber und Verkehrer. Darum man als von öffentlichen Dieben wieder nehmen soll die Schrift ...«
(M. L., Von den letzten Worten Davids, a.a.O., München 1938, S. 393 f.)

Martin Luther, am 14. Februar 1546 in Eisleben (seine letzte Predigt überhaupt):
»... Zum andern habt ihr auch noch die Jüden im Lande, die da großen Schaden tun. Nun wollen wir christlich mit ihnen handeln, und bieten ihnen erstlich den christlichen Glauben an, daß sie den Messiam wollen annehmen, der doch ihr Vetter ist und von ihrem Fleisch und Blut geboren und rechter Abrahams Same, dessen sie sich rühmen; wiewohl ich Sorge trage, das jüdische Blut sei nunmehr wässerig und wild geworden. Das sollt ihr ihnen ernstlich anbieten, daß sie sich zu dem Messia bekehren wollen und sich taufen lassen, daß man sehe, daß es ihnen ein Ernst sei; wo nicht, so wollen wir sie nicht leiden. Denn Christus gebietet uns, daß wir uns sollen taufen lassen, und ihn glauben. Ob wir gleich nun so stark nicht glauben können, wie wir wohl sollten, so trägt er doch Geduld mit uns.
Nun ist mit den Jüden also getan, daß sie unsern Herrn Jesum Christum nur täglich lästern und schänden. Dieweil sie das tun, und wir wissens, so sollen wir es nicht leiden. Denn soll ich den bei mir leiden, der meinen Herrn Christum schändet, lästert und verflucht, so mache ich mich fremder Sünden teilhaftig, so ich an meinen eigenen Sünden genug habe. Darum sollt ihr Herrn sie nicht leiden, sondern sie wegtreiben. Wo sie sich aber bekehren, ihren Wucher lassen und Christum annehmen, so wollen wir sie gerne als unsere Brüder halten.
Anders wird nichts draus, denn sie machens zu groß. Sie sind unsere öffentlichen Feinde, hören nicht auf, unsern Herrn Christum zu lästern, heißen die Jungfrau Maria eine Hure, Christum ein Hurenkind, uns heißen sie Wechselbälge oder Mahlkälber, und wenn sie uns könnten alle töten, so täten sie es gerne. Und sie tuns auch oft, vor allem diejenigen, die sich als Ärzte ausgeben, ob sie auch gleich zu Zeiten helfen; denn der Teufel hilfts doch zuletzt versiegeln. So kennen sie die Arznei auch, die man in Welschland kennt, durch die man einem ein Gift beibringt, davon er in

einer Stund, in einem Monat, in einem Jahr, ja, in zehn oder zwanzig Jahren sterben muß. Diese Kunst verstehen sie.
Darum seid unverworren mit ihnen, als mit denen, die da nichts anderes bei euch tun, denn daß sie unseren lieben Herrn Jesum Christum greulich lästern, stehen uns nach Leib, Leben, Ehre und Gut. Noch wollen wir die christliche Liebe an ihnen üben, und für sie bitten, daß sie sich bekehren, den Herrn annehmen, den sie vor uns billig ehren sollten. Welcher solches nicht tun will, da setze es in keinen Zweifel, daß er ein verböster Jude ist, der nicht ablassen wird, Christum zu lästern, dich auszusaugen und (wo er kann) zu töten.
Darum bitte ich, wollet euch fremder Sünde nicht teilhaftig machen, ihr habt Gott genugsam zu bitten, daß er euch gnädig sei und euer Regiment erhalten; wie ich noch täglich bete, und bücke mich unter den Schirm des Sohnes Gottes, den halte ich als meinen Herrn, zu dem muß ich laufen und fliehen, wo mich der Teufel, die Sünde oder ander Unglück anficht; denn er ist mein Schirm, so weit der Himmel und Erden ist, und meine Gluckhenne, darunter ich krieche vor Gottes Zorn. Darum kann ich mit den verstockten Lästerern und Schändern dieses lieben Heilands keine Gemeinschaft noch Geduld haben.
Das hab ich als ein Landkind euch zur Warnung wollen sagen zur Letze, daß ihr euch fremder Sünde nicht teilhaftig macht, denn ich meine es ja gut und treulich, beide, mit den Herrn und Untertanen. Wollen sich die Juden zu uns bekehren, und von ihrer Lästerung und was sie uns sonst getan haben, aufhören, so wollen wir es ihnen gerne vergeben; wo aber nicht, so sollen wir sie auch bei uns nicht dulden noch leiden.«
(M. L., Eine Vermahnung wider die Juden, Erlanger Ausgabe der Werke Luthers, 20. Band, 2. Abteilung, Frankfurt/Main 1881, S. 572 ff.)

J. F. A. de le Roi, 1884:
»Darin hat denn auch Luther seinen Prophetenberuf wahrlich nicht verfehlt, daß er für die Juden nicht eine Stellung wie die es ist, welche die moderne Emanzipation für die geschaffen hat, forderte. Vielmehr handelte er ganz recht, wenn er Fürsten und Völker ermahnte, Gesetze und Ordnungen zu schaffen, um dem vorzubeugen, daß die Juden nicht das religiöse und soziale Leben ihrer christlichen Umgebung verderbten. Darin trat auch jener richtige Patriotismus zu Tage, welchen die Propheten Israels und ein Apostel Paulus in so hohem Maße bekunden: jener Patriotismus, welcher eine heilige Liebe zu dem Volke hegt, dem man nach Gottes Willen angehört. Luther wollte sein deutsches christliches Volk, das als christliches eine noch viel höhere Aufgabe auszurichten hatte als das auf der alttestamentlichen Stufe befindliche Israel, nicht verderben lassen, sondern alles aufbieten, damit es diesem seinem hohen Berufe lebe. Als Patriot im christlichen Sinne hat er daher auch gegen Rom und die Juden einen unermüdlichen Kampf gekämpft; und niemand vor wie nach ihm hat so sehr darum geeifert, daß die Stellung, welche Gott dem deutschen Volke in seinem Reich auf Erden angewiesen hat, ihm nicht verloren gehe.
So ist es denn beides, ein echt christliches und echt patriotisches Tun und Wirken, daß Luther bis zu seinem letzten Odemzuge (siehe oben!) die Judenfrage im deutschen Volke und vor demselben unter das Licht des Evangeliums zu stellen trachtet.«
(J. F. A. d. l. R., Die evangelische Christenheit und die Juden, Bd. I, Karlsruhe und Leipzig 1884, S. 39)

Eduard Lamparter, Stuttgart, 1928:
»Der Luther, welcher die zwei Schriften ›Von den Juden und ihren Lügen‹ und ›Vom Schem Hamphoras und dem Geschlecht Christi‹ niedergeschrieben hat, ist zum *Kronzeugen des modernen Antisemitismus* geworden. Wir aber verweilen lieber bei dem Luther, der auf dem Höhepunkt seines reformatorischen Wirkens für die Unterdrückten, Verachteten und Verfemten in so warmen Worten eingetreten ist und der Christenheit die

Nächstenliebe als die vornehmste Pflicht *auch gegen die Juden* so eindringlich ans Herz gelegt hat.«
(E. L., Evangelische Kirche und Judentum, Stuttgart 1928, S. 17; neu abgedruckt in: Robert Raphael Geis und Hans Joachim Kraus, Hrsg., Versuche des Verstehens, München 1966, S. 256 ff.)

Theodor Pugel, 1937:
»Es ist tief traurig für die deutsche Geschichte, daß dem unerschrockenen Stürmer gegen den skandalösen Ablaßschacher, *Martin Luther*, anfänglich das rechte Verständnis für den deutschfeindlichen Geist des Judentums abging. Vor allem hatte er keine Ahnung von der blutlichen Verschiedenheit von Germanen und Juden. Er nennt Christus, den ›Galiläer‹, einen Juden und Juden Blutsbrüder der Christen. Das sind Behauptungen, die durch Aussprüche der Juden selbst zu allen Zeiten widerlegt werden, ganz abgesehen von den Erkenntnissen der modernen Rassen- und Religionsforschung! Wäre Luther von Anbeginn seines Wirkens ein Antisemit gewesen, so würde es im zwanzigsten Jahrhundert in vielen Staaten Europas *keine* Judenfrage mehr geben! Die gewaltige unerbittliche und aufwühlende Gerechtigkeit dieses Mannes hätte ihn, wenn er den Antisemitismus in die gläubigen Massen geschleudert hätte, zum Retter des Abendlandes erhoben! Dr. *Martin Luther*, der glühende Verfechter des evangelischen Wortes Gottes, war gezwungen, seinen Titanenkampf gegen die innig verwobenen Mächte eines verweltlichten und entsittlichten Papsttums und gegen ein vom gierigen Streben nach Hausmacht erfülltes Kaisertum zu führen ...«
(Robert Körber und Theodor Pugel, Hrsg., Antisemitismus in Wort und Bild, Dresden 1937, darin: Th. P., Antisemitismus der Neuzeit bis 1800, S. 99)

Julius Streicher, Nürnberg, 29. April 1945:
»Antisemitische Presseerzeugnisse gab es in Deutschland durch Jahrhunderte. So wurde bei mir zum Beispiel ein Buch beschlagnahmt von Dr. Martin Luther. Dr. Martin Luther säße heute sicher an meiner Stelle auf der Anklagebank, wenn dieses Buch von der Anklagebehörde in Betracht gezogen würde.«
(Martin Stöhr, Martin Luther und die Juden, in: W. D. Marsch und K. Thieme, Christen und Juden, Mainz–Göttingen 1961, S. 115)

Wilhelm Maurer, Erlangen, 1953:
»Mit allen Mitteln will er (Luther) die Glieder der Kirche bewahren, daß sie nicht durch falsches Nachgeben mit hineingezogen werden in die schrecklichen Gerichte, die Gott über die Synagoge verhängt hat. Darum seine fast an Unflätigkeit grenzende Derbheit, darum die fast demagogisch zu nennende, aus tiefer Leidenschaft quellende Kunst, mit der alle primitiven Gefühle des Abscheus aufgestachelt werden, die das christliche Abendland ein Jahrtausend lang den Juden gegenüber empfunden hatte. Bei Luther selbst ist es nicht das mittelalterlich sakramentale Denken, das solchen Abscheu hervorruft. Sondern für seine Beurteilung ist maßgebend die selbstgerechte Sicherheit, die sich in der eigenen Vortrefflichkeit sonnt und kein Gericht Gottes ernst nimmt. Immerhin hat er auch die vulgären, aus dem Mittelalter überkommenen Vorwürfe bis hin zu dem des Ritualmordes – nicht freilich den der Hostienschändung – jetzt für bare Münze genommen und so mitgeholfen, daß in den breiten Schichten des christlichen Volkes der sakramental begründete Antisemitismus vom Mittelalter her weiter wirken konnte, bis er dann durch den rassemäßig begründeten abgelöst wurde.«
(W. M., Kirche und Synagoge, Stuttgart 1953, S. 48 f.)

Wilhelm Maurer, Erlangen, 1968:
»Es geht Luther vielmehr um ein Faktum, das er in der gesamten Schrift bezeugt findet: daß nämlich Israel Gottes Heilsangebot – als Verheißung im Alten Testament, als Erfüllung im Neuen – verworfen hat und dafür gestraft wurde.
Das ist für Luther eine Tatsache von ungeheurer theologischer Relevanz. Sie gibt für ihn den Gerichtsdrohungen, die

die Propheten einst gegen ihr Volk gerichtet haben, einen unmittelbaren Bezug auf die Gegenwart. Gottes Strafzorn erfüllt sich an Israel jede Stunde; und niemand darf es wagen, ihm in den erhobenen Arm zu fallen. Die Geschichte des jüdischen Volkes ist für Luther seit fast 1500 Jahren die Geschichte eines permanenten Gottesgerichts, dessen Ende nicht abzusehen, sondern in das unergründliche Erbarmen Gottes hineinzustellen ist. Und bisher jedenfalls hat Gott dieses Gericht und die Verstockung seines Volkes nicht aufgehoben, sondern in zunehmendem Maße verstärkt. Seit der Zerstörung Jerusalems waltet über der Geschichte Israels der tödliche Gerichtsernst, der lodernde Strafzorn des verborgenen Gottes ...«
(W. M., Die Zeit der Reformation, in: Karl Heinrich Rengstorf und Siegfried von Kortzfleisch, Hrsg., Kirche und Synagoge, Stuttgart 1968, Bd. I, S. 376)

3. Juden und Christen haben sich von diesen judenfeindlichen Äußerungen Luthers deutlich distanziert.

Heinrich Bullinger, Zürich, 1545:
»Wenn heute wieder auflebte jener Held Capnion (griechischer Name Reuchlins), er würde erklären, daß in dem einen Luther aufgelebt seien die Tungern, Hochstraten und Pfefferkorn ...
Gottes gerechtem Urteil überlassen wir, daß in hohem Alter ein solcher Theologe in Schrift und Tat solche Maßlosigkeiten begeht. Denn hienach werden die Späteren urteilen, Luther sei ein Mensch gewesen, und zwar ein Mensch, unterworfen sträflichen Leidenschaften ...
Es ist heiter am Tage und leider unleugbar, daß niemand je wüster, gröber und unziemlicher wider christliche Zucht und Bescheidenheit in Händeln des Glaubens und großen und ernsthaften Sachen geschrieben habe denn Luther. Hier sind unter allen männiglichs Händen Luthers König Heinz von England und daneben auch noch ein anderer Heinz mit Mainz in seinem unsauberen Wursthausen, idem Luthers Buch wider die Juden mit den wüsten Buchstaben der Bibel, welche die Juden fressen, nicht lesen sollen; so ist vorhanden Luthers schweinisches, kotiges Schemhamphorasch, welches, so es geschrieben wäre von einem Schweinehirten, nicht von einem berühmten Seelenhirten, etwas, doch auch wenig Entschuldigung hätte.«
(Herbert Hug, Das Volk Gottes – Der Kirche Bekenntnis zur Judenfrage, Zollikon-Zürich 1942, S. 138 f.)

Josel von Rosheim an den Straßburger Magistrat, 1543:
»Die Leute aus dem Volk reden ganz offen darüber, daß die Schädigung eines Juden an Leib und Gut ohne weiteres vergeben würde, da der Doktor Martin Luther diese Ansicht in seinen Büchern ausgesprochen und sie von der Kanzel herab zu vertreten empfohlen hätte ...
Kein einziger von den Gelehrten hat sich je zu der Behauptung verstiegen, daß man mit uns armen Juden so tyrannisch und gewaltsam verfahren müsse.«
(Simon Dubnow, Weltgeschichte des jüdischen Volkes, Bd. VI, Berlin 1927, S. 205)

J. F. A. de le Roi, 1884:
»Der Luther des Anfangs gleicht mithin dem Luther des Endes sehr wenig, und ausreichende Anweisungen, welches Verhältnis sie zu den Juden einnehmen sollten, empfingen die christlichen Völker von ihm nicht. Er überbot schließlich noch den schmerzlichen Fehler des Mittelalters. Denn er verfiel nicht bloß in den alttestamentlichen und römischen Standpunkt, welcher die falsche Religion mit Gewalt unterdrücken wollte, zurück, sondern ging zum Teil noch weiter als die Päpste, welche die Juden wenigstens nicht vor die Wahl gestellt sehen wollten, entweder das Christentum anzunehmen oder ihre Wohnsitze unter den Christen zu verlassen. In dieser Beziehung hat Luther das Verständnis für die Judenfrage und die Behandlung derselben eher verwirrt als gefördert.«
(J. F. A. de le Roi, a.a.O., S. 42)

Reinhold Lewin, Berlin, 1911:
»Luther erklärt den Juden den Krieg bis aufs Messer und schleudert gegen sie zwei Schriften, die ihm ein fanatischer Glaubenseifer diktiert. Die Saat des Judenhasses, die er darin ausstreut, schießt zwar zu seinen Lebzeiten nur verkümmert hervor. Sie geht aber darum nicht spurlos verloren, sondern wirkt noch lange durch die Jahrhunderte fort; wer aus irgendwelchen Motiven gegen die Juden schreibt, glaubt das Recht zu besitzen, triumphierend auf Luther zu verweisen.«
(Guido Kisch, Zasius und Reuchlin, Pforzheim 1961, S. 68)

Samuel Kraus (1866–1948), Wien, 1917:
»Demagogisch – ja, das konnte Luther sein im weitesten Maße. War sein Glaube tief und unermeßlich, so war auch sein Haß unergründlich. Wehe denen, die er mit seinem Haß verfolgte; ihnen ward keine Schonung, kein Mitgefühl. Den Juden erst recht nicht; waren sie doch Gottesmörder, Feinde des Christentums. Die beiden Lutherschen Werke: ›Von den Juden und ihren Lügen‹ und ›Vom Schem Hamphoras‹, beides 1543 erschienen, stellen das Ärgste dar, was jemals von feindlicher Seite gegen die Juden gesagt und geschrieben wurde. Dem Gottesmanne ist da keine Lüge zu niedrig, keine Invektive zu scharf, kein Spott zu grob, um gegen die Juden geschleudert zu werden. Er, von dem seine Zeitgenossen bezeugten, daß er ›die deutsche Sprache wieder recht herfür gebracht, recht Deutsch schreiben und reden‹ gelehrt habe, er, vorbildlich an Feinheit, Kraft und Fülle des Ausdrucks – hier ist er so pöbelhaft roh in seinen Ausdrükken. Wie sagen doch die jüdischen Weisen? ›Der Haß verdirbt die gezogene Linie.‹
Luther stellt sich auch damit in eine Reihe mit den schlimmsten Judenfeinden, daß er seine gegen die Juden gerichteten Beschuldigungen zu gutem Teil Täuflingen nachschreibt, wo er doch hätte wissen müssen, daß diese keinen Glauben verdienen. Der ›Dialog‹ des Paulus von Burgos (1350–1435) und des Antonius Margarita ›der gantz Jüdische glaub‹ (1530) dienen ihm als Quelle; dafür beileibe nicht die so sehr verhaßten und geschmähten Rabbiner, denen man kein Wort der Exegese nachschreiben dürfe, auch wenn sie augenscheinlich das Richtige treffen. Christliche Erklärer, wie z. B. Nikolaus da Lyra, der die besten Perlen seiner Exegese eben den Rabbinern zu verdanken hat, finden keine Gnade vor seinen Augen. Sieht das nicht wie ein Boykott aus – ins Literarische übertragen? Wer weiß: vielleicht hätte er am Ende auch noch das Alte Testament verstoßen! Seine Jünger, die es nach vierhundert Jahren tun und taten, sind so inkonsequent nicht.«
(S. K., Luther und die Juden, in: Kurt Wilhelm, Hrsg.: Wissenschaft des Judentums im deutschen Sprachbereich, Bd. I, Tübingen 1967, S. 312 f.)

Simon Dubnow, 1927:
»So sollte Luther gegen Ende seines Lebens (er starb im Jahre 1546) sich ganz jenem ›allerchristlichsten‹ Geiste im Sinne des allerschärfsten Judenhasses verschreiben, den er selbst in seiner Jugend, gleich Erasmus, als den hervorstechendsten Zug der ›guten‹ Katholiken verspottet hatte. Nun war es so weit gekommen, daß die Protestanten in der systematischen Bedrückung der Juden die Katholiken sogar noch übertrafen. Hatte sich doch der ›protestantische Papst‹ dem verstoßenen Volke gegenüber noch viel unduldsamer gezeigt, als ein Innozenz III. im Mittelalter und ein Paul IV. im Zeitalter der Reformation. So waren die Juden während der bald einsetzenden Religionskriege sowohl von der einen wie von der anderen Seite härtester Bedrängnis ausgesetzt. Während die Protestanten sie der Unterstützung der Katholiken bezichtigten, glaubten diese, daß die ganze Reformation auf den Einfluß des Judentums zurückzuführen sei. Diese Meinung entsprach dem wahren Sachverhalt jedoch nur in sehr geringem Maße. Wohl bedeutete die neue Lehre eine Rückkehr zur jüdischen Bibel, allein zu einer Bibel, wie sie sich im Geiste des Apostels Paulus malte, der von Luther in

fanatischer Christusanbetung und in schroffster Verneinung der geschichtlichen Rolle des Judentums noch weit überflügelt wurde.«
(S. D., Weltgeschichte des jüdischen Volkes, a.a.O., S. 205 f.)

Eduard Lamparter, Stuttgart, 1928:
»Leider ist es Luther nicht gelungen, in seiner Stellung zur Judenfrage sich ganz über den mittelalterlichen Tiefstand der Volksmeinung zu erheben. *Sein Urteil über die Juden war fertig, als seine Versuche und Hoffnungen, sie für das Evangelium zu gewinnen, scheiterten.* Von jetzt an galten sie ihm als verstockte Sünder, geborene Bösewichte, die dem armen Volk den letzten Tropfen Blut aussaugen wollen und jeden Sonnabend in ihren Schulen und täglich in ihren Häusern den christlichen Glauben verfluchen, während er in seinen ersten Judenschriften mit großer Wärme und Entschiedenheit für sie eingetreten ist . . .«
(E. L., Das Judentum, Gotha 1928, S. 114 f.)

Cecil Roth, o. J.:
»Es war nach der Ansicht Luthers nicht überraschend, daß für die Ungläubigen ein System, in dessen Namen sie so viel erdulden mußten, keine Anziehungskraft besaß. Nun aber waren die Juden mit dem Evangelium in seiner gereinigten, einfachen Gestalt konfrontiert und Luther war überzeugt, daß sich die Haltung der Juden ändern würde. Er hegte die Hoffnung, daß eines der ruhmvollsten Ergebnisse seiner Tätigkeit in der Bekehrung des Hauses Israel zum wahren Glauben bestehen würde.
Luther war tief enttäuscht, als er merkte, daß dies nicht der Fall war. Allmählich wandelte sich seine Einstellung gegenüber den Juden zum erbitterten Haß. Wenn er über die Juden schrieb, schien seine Feder in Vitriol getaucht zu sein. Er forderte seine Anhänger auf, die jüdischen Synagogen niederzubrennen und mit den Juden ohne Gnade zu verfahren. In einer Predigt, die er kurz vor seinem Tode hielt (siehe oben), ermahnte er die christlichen Fürsten, die Juden nicht länger zu dulden und sie aus ihren Ländern zu vertreiben. Obgleich seine Mahnungen nicht vollständig Gehör fanden, bleibt doch die Tatsache bestehen, daß sich noch lange nach Luthers Tod das protestantische Europa vom katholischen Europa in der Behandlung der Juden nicht wesentlich unterschied.«
(C. R., Geschichte der Juden, St. Gallen o. J., S. 314 f.)

James Parkes, London, 1960:
»Der Heftigkeit der acht gemeinen Predigten, die Johannes Chrysostomus im Jahre 387 gegen die Juden gehalten hat, wird die Waage gehalten durch die Gewalttätigkeit und Obszönität von Martin Luthers ›Wider die Juden und ihre Lügen‹.«
(J. P., A Reappraisal of the Christian Attitude to Judaism, Royston 1960, S. 8)

Friedrich Heer, Wien, 1967:
»*Von all den großen Hoffnungen, die in Europa schließlich auf großen Friedhöfen zu Grabe getragen wurden, war Luther eine der allergrößten!* Luther weiß das selbst. In seinem Zorn, seinem Haß, seinem Wüten gegen die Hure Kirche, den Papst, den Teufel, die Juden, gegen die Schwärmer und gegen den linken Flügel seiner eigenen Bewegung spricht sich nicht zuletzt die Trauer, die Verzweiflung über das große Scheitern aus.
Enttäuschung zunächst über die Juden. Luther hoffte als ein neuer Paulus auf die Bekehrung Israels. Lebte er nicht in der Endzeit? Wie lange kann es noch dauern, bis Gott die letzte Ernte einbringt? Zu dieser Ernte aber gehören die Juden. Der junge deutsche lutherische Protestantismus hofft auf eine Bekehrung der Juden und hofft etwas später auf eine große Allianz mit der Ostkirche, mit den Griechen und Russen gegen Rom. Beide Hoffnungen werden enttäuscht . . .
Luthers von Freund und Feind, gerade auch von seinen Freunden um Melanchthon gefürchteter Zorn ergießt sich hier hemmungslos gegen das verdammte Volk der Juden, das sich eineinhalb Jahrtausende dem Erlöser verwehrt. Luther,

ein archaischer Mensch, voll von uralter Angst – und von uraltem archaischem Vertrauen, das aber immer stärker in ihm wieder verschüttet wird –, teilt den Glauben des Volkes an Hexen, Zauberer, an das Teufelswerk schwarzer Magie. Luther übernimmt hier alle mittelalterlichen *images* und Vorstellungen von jüdischem Teufelswerk. Die Juden begehen Ritualmorde, vergiften Quellen, schänden und töten die Christen, wo sie können. Die Juden sind ein Verrätervolk. Luther traut ihnen alles Böse zu, was im 19. und 20. Jahrhundert protestantische Prediger und Theologen den ›Roten‹ zutrauen. Die deutschen Juden werden von Luther beschuldigt, mit den Türken, den Erzfeinden der Christenheit, im Bunde zu stehen.«

(F. H., Gottes erste Liebe, München und Eßlingen 1967, S. 186, 187)

Bibliographie

Baron, Salo Wittmeyer: A social and religious history of the Jews, Bd. XIII, New York 1969, S. 216–229.

Dubnow: Weltgeschichte des jüdischen Volkes, Bd. VI, Berlin 1927, S. 199–205.

Graetz, Heinrich: Volkstümliche Geschichte der Juden, Bd. 3, Wien o. J., S. 187–192.

Hug, Herbert: Das Volk Gottes, Zollikon-Zürich 1942, S. 93–147.

Kraus, Samuel: Luther und die Juden, in: Wissenschaft des Judentums, Tübingen 1967, S. 309–313.

Kupisch, Karl: Volk ohne Geschichte, Berlin 1953, S. 55–68.

Kupisch, Karl: Volk der Geschichte, Berlin 1960, S. 69 ff.

Lamparter, Eduard: Evangelische Kirche und Judentum, Stuttgart 1928, S. 7–27 (Neu aufgelegt und abgedruckt in: Robert Raphael Geis und Hans Joachim Kraus, Hrsg., Versuche des Verstehens, München 1966, S. 256).

Luther, Martin: Schriften wider Juden und Türken, Ergänzungsreihe, Bd. 3, München 1938.

Maurer, Wilhelm: Kirche und Synagoge, Stuttgart 1953, S. 39–51.

Maurer, Wilhelm, in: Karl Heinrich Rengstorf und Siegfried von Kortzfleisch, Hrsg., Zeit der Reformation, Stuttgart 1968, S. 375 ff.

Pfisterer, Rudolf: Im Schatten des Kreuzes, Hamburg 1966, S. 64 ff.

de le Roi, J. F. A.: Die evangelische Christenheit und die Juden, 1. Bd., Karlsruhe und Leipzig 1884, S. 20 ff.

Siivala, Aarne: Luther und die Juden, in: Lutherische Rundschau, Stuttgart 1964, Nr. 3, S. 427 ff.

Stern, Selma: Josel von Rosheim, Stuttgart 1959, passim.

Stöhr, Martin: Luther und die Juden, in: Evangelische Theologie, München 1960, S. 157 ff.

Stöhr, Martin: Luther und die Juden, in: Wolf Dieter Marsch und Karl Thieme, Hrsg., Christen und Juden, Mainz und Göttingen 1961, S. 115 f.

Marranen

Marranen (marrano = Schwein, vom arabischen Wort mahram = das Verbotene) sind Christen, die, durch Zwangsmaßnahmen zur Taufe gezwungen, heimlich am Judentum festhielten und dies auch praktizierten. Das Mißtrauen der Christen gegen ihr eigenes gewaltsames Vorgehen drückte sich in einem ausgeklügelten Überwachungssystem gegenüber den aus dem Judentum stammenden Christen aus, die mit der Bezeichnung »converso« oder »Neuchrist« zu Christen zweiter Klasse gestempelt wurden. In der trotz der Bekehrung zum Christentum durchgeführten Hervorhebung des jüdischen Charakters dieser Christen liegt der Keim des Rassenantisemitismus (→Antisemitismus). Es ist darum nicht zu verwundern, daß in Spanien, wo sich diese Vorgänge hauptsächlich abspielten, im Jahre 1495 das erste »Statut des reinen Blutes« erlassen wurde, das dem (→) Arierparagraphen aus jüngerer Vergangenheit entspricht und in gewisser Weise als sein Vorläufer anzusprechen ist.

---

1. Die Marranen setzten unter dem Deckmantel einer äußeren Zugehörigkeit zur Kirche heimlich ihr Leben als Juden fort; darum wird von seiten der Kirche immer wieder nach der Existenz dieser »verborgenen« Juden geforscht, und äußere Merkmale für diese Menschengruppe werden angegeben, an denen sie erkannt werden kann.

Motto der Marranen:
»Vom Vater auf den Sohn vererbte sich das Vermächtnis: ›Ehre Christus mit den Lippen, mit dem Herzen aber Gott; sei dem Anscheine nach ein Christ und insgeheim ein Jude.‹«
(Simon Dubnow, Weltgeschichte des jüdischen Volkes, Bd. VI, Berlin 1927, S. 387)

Merkmale der Marranen, Aufruf der Inquisition 1482 (Spanien):
»Die Inquisition erließ einen Aufruf an alle Spanier, bei Vermeidung der Exkommunikation binnen drei Tagen alle anzugeben, welche unter den Neuchristen wieder in die jüdische Ketzerei gefallen seien. Dabei wurde ein Verzeichnis der Merkmale aufgestellt, an denen man die Rückfälligen erkennen könne. Solche Merkmale waren: Wenn ein Neuchrist noch Messiashoffnungen hege; wenn er das Gesetz Mosis für das Seelenheil ebenso nützlich halte wie die Erlösung Jesu; wenn einer die jüdischen Feiertage halte, am Sabbat bessere Kleider anhabe, seine Kinder beschneide, die Speisegebote beobachte, am Sabbat ein Tischtuch auflege, kein Feuer anzünde; wenn einer am Versöhnungstage barfuß gehe, jemand um Verzeihung bitte, seine Kinder durch Handauflegung segne, bete ohne das Kreuzeszeichen zu machen, über den Weinkelch einen Segen spreche, und dann ihn den Tischgenossen reiche, beim Beten den Körper hin- und herbewege, sich dabei gegen die Wand richte, zur Fastenzeit Fleisch esse, Kindern einen jüdischen Namen gebe, einen Psalm bete ohne den Lobpreis der Dreieinigkeit daranzuknüpfen; wenn einer am Laubhüttenfest von einem Juden ein Geschenk annehme; wenn einer einem neugeborenen Kind Gold und Getreidekörner ins Bad lege. Wer irgend etwas derartiges tue, müsse der Inquisition angezeigt werden.«
(F. Heman, Geschichte des jüdischen Volkes, Calw und Stuttgart 1908, S. 238 f.)

Merkmale der Marranen, aus der gleichen Zeit:
»Gegenstand der Anklage war das ›Judaisieren‹, das heißt: das heimliche Bekenntnis zum Judentum. Worin dieses Bekenntnis bestand, war aus einer Liste

zu ersehen, die 37 Merkmale des Judaisierens umfaßte. Es genügte dafür, daß ein Marrane am Sabbat einen besseren Anzug oder ein reines Hemd anlegte, um in den Verdacht der Judaisierung zu geraten. Jeder Christ hatte die Pflicht, solche Vorkommnisse, wenn sie ihm bekannt wurden, zur Anzeige zu bringen. Er blieb anonym und ohne jede Verantwortung. Ob der Angeklagte gestand oder leugnete, war gleichgültig, denn entweder zwang ihm die Folter ein Bekenntnis ab, oder sein Leugnen bewies seine bösartige Verstocktheit.«
(Josef Kastein, Eine Geschichte der Juden, Berlin 1931, S. 414)

Merkmale der Marranen, gleiche Zeit:
»Eine Liste wurde aufgestellt und zirkulierte; sie enthielt 37 (meist groteske) Zeichen, an denen ein Judaisierender erkannt werden sollte. Zum Beispiel, wenn er das Leinen am Sabbat wechselte, wenn er seine Hände vor dem Gebet wusch, wenn er seinen Kindern aus dem Alten Testament stammende Namen gab, wenn er sich im Augenblick des Todes gegen die Wand drehte ...«
»... Wenn sie den Sabbat halten, wenn sie dabei saubere oder Festtagskleider anziehen, wenn sie saubere und gewaschene Hemden und eine entsprechende Haartracht tragen; wenn sie am Freitagnachmittag ihre Häuser herrichten und reinigen und wenn sie am Abend mit neuen Kerzen, Fackeln und Wachskerzen früher als an den übrigen Abenden der Woche Licht anzünden; wenn sie an den eben genannten Freitagen solche Nahrung kochen, wie sie für den Samstag gefordert wird, und wenn sie die so am Freitag zubereitete Mahlzeit später essen, wie dies die Art der Juden ist; wenn sie die jüdischen Feste halten, und dabei den ganzen Tag bis zum Einbruch der Nacht keine Nahrung anrühren, und dies besonders am Fasten der Königin Esther und an ihrem Hauptfasten Cinquepur (JOM KIPPUR = Versöhnungstag) und an den anderen jüdischen Festen, wie dies in ihrem Gesetz festgelegt ist; wenn sie anderes Fasten innerhalb der Woche, besonders an Montagen und an Donnerstagen, halten, die von ihnen als festgelegte Fasttage gehalten werden; wenn sie (am Schluß) solcher Fasttage solches Fleisch und andere Fleischgerichte verzehren, wie sie bei den Juden üblich sind; wenn sie an diesen eben erwähnten Fasttagen auf jüdische Weise voneinander Vergebung erbitten, die Jüngeren von den Älteren, und wenn dabei die letztgenannten ihre Hände auf die erstgenannten legen, aber ohne daß sie dieselben mit dem Zeichen des Kreuzes zeichnen; ... wenn sie die Feste und Festtage der Juden halten, besonders das Fest der ungesäuerten Brote, das in die Heilige Woche fällt; bei welchem Fest sie ungesäuertes Brot essen und dabei mit Lattich und Sellerie beginnen; wenn sie das Laubhüttenfest halten, das in den Monat September fällt; wenn sie jüdische Gebete sprechen ... und sie dieselben der Wand zugewendet sagen und sie dabei nach der Art der Juden ihr Haupt nach vorwärts und rückwärts bewegen; wenn sie ihre Nägel schneiden, die Späne dann behalten, um dieselben zu verbrennen oder zu vergraben; wenn sie beim Reinigen des Fleisches jede Art von Fett wegschneiden, und wenn sie dabei außerdem Nerv und Sehne vom Schenkel abtrennen; wenn sie die Kehle des Geflügels so durchschneiden, wie dies die Art der Juden ist und dabei während dieses Vorgangs einige Worte hersagen und das Messer gegenüber den Krallen führen; wenn sie Ochsen schlachten, wie dies Juden tun und dabei das Blut mit Asche oder Erde zudecken; wenn sie den jüdischen Segen, die baraha, vor dem Essen aussprechen; wenn sie einige Worte über einem Becher oder Krug Wein hersagen, wonach jedermann ein wenig nippt, wie dies bei Juden der Brauch ist; wenn sie kein Schwein, keinen Hasen, kein Kaninchen, keinen erdrosselten Vogel, keinen Seeaal, keinen Tintenfisch, keine Aale oder andere schuppenlose Fische essen, wie dies im jüdischen Gesetz vorgeschrieben ist; wenn beim Essen anläßlich des Todes der Eltern oder bei anderen derartigen Gelegenheiten solche Dinge wie gekochte Oliven und andere Fleischsorten auf dem Flur oder auf sehr

niedrigen Tischen zu finden sind, wie dies die Juden zu tun pflegen; wenn sie Wasser aus verschiedenartigen Krügen ausschütten, wenn jemand gestorben ist, weil sie glauben, daß die Seele dieser Personen kommen und in dem Wasser baden will; wenn sie beim Kneten des Brotteiges einige Teilchen des Teigs in das Feuer werfen, welches die Juden Halla nennen; wenn sie für ihnen geborene Kinder am siebten Tag Weissagungen aussprechen; wenn sie dieselben nicht taufen und wenn sie nach der Taufe das auf sie im Taufsakrament gelegte Chrisma wieder wegkratzen; ... wenn sie ihren Kindern Namen aus dem Alten Testament geben, oder dieselben durch Handauflegung segnen; wenn die Frauen die Kirche innerhalb von vierzig Tagen nach einer Niederkunft nicht besuchen; wenn sie beim Sterben sich der Wand zuwenden, wenn sie eine Leiche mit warmem Wasser waschen; wenn sie Psalmen hersagen, ohne daß sie das Gloria Patri zum Schluß anfügen; wenn sie sagen, daß das tote Gesetz Moses gut sei, und ihnen Erlösung bringen könne, und wenn sie andere Riten und Zeremonien dieser Art vollbringen ...«
(Cecil Roth, A History of Marranos, London 1959, S. 45, 100–102)

Ferdinand von Aragon, Isabella von Kastilien, Madrid, 31. März 1492:
»In unseren Königreichen gibt es nicht wenig judaisierende, von unserem heiligen katholischen Glauben abweichende böse Christen, eine Tatsache, die vor allem im Verkehr der Juden mit den Christen ihren Grund hat ... Nach dem uns von den Inquisitoren erstatteten Bericht unterliegt es keinem Zweifel, daß der Verkehr der Christen mit den sie zu ihrem verdammten Glauben verleitenden Juden den allergrößten Schaden stiftet. Die Juden geben sich die größte Mühe, sie und ihre Kinder (die Marranenfamilien) dadurch zu verführen, daß sie ihnen jüdische Gebetbücher in die Hand drükken, sie über die Fasttage belehren, ihnen zu Ostern ungesäuertes Brot (Mazzoth) beschaffen, sie anweisen, welche Speisen genossen werden dürfen und welche nicht und sie überhaupt dazu überreden, das Gesetz Moses' zu befolgen. All dies hat die Unterwühlung und Erniedrigung unseres heiligen katholischen Glaubens zur unausbleiblichen Folge. So sind wir denn zu der Überzeugung gelangt, daß das wirksamste Mittel zur Abstellung all dieser Mißstände die völlige Unterbindung jedes Verkehrs zwischen Juden und Christen ist, die allein durch ihre (der Juden) Vertreibung aus unseren Königreichen erreicht werden könnte; indessen beschränkten wir uns zunächst nur darauf, sie aus den Städten Andalusiens auszuweisen, wo der von ihnen angerichtete Schaden besonders groß war. Allein weder diese Maßnahmen, noch die gerechte Justiz, die an den sich gegen unseren heiligen Glauben schwer versündigenden Juden geübt wurde, waren imstande, dem gefährlichen Übel abzuhelfen ... Wir haben daher den Beschluß gefaßt, alle Juden beiderlei Geschlechts für immer aus den Grenzen unseres Reiches zu weisen. So verfügen wir hiermit, daß alle in unserem Herrschaftsbereich lebenden Juden ohne Unterschied des Geschlechtes und des Alters nicht später als Ende Juli dieses Jahres unsere königlichen Besitztümer und Seigneurien mitsamt ihren Söhnen und Töchtern und ihrem jüdischen Hausgesinde verlassen und daß sie es nicht wagen sollen, das Land zwecks Ansiedlung, auf der Durchreise oder sonst zu irgendeinem Zwecke je wieder zu betreten. Sollten sie aber ungeachtet dieses Befehls in unserem Machtbereich erwischt werden, so werden sie unter Ausschaltung des Gerichtsweges mit dem Tode und der Vermögenseinziehung bestraft werden. Wir befehlen demgemäß, daß sich von Ende Juli ab niemand in unserem Reiche bei Strafe der Vermögenseinziehung zugunsten des königlichen Schatzes erdreisten solle, offen oder insgeheim einem Juden oder einer Jüdin Zuflucht zu gewähren. Damit es aber den Juden möglich sei, während der ihnen eingeräumten Frist ihre Geschäfte abzuwickeln und über ihr Vermögen zu verfügen, gewährleisten wir ihnen unsern königlichen Schutz sowie die Sicherheit von Leben und Besitz, so

daß sie bis Ende Juli hier ruhig leben und ihr bewegliches und unbewegliches Gut nach Belieben veräußern, tauschen oder verschenken dürfen. Wir gestatten ihnen überdies, ihren Besitz mit Ausnahme von Gold, Silber, gemünztem Geld und anderen unter das allgemeine Ausfuhrverbot fallenden Gegenständen auf dem Wasser oder Landwege auszuführen.«
(Simon Dubnow, Weltgeschichte des jüdischen Volkes, Bd. V, Berlin 1927, S. 402 f.)

Marranen in Spanien:
»Die anderen, schwächeren (Juden) blieben in Spanien und judaisierten vom Vater zum Sohn, und ließen sich vom Vater zum Sohn taufen; dies war also der Ursprung der Nachkommenschaft der Marranen. Sie hielten sich abseits von den Christen und besuchten mit Vorliebe offenkundige Juden, die ihre wirklichen Seelenführer wurden. Manche ließen sich dabei noch im erwachsenen Alter beschneiden. Vor der Machtergreifung der katholischen Könige liefen sie damit keine tödliche Gefahr. So wie die Sitten in diesen Zeiten geartet waren, fanden diese Judaisierenden Mithelfer sogar bis innerhalb der spanischen Geistlichkeit. Eine Bulle des Papstes Nikolaus V. setzt uns davon in Kenntnis, daß gewisse Priester, mit dem Ablaßhandel vertraut, es nicht versäumten, von dieser Konjunktur zu profitieren; sie ermutigten diese erst vom Judentum übergetretenen Christen zum Judaisieren vermittelst von Ablässen, die sie ihnen schon zum voraus verkauft hatten!«
(Léon Poljakov, Histoire de l'Antisémitisme, Bd. II, De Mahomet aux Marranes, Paris 1961, S. 173)

James J. Brodrick, SJ, USA, 1961:
»Während der Jahre 1391 und 1392 fanden in fast allen Teilen Spaniens mit Ausnahme von Kastilien heftige Ausbrüche von Antisemitismus statt. Tausende von Juden wurden getötet und ihr Eigentum vom Mob geplündert, während eine größere Anzahl – die nach guten Schätzungen die schreckliche Zahl von 200 000 erreicht hat – vor die Wahl zwischen Taufe und Tod gestellt wurde. Die Juden, die sich der Taufe unterzogen, können kaum dafür getadelt werden, sie hätten ihr Leben auf Kosten von etwas gerettet, was wirklich für sie nicht Abfall, sondern nur Zustimmung zu einem Akt bedeutete, der für ihre innere Einstellung nichts zu sagen hatte. Sie wurden bekannt als die Conversos, als die Neuchristen, im Gegensatz zu den stolzen Altchristen, deren Wüten deutlich gemacht hatte, daß der alte heidnische Gott noch in ihren Seelen schlummerte.
Die äußere Zustimmung der Neuchristen brachte ihnen keine große Erleichterung, noch trug sie viel zur Einheit des Glaubens und Handelns bei, das zum Hauptzweck der Staatskunst unter Ferdinand und Isabella geworden war. Ein Teil der unglücklichen Conversos, die zur Messe kamen und oft gegen sie gerichtete Predigten anhören mußten, wurden echte Christen, aber die Mehrzahl beobachtete auch weiterhin die ihnen so am Herzen liegenden Riten der Synagoge. Ihnen wurde nachspioniert und oft wurden sie auch angezeigt; zeitweise mußten sie auf dem Scheiterhaufen auch den Tod als Glaubensabtrünnige erleiden. Der für die hochgestellten und wohlhabenden Juden noch gestattete Besuch von Synagogengottesdiensten bedeutete für die unteren Klassen der Juden nach ihrer Entdeckung ein rasches Ende für alle ihre irdischen Qualen. Doch blieben Schuhmacher, Schneider und Pächter von landwirtschaftlichen Anwesen dem Gesetz treu und kamen seinen Forderungen hinter verschlossenen Türen nach. Es wurde ihnen sogar nachgesagt, sie hätten den Übertritt einer bestimmten Anzahl von Katholiken aus ihrem eigenen Stand betrieben, deren Festhalten am Glauben oft keine festere Grundlage hatte als die der Neuchristen selbst. Jedoch entwickelten viele Altkatholiken einen wirklichen Haß gegen diese Neuchristen wegen ihrer geheimen Praktiken – für die eben diese Katholiken verantwortlich waren – und brachten für ihre verhaßten Opfer den schimpflichen Namen ›Marranen‹,

Schweine, auf. Wie es oft in der Geschichte sich ereignet, und dies ebenso stark in unseren schrecklichen Zeiten der Fall war, wurden die Juden einfach auf Grund ihrer Existenz und auf Grund der Weigerung, ihren jahrhundertealten Traditionen abzuschwören, zu Sündenböcken eines bitteren und unchristlichen Nationalismus.«
(J. J. B., St. Ignatius Loyola and the Jews, in: Bridge, Bd. IV, Newark 1962, S. 296)

Ignaz Maybaum, London, 1962:
»Um der Bedrohung ihres Lebens zu entrinnen, verheimlichten einige Juden den Sachverhalt, daß sie Juden waren, während sie ihre Auswanderung vorbereiteten. Von seiten der spanischen Behörden wurde den Leuten die Bezeichnung ›Marrane‹ gegeben, die heimlich ihr Judentum praktizierten, aber ihren Glauben in der Öffentlichkeit verheimlichten. Wenn diese Marranen am Abend von Jom Kippur (dem Versöhnungstag) in der Synagoge erschienen, wurden die Rabbiner mit folgendem Problem konfrontiert: Darf ihnen die Teilnahme am Synagogengottesdienst gestattet werden? Die Rabbiner entschieden sich für ein Ja. Niemand ist von der Gnade Gottes ausgeschlossen, niemand kann ausgeschlossen werden, der Versöhnung begehrt. Diese Rabbiner stellten an den Beginn des Gottesdienstes das Kol Nidre. Die halb gesetzliche, halb liturgische Formulierung im Kol Nidre bringt wiederholt zum Ausdruck folgenden Gedanken, der so wiedergegeben werden kann: ›Null und nichtig‹ oder ›alle Bindungen, die uns an jemand anderen als an Gott binden, sind keine Bindungen‹. Die Sünde der Marranen, die ihr Judentum verbargen, schloß sie nicht von der Teilnahme am Versöhnungstage aus. Kol Nidre! Gott heißt den Sünder willkommen. Wenn Gott will, kann Sünde vergeben werden. Wir Menschen können nicht ungeschehen machen, was geschehen ist, aber Gott kann dies tun. Was geschehen ist, kann ungeschehen gemacht werden. Das ist das wunderbare Geheimnis der Versöhnung. Gott vergibt; deshalb bist du für die Versöhnung Gottes willkommen.«
(I. M., The Faith of the Jewish Diaspora, London 1962, S. 43)

Salcia Landmann, St. Gallen, 1967:
»1391 kam es zu einer Welle von Judenmetzeleien. Sie waren der Auftakt zur Entrechtung und zum Untergang der Juden Spaniens. Die Überlebenden wurden in Gettos zusammengedrängt, man verbot ihnen sowohl die Freizügigkeit wie die bisherigen Berufe. Sie starben in Elend und Hunger dahin. Neue Pogrome drohten jeden Augenblick auszubrechen. Viele Juden wichen in ihrer Verzweiflung in die Scheintaufe aus, die ihnen ja auch der große Maimuni für extreme Notsituationen empfohlen hatte.
Ähnlich hat man sehr viel später, in der Neuzeit, den Juden als Prämie für die Taufe die bürgerliche Gleichberechtigung in Deutschland versprochen. Manche der Christen, welche die Aufforderung hierzu aussprachen, mögen dabei gehofft haben, daß die Juden den Vorschlag ablehnen würden. Andere mögen den Rat ehrlich gemeint haben. Sie sahen aber beide nicht das voraus, was als notwendige Folge eintreten mußte: Die ehemaligen Juden konnten sich jetzt, nicht mehr behindert durch entrechtende Gesetze, wirtschaftlich und wissenschaftlich frei entfalten.
Die Folge war, wie nicht anders zu erwarten, daß die christliche Umwelt jetzt in doppelter Gereiztheit auf die Scheinchristen reagierte. In Spanien nannte man sie nicht mehr Neuchristen, sondern Marranen, Schweine, weil man annahm, daß sie im Herzen ja doch Juden geblieben waren – was hier, in Spanien, übrigens auch stimmte. Heimlich übten sie bei sich zu Hause die jüdischen Religionsbräuche. Von einem solchen Marranen – einem Mann in hoher Staatsposition – weiß man sogar, daß er das ganze Jahr hindurch unter irgendeinem Vorwand den Genuß gesäuerten Brotes ablehnte. Denn solches Brot ist dem Juden an den Tagen ihres Passahfestes unter-

sagt. Und nur so konnte er das Religionsverbot unauffällig einhalten.«
(S. L., Die Juden als Rasse, Olten und Freiburg/Brsg. 1967, S. 242f.)

I. S. Revah, Paris, 1969:
»Die Marranen bilden einen interessanten Aspekt der intellektuellen Geschichte des Judentums mit einer bedeutenden Fortsetzung in der Geschichte des europäischen Denkens. Um davon eine Gesamtschau zu bekommen, muß man zwei verschiedene Arten von Autoren und Werken erforschen:
1. Werke, von Marranen geschrieben, die in Ländern blieben, in denen das Judentum offiziell verboten war;
2. Werke, von Marranen geschrieben, die wieder zum Judentum zurückgekehrt sind.
Man braucht nicht besonders darauf hinzuweisen, daß einige Autoren hintereinander diesen beiden Kategorien zugehört haben; für diese ist der Beweis für ihr ›Marranentum‹ leicht zu erbringen. Dies gilt ebenfalls für die Schriftsteller, die es (zu ihren Lebzeiten oder nach ihrem Tod) mit den Inquisitionsbehörden dieser Halbinsel zu tun hatten. In den anderen (viel selteneren) Fällen muß der Inhalt dieses Werkes selbst uns dazu anleiten, den Verfasser unter die Marranen einzureihen.«
(I. S. Revah, Histoire intellectuelle des Marranes, in: Arche, Nr. 150/51, Paris, August–September 1969, S. 75)

---

2. Die Kirche und die Christen trauten der Zwangsbekehrung der Juden im tiefsten Grunde nicht; deshalb mußten die so der Kirche zugeführten Christen durch ein ausgeklügeltes Überwachungssystem dauernd kontrolliert werden. Sie wurden verdächtigt, es mit ihrem neuen Glauben nicht ernst zu meinen. Dieses mit großer Strenge durchgeführte Kontrollsystem und die damit zusammenhängenden Verhöre unter Folterung und die dann ausgesprochenen Strafen waren ein unübersehbares Zeichen des tatsächlichen Scheiterns der hier versuchten Eingliederung dieser Christen in die Kirche.

Not der Marranen, 15. Jahrhundert, Spanien:
»Von dem nun einsetzenden Grauen darf man keine Einzelheiten mitteilen, ohne sich dem Verdacht auszusetzen, an irgendwelche Instinkte der Sensation appellieren zu wollen. Keine Zeit, kein Volk, keine Kirche hat je wieder Derartiges an blutrünstiger Menschenquälerei vollbracht, es sei denn, man denke an die Abschlachtung der Inkas durch die spanischen Conquistadores. Hekatomben fallen dem Wüten zum Opfer. Es schien, als sei die Zahl der Marranen unerschöpflich, als gebe es überhaupt keinen zum Christentum bekehrten Juden, der nicht heimlich doch Jude geblieben sei. Vor jeder Session wird eine Gnadenfrist für die freiwillig Bekennenden gewährt. Aber die ›Versöhnung mit der Kirche‹ ist wieder an die schmähliche Bedingung geknüpft, Gesinnungsgenossen zu verraten. Die Strafe ist zudem mit einer öffentlichen Demütigung und selbstverständlich mit Vermögensabgabe verknüpft. Aber selbst diese ›Gnade und Milde‹ ist noch überschattet von der Infamie, daß das Tribunal nach freiem Ermessen entscheidet, ob die Reue eines Marranen echt sei oder nicht. Wo es dem Tribunal gefiel, war die Reue nicht echt. Der Bußfertige landete auf dem Scheiterhaufen.«
(Josef Kastein, a.a.O., S. 417)

Fernand Perez de Guzman, Edelmann, Mitte 15. Jahrhundert, Spanien:
»Ich will einige Gründe vorbringen gegen die Meinung derjenigen, die unterschiedslos und unbedingt jene Nation der Neuchristen, die in unseren Tagen sich bekehrt haben, verdammen, indem sie vorbringen, sie seien keine Christen und ihre Bekehrung wäre weder gut noch nützlich gewesen. Bei aller Ehrerbietung für diejenigen, die eine solche Sprache führen, möchte ich sagen, daß ganz gewiß Menschen, die ihr ganzes

Leben mit einem anderen Gesetz gelebt haben – sie sind ja unter ihm geboren und glaubten daran – daß solche Menschen, vor allem diejenigen, die durch Gewalt dem neuen Gesetz unterworfen wurden ohne die nötigen Belehrungen und Ermahnungen, nicht ebenso gute Katholiken sein können, wie diejenigen, die seit ihrer Geburt Christen sind. Deshalb darf man sich nicht verwundern, wenn niemand aus diesen Kreisen Christ ist, vor allem nicht die Frauen und die abgestumpften, groben und unwissenden Männer; denn der belesene und gebildete Mann ist besser fähig zur Wahrheit zu gelangen, als der Unwissende, der dem Glauben Vertrauen schenkt, weil er ihn von seinem Vater ererbt hat und nur aus diesem einzigen Grund daran festhält. Aber ich glaube dies nicht von allen Neuchristen zusammengenommen . . .«
(Léon Poljakov, a.a.O., S. 177)

Benito Garcia, 1490, Spanien:
»Ich bin als Jude geboren und habe mich vor vierzig Jahren taufen lassen; vor kurzem kam aber ein Licht über mich: das Christentum erschien mir als eine große Komödie des Heidentums, und ich wandte mich in meinem Herzen von neuem dem Judentum zu. Ich war Augenzeuge der grauenvollen Autodafés der Inquisition, die mein Herz mit Mitleid für die Opfer und mit Haß gegen die Henker erfüllten. Das Christentum wurde mir aufs tiefste verhaßt. Es ist richtig, daß ein getaufter Jude ein Antichrist ist, noch schlimmere Antichristen sind indessen die Inquisitoren, der große Antichrist aber ist der Großinquisitor Thomas Torquemada. Mich insgeheim zum Judentum bekennend, besuche ich die Kirche nur im äußersten Notfall, halte keine christlichen Feiertage, genieße Fleisch an den Fasttagen und gehe nur des äußeren Scheins wegen zur Beichte. Wenn ich den Leib Christi (corpus Christi) sehe, so speie ich ihn an, denn die von den Christen angebetete Hostie ist nichts als ein Gemisch von Mehl und Wasser. Mit um so größerem Eifer befolge ich die jüdischen Gesetze: ich pflege am Sabbat der Ruhe, esse und trinke nur nach jüdischem Ritus (›koscher‹), halte sogar im Kerker die jüdischen Fasttage und spreche die jüdischen Gebete. Die mir jetzt beschiedenen Qualen nehme ich demütig auf mich: habe ich sie doch voll verdient. Sie sind eine Strafe für den Kummer, den ich einst meinem Vater durch meinen Übertritt zum Christentum bereitete, sowie dafür, daß ich meine Kinder zur Kirche führte. Ich habe jetzt nur den einen Wunsch: daß meine beiden Söhne dieser verfluchten Religion entsagen und Juden werden. Sollte es mir vergönnt sein, aus dem Kerker herauszukommen, so werde ich mich nach Judäa begeben und auch andere überreden, das gleiche zu tun.«
(Simon Dubnow, a.a.O., Bd. V, S. 401)

Marranen, Lissabon, um 1540:
»In Lissabon, dem Wirkungskreis des Inquisitors Johann de Mello, wurden die unterirdischen Verließe für die Verhafteten zu einer wahren Hölle: um ihnen ein Geständnis abzupressen, ließ man sie auspeitschen, ihnen die Haut vom Leibe reißen, die Fersen sengen und was dergleichen Martern mehr waren. Der Flammentod eines Marranen bereitete Mello ungetrübte Freude. Voll Entzücken schildert er in einem Brief an den König eines der riesigen Autodafés, zu deren Schauplatz er die Hauptstadt machte: ›Etwa hundert Verurteilte schritten in feierlichem Aufzug einher, geführt von dem weltlichen Richter in Begleitung des Klerus zweier Kirchspiele. Als die Prozession an den Richtplatz gelangte, wurde die Hymne angestimmt: Veni creator spiritus! Einer der Mönche bestieg die Kanzel, doch seine Predigt war kurz, da es an diesem Tag noch viel zu erledigen galt. Man verlas die Urteilssprüche, zunächst diejenigen, die auf lebenslänglichen Kerker lauteten, und zu allerletzt die Todesurteile. Dieser gab es zwanzig. Sieben Frauen und zwölf Männer wurden an Pfähle gebunden und bei lebendigem Leibe verbrannt. Nur eine der Frauen wurde wegen der von ihr bei der Beichte bekundeten Reue begnadigt.‹ – Nicht geringeren Fleiß legte der Inquisitor von Coimbra, der Dominikaner

Bernardo de Santa Cruz an den Tag. Unter den ihm in die Hände gefallenen Opfern befanden sich der reiche Simon Alvarez und dessen Gattin, die der Inquisitor unbedingt den Flammen preisgeben wollte. Die wegen Ketzerei erhobene Anklage mußte jedoch von Gesetzes wegen zumindest von einem Zeugen bekräftigt werden, der indessen zur Betrübnis der Ketzerrichter in diesem Falle nicht aufzutreiben war. Da entschloß sich der fromme Ordensbruder, das sechsjährige Töchterchen des Alvarez vorzuladen: er stellte das Kind vor eine mit brennenden Kohlen gefüllte Schale und drohte, sein Händchen darauf zu verbrennen, wenn es nicht gestehen werde, Vater und Mutter hätten durch Tätlichkeiten ein Kruzifix beleidigt. Das Mädchen sagte alles aus, was man ihm suggerierte, und so wurden die Eltern auf Grund dieses gerichtsnotorischen ›Zeugnisses‹ in den Tod geschickt.«
(Simon Dubnow, a.a.O., Bd. VI, S. 401 f.)

Elvira del Campo, Toledo, 1568:
»Nach dem allgemeinen Zeugnis ihrer Umgebung handelte es sich bei dieser Frau um eine gute Christin; sie war angeklagt, kein Schweinefleisch zu essen und reine Wäsche am Samstag aufzulegen.«
(Das Protokoll der Inquisition weist folgendes aus:)
»Sie wurde in die Folterkammer geführt und aufgefordert, die Wahrheit zu sagen; sie sagte, sie habe nichts zu sagen. Darauf befahl man ihr, sich auszuziehen und ermahnte sie von neuem, aber sie schwieg weiterhin. In diesem Zustand des Ausgezogenseins sagte sie dann: ›Meine Herren, ich habe alles das getan, wessen man mich anklagt, und ich bezichtige mich selbst des Meineids, denn ich kann den Zustand, in dem ich mich befinde, nicht ertragen. Gott ist mein Zeuge: ich habe nichts getan.‹ Man sagte ihr, sie solle nicht Zeugnis gegen sich selbst ablegen, sondern nur die Wahrheit sagen. Daraufhin schnürte man ihr die Arme zusammen ... Der Strick wurde einmal um sie geschlungen und sie aufgefordert, die Wahrheit zu sagen, aber sie sagte, sie habe nichts zu sagen. Dann seufzte sie und sagte: ›Sagt mir doch, was ihr von mir wollt; denn ich habe nichts zu sagen ...‹
(Man konnte dem Opfer eines Verhörs bis zu 16mal den Strick umlegen und zusammenziehen.)
»Wiederum wurde dieser Frau ein weiteres Mal der Strick umgelegt und sie sagte: ›Befreit mich doch, damit ich mich erinnern kann, was ich sagen soll; ich weiß nicht, was ich getan habe, ich habe kein Schweinefleisch gegessen, weil mich dies krank macht; ich habe alles getan – befreit mich doch; denn ich kann mich nicht an das erinnern, was ich getan habe –. Bindet mich doch los, und ich will euch die Wahrheit sagen.‹ Wiederum wurde ein weiteres Mal der Strick um sie gelegt und zusammengezogen ... Man sagte ihr, sie solle alle Einzelheiten dessen, was sie wirklich getan habe, berichten. Sie sagte: ›Was muß ich denn sagen? Ich habe alles getan – nur bindet mich los; denn ich erinnere mich nicht mehr, was ich getan habe – seht ihr denn nicht, daß ich nur eine schwache Frau bin? – oh meine Arme, meine Arme!‹«
(Nach dem 16. Umlegen des Stricks wandte man eine andere Folterung an.)
»Man setzte sie auf den Rand. Sie sagte: ›Meine Herren, warum sagt ihr mir nicht, was ich sagen soll? Habe ich nicht alles gesagt, was ich getan habe?‹ Man fragte sie nach Einzelheiten. Sie sagte: ›Ich kann mich daran nicht erinnern. Laßt mich doch los! Ich habe alles getan, was die Zeugen von mir sagen ...‹ Sie sagte: ›Meine Herren, erinnern Sie mich doch an die Dinge, die ich nicht mehr weiß – haben Sie doch Barmherzigkeit mit mir – lassen Sie mich doch gehen.‹ Sie sagte: ›Ich weiß nicht, wie ich es sagen soll – ich habe keine Erinnerung mehr – Gott ist mein Zeuge, daß ich, wenn ich etwas anderes sagen könnte, ich es auch sagen würde – ich kann nichts anderes sagen als was ich getan habe, und Gott weiß es ...‹ Sie sagte: ›Das Gesetz, von dem die Zeugen sprechen – ich erinnere mich nicht mehr, um welches Gesetz es sich dabei handelt, verflucht sei die Mutter,

die mich zur Welt gebracht hat! ... Ach! Man tötet mich, wenn man mir nur sagen wollte, was ich sagen soll! Ach, meine Herren! Ach, mein Herz!‹ Sie sagte, sie wolle beichten, indem sie zum Ausdruck brachte, sie sterbe. Man sagte ihr, die Folter werde so lange dauern, bis sie die Wahrheit gesagt habe, und man ermahnte sie, dieselbe zu sagen; aber trotz all der Fragen, die man an sie richtete, schwieg sie weiterhin. Der Inquisitor ordnete an, die Folter auszusetzen, weil er sah, daß die Frau durch dieselbe erschöpft war.«
(Léon Poljakov, a.a.O., S. 207f.; siehe auch Cecil Roth, a.a.O., S. 111 ff.)

Luis de Carjaval el Mozo, Mexiko, um 1580:
»Wie soll man die Seufzer beschreiben, die diese Trennung kennzeichneten; Worte können dies nicht ausdrücken ... Jedesmal wenn wir uns erinnern, wie wir die Witwe und die Waisen verlassen haben, weinten und klagten wir bitter während unserer Reise. Als wir in Veracruz anlangten und schon im Begriff waren, nach Erhalt der Fahrscheine das Boot zu besteigen, waren diese Erinnerungen so stark, daß sie uns zur Änderung unseres Plans veranlaßten. Man entschloß sich, daß ich zurückkehren sollte, um zu erfahren, was sich abspielte und daß Balthasar auf diese Nachrichten warten sollte. Zwei oder drei Tage nach meiner Rückkehr wollte ich meine Mutter während der Nacht sehen; denn ich wagte es nicht, sie bei Tag zu besuchen oder bei ihr zu sein. Wir standen gerade im Begriff, zum Nachtessen zu Tisch zu gehen, als der Kommissar der Inquisition mit seinen Assistenten an die Tür klopfte. Nachdem man ihm geöffnet hatte, stellte er seine Wachen auf den Treppenstufen und vor der Türe auf und schickte sich an, meine Mutter als Gefangene fortzuführen. Obwohl meine Mutter von dem durch einen grausamen Feind versetzten Schlag zutiefst erschüttert wurde, nahm sie ihr Geschick in Demut auf sich; sie weinte über dieses Ungeschick, dankte aber dem Herrn. So wurde sie von diesen grausamen Menschen, den Henkern unseres Lebens, in ein düsteres Gefängnis abgeführt ...
Nachdem sie meine Mutter abgeführt hatten, verhafteten sie mich; sie hatten mich hinter der Tür gefunden, wo ich mich aus Furcht vor diesen grausamen Tyrannen versteckt hatte. Diese grausamen Tiere ergriffen mich mit großer Kraft und führten mich in das düstere und kalte Gefängnis. Ich sagte nichts anderes als: ›O Herr, offenbare die Wahrheit!‹ ...
Der Herr verließ mich im Gefängnis nicht. Im Gegenteil! Ich erhielt Gaben und Gunsterweise, die seiner barmherzigen Hand würdig waren. Der Herr ist mein Zeuge, daß ich in diesem einsamen und düsteren Verließ vielfach die Gesellschaft der Psalmen des Propheten David gewünscht habe, deren Lektüre mich gestärkt hätte. Aber menschlich gesehen konnte man keinen Weg sehen, auf dem sie hätten zu mir gelangen können ...
Sie (die Richter) besuchten auch mich und da sie mich in einem sehr traurigen Zustand entdeckten, befahlen sie einem Mönch (der auch verhaftet war), mir durch das Teilen der Zelle Gesellschaft zu leisten. So führten sie denselben an jenem heiligen Sabbat in die Zelle. Sie befahlen ihm, mir nicht zu entdecken, daß er Mönch sei. Nachdem wir einen Augenblick an dem gleichen Abend dieses Sabbat miteinander gesprochen hatten und uns über unsere gegenseitige Gesellschaft gefreut hatten, trat der Wächter mit einem Brevier ein und händigte es meinem Leidensgefährten nach dem Öffnen der Zelle aus. Darüber empfand ich tiefe Freude und Wohlgefallen; denn ich sah, wie der Herr mir auf seinen Wegen, das, was ich so sehr gewünscht hatte, schickte –, nämlich die Psalmen zu beten und zu lesen, wie dies meine Gewohnheit war. Ich dankte dem Allmächtigen für diese besondere Gabe seiner Barmherzigkeit. Man soll wissen, daß der Herr überaus gut ist und daß seine Barmherzigkeit ewig währt; denn er straft nur mit einer Hand und schüttet seine Barmherzigkeit mit tausend anderen Händen aus ...

Während meine Mutter und ich uns im Gefängnis in den Händen so grausamer Tiere befanden, trieb uns die Angst dazu, uns zu verbergen und unseren eigentlichen Glauben abzuleugnen und wir bekannten nicht öffentlich, daß wir die Hüter des heiligen Gesetzes des Herrn waren. Denn unsere Schwierigkeiten und unsere Prozesse hatten einen derartigen Grad erreicht, daß alle, die sich zum Gesetz bekannten und es bekannten, von diesen Häretikern mit viel Grausamkeit verbrannt wurden. Aus diesen Gründen trieb uns unsere Angst dazu, unseren Glauben abzuleugnen ...

Als diese Tyrannen sahen, daß meine Mutter immer leugnete, entschlossen sie sich, dieselbe der Folter zu unterziehen. So führten sie dieselbe in die Folterkammer; dabei gingen zwei böse Richter, ein Gefängniswärter und ein Wachsoldat voran. Der mit der Folterung beauftragte Exekutor war hier schon vollständig von Kopf bis zu Fuß mit einer Robe und einer Kapuze bedeckt. Sie befahlen ihr, sich zu entkleiden, und legten die hübsche Frau auf den Foltertisch. Hier banden sie ihr Arme und Beine an den Tisch. Indem sie die Stricke zusammendrehten, ließen sie dieselben immer tiefer in ihr Fleisch eindringen und bewirkten es, daß sie Seufzer der Todesangst ausstieß, die jedermann hören konnte. Ich kniete in meiner Zelle nieder; denn dies war der angstvollste und bitterste Tag, den ich je durchgemacht habe. Aber der Herr verließ mich nicht; sein Name sei für immer gepriesen ...

Im Gefängnis bedeutete es eine noch tiefere Trauer für mich, daß ich nicht beten und fasten konnte, wie ich dies gewohnt war. Doch bot mir Gott eine Gelegenheit, ihm zu dienen, und zwar durch Vermittlung meines Zellengenossen. Dieser Letztgenannte wurde endlich erleuchtet und zum wahren Gott und seinem heiligen Gesetz bekehrt. Dies war der von Gott gewählte Weg, um diese Seele zu führen, und mir Stärkung und Wohltat angedeihen zu lassen ...

Von da an sprachen wir fast acht Tage in gegenseitiger Diskussion, bis dieser arme Blinde schließlich die göttliche Wahrheit entdeckte, die ihn zutiefst erfreute und stärkte. Er sang die Hymnen und Loblieder des Herrn. Wir hielten die Gesetze des Herrn im Maße des Möglichen und empfahlen uns seiner göttlichen Großherzigkeit ...«

(L. d. C. e. M., Les Mémoires d'un Marrane, in: Arche, Paris, August–September 1969, Nr. 150/1, S. 65–67)

Ein etwa 17jähriges, schönes Mädchen, das am 30. Juni 1680 zur Verbrennung geführt wurde (Madrid), richtete sich an die Braut von Carlos II., an die Prinzessin Louise-Marie von Orléans:

»Edle Königin, kann Ihre königliche Gegenwart mich nicht vor all dem retten? Ich habe meine Religion wie Muttermilch eingesogen; muß ich jetzt dafür sterben?«

(Cecil Roth, a.a.O., S. 136 f.)

Gebet für Marranen in jüdischer Gemeinde (17. Jahrhundert):

»Möge der große, allmächtige und schreckliche Gott die Rache für seinen heiligen Diener wahrnehmen ..., der zur Heiligung seines einzigen Namens lebendig verbrannt wurde. Möge er sein Blut fordern von seinen Feinden durch seinen mächtigen Arm und möge er es seinen Feinden nach ihren Verdiensten bezahlen. Möge der König in seiner Gnade sich bis zu uns hin an sein Verdienst erinnern, wie geschrieben steht: ›Freue dich, du sein Volk und ihre Völker, denn er will rächen das Blut seiner Diener und will Rache üben an seinen Feinden, und will das Land und sein Volk frei machen.‹«

(Cecil Roth, a.a.O., S. 141)

---

3. In übertragenem Sinn werden als Marranen solche Juden bezeichnet, die, durch den Druck einer politischen oder religiösen Macht gezwungen, nach außen hin einer solchen Gewalt nachgeben und sich anpassen, im verborgenen aber tatsächlich dem Judentum treu bleiben.

Émile Touati, 1958:

»Eine der Fragen, die das heutige Judentum gegenwärtig am meisten beschäftigt, ist die der Zukunft der Juden in der UdSSR. Zwei bis drei Millionen Juden können als die *Marranen unserer Zeit* gelten. Sie sind praktisch von jedem Kontakt mit dem Ausland abgeschnitten, sie sind jeglichen selbständigen Lebens beraubt, lange Zeit stehen sie schon kaum verhüllten Drohungen gegenüber und werden auch heute noch unterdrückt; so bilden sie ein großes Rätsel in der rätselhaften Geschichte des jüdischen Volkes. Nach vierzig Jahren Zwangsassimilierung, nachdem vierzig Jahre lang jede jüdische Erziehung praktisch verboten und jede religiöse Aktivität, abgesehen von den Beerdigungen und dem Synagogengottesdienst, praktisch untersagt war, ist das Judentum in der UdSSR noch nicht vollkommen tot, sondern tritt plötzlich bei bestimmten Anlässen mit einer bestürzenden Spontaneität und in einem weiten Umfang in Erscheinung, wie etwa bei der Ankunft des Botschafters Israels in Moskau oder aus Anlaß des Kommens von jüdischen Abordnungen beim Weltkongreß der Jugend.«

(E. T., Panorama du judaisme contemporain, in: Lumière et Vie, Lyon 1958, Nr. 37, S. 16 f.)

Ignaz Maybaum, London, 1962:

»Wie kann ich fragen, ob es in unserer Gemeinde Marranen gibt? Ich meine damit: Gibt es Juden in unserer Gemeinde, die das ganze Jahr über ihr Judentum verborgen haben?

Sie sind stolz auf Ihr Judentum. Wir haben der zionistischen Bewegung für vieles dankbar zu sein. Eine der Errungenschaften des Zionismus besteht darin, daß die Juden ihren Stolz wiedererlangt haben. Wir sind Juden, das heißt, das Volk, das viertausend Jahre die Mehrheit herausgefordert hat. Wir forderten die Kirche, die Kaiser und jedwede Tyrannei heraus. Wir sind die Allerfreiesten der Freien. Der Zionismus hat sogar jüdische Atheisten gelehrt, auf ihr Judesein stolz zu sein. Aber dieser jüdische Stolz reicht nicht aus. Jude kann man nur heißen, wenn dies den Stolz im Dienste Gottes einschließt, und nicht nur den Dienst an rein alltäglichen Angelegenheiten, die jedermann versklaven, wenn man ihnen dient. Der Stolz kann nur dann als jüdisch bezeichnet werden, wenn er verbunden ist mit Demut, wie zum Beispiel da, wo Abraham sagt: ›Ich bin nur Staub und Asche‹ (Gen. 18, 27). Ohne Demut ist unser jüdischer Stolz überhaupt nicht jüdisch. Jude ist jemand, wenn er Gott dient und diesen Gottesdienst zur einzigen Grundlage seines Lebens macht. Sind Sie dieser Typ von Jude das ganze Jahr hindurch gewesen oder haben Sie Ihr Judentum in einer vergessenen Ecke Ihres Lebens versteckt? Wenn dies letztere für Sie zutrifft, dann sind Sie auch ein Marrane. Die Marranen in Spanien konnten noch sagen: Wir haben unser Judentum deshalb verborgen, weil man uns zu töten trachtete. Die Marranen im England des zwanzigsten Jahrhunderts können dies nicht sagen. Sie verbergen ihr Judentum das ganze Jahr hindurch, obwohl sie in einem Lande leben, das sich religiöser Freiheit erfreut. Wenn ich also danach frage, ob es in unserer Gemeinde Marranen gibt, dann bin ich ganz und gar nicht unvernünftig. Und wenn es diese Marranen gibt, so heiße ich diese Marranen des zwanzigsten Jahrhunderts so willkommen, wie dies die Rabbiner in Spanien mit ihren Marranen taten. Ich heiße sie in unserem Gottesdienst im Namen Gottes willkommen. Niemand ist von der Gnade Gottes ausgeschlossen. Das Kol Nidre, sein Willkommensgruß für alle, die für die Versöhnung der Sünden beten.«

(I. M., a.a.O., S. 44)

Bibliographie

Dubnow, Simon: Weltgeschichte des jüdischen Volkes, Bd. VI, Berlin 1927, S. 386 ff.

Grunebaum-Ballin, Paul: Joseph Naci, duc de Naxos; Paris 1968, S. 1–26.

Landmann, Salcia: Die Juden als Rasse, Olten und Freiburg/Brsg. 1967, S. 240 ff.

Lovsky, F.: Antisémitisme et mystère d'Israël, Paris 1955, S. 222 f.

Poljakov, Léon: De Mahomet aux Marranes, Paris 1961, S. 147 ff.

Revah, J. S.: Histoire intellectuelle des Marranes, in: Arche, Paris 1969, Nr. 150/1, S. 75 ff.

Roth, Cecil: A History of the Marranos, New York und Philadelphia 1959.

Messias

Die tiefgreifende Trennung zwischen Juden und Christen entzündet sich an der Frage, ob (→) Jesus von Nazareth der Messias Israels sei. Die Jünger und Apostel Jesu, die ganze Urgemeinde in Jerusalem – alles Christusgläubige aus den Juden – und in ihrem Gefolge die Kirche haben diese Frage mit einem klaren Ja beantwortet, während die Juden bis heute die Messianität Jesu zurückweisen. Ihr Haupteinwand gegen das Bekenntnis der Kirche und der Christen besteht in ihrem Hinweis auf die Unerlöstheit der Welt; dabei darf nicht übersehen werden, daß trotz dieses einschneidenden Unterschiedes Juden und Christen noch auf den Anbruch und Durchbruch der sichtbaren Gottesherrschaft warten (→ Hoffnung). Für die Juden ist dies die Ankunft des Verheißenen und für die Christen die Wiederkehr des Gekommenen. Es geht um die völlige, durch niemand und nichts mehr bestrittene Machtergreifung des Gottes Abrahams, Isaaks und Jakobs. Dabei wird bei den Juden der Nachdruck mehr auf die Herrschaft, bei den Christen dagegen mehr auf den Herrscher gelegt.

---

1. Der Messianismus im Judentum hat Durchsetzung von Gerechtigkeit und friedlicher Ordnung in dieser Welt zum Ziel; zu dieser Erlösung ist die Mitwirkung des Menschen notwendig, die sich oft im Schatten des Leides ereignet.

Hermann Cohen (1842–1918), Berlin, 1914:

»Der Messianismus wird erst dann völlig verstanden werden, wenn vom Begriffe der messianischen Zukunft jeder Jenseitssinn abgetrennt sein wird. Die Zukunft, welche die Propheten im Symbol des Messias vorzeichnen, ist die *Zukunft der Weltgeschichte.* Sie ist das Ziel, sie ist der *Sinn* der Geschichte, welche den Gegensatz bildet zur Geschichte in ihrer *isolierten Wirklichkeit.*

Und die Menschen selbst sind es, welche dieses Zeitalter des Messias herbeizuführen haben. Das Ideal des menschlichen Daseins, der Individuen, wie der Völker, die Zukunft des Messias, müssen die Menschen der Kultur erst denken und ersehnen lernen in der *Zukunft des Menschengeschlechts.* Die Verwirklichung der Sittlichkeit auf Erden, ihrer Aufgaben und ihres ewigen Zieles, dies und nichts anderes bedeutet uns die Idee des Messias. Dem geschichtlichen Leben der Menschen und der Völker, ihrem Recht und ihren Staaten gibt die Idee des Messias die neue Verfassung des ethischen Ideals. *Das Reich des Messias, das ist das Gottesreich.* Nicht ein persönlicher Herrscher ist der Messias in jener Zukunft, nicht ein Heros, aber der Geist Gottes ruht auf ihm, und er bringt den Völkern das Recht. In den Tagen des Messias erhoffen wir die Aufrichtung des Gottesreiches, in dem Gottes Herrschaft allein die Wirklichkeit bestimmt. Wie sehr immer unser ältestes Schrifttum bereits die Stiftung von Recht und Gesetz, und so die Anerkennung des Staates klar und tief begründet hat, so weist doch über alle Rechte, Gesetze und Staaten der Wirklichkeit hinaus die Staatsidee der messianischen Zukunft. Diese Bedeutung hat *das Gottesreich* als das *Ideal der Weltgeschichte ...*

Nicht ein Schlaraffendasein, nicht ein Utopien sollte den geschichtlichen Begriff der messianischen Zeit entstellen; aber allerdings fordert er mit Klarheit die unerläßliche Bedingung: daß die Bedürfnisse des materiellen Lebens den Pflichten der geistigen Kultur keine Hemmung mehr bereiten dürfen ...

Kann es noch bezweifelt werden, daß dieses messianische Reich, das Gottesreich, der Leitstern der Sittlichkeit für *alles* na-

türliche, *für alles* geschichtliche Dasein der Menschen und der Völker ist? . . .
Unsere Ethik ist sozial, weil und sofern sie messianisch ist. Und die Bezugnahme auf das soziale Leben ist begründet in der Urkraft, welche das Gottesreich über alles Tun und Streben der Juden ausstrahlt . . .«
(H. C., Das Gottesreich, in: Soziale Ethik im Judentum, Frankfurt/Main 1914³, S. 125 f.)

Max Dienemann, Berlin, 1927:
»Wie überhaupt nicht das ›Heil‹ das Ziel der jüdischen Frömmigkeit ist, sondern die Ordnung des Lebens. Alle Fragen der Ewigkeit werden als dem Geheimnis angehörend aus der Erörterung und der Möglichkeit der Einflußnahme herausgehoben, sie sind ganz und gar Gottes Sache, der Mensch wird mit all seiner Kraft auf seine in dieser Welt zu leistende Aufgabe hingewiesen und auf seine Verantwortung für die Menschheit. Nicht um das, was in einem anderen als diesem Äon der Welt geschehen wird, geht es, sondern um die Ordnung der Welt als Reich Gottes. Der jüdische Messianismus hat nicht das Heil und den Frieden der Einzelseele zum Ziele, sondern die bessere Liebe und Gerechtigkeit in dieser Welt. Die Aktivität, die damit zum Bestandteil der Frömmigkeit wird, ist nicht Hochmut der Ausschaltung Gottes, sie ist Erhebung des Menschen ›zum Genossen Gottes‹ am Werke der Schöpfung.«
(M. D., Frömmigkeit in Judentum und Christentum, in: Judentum und Christentum, in der Zeitschrift »Der Jude«, Berlin 1927, S. 39 f.)

Leo Baeck (1873–1956), Berlin, 1932:
»Nicht der Glaube an den einen Menschen, der die Welt erneuern wird, sucht nun seinen Ausdruck, sondern der Glaube an das neue Leben, das auf Erden erwachsen soll. Zudem widerspricht es dem Wesen des Judentums, daß *ein* Mensch aus der Menschheit herausgehoben sein solle, um für sie alles zu bedeuten und ihr alles zu geben und wie ihr Schicksal zu sein. Das Wort von dem einen *Mann* tritt denn mehr und mehr zurück, das von dem Messias hinter das von den ›Tagen des Messias‹. Und daneben steht dann ein anderes bestimmteres Wort noch, das vom Gottesreich.«
(Heinz David Leuner, Religiöses Denken im Judentum des zwanzigsten Jahrhunderts, Wuppertal 1969, S. 17)

David Ben Gourion, London, 1938:
»Ich glaube an die Tage des Messias – nicht ewig wird das Böse herrschen. Weder Hitler noch Chamberlain werden ewig leben. Noch werden sich tiefschürfende Änderungen in Europa und in der ganzen Welt vollziehen. Und die Gerechtigkeit – auch wenn sie jetzt mit Füßen getreten wird – wird wieder auferstehen. Weder in unserer Zeit noch in naher Zukunft. Und so müssen wir uns auf die Herrschaft des Bösen vorbereiten, uns ihm entgegenstellen, jetzt, in unseren Tagen und in den kommenden Zeiten.«
(D. B. G., Briefe an meine Frau, München 1969, S. 245 f.)

André Néhér, Straßburg, 1959:
»Der Mensch hat an Gott viel mehr Fragen zu stellen, als Gott dem Menschen Antworten geben kann, und Gott hat dem Menschen viel mehr Fragen zu stellen, als der Mensch Gott Antworten geben kann. Gerade an diesem Punkt stoßen wir auf Hiob als Messias.
Es geht hier um die allerletzten Verse des Hiobbuches, und hier steckt wirklich das Geheimnis des ganzen Buches – allerdings nur in dem Maß, als Hiob just die vorangehenden Abschnitte durchlaufen hat. Darum treffen wir zum Schluß auf diese Verse, in denen wir schließlich wieder Gott, dem Hiob, den Freunden und allen sonstigen Personen, aber nicht dem Satan begegnen. Warum? Weil der Mensch, der diese verschiedenen Abschnitte durchlaufen hat und in den Lauf der ewigen Geschichte und einer zur Ewigkeit emporgehobenen Geschichte eingetaucht ist, den Satan in den Messias verwandelt hat.
In diesen Versen ist der Satan in der Tat gegenwärtig, aber in der Gestalt eines verborgenen Messias. Gott schickt zu den Menschen nicht den Messias, son-

dern den Satan. Es handelt sich hier um das Unheil, das Gott den Menschen zuteil werden läßt, wie eine Herausforderung, auf die der Mensch eingehen und der er Widerstand leisten kann. Der Messias kommt aber vom Menschen her; es geht hier um das Geschenk und Angebot des Menschen an Gott. Der für diesen Zusammenhang zutreffende Vergleich ist nicht das 22. Kapitel der Genesis mit der Opferung Isaaks, sondern das 18. Kapitel der Genesis, in dem Gott in seiner Absicht, Sodom zu zerstören, sagt: ›Kann ich dies vor Abraham verborgen halten?‹ Und was tut Abraham? Er betet. Er bittet für Sodom, das heißt, Abraham vollbringt den Akt des Erlösers und des Heils. Gerade dies erbittet Gott von Hiob.
Gott sagt zunächst zu Hiob: ›Deine Freunde hatten unrecht; sie haben nicht recht geredet, aber du hast richtig geredet, indem er dich mitten in deinen so tragischen Lebensumständen als Hiob, als Simson, als prophetisches Israel hineingibt und du in dem Maß, in dem du jetzt mitten durch dieses richtige Verhalten hindurch auf den Zeitpunkt zusteuerst, in dem du die messianische Tat vollbringen kannst: Bete für deine Freunde.‹
Das Gebet ist also erlösende Tat; denn das Gebet ist in diesem Sinn nicht ein Menschenwort, sondern ein in die ganze Welt ausgestreuter Same, die Hiob zu durchmessen eingewilligt hatte, die Welt, die sein Unheil und sein Dunghaufen war, aber ein Dunghaufen, in dem sich in aller Tiefe das keimende, erlösende Korn verborgen hielt.«
(A. N., Le Livre de Job, in: Conscience juive, Paris 1963, S. 160 f.)

Schalom ben Chorin, Jerusalem, 1960:
»Aber wenn die Kirche meint, daß eine *Erlösung* schon zwischen den Zeiten stattfand, so entgegnet ihr die Synagoge, daß die Erlösung erst mit dem Reiche Gottes anbricht ... Sie (die Synagoge) weiß mit dem Wissen des Glaubens, daß der Herr der Kirche *nicht* der Messias Israels ist, wenngleich seine Spur in der Weltzeit nicht vergehen wird. Sie weiß aber, daß er *nicht* der verheißene *Messias* ist, nicht etwa deshalb, weil der alttestamentliche Schriftbeweis hier und dort lückenhaft ist – *sondern, weil die Welt unerlöst ist bis auf diesen Tag.* Sie ist im Sinne der Propheten unerlöst, so lange Krieg und Raub die Welt verzehren, Angst und Tod sie beherrschen und Israel in der Verbannung dem blutigen Haß seiner Feinde ausgeliefert ist ...
Hier sei nur darauf hingewiesen, daß ein Messianismus, wie wir ihn bekennen, *ein Glaube an das kommende Reich Gottes, welches das Reich der Erlösung ist,* im klassischen Schrifttum der Synagoge vorgebildet ist. Wir scheiden uns in diesem Punkte klar vom maimonidischen Credo, bekennen aber mit ihm das *Reich.* Freilich ist im Credo das Reich nicht ausdrücklich erwähnt. Aber der Messias kann nicht ohne das Reich, wohl aber das Reich ohne den Messias gedacht werden.«
(Sch. b. Ch., Juden und Christen, Berlin 1960, S. 47 f., 58 f.)

Manès Sperber, 1961:
»Alles würde anders werden, wenn erst der Messias käme. Nein, man wußte nicht, wann er kommen würde, doch konnte es jeden Augenblick sein. Also mußte man jeden Augenblick so leben, daß man seiner würdig wäre. Das war alles, was man tun konnte, die Erlösung Gottes und seiner Welt herbeizuführen, lernte der jüdische Junge. Man mußte warten. Der Junge mochte nicht warten. Da begann sein Bruch mit der Kindheit ...
Es gibt gute Juden und schlechte. Solange es die schlechten unter uns gibt, wird die Erlösung nicht kommen. Ihr aber, ihr Christen, ihr sagt, daß der Erlöser gekommen ist seit langem. Euch gehört die Welt, euch die Macht seit zwei Jahrtausenden. Habt ihr die Schwerter zu Pflügen umgeschmiedet, weidet das Lamm ruhig neben dem Löwen? Euer ist die Welt, und sie ist voll des Mordes – warum? Gott ist nur gerecht, aus uns macht er Opfer, aber euch zu unserem Henker.«
(M. Sp., Wie eine Träne im Ozean, Köln 1961, S. 169, 954)

Aron Steinberg, Paris, 1961:
»Wenn man an die Echtheit des Judentums glaubt, so darf man meiner Meinung nach einen Begriff nicht vergessen, nämlich, daß das jüdische Volk in allen Texten als das Messiasvolk betrachtet wird. Dieses Messiasvolk hat eine in der Linie des Messianismus liegende Verantwortung. Nachdem jetzt der Staat Israel ins Leben gerufen wurde, warum soll man sich in diesem Zusammenhang nicht auf die ganze geistliche Tradition beziehen und die Rückkehr nach Zion als etwas ansehen, das die Einsammlung der Verbannten bedeuten und so gerade die wirkliche Konkretisierung und der Anbruch der messianischen Zeit sein muß?
Israel ist vor allem das Volk Israel, das heißt das Volk der Erwählung. Aber wer Volk der Erwählung sagt, sagt damit auch Land der Erwählung, und dieses Wunder des Neuerstehens des Staates Israel, das 19 Jahrhunderte nach dessen Aufhebung eingetroffen ist, muß das jüdische Volk selbst zum Nachdenken anregen. Zwei Drittel der Menschheit haben es im Jahre 1947 in der Versammlung der Vereinten Nationen als notwendig angesehen, daß dieser jüdische Staat ins Leben gerufen wurde. Auch die Juden müssen von dieser Notwendigkeit überzeugt sein, nicht nur für die Flüchtlinge oder die dem Massenmord Entronnenen, sondern weil das jüdische Volk nur von seinem Land der Erwählung her eine Existenzberechtigung hat. Der Berg Moria und so viele Gebiete mit biblischen Beziehungen rufen das jüdische Volk dazu auf, es solle hier in diesem heiligen Land, in diesem neuen Jerusalem, das es mit dem Schweiß seines Angesichtes neu bauen muß, das Ende der Geschichte, jene messianische Zeit verwirklichen, die den Frieden für alle Völker, wirkliche Bruderschaft, die Erkenntnis Gottes, die Liebe zu Gott und zum Nächsten bedeuten.«
(A. St., in: Conscience juive, Paris 1965, S. 137 f.)

Schalom ben Chorin, Jerusalem, 1962:
»Hier wird der jüdische Messianismus seine Darstellung erfordern, wobei die Auseinandersetzung mit dem Christentum unerläßlich ist. Hier kann nur so viel in Kürze gesagt werden: Im Christentum überschattet der Messias das Reich, im Judentum tritt der Messias in den Schatten des Reiches. Die Frage nach dem personhaften Messias, die für das Christentum wahrlich das Alpha und das Omega darstellt, ist für das Judentum zweitrangig, und es kann nicht verschwiegen werden, daß für das heutige Glaubensbewußtsein des zeitgenössischen Juden weit eher die Reichserwartung der Synagoge wieder erweckt werden kann, als der Glaube an einen personhaften Messias.«
(Sch. b. Ch., Im jüdisch-christlichen Gespräch, Berlin 1962, S. 25)

Arnold Mandel, Paris, 1963:
»Was erwartet der Jude von dem Messias, den er erwartet? Ist es wirklich die Erfüllung der prophetischen Schau, daß Wolf und Lamm im Frieden beieinander lagern, daß ›das Erlernen des Kriegshandwerks‹ sein Ende findet und daß das Schwert zu einem Pflug umgeschmolzen wird? Keine noch so reichhaltige, beredte oder begeisterte in diesem Sinn geprägte moderne Apologetik kann für sich allein dafür gutstehen, daß der Inhalt des Verlangens im wirklichen Judentum auch so geartet ist. Für einen unbefangenen Blick – vor allem, wenn man die Bedeutung der messianischen Erwartung und Verheißung im religiösen und nationalen Bewußtsein des durchschnittlichen Juden in Betracht zieht – hat es vielmehr den Anschein, als werde die Ankunft des Messias als ein geschichtliches Ereignis – und nicht als transhistorisches und eschatologisches Geschehen – erwartet. Nach diesem Glauben hat das Kommen des Messias die Wiedergutmachung, die Wiederaufrichtung und die Verwirklichung jenes summarischen und begrenzten Wunsches zum Inhalt, wie dieser seinen Ausdruck findet im täglichen Gebet: ›Laß uns wieder zurückkehren, daß wir wieder sein können wie ehedem.‹ Der nationaljüdische Charakter der jüdischen messianischen Sehnsucht ist also nicht nur eine

grundlose christliche Behauptung, durch die man eine antijüdische Polemik unterstützen will, in der das Judentum als weit entfernt von jedem geistlichen Leben dargestellt wird.«
(A. M., La voie du hassidisme, Paris 1963, S. 29)

Jakob J. Petuchowski, Cincinnati (Ohio), 1963:
»Die Kirche mit ihrem anno domini behauptete, bereits in den ›Tagen des Messias‹ zu leben. Warum weigerte sich die Synagoge, sich dem neuen Kalender anzuschließen? Diese Frage läßt sich am besten mittels der bekannten chassidischen Geschichte beantworten, die Martin Buber neu erzählt hat: ›Ein frommer Rabbi wurde in seinem Studium der heiligen Bücher unterbrochen, als ein aufgeregter Schüler in den Raum stürmte und rief: ‚Meister, der Messias ist gekommen!' Der Rabbi erhob sich und sah aus dem Fenster. Nach einer Weile murmelte er: ‚Nichts hat sich geändert', und kehrte zu seinem Studium zurück . . .‹
Was alle jüdischen Messiasbegriffe gemeinsam haben, ist jedoch der Gedanke, daß der Messias einen Wandel in der Art des auf dieser Erde gelebten Lebens, nicht nur des inneren Lebens des Einzelnen, herbeiführt. Kriege und Verfolgungen müssen aufhören. Gerechtigkeit und Friede sollen herrschen. Schließlich ist für die Juden Jesus nur *einer* in einer langen Kette von Männern, für die im Laufe der Geschichte messianische Ansprüche erhoben worden sind. Es gab noch andere zu seiner Zeit; es gab noch viele seither. Der Synagoge blieb nur die Möglichkeit, solche Prätendenten an ihren eigenen Früchten zu beurteilen. So sagt Maimonides in dem Abschnitt, aus dem wir bereits zitiert haben: ›Wenn ein König der davidischen Dynastie aufstehen sollte, der über die Tora meditiert und sich so wie sein Ahnherr David mit den Geboten abgibt, sowohl nach schriftlichen als auch nach der mündlichen Tora, und wenn er das ganze Israel nötigt, nach der Tora zu wandeln und ihre Schäden zu beseitigen, und wenn er den Kampf des Herrn führt – dann gilt für ihn die Vermutung, er sei der Messias. Wenn er aber darüberhinaus erfolgreich ist, wenn er die Nationen im Umkreis unterwirft, den Tempel an seinem Platz wiederaufbaut und die Verstoßenen Israels sammelt – dann ist er gewiß der Messias. Aber wenn er nicht in allem Erfolg hat oder im Kampf erschlagen wird, dann ist es sicher, daß er nicht der von der Tora Verheißene ist. Dann ist er nämlich wie all die übrigen Könige aus dem Hause David, die aufrecht und fromm waren, die aber dann starben: Gott ließ ihn einzig zu dem Zweck aufstehen, sein Volk auf die Probe zu stellen.‹
An diesen Kriterien gemessen hat Jesus die Erwartungen nicht erfüllt. Aber wenn behauptet wird, Jesus habe einen *neuen* Messiasbegriff eingeführt, dann hat die Kirche nahezu zweitausend Jahre lang ihre Zeit damit vergeudet, daß sie den zweifelnden Juden zu ›beweisen‹ suchte, Jesus habe in der Tat die ›alttestamentlichen Prophezeiungen erfüllt‹. Die jüdische Heilsgeschichte sieht im Exodus aus Ägypten das Urbild der messianischen Erlösung. Wie der erstere neben einer geistlichen Transformation auch eine echte leibliche Befreiung mit sich brachte, so kann auch die letztere nicht echt sein, wenn sie nicht beides einschließt. In der Tat, so wichtig sind die tatsächlichen *Zustände* der ›Tage des Messias‹, daß das moderne Reformjudentum seinen ganzen Nachdruck auf das messianische *Zeitalter* legen kann, während es den ›personalen Messias‹ der prophetischen Literatur lediglich als poetische Metapher betrachtet, d. h. als den idealen König, in dessen Bild die Propheten ihren Glauben an eine gerechte und rechtschaffene Ordnung kleideten. Unter diesen Umständen ist die Frage, ob X oder Y der Messias gewesen sei, dem Juden gegenüber müßig. Für ihn kommt Jesus für diese Rolle nicht mehr und nicht weniger in Frage als David Reubeni oder Sabbatai Zevi. Wenn sich ›nichts geändert hat‹, so ist der Messias oder das messianische Zeitalter offensichtlich nicht gekommen.«
(J. J. P., Der christlich-jüdische Dialog

aus jüdischer Sicht, in: Lutherische Rundschau, Stuttgart 4/1963, S. 456 f.)

Léon Askenazi, Paris, 1966:
»Die Messianität Israels ist deshalb wirklich Messianität, weil sie unbedingt ist und sich darüber hinaus mit seiner Identität verbindet. Es liegt hier, wie man wohl weiß, ein Sonderfall innerhalb der menschlichen Gesellschaft vor; wegen des sich verschärfenden Charakters der sich darauf beziehenden Ereignisse ist die Menschheit – heute wieder einmal – gezwungen, sich bestürzt über dieses Ereignis zu fragen.«
(L. A., Tant que dure la nuit ..., in: Nouveaux Cahiers, Nr. 5, Paris 1966, S. 8)

André Néhér, Straßburg, 1967:
»Erst jetzt kann ich darlegen, was der jüdische Messianismus ist. Dies wird in einer sehr einfachen Form und in einer recht schnellen Weise geschehen; denn es handelt sich um die Aufhellung der drei vorher schon genannten Voraussetzungen: einmal geht es um die Selbstlosigkeit, oder wenn Sie so wollen, um das Heil, das zunächst in unserem Handeln besteht, dann um die Hoffnung als Herausforderung und dann um die dringliche Aufforderung an den Menschen, sich ans Werk zu machen; dieses Werk besteht in der Eröffnung der Geschichte. Denn der Mensch kann immer weiter nach vorwärts gehen, viel weiter, als irgendein Mensch bis heute sich dies vorgestellt hat und viel weiter, als selbst Gott sich dies von vornherein vorstellen wollte. Diese drei Grundbestandteile bilden nicht nur die Grundlage, sondern machen den Inhalt des jüdischen Messianismus aus ...
Das Werk ist viel wichtiger als der Messias. Was oder wer auch immer der Messias sein mag und sein wird – ob er eine Person, ein Abkomme Davids, oder ob er nur eine Epoche ist – und wie immer das Bild aussehen mag, durch das man diese Vorstellung vom Messias und vom Messianismus zu konkretisieren versucht: die durch den Menschen heute, hier und jetzt zu vollbringende Aufgabe ist immer wichtiger als das, was der Messias tun soll oder tun kann ...
Rabbi ben Zakai lehrt in einer sehr einfachen Weise: ›Wenn du gerade dabei bist, einen Ölbaum zu pflanzen, und man dir dabei die Ankunft des Messias verkündigt, dann werde zunächst erst fertig mit dem Pflanzen des Ölbaums und dann erst gehe zum Empfang des Messias.‹ Und die (→) Chassidim fügten dazu an: ›Die Schüler haben den Rabbi Jochanan ben Zakkai gefragt: ‚Aber wenn in der Zwischenzeit der Messias wieder fortgegangen ist, wenn während der Zeit, in der ich weiterhin meinen Ölbaum pflanze der Messias verschwunden ist?' Rabbi ben Zakkai antwortet darauf: ‚Das tut nichts. Das Pflanzen eines Ölbaums ist wichtiger als die Ankunft des Messias. Der Messias wird wiederkommen, aber der Ölbaum kann nicht warten.'‹ Der Akzent wird hier auf das Werk gelegt; das Werk ist wichtiger als der Messias. Im äußersten Fall kann man ohne Messias auskommen, wenn die hic et nunc zu erfüllende Arbeit moralischer, ethischer, sozialer und religiöser Art wichtiger ist als der Messias.
Man kann diese erste Aussage zusammenfassen, indem man darauf hinweist (und an diesem Punkt läßt sich eine Übereinstimmung zwischen dem marxistischen Denken eines Ernst Bloch und dem religiösen jüdischen Denken eines Edmond Fleg erzielen): Im jüdischen Messianismus ist die *Horizontale* wichtiger als die Vertikale; die Horizontale hat mehr Gewicht als die Vertikale ...
Das Reich Gottes kann niemals ein utopisches, es muß immer ein historisches Reich sein.«
(A. N., Le Messianisme dans la pensée juive, als Manuskript vervielfältigt, 1967, S. 9)

Lothar Rothschild, St. Gallen, 1968:
»Der Erlöser ist Gott selbst, und er hat in der Geschichte wiederholt seine Erlöserkraft bewährt. In den Gebeten preisen wir ihn, der Israel erlöst, als Fels und als Erlöser. Daneben bestehen auch die Bit-

ten um den persönlichen Messias aus Davids Stamm vor allem in den herkömmlichen Gebetbüchern fort. In den liberalen Gebetbüchern ist an ihre Stelle die Bitte um die messianische Zeit getreten, da es sich um einen beglückenden Zustand handeln wird, der durch Gott selbst unter Mithilfe der Menschen herbeigeführt werden soll. Noch im 17. Jahrhundert hielten weite Teile den aus Smyrna stammenden Sabbatai Zewi für den gekommenen Messias und glaubten, daß seine 1666 unternommene Reise nach Konstantinopel zur Befreiung des Heiligen Landes und zur wunderbaren Sammlung aller Juden in Jerusalem führen werde. Nichts dergleichen geschah. Der Sultan nahm Sabbatai fest und beließ ihm im Umgang mit seinen Anhängern viele Freiheiten, bis der angebliche jüdische Messias in einer Verkettung bedrohlicher Umstände schließlich zum Islam übertrat.
In der Zwischenzeit hat eine mehr symbolisierende Betrachtung überhand genommen. Ausgehend von der alten Daseinsfreude, die auch die kommende Welt diesseitig auffaßt, sind die Tage des Messias bedeutsamer geworden als die Person, und die Erwartung des Weltfriedens wird nicht von einem einzigen Gesalbten Gottes abhängig gemacht, sondern von Gott selbst und der Mithilfe aller Wohlgesinnten.«
(L. R., Gott und Mensch im Judentum, in: Juden und Christen, gestern und morgen, in Basel und anderswo; Basel 1968, S. 30)

Heinz David Leuner, London, 1969:
»Es geht dem Judentum weniger um den Erlöser als um die Erlösung, daher gibt es keine einheitliche jüdische Messiaskonzeption ... Es verdient festgehalten zu werden, daß mindestens seit der Zeit des Religionsphilosophen Maimonides, d. h. seit dem 12. Jahrhundert, der Erfolg eines persönlichen Messias als einziges Kriterium der Echtheit seines messianischen Anspruches betrachtet wird; damit begann die Idee des messianischen Reiches die des persönlichen Messias zu verdrängen, wobei mit Recht argumentiert wurde, daß das Reich der Beweis für die Existenz des Messias sei. Eine lange Reihe von Endzeitberechnungen, fast jede mit einem falschen Messias, hat diese Entwicklung gefördert und in den beiden letzten Jahrhunderten die Gestalt eines persönlichen Messias fast ganz aus der Vorstellungswelt des Judentums verschwinden lassen, wenn man von den Ultra-Orthodoxen absieht.«
(H. D. L., Religiöses Denken im Judentum des 20. Jahrhunderts, Wuppertal 1969, S. 16 f.)

---

2. Der Glaube an den Messias ist unaufgebbarer Bestandteil des Judentums. Die Hoffnung auf sein Kommen und die damit endgültig sich durchsetzende Gottesherrschaft können zwischen Juden und Christen trotz aller Verschiedenheit den Charakter eines Bindegliedes annehmen.

Franz Rosenzweig (1886–1929), 1921:
»Und dennoch, niemand wiederum weiß genauer als er (der jüdische Mensch), daß Gottes Liebling zu sein nur einen Anfang bedeutet, und daß der Mensch noch unerlöst bleibt, solange bloß dieser Anfang verwirklicht ist. Gegen Israel, den ewig Gottgeliebten, ewig Treuen, ewig Vollendeten, steht der ewig Kommende und ewig Wartende, ewig Wandernde, ewig Wachsende, steht Messias. Gegen den Menschen des Anfangs, Adams, des Menschen Sohn, steht der Mensch des Endes, der Sohn Davids, des Königs, gegen den aus dem Stoff der Erde und dem Hauch des göttlichen Mundes Geschaffenen das Reis aus gesalbtem Königsstamm, gegen den Erzvater der späteste Sproß, gegen den Ersten, der sich einhüllt in den Mantel der göttlichen Liebe, der Letzte, von dem das Heil ausgeht zu den Enden der Erde, gegen die ersten Wunder die letzten, davon es heißt, sie würden größer sein als jene.«
(F. R., Der Stern der Erlösung, III. Teil, Heidelberg 1954, S. 60)

Im Ghetto von Warschau, 1940, wurde gesungen:

»Ich glaube, ich glaube, ich glaube;
ich glaube ehrlich, unerschütterlich und fromm,
daß der Messias wiederkomm;
an den Messias glaub ich,
und wenn er auf sich warten läßt,
glaub ich darum nicht weniger fest.
Ich glaube, ich glaube, ich glaube.«

(Josef Wulf, Vom Leben und Tod im Ghetto von Warschau, in: Das Parlament, Bonn XV/58, S. 170)

André Chouraqui, Jerusalem, 1958:

»Ein zwar später, aber trotzdem bezeichnender Text kann beweisen, bis zu welchem Punkt die ganz und gar orthodoxe Literatur in dieser Gedankenführung gehen kann:

›Im Paradies befindet sich ein Palast, der den Namen ‚Palast der Kranken' trägt. Der Messias betritt diesen Palast und ruft alle Krankheiten, alle Schmerzen, alle Leiden und alle Nöte bei Namen und fordert sie auf, sie möchten sich auf ihn stürzen.‹ Wenn er nicht damit beauftragt wäre, die von Israel verdienten Züchtigungen in eigener Person auf sich zu nehmen, dann könnte kein Mensch die Mühsale ertragen, die ihm als Folge der begangenen Sünden zustoßen. Deshalb fügte die Schrift noch an: ›Er hat sich mit unseren Schmerzen beladen‹ (Jesaja 53, 4). Rabbi Eleasar handelt während seines irdischen Lebens auch so (Baba Metsiah, 85, a).

›Solange Israel im Heiligen Lande wohnte und dort seine Opfer darbrachte, wurde es vor allen Krankheiten und allen Mühsalen durch das Verdienst dieser dargebrachten Opfer bewahrt. Jetzt trägt der Messias die Schmerzen und Mühsale der ganzen Welt; und dies gilt, bis der Mensch aus dieser Welt weggeht, in der Stunde, in der er seine Züchtigung erhält.‹

In diesem bemerkenswerten Text wird uns ein himmlischer Messias gezeigt, der freiwillig leidet, um die Sünden Israels und der Welt zu sühnen; sein aus Liebe stammendes Leiden hat die Kraft, an die Stelle der ehemals im Tempel von Jerusalem dargebrachten Opfer zu treten ...

Das Leben Israels im Exil war ganz und gar auf das Kommen des Messias ausgerichtet und von der Gewißheit seines Sieges getragen.

Der Messias sollte der Träger der Schlüssel sein, durch die die Pforten des Exils geöffnet werden sollten; er sollte die Verbannten zusammenführen, die Richter und das Gericht nach Israel zurückbringen, den Rechtspruch gegen die Verworfenen fällen und den Gerechten Gerechtigkeit widerfahren lassen. Er sollte die Realpräsenz (Schechina) des Herrn nach Jerusalem zurückbringen, nach seiner wieder erbauten Stadt, um dort aufs neue das Horn des Heils zum Blühen zu bringen; er sollte aufs neue die Anbetung und das Feuer Israels zum Herzen des wiedererbauten Heiligtums zurückführen. Dies sollte geschehen bei der herrlichen Rückkehr der barmherzigen Zuwendung des Herrn und bei der Wiederaufrichtung seiner Gegenwart in Zion, um jeder Art von Frieden dadurch zum Siege zu verhelfen ...

Die Juden mußten sich halten in einer Enthaltsamkeit von einer Gewalttat, die sie von der Erde, den Menschen und von Gott selbst entfernte; dies konnte nur geschehen in der Kraft einer übernatürlichen Hoffnung, durch die sie in die Richtung der unbedingt letztgültigen Begegnung mit dem abwesenden Fürsten durch die Gewißheit seines Kommens bewegt wurden. Gibt es eine klarere und reinere Lektion eines auf Verzicht beruhenden Heldentums?

Er ist der Erste und der Letzte, das Alpha und das Omega. Er ist der, den die Christen verkündigen und die Juden erhoffen, dessen Kommen die Juden und dessen Wiederkommen die Christen erwarten. Merkwürdige Zweideutigkeit der Worte und durch die Situationen heraufbeschworene Heuchelei – die Juden wurden tatsächlich an jenes Kreuz geheftet, dessen Kraft sie leugneten, und meistens geschah dies durch die gleichen, die sich als Anbeter eines gekreuzigten Messias ausgaben.

Besteht die wirkliche Situation des Menschen in seiner Beziehung zum Messias nicht viel mehr in dem, was ein rabbinischer Apologet beschreibt: Wir geben alle vor, wir würden den Messias erwarten (spielt es dabei eine Rolle, ob es sich um sein Kommen oder sein Wiederkommen handelt?), um uns besser von den Bemühungen loskaufen zu können, die uns sicher zu ihm führen würden. Und wir behaupten, auf ihn zu warten, während er in Wirklichkeit im Warten auf uns in der Person jedes Armen, jedes an Ungerechtigkeit oder Haß leidenden Menschen stirbt. Ob Sie Juden oder Christen sind, trachtet doch, meine Brüder, danach, ihn zu sehen.«

(A. Ch., Le Messie d'Israël, in: Lumière et Vie, Nr. 38, Lyon 1958, S. 57, 62, 69)

Edmond Fleg, Paris, 1960:

»... Du weißt es wohl – Messias, oder vielmehr Messias des Herrn, Gesalbter des Herrn war ein Titel in Israel, der zunächst allen Königen und Hohenpriestern verliehen wurde, die durch die Salbung mit dem heiligen Öl geweiht wurden, dann aber wurde diese Bezeichnung in Entsprechung dazu den Menschen zuteil, die Gott am nächsten standen. Es gab also mehr als einen Messias, zum Beispiel die Patriarchen, die Propheten und Israel, ja selbst Kyrus, ein heidnischer König und Schutzherr Israels. Es sollte dies auch der letzte Sproß Davids sein, der ideale König eines idealen Israel, wie dies von allen Sehern von Mose bis Maleachi angekündigt wurde.

›Auf ihm wird ruhen der Geist der Weisheit und des Verstandes, des richtigen Ratens und der Stärke, und der Furcht Gottes ... Die Gerechtigkeit wird der Gurt seiner Lenden sein, und Treue der Gürtel seiner Nieren ... Der Wolf wird mit dem Lamm zusammenwohnen; der Panther wird zusammen mit der Ziege schlafen ...‹ ›Die Schwerter werden in Pflugscharen umgeschmiedet werden und die Lanzen in Hacken; die Völker werden das Kriegshandwerk nicht mehr lernen.‹ ›Man wird sich kein Unheil und keinen Schaden mehr zufügen auf meinem heiligen Berg; denn die Erkenntnis Gottes wird die Erde bedecken, wie die Wasser die Tiefen des Meeres zudekken.‹

Von diesem Messias haben die Zerstreuten von Jahrhundert zu Jahrhundert die Rückkehr nach Israel erwartet. Der Messias ist verknüpft mit allen Erinnerungen an die in der Heiligen Schrift gerühmte Herrlichkeit, mit allen Augenblicken des Gebetes, mit dem ewig von neuem beim Morgengrauen in den Synagogen wieder begonnen wird. Er ist mit der ewig andauernden, unerschöpflich fortwährenden Demütigung und mit all der leidenschaftlichen Treue der von Blut getränkten, furchtlosen Märtyrer verbunden.

Diesen messianischen Traum haben David ben Gourion und Chaim Weizmann in ihren Gründungsproklamationen eingebracht; dabei stellten diese beiden Staatsmänner nicht in Abrede, daß dieser Beginn der Rückkehr noch nicht die für alle Menschengruppen besiegelte Segnung Abrahams, noch die letzte Erfüllung der prophetischen Ankündigung sei:

›Man wird sich kein Unheil und keinen Schaden auf meinem heiligen Berg zufügen; denn die Erkenntnis Gottes wird die Erde bedecken, wie die Wasser die Tiefen des Meeres zudecken ... An diesem Tag (aber erst und nur an diesem Tag!) wird der Herr ein zweites Mal seine Hand ausstrecken ... Er wird die Verbannten Israels einsammeln und die Zerstreuten Judas empfangen, die aus den vier Enden der Erde kommen.‹«

(E. F., Vers le monde qui vient, Paris 1960, S. 278 f.)

André Néhér, Straßburg, 1961:

»Denn wenn Israel für sich allein vom Messias befreit wird, dann ist auch die Welt befreit; sonst hätte die Befreiung Israels keinen Sinn, und umgekehrt: wenn die Welt befreit würde, dann wäre Israel auch befreit. Weil Israel nicht befreit wird, darum ist gerade Israel der Meinung, daß zum Beispiel der christliche Messianismus keine messianische Lösung darstellt.«

(A. N., Conscience juive, Paris 1965, S. 60)

Hans Joachim Schoeps, Erlangen, 1961:
»Die Unterschiedlichkeit der Wege durch die Weltgeschichte, wie sie unser menschliches Auge zu sehen meint, ist an den Tag gekommen, aber eine Unterschiedlichkeit des Anfangs und der letzten Stunde ist es nicht. Denn der Messianismus Israels zielt auf *das* Kommende, die Eschatologie der Weltvölkerkirche auf die Wiederkunft des Gekommenen. Beide eint die *eine* gemeinsame Erwartung, daß das Eigentliche, das wir nicht kennen, das wir nur ahnen können, erst noch *kommen wird*, in jener Stunde, da sich der Anfang verschlingt in das Ende. Hier aber endet auch *alles* jüdisch-christliche Gespräch: Nämlich in der alten Vater-Unser-Bitte: ›Zu uns komme Dein Reich‹ –, wie ja auch das Neue Testament im Wissen um die eigene Unerfülltheit mit seinen letzten Worten in die Bitte ausklingt: ›Ach, komm Herr Jesus, komme bald.‹ – Und in derselben Bitte um die Erfüllung, von der ja niemand weiß, ob sie nicht schon morgen kommen wird, um das messianische Reich, das allen Täuschungen und Enttäuschungen zum Trotz mit gleicher Inbrunst stets für den morgigen Tag erwartet wird, klingt das Kaddischgebet der Juden aus, am Morgen, am Nachmittag, am Abend jeden Weltzeittages: ›Möge Er zur Herrschaft bringen Sein Reich bei eurem Leben und in euren Tagen und beim Leben des ganzen Hauses Israel – bald, in kurzer Zeit.‹ ...
Die gemeinsame Erwartung (besteht darin), daß das entscheidende Ereignis erst noch kommen wird – als das Ziel der Wege Gottes, die ER in Israel und in der Kirche mit der Menschheit geht. Die Kirche Jesu Christi hat von ihrem Herrn und Heiland kein Bildnis aufbewahrt. Wenn morgen Jesus wiederkäme, würde ihn von Angesicht kein Christ erkennen können. Aber es könnte wohl sein, daß der, der am Ende der Tage kommt, der die Erwartung der Synagoge wie der Kirche ist, *dasselbe* Antlitz trägt.«
(H. J. Sch., Israel und die Christenheit, München 1961, S. 198 f., 227)

Arnold Mandel, Paris, 1961:
»Um es ganz deutlich zu sagen: für das Christentum ist Christus nicht der Messias. Er ist nur der Messias in der Auseinandersetzung mit dem Juden. Die Messianität Christi im Christentum ist in gewisser Hinsicht eine taktische Notwendigkeit, weil Christus viel mehr ist als der Messias. Er ist alles, und der Messias kann nicht alles sein ...
Doch hat sich im Verlauf der Moderne eine Vorstellung vom jüdischen Messianismus gebildet, die nicht nur dauernd und ausdrücklich im Widerspruch mit jeder Art von lebendem Messias innerhalb des jüdischen Bewußtseins sich befindet, sondern die auch jeder Art von jüdischer Schau und Auffassung des Messias entgegengesetzt ist.
Man weiß etwa, daß das seiner Auffassung nach fortschrittliche Judentum zu dem Schluß gelangt ist, daß es im Judentum eine fortschreitende Offenbarung gibt. Zu einem bestimmten Zeitpunkt hat man in Anbetracht des gedrängten, primitiven Charakters des Volkes demselben nur eine bestimmte Zahl von Dingen mitgeteilt, dann hat man ihm mehr und mehr die Vorstellung von einem persönlichen Messias schließlich schweigend und implizit als eine Art von kindischer Idee aufgedeckt, die es jetzt aufzugeben gelte. Man kann jetzt nicht mehr auf den Messias warten, aber es gibt dafür einen Messianismus. Der Messianismus ist an die Stelle des Messias getreten, und dieser Messianismus ist in einem gewissen Sinn ein Anti-Messias, wie die Christen einen Antichrist haben.«
(A. M., Messie et Messianisme dans la conscience et l'histoire juives, in: Conscience juive, Paris 1965, S. 29 f., 34)

F. G. Friedmann, München, 1966:
»Aber auch die Kirche glaubt, über den Bereich sakramentaler Vermittlung hinaus, an ein zweites Kommen des Erlösers, an ein letztes Gericht, an eine Verwirklichung des Königreiches Gottes auf Erden. Da dieses Königreich, für Christen wie für Juden, ein Reich der Erfüllung, der Gerechtigkeit darstellt, erlischt mit seinem Kommen jede vermittelnde

Funktion: der Messias der Juden und der Christus der Christen werden identisch sein als gottgesandter Herrscher über eine von universaler Gerechtigkeit und universalem Frieden bestimmte Welt.«
(F. G. F., Unbefangenheit und Anspruch, in: Stimmen der Zeit, Freiburg/Brsg. 1966, S. 89)

Schalom ben Chorin, Jerusalem, 1967:
»Jesus ist sicher eine zentrale Gestalt der jüdischen Geschichte und Glaubensgeschichte, aber er ist zugleich ein Stück unserer Gegenwart und Zukunft, nicht anders als die Propheten der hebräischen Bibel, die wir ja auch nicht nur im Licht der Vergangenheit zu sehen vermögen.
Diese Sicht verbindet mich wiederum mit vielen Christen, für die Jesus der ›Gekommene‹ ist, zugleich aber auch die Mitte ihres Lebens und letztlich der Kommende. Das Neue Testament schließt mit den Worten des ›Maran ata‹: Ja, komm, Herr Jesus. Dieser Kommende im Sinne einer messianischen Erwartung ist Jesus, für mich, den Juden, NICHT. Ich glaube allerdings auch, daß sich Jesus selbst nicht als Messias empfunden hat, wenngleich ihm hier und dort eine Ahnung messianischer Berufung als ungelöste Frage seiner eigenen Existenz aufgebrochen sein mag.
Die Nähe, aus der hier die Gestalt Jesu gesehen wird, läßt die Messiasfrage als Frage bestehen, eine Vergöttlichung Jesu liegt aber völlig außerhalb der hier angeschnittenen und gebotenen Sicht.«
(Sch. b. Ch., Bruder Jesus, München 1967, S. 14)

Chaim Shwili, Jerusalem, 1969:
»Die Menschen im Norden und Süden des Landes (Israel) aber überstehen die Katastrophe. Sie werden nach Jerusalem ziehen und einen neuen Tempel bauen. Und der Messias wird zur Erde kommen und nichts als Friede über das Heilige Land breiten. Auf dem Boden des Unheils wird junges Grün sprießen, und es wird Freundschaft kommen über alle Völker in Nahost . . .«
(Egon G. Schleinitz, Das Erlebnis Israel, Frankfurt/Main 1969, S. 139)

---

3. Die Hoffnung auf den Messias kann mit der Befreiung aus Unterdrückung und der Verbesserung der irdischen Verhältnisse gleichgesetzt werden; dies bedeutet weithin eine Aufgabe des Messianismus im Judentum (s. auch Assimilation).

Theodor Creizenach (Verein der Reformfreunde), Frankfurt/Main, 1842:
»3. Ein Messias, der die Israeliten nach dem Lande Palästina zurückführe, wird von uns weder erwartet noch gewünscht. Wir erkennen kein Vaterland, als dasjenige, dem wir durch Geburt oder bürgerliches Verhältnis angehören.«
(Simon Dubnow, Die neueste Geschichte des jüdischen Volkes 1789–1914, Bd. II, Berlin 1929, S. 99)

Zacharias Frankel, Dresden, auf der Rabbinerversammlung in Frankfurt/Main, 1845:
»Es soll der Messiasbegriff fernerhin im Gebete hohe Berücksichtigung finden, jedoch mit Ausschließung aller politisch-nationalen Vorstellungen.«
(Simon Dubnow, a.a.O., S. 106)

Rabbinerversammlung, Frankfurt/Main, 1845:
»Die Messiasidee verdient in den Gebeten hohe Berücksichtigung, jedoch sollen die Bitten um unsere Zurückführung in das Land unserer Väter und Herstellung eines jüdischen Staates aus unseren Gebeten ausgeschieden werden.«
(S. D., a.a.O., S. 106)

Genossenschaft für die Reform im Judentum, 1845:
»Wir können nicht länger unsere göttliche Freiheit der Zwingherrschaft des toten Buchstabens opfern. Wir können nicht mehr beten mit wahrhaftem Munde um ein irdisches Messiasreich, das uns aus dem Vaterlande, dem wir mit allen Banden der Liebe anhängen, wie aus

einer Fremde heimführen soll in unserer Urväter Heimatland.«
(S. D., a.a.O., S. 108)

Dr. Goldschieder, Arzt, Berlin, 1847:
»Wir haben unser Blut in den Befreiungskriegen vergossen; wir betrachten es (Deutschland) als unser eigentliches Vaterland und fühlen keine Sehnsucht nach Jerusalem. Wir hangen unserem angestammten Herrscherhause treu an und sterben für unsern König und unser preußisches Vaterland. Wir *hoffen auf keinen anderen Messias als auf unsere Freiheit.* Die Idee des Messias ist mit unserer endlichen Erlösung vom Drucke identisch. Alle, welche diese Ansichten nicht teilen, haben den wahren Geist des Judentums nicht erfaßt.«
(Eleonore Sterling, Er ist wie du, München 1956, S. 49)

Bibliographie

Chouraqui, André: Le Messie d'Israël, in: Lumière et Vie, Lyon 1958, S. 49–70.
Elhadad, Jacob: Le messianisme juif, in: Tribune Juive, Nr. 53, Strasbourg 1969, S. 19.
Heer, Friedrich: Jüdische Messianismen im 20. Jahrhundert – Probleme des jüdischen Marxismus, in: Franz Henrich, Hrsg.: Die geistige Gestalt des heutigen Judentums, München 1969.
Lévy-Valensi, Eliane Amado, Hrsg.: La conscience juive, Paris 1965, S. 1–148.

Mission

Ob das Verhältnis von Juden und Christen unter dem Vorzeichen der Mission gesehen werden kann, hängt von einer wichtigen theologischen Vorentscheidung ab. Darin geht es um die Frage, ob den Juden die Erwählung gilt, durch die sie zum Volke Gottes berufen wurden, oder ob sie in die Reihe der Heiden zurückgetreten sind. Da Gottes (→) Bund mit diesem Volk unwiderruflich ist (Röm. 11, 29), gehören sie – und die Christen mit ihnen – zum Volke Gottes, das durch die abseits der Kirche stehende Existenz der Juden schmerzlich an seine noch ausstehende (→) Einheit erinnert wird. Wenn die Juden von der Kirche her unter dem Gesichtspunkt der Mission gesehen werden, werden sie – entgegen ihrer durch die (→) Erwählung begründeten und fortdauernden Zugehörigkeit zum Volke Gottes – dieser Besonderheit beraubt und als Heiden eingestuft. Das widerspricht dem Wortlaut und dem Sinn der Heiligen Schrift. Selbstverständlich darf bei der gegenseitigen Begegnung von seiten der Kirche das Zeugnis von der ihr gewordenen Gewißheit nicht fehlen, nämlich, daß Jesus von Nazareth der Israel verheißene (→) Messias ist. Darum ist das angemessene Verhältnis der Christen zu den Juden das im (→) Gespräch sich ereignende (→) Zeugnis.

---

1. Wird das Verhältnis zwischen Juden und Christen durch den Oberbegriff »Mission« bezeichnet, so wird man mit einer solchen Einordnung der durch die (→) Erwählung vorgegebenen Besonderheit der Juden nicht gerecht. Innerhalb der Kirche wird aber auch an diesem Begriff festgehalten.

Paul Démann, Paris, 1953:
»Juden und Christen sind Brüder, getrennte, ja sogar miteinander rivalisierende Brüder, deren Trennung nicht nur schmerzlich, sondern abnorm, unannehmbar und – wir sind dessen gewiß – dazu bestimmt ist, eines Tages ganz zu verschwinden. Israel und die Kirche sind nicht zwei einander fremde und nebeneinander bestehende religiöse Gemeinschaften, sondern zwei voneinander getrennte Gruppen des einen und einzigen Volkes Gottes ...
Deshalb kann man die Beziehung zwischen der Kirche und Israel nicht mit Begriffen der *Mission* im eigentlichen Sinn dieses Wortes definieren ...
Das besondere Ziel missionarischen Handelns besteht nach den theologisch am besten fundierten Aussagen der Missionslehre darin, die Kirche mit ihren Institutionen in den Ländern und Völkern *ins Leben zu rufen*, die der Kirche noch – oder von neuem wieder – *fremd* sind, und das Leben und die Botschaft in den nichtchristlichen Kulturen *Gestalt gewinnen zu lassen*, indem man dieselben verändert, wie der Sauerteig den ganzen Teig verändert. Aber es kann selbstverständlich nicht darum gehen, die Kirche in Israel zu *gründen*, das ja als Boden seiner Entstehung anzusehen ist, in den hinein ihre tiefen, manchmal kaum sichtbaren Wurzeln reichen. Die Sprache, der Geist und die Tradition Israels sind der Kirche in keiner Weise fremd; ihre Aufgabe besteht nicht darin, dafür ihre Botschaft zu übersetzen, sondern es geht für sie nur darum, dort die Sprache und die Erinnerung an ihren Ursprung wieder zu entdecken.«
(P. D., Israël et l'unité de l'église, in: Cahiers sioniens, Paris 1953, S. 17)

Paul Démann, Paris, 1953:
»Wenn man Israel mit dem Problem der Mission in Zusammenhang bringt, dann vertieft man nur den Graben zwischen der Kirche und Israel und gelangt zu sinnlosen Konsequenzen, die für die Kir-

che wie für Israel gleich unannehmbar sind. Wir glauben nachgewiesen zu haben, wie der Gesichtspunkt, durch den das Problem Israels mit dem Problem der getrennten Kirchen in nähere Berührung kommt, zugleich sich als viel tiefer und auch als unvergleichlich viel fruchtbarer erweist. Das *Geheimnis Israels* wird durch ein neues Licht aufgehellt; dies verleiht unserem Streben nach der Einheit seine historische Dimension und unserer Hoffnung ihre weltumspannende Weite. Er ermöglicht es schließlich, im Blick auf Israel ein ganz und gar christliches und kirchliches Verhalten festzulegen, das die Kirche und Israel auffordert – wie auch die getrennten Christen unter sich selbst –, miteinander Gemeinschaft zu haben in ein und demselben Gebet, in ein und derselben auf die Einheit ausgerichteten Hoffnung und in ein und derselben Unterordnung unter die geheimnisvollen Wege, durch die Gott diese letzte Kundgebung und den völligen Triumph seiner einen und einigenden Liebe verwirklichen wird. Dies kann geschehen, ohne daß die weltumspannende Mission Christi und der Kirche in irgendeinem Punkt abgeschwächt und die Unterschiedlichkeit in der jüdischen und christlichen Auffassung von der Einheit verhüllt wird.«
(P. D., a.a.O., S. 24)

André Lacocque, Brüssel, 1957:
»Die Begegnung Israels mit der Kirche vollzieht sich nicht im Bereich der Mission! Es gibt und es kann keine christliche Mission bei den Juden geben. Was könnten wir die Juden lehren, was wir nicht von ihnen empfangen hätten? Die christliche Mission an den Juden ist ein theologischer Unsinn. Gegenüber Israel hat die Kirche die Pflicht zum Gespräch, zum Austausch, zur Fürbitte und zum Leiden. Ihre eigentliche Rolle besteht *zunächst* darin, zu schweigen und zuzuhören ... Dann, und erst dann kann sie dem erwählten Volk bezeugen, daß ›seine Knechtschaft beendet ist, daß seine Missetat gesühnt ist, weil es Doppeltes für alle seine Sünden empfangen hat von der Hand des Herrn‹ (Jes. 40, 2). Denn erst *dann* kann die Kirche in der Gewißheit der Treue zu ihrer Botschaft Zeugnis ablegen, das heißt, in der Übereinstimmung mit der historisch-jüdischen Wirklichkeit der Person dessen stehen, den sie verkündigt.«
Dazu als Anmerkung:
»Wir nehmen hier eine radikale Unterscheidung zwischen ›Mission‹ und ›Zeugnis‹ oder ›Gespräch‹ vor. Der erstgenannte Ausdruck bezeichnet, daß man das Evangelium zu Menschen bringt, die es nicht kennen und die demselben vollkommen fremd gegenüberstehen. Es kann also eine christliche Mission in allen Ländern der Welt geben, mit Ausnahme gerade Israel gegenüber. Israel ist uns gegenüber Missionar und nicht umgekehrt. Israel gibt uns seinen Messias. Wir können ihm nur zurückgeben, was eigentlich ihm gehört. Man möge doch in dieser Stellungnahme nicht eine scharfsinnige Wortspielerei sehen. Denn dies schließt ein ganz und gar verschiedenes Handeln der Kirche gegenüber den Juden in sich, als sie dies gegenwärtig wahrnimmt.«
(A. L., Réflexions en marge d'un texte du Talmud, in: Foi et Vie, Paris 1957, S. 223)

Karl Barth (1886–1968), Basel, 1959:
»Wir schließen, was dazu (zum Zeugnis für Israel) zu sagen ist, nur darum gerade an das über die missionarische Aufgabe der Kirche Ausgeführte an, um sofort antithetisch hervorzuheben: um ›Mission‹, um ein Zutragen des Evangeliums kann es sich für sie im Verhältnis zur Synagoge *nicht* handeln. Der Begriff ›Judenmission‹ ist ein unglücklicher Begriff. Der seines Judentums bewußte und also ernst zu nehmende Jude wird sich schon mit diesem Wort nur eben mißverstanden und beleidigt finden. Und die Gemeinde muß einsehen, daß er damit sachlich im Recht ist. ›Mission‹ ist gerade *nicht* das Zeugnis, das sie Israel schuldig ist. Wollte Paulus ›den Juden ein Jude sein‹, so war das etwas nicht nur formal, sondern sachlich toto coelo anderes, als wenn er den Hellenen ein Hellene sein wollte ...
Es kann ... keine Rede davon sein, daß

die Gemeinde im Verhältnis zur Synagoge den wahren gegenüber einem falschen Glauben zu verkündigen, einem falschen den wahren Gottesdienst entgegenzustellen hätte. Der Gott, dessen Werk und Wort sie der Welt zu bezeugen hat, war der Gott Israels, bevor sie selbst eben aus diesem Volk hervorgegangen war, und er kann bis auf diesen Tag nur der Gott Israels sein. Ihnen, den Juden, gehören nach Röm. 9, 4 f. die ›Hyothesia‹ (die Einsetzung des Menschen zum Kinde Gottes), die ›doxa‹ (die Glorie der Gegenwart Gottes in der Welt), die ›diathäkai‹ (der Bund in allen seinen Erneuerungen und Bestätigungen), die ›nomothesia‹ (die Gnade der von Gott gegebenen Lebensordnung), die ›latreia‹ (der wahre Dienst Gottes), die ›epangelia‹ (die Folge der göttlichen Verheißungen) die ›pateres‹ (die Väter in der Gemeinschaft des einen wahren Glaubens). Und vor allem: aus ihrem Fleisch und Blut ist doch Jesus selbst geboren; er ist ›kata sarka‹ gerade und zuerst *ihr* Christus. *Sie* sind Gottes von ihm in freier Gnade geliebtes und zu seinem Dienst erwähltes und berufenes – ursprünglich *sie* sind das von ihm in die Welt gesendete Volk seiner Zeugen. ›Das Heil stammt von den Juden‹ (Joh. 4, 22). Und diese ihre ›kläsis‹ (Röm. 11, 29) ist ›ametamelätos‹ unwiderruflich und unwiderrufen. *Wir* aus den Völkern berufene Christen sind zu ihnen hinzugekommen, nach Röm. 11, 17 als wilde Schößlinge diesem edlen Ölbaum eingepropft worden. Gast im Hause Israels ist die ganze heidenchristliche Gemeinde aller Zeiten und Länder. Aufgenommen in *seine* Erwählung und Berufung, lebt sie in der Gemeinschaft mit *seinem* König. Wie könnte sie da Israel ›missionieren‹ wollen? Der durch so viel Kalamitäten seiner Geschichte hindurch – man muß schon sagen: wunderbar – bewahrte Jude (nicht der zum Glauben an Jesus Christus erweckte Schweizer, Deutsche, Inder oder Japaner, sondern der Jude, auch der ungläubige Jude!) ist als solcher bis auf diesen Tag das natürlich-geschichtliche Monument der Liebe und Treue Gottes, in konkreter Gestalt der Inbegriff des frei erwählten und begnadeten Menschen, als lebendiger Kommentar zum Alten Testament der einzige, dafür schlagende außerbiblische Gottesbeweis. Was hätten ihn wir zu lehren, was er nicht schon wüßte, was wir nicht vielmehr bei ihm zu lernen hätten?«

(K. B., Kirchliche Dogmatik, IV/3, 2. Hälfte, Zollikon-Zürich 1959, S. 1005 f.)

Mission und Gespräch, Løgumkloster (Dänemark), April 1964:

»B. Das Zeugnis gegenüber dem jüdischen Volke ist vom Inhalt des Evangeliums und dem Auftrag, den wir von Christus, dem Haupt der Kirche, bekommen haben, nicht zu trennen. Die Mission wird die Herrlichkeit Christi dann recht widerspiegeln, wenn sie sich in dem normalen Gemeindeleben bestätigt, das in dem Zeugnis der einzelnen Glieder besteht. Wo jüdische Bevölkerungsgruppen in der Welt normalerweise von christlichen Gemeinden nicht erreicht werden können, müssen Missionsorganisationen für die Verkündigung bei ihnen sorgen.

C. Es besteht eine christliche Verantwortung, das jüdische Volk und seinen Glauben achtungsvoll zu verstehen. Deshalb sind verantwortliche Gespräche zwischen Christen und Juden erwünscht und willkommen. Solche Gespräche setzen sowohl die Existenz eines gemeinsamen Grundes, auf dem Christen und Juden einander begegnen können, als auch Meinungsunterschiede voraus. Die Gespräche können durch organisierte Institute, durch Einzelpersonen oder durch Gruppen geführt werden. Die Gespräche beanspruchen nicht eine Gleichsetzung der Religion, noch verlangen sie, daß Christen davon Abstand nehmen, ihr Zeugnis zu geben, wo immer es sich aus dem Gespräch ergibt. Gleicherweise werden Christen gerne hören, wie Juden in ihren Glauben Einblick gewähren.«

(Lutherische Rundschau, Stuttgart, Juli 1964, S. 340)

Pfarrer A. H. (Schweiz), 1964:

»... Die Zukunft wird beweisen, daß die Strömungen der Philosemiten keinen Bestand haben werden. Ein Steckenpferd,

das gegenwärtig von den meisten Theologen und Pfarrern geritten wird, das in 10 Jahren wieder anderen theologischen Modetorheiten weichen wird. Die Wahrheit aber bleibt, und das ist der Missionsbefehl unseres Herrn unter Juden und Heiden.«
(Freund Israels, Zürich, Februar 1964, S. 10)

Karl Würzburger, 1964:
»Was man auch immer meint, in keinem dieser Fälle kann man sich auf den Missionsbefehl aus Matthäus 28 berufen, der eindeutig die Aussendung zu den Heiden meint; es sei denn, daß ich mit meinem ungelernten Verstand irre, wenn ich meine, es gebe im ganzen Matthäusevangelium keine einzige Stelle, an der mit ›die Völker‹ jemand anderer gemeint sei als die ›Heiden‹.«
(K. W., Judenmission oder Gespräch mit Israel?, in: Friede über Israel, Melle, 3/1964, S. 87)

Karl Heinrich Rengstorf, Münster, 1964:
»Aus allem, was dargelegt wurde, ergibt sich, daß die Judenmission heute, vielleicht aber immer, von größerer und grundlegenderer Bedeutung für die Kirche und ihr richtiges Selbstverständnis, aber auch für die Bewährung ihrer Christlichkeit im Sinne dieses Wortes ist als für die Judenschaft selbst. Es wäre zu wünschen, daß die geistigen Führer des Judentums dafür ein Auge und auch Verständnis gewönnen, und das um so mehr, als ihnen nicht verborgen sein kann, welche Folgen es für das Judentum haben muß, wenn das Christentum seiner messianischen Grundstruktur verlustig geht.«
(K. H. R., Der Platz des Juden in der Theologie der christlichen Mission, in: Lutherische Rundschau, Stuttgart 1964, Heft 3, S. 376)

Heinz Kremers, 1965:
»Die Kirche muß auf Judenmission verzichten; um so vollmächtiger wird sie sich in Wort und Tat gegenüber Israel zu Christus bekennen können ... Nicht ein – berechtigter – Schuldkomplex, sondern eine begründete theologische Erkenntnis muß die Basis des Verzichtes auf Judenmission sein.«
(H. K., Das Verhältnis der Kirche zu Israel, Düsseldorf 1965)

Markus Barth, 1967:
»Ich halte den Begriff Judenmission für bedenklich, weil er bei Juden und Christen notwendigerweise die Assoziation erweckt, die Juden seien ein Volk (goj), das den heidnischen Völkern gleichstehe! Laut der Heiligen Schrift sind aber die Juden Gottes Missionare unter den Völkern. Gerade die Apostel Jesu Christi haben unter den Heiden ihren jüdischen Ursprung nicht verleugnet. Sie verstanden sich als Rest Israels, der unter den Völkern den Missionsauftrag von ganz Israel verkörpert. Deshalb sollten zu Christus bekehrte Heiden sich nicht anmaßen, Juden zum Glauben an den einen wahren Gott bekehren zu können. Im Neuen Testament wird nie bestritten, daß Juden zu demselben Gott beten wie die Christen ...«
(M. B., Jesus, Paulus und die Juden; Theol. Studien, Nr. 91, Zürich 1967, S. 6)

Kurt Hruby, Paris, 1968:
»Wenn eine christliche Kirche die Absicht hat, den ›Dialog‹ mit dem Judentum aufzunehmen (wobei noch genau festzulegen wäre, was damit eigentlich gemeint ist), muß sie vorher wahrhaft Buße tun und ihre historischen Positionen weitgehend rektifizieren. Diese ›Mission‹ erstreckt sich selbstredend auch auf die exegetische und theologische Arbeit, die ja die Grundlage einer solchen ›Umkehr‹ sein muß. Es geht dabei darum, der Kirche Christi zu helfen, in Israel den älteren Bruder wiederzuentdecken, der nach der formellen Aussage des Apostels Paulus noch immer im Vollbesitz ›der Annahme an Sohnesstatt ..., der Bündnisse, der Gesetzgebung und der Verheißungen‹ ist (Röm. 9, 4), dessen ›Abseitsstehen‹ hinsichtlich der Erfüllung der Verheißungen keine ›Verwerfung‹ (ebenda 11, 1. 2) ist, sondern ›Reichtum für die Welt ..., Reichtum für die Heiden‹. Die Kirche muß wissen und bekennen, daß nach dem geheimnisvollen und in seinem Reichtum jede menschliche

Vorstellungskraft weit übersteigenden Heilsplan Gottes ›über einen Teil Israels Verstockung gekommen ist, bis daß die Vollzahl der Heiden eingetreten sein wird, *und daß auf diese Weise ganz Israel gerettet werden wird*‹ (ebenda 25, 26).

Dieses Wiederentdecken der Würde Israels und der zentralen Stellung des Mysteriums des Überlebens und der Existenz dieses Volkes für die Ekklesiologie wird auch die wirksamste Schranke sein gegen jedes übereifrige Bekehrungsstreben. ›Judenmission‹ im modernen, aktuellen Sinn hat nichts mit ausschließlich auf individuelle ›Bekehrung‹ gerichtetem Bestreben zu tun, wie das so oft in der Vergangenheit der Fall war. Sie begegnet der Eigenständigkeit des Judentums und den religiösen Werten, die ihm eigen sind, mit voller Achtung, und anerkennt in aller Demut, aber auch mit größtem Vertrauen, daß es nach dem geheimnisvollen Plane Gottes immer Juden geben wird, *die ihrem eigenen Weg treu bleiben werden*, bis zu dem Gott allein bekannten und vom Apostel Paulus so deutlich hervorgehobenen Zeitpunkt, *wo sich Israel und die Kirche in einer gemeinsamen Heilsmission treffen werden.* Diese Perspektive und diese Überzeugung bilden übrigens auch die klare Trennungslinie zwischen Judenmission und Heidenmission, richtet doch die Kirche an die Heiden – rein theologisch gesehen, und ohne damit die gegenwärtigen Schwierigkeiten auf dem Gebiete der Heidenmission minimisieren zu wollen – die an sich bedingungslose Aufforderung, sich zur Botschaft des Evangeliums zu bekennen. Auch wird es eine solche ›Judenmission‹ vor allem sich angelegen sein lassen – und darin liegt gewiß eine ihrer Hauptaufgaben –, die Kirche über die religiösen Werte des Judentums und über alles, was uns trotz einer oft sehr verschiedenen Betrachtungsweise mit dem jüdischen Volk verbindet, gebührend zu informieren.

Doch wird und kann diese ›Judenmission‹ niemals verschweigen, daß nach ihrer tiefsten Überzeugung *auch Israel Zugang hat zum Heil in Jesus Christus,* denn würde sie das verschweigen, *hörte sie auch automatisch auf, christlich zu sein.*

Die sehr verständliche Abneigung jüdischer Kreise gegen jede ›missionarische‹ Bemühung in der Kirche, die sich an sie richtet, stammt aus der Angst vor dem Bekehrungsstreben und damit dem Substanzverlust, den es notwendigerweise für das Judentum nach sich zieht. Diese geschichtlich gesehen sehr erklärliche Abneigung (denken wir doch nur daran, wie schnell man im 19. Jahrhundert mit der Taufe zur Hand war, um den Juden den Eintritt in die sogenannte ›Christliche Gesellschaft‹ zu erleichtern) *wird in dem Maße gegenstandslos, wo man in der Kirche dazu übergeht, die Israelfrage in wirklich biblischer, paulinischer Sicht zu betrachten.* Und die ›Judenmission‹ will in erster Linie den Kirchen dabei helfen, sich zu dieser Betrachtungsweise durchzuringen. Ihre Bemühungen gehen auf eine wahre Liebe zu Israel zurück, auf die tiefe Achtung vor der ganz besonderen theologischen Situation, die nach dem ausdrücklichen Zeugnis der Schrift dem Volk Gottes auch in der christlichen Heilsordnung zukommt. Diese Bemühungen haben nichts zu tun mit einem falsch verstandenen ›Bekehrungseifer‹. Doch kann eine solche ›Mission‹ – im Sinne von ›kirchlicher Aufgabe‹ – aus den bereits angeführten theologischen Gründen die Perspektive nicht ausschließen, daß auch ein Jude, individuell gesehen, von der Botschaft des Evangeliums gepackt und angesprochen werden kann, wenn sie sich auch voll und ganz dessen bewußt ist, daß Gott allein auf das Herz des Menschen einwirkt.«

(K. H., Mission, Zeugenschaft oder Israelarbeit?, in: Freund Israels, Zürich, Dezember 1968, S. 111 f.)

Rudolf Pfisterer, Schwäb. Hall, 1968:

»Die Anordnung der Mission für alle Welt ist eine Erweiterung der bisher nur Israel geltenden Botschaft, die nun auch zu den Völkern – der im griechischen Urtext hier stehende Ausdruck ist die im Neuen Testament durchgängige Bezeichnung für die Heiden – gebracht werden

soll. Im Neuen Testament wird also deutlich unterschieden zwischen Heiden und Juden in ihrer Stellung innerhalb des Ablaufes der Geschichte Gottes mit der Menschheit; es handelt sich nicht darum, moralische Zensuren auszuteilen, als ob die eine oder die andere Menschengruppe, die Juden oder die Heiden, höher bewertet werden müßten. Es geht aber um die Anerkennung der fundamentalen Tatsache, daß Gott mit seiner Offenbarung in und durch Israel zur Welt kommt ... Wer Juden und Heiden auf den gleichen Nenner zu bringen sucht, verschließt sich dem wirklichen Sachverhalt. Für die Heiden bedeutet der Anschluß an das Evangelium den radikalen Bruch mit ihrer seitherigen, von Göttern und Götzen bestimmten Lebensweise; dagegen ist nach christlicher Überzeugung die Annahme des Jesus von Nazareth als dem Messias Israels durch die Juden eine Erfüllung und Vollendung der den Juden in der Heiligen Schrift gemachten Zusagen. Es ist nicht nur lieblos, sondern auch ganz schlicht unrichtig, das gemeinsame Gut, unser ganzes Altes Testament, zu leugnen; diese Unkenntnis verschafft sich auf christlicher Seite manchmal in recht bezeichnenden Fehlleistungen Ausdruck, so etwa zum Beispiel, wenn vom Gebot der ›christlichen Nächstenliebe‹ geredet und dabei übersehen wird, daß dieses Gebot aus dem Alten Testament stammt und uns darum mit den Juden gemeinsam ist.«
(R. Pf., Juden – Christen, getrennt – versöhnt; Gladbeck 1968², S. 38 f.)

---

2. Christen dürfen vor niemand die ihnen anvertraute Botschaft verschweigen; das Zeugnis für Israel und die Juden muß der Besonderheit dieses Volkes Rechnung tragen. Wichtige Voraussetzung für die Glaubwürdigkeit besteht darin, daß die Christen in Wort und Tat ihre Botschaft selbst ernst nehmen.

Christoph Blumhardt, 19. Jahrhundert:
»Man darf nicht auf eine große Hinwendung Israels zu Christus hoffen, ehe in der Christenheit selbst wieder ein lebendigeres Walten Gottes zu spüren ist.«
(Heinz David Leuner, Neubesinnung zwischen Mission und Gespräch, in: Lutherische Rundschau, Stuttgart 1963, Heft 4, S. 475)

Karl Barth, Basel, 1940:
»Die Kirche kann nicht unwillig sein, ihrerseits ganz und gar dazu dienen zu müssen (zum ›vollzähligen Eingehen der Juden‹), nicht unwillig, in ihrer Existenz ein einziger Akt von Judenmission zu sein. Ihre eigene Hoffnung steht und fällt mit der Hoffnung auf ganz Israel.«
(K. B., Kurze Erklärung des Römerbriefes, München 1967, S. 140)

Wilhelm Vischer, Montpellier, 1948:
»Der Apostel der Heiden ist weit entfernt, die Juden aufzugeben. Im Gegenteil! Er faßt seine Mission bei den Heiden als eine indirekte ganz wirksame Mission bei den Juden auf.«
(W. V., Étude biblique sur Romains 9 à 11, in: Foi et Vie, Paris 1948, S. 131)

Johan Hendrik Grolle, Utrecht, 1949 (vgl. Gespräch):
»Daß hier im Zusammenhang mit Israel nicht das gesund-biblische Wort Mission steht, sondern das Wort Gespräch, weist hin auf die neue Überzeugung, welche der reformierten Kirche geschenkt wurde, daß nämlich die Beziehung zu den Juden eine ganz andere ist als das Verhältnis zu den heidnischen Völkern. Ausgehend von der Einheit des Alten und des Neuen Testaments und der Einheit zwischen dem alten und dem neuen Volk Gottes, der ›Kirche‹ in ihrer alten und neuen Gestalt, vor und nach Pfingsten, rechnen wir das Volk Israel zur Gemeinde Gottes selber. Sie bilden denjenigen Teil der großen Gemeinde Gottes, der ungehorsam geworden ist, weil er in der Zeit der Erfüllung den Messias nicht angenommen hat. Sie sind deshalb keine Fremden, sondern Brüder, Hausgenossen, die nun zeitweise abgesondert wohnen, aber durch ein brüderliches Gespräch in der Liebe des Christus gerufen und genötigt werden sollen zur Heim-

kehr. Heiden hingegen haben noch nie zu dieser Gemeinde gehört.«
(J. H. G., Die niederländische reformierte Kirche und das Gespräch mit Israel, in: Judaica, Zürich 1949, S. 114 f.)

Edmond Fleg, Paris, 1953:
»Meine Herren Christen, seien Sie zuerst Christen! Wenn die Christen Christen sein werden, werden die Juden vielleicht Christen werden! Indem ich darauf noch warte, wissen Sie, was ich tue? Ich beobachte – die Tora.«
(E. F., Jésus raconté par le juif errant, Paris 1953, S. 94)

Jules Isaac (gest. 1963), o. J. (in einer Antwort an den jetzigen Kardinal Daniélou):
»Für Sie gibt es heute nur eine einzige Missionsmethode, die Sie anwenden können; sie besteht darin, zunächst Christen im vollen Sinn dieses Wortes zu sein.«
(Roland de Pury, in: Amitié judéo-chrétienne, Paris 1969, Nr. 2, S. 8 f.)

Gregory Baum, Toronto, 1963:
»Es gibt Autoren, die so weit gehen, daß sie behaupten, die Kirche Christi habe, ganz abgesehen von der Frage der Terminologie, überhaupt keine Mission an das jüdische Volk, Christen seien nicht ausgesandt, um Christus den Juden zu verkünden, und es sei nicht richtig, wenn die Juden jetzt in Christus ihren Heiland anerkennen würden. Diese Autoren scheinen zu behaupten, daß die Kirche eine Mission an die heidnischen Völker hat, aber nicht an Israel ...
Diese Theorie ist falsch, und die obigen Argumente, auf die sie begründet ist, geben nicht die vollständige, diesbezügliche Lehre des heiligen Paulus wieder ... Mit der Bekehrung der Heiden zur Heiligkeit werden die Juden erkennen, daß nun die Völker an der Reihe sind, die göttliche Gunst zu genießen und daß die Erleuchtung ihnen nicht durch die Missionsbewegung der Synagoge in der Diaspora, sondern durch die christlichen Gemeinden gekommen ist. In diesem Sinn bleibt der Kirche immer die Mission, durch ihre Liebe zu Gott und ihre um sich greifende Nächstenliebe Israel eifersüchtig zu machen ...
Ich ziehe daher den Schluß, daß die Kirche eine Mission an das jüdische Volk hat und daß die Bekehrung von einzelnen Juden sogar heute in den Plan gehört, den Gott für die Kirche gemacht hat. Trotzdem bin ich der Meinung, daß Worte wie ›Judenmission‹ durch die Erinnerungen, die sie heraufbeschwören, unangenehm und fast beleidigend klingen und daß Proselytentum und Bekehrungssucht in unserem Jahrhundert einer Taktlosigkeit gleichkommen. Wir setzen die echte Mission, die die Kirche an Israel hat, fort, wenn wir als Christen zu unseren jüdischen Wurzeln zurückkehren, also zu der Heiligen Schrift, zu den alten Teilen unserer Liturgie, zu einer der Bibel entsprechenden Denkungsart und Redeweise und so Israel in unserer Mitte entdecken. Dann werden Stolz und Vorurteil fallen und die Juden mitsamt der Welt werden erkennen, daß die Botschaft, die wir besitzen, eine Botschaft der Liebe und der Demut ist; und dann werden sie ›eifersüchtig‹ sein.«
(G. B., Die Juden und das Evangelium, Einsiedeln, Schweiz, 1963, S. 348 ff.)

Heinz David Leuner, London, 1963:
»Besteht nicht die Gefahr, daß mit dem Verzicht auf die Mission der christusgläubige Jude aus der Gemeinde verschwindet? Sicher ist, daß die Kirche aus Juden und Heiden bestehen muß, weil sie unglaubwürdig wird, wenn sie den Christus nur als den Heiland der Heiden proklamiert, während Er doch gerade zuerst als Messias zu Seinem Volk Israel gekommen ist, aus diesem Volk Seine ersten Jünger und Gemeinden sammelte und gerade Seinen begnadetsten jüdischen Apostel unter die Heiden schickte. Sicher ist auch, daß sich ernste Christen da und dort vor die Gewissensfrage gestellt sehen, ob die Juden nicht am Ende der Tage den Christen vorwerfen könnten, sie hätten ihnen das Beste vorenthalten ...
Es gibt im Neuen Testament keinen an Heidenchristen gerichteten Auftrag zur Judenmission, aber die Kirche darf den

Auftrag zum *Zeugnis* aus Röm. 1,16 herleiten, und zwar gerade den Juden gegenüber, sofern sie sich darüber klar ist, daß die Juden nicht wie Heiden behandelt werden dürfen.«
(H. D. L., a.a.O., S. 483, 485)

Heinrich Oskar Kühner, Zürich, 1964:
»Die Judenmission hat aber eine viel tiefere grundsätzliche Problematik. *Wir müssen zunächst einmal feststellen, daß einen Juden nichts so empört und nichts so beleidigt, wie allein schon der Ausdruck ›Juden-Mission‹.* Gerade auch im Staat Israel ist man ungemein allergisch auf alles, was auch nur im entferntesten nach Judenmission aussieht. Ein Grund dafür ist der, daß die Juden – wie gesagt – seit gut 1700 Jahren von seiten der Christen nur Böses erfahren haben. Die Christen haben die Juden oft derart behandelt, daß für manchen Juden kein Unterschied besteht zwischen Kreuz und Hakenkreuz. Es ist wahrhaftig eines der größten Wunder, wenn dennoch immer wieder Juden trotz der Christen zu Christus gefunden haben. Ein früherer Direktor der Basler Judenmission, der leider nur kurze Zeit an dieser Stelle war, vertrat meines Erachtens mit Recht den Standpunkt: *Judenmission ist heute nur indirekt möglich als Christenmission.*
Ein weiterer Grund für die jüdische Ablehnung der Judenmission ist der, daß es ein Jude – und das müssen wir begreifen – als recht anmaßend empfindet, wenn Christen, die – man denke an das Ölbaum-Gleichnis! – aus Gnade und Barmherzigkeit auch zu Gottes Volk gehören dürfen, nun das seit Abraham erwählte Volk bekehren wollen.
Schließlich aber – und vor allem: In der Bezeichnung ›Juden-Mission‹ liegt eine Gleichsetzung der Juden mit den Heiden. Grundsätzlich und auch hinsichtlich der Art und Weise kann es doch nicht dasselbe sein, ob wir das Evangelium einem Juden oder einem Fetischisten bezeugen ...«
(H. O. K., Was gehen die Juden die Kirche an?, in: Christlich-jüdisches Forum, Nr. 33, März 1964, S. 15)

Günther Harder, Berlin, 1964:
»Es ist nur eine Konsequenz dieser demütigen und bescheidenen Denkweise, wenn auf ein besonderes Unternehmen der Mission gegenüber dem Judentum verzichtet wird. Wohl könnte man meinen, und zwar unter Berufung auf Römer 11, 14, daß es doch immer und weiterhin die Aufgabe sei, zwar nicht die Judenfrage durch Mission zu lösen, aber einzelne Juden, ›ihrer etliche‹, wie Paulus sagt, zu retten. Es ist dies eine ganz legitime Frage. Man kann das eigene Heil nicht erkennen, ohne zu wünschen, daß alle an ihm Anteil haben. Man kann nicht ernsthaft Glaubensfragen behandeln, ohne den Glauben zu bezeugen. Es sollte aber nicht ein systematisches Unternehmen sein, sondern vielmehr der Gnade Gottes überlassen bleiben, wie und wann das rechte Zeugnis eine Wirkung hat. Man muß dabei bedenken, daß nicht kluge Schriftauslegungen und rationale theologische Überredungskünste den Juden gewinnen können, sondern allenfalls das Lebendige, das Lebenszeugnis eines Christen, dem wirklich Christus zum Retter und Heiland geworden ist. Ich habe einmal einen Juden sagen hören, daß ihm an den Schriften von Dietrich Bonhoeffer zum ersten Mal klargeworden sei, daß es überhaupt etwas Wertvolles sein könnte, ein Christ zu sein. Mir hat diese Äußerung einen unerhörten Eindruck gemacht. Sie hat mir deutlich gezeigt, wie sehr es auf das in Wort und Tat ergehende Zeugnis des Christen selbst ankommt, wie wenig rationale Darlegungen eine missionierende Kraft haben, und wie sehr man es der Gnade Gottes überlassen muß, ob, wann und wie das eigene Zeugnis, in Demut und Bescheidenheit vorgebracht, über das eigene Wort hinaus durch die Macht des Heiligen Geistes eine unerwartete Wirkung hervorbringt.«
(G. H., Das christlich-jüdische Gespräch, in: Lutherische Rundschau, Stuttgart 1964, Heft 3, S. 420)

Markus Barth, 1967:
»Ein Zeugnis, das in Dialogform gegeben wird, ist daher der Situation besser

angemessen als ein Bekehrungsversuch.«
(M. B., a.a.O., S. 6)

Rudolf Pfisterer, Schwäb. Hall, 1968:
»Um den Unterschied im Verhältnis der Kirche zu den Juden und zu den Heiden zu markieren, wurde in den theologischen Erörterungen der letzten Zeit der Vorschlag gemacht, hier von einem Gespräch mit Israel zu reden. Dieser Ausdruck wurde durch verschiedene Veröffentlichungen schon recht strapaziert und hat dadurch an Klarheit nicht zugenommen; er wurde oft in dem Sinne mißverstanden, als sei ein solches Gespräch gleichzusetzen mit einem unverbindlichen Gerede und einer daraus sich ergebenden Verleugnung unseres Herrn. Davon kann keine Rede sein. Es darf ja nicht ein lahmes Miteinanderreden sein, indem man sich gegenseitig höfliche Komplimente macht ... Es geht wirklich um ein Gespräch, in dem Fragen und Infragestellung in einer sachlichen Art auf uns zukommen und gerade so eine tiefe Bereicherung bedeuten. Selbstverständlich ist es ein Gespräch zwischen Juden und Christen, bei dem niemand sich seiner Anschauung und seines Glaubens zu schämen braucht, sondern bei dem alle Teilnehmer erwarten, daß Zeugnis abgelegt wird von und für die Souveränität des unser Leben regierenden lebendigen Gottes! Ein Zeugnis, das in aller Liebe und Sachlichkeit geschehen will und das Fragen und Rückfragen an unser Verständnis des Alten Testaments einschließt. Ein solches Gespräch darf seinem Charakter nach als Zeugnis verstanden werden, und zwar in Entsprechung zu Diskussionen mit katholischen Partnern, bei denen es nie um Missionsbemühungen, sondern nur um die Betonung von (schon) Gemeinsamem und (noch) Trennendem in der Hoffnung auf eine durch Gott selbst zu vollziehende Einheit gehen kann.«
(R. Pf., a.a.O., S. 40)

---

3. Das Abstandnehmen von jeder Missionsbemühung wird von jüdischer Seite, manchmal auch von einigen Christen, als Zeichen gleichberechtigter Partnerschaft angesehen.

Johannes Müller, 1892:
»Wohl sucht man christlicherseits auch das Evangelium den Juden nahezubringen. Aber was ist das für eine Liebe, die einen Vernichtungskrieg treibt und unter Friedensschalmeien Überläufer an sich lockt! Gerade diese antisemitische Proselytenmacherei, diese Missionsbestrebungen, denen es nicht so sehr um die Anerkennung des Evangeliums im jüdischen Lager, als um Übertritte zu tun ist, haben die Annäherung zwischen Juden und Christen auf religiösem Grunde verhindert.«
(J. M., Der Weg zur Verständigung, Leipzig 1892, S. 34)

Hermann Levin Goldschmidt, Zürich, 1960:
»Dieser Prüfstein der gemeisterten jüdisch-christlichen Begegnung und vollendeten Erfassung des Christentums und des Judentums, durch die Juden dort, durch die Christen hier, ist der vorbehaltlose und endgültige Verzicht auf jede gegenseitige Missionierung! Nicht auf die Missionierung als solche, nicht auf das Sendungsbewußtsein, nicht auf die Zeugnispflicht, nicht auf ihre Verkündung! Innere Mission und Heidenmission und die sendungsfrohe Ausarbeitung der dem ganzen All zugesprochenen eigenen Botschaft bleiben notwendig ... Weder Judenmission noch Christenmission darf es weiterhin geben, wohl aber Übertritte: nicht ›organisierte‹ Übertritte ..., solchen Übertritten gebührt wie jeder gewissenhaften Entscheidung des Einzelnen zu erweisende Ehrfurcht.«
(H. L. G., Die Botschaft des Judentums, Frankfurt/Main 1960, S. 157)

Bibliographie

Baum, Gregory: Die Juden und das Evangelium, Einsiedeln 1963, S. 347–351.
Dobbert, Reinhard: Das Zeugnis der Kirche für die Juden, Berlin 1968.
Hruby, Kurt: Mission, Zeugenschaft oder Israelarbeit?, in: Freund Israels, Zürich 1968, S. 111 ff.

Jocz, Jakob: Christen und Juden, Zürich 1968.
Kremers, Heinz: Das Verhältnis der Kirche zu Israel, Düsseldorf 1965.
Lacocque, André: Réflexions en marge d'un texte du Talmud, in: Foi et Vie, Paris 1957, S. 223 ff.
Pfisterer, Rudolf: Juden – Christen, getrennt – versöhnt, Gladbeck 1968², S. 38–40.
Rengstorf, Karl Heinrich: Der Platz des Juden in der Theologie der christlichen Mission, in: Lutherische Rundschau, Stuttgart 1964, S. 357–376.

Nonkonformismus

Die (→) Erwählung Gottes hat zur Folge, daß der durch ihn gerufene Erwählte an seine Seite tritt. Diese Verbindung ist zugleich Bruch und Absage an alle Bindungen, die ihn mit der gleichen Stärke in Beschlag nehmen wollen. Jeder Erwählte – ob Jude oder Christ – befindet sich darum zu allen Bewegungen und Bestrebungen dieser Welt in einer kritischen, nüchternen Distanz. Dieser Spielraum der Freiheit ist die Grundlage für jeden verantwortlichen Dienst von Menschen an Menschen. Hier gilt es – gewissensmäßig –, den Gleichschaltungstendenzen aller Richtungen und Färbungen zu widerstehen. Dieser Nonkonformismus ist der sinnenfällige, wenn auch gebrochene Widerschein der Andersartigkeit des lebendigen Gottes.

---

1. Juden und Christen befinden sich als von Gott erwähltes Volk gegenüber der Welt in einem Verhältnis letzten Abstandes. Diese Distanz ist der Spielraum jeder echten Freiheit.

Leo Baeck (1873–1956), Berlin, 1926:
»... Auszuharren und zu bleiben, als die Gemeinschaft, die keine Konzessionen macht, in der Welt dazusein und doch anders als sie zu sein, dazusein zum Gefäße der Kraft, das war die Aufgabe, die ein unvergleichlicher Daseinsernst, ein unerschütterlicher Lebensmut all die Jahrhunderte hindurch erfüllt hat. Und in aller Kraft schlummerte das Wunder, das, was über die Kraft ist. Die Selbsterhaltung erlebte man als Erhaltung durch Gott. Man blieb sich treu, und erfuhr darin, daß Gott treu bleibt. Man las das Prophetenwort aus der Zeit, da die Mächte sanken und ihre Götter stürzten, und die ihnen dienten, sich müde an ihnen trugen: ›Höret auf mich, Haus Jakob, und du ganzer Überrest vom Hause Israel, die ihr von mir getragen worden vom Mutterleibe an, emporgehoben vom Mutterschoße her. In euer Alter hinein bin ich derselbe, und bis in eure späte Zeit werde ich so tragen; ich habe es geschaffen, und ich werde emporheben, ich werde tragen und werde befreien!‹ (Jes. 46, 3 f.)«
»So war in der Tat das Judentum so gewesen, um so allein weiterhin zu sein: *das Unantike in der antiken Welt, das Unmoderne in der modernen Welt.* So sollte der Jude als Jude sein: der *große Nonkonformist* in der Geschichte, ihr großer Dissenter. Dazu war er da. Um dessentwillen mußte der Kampf für die Religion ein Kampf um diese Selbsterhaltung sein. Kein Gedanke der Macht war darin, er wäre der Widerspruch dazu gewesen – nicht Macht, sondern Individualität – Persönlichkeit um des Ewigen willen, *nicht Macht sondern Kraft.* Als Kraft in der Welt lebt das jüdische Dasein. Und Kraft ist Größe.«
(Achim von Borries, Hrsg.: Selbstzeugnisse des deutschen Judentums 1870 bis 1945, Frankfurt/Main 1962, S. 145 und 113)

Leo Baeck, Berlin, 1926:
»Er, der Jude Europas – und das kennzeichnete seine Stellung im Staat und in der Gesellschaft –, war schon das ganze Mittelalter hindurch der Vertreter dieses neuen Prinzips gewesen. Er war es gewesen dadurch allein, daß er da war ... Er beeinträchtigte die Symmetrie. Er durchbrach das System. Er war das Störende in der Ordnung, deren man gewiß sein wollte ...; die Ordnung, welche allgemein gelten sollte, erschien durch sie (die Juden) verneint.«
(Wilhelm Grau, Wilhelm von Humboldt und das Problem des Juden, Hamburg 1935, S. 67)

Sigmund Freud, Wien, 1926:
»Weil ich Jude war, fand ich mich frei von vielen Vorurteilen, die andere im

Gebrauche ihres Intellektes beschränkten, als Jude war ich dafür vorbereitet, in die Opposition zu gehen und auf das Einvernehmen der ›kompakten Majorität‹ zu verzichten.«
(Wolfgang Bartsch, Psychoanalyse in der Bundesrepublik, Tribüne, Frankfurt/Main 11/1964, S. 1199)

Manès Sperber, 1950:
»Die Despoten haben immer ihren tödlichen Gegner im Judentum erkannt. Die Zaren haben sich darin nicht getäuscht. Hitler hat es gewußt und Stalin beweist es ... Ich sehe keine Möglichkeit einer jüdischen Existenz, abgesehen von diesem Kampf gegen die falschen Messiasse, gegen den Mißbrauch der Hoffnungen, denen wir als erste einen Namen gegeben haben.«
(M. S., Du judaisme et du mensonge d'avènement, in: Arche, Nr. 82, Paris 1963, S. 42)

Rudolf Pfisterer, Schwäb. Hall, 1962:
»Die Erwählung Israels ist in der Bewährung dieses Dienstes für Gott auch ein Protest gegen die Unterwerfung unter die Mächte dieser Welt. Dieser *Nonkonformismus* (vgl. dazu auch Röm. 12, 2) ist Hort und Ort des unaufgebbaren Spielraums menschlicher Freiheit, Würde und Verantwortung.«
(R. Pf., Das Verhältnis von Juden und Christen, in: Für Arbeit und Besinnung, Stuttgart, Nr. 15/16, 1962, S. 354)

Robert Martin-Achard, Genf, 1965:
»Das Volk Gottes ist hier – es muß sich darüber im klaren sein – ein Störenfried und ein Bremsklotz, der die Menschen ein für allemal daran hindert, sich ohne Gott zu organisieren. Es verbietet ihnen, sich hier niederzulassen mit dem Gefühl, das Ziel erreicht zu haben. Seine Mission für diese Welt erfüllt sich gerade darin, daß es – wie man dies für die Kirche sagte, und dies gilt auch für Israel – in der Welt ist, ohne für die Welt zu sein. Das bedeutet: es darf die Welt Gottes in unserer irdischen Welt bezeugen, indem es darin einwilligt, ein Fremdling und Reisender in dieser Welt zu sein, immer im Stand des Herumschweifens wie Abraham, immer in ständiger Bewegung, wie die Hebräer in der Wüste. Es ist ein Nomadenvolk, das zu keiner Stätte, keiner Nationalität, keiner Rasse und Kultur gehört, obwohl es all dies annimmt, ohne sich allerdings mit irgendeiner solchen Gegebenheit gleichzusetzen. Es ist der ewig Nichtassimilierte, und doch zugleich das Ferment der Menschheit, das die Menschen von heute nötig haben, weil sie ja immer von Unternehmungen in der Art derjenigen des Turmbaus von Babel träumen.«
(R. M.-A., Le peuple élu de Dieu, au service du monde, in: Verbum Caro, Nr. 74, Taize 1965, S. 12)

Dom Grammont, Abt von Bec-Helluoin (Belgien), 1966:
»Als Fremder und Gegenwärtiger konnte Israel durch sein Zeugnis alles umändern, was es passierte, durch was es hindurchging. Es war wie ein ›Entwickler‹ (im technischen Sinn) für die Nationen und die Kulturen, und bleibt dies auch in einem gewissen Sinn.
Das gleiche gilt von der Kirche. Weil sie der Welt fremd gegenübersteht, ist sie ihr gegenwärtig; dies ist so auf Grund ihrer Hoffnung, die ihr verbietet, irgend etwas zu verabsolutieren oder in eine Verabsolutierung irgendeines Ideals oder einer Kultur einzuwilligen. Auch die Geschichte ist für sie nicht ein absoluter Beziehungspunkt, im Gegensatz zu dem, was leider in der Welt nur zu oft der Fall ist.
Wie Israel durch seine Gegenwart die Völker und die Zivilisationen, die Rassen und ihre Kulturen relativiert, so muß dies die Kirche durch die Art ihrer Hoffnung machen, aber indem sie das religiöse Bewußtsein der Menschheit zu seiner Reife bringt.«
(Dom Gr., In spem contra spem; Le mystère d'Israël, mystère d'espérance; in: VAV, 1, Paris 1966, S. 58)

Rudolf Pfisterer, Schwäb. Hall, 1966:
»Durch diese Erwählung wird Israel zum gottgesetzten Wellenbrecher im Strome der Völker. Durch diesen *Nonkonformismus* wird der für ein menschenwürdiges

Leben notwendige Spielraum der Freiheit ausgespart, ohne den jedes Zusammenleben unter den Menschen in dumpfer Gleichschaltung versinken oder in ödem Gleichschritt ersticken müßte.«
(R. Pf., Im Schatten des Kreuzes, Hamburg 1966, S. 110)

Manès Sperber, 1967:
»Nach zweitausend Jahren mehr und weniger schwierigen und manchmal sogar tragischen Zusammenlebens ist es dem jüdischen Volke noch immer nicht gelungen, sich auf das seine Situation bestimmende Paradox einzurichten, nämlich, den es umgebenden Völkern unendlich nahe und doch zugleich unaufhebbar von ihnen getrennt zu sein. Die Schwierigkeit scheint für das jüdische Volk offenkundig unüberwindlich, aber ebensosehr auch für die andern ...
Aber seit Abraham haben wir uns für die Partei einer zähen Opposition und dauernden Herausforderung entschieden gegenüber den heidnischen Zivilisationen, die trotz ihrer pseudomonotheistischen Formen mohammedanischer und christlicher Prägung im Grunde heidnisch geblieben sind. Wir waren die einzigen von allen Besiegten, die sich immer gegen die Rolle der Besiegten gestellt haben und die es nicht zuließen, daß mit der eigenen Besiegung auch unser Gott besiegt worden sei und daß wir uns deshalb den Göttern der Sieger unterwerfen müßten. Wir waren die einzigen, die darum die Wahl zurückgewiesen haben, die uns zu jeder Zeit angeboten worden war. ›Ihr habt euch nur uns anzuschließen‹, so sagte man; ›da werdet ihr mit großen Ehren empfangen. Ihr werdet alle Vorteile genießen, die durch unseren Edelmut für euch sichergestellt sind.‹ Und wir haben nein gesagt.
Wir machten uns deshalb dauernd des Nonkonformismus und des Widerstands als Minderheit schuldig, vor allem in den Augen des Christentums, für das wir eine in der Tat unerträgliche Herausforderung bedeuteten. Denn das Christentum behauptete, das Neue Testament und in gewisser Hinsicht die Fortsetzung des Alten – unseres – Testamentes zu sein, indem es sich als Erben des Judentums ausgab, während wir uns hartnäkkig dagegen wehrten, tot zu sein. Solange wir noch da waren, konnte es kein legitimes Erbe geben.«
(M. S., Le judaisme, fardeau et promesse; in: Arche, Paris 1967, Nr. 122, S. 20 und 20/2)

Rudolf Pfisterer, Schwäb. Hall, 1968:
»Die Erwählung bildet als die entscheidende Dienstverpflichtung durch den lebendigen Gott die unüberschreitbare Demarkationslinie zu dem Machtbereich aller anderen Gewalten. Erwählte leben immer – sofern sie diesem Ruf treu bleiben – in jener eigentümlichen Leidenschaft eines letzten Abstands von den Weltanschauungen, Losungen und Schlagworten dieser Welt. Jede Gleichschaltung nach außen oder innen ist ihnen verwehrt, weil die bereitwillige und aufrichtige Beugung unter den einen lebendigen Gott das Paktieren mit den Göttern und Götzen dieser Welt verbietet und unmöglich macht. Dieser Unterwegscharakter der Erwählten verhindert ihr Aufgehen in dem Ozean der sie umgebenden Völkerwelt. Erwählte sind Menschen, ›die hinwegeilen‹ (2. Mose, 12, 11). Diese von Gott ausgelöste Bewegung darf nicht durch irgendeine Anbiederung an die herrschenden Mächte zum Stillstand kommen. Diese Distanz ist auch uns Christen anbefohlen, es wird uns ja ausdrücklich geboten, ›uns nicht dem Schema dieser Welt gleichzustellen‹ (Röm. 12) ...
Solange noch ein letzter freier Spielraum vorhanden ist, in dem die Menschen sich bewegen können, kann der würgende Zugriff des alles einebnenden Totalitarismus nicht ganz zu seinem Ziele gelangen. Nicht umsonst nannte Hitler das Gewissen eine ›jüdische Erfindung‹. Die aus der Erwählung sich ergebende Distanz und Überlegenheit ist darum gleichbedeutend mit dem Hort der Freiheit und des Gewissens.«
(R. Pf., Juden–Christen, getrennt–versöhnt, Gladbeck 1968^2, S. 51, 52)

2. Die durch die Erwählung geprägte Andersartigkeit bringt es mit sich, daß Juden und Christen als Fremdkörper empfunden werden; dies gilt es nicht abzustreiten, sondern in aller Gelassenheit auf sich zu nehmen.

H. Naudh, 1885:
»Wenn also der deutsche Staat die Personification des deutschen Volkes ist, so gehören die in Deutschland lebenden Juden so wenig zum deutschen Staat, als der Bandwurm zur Person des Patienten. Sie sind nur deutschredende Juden, nicht jüdische Deutsche.« (→Entmenschlichung)
(H. N., Die Juden und der deutsche Staat, Leipzig 1885, S. 39)

Margarete Susman, 1925:
»Und genau so viel und so weit ist er Jude, als er sich diese letzte Fremdheit gegen die endgültige Festlegung in den Gestaltungen des geschichtlichen Lebens bewahrt hat. (→Hoffnung)
Darum bedeutet diese Fremdheit keineswegs, daß der in Deutschland geborene und erwachsene Jude, der in der deutschen Sprache zuerst alle Werte seines Lebens empfangen hat, der mit dem deutschen Geist bis in die Wurzeln seines Lebens hinab durchtränkt ist und selbst diesen deutschen Geist in neuen Gebilden zur Blüte gebracht hat, nicht in einer bis zur Identität gesteigerten Nähe die Bedürfnisse und Aufgaben seiner zweiten Heimat in sich erfahren und für sie leben und sterben könnte. Wir haben von solchem realen Einsatz im letzten Jahrzehnt mehr als ein Beispiel gesehen.
Nur daß der Fremdling auf Erden auf die Aufgaben und Ziele seines Vaterlandes immer zugleich aus einem anderen, ferneren Gesichtspunkt blicken wird, daß er versuchen wird, sie in der ursprünglichen Einheit zu verankern, in die durch die zeitliche Heimat hindurch seine noch tieferen noch zarteren Wurzeln hinabreichen. Diese Ewigkeit ist es, die dem wahren Juden zuletzt immer das Bild des Staates und der Gesellschaft liefern wird, nach dem er das reale zu gestalten sucht.«
(M. S., Die Brücke, in: Der Jude, Berlin 1925, S. 80)

Martin Buber (1878–1965), Jerusalem, 1941:
»Bisher hat die jüdische Existenz nur dazu ausgereicht, Götzenthrone zu erschüttern, nicht aber den Thron Gottes aufzurichten. Das macht die Unheimlichkeit der jüdischen Existenz inmitten der Völker aus. Das Judentum prätendiert, das Absolute zu lehren, aber faktisch lehrte es nur das Nein zum Leben der Völker, vielmehr ist es dieses Nein und nichts mehr. Darum ist es den Völkern ein Grauen geworden. Darum muß, wo eins von ihnen dazu übergeht, nicht mehr wie bisher nur in seiner Innerlichkeit, sondern in den Ordnungen der Wirklichkeit sein eigenes Selbst als das Absolute zu setzen, es Israel abschaffen wollen.«
(M. B., Die Götter der Völker und Gott, Werke, II. Bd., Köln 1964, S. 1072)

Jacques Madaule, Paris, 1950:
»Israel ist seither in der Welt ein Ferment der Unruhe und des Unbefriedigtseins. Denn es ist nicht nur das Volk der Hoffnung, sondern auch das der Gerechtigkeit. Nicht nur der Gerechtigkeit, die erst jenseits der Welt zu finden ist, mit der die Christen zu ihrer Selbstrechtfertigung nur zu sehr befaßt sind, sondern einer unmittelbaren, hier auf dieser Welt sich abspielenden Gerechtigkeit.«
(J. M., La persistance d'Israël, in: Aspects du génie d'Israel, Paris 1950)

Edmond Fleg, Versailles, 1957:
»Sie (die Juden) wurden lange vorher (vor dem Auftreten des Christentums) verfolgt, einfach deshalb, weil sie unter den Menschen lebten und ihre Götter nicht annahmen, sondern auf sich zurückgezogen lebten.«
(E. F., Sens de l'histoire juive, in: La conscience juive, Paris 1963, S. 8)

Bernard Lambert, O. P., Quebec, 1962:
»Ohne sich oft darüber im klaren zu sein, stellen Juden wie Christen dem Land,

in dem sie sich aufhalten, eine ganz entscheidende Frage. Jede als nationale Einheit sich verstehende Gruppe trachtet von selbst danach, das Maß für das in ihr Vorhandene zu sein; es fällt ihr schwer, anzuerkennen, daß sie von irgendeiner Seite her eingeschränkt wird. Sie sucht in irgendeiner Weise für diesen Bereich eine umfassende Geltung zu beanspruchen. Darum ist es mehr als gewiß, daß Judentum und Christentum auf Grund ihres eigenen Typs von weltumspannender Bedeutung regelmäßig für die Selbstzufriedenheit menschlich-politisch umfassender Geltung als Drohung und Herausforderung erscheinen; denn Judentum und Christentum legen Zeugnis ab von Offenbarung, das heißt, sie bezeugen in einer ganz radikalen Weise das Ungenügen der natürlichen Ordnung.«

(B. L., Le problème oecuménique, Bd. II, Paris 1962, S. 612)

Hermann Levin Goldschmidt, Zürich, 1965:

»Wohl stieß und stößt das Judentum mit der von seinem Aufbruch zur Heiligkeit gebotenen Kampfansage gegen Götzendienst, Heidentum, Naturgebundenheit, Machtwahn, Vernunftstolz, Selbstherrlichkeit immer wieder auf Feindschaft und darunter auf den Judenhaß, eine Feindschaft besonderer Art, der besonderen Gestalt entsprechend, die das Judentum ausbilden mußte, um nach dem Untergang des eigenen Staates weiter Zeugnis ablegen zu können von seiner Botschaft. Ist nicht auch Christenhaß aufgeflammt, sooft und solange das Christentum den jeweils herrschenden Götzen Widerstand zu leisten gewagt hat und wagt? Wie hätte da nicht auch Judenhaß aufflammen sollen gegen ein überallhin zerstreutes Volk, dessen auf jedem Boden in fremden Staaten siedelnde wehrlose Minderheit dabei allen Völkern und der ganzen Erde ein Gericht ansagt, von dem diese Völker und die ganze Erde stets schon vorläufig und dereinst endgültig gerichtet würden: ›Das ist ER, unser Gott, in allem Erdreich seine Gerichte. Auf Weltzeit gedenkt er seines Bundes‹ (Psalm 105, 7, 8). Judenhaß, aber kein Antisemitismus, dieser der Neuzeit entsprungene Wahn: der von diesem Antisemitismus unzweideutig abgehobene Judenhaß war und bildet eine zwar ebenfalls nicht gerechtfertigte, jedoch immer wieder aufflammende Feindschaft einem Dasein gegenüber, das jeden eigenen, jeden fremden Rahmen zu sprengen nicht abläßt und für seine Durchquerung jeder herrschenden Ordnung nicht nur volle Duldung verlangt, sondern auch einen vollständigen Sieg in Aussicht stellt in der Gestalt der Einbeziehung aller Menschen in das biblisch gekündete, richtende Heil.«

(H. L. G., Das Vermächtnis des Judentums, Frankfurt/Main 1965, S. 66 f.)

Rudolf Pfisterer, Schwäb. Hall, 1968:

»Die Juden müssen uns Christen daran erinnern, den Mut und die Demut zu haben, im Gehorsam auch als Fremdkörper zu gelten. Diese Abweisung der Erwählten, die sich bis zur Ausweisung und Verpflichtung, ja zur Vernichtung steigern kann, möchte dieses bohrende, wie ein Pfahl im Fleische der Völker steckende Frage- und Ausrufungszeichen Gottes zunichtemachen. Bleibt diese Reaktion aus, so muß gefragt werden, ob wir als Christen in der Nachfolge des Gekreuzigten stehen (vgl. Mt. 5, 11–12; 10, 24. 25). Immer wieder taucht dieser Vorwurf der Fremdartigkeit in der antisemitischen Polemik auf, manchmal in recht gehässiger Weise.«

(R. Pf., a.a.O., S. 51)

Jacques Givet, Paris, 1969:

»Denen, die im Gegensatz dazu unaufhörlich wiederholen, daß die israelische Präsenz den Konfliktsfaktor darstellt, muß ich sagen, daß ich *in einem ganz bestimmten Sinn* nicht widerspreche. In diesem Sinn ist nämlich die jüdische Präsenz, wo immer sie in der Welt in Erscheinung tritt, der Grund für Unzuträglichkeiten. Von Mose bis zum letzten Propheten wimmelt die Bibel von unbequemen Leuten. Und auch noch im Neuen

Testament sind alle diejenigen, die, oft ohne es zu wissen, die Wurzeln des Baumes bilden, der sich dann später vom Judentum losreißt, zutiefst nicht weniger Juden in ihrem Bestreben, sich selbst und die Welt zu ändern. Dies gilt auch für Marx, auch wenn er sich in seiner Schrift ›Zur Judenfrage‹ gegen seinen jüdischen Vater wendet.«

(J. G., Pour un néo-sionisme, in: Information juive, Paris 1969, Nr. 193, S. 1)

Bibliographie

Buber, Martin: Die Götter der Völker und Gott, Werke Bd. II, Köln 1964, S. 1067–1083.

Grammont, Dom: In spem contra spem, in: VAV, Nr. 1, Paris 1966, S. 49–61.

Martin-Achard, Robert: Le peuple élu de Dieu au service du monde, in: Verbum Caro, Nr. 74, Taizé 1965, S. 1 ff.

Pfisterer, Rudolf: Im Schatten des Kreuzes, Hamburg 1966, S. 110 f.

Pfisterer, Rudolf: Juden – Christen, getrennt – versöhnt, Gladbeck 1968², S. 51 ff.

Ökumene

Weil die (→) Erwählung Gottes für Israel fortdauert und die Juden darum weiterhin dem Volkes Gottes zugehören, kann eine innere Zuordnung zur Ökumene nicht in Abrede gestellt werden. Diese Ökumenizität ist von eigener Prägung. Selbstverständlich können sich die Juden die Basisformel der Ökumene nicht zu eigen machen, daß nämlich Jesus als der Messias der Retter der Welt sei. Doch gilt für das Verhältnis von Juden und Christen in einem noch viel tieferen Sinn, daß sie »getrennte Brüder« sind. Gemeinsam ist ihnen der größte Teil der (→) Bibel, getrennt sind sie in der Beurteilung des (→) Jesus von Nazareth. Diese Zerrissenheit des Volkes Gottes ist unerträglich; sie beeinträchtigt die Glaubwürdigkeit seines Zeugnisses. Der Weg muß von der Koexistenz zur (→)Einheit führen, die nicht mit irgendeiner Uniformität gleichgesetzt werden darf. Die Zugehörigkeit der Juden zu diesem Kreis der Ökumene ist nicht Frage persönlichen Ermessens, sondern ergibt sich aus der biblischen Offenbarung mit gebieterischer Notwendigkeit.

---

1. Die Klammer der nicht widerrufenen Erwählung schließt Juden und Christen in einer besonderen Weise zusammen. Gemeinsames und Trennendes (d. h. die Erwählung und die Stellung zu Jesus von Nazareth) stehen hier eng verknüpft nebeneinander, so daß die Bezeichnung »getrennte Brüder« diesen Sachverhalt noch am besten beschreibt.

Johan Hendrik Grolle, Utrecht, 1949:
»Ausgehend von der Einheit des Alten und Neuen Testaments und der Einheit zwischen dem alten und neuen Volk Gottes, der ›Kirche‹ in ihrer alten und neuen Gestalt, vor und nach Pfingsten, rechnen wir das Volk Israel zur Gemeinde Gottes selbst.«
(J. H. G., Die niederländische reformierte Kirche und das Gespräch mit Israel, in: Judaica, Zürich 1949, S. 114)

Karl Barth (1886–1968), Basel, 1959:
»Auch die ökumenische Bewegung von heute leidet schwerer unter der Abwesenheit Israels, als unter der Roms und Moskaus! Die Kirche muß mit der Synagoge leben: nicht, wie die Toren in ihrem Herzen sagen, als mit einer anderen Religion oder Konfession, sondern als mit der Wurzel, aus der sie selbst hervorgegangen ist. Und gerade mit ihr will und kann sie nicht in der Weise leben, die hier die allein mögliche wäre. Über den bohrenden Schmerz dieser Wunde dürfte sie sich, auch wenn sie in allen Stücken ihres Dienstes noch so treulich am Werke wäre, nicht hinwegtrösten wollen. Die immer wieder aufbrechende *Judenfrage* ist die durch keinen ihrer Dienste beantwortete und zu beantwortende *Christenfrage* und *Kirchenfrage*. Sie steht als ungelöstes Problem uns so als Schatten auch hinter und über ihrer Tätigkeit in der Heidenmission.«
(K. B., Kirchliche Dogmatik, IV/3, 2. Hälfte, Zollikon-Zürich 1959, S. 1007)

Leo Baeck (1873–1956), Berlin:
»In jener Nacht (der sogenannten Reichskristallnacht) ist auch, ob wir das wissen wollen oder nicht, an die Kirche Hand angelegt worden; denn die Synagoge ist geschichtlich und geistlich die Mutter der Kirche. Jüdische und christliche Gotteshäuser haben letzten Endes ein unteilbares Schicksal. Was dem einen angetan wird, wird auch dem anderen zugefügt.«
(Gerhard Jasper, Hintergründe des Antisemitismus, in: Kirche in der Zeit, Düsseldorf, Februar 1961, S. 57)

Generalsynode der Reformierten Kirche der Niederlande, 1959:
»Israel war die Wiege der Ökumene. Dieser Begriff ist so eng mit dem Volke Israel verbunden, daß eine ökumenische Bewegung sich von ihrem eigenen Ursprung abschneidet, wenn sie sich nicht mit dem Verhältnis zu diesem Volke beschäftigt. Denn ohne Israel kann die Kirche ihren ökumenischen Charakter nicht in vollem Umfang erleben.«
(Israel und die Kirche, Zürich 1961, S. 43)

Bernard Lambert, O. P., Quebec, 1962:
»Das Problem ›Israel‹ ist also kein außerhalb der Ökumene liegendes Problem. Es betrifft die beiden Teile der Ökumene, das heißt die Juden und die Heiden. Denn im Blick auf den Heilsplan bedeutet sie in der Tat die grundlegende Teilung des Menschengeschlechts; auf der einen Seite steht das jüdische Volk, das Volk des Bundes, auf der anderen Seite befinden sich die Heiden . . .
Ein Ökumenismus, der sich auf die rein innerchristlichen Beziehungen beschränken würde, wäre von Anfang an zum Nichtgelingen verurteilt, weil er sich auf eine zu schmale Basis gründen würde. Im Ökumenismus hängt alles miteinander zusammen, aus dem sehr einfachen Grund, weil in der Einheit wie in dem Zerbrechen der Einheit alles miteinander zusammenhängt. Die ökumenische Haltung zeigt sich hier als die allein sachentsprechende. Sie ordnet das Problem der Vereinigung Israels und der Christen in die richtige ökumenische Perspektive ein, nämlich in die des allgemeinen Heilsplans und des Geheimnisses der Kirche . . .
Die Christen müssen im Blick auf das Judentum in seiner Gesamtheit sich ganz entschieden für eine ökumenische Haltung entscheiden. Die im Staate Israel wohnenden Juden haben es deutlich zum Ausdruck gebracht, daß die Christen gut daran täten, sie nicht mehr als Missionsgebiet oder Objekt für eine Proselytenmacherei anzusehen. Diese Haltung wird ihre Auswirkungen unter den in der Welt zerstreuten Juden haben, die im Staate Israel eine Unterstützung und Hilfe sehen. Das Judentum verlangt heute, als das angesehen und ernstgenommen zu werden, was es ist, und auch in dem Sinn seiner Rolle und seines Auftrags, wie es dies selbst versteht.
Wir müssen uns also zunächst des eigenen, durch das Judentum vertretenen Typs von Weltgeltung und Weltbedeutung bewußt werden; erst von daher kann einiges möglich werden. Anders ausgedrückt: nur die ökumenische Haltung kann zu irgend etwas führen.«
(B. L., Le problème œcuménique, Paris 1962, S. 599 f., 600, 626)

Rudolf Graber, Bischof, Regensburg, 10. 3. 1963:
»Wenn wir in unseren ökumenischen Bestrebungen so oft nicht weiterkommen, liegt der Grund nicht vielleicht darin, daß wir das Übel, die Spaltung, nicht an der Wurzel fassen, also dorthin zurückgehen, wo Kirche und Synagoge sich trennten? Ist es im Leben nicht oft so, daß in einem Dreiecksgespräch, in dem zwei feindliche Brüder sich einem dritten nähern, sie auf einmal mehr Gemeinsamkeiten entdekken, als sie vorher auch nur zu ahnen glaubten? . . . Vielleicht würden wir durch das christlich-jüdische Gespräch unter uns Christen uns näherkommen.«
(R. G., in: Christlich-jüdisches Forum, Basel, Nr. 30/1. Juni 1963, S. 2 f.)

John Oesterreicher, Newark, 1963:
»Solch ein Zeugnis (des Konzils) könnte der Auftakt zu einer wahrhaft ökumenischen Bewegung werden, wenn ich das Wort ›ökumenisch‹ in einem weiteren Sinn gebrauchen darf. Volle Ökumenizität setzt ja den Glauben an Christus voraus; doch haben Kirche und Synagoge ein gemeinsames Erbe und, in einem bestimmten Sinn, ein gemeinsames Ziel, so daß man wohl von einem ökumenischen Problem und einem ökumenischen Verhalten sprechen kann.«
(J. Oe., Das II. Vaticanum und der Antisemitismus, in: Allgemeine Wochenzeitung der Juden, Düsseldorf, 11. 10. 1963)

John Oesterreicher, Newark, 1963:
»Alle ökumenischen Bestrebungen sind

zum Stillstand oder Mißerfolg verurteilt, wenn sie nicht die Urspaltung und zugleich die endzeitliche Vereinigung der zwei Israels im Auge behalten.«
(J. Oe., Die biblische Wahrheit, in: Allgemeine Wochenzeitung der Juden, Düsseldorf, 6. 12. 1963)

Arthur Gilbert, New York, 1964:
»Die Juden lehren eine selbstzufriedene Kirche, die nur mit ihrem eigenen institutionellen Wohlergehen beschäftigt ist, daß der gekreuzigte Christus nicht auf die Kirche beschränkt werden kann. Er ist vielmehr bei allen, die um der Sünden der Menschheit willen leiden. Die Juden haben die Strafen des christlichen Abendlandes von ihrem Christus getragen. Das jüdische Volk ist der Prototyp des leidenden Knechtes in unserer Zeit.
Das Judentum ermahnt die Christen, die in ihrem selbstgenügsamen Glauben sich ihres Heils sicher wähnten und meinten, daß sie sich mit den harten Tatsachen dieser Welt nicht mehr zu befassen brauchten, ›ein Jude (oder ein Christ) zu sein, die Bereitschaft heißt, die Kreuzigung zu erleiden‹ (Schemoth Rabba, 42, 9). Das Streben nach Versöhnung verlangt von dem Gläubigen notwendigerweise, daß er einen Standort einnimmt und bei der Lösung aller menschlichen Probleme in dieser Welt seine Entscheidung trifft. Von dieser Verantwortung enthebt uns erst der Tod.
Das Judentum erinnert die Christen beständig an ihre eigene entscheidende Lehre, daß Gott nicht durch Dogmen bekannt wird, mögen sie definiert oder neu definiert, reformiert oder gegenreformiert sein, sondern daß er in der Geschichte offenbar wird, wenn sich das Wort ›ereignet‹. Das jüdische Streben nach einer gerechten Tat ist das Gegengewicht zu dem christlichen Ringen um ein einigendes Bekenntnis.
Der Gott Abrahams, der einzigartig ist, der keine menschliche Form oder Gestalt annimmt, der niemals voll beschrieben werden kann, den wir nach bestem Vermögen in unserem Herzen und auch in unserem Verstand zu kennen aufgerufen sind, dieser Gott sitzt zu Gericht über alle menschlichen Institutionen, einschließlich Kirche und Synagoge.
Im Paradox der Religion ist Stärke unsere Schwäche und unsere Schwäche Stärke. Ganz demütig möchte ich meinen, daß Gottes Wahrheit größer ist, als daß einer unter uns sie hätte oder umschreiben könnte. Im Gespräch miteinander entdecken wir, daß Gott unter uns ist und sich aufs neue offenbart.«
(A. G., Die Sendung des jüdischen Volkes in der Geschichte und der modernen Welt, in: Lutherische Rundschau, Stuttgart 1964, Nr. 3, S. 394)

Hendrik Johan Grolle, Utrecht, 1964:
»Kein Sohn Israels darf als Heide angesehen werden. Und ›Gespräch mit Israel‹ ist eben keine missionarische, sondern vor allem eine ökumenische Angelegenheit.«
(H. J. G., Judenmission oder Gespräch?, in: Der Zeuge, London, Juni 1964, S. 5)

Bernard Lambert, O. P., Quebec, 1964:
»(Frage der Journalisten:) ›Und das Kapitel zur Frage der Beziehungen zwischen Juden und Christen im Schema über den Ökumenismus?‹ ›Es ist noch nicht entschieden; man muß warten, bis sich die Gemüter beruhigt haben und der genaue Aspekt der Einfügung Israels in den Ökumenismus allen deutlich geworden ist.‹«
(B. L., Von Rom nach Jerusalem, Freiburg 1944, S. 164)

Robert Martin-Achard, Genf, 1965:
»Für den Fortschritt der ökumenischen Bewegung ist die Präsenz Israels notwendig.«
(R. M.-A., Le peuple élu de Dieu au service du monde, in: Verbum Caro Nr. 74, Taize 1965, S. 2)

Kardinal Suenens, Brüssel-Mecheln, 1965:
»Alles, was wir empfangen haben, gebietet uns einen tiefen Dank gegen Gott im Blick auf seine Pläne mit dem Volke Israel. Dadurch werden zwischen uns le-

bensnotwendige, ganz enge Bande, Bande einer echten Bruderschaft gewoben. Wir sind Brüder vor Gott.«
(In: Christlich-Jüdisches Forum, Basel 1965, Nr. 35, S. 47)

Léon Askenazi, Paris, 1966:
»Dies (nämlich der Zusammenschluß der Kirchen zur Einheit) würde auch zur Folge haben, daß die Gemeinden der alten jüdischen Diaspora darüber zu entscheiden hätten, auf ihre Weise den letzten Ökumenismus der Bibelgläubigen seiner Vollendung zuzuführen für den letzten Aufenthalt im Exil. Viele Juden – und auch viele Christen – wissen es schon, daß der für immer heilige Nährboden des Volkes Israel in Jerusalem sich befindet.«
(L. A., Tant que dure la nuit ..., in: Nouveaux Cahiers, Paris 1966, Nr. 5, S. 107)

Jean Bosc (1911–1969), Paris, 1966:
»Es ist zwischen dem auserwählten Volk, das die Verheißung empfangen hat, und der Kirche, dem Volk des neuen Bundes, eine geheimnisvolle und auflösliche Verbindung vorhanden. Wenn man deshalb den Ökumenismus in seiner vollen Dimension versteht, dann schließt dies die Betrachtung des Geheimnisses der Einheit von Israel und der Kirche in sich.«
(J. B., La première édition œcuménique de la bible, in: Le Monde, 10./11. 4. 1966)

Josy Eisenberg, Paris, 1966:
»Man muß zwei verschiedene Arten von Ökumenismus unterscheiden, die nur zu oft miteinander vermengt werden. Die erste betrifft die Einheit der Christen; man versteht, daß hier die Lehre von Christus der Schwerpunkt ist. Aber der Ökumenismus im weiten Sinn des Wortes – ihm können alle Gläubigen anhängen – ist von einer ganz anderen Natur. Er verlangt unbestreitbare Voraussetzungen. Man muß feststellen, daß sich die Einheit der Monotheisten nur auf der Grundlage des Alten Testaments bewerkstelligen läßt.«
(J. E., in: Le Monde vom 7. 5. 1966)

Alfred de Quervain, Bern, 1966:
»Als Glieder der Gemeinde reden wir von den Juden als dem Volk Gottes. Wir sehen sie so an, wir reden sie so an, nicht um sie zu gewinnen, nicht weil sie einen Anspruch darauf erheben, sondern weil die Gemeinde das bekennen *muß*. Zu lange hat die Predigt zu ihrem großen Schaden darüber geschwiegen oder keine Folgerungen aus dem gezogen, was sie verkündigen mußte.«
(A. d. Q., Das Judentum in der Lehre und der Verkündigung der Kirche heute, in: Theologische Existenz, Neue Folge, Nr. 130, München 1966, S. 10)

Markus Barth, USA, 1967:
»Man sollte Juden anflehen, an den zahlreichen von Katholiken, Russisch- oder Griechisch-Orthodoxen und Protestanten veranstalteten Versuchen zur Wiederherstellung der Einheit des Gottesvolkes teilzunehmen. Läßt man die Juden aber außerhalb der entsprechenden ökumenischen Begegnungen, Diskussionen und Entscheidungen, so droht die Gefahr, daß die erstrebte Einheit mehr dem Geist eines heidnischen Symposiums als der echten Gemeinschaft des einen Gottesvolkes unter allen Völkern gleicht. Die Juden gehören von Rechts wegen in die ökumenische Bewegung und die entsprechenden Organisationen ...«
(M. B., Jesus, Paulus und die Juden; Theologische Studien, Nr. 91, Zürich 1967, S. 28)

Rudolf Pfisterer, Schwäb. Hall, 1968:
»Es mag vielleicht erstaunen, wenn Israel hier unter die ›Ökumene‹ gerechnet werden soll. Denn wo bleibt hier – so hört man fragen – die Zustimmung zur Basiserklärung, in der Jesus Christus als der Herr anerkannt wird? Gewiß, diese Zustimmung fehlt, handelt es sich doch um eine ›Ökumenizität‹ eigener Prägung, die nicht auf unserer menschlichen Einwilligung beruht, sondern auf das Fundament des göttlichen Planes mit uns Menschen sich gründet. Ein Kennzeichen der Ökumene – gerade unter Christen! – ist auf jeden Fall das Zusammensein von schmerzlicher Trennung und tiefer Verbundenheit. Diesen Sachverhalt gibt der in der ökumenischen Beziehung üblich gewordene Ausdruck von den ›getrenn-

ten Brüdern‹ treffend wieder. Wenn man diesen Begriff sezierend auseinanderreißt, indem man das eine oder andere Moment in dieser Bezeichnung überbetont, daß es das andere je verdeckt und aufhebt, dann ist der Sinn des Zusammenseins in der Ökumene ja grundsätzlich bestritten. Dieser Begriff will ja nicht nur einen Sachverhalt umschreiben, der die Brechung des Geheimnisses der Erwählung unter uns widerspiegelt, sondern uns auch gleichzeitig zu einer Bewegung aufrufen, in der durch die Überwindung der noch bestehenden Trennung das Ziel der völligen Bruderschaft erreicht wird.
Kann die Bezeichnung einer derartigen Trennung und Gemeinsamkeit auf das Verhältnis zwischen Juden und Christen Anwendung finden? Gewiß. Die Erwählung Gottes ist die Klammer, durch die Juden und Christen auf eine einzigartige Weise zusammengehalten werden.«
(R. Pf., Juden – Christen, getrennt – versöhnt, Gladbeck 1968², S. 35 f.)

Frank Michaeli, Professor, Paris, 1968:
»Ohne von einer Annäherung zu reden, als handelte es sich um einige Bemühungen guten Willens zur Überwindung einiger Hindernisse, die sich im Laufe der Jahrhunderte aufgetürmt hatten, bin ich der Überzeugung, daß es absolut unerläßlich und erfreulich ist, feststellen zu können, daß in den ökumenischen Diskussionen es sich heute immer mehr nicht nur um die Beziehungen und um das Verhältnis zwischen Katholizismus, Orthodoxie und Protestantismus handelt, sondern daß das Problem des Judentums aufgeworfen wird. Man kann nur wünschen, daß in der Zukunft dieses Problem zum integrierenden Bestandteil aller Überlegungen in den ökumenischen Bewegungen gehört, und zwar in einer Weise, daß man den Eindruck gewinnt: es geht hier nicht um ein zweitrangiges Problem von geringerer Bedeutung, sondern daß es sich hier – und dies ist meine Überzeugung – um ein grundlegendes Problem dreht.«
(F. M., in: Amitié judéo-chrétienne, Nr. 2, avril-juin 1969, S. 8)

2. Die besondere Zuordnung von Juden und Christen als Glieder des Volkes Gottes wird bestritten; die für beide geltende Erwählung wird hier nicht mehr ernstgenommen.

Johannes Mehl, Appertshofen über Nördlingen, 1961:
»Es stellt eine neue Mode dar, daß Christen und Juden sich in geistlichem Sinne ›Bruder‹ heißen (Berliner Kirchentag 1961). Das ist aber nicht biblisch, sondern Schwärmerei ... Solange noch die Hoffnung auf eine unmittelbare Bekehrung Israels (Judas) bestand ..., redeten die Judenchristen die Juden auch noch als Brüder an – aber wirklich nur solange noch! ... Der Jude ist für den Christen nur insoweit ›Bruder‹, wie auch der mohammedanische Arier oder heidnische Eskimo oder Hottentott über Adam sein ›Menschenbruder‹ ist.«
(J. M., Kirche und Synagoge, in: Gottesdienst und Kirchenmusik, München 1961, S. 162)

Heinrich Spämann, Freiburg, 1961:
»So gab und gibt es über den Augen vieler Christen eine Decke, daß sie in Israel nicht mehr den älteren *Bruder* im Erbe Gottes sehen, als den ihn uns Jesus im Gleichnis von den beiden verlorenen Söhnen zeigt (Lk. 15, 11–32). Die Rollen des älteren und jüngeren Bruders wurden im Lauf der Geschichte vertauscht, der jüngere (die Christenheit aus den Heiden) erhob sich nun seinerseits über den älteren (Israel) und schrieb ihn als Bruder praktisch ab. Er vergaß, daß er selbst aus reinem Erbarmen vom Vater wieder aufgenommen wurde ...«
(H. Sp., Die Decke über dem Herzen, in: Der christliche Sonntag, Freiburg, 20. 8. 1961)

Karl Heinrich Rengstorf, Münster, 1964:
»... Auch auf die Gefahr hin, daß eine theologische Erkenntnis, die sich nun als Frage meldet, dazu benutzt wird, gegen den, der sie aufwirft, den Vorwurf man-

gelnden guten Willens zu erheben, muß sie gewagt werden: Ist es wirklich der Sachlage angemessen, wenn es heute in christlichen Kreisen mehr und mehr üblich wird, von ›jüdischen Brüdern‹ zu sprechen, als ob es nur am beiderseitigen Willen läge, zu einem ganzen Miteinander zu kommen? Wäre es nicht allein sachgemäßer, sondern auch hilfreicher für beide, Christen wie Juden, wenn beide zugeben würden, daß sie nicht schon Brüder im Sinne der Zugehörigkeit zu dem einen Volk Gottes sind, sondern noch in der Hoffnung darauf leben, daß sie es eines Tages durch den gemeinsamen Messias Gottes sein werden – eine Hoffnung allerdings, die beide zur gewissenhaften Bewährung dessen verpflichtet, was sie über ihr religiöses Getrenntsein hin verbindet, nämlich ihres Wissens um ihre in Gott gegründete Menschlichkeit?«

(K. H. R., Der Platz des Juden in der Theologie der christlichen Mission, in: Lutherische Rundschau, Stuttgart 1964, S. 376)

Bibliographie

Barth, Markus: Jesus, Paulus und die Juden; Theol. Studien Nr. 91, Zürich 1967, passim.

Beauchamp, Paul, S. J.: L'église et le peuple juif, in: Études, Paris 1964, S. 244 ff.

Démann, Paul: Israël et l'unité de l'église, in: Cahiers sioniens, Paris 1953, S. 1 ff.

Grolle, Johan Hendrik: Die niederländische reformierte Kirche und das Gespräch mit Israel, in: Judaica, Zürich 1949, S. 104–116.

Grolle, Johan Hendrik: Offene Fenster nach Jerusalem, Wuppertal 1969, passim.

Israel und die Kirche, Zürich 1961, passim.

Lacocque, André: Pérénnité d'Israël, Genf 1964, passim.

Lambert, Bernard, O. P.: Le problème œcuménique, Paris 1962, S. 599 ff.

Lanne, Emmanuel: Notes sur la situation d'Israël par rapport aux schismes dans l'église chrétienne, Chevetogne 1954, S. 68 ff.

Pfisterer, Rudolf: Juden – Christen, getrennt – versöhnt, Gladbeck 1968², S. 35 ff.

Quervain de, Alfred: Das Judentum in der Lehre und Verkündigung heute, Theologische Existenz, Neue Folge, Nr. 130, München 1966, passim.

Thieme, Karl: L'espérance du monde: L'action rédemptrice de Dieu avec son Oint, in: Istina, Paris 1954, S. 159–164.

Pharisäer

Die Pharisäer waren ein geistlich lebendiges Element innerhalb des (→) Judentums zur Zeit Jesu; sie trugen mit dazu bei, den Schwerpunkt der Frömmigkeit in die (→) Synagoge und in den Ablauf des Alltags zu verlegen, ohne dadurch die Einzigkeit des (→) Tempels und des dortigen Gottesdienstes anzutasten. Damit leisteten sie – menschlich gesehen – einen wesentlichen Dienst zum Überleben des Judentums als Volk und Glaubensgemeinschaft.

---

1. Die Pharisäer haben nicht nur für das Überleben des Judentums Entscheidendes getan und es geistlich geprägt, sondern sie haben auch von daher einen tiefen Einfluß auf die in der Entstehung begriffene Kirche ausgeübt.

Flavius Josephus (37–105):
»Die Pharisäer leben enthaltsam und kennen keine Verweichlichung. Was vernünftige Überlegung als gut erscheinen läßt, dem folgen sie und halten es überhaupt für ihre Pflicht, den Vorschriften der Vernunft nachzukommen. Die Alten ehren sie und maßen sich nicht an, den Anordnungen derselben zu widersprechen. Wenn sie behaupten, alles geschehe nach einem bestimmten Schicksal, so wollen sie damit dem menschlichen Willen nicht das Vermögen absprechen, sich selbst zu bestimmen, sondern lehren, es habe Gott gefallen, die Macht des Schicksals und die menschliche Vernunft zusammenwirken zu lassen, so daß jeder sich nach seiner Entscheidung dem Laster oder der Tugend zuwenden könne. Sie glauben auch, daß die Seelen unsterblich sind und daß dieselben, je nachdem der Mensch tugendhaft oder lasterhaft gewesen, unter der Erde Lohn und Strafe erhalten, so daß die Lasterhaften in ewiger Kerkerhaft schmachten müßten, während die Tugendhaften die Macht erhielten, ins Leben zurückzukehren. Wegen alles dessen besitzen sie beim Volke einen solchen Einfluß, daß sämtliche gottesdienstliche Verrichtungen, Gebete wie Opfer, nur nach ihrer Anleitung dargebracht werden. Ein solches Zeugnis der Vortrefflichkeit legen alle im Lande für sie ab, weil man überzeugt ist, daß sie in Wort und Tat nur das Beste wollen.«
(Leo Baeck; Paulus, die Pharisäer und das Neue Testament; Frankfurt/Main 1965, S. 94)

Leo Baeck, Berlin, 1927:
»Mit einer fast revolutionären Entschiedenheit haben sie das Recht, die Geltung und die Würde der Synagoge noch weiter erstreckt, so daß sie Gütern des Tempels Aufnahme gewähren konnte. Die Synagoge sollte nun auch der Tempel sein; nur das Opfer, dessen Stätte er gewesen war, aber nichts anderes sollte ihr fehlen ...
In ihm (dem Pharisäertum) ist der großartige Versuch gemacht worden, die Religion ganz zur Religion des Lebens zu machen, des Lebens des Einzelnen und der Gesamtheit, damit die Religion nicht nur neben dem Menschen, neben der Gemeinschaft, neben dem Staate hergehe. Mit dem Gedanken der Heiligkeit ist hier Ernst gemacht worden, unbedingter Ernst mit der Forderung, jeden Tag, auch den Alltag, zur Idee hinzuführen, mit der Forderung, in der die Pharisäer ihre Aufgabe und ihr Recht fanden: ›ihr sollt euch heiligen und heilig sein.‹«
(L. B., a.a.O., S. 83, 90)

Marcel Simon, Straßburg, 1960:
»Das Ideal der Pharisäer besteht in einer beispielhaften Frömmigkeit, die ihren Mittelpunkt im Gesetz hat; diese Frömmigkeit setzt sich zusammen einmal aus dem beständigen und unermüd-

lichen Nachsinnen – Tag und Nacht sagen die Rabbinen – und aus der Verwirklichung, wobei das eine das andere bedingt. Der Pharisäer ist zunächst ein Mann der Schule und des Studierens. Aber die Schule ist die des Lebens, und das Studieren richtet sich auf das Verhalten aus. Im übrigen bildet das Gesetz ein Ganzes. Man kann darin sicher die sittlichen Gebote und die rituellen Vorschriften unterscheiden. Aber da sie beide im gleichen Sinn Ausdruck des göttlichen Willens sind, kann es nicht in Frage kommen, sie in einen Gegensatz zueinander zu bringen noch hier vielleicht eine Rangordnung einzuführen. Wenn manchmal jedoch eine derartige Rangordnung sich durchzusetzen trachtet und dabei noch im Gegensatz zu dem, was uns normal erscheinen würde, wenn der Ritus manchmal die Oberhand über die Ethik gewinnt, dann handelt es sich hier wiederum um eine Versuchung, die auf jede Religion lauert, in dem Maß, in dem sie sich äußerliche Formen geben will.«
(M. S., Les sectes juives au temps de Jésus, Paris 1960, S. 29)

Claude Gruber-Magitot, Paris, 1964:
»Wir stellen dagegen fest, daß Jesus den Juden, Schriftgelehrten und Pharisäern kein Lehrstück brachte, von dem sie nicht schon Kenntnis gehabt hätten, ihnen keine Gewißheit vermittelte, von denen sie nicht schon durchdrungen gewesen wären, keine Hoffnung ihnen zusprach, die sie nicht selbst schon gehegt hätten.
›Gebt also dem Kaiser, was des Kaisers ist!‹, sagte Jesus. Was uns anbetrifft, so wollen und sollen wir den Pharisäern geben, was ihnen zusteht, nämlich ihre Liebe zu Gott, ihr Vertrauen auf die Vervollkommnung des Menschen, ihre Leidenschaft für die Gerechtigkeit und ihr Ideal eines weltumspannenden Friedens und der Vollkommenheit.
Sagen wir doch ja dazu, sie so zu sehen, wie sie wirklich gewesen sind, und nicht, wie sie ein zwanzig Jahrhunderte dauerndes Übelwollen gezeichnet hat. Sie waren die Männer, die die Bibel zum Volksbuch und Israel zum ›Volk des Buches‹ machten ...
Wenn das Pharisäertum dem politischen Zusammenbruch des Landes, der Zerstörung des Tempels, seinem geistlichen Mittelpunkt und den Verfolgungen des heidnischen Roms Widerstand leisten konnte, wie seine Nachfolger den vom christlichen Rom ausgehenden Verfolgungen die Stirne boten, so rührt dies gerade daher, weil ihre Lehre keine Verknöcherung des Geistes und des Herzens bedeutete, sondern ein Sauerteig für das Leben war; diese Lehre wird den künftigen Generationen weitergegeben, um dieselben in der Liebe zur Tora zu unterweisen.
Als die Juden – von denen viele schon seit Jahrhunderten außerhalb Israels lebten – über die ganze Welt hin zerstreut waren, gewährleisteten die Nachkommen der pharisäischen Rabbis ihre Einheit. Dieser Zusammenhalt, den die jüdischen Gemeinden unter sich während der künftigen Jahrhunderte aufrechterhalten, wäre undenkbar gewesen, wenn das sie miteinander verbindende Ideal ausschließlich nationaler und weltlicher Art gewesen wäre. Es läßt sich dagegen ganz eindeutig erklären, wenn die sie leitenden Gefühle geistlicher Art waren ...
Die christlichen Theologen behaupten – diese Aussage geht in die gleiche Richtung wie die im Mittelalter übliche Darstellung der Synagoge durch eine Frau mit verbundenen Augen –, daß seit der Zeit Jesu das durch die Pharisäer geprägte Judentum auf dem Weg des Abstiegs und der Zersetzung sich befunden habe. Diese Aussage stimmt nicht; sonst ließe sich die Erbitterung des Christentums gegen das Judentum während der ersten Jahrhunderte der christlichen Zeitrechnung nicht erklären. Die ihrer Macht noch unsichere junge Kirche bemühte sich, die Synagoge, ihre solid etablierte ältere Schwester, zu vernichten. Dieser ernsthafte Kampf zwischen diesen beiden Religionen läßt sich nur durch ihre Rivalität erklären. Alle beiden predigten einen einzigen Gott und eine weltumspannende Religion; darum warben sie auch in einer

recht eifrigen Weise um neue Anhänger.
Um dem hartnäckigen – und erfolgreichen – Werben der Synagoge um neue Anhänger ein Ende zu setzen, bedurfte es einer Reihe immer strengerer kaiserlicher Erlasse; die letzten aus der Reihe dieser Edikte, die in der Zeit zwischen 409–438 erlassen wurden, bestraften den Juden mit der Todesstrafe, der von der Notwendigkeit des Werbens neuer Anhänger überzeugt war.
Kann man sich die Zukunft des Christentums vorstellen, wenn eine derartige Maßnahme ihm gegenüber ergriffen worden wäre? . . .
Das Christentum gründet sich ganz und gar auf den Glauben an die Auferstehung der Toten, das Lieblingsdogma der Pharisäer; wir wissen, daß dieses ein entscheidender Bestandteil des Trostes war.
Ohne den Glauben an die Auferstehung Jesu würde aber das zwanzig Jahrhunderte alte Gebäude des Christentums zusammenbrechen. Um sich davon zu überzeugen, muß man nur die feierliche Erklärung von Paulus noch einmal lesen, die den von der ›Auferstehung des Fleisches‹ im Credo eingenommenen Platz erklärt: ›Denn wenn die Toten nicht auferstehen, so ist Christus auch nicht auferstanden. Ist Christus aber nicht auferstanden, so ist euer Glaube eitel, so seid ihr noch in euren Sünden. So sind auch die, die in Christus entschlafen sind, verloren. Hoffen wir allein in diesem Leben auf Christus, so sind wir die elendesten unter allen Menschen.‹ (1. Kor. 15, 16–19)«
(Cl. G.-M., Jésus et les pharisiens, Paris 1964, S. 434, 435, 436, 442)

---

2. Entschieden sollte man sich gegen jede bösartige Entstellung der Pharisäer wehren; es sollte nicht mehr möglich sein, diese Bezeichnung in irgendeinem Sinne als Schimpfwort zu gebrauchen. (Die Polemik Jesu gegen die Pharisäer war eine innerjüdische Auseinandersetzung, die wir nicht in direkter Weise übernehmen können.) Daß es Pharisäer gab, die ihrem Auftrag nicht treu waren, weiß auch das Judentum.

Jerusalemischer Talmud, Berachot IX, 14 b:
»Sieben Pharisäer gibt es: den Schulter-Pharisäer, der vor aller Welt seine Frömmigkeit zur Schau trägt, den Nachlese-Pharisäer, der immer noch ein Gebot erfüllen zu müssen meint, den Ausgleich-Pharisäer, der gute und böse Handlungen verrechnet, indem er Sünden begeht und nachher Gebote erfüllt, den Sparsamkeits-Pharisäer, der damit prahlt, sich alles abzusparen, um gute Werke zu verrichten, den Schuld-Pharisäer, der die Leute auffordert, ihm die von ihm begangenen Sünden anzugeben; aber dann den Pharisäer, der das Gute in der Furcht vor Gott tut wie Hiob, und den Pharisäer, der das Gute aus Liebe zu Gott tut wie Abraham.«
(Leo Baeck; Paulus, die Pharisäer und das Neue Testament; Frankfurt/Main 1961, S. 96)

Martin Buber (1878–1965), 1925:
»Wie also verhält es sich mit dem Gegensatz zwischen Jesus und den Pharisäern? Drei Schichten sind zu unterscheiden.
Die oberste: Bearbeitung der Wirklichkeit durch die Verfasser der Evangelien, die ja im Kampf gegen das die christliche Lehre ablehnende pharisäische Judentum stehen. Ein besonders augenfälliges Beispiel: Die Geschichte von dem Pharisäer, der Jesus nach dem größten Gebot fragt und zur Antwort die Worte des Alten Testaments von der Liebe zu Gott (5. Mose 6, 5) und zum Nächsten (3. Mose 19, 18) gesagt bekommt. In dem zweifellos ältesten Text, bei Markus, fragt der Pharisäer im Ernst und empfängt Jesu Antwort im Ernst, sie durch seine eigene bekräftigend; und auf die wieder entgegnet Jesus, er sei nicht fern vom Reiche Gottes. Aber die zwei anderen Synoptiker lassen den Pharisäer schon

hinterlistig reden, um Jesus zu ›versuchen‹, und der Fortgang des Gesprächs, die Repliken der Einigung im Zeichen des Gotteswortes, ist gestrichen worden.
Die zweite Schicht: Jesu Schelten der heuchlerischen Pharisäer ist freilich nicht das Zeugnis einer Bearbeitung; aber was im Talmud selbst (Jeruschalmi Berachot 9, 5; Babli Sota fol. 22 b) von den Pharisäern selbst in einer bildstarken Ironie über die fünf pharisäischen Heuchlerklassen, über die ›Gefärbten‹ gesagt wird, ist in seinem Pathos der Selbstreinigung dem Pathos in Jesu Reinigungswillen nicht unterlegen. Hier steht nicht der eine Mensch gegen den anderen, sondern die Gefahr, die dem an die Gesetzesübung Hingegebenen von der Verkehrung des Motivs und der Erlahmung der Seelenintention aus droht, wird hier wie dort erkannt und bezeichnet; nur daß der Pharisäer sorglich zwischen Wahrheit und Lüge, Echtheit und Verstellung scheidet, Jesus aber als ein von einer mehr nach außen gerückten Position aus Kämpfender diese Sorgfalt unterläßt und die ganze Menschenart, als wären sie alle Heuchler im gleichen Anathema zu umfangen scheint.
Aber die dritte, innerste Schicht: da ist freilich eine ganz andere wirkliche Gegnerschaft, deren Anblick vor jeder Verdunkelung bewahrt werden sollte. Nur muß eben deutlich wahrgenommen werden, um was es geht.
Ich sagte schon: die Pharisäer stellen das Gesetz in die lebendige Überlieferung ein, die, indem sie es auslegt, es abwandelt, wogegen die Sadduzäer eine unüberbrückbare Kluft zwischen ihm und dem Leben aufreißen. Wie steht nun Jesus zum Gesetz?
Er lehnt die sadduzäische Entzweiung von Dort und Hier, von Sinai-Offenbarung und dem gelebten Augenblick ab; aber um die Einheit beider zu finden, will er nicht wie die Pharisäer in die Situation des Jetzt eingehen, vielmehr, er will noch weiter zurückgehen als die Sadduzäer, der Sinai genügt ihm nicht, er will in die Wolke überm Berg, aus der die Stimme schallt, er will dringen in die Urabsicht Gottes, in die Ur-Unbedingtheit des Gesetzes, wie sie war, ehe sie sich in der menschlichen Materie brach, er will das Gesetz ›erfüllen‹, das heißt, er will seine Urfülle aufrufen und wirklich machen. Daß das Volk jetzt nicht eher als damals im Urreinen wird atmen können, rührt ihn ebensowenig an, als daß ihn etwa die Ahnung anwandelte, wie die Völker, denen seine Lehre sich auferlegen wird, nur durch Aufreißung einer viel tieferen Kluft, als die sadduzäische war, der Kluft zwischen gemeintem und gelebtem Leben, d. h. durch die Sanktionierung des Widerspruchs den Schein seiner Nachfolge zu erzeugen vermögen werden.
Nicht so die Pharisäer. Sie wollen die Wirklichkeit, nicht irgend eine Wirklichkeit, aber die Wirklichkeit aus dem Wort, sie wollen das Leben, nicht irgend ein Leben, aber das Leben im Angesicht, sie wollen das Volk, das Volk Gottes, aus ihm wirkend, auf ihn zu lebend; und so müssen sie die Brechung wollen, müssen sie sich im Diesseits der Wolke bescheiden. Die Pharisäer sind die Menschen eines heiligen Verzichts.
Jesus spricht (Mk. 2, 27): ›Der Sabbat ist um des Menschen willen gemacht, und nicht der Mensch um des Sabbats willen‹; und er wendet an, indem er, in einem außerkanonischen, aber augenscheinlich echten Wort (Codex Bezae zu Lk. 6, 4) zu einem am Sabbat arbeitenden Mann sagt: ›Mensch, wenn du weißt, was du tust, bist du selig; wenn du es aber nicht weißt, bist du verflucht und ein Übertreter des Gesetzes.‹ Die Pharisäer können, eingedenk, daß der Sabbat aus der Schöpfung stammt, nicht sagen, er sei um des Menschen willen gemacht; aber sie sagen (Joma 85 b; Mechilta zu 2. Mose 31, 14): ›Der Sabbat ist euch übergeben, nicht ihr dem Sabbat!‹, und sie wenden an: Also liegt es uns ob, euch zu ermöglichen, Gottes Sabbat als Menschen zu halten.«
(M. B., Pharisäertum, in: Der Jude, Berlin 1925, S. 126–128)

Leo Baeck, Berlin, 1927:
»Es braucht nicht gesagt zu werden, daß so manche Menschen in ihm (dem Pha-

risäertum), so oft gerade von seiner Eigenart her, ihre wesentlichen Mängel hatten. Überall, wo die ›Gemeinde‹ gegen den Staat steht, oder auch gegen die Kirche, die ja auch wie ein sichtbarer Staat ist, bildet sich leicht ein Konventikeltum, entwickelte sich bisweilen eine Atmosphäre des Eingeschlossenen und Stickigen. Man kennt dort auch ein Machen von Religiosität, das an die Stelle des religiösen Handelns tritt; die Religion wird bisweilen Gegenstand eines Betriebs, fast eines Sports. Auch das Judentum weiß davon, aus alten und neuen Tagen. Wo ein Ideal der Heiligkeit aufgestellt wird, dort gibt es die Scheinheiligen auch, die ›Gefärbten‹, wie das Wort des hasmonäischen Königs, das der Talmud überliefert hat, sie nennt. Wenn die Religion gelehrt werden soll, damit sie dem Volke zum Besitztum werde, dann kann die Religion auch zur bloßen Beschäftigung mit der Religion werden, und auch die Kleinlichkeit und ihre Dialektik wirken sich dann nicht selten aus. Sicherlich hat es das alles im Pharisäertum gegeben. Wenn wir es nicht von vornherein wüßten, der Talmud, nicht nur das Evangelium, erzählt es uns.
Aber das Pharisäertum ist das nicht. Sein Wesen ist ein anderes.«
(L. B., a.a.O., S. 89 f.)

Josef Maria Nielen, Köln, 1961:
»Darum sollte man auch die landläufige Ansicht von den heuchlerischen Pharisäern überprüfen. Daß die Christenheit oft genug dadurch mitschuldig wurde, daß schon in den Herzen der Kinder die Keime des Antisemitismus gelegt wurden, sollten wir nicht übersehen.«
(J. M. N., »Christlicher« Antisemitismus, Köln 1961, S. 19)

Gregory Baum (Augustiner), Toronto, 1963:
»Neunzehn Jahrhunderte hindurch haben Christen die Pharisäer aus der Herrenzeit einzig und allein im Lichte der Kritik betrachtet, die das Neue Testament an ihnen übt. Erst die gründlichen Forschungen neueren Datums haben zur Entdekkung geführt, daß die Pharisäer ursprünglich geistig und moralisch hochstehend waren und einen gesunden religiösen Einfluß auf die Volksmengen hatten. Den Pharisäern, mit ihrer persönlichen Treue zur Tora und ihrer Unabhängigkeit vom Tempeldienst, ist es zu verdanken, daß das Judentum die Zerstörung der heiligen Stätte in Jerusalem überlebt hat. Inwieweit jedoch die geistliche Führung der Pharisäer gut oder schlecht war und ob innere Frömmigkeit oder leere Gesetzestreue bei ihrer religiösen Anschauung überwiegen, darüber gehen die Meinungen der Gelehrtenwelt weithin auseinander.«
(G. B., Die Juden und das Evangelium, Einsiedeln, Schweiz, 1963, S. 46)

Ernst Ludwig Ehrlich, Basel, 1963:
»Jesus beschuldigt nun die Pharisäer der Oberflächlichkeit, des Unernstes, des Hochmuts. Diese Einwände werden jedoch nicht gegen die Pharisäer als Gattung vorgebracht, sondern Jesus geißelt hier menschliche Unzulänglichkeit. Wenn etwa die Propheten sich gegen die Priester gewandt hatten, so wollten damit jene die Opfer ebensowenig abschaffen wie Jesus die Tora, nur weil manche Lehrer dieser Tora dem in ihr aufgerichteten Ideal nicht gerecht wurden. Ähnliche Vorwürfe werden übrigens auch im Talmud, der ebenfalls einen ganzen Katalog ihrer Verirrungen enthält, gegen Pharisäer vorgebracht, ohne damit jedoch das ganz pharisäische Judentum zu verdammen (Sota III, 4, 22 b, jer. Ber. IX, 14 b; vgl. Matth. 23, 5–7; 27 f.; Luk. 18, 9–14).«
(E. L. E., Treue und Hoffnung der Juden – Die Pharisäer und Jesus von Nazareth, in: Deutscher Evangelischer Kirchentag Dortmund 1963, Dokumente, Stuttgart 1963, S. 512)

Rudolf Pfisterer, Schwäb. Hall, 1964:
»Mit der weithin üblichen Anschauung muß aufgeräumt werden, als seien die Pharisäer und Heuchler deckungsgleiche Begriffe. Es hat unter den Pharisäern sicher Männer gegeben, auf die die Polemik Jesu zutrifft. Wir verstellen uns aber den Zugang zu dieser geistlichen Bewegung, wenn wir sie nur nach derartigen Vertretern beurteilen. Wir sind doch ge-

wiß nicht damit einverstanden, daß die Christenheit nach Außenseitern beurteilt wird. Den Pharisäern ging es darum, durch vorbildlichen Gehorsam im Nachsinnen über die Gebote den Willen Gottes im alltäglichen Leben widerzuspiegeln. So trugen sie als geistlich lebendiges Element dazu bei, den Schwerpunkt der Frömmigkeit auf die Synagoge zu verlagern, ohne doch die Einzigkeit des Tempels von Jerusalem in Frage zu stellen. Dadurch wurde es möglich, daß die Juden nach der Katastrophe des Jahres 70 als Volk und Religion überlebten. Jochanan ben Zakkai soll die eingeschlossene Stadt damals heil verlassen und von Kaiser Titus die Genehmigung zur Gründung einer Rabbinenschule in Jabne (Jamnia) erhalten haben.«

(R. Pf., Das Judentum in der Verkündigung und im Unterricht der Kirche, in: Lutherische Rundschau, Stuttgart 1964, S. 411)

Bibliographie

Baeck, Leo: Paulus, die Pharisäer und das Neue Testament; Frankfurt/Main 1961, S. 41–98.

Buber, Martin: Pharisäertum, in: Der Jude, Berlin 1925, S. 123 ff.

Ehrlich, Ernst Ludwig: Treue und Hoffnung der Juden – Die Pharisäer und Jesus von Nazareth, in: Deutscher Evangelischer Kirchentag Dortmund 1963, Stuttgart 1963, S. 506–516.

Glatzer, Nahum N.: Die Anfänge des Judentums, Gütersloh 1966, S. 32 ff.

Goppelt, Leonhard: Christentum und Judentum im ersten und zweiten Jahrhundert, Gütersloh 1954, passim, vor allem S. 30–54.

Gruber-Magitot, Claude: Jésus et les pharisiens, Paris 1964.

Olson, Bernard: Faith an Prejudice, New Haven und London 1963, passim.

Olson, Bernard: Christliche Erziehung und das Bild der Pharisäer, in: Emuna, Frankfurt/Main 1967, S. 83 ff.

Simon, Marcel: Les sectes juives au temps de Jésus, Paris 1960, S. 17–41.

Schubert, Kurt: Die Religion des nachbiblischen Judentums, Freiburg 1955, S. 69–79.

Philosemitismus

Die Verteufelung des Judentums und der Juden im (→) Antisemitismus (siehe auch »Entmenschlichung«) hat als Umkehrung ihre Idealisierung zur Folge. Dieser positive Pendelschlag ist ebenso unrichtig wie die in der Judenfeindschaft zum Ausdruck kommende Verdammung. Oft rührt ein solches Ausschlagen nach der anderen Seite von dem schlechten Gewissen her, daß mit dem Judenhaß Übles angerichtet wurde. Doch darf die Besonderheit des Judentums nicht durch von Christen gesetzte positive oder negative Vorzeichen markiert werden. Der Philosemitismus ist die Auffahrtsrampe zum nächsten Antisemitismus. Wenn die Verherrlichung des Judentums sich als Täuschung erweist, schlägt eine derartige Zuwendung nur zu rasch wieder um in Abneigung.

---

1. Die im Philosemitismus zum Ausdruck kommende Überbetonung der Freundlichkeit zu den Juden ist darum verdächtig und meist gefährlich, weil man auch hier einem typisierten Bild der Juden verfallen ist; dadurch wird oft die Begegnung mit dem konkreten Juden verhindert.

Paul Tillich, USA, 1953:
»Es ist aber auch keine Lösung, wenn man die negativen Seiten, die im Bild des typisierten Juden überbetont sind, entfernt und sie durch eine Überbetonung des Positiven ersetzt. Viele Deutsche sind zur Zeit durch schlechtes Gewissen zu einem solchen Philosemitismus getrieben, aber er hilft nichts, da er unehrlich ist, auch wenn subjektiv ehrlich gemeint. Er ist ohne Bestand, da er Antisemitismus mit umgekehrtem Vorzeichen ist. Viele Juden empfinden das übertriebene Preisen des Jüdischen nicht weniger unangenehm als die verzerrte Verunglimpfung der Juden. Sie fühlen, daß beide aus derselben Quelle kommen, nämlich aus einer Aggression, die sich überschlagen hat und nun in ihr Gegenteil verkehrt wird, im Grunde aber Aggression bleibt.«
(P. T., Die Judenfrage, ein christliches und ein deutsches Problem; Berlin 1953, S. 42)

Schalom ben Chorin, Jerusalem, 1960:
»... Was ist zu tun? Das Bild des Juden ist zu restaurieren. Ich warne vor Philosemitismus contra Antisemitismus. Man idealisiere die Juden nicht, wie es in den Bestsellern à la ›Exodus‹ von Leon Uris geschieht. *So* sind wir nun auch wieder nicht. Man zeige den wirklichen Juden ... Nicht Dämonen oder Flammenengel ... Man zeige aber auch die ewigen Tafeln der Zehn Gebote als das Gesetz Israels für alle Welt und alle Zeit; und die Gestalten Jesu und der Apostel zeige man ihnen als das, was sie waren und sind: jüdische Männer, die den Gottesgedanken Judäas der Menschheit schenkten ...«
(Sch. b. Ch., in: Die Kultur, Februar 1960)

Heinz David Leuner, London, 1963:
»Wenn aber die Gegner des Gesprächs behaupten, es leiste dem Philosemitismus Vorschub, so ließe sich aus der bisherigen Erfahrung das Gegenteil nachweisen, denn gerade die jüdischen Partner legen den größten Wert darauf, immer wieder das Versagen auch der Judenheit zu zeigen. Auf dem Berliner Kirchentag wurde von jüdischer Seite davon gesprochen, daß im Staate Israel der Jude, bisher der Urtyp des Toleranten, seine Toleranz zu beweisen habe, denn dort könnte er auch ungestraft intolerant sein. Übrigens ist die starke Beteiligung der Jugend am Gespräch ein guter Schutz gegen jeden Philosemitismus, denn sie verlöre sofort ihr Interesse an einer Bewegung, deren Vorkämpfer über den jüdischen Menschen nichts

als Gutes und Lobendes zu sagen hätten; es würde sie in ihrer Ablehnung der älteren Generation, der sie ohnehin den Vorwurf der Schwarz-Weiß-Malerei macht, nur bestärken.«
(H. D. L., Neubesinnung zwischen Mission und Gespräch, in: Lutherische Rundschau, Stuttgart, Oktober 1963, S. 484)

Alfred de Quervain, Bern, 1966:
»Antisemitismus und Philosemitismus verkennen gemeinsam Gottes Tat, kritisieren und loben im Grunde eine Gegebenheit, das Judentum, den Juden, einen ganz bestimmt gearteten Menschen.«
(A. d. Q., Das Judentum in der Lehre und der Verkündigung der Kirche heute, in: Theologische Existenz, Neue Folge, Nr. 130, München 1966, S. 8)

Martin Stöhr, Darmstadt, 1966:
»Nun sagt man oft, das Verhältnis zu den Juden werde heute von einem Philosemitismus bedroht. Er mache sich schulterklopfend breit, baue die Juden in ein neues Ghetto äußerer Zuvorkommenheit und schließe sie ein in einen Naturschutzpark äußeren Wohlwollens. Dabei wird vergessen, daß auch dies ›Sonderbehandlung‹ ist. Sonderbehandlung steht als Lüge am Anfang eines tödlichen Weges. Man versteht die Furcht. Es ist die Furcht vor einer Heuchelei, die heute ebenso selbstverständlich und servil das tut, was heute opportun ist, wie sie gestern tat, was gestern opportun war. Wenn mit dem Philosemitismus die Front derer gemeint ist, die ihre Jacke geschwind nach dem Wind hängen, so ist die Warnung vor ihm berechtigt. Die junge Generation fragt manchmal, weil sie den Verdacht hegt, so schnell und so gut könne man nicht umdenken, wie es heute den Anschein hat. Sie vermuten eine Verwandlung, die ebenso unglaubwürdig ist, wie die Verwandlung des deutschen und christlichen Nachbarn des Juden in einen Fremden, einen Mitläufer oder gar in einen Mörder.«
(M. St., Zwischen Antisemitismus und Philosemitismus, in: Emuna, Köln 1966, S. 33)

Rudolf Pfisterer, Schwäb. Hall, 1961:
»Entweder neigen wir dazu, die Juden en bloc zu idealisieren – und das geschieht heute oft in unserer offiziellen Öffentlichkeit –, oder aber wir – das passiert heute meist heimlich – verfallen dem Dämonisieren der Juden. Im Grunde genommen tun wir damit beide Male das gleiche: die Besonderheit der Juden wird in ihre angeblich guten oder bösen Eigenschaften verlagert. Dadurch werden die Juden in eine unerträgliche Ausnahmestellung manövriert, bei der jeder noch so gut gemeinte Philosemitismus unweigerlich die Auffahrtsrampe für den nächsten Antisemitismus wird.«
(R. Pf., Deutscher Evangelischer Kirchentag Berlin, Stuttgart 1961, S. 480)

Schalom ben Chorin, Jerusalem, 1961:
»Am letzten Tag meines Berliner Aufenthaltes mußte ich diese Eindrücke in einer Studentengruppe in einer Warnung zusammenfassen: der *Warnung vor dem Philosemitismus.* Das hört sich absurd an und entspricht doch der Wahrheit. So wie die Deutschen im Dritten Reich den Juden meist als ›Untermenschen‹ sahen, als Dämon und Vampir, so sehen sie ihn heute weithin als ›Übermenschen‹, als leidenden Gottesknecht, als Verkörperung von Gewissen und Ethik, als eine Lichtgestalt und einen Lichtbringer.
Nun, wir wissen, daß wir – im Durchschnitt – weder Untermenschen noch Übermenschen, weder Teufel noch Engel sind. Vielgelesene Bücher, wie etwa ›Exodus‹ von Leon Uris, haben dazu beigetragen, das Bild des Israeli ins Heroische zu übersteigern. Wer nun mit diesen vorgefaßten Meinungen an die Wirklichkeit herangeht – in Deutschland oder auf einer Israelreise lebendigen Juden begegnet, der muß enttäuscht werden ... und diese Enttäuschung kann zu einer rückläufigen Bewegung führen. *Philosemitismus kann aus Enttäuschung in Antisemitismus umschlagen.* Vor dieser Gefahr ist heute tatsächlich zu warnen.«
(Sch. b. Ch., Philosemitismus und Scheinjudentum in Deutschland, in: Jedioth Chadasoth Jerusalem, 18. 8. 1961)

Dietrich Strothmann, 1965:
»Auch in einem Philosemitismus um jeden Preis steckt ein Stück latenter Judenfeindschaft.«
(D. St., Im Feuerofen, in: Tribüne, Frankfurt/Main 1965, Nr. 15, S. 1631)

Martin Stöhr, Arnoldshain, 1966:
»Suche ich den Juden als Idealtyp, so erfüllt mich Enttäuschung, wenn ich ihn in der alltäglichen Erscheinung normaler Menschlichkeit, banaler Mittelmäßigkeit oder gar unangenehmer Tätigkeit entdecke. Der Umschlag enttäuschender Liebe in eine neue Aversion ist möglich. Abgesehen von der Vergangenheit und den noch lebendigen Denk- und Verhaltensrelikten aus dieser Zeit ist es das zahlenmäßige Mißverhältnis zwischen jüdischer und nichtjüdischer Bevölkerung, die die Begegnung erschwert.«
(M. St., a.a.O., S. 33)

Hans Lamm, München, 1969:
»Ein Philosemit ist (dagegen) jemand, der nicht primär mit einem Juden (einer Jüdin, einer jüdischen Familie) gut befreundet ist und ihn oder sie wertschätzt, sondern die Juden als Gruppe höher stellt als andere Gruppen, höher als die Christen (wenn er das Judentum religiös begreift) oder die Deutschen (wenn er einer nationalen Definition den Vorzug gibt) ... Andere argumentieren etwa so: ›Sie müssen doch zugeben, daß die Juden gescheiter und geschäftstüchtiger usw. als die Deutschen sind.‹ Wer diese jüdische Gescheitheit behauptet, weist zum Beispiel auf das sicherlich nicht unbeachtliche Faktum hin, daß unter 360 Nobelpreisträgern sich etwa 50 Juden befinden. (Interessanterweise sind darunter 26, also die Hälfte, aus dem deutschen Sprachgebiet) ...
Beide, Antisemiten wie Philosemiten, begehen den Fehler, den Einzeljuden nicht als Individuum zu werten, sondern ihn auf- oder abwertend einzureihen, wenn das ›Habacht‹-Zeichen ›Jude‹ erscheint. Diese vorurteilsbehaftete Haltung ist freilich nicht nur beim Antisemitismus, sondern auch bei dem naturgemäß sympathischeren und in seinen Folgen weniger tragischen Philosemitismus, gleich jedem Vorurteil abzulehnen.«
(H. L., Philosemitismus heute, in: Allgemeine Wochenzeitung der Juden, Düsseldorf, 12. September 1969, S. 28)

Hans Lamm, München, 1969:
»Emotionen tendieren dazu, bei geringfügiger Irritation oder Provokation ins Gegenteil umzuschlagen. Die proisraelische Welle des Mai/Juni 1967 verwandelte sich sicher in weiten Teilen der Welt ins Gegenteil oder kritische Skepsis ... Daß Liebe und Haß nahe verwandt sind, wurde schon bemerkt: Zwar ist es recht selten, daß Antisemiten sich in Philosemiten verwandeln: Die Schuldbekenntnisse Hans Franks oder Baldur von Schirachs in und nach den Nürnberger Prozessen waren nicht mit der Entdeckung projüdischer Gefühle verknüpft. Aber es ist durchaus nicht unwahrscheinlich, daß die (letztlich wohl auch neurotische) Haltung eines Philosemiten ins Gegenteil umschlägt, wenn ein Einzeljude ihn mal enttäuschen sollte, d. h. nicht jenes Idealbild des Juden voll erfüllt, das nur in der Phantasie des engagierten Judenfreundes existiert.«
(H. L., a.a.O., S. 28)

---

2. Philosemitismus kann auch wirklich freundliche Zuwendung zu den Juden bedeuten.

Edmond Fleg, Paris, 1957:
»Eines Tages fragte mich der Inhaber eines Verlags, ob ich nicht eine Geschichte des Antisemitismus schreiben wolle; darauf habe ich ihm geantwortet, daß ich diese sicher nicht schreiben werde. Wenn ich eine Arbeit dieser Art machen würde, dann würde es sich vielmehr um die Geschichte des Philosemitismus handeln, die ich schreiben würde; denn wenn wir nicht zu allen Zeiten Freunde gehabt hätten, die mächtiger und zahlreicher als unsere Feinde gewesen wären, würden wir nicht mehr existieren. Während unserer ganzen Geschichte haben wir dauernd Aufnahme und Rettung gefunden;

dies ist auch einer der wesentlichen Aspekte dieser Geschichte.«
(E. F., Sens de l'histoire juive, in: La conscience juive, Paris 1963, S. 8 f.)

Schalom ben Chorin, Jerusalem, 1961:
»Die Kirchen versuchen eine besonders tiefgreifende Revision: während sie früher vom verworfenen Israel ausgingen, wird heute von deutschen Kanzeln allenthalben über die Stelle im Römerbrief (11, 18) gepredigt: ›So sollst du wissen, daß du die Wurzel nicht trägst, sondern die Wurzel trägt dich.‹ Also das Christentum trägt nicht das Judentum, sondern das Judentum – die Wurzel – trägt die Kirche.
Das bedeutet eine theologische Wendung um 90 Grad, und diese Art von christlichem Philosemitismus (im Gegensatz zum christlichen Antisemitismus) hat Aussicht auf Bestand. Wenn die Millionen Christen in Deutschland (und in der Welt) sich ihrer jüdischen Wurzel wieder bewußt werden, bahnt sich sachlich, geschichtlich ein neues, besseres Verhältnis zwischen Judentum und Christentum, zwischen Juden und Christen an.«
(Sch. b. Ch., a.a.O.)

Bibliographie

Lamm, Hans: Philosemitismus heute, in: Allgemeine Wochenzeitung der Juden, Düsseldorf, 12. 9. 1969.
Riemer, Siegfried: Philosemitismus im evangelischen Kirchenlied, Stuttgart 1963.
Schalom ben Chorin: Philosemitismus und Scheinjudentum, in: Jedioth Chadasoth, Jerusalem, 18. 8. 1961.
Schoeps, Hans Joachim: Philosemitismus im Barock, Tübingen 1952.
Stöhr, Martin: Zwischen Antisemitismus und Philosemitismus, in: Emuna, Köln 1966, S. 27 ff.
Tillich, Paul: Die Judenfrage, ein christliches und ein deutsches Problem, Berlin 1953.

Pogrom

Pogrom ist ein aus der russischen Sprache stammender Ausdruck, der ursprünglich »Verwüstung« bedeutet. Gemeint sind damit die bösartigen, durch Aufhetzung ausgelösten, meist von einer fanatischen Gruppe gelenkten Ausschreitungen gegen eine Minderheit – hauptsächlich gegen die Juden. Pogrome hat es im kaiserlichen Rußland häufig, hauptsächlich in der Karwoche, gegeben, wobei manchmal sogar die Kirchenglocken das Signal zum Beginn dieser Überfälle gegeben haben. In Deutschland hat als größtes Pogrom die sogenannte »Reichskristallnacht« (9. November 1938; die Bezeichnung rührt von dem damals zerschlagenen Glas an Fenstern und Einrichtungsgegenständen her. Es wurden fast alle Synagogen angezündet, viele Juden verhaftet, geprügelt und auch getötet.) traurige Berühmtheit erlangt.

Hans Blüher, Berlin, 1922 (→ Antisemitismus):
»Der Weltpogrom kommt zweifellos. Deutschland wird das einzige Land sein, das vor dem Morde zurückschreckt. Das Judentum ist völlig geschlagen von dem Augenblick an, wo seine Substanzmimikry nicht mehr durchhält, und dies dringt nur allein in Deutschland voll in die Erkenntnis ein. Es ist unedel, den entwaffneten Feind zu quälen. Der Deutsche ist kein Franzose ...«
(H. B., Secessio Judaica, Berlin 1922, S. 57)

Bernard Lecache, Paris, 1927:
»Beila Jankelewna Moschinskaja wird als erste gehört und bringt wörtlich folgende Klage vor:
›Am 4. Februar 1919 drang die Armee von Petlura in Wassiklow ein, verbrachte dort die Nacht ohne Ausschreitungen, erhob sich dann aber und stattete uns einen Besuch ab. Sofort erhob sich ein Schrei über das ganze Land hin; eine unglaubliche Panik begann ... Mein Mann, mein Schwager und ich selbst verbargen uns in der Lederfabrik Obolensky Pereulok zusammen mit anderen Juden. Dort entdeckte man uns, hielt eine Sitzung ab und erschoß alle Männer, meinen Mann auch ... Ich konnte ihn kaum wiedererkennen, als ich aus meiner Ohnmacht erwachte. Der Schlag mit einem Gewehr hatte ihn entstellt.

In der Leninstraße Nr. 6 lebte Samuel Gruppe. Er war ein ruhiger, zurückhaltender Mensch, der seine Worte maß, wie wenn er Stoff abmessen würde. Er spricht von einem anderen Pogrom (denn es gab in zwei Jahren etwa 10); es handelt sich um denjenigen vom 3. September 1919.
Dieser Pogrom wurde durchgeführt von einer jungen Frau, der eigenen Schwester von Sokolowsky, einem Petlura treu ergebenen Ataman.
Die Sokolowskaja regierte über Wassilkow. Durch ein Reskript erließ sie Befehl an ihre Soldaten, die Juden zu töten; denn, so sagte sie, ‚der Pogrom an den Juden wird Heil für die Ukraine bedeuten'.
... Man sprach in ihren Kreisen davon, daß sie hübsch und zart sei ... Und sie mordete.
Die Bevölkerung verbarg sich. Die Banditen teilten sich in dieses üble Geschäft. Sie drangen zu dritt oder fünft in die Häuser ein. Wo ich mich befand – bei meinem jüdischen Schwiegervater – töteten sie jedermann: Männer, Frauen, Kinder und folterten dieselben noch, ehe sie sie töteten, indem sie mit Säbelhieben die Arme, die Hände, die Ohren und die Geschlechtsteile zerschlugen.‹
›Und Sie konnten am Leben bleiben?‹ ...
›Sie konnten mich nicht finden. Als sie weggingen, waren die Wände von Blut und Gehirnteilen bespritzt. An diesem

Tag habe ich vier nahe Verwandte verloren.‹

Markus Lurick ist nicht zu Hause in der Sobornajastraße. Er erfährt, daß ich ihn suche, und eilt ganz außer Atem und schwitzend unverzüglich herbei und beschreibt, was er am 1. Mai 1920 erlebt hat:

›Da keine Züge mehr verkehrten, verbrachte ich die Nacht mit Freunden bei Baliassny in der Wladimirskajastraße. Um Mitternacht erfüllte Lärm die Straßen. Die Truppen Petluras rückten ein.

Eine halbe Stunde später klopfte man. Sieben oder acht Soldaten drangen ein und schrieen: ‚Geld her, ihr Juden!' Man gab ihnen Geld.‹

Er atmete tief, wie wenn er trinken würde, dann fuhr er fort:

›Dann wurden wir alle in ein abgetrenntes Zimmer getrieben, während alle Banditen sich anschickten, zwei Frauen zu vergewaltigen. Es handelte sich um die von Turtschinsky und die von Reizmann. Man vernahm die Schreie . . .

Dann kamen wir dran. Man riß uns die Kleider vom Leib und schlug uns bis aufs Blut.‹

Er mußte noch einmal Luft holen, um besser die schreckliche Fortsetzung zu erzählen:

›Die Rohlinge gingen hinaus und hielten Kriegsrat vor der Türe. ‚Es hat auch kleine Kinder', sagte einer. ‚Die kleinen Kinder wollen wir verschonen!' Hören Sie gut zu! Sie entschlossen sich aber, trotzdem uns alle zu töten, drangen aufs neue in das Zimmer ein, schossen mit ihren Gewehren auf die ganze Familie und die Freunde, oder aber streckten sie dieselben mit Säbelhieben nieder. Was die beiden kleinen Kinder von Turtschinsky anlangt, zwei hübsche Knaben, die dieses Massaker mit ansehen mußten, ohne es zu begreifen, die nahmen zwei Soldaten auf ihre Knie, wie um sie zu wiegen. Dies geschah nur, um sie zu erdrosseln, verstehen Sie mich?

Wir versteckten uns‹, fuhr er mit einer lauteren Stimme fort, ›mein Bruder und ich, unter einem Bett. Sie sahen meinen Bruder und töteten ihn. Obwohl sie keine Zündhölzer mehr hatten, suchten sie trotzdem noch weiter, fanden mich aber nicht . . . Nach all dem war die Nacht recht lang, mein Gott! Bei Morgengrauen sah ich, daß alles tot war, außer meiner Schwester Mania, die dann an Lues acht Monate später starb, die sie sich durch eine Vergewaltigung zugezogen hatte, und meine jüngste Schwester Fannia, die unter einen schon Getöteten zu liegen kam und so tun konnte, als sei sie gestorben.‹«

(B. L., Quand Israël meurt, Paris 1927, S. 145–149)

Hans Blüher, Berlin, 1931:

». . . Und es ist überhaupt eines der größten politischen Aktivposten, die das Reich Jehuda für sich buchen kann, daß es fast jederzeit in der Lage ist, die Gastvölker in den Fluchbereich zu verstrikken.

Und das geschieht dadurch, daß sie zum *Pogrom* reizen und damit schuldig machen. Der Schuldige aber ist allemal für einen Fluch empfänglich. Unter Pogrom sei hier nicht die grobe Form allein gemeint, die, wie immer, die am wenigsten wirksame ist. Beschimpfung ist auch Pogrom. In ihr liegt ja die Schuldaufladung auf einen Andern enthalten. Wenn es aber wirklich der Andere gewesen ist, so lag dies doch nur daran, daß ich vorher seinem korruptiven Gedankengang anheimfiel, also selbst gewissermaßen zum Judentum übertrat. Und das ist ja der Geisteszustand der gesamten Öffentlichkeit. Ein Pogrom aus dieser getrübten Quelle bedeutet daher zwar für den Juden, den's gerade trifft, schweres Leid, Blut, Wunden und Tod – aber auch Martyrium. Für das Reich Jehuda aber bedeutet es, daß die Gojim wieder einmal vergessen haben, sich selbst zu prüfen und das Buch der Geschichte zu revidieren. Der Fürst der Verbannung wird also ein Pogrom stets als ein politisches Aktivum buchen. Was er aber zu fürchten hat, das ist die Ablösung von den korruptiven Gedankengängen.«

(H. B., Die Erhebung Israels gegen die christlichen Güter, Hamburg 1931, S. 125 f.)

Helmut Gollwitzer, Berlin, 1959:
»Lassen Sie mich mit einem Erlebnis schließen, das mir vor wenigen Wochen eine Frau aus unserer Dahlemer Gemeinde berichtet hat: In den schrecklichen Tagen der sogenannten ›Kristallnacht‹ im November 1938 wurde einer ihrer nächsten Freunde, der seit 30 Jahren Hausarzt ihrer Familie gewesen war, verhaftet und ins KZ Oranienburg gebracht, einer der edelsten Menschen, dem sie in ihrem Leben begegnet war. Nach zwei Monaten wurde er wieder entlassen, und als sie ihn aufsuchte, saß er, ein Wrack von einem Menschen, zusammengesunken in einem Sessel und hatte seit seiner Rückkehr noch kein Wort gesprochen und kein Auge aufgetan. Sie bat ihn, ihr etwas zu sagen, worauf er nur flüsterte: ›Ich kann Dich nicht ansehen, ich kann keinen Arier mehr sehen.‹ So blieb er unverändert wenige Tage noch, ließ niemanden an sich herankommen und starb mit einem lauten Schrei, der im ganzen Haus zu hören war. Als man ihn zum Begräbnis herrichtete, fand man, daß sein ganzer Leib nur noch eine blutunterlaufene Fläche war, von Stößen mit Gewehrkolben herrührend. Es geht darum, daß sie uns wieder ansehen können, die Juden uns ›Arier‹, uns Christen, uns Deutsche.«
(H. G., Israel und wir Deutsche, in: Forderungen der Freiheit, München 1962, S. 255)

Zvi Avneri, 1968:
Lokale Pogrome, zumeist infolge von Ritualmordbeschuldigungen, ließen die Juden seit den Tagen Friedrichs II. nicht zur Ruhe kommen:
- 1235 in Lauda, Tauberbischofsheim, Wolfshagen und Fulda;
- 1241 in Frankfurt/Main;
- 1242 oder 1243 in Meiningen;
- 1243 in Kitzingen und Ortenberg;
- 1264 in Arnstadt;
- 1265 in Koblenz, Sinzig und Pforzheim;
- 1265 oder 1266 in Erfurt;
- 1270 in Weißenburg im Elsaß;
- 1275 in Lorch;
- 1281 in Mainz;
- 1283 in Mellrichstadt, Kreuznach, Mainz, Bacharach und Rockenhausen;
- 1285 in München.

Ende des 13. Jahrhunderts setzten die großen *Verfolgungswellen* ein, von denen die Juden in ausgedehnten Gebieten heimgesucht wurden. Die Auffindung einer Knabenleiche am Karfreitag 1287 brachte im Laufe von zwei Jahren Unheil über die Juden im Rhein- und Moselgebiet. Vergeblich ließen sich die Juden am 26. Juni 1287 eine beglaubigte Abschrift der Bulle Innozenz' IV. von 1247 gegen die Blutbeschuldigung geben. Der Glaube an diese Verleumdung war nicht auszurotten, aber noch unheilvoller wirkte sich zeitweise ein anderer Vorwurf aus, der der Hostienschändung, welcher 1290 erstmals in Paris gegen Juden erhoben worden war. Am 20. April 1298 fiel ein gewisser Rindfleisch unter dem Vorwand, eine geschändete Hostie rächen zu wollen, über die Juden in dem fränkischen Städtchen Röttingen her und erschlug 21 von ihnen. Danach zogen Rindfleisch und seine Schar von Ort zu Ort und überall erhoben sich die Einwohner gegen die Juden ...«
(Z. A., Hrsg.: Germania Judaica, Band II, 1. Halbband, S. XXXIV f.)

Norman Cohn, 1969:
»Die ungeheuren Judenmassaker der Nazis haben alles Vorangegangene in den Schatten treten lassen, so daß man heute nur noch wenig über das Vorspiel weiß, das 1918–1920 in Rußland über die Bühne ging. Es forderte nicht wenige Opfer – über 100 000 Tote und eine unbekannte Anzahl von Verwundeten und Verstümmelten. Viele Augenzeugenberichte von diesen Pogromen sind zu gräßlich, als daß man sie wiedergeben könnte ...:
›In den ersten drei Tagen kamen Raubüberfälle und Morde hauptsächlich nachts vor. Während der Nächte konnte die ganze Bevölkerung bald aus dieser, bald aus jener Richtung Schüsse und verzweifelte Schreie hören. Morde waren anfangs ziemlich selten, häuften sich aber mehr und mehr. Ungefähr am drit-

ten Tag gingen die Kosaken schon in der Stadt umher, suchten ganz offen nach jüdischen Häusern, und wenn sie eines fanden, taten sie, was ihnen gefiel. Sie hielten auch Juden auf der Straße an. Manchmal fragten sie einfach: ›Jid?‹, und schossen dem Betreffenden eine Kugel durch den Kopf. Öfter durchsuchten sie den Mann, zogen ihn nackt aus und erschossen ihn dann. Viele der Mörder waren betrunken ...
Etwa am zweiten oder dritten Tag begannen sie, jüdische Häuser in Brand zu stecken. Der Grund dafür war, daß die Pogromschtschiki die Spuren ihrer schlimmsten Verbrechen beseitigen wollten. In einem Haus an der Ecke des Torgowy-Platzes beispielsweise befanden sich fünfzehn Leichen, darunter die mehrerer junger Mädchen, die erst vergewaltigt und danach getötet worden waren. Sie setzten das Haus in Flammen, um diese Verbrechen zu vertuschen ...
Greueltaten: Man erzählte mir von einem Fall, wo ein Mann lebend in das Feuer geworfen wurde. Einem Mann namens Kiskman wurde die Zunge herausgeschnitten, danach wurde er mit einer Dum-Dum-Kugel erschossen. Jedermann, auch das Personal des Krankenhauses, spricht davon, daß Dum-Dum-Geschosse verwendet wurden. Einem Mann namens Markman wurden beide Ohren abgeschnitten, ein Mitglied derselben Familie erhielt zwölf Säbelhiebe, ein anderes acht. Die Leiche eines kleinen Mädchens, M. Polskaja, zeigte, daß es lebend verbrannt worden war. Eine Liste der Begrabenen (beim Polizeischreiber erhältlich) enthält die Namen von zwei Kleinkindern im Alter von sechs Monaten ... Ein Mann wurde in zwei Teile zerhauen. Vor der Synagoge wurden zwanzig Juden nackt ausgezogen und dann erschossen. Das gleiche widerfuhr vier Juden in der Woksal-Straße ...
Sehr oft wurde der Anschein erweckt, als wolle man jemand aufhängen, um ihn zur Herausgabe seines Geldes zu zwingen... Viele wurden auch wirklich aufgehängt, bis sie tot waren – zum Beispiel Moschko Remenik (an einem Baum in seinem Garten) und ein Vater mit seinem schulpflichtigen Sohn, Meyer und Boris Sabarski. Diese beiden wurden erst probeweise halb aufgehängt, dann wurde der Junge gezwungen, die Schlinge um den Hals seines Vaters zuzuziehen ...
Vergewaltigungen: Verständlicherweise sind die Namen überlebender Opfer von Vergewaltigungen nicht zu erfahren. Es gibt sehr wenige; ich hörte nur von zwei jungen Mädchen, die in einem Krankenhaus lagen. Aber nach Aussagen von Zeugen waren Vergewaltigungen sehr zahlreich; die Opfer wurden gewöhnlich danach umgebracht. Man erzählte mir von sehr jungen Mädchen, die vergewaltigt wurden ...
Brandstiftungen: Insgesamt wurden etwa 200 Gebäude niedergebrannt, die Hälfte davon Wohnhäuser... Ungefähr tausend Familien sind obdachlos; sie hausen in der Synagoge, der Schule oder einfach auf der Straße.
Auf die Frage: ›Wer verübte diesen Pogrom?‹ kann man eine ganz präzise Antwort geben: die Kosaken der 2. Brigade aus Tersk. Sie wird befehligt von Oberst Belogorzew ...
Ich muß darauf hinweisen, daß die Opfer des Pogroms überzeugt sind, daß der Pogrom vom Brigadekommando ›erlaubt‹ wurde. Sie schlossen dies daraus, daß die Offiziere bestenfalls indifferent waren, oft aber den Pogrom ausdrücklich billigten, und daß einzelne Kosaken Dinge sagten: ›Wir haben Befehl, die Jidden zu dreschen!‹ oder ›Wir haben drei Tage Urlaub, *um uns zu amüsieren*‹, oder ›Niemand wird uns dafür bestrafen‹ und so weiter. Ich muß jedoch hinzufügen, daß einige Offiziere derselben Brigade versuchten, dem Pogrom Einhalt zu gebieten, bestimmte Häuser zu schützen und allgemein den Juden in ihrer Not beizustehen. Leutnant Iljuschkin, der die Artillerie kommandierte, überredete seine Kosaken, einen ganzen Häuserblock zu verteidigen ...
Nun zu den Ursachen des Pogroms. Obwohl mich diese Frage am allermeisten interessierte, konnte ich überhaupt keinen wirklichen Grund für den Pogrom finden. Sicher ist nur eines: unter den

Kosaken herrschte allgemein der – freilich ganz vage und grundlose – Glaube, daß die Juden mit dem Bolschewismus sympathisierten. Leutnant Iljuschkin erzählte mir, jemand habe, ›offensichtlich zu provokatorischen Zwecken‹, unter den Kosaken das Gerücht ausgestreut, die Juden hätten die Bolschewiki freudig begrüßt, als diese für kurze Zeit Fastow besetzten, ... und sie hätten auf die Freiwilligen geschossen, als sich diese aus Fastow zurückzogen. Dieses Gerücht wurde von keinem meiner vielen Informanten bestätigt. Im Gegenteil, jedermann – und darunter auch Leute, die den Juden sehr feindlich gesinnt waren – bestritt entschieden, daß so etwas geschehen sein könne. Als die Bolschewiki in Fastow eindrangen, versteckten sich die Juden wie alle übrigen Einwohner in den Kellern . . .«
(N. C., Die Protokolle der Weisen von Zion, Köln 1969, S. 157 ff.)

Bibliographie

Lecache, Bernard: Quand Israël meurt. Au pays de pogromes, Paris 1927.

Rasse

Unter dem Begriff versteht man körperliche Merkmale von Menschengruppen, durch die dieselben eine gewisse Einheitlichkeit aufweisen und sich dadurch voneinander unterscheiden. Diese Verschiedenheit wurde oft als Ungleichheit bewertet und zu einer Theorie der Überlegenheit einer Rasse über die andere entwickelt. Daraus ergab sich als Schlußfolgerung auch die These von der Minderwertigkeit bestimmter Rassen, die als Schmarotzer die höher entwickelten Rassen zersetzen und überhaupt gegen dieselben einen Vernichtungsplan im Schilde führen. Als Selbstschutz wurde – oft im Sinne einer Ungeziefervertilgung – die Gegenwehr als Ausrottung solcher Menschengruppen empfohlen – und auch praktiziert.

Die Juden werden fälschlicherweise in diesen Zusammenhang eingereiht, obwohl sie ihrer Herkunft und Zusammensetzung nach Kennzeichen verschiedener Menschengruppen an sich tragen. Man wollte damit ihre aus einer anderen Dimension stammende (→) Erwählung und befremdende Andersartigkeit erklären und sich vom Leibe halten.

---

1. Die Juden wurden von dem Augenblick an als Rasse betrachtet, als man ihrer Zuwendung zum christlichen Glauben mit Mißtrauen begegnete und sie auch weiterhin als Juden ansah.

F. Lovsky, Lons-le-Saunier, 1955:

»Die Mehrzahl der getauften Juden hatte keinen Erfolg damit, sich das Vertrauen der Christen zu erwerben; der Kernpunkt dieses Problems liegt darin, daß es südlich der Pyrenäen zu viele Marranen gab. Die Wiedereroberung Spaniens verschärfte, wie jeder Kreuzzug, den Antisemitismus der Massen. Aber im Unterschied zu den Kreuzzügen entstand durch ihn eine Zwischenkategorie, die zwischen den alten Christen und den alten Juden lag; es handelt sich um die Neuchristen, die im Umkreis der Massaker oder in der leidenschaftlichen Atmosphäre der Predigten von Vinzenz Ferrier getauft wurden. Im Unterschied zu einem Alfonso de Santa Maria hatten die meisten, ja fast alle Marranen keine innere Bekehrung vollzogen. Das unlösbare Problem für die Altchristen, die auf ihre Methoden einer Zwangsbekehrung nicht verzichten konnten, bestand nun darin, diese Neuchristen ohne Hintergedanken bei sich aufzunehmen, obwohl man hartnäckig an dem richtigen Wissen um ihre außerordentlich schlechte Bekehrung festhielt. Man wünschte leidenschaftlich, die Juden möchten sich in die christliche Nation einfügen – dies war der religiöse Gesichtspunkt – und man verlangte auch ihre Einordnung in die einheitliche Christenheit Spaniens – dies war der politische Aspekt. Aber man befürchtete die Konsequenzen dieser Einordnung; man hatte Angst vor eventuellen Äußerungen von Verrat. Man mußte darum die Neuchristen überwachen, ihr Herz bis in seine Tiefe ausforschen und ihre Gedanken nach ihren Taten beurteilen; diese Überwachung wurde zu einer richtigen Schule des Rassismus. Denn die Marranen blieben vom moralischen Standpunkt aus Fremde, obwohl man sie sehr hastig in die Kirche hineingedrängt hatte; man hielt sie für Fremde, die man verdächtigte, sie seien den Christen noch feindseliger gesinnt als vor ihrer Taufe. Es gab nur zwei Auswege aus dieser gegenseitigen Feindseligkeit: Entweder ließ man die Juden zur Synagoge zurückkehren (dies war aber undenkbar) oder man mußte darauf warten, daß jeder zwangs-

getaufte Jude innere Erfahrungen machte, ohne die weder ein Jude noch ein Heide Christen werden können. Leider ... vergaßen die Neuchristen die Erinnerung an die Gewaltmaßnahmen nur schwer, durch die sie zur Taufe gezwungen worden waren!«
(F. L., Antisémitisme et mystère d'Israël, Paris 1955, S. 226 f.)

Golo Mann, Stuttgart, 1960:
»Aber gerade auf der iberischen Halbinsel finden wir im späten Mittelalter zum erstenmal etwas wie den Begriff einer jüdischen Rasse, unabhängig von der Religion. Die Historiker erklären uns das folgendermaßen. Im vom Norden her allmählich dem Christentum zurückeroberten, von der Herrschaft der Mauren befreiten Spanien geschah die Taufe der Juden nicht vereinzelt, sondern in Massen. Und diese kürzlich getauften Juden, die sogenannten Marranen, fuhren fort, unter sich zusammenzuhalten, ihren eigenen Stil zu leben, vielleicht auch ihren eigenen Kult zu pflegen; jedenfalls standen sie im Verdacht, dies zu tun, man traute ihrer Bekehrung nicht. Daraus wurde nun eine Unterscheidung zwischen wahren Christen und unehrlichen Christen, getauften Juden; eine Unterscheidung, aus der, ohne Wissen und Wollen, etwas wie eine Unterscheidung der Rassen sich ergab. Denn die Marranen waren ja nun Christen ihrer Religion nach; Juden waren sie, weil sie sich von der Tatsache ihres früheren Judentums in gewissem Sinne nicht befreien konnten. Jedoch ist dieser Rassismus, wenn man es so nennen will, bis ins 19. Jahrhundert eine vereinzelte Erscheinung geblieben.«
(G. M., Der Antisemitismus, Frankfurt/Main 1960, S. 10 f.)

---

2. Die Charakterisierung der Juden als Rasse war mit dem Vorurteil verknüpft, sie seien minderwertig und darum besonders gefährlich; sie bedrohten die Existenz der Völker, in deren Umgebung sie lebten. Aus diesem Haß spricht – oft recht verhüllt und verzerrt – auch eine gewisse Anerkennung.

Gottfried Herder, 18. Jahrhundert:
»Seit tausenden von Jahren, ja schon seit seinem Ursprung hielt dieses Volk Gottes den Himmel selbst für sein Vaterland; darum vegetierte es wie eine Schmarotzerpflanze auf dem lebendigen Stumpf der fremden Völker; es ist dies eine schlaue und schmutzige Rasse, der kaum die ganze Welt genügt und die niemals von einer brennenden Leidenschaft umgetrieben war, an ihrer Ehre festzuhalten oder dieselbe wiederzuerlangen, und auch die hartnäckigste Unterdrückung hat derselben nicht die Waffen in die Hand drücken können, um sich eine Zuflucht und ein unabhängiges Vaterland zu sichern ...«
(Léon Poljakov, De Voltaire à Wagner, Histoire de l'antisémitisme, Bd. III, Paris 1968, S. 181)

Arthur Graf Gobineau, 1853:
»Der Arier ist also den anderen Menschen überlegen, vor allem durch das Ausmaß seiner Intelligenz und seiner Energie. Wenn es ihm auf Grund dieser beiden Fähigkeiten gelingt, seine Leidenschaften und seine materiellen Bedürfnisse zu überwinden, dann ist es ihm auch verliehen, zu einer unendlich viel höheren Moralität zu gelangen, obwohl man im gewöhnlichen Verlauf der Dinge auch bei ihm ebenso viel tadelnswerte Handlungen erheben kann wie bei den Angehörigen der beiden niedrigeren Gattungen. Dieser Arier stellt sich uns jetzt unserer Beobachtung in seinem westlichen Familienzweig; hier tritt er für uns ebenso stark gebaut, ebenso schön von Angesicht, ebenso kriegerisch im Herzen in Erscheinung, wie wir ihn früher in Indien und in Persien, und auch im Hellas des Homer bewundert haben.«
(Jeannine Verdès-Leroux, Scandale financier et antisémitisme catholique, Paris 1969, S. 122 f.)

Eugen Gellion-Danglar, 1882:
»Der arische oder indo-europäische Zweig (der Menschheit) hat als einziger bedeutende Zivilisationen zustande gebracht und besitzt als einziger den Begriff der Gerechtigkeit und einen Sinn für das Schöne. Die semitischen Zivilisationen sind nur leere Bilder, mehr oder weniger grobe Parodien, ein auf einem bemalten Karton angebrachter Zierrat, so sehr sie auch sonst in die Augen stechen mögen.«
(J. V.-L., a.a.O., S. 113)

Eduard Drummont, 1886:
»Die Hauptzeichen, an denen man den Juden erkennen kann, bleiben also folgende: die berüchtigte gebogene Nase, die fortwährend blinzelnden Augen, die dichtgeschlossenen und vorspringenden Zähne, die eckigen Fingernägel (anstelle solcher in Mandelform abgerundeter Fingernägel), der zu lange Rücken, der Plattfuß, die runden Knie, die außerordentlich weit abstehenden Knöchel, die weiche und anschmiegsame Hand des Heuchlers und Verräters. Sie haben recht häufig auch kürzere Arme als ihre Nebenmenschen.«
(J. V.-L., a.a.O., S. 125)

Eugen Dühring, Berlin, 1886:
»Die gründliche Auffassung, die im Juden nicht eine Religion, sondern einen Racenstamm sieht, bricht aber schon entschieden durch . . .
Die Juden sind überhaupt die übelste Ausprägung der ganzen semitischen Race zu einer besonders völkergefährlichen Nationalität. Der Ausdruck semitisch wird bei den Juden leicht zur Beschönigung und ihn lassen sich auch die Juden lieber gefallen, als den Namen von allbekannter Tragweite und Volksverständlichkeit . . .
Aus diesem Grunde ist die Judenfrage auch nicht kurzweg eine Racenfrage überhaupt, sondern ganz speciell und bestimmt eine Frage der Racenschädlichkeit. Der Regel nach werden Racen und Nationalitäten, wie beispielsweise Germanen und Slaven, miteinander Rivalitäten haben; aber sie werden einander deshalb noch nicht als schädlich anzusehen brauchen. Die Slaven gelten den Germanen nicht als schädliche Menschenart, und wenn sich bei den Völkermischungen und in den Völkerberührungen auch Racen- und Nationalitätsfragen über innere und äußere Abgrenzung ihrer Machtsphären ergeben, so können dabei nicht ähnliche Unterschiede gemacht werden, wie im Thierreich zwischen schädlichen und unschädlichen Thieren. Der Hebräerstamm bildet hiebei aber eine handgreifliche Ausnahme; er hat sich dem ganzen Menschengeschlecht gegenüber materiell und geistig als eine schädliche Menschenart erwiesen; daher handelt es sich ihm gegenüber nicht einfach blos um die Frage der Fremdheit einer Race, sondern um die Frage angestammter und unablegbarer Verderblichkeit . . .
Der Jude ist demnach an seinem eigensten Platze, wo er der Parasit einer bereits vorhandenen oder sich ankündigenden Corruption zu werden vermag. Wo er sich am Fleische der Völker nach seiner Art am behaglichsten fühlt, da sehe man wohl zu, ob es noch gesund ist. Wo Stände, Classen oder Gruppen über Benachtheiligung durch das Judenthum klagen, wird nicht blos die jüdische Sitte und Sittenverderbnis, sondern auch die nähere Untersuchung häufig zeigen, daß im Bereich jener Elemente irgend etwas nicht in Ordnung ist, was den Juden die Handhabe bietet, dort besonders ihr Wesen zu treiben. Allerdings ist die Racenschädlichkeit auch etwas für sich, ähnlich wie die Schädlichkeit irgend einer parasitischen Thierart. Die Parasitenmenschen wuchern aber, wie die Parasitenthiere, am meisten und ungenirtesten im Schmutz und in Zuständen der Ungesundheit . . . Was den inzwischen erforderlichen modus vivendi betrifft, so ist auf dem Fusse der Gleichheit kein andauerndes Zusammenleben mit den Juden möglich, weil der fragliche Stamm von Natur auf einer ungleichen und zwar erheblich tiefern Stufe der Moralität und Begabung steht. Hier kann auch kein geistiges Princip helfen; denn der Fehler ist physiologischer Art und liegt im

Naturcharakter selbst. Mit Lamarckschen Umwandlungen der Thierarten könnte man, selbst wenn dieses bessere Stück des zoologischen Metamorphosenzaubers hier Anwendung fände, praktisch nicht rechnen. Die Zeiträume der Abänderung sind zu lang. Die Juden sind seit den geschichtlichen Jahrtausenden im Grundcharakter dieselben geblieben. Kein sociales System und keine Veränderung der Gesellschaft würde dieses Hauptübel wegschaffen. Die Judenselbstsucht würde nur andere Formen annehmen ...
Aus diesem Grund haben wir in keiner einzigen Richtung an Besserung der Judenschaft zu denken und müssen mit ihr politisch und social als mit etwas wesentlich Unverbesserlichem rechnen. Wer dennoch auf den Besserungsgedanken nicht verzichten wollte, der mag ihn erproben, indem er es den Juden selbst überläßt, sich zu bessern. Diese werden es nicht einmal versuchen ... Sie bleiben eben in ihrer Gesammtheit ein einziger ewiger Jude, der im Hohnsprechen gegen alles Edle vermöge seiner angestammten Natur beharrt. Darum giebt es gegen sie auch nur eine einzige Politik, nämlich die der äusserlichen Einschränkung, Einpferchung und Abschließung.«
(E. D., Die Judenfrage als Frage der Racenschädlichkeit, Karlsruhe und Leipzig 1886, S. 2, 3, 5 f., 7 f., 113, 116)

H. Naudh, 1885:
»Mehrtausendjährige Abschließung und Inzucht haben die durchgreifende Herrschaft des Racentypus befestigt und die Denkweise zu einem Theile desselben gemacht. Jüdisches Blut und jüdischer Sinn sind untrennbar geworden, und wir müssen das Judentum nicht allein als Religion, sondern auch als Ausdruck einer Racen-Eigenthümlichkeit auffassen, und hierbei auch die indifferenten Juden heranziehen ...
Diese Racen sind sich so fremd, wie Öl und Wasser. Was sie unversöhnlich trennt, ist die Auffassung der persönlichen Ehre, welche der Germane seinem Leben zu Grunde legt, und die dem Semiten gänzlich fehlt. Wegen dieses Gegensatzes wurden die punischen Kriege Vernichtungskämpfe, und weder das römische noch das arabische oder das osmanische Reich haben je vermocht, denselben mit äußersten Gewaltmitteln aufzuheben. Und Deutsche und Juden vertreten die beiden äussersten Pole. Die Deutschen sind der idealste Zweig der Indogermanen und die Juden gelten selbst innerhalb der semitischen Raubthiergruppe, bei ihren eigenen Verwandten als der unedelste Spross der Familie, wie ihnen schon in der Physiognomie der Adel des Arabers abgeht.«
(H. N., Die Juden und der deutsche Staat, Leipzig 1885[11], S. 42 f.)

C. Radenhausen, Leipzig, 1888:
»Die Neuzeit, welche in der Gedankenwelt so mancherlei tiefgreifende Erscheinungen fördert, hat neben so vielen umfassenden Streitfragen auch eine Judenfrage oder den sogenannten Antisemitismus neu belebt, vornehmlich angeregt durch den überwältigenden Einfluß, welchen die Fremdlinge auf den Gebieten des Erwerbs erlangt haben und durch diese wiederum auf allen höheren Gebieten auszuüben trachten. Den Anstoß haben erkennbar die Jahre des geschäftlichen Schwindels, gefolgt von einer allgemeinen Ermattung, gegeben, und bei der Untersuchung der maßgebenden Ursachen ist man oft auf jüdische Wirksamkeit gestoßen, daß daraus Anlaß genommen worden ist, ihre Stellung zu der christlichen Bevölkerung nach allen Seiten zu untersuchen. Es ist dabei mehr oder minder deutlich zu Tage getreten, daß es *nicht eine religiöse, sondern eine sittliche und volkswirtschaftliche Frage ist,* deren innere Bedeutung überdies zurückgeführt werden muß auf ursprüngliche Rassenverschiedenheiten zwischen Semiten und Ariern, wie die Wissenschaft der Gegenwart die beiden bezüglichen Rassen benennt ...
Man sollte glauben, daß eine fremde Rasse, welche sich eingeschlichen hat in die Bevölkerung Europas, und hier nicht mehr als 1½ % dieser ganzen Bevölkerung beträgt, sich mit angemessener Bescheidenheit benehmen würde, wenn sie sich getrennt halten will, oder der übri-

gen Bevölkerung in jeder Beziehung anschließen, wenn sie sich einleben will. Aber von beiden sind die Juden in ihren *abweichenden Eigenschaften* weit entfernt, denn allenthalben wird geklagt über ihre Aufdringlichkeit, Rücksichtslosigkeit, Übermut und Grausamkeit; nicht nur in allen Fällen wo sie abhängige Christen vor sich haben, sondern auch, wenn solches nicht der Fall und sie glauben eine Bestrafung nicht befürchten zu müssen. Ebenso mißlich steht es mit den Bemühungen zum Einleben in die Sitten und Gewohnheiten, sowie das Benehmen und Verfahren der Völker, deren Gäste sie sind seit vielen Jahrhunderten, daß eine Art Gleichheit längst hätte erreicht werden können. Allein weit entfernt davon bleibt der Jude immer was er ist, und wenn auch der gebildete sich zeitweilig überwinden kann, einigermaßen christlich oder arisch zu erscheinen, so bricht doch jedesmal die innere Natur hervor, sobald eine günstige Gelegenheit sich findet.«
(C. R., Esther, Leipzig 1888, S. 1, 77)

Theodor Fritsch, Leipzig, 1893:
»Wie schon der Name sagt, richtet sich der Anti-*Semitismus* gegen die ›Semiten‹, also gegen eine *Rasse*, nicht gegen eine *Religion.*«
(Th. F., Antisemitenkatechismus, Leipzig 1893, S. 4)

Houston Stewart Chamberlain, Wien, 1903:
»Der Begriff der physischen Rasseneinheit und -reinheit, welcher den Kern des Judentums ausmacht, bedeutet die Anerkennung einer grundlegenden physiologischen Thatsache des Lebens; wo immer wir auch Leben beobachten, vom Schimmelpilz bis zum edeln Rosse, bemerken wir die Bedeutung der ›Rasse‹: das Judentum heiligte dieses Naturgesetz. Darum drang es auch in jenem kritischen Augenblick der Weltgeschichte, wo eine reiche Erbschaft ohne würdige Erben dastand, siegreich durch. Es beförderte nicht die allgemeine Auflösung, im Gegenteil, es gebot ihr Einhalt. Das jüdische Dogma war wie eine scharfe Säure, die man in eine in Zersetzung geratene Flüssigkeit gießt, um sie zu klären und vor weiterem Verfaulen zu bewahren. Mag auch diese Säure nicht Jedem munden, sie hat in der Geschichte der Kulturepoche, zu der wir gehören, eine so entscheidende Rolle gespielt, daß wir dem Spender Dankbarkeit schulden und anstatt unwillig zu sein, besser thun werden, uns Klarheit zu verschaffen über die Bedeutung dieses *Eintrittes der Juden in die abendländische Geschichte* – für unsere ganze noch im Werden begriffene Kultur jedenfalls ein Ereignis von unmessbarer Tragweite.«
(H. St. Ch., Die Grundlagen des 19. Jahrhunderts, München 1904, S. 258)

Theodor Fritsch, Hamburg, 1919:
»Der getaufte Jude bleibt also insgeheim Mitglied des großen Blutsbundes der Hebräer und hat die Pflicht, die jüdischen Sonderinteressen wahrzunehmen. In solcher Gestalt bildet das Judentum eine fest geschlossene Gemeinschaft, die kaum ihresgleichen auf Erden hat. Sie besitzt schlechtweg den Charakter einer Verschwörung. Der Talmud bedroht denn auch den Verrat an der jüdischen Sache mit dem Tode. Außer dem gemeinsamen Blut und Geist verbindet die Juden der gemeinsame Haß gegen alles Nichtjüdische. Denn so sicher die versöhnende Liebe den Grundzug der christlichen Lehre bildet, so sicher macht der unversöhnliche Haß das Grundwesen des Judentums aus. Daraus ergibt sich ein Gegensatz, eine Feindschaft zu allen nichtjüdischen Völkern, die diese zur äußersten Vorsicht und Gegenwehr mahnen muß.
Es ist also eine oberflächliche und irreführende Auffassung, wenn die Gegnerschaft gegen das Judentum als der Ausfluß eines blöden *Glaubens- und Rassenhasses* dargestellt wird, während es sich in Wahrheit um eine selbstlose, von den höchsten Idealen getragene Abwehr gegen einen *Feind der Menschlichkeit und Gesittung handelt.*«
(Th. F., Handbuch der Judenfrage, Hamburg 1919, S. 19 f.)

Theodor Fritsch, Hamburg, 1919:
»Die Juden sind aber mehr als eine fremde Nation und Religionsgemein-

schaft: sie sind nicht nur ein besonderer *Staat,* sondern auch eine in sich geschlossene *Rasse.* Um im Judenstaate als vollberechtigtes Mitglied anerkannt zu werden, muß man jüdischen Blutes, jüdischer Abstammung sein. Das Judentum läßt keinen Fremden in seine Gemeinschaft hinein, aber auch keinen der Ihrigen so leicht heraus.«
(Th. F., a.a.O., S. 19)

Katharina von Oheimb, Berlin, 1926:
»Die Juden haben nicht nur eine fast einzigartige Fähigkeit der Rassenbehauptung, sondern sie sind sogar eine ausgesprochene Herrenrasse. Ihr uralter Glaube, das auserwählte Volk Gottes zu sein, ist genau so wenig ein Zufall, wie das Gottesgnadentum, das jeder Engländer sich zuspricht oder wie der unerschütterliche Stolz des ersten Römers: ›Civis Romanus sum‹. Alle drei sind, trotz starker geistiger Verschiedenheiten, echte Herrenvölker, und jeder Jude, mag er aus Klugheit, solange es nottut, auch noch so sehr sich anpassen, trägt in Gedanken, wie es Napoleon von seinen Soldaten sagte, ›den Marschallstab im Tornister‹. In diesem Herren- und Machtanspruch der Juden, das sei offen ausgesprochen, scheint mir auch der Grund zu liegen, weshalb wunde Völker eine Abwehrstellung gegen die Juden einnehmen, antisemitisch sind, während starke Völker den Juden freien Spielraum lassen, weil sie sich stark genug fühlen gegenüber dem jüdischen Machtanspruch.«
(K. v. O., Die Judenfrage, in: Der Jude, Berlin 1926, S. 22)

Otto Bangert, Barby, 1927:
»Der Jude ist gleichsam der große Gegenspieler des nordischen Menschen in der Weltgeschichte. Der höchsten Verkörperung der reinen Rasse mit ihren schöpferischen, aufbauenden Kräften stellt die Natur in dieser Gestalt das verkommenste Blut gegenüber, das es überhaupt auf Erden gibt. Es wäre grundverkehrt, im Judentum echte Rasse zu sehen, worauf gewisse, stark ausgeprägte körperliche Merkmale scheinbar hindeuten. In diesen Merkmalen spricht sich jedoch nicht der innere Formgedanke wirklicher Rasse aus, sondern es sind nur die Erbanlagen eines Rassesumpfes, die sich infolge einer jahrtausendelangen Inzucht verfestigt haben. So wahr ein echt nordisches Angesicht der erhabenste Ausdruck reiner Rasse ist, so gewiß ist eine jüdische Fratze die abschreckende Verkörperung letzten Verfalls.«
(O. B., Gold oder Blut, München 1930, S. 74)

Adolf Hitler (1889–1945), München, 1930:
»Was nicht gute Rasse ist auf dieser Welt, ist Spreu.
Alles weltgeschichtliche Geschehen aber ist nur die Äußerung des Selbsterhaltungstriebes der Rassen im guten oder schlechten Sinne ...
Den gewaltigsten Gegensatz zum Arier bildet der Jude. Bei kaum einem Volke ist der Selbsterhaltungstrieb stärker entwickelt als beim sogenannten auserwählten. Als bester Beweis hierfür darf die einfache Tatsache des Bestehens dieser Rasse allein schon gelten. Wo ist das Volk, das in den letzten zweitausend Jahren so wenigen Veränderungen der inneren Veranlagung, des Charakters usw. ausgesetzt gewesen wäre als das jüdische? Welches Volk endlich hat größere Umwälzungen mitgemacht als dieses – und ist dennoch immer als dasselbe aus den gewaltigsten Katastrophen der Menschheit hervorgegangen? Welch unendlich zäher Wille zum Leben, zur Erhaltung der Art spricht aus diesen Tatsachen! ...
Ähnlich verhält es sich auch beim Juden. Sein Aufopferungssinn ist nur ein scheinbarer. Er besteht nur so lange, als die Existenz jedes einzelnen dies unbedingt erforderlich macht. Sobald jedoch der gemeinsame Feind besiegt, die allen drohende Gefahr beseitigt, der Raub geborgen ist, hört die scheinbare Harmonie der Juden untereinander auf, um den ursächlich vorhandenen Anlagen wieder Platz zu geben. Der Jude ist nur einig, wenn eine gemeinsame Gefahr ihn dazu zwingt oder eine gemeinsame Beute lockt; fallen beide Gründe weg, so treten die Eigenschaften eines krassesten Egois-

mus in ihre Rechte, und aus dem einigen Volk wird im Handumdrehen eine sich blutig bekämpfende Rotte von Ratten.
Wären die Juden auf dieser Welt allein, so würden sie ebensosehr in Schmutz und Unrat ersticken wie in haßerfülltem Kampf sich gegenseitig zu übervorteilen und auszurotten versuchen, sofern nicht der sich in ihrer Feigheit ausdrückende restlose Mangel jeden Aufopferungssinnes auch hier den Kampf zum Theater werden ließe.
Es ist also grundsätzlich falsch, aus der Tatsache des Zusammenstehens der Juden im Kampfe, richtiger ausgedrückt in der Ausplünderung ihrer Mitmenschen, bei ihnen auf einen gewissen idealen Aufopferungssinn schließen zu wollen.
Auch hier leitet den Juden weiter nichts als nackter Egoismus des einzelnen.
Daher ist auch der jüdische Staat – der der lebendige Organismus zur Erhaltung und Vermehrung einer Rasse sein soll – territorial vollständig unbegrenzt. Denn eine bestimmte räumliche Fassung eines Staatsgebildes setzt immer eine idealistische Gesinnung der Staatsrasse voraus, besonders aber eine richtige Auffassung des Begriffes Arbeit. In eben dem Maße, in dem es an dieser Einstellung mangelt, versagt auch jeder Versuch zur Bildung, ja sogar zur Erhaltung eines räumlich begrenzten Staates. Damit entfällt jedoch die Grundlage, auf der eine Kultur allein entstehen kann.
Daher ist das jüdische Volk bei allen scheinbaren intellektuellen Eigenschaften dennoch ohne jede wahre Kultur, besonders aber ohne jede eigene. Denn was der Jude heute an Scheinkultur besitzt, ist das unter seinen Händen meist schon verdorbene Gut der anderen Völker ...
Er ist und bleibt der typische Parasit, ein Schmarotzer, der wie ein schädlicher Bazillus sich immer mehr ausbreitet, sowie nur ein günstiger Nährboden dazu einlädt. Die Wirkung seines Daseins gleicht ebenfalls der von Schmarotzern: wo er auftritt, stirbt das Wirtsvolk nach kürzerer oder längerer Zeit ab ...
Auf dieser ersten und größten Lüge, das Judentum sei nicht eine Rasse, sondern eine Religion, bauen sich dann in zwangsläufiger Folge immer weitere Lügen auf. Zu ihnen gehört auch die Lüge hinsichtlich der Sprache des Juden. Sie ist ihm nicht das Mittel, seine Gedanken auszudrücken, sondern das Mittel, sie zu verbergen. Indem er französisch redet, denkt er jüdisch, und während er deutsche Verse drechselt, lebt er nur das Wesen seines Volkstums aus.«
(A. H., Mein Kampf, München 1930, S. 324, 329, 330 f., 334, 337)

Hans Blüher, 1931:
»Es gibt also für den Juden eine Frage der Mischung untereinander, nach den Stämmen, und eine Mischung mit fremdem Blut, also mit uns. Auf der einen Seite steht die Gesetzgebung des Esra, die ja wohl im großen und ganzen eingehalten worden ist; das jüdische Blut ist rein geblieben und hat dadurch eine besondere Schärfe und Durchdringlichkeit erhalten. Zugleich erhielt sich damit die Blutsverfluchung. Auf der anderen Seite scheint ein bewußtes Eindringen in das germanische Blut geplant zu sein, und man könnte beinahe einen neuen Erlaß des Fürsten der Verbannung vermuten; denn der Vorgang ist auffällig.
Eine Mischehe bedeutet im allgemeinen ein Geneigtmachen des nichtjüdischen Gattenteiles für jüdische Gedankengänge, und das ist ja wohl ihr eigentlicher politischer Sinn. Deshalb findet man im Adel soviel Judenehen, ferner im besseren Bürgertum, dagegen nicht in der Arbeiterschaft.«
(H. B., Die Erhebung Israels gegen die christlichen Güter, Hamburg 1931, S. 132)

Gründungsrichtlinien der Glaubensbewegung Deutsche Christen, Juni 1932:
»In der Judenmission sehen wir eine schwere Gefahr für unser Volkstum. Sie ist das Eingangstor fremden Blutes in unseren Volkskörper ... Wir lehnen die Judenmission in Deutschland ab, solange die Juden das Staatsbürgerrecht besitzen und damit die Gefahr der Rassenverschleierung besteht ... Insbesondere ist die Eheschließung zwischen Juden und Deutschen zu verbieten.«
(Kurt Meier, Kirche und Judentum, Göttingen 1968, S. 16)

Gerhard Kittel, Tübingen, 1933:
»Dieses verstreute Volk hat aber eine *Religion*, welche die Völker seiner Umwelt nicht haben, und ist mit dieser seiner Religion ein Fremdling ebenso unter den christlichen, wie auch unter den islamischen Völkern. Und dieses Volk hat weiter eine völlig fremde Rasse, deren Heimat in einem anderen Erdteil gelegen ist, welche – ob sie nun an sich minderwertig, ob sie hochwertig sein mag – auf jeden Fall gegenüber der Rasse der abendländischen Völker ein Fremdling ist und bleiben wird. Denn beides, Religion und Rasse, sind von diesem Volk der Juden in diesen zweitausend Jahren bewahrt worden ...
Weil die Wissenschaft die antisemitische Frage nicht so ernst nahm, wie sie genommen werden mußte, wurde aus dem Antisemitismus eine Bewegung, die zwar aus echten Instinkten heraus lebte und richtige Forderungen vertrat, die aber in der Begründung vielfach auf halbwissenschaftliche Theorien, oft gar auf Märchen und Schlagworte zurückgreifen mußte. Das geschah, weil diejenigen *versagten*, die die wissenschaftliche Begründung hätten geben können. Die berechtigte heiße Leidenschaft des neueren Antisemitismus entstand und mußte entstehen an dem Assimilationsjudentum; weil aber keine Anstalten gemacht wurden, dessen Probleme ernst zu nehmen, nämlich dem Problem der *Fremd*rassigkeit, der *Anders*rassigkeit sein Recht zu geben –, deshalb sprang die populäre Diskussion um in die Theorie von der absoluten Minderwertigkeit der anderen Rasse.«
(G. K., Die Judenfrage, Stuttgart 1933, S. 10 f., 36 f.)

Alfred Rosenberg, München, 1934:
»Es entspricht dieser schmarotzerhaften Umwertung des schöpferischen Lebens, daß auch der Parasit seinen ›Mythus‹ hat, im Falle des Judentums wie die Kaiser-Illusion eines Wahnsinnigen, den Mythus der Auserwähltheit. Es klingt wie ein Hohn, ein Gott habe sich diese Gegennation, deren Beschreibung Wilhelm Busch und Schopenhauer bereits erschöpfend geliefert haben, zu seinem Liebling auserwählt. Da aber das Gottesbild von Menschen geformt ist, so ist es allerdings begreiflich, daß dieser ›Gott‹ sich dieses ›Volk‹ ausgesucht hat unter allen andern. Wobei es für die Juden nur gut war, daß ihre bildnerische Unfähigkeit sie daran hinderte, diesen ›Gott‹ auch körperlich darzustellen. Das sonst hervorgerufene Grausen bei allen Europäern hätte dann sich die Übernahme des Jahwe und seine Veredelung durch Dichter und Maler von vornherein verhindert ...
Lüge ist also nicht nur eine willensmäßige, sondern zugleich auch organische Sünde. Sie ist der schlimmste Feind der nordischen Rasse; wer sich ihr hemmungslos ergibt, geht innerlich zugrunde und scheidet auch gewollt äußerlich aus germanischer Umgebung. Er wird notgedrungen mit charakterlosen Bastarden und Juden Umgang suchen. Hier zeigt sich ein interessantes Gegenspiel, das sich auch auf allen anderen Gebieten beobachten läßt: ist die willenmäßig-organische Lüge der Tod der nordischen Menschen, so bedeutet sie das Lebenselement des Judentums. Paradox ausgedrückt: die beständige Lüge ist die ›organische‹ Wahrheit der jüdischen Gegenrasse.«
(A. R., Der Mythus des 20. Jahrhunderts, München 1934, S. 462, 686 f.)

Robert Körber, 1937:
»Es seien nun im folgenden Abschnitte die Wesenheiten des Deutschtums und das Verhältnis zwischen diesen beiden Völkern gekennzeichnet.
Während das *deutsche Volk* im mitteleuropäischen Raume als ein *alteingesessenes* und der *arischen Rasse* angehöriges Volk anzusprechen ist, das *nordisch-germanisch* bestimmt ist, muß das *Judentum* als ein aus *Asien eingedrungenes syrisch-semitisch-negroides Rassengemengsel* bezeichnet werden. Die Hauptmassen des heutigen Judentums sind in das deutsche Sprachgebiet erst in den letzten zwei Jahrhunderten von Osten durch ständige *Einwanderung eingedrungen.*«
(R. K., Deutschtum und Judentum, in:

Antisemitismus der Welt in Wort und Bild, Dresden 1937, S. 275).

Robert Körber, 1937:
»Die Taufe der Juden verfehlt überhaupt das Problem, denn die *Taufe* ist eine rein geistige, übernatürliche, *religiöse Frage;* die *Judenfrage* ist aber eine völkische, natürliche, *rassische. Durch die Taufe werden die mosaischen Juden bloß katholische oder protestantische Juden, niemals aber arische Deutsche, Franzosen, Engländer usw.«*
(R. K., Die Lösung der Judenfrage, in: Antisemitismus der Welt in Wort und Bild, a.a.O., S. 296 f.)

Schulungsthema der NSDAP, 1943/44:
»Es ist ein unentwirrbares Gemisch aus Rassen, Rassenmischungen und Rassentrümmern, das von seinen Rabbinern künstlich zusammengehalten wird. Es ist in seiner Wirksamkeit eine Art Gegenrasse, die nur zerstörend, aber nicht aufbauend wirken kann. Das Judentum ist der durch Inzucht künstlich herbeigeführte Zusammenschluß von asozialen, verbrecherischen, kranken, entarteten und ausgestoßenen Elementen aller möglichen Rassen der antiken Welt. Das Judentum ist weder Rasse noch Volk, noch Religion in unserem Sinne. Es besitzt auch kein Heimatland, sondern führt ein wurzelloses parasitäres Dasein auf Kosten seiner Wirtsvölker. Seine Heimat sind in erster Linie die Verbrecherquartiere der internationalen Großstädte, sein Gott ist das Geld, seine Politik der revolutionäre Umsturz, die Zerstörung und Vernichtung der Kulturgüter der Menschheit.«
(Eleonore Sterling, Die nationalsozialistische Rassenideologie, in: Littera Judaica, Frankfurt/Main o. J., S. 297)

---

3. Die oft recht unklare, manchmal widersprüchliche Beschreibung der Juden als Rasse ist ein Hinweis auf die Unhaltbarkeit dieser These. Sie läuft immer auf (→) Entmenschlichung und Selbstzerstörung der Vertreter einer solchen Theorie hinaus.

Constantin Brunner, 1917:
»Ich meine: *Die jüdische ist unter den Rassen die zentrale Rasse, welche mit ihrer physischen Äußerlichkeit die Mitte hält zwischen den Menschheitstypen, die Verschiedenheiten aller Art an sich tragend und dadurch von allen verschieden; und auch hinsichtlich der Geistigkeit nimmt die jüdische Rasse eine zentrale Stellung ein und hat die stärkste Wirkung auf die übrigen Menschheitstypen ausgeübt.*
Ich behaupte, die jüdische Rasse hält die Mitte zwischen den Rassen, behaupte nicht, sie sei die beste oder die schlechteste. Es handelt sich um Gruppierung und Verhältnis der Rassen zueinander, nicht um Bessersein oder Schlechtersein, worüber zwischen den Rassen stracks ein toller Zank entsteht, jeder noch so schwachsinnige Streitkopf recht hat in seinem Gerede und Kollektivverleumdungen sich festsetzen und Vorurteile, die auch in den Besseren und Vernünftigen wohl abgekühlt, aber nur in äußerst wenigen durch wahrhafte Anschauung der allgemein menschlichen Natur und durch prinzipielles Denken zersetzt und ganz vernichtet werden. Für Gut und Schlecht der Rassen besitzen wir, die wir selber einer Rasse angehören, keinen Maßstab der Wertung; das ist das Einzige, was sich von den Rassentheoretikern lernen läßt, die allesamt davon überzeugt sind, daß die Rasse, zu welcher sie sich rechnen, die beste sei. Ebenso schwer fällt uns für unsere Rasse in Hinsicht auf ihren Kultureinfluß die Bestimmung des Vorteilhaften und Ungünstigen; weswegen ich hier auch nur behaupte, die Juden hätten die stärkste geistige Wirkung ausgeübt. Es ist also nur von der Intensität der Wirkung die Rede.«
(C. B., Die jüdische Rasse, in: Der Jude, Berlin 1917, S. 300 f.)

Constantin Brunner, 1919:
»Einheit des Menschengeschlechtes, wie

wir sie annehmen, bedeutet im Gegensatz zur Annahme von festen Menschenrassen, daß alle Menschen unter denselben Verhältnissen und Entwicklungsbedingungen rassenlos gleich wären, und Rassen bedeuten danach die Menschen verschiedener Verhältnisse und Entwicklungsstufen; wobei dann Rassenhaß bedeuten würde, daß die Menschheit sich selber haßt in der Verschiedenheit ihrer Erscheinungsformen. Dadurch wird der Haß der Rassen gegeneinander kein schönerer Haß und ist, solange man den Begriff des Hasses festhält und nicht etwa ihn als wünschenswert unter den Menschen bezeichnet, in keiner Weise zu rechtfertigen. – In anderem Sinne als in dem bezeichneten von Rassen zu sprechen, sehe ich kein Recht, in dem bezeichneten Sinne aber mag man – da die Wissenschaft mit dem Wort Rasse nichts anzufangen weiß, ist es frei, und so mag man auch von der ›jüdischen Rasse‹ sprechen, was übrigens nach sämtlichen anthropologischen Rasseeinteilungen Unsinn ist; keine macht die Juden zu einer besonderen Rasse. Jedoch werden wir damit das Wort Rasse nicht betrüben; um jüdische Abstammungseigentümlichkeiten zu bezeichnen, beispielsweise zum Unterschiede von der germanischen, spreche man immerhin von jüdischer und germanischer Rasse, obwohl damit auch insofern den wissenschaftlichen Rasseeinstellungen widersprochen wird, als diese die Juden mit den Germanen in eine Rasse setzen.«
(C. B., Der Judenhaß und die Juden, Berlin 1919, S. 118)

Theodor Heuss (1884–1963), 1932:
»Bei den Antisemiten herrscht keine einhellige Auffassung über die jüdische Rasse. Entspricht sie mit ihrer Reinhaltung im Grunde den Forderungen, die man an die eigene Rasse stellt, ist sie beispielhaft und darum, mitten im Haß, einer Anerkennung würdig, daß sie, gerade sie, dem Gesetze des Blutes folgt? Oder ist sie auf ihrem merkwürdigen Weg durch die Jahrtausende vollkommen bastardisiert, ein unsagbares Gemisch von Minderwertigkeiten, und ist gerade dieser Mischprozeß die Ursache für all die schlechten Eigenschaften, die den Juden der Verachtung preisgeben? Es wird das eine Mal als Beispiel, das andere Mal als Gegenbeispiel verwandt.«
(Th. H., An und über die Juden, Düsseldorf 1964, S. 75 f.)

Desider Balthasar, reformierter Bischof von Debreczen (Ungarn), 1935:
»Die Pest der inneren Zerrüttung nagt am Christentum, zersetzt es durch Rassenwahn und Judenverfolgung. Die christlichen Völker marschieren in den Tod! Ein Teil der theologischen Wissenschaft in Deutschland hat sich dazu erniedrigt, dem Rassenwahn und der Judenverfolgung zur Verfügung zu stehen.«
(Friedrich Heer, Der Glaube des Adolf Hitler, München und Eßlingen 1968, S. 290)

Karl Saller, München, 1963:
»Der dynamisch-genetische Rassenbegriff vermag nach unseren heutigen Anschauungen dem Rassengeschehen auch bei den Juden in seiner ganzen Vielfalt offenbar am besten gerecht zu werden. Das Judentum ist aus vielen Wurzeln entsprungen. So wurde es zunächst eine Mischrasse. Durch ihren Zusammenschluß aus religiösen Gründen und mit ihrer Züchtung durch die Jahrhunderte in solchen Grenzen sind die Juden dann jedoch als geschlossene Fortpflanzungsgemeinschaft zu einer Rasse geworden; die konfessionelle Begrenzung als Voraussetzung eines solchen Werdens der Rasse wurde hier im Laufe der Jahrhunderte durch den strengen Abschluß der Juden wirksamer als die ursprünglich geographisch bestimmte Fortpflanzungsgemeinschaft, aus der sie herkamen . . .
Die Frage, ob die Juden als eine Rasse zu bezeichnen sind, trotz der Vielheit ihrer Wurzeln und Zweige, ist danach im biologischen Sinne, wie wir ihn heute auffassen, zu bejahen. Der biologische Sinn, der damit gemeint ist, ist zugleich ein anthropologischer, in dem für den Menschen wie die Anatomie und Physiologie auch Psyche, Religion und Moral Elemente seiner spezifischen Biologie sind.

Tatsächlich sind gerade die Juden eine Rasse, in der sich der Wandel im Werden lebendiger Rassen und damit die immer wieder wechselnde Vielgestalt solcher Rassen in allen menschlichen Eigentümlichkeiten besonders schön darstellt. Jedenfalls ist es sinnlos, den Judenhaß etwa mit der angeblichen Tatsache wegdisputieren zu wollen, daß es so etwas wie eine einheitliche Rasse des Judentums nicht gebe. Der Haß nimmt das Judentum einheitlich als Rasse; so muß er aufgefaßt und überwunden werden ...

Jedes Volk hat seine Lichtseiten, aber die Lichter nebeneinander gestellt ergeben auch Schatten. Derartiges war das besondere Schicksal der Juden. Jede Rasse muß sich wandeln, um leben zu können; sie wandelt sich nicht nur in ihren körperlichen Eigentümlichkeiten, sondern auch in ihrer Psyche, wie es das Fortschreiten der kulturellen Entwicklung mit sich bringt. Daß in dieser Hinsicht ein Wandel bei der jüdischen Rasse früher erfolgte als bei den europäischen Völkern, auch das war das besondere Schicksal der Juden. Schließlich muß jede Rasse Gelegenheit finden, sich zu bewähren, sonst bleibt die ganze Fülle ihrer Anlagen unerkannt. Oft kann gerade ihr Unglück eine Rasse groß machen. Die Geschichte der Juden mit ihrem maßlosen Unglück, aber auch mit ihrer weltgeschichtlichen Leistung ist wohl wie die Geschichte kaum eines anderen Volkes geeignet, zu zeigen, daß es nicht Haß und Neid sein können, welche das Schicksal der Welt entscheiden, sondern die Tat, die in gegenseitiger Hilfe zum Nutzen aller getan wird.«

(Karl Saller, Die biologisch motivierte Judenfeindschaft, in: Karl Thieme, Hrsg.: Judenfeindschaft, Darstellung und Analysen, Frankfurt/Main 1963, S. 184 f., 193, 206 f.)

Hannah Vogt, Wiesbaden, 1963:

»Wenn sich die Forscher mit der Aufzählung körperlicher Merkmale begnügt hätten, wären ihre Lehren ungefährlich gewesen. Sie behaupteten aber, an die körperlichen Merkmale seien jeweils bestimmte geistig-seelische Eigenschaften geknüpft. So erklärte der französische Schriftsteller Arthur Graf Gobineau diejenigen Völker, die man in der Sprachwissenschaft wegen der Ähnlichkeit ihrer ›Sprachen‹ als Arier zusammengefaßt hatte, zu einer besonderen Rasse. Er behauptete, nur diese Rasse habe schöpferische Fähigkeiten. Ihr Sinn sei mutvoll, kühn und ideal. Sie sei anderen Menschenarten durch Intelligenz und Tatkraft überlegen und habe eine unvergleichlich höhere Entwicklungsstufe erklommen. Von den Negern hingegen schrieb er: ›Die schwarze Varietät ist die einfachste; sie steht an der untersten Sprosse der Leiter. Der Charakter einer größeren Tiernähe prägt sich in der Form ihres Beckens aus und drückt ihr vom Augenblick der Empfängnis an ihren Charakter auf. Sie kann in ihrem geistigen Leben niemals einen engen Kreis überschreiten. Und doch ist der Neger mit seiner engen und zurückweichenden Stirn und den Zeichen einer rohen physischen Gewalttätigkeit in der Mitte seines Schädels nicht gerade ein Tier.‹ Herder hatte noch Anstoß daran genommen, daß Gelehrte seiner Zeit überhaupt den aus der Tierzucht stammenden Rassebegriff auf den Menschen anwandten. Zu Gobineaus Zeiten aber dachte man schon nicht mehr so hoch von der Würde des Menschen.

Seine Bekundungen fanden ein weites Echo, kamen sie doch dem Selbstgefühl des Europäers sehr entgegen, der sich gerade damals anschickte, seine Vorherrschaft in der ganzen Welt aufzurichten. Ihr wissenschaftlicher Wert war gleich Null. Denn nie und nirgends hat sich nachweisen lassen, daß die Millionen Angehörigen einer Rasse die gleichen seelisch-geistigen Eigenschaften hätten. Dagegen läßt sich ohne Voreingenommenheit sagen, daß es überall Kluge und Dumme, Faule und Fleißige, Tapfere und Feige gibt. Schon im kleinen Raum einer Familie, die vielleicht große körperliche Ähnlichkeit hat, treten diese Unterschiede auf.

Da die Rasseneinteilung ganz in das Belieben der Forscher gestellt war, wurde

alsbald auch die Behauptung aufgestellt, die Juden seien eine besondere Rasse, die sich zudem kraft ihrer Absonderung besonders rein erhalten habe. Man betrachtete sie als einen Zweig der ›semitischen Rasse‹, die in Syrien, Arabien und Ägypten siedelt. Zugleich aber sonderte man sie von diesen semitischen Völkern ab, denn der ›Antisemitismus‹ – dieses Wort wurde 1879 zum ersten Male verwendet – richtete sich keineswegs gegen Araber oder Ägypter, sondern ausschließlich gegen Semiten jüdischer Herkunft. Damit trat klar zutage, daß die ganze ›Rassenlehre‹ nur ein Vorwand war, um die alte religiöse Antipathie zeitgemäßer aufzuputzen. Ein Blick in die Geschichte des Judentums kann die ganze Torheit dieser ›Lehre‹ entlarven. Im achten Jahrhundert war ein ganzer slawischer Volksstamm, die Chasaren, zum Judentum übergetreten. Die Nachkommen dieser Juden waren sicher keine Semiten; sofern sie aber am jüdischen Glauben festgehalten hatten, fielen sie unter das Vorurteil der Antisemiten!«
(H. V., Joch und Krone, Frankfurt/Main 1963, S. 100 f.)

Eleonore Sterling (1925–1968), Osnabrück 1965:
»Die Lehre von den Juden als menschenfeindliche und minderwertige ›Gegenrasse‹ – eben der Antisemitismus – war nicht im Bereich der Biologie entstanden. In Wirklichkeit hatte sich eine ältere Feindschaft der neuen pseudowissenschaftlichen Gesichtspunkte und Methoden bemächtigt. Der alte, trotz der Aufklärung unerledigt gebliebene Judenhaß fand in der Rassenlehre neue zeitentsprechende Begründungen und Formulierungen. Pseudochristliche Vorstellungen aus dem Mittelalter wirkten nach, in denen die Juden als ›Ungläubige‹, als ›Sündhafte‹ und ›Minderwertige‹ galten. Diese Irrlehren wurden in der modernen Tendenz, das Religiöse zu säkularisieren, weltlich-wissenschaftlich umgedeutet. Man entnahm, mehr oder weniger bewußt, dem mittelalterlichen Arsenal des Hasses und des Aberglaubens die verzerrten Judenbilder und übertrug sie auf die Tagespolitik und die Wissenschaft. Das Judentum, das von einem wurzellosen Christentum als die ›untere und abgestorbene Religion!‹ betrachtet worden war, galt in weiten Kreisen nunmehr als das Gegensymbol der ›Kultur und Zivilisation‹. Die Vorstellung von den ›Christuskreuzigern‹ wurde dahingehend enttheologisiert, daß man behauptete, die Juden hätten die ›freie Humanität‹ ans Kreuz geschlagen. Die vormals als ›vorsätzlich ungläubig‹ bezeichneten Juden erschienen nunmehr als ›Zurückgebliebene‹, als ›Un- und Untermenschen‹, als ›untere Rasse‹ . . .
Die Rassenlehre der Nationalsozialisten wendete Kriterien der Zoologie an, um menschliche Eigenschaften zu messen und zu bewerten. Der Mensch wurde nicht mehr als Ebenbild Gottes betrachtet, sondern unter die Tiere gerechnet, nach Maßstäben der Zoologie und Tierzüchtung bewertet. Die Freiheit der menschlichen Seele und die Selbstbestimmung der Vernunft wurden abgewertet und mit dem rassischen ›Volksganzen‹ verschmolzen oder von vornherein gar geleugnet. Man ließ sie derselben fragwürdigen mechanischen Kausalität unterworfen sein, die in der Pflanzen- und Tierwelt herrschen soll. Von dieser ›wissenschaftlichen‹ Verächtlichmachung des Menschen bis zu den Plänen für die Ausrottung ganzer Bevölkerungen war dann der Weg nicht mehr weit.«
(E. St., Die nationalsozialistische Rassenideologie, in: Paul Jacob und Ernst Ludwig Ehrlich, Hrsg., Littera Judaica, Frankfurt/Main o. J., S. 291, 288 f.)

Karl Saller, München, 1965:
»Jede *natürliche Gruppe* zeigt in der Wirklichkeit immer für all ihre Merkmale eine mehr oder weniger große *Schwankungsbreite*, und die verschiedenen Gruppen zeigen dabei in der Regel auch keine absoluten Unterschiede, sondern nur Unterschiede von *Häufigkeitsreihen*, die einander *vielfach überschneiden*. Die Merkmale, die einen Typus kennzeichnen, sind nicht einfach erblich bedingt und in ihrer Vielzahl zu einem einzigen Komplex miteinander gekoppelt,

sondern sie spalten sich in der Vererbung auf, um sich nach *jeder Kreuzung zu neuen Kombinationen* zusammenzufügen. Es gibt aber bis zur Gegenwart keine Geschichte irgend einer Rasse, in der solche Kreuzungen verschiedener Gruppen nicht vorgekommen wären. So ist mit den statischen Rassetypen in der Wirklichkeit nichts anzufangen. Zur Rassendefinition müssen Kriterien beigezogen werden, die sowohl den Erblichkeitsgesetzen gerecht werden als auch die natürlichen Verhältnisse berücksichtigen, unter denen das Leben von Rassen in der Zeit abläuft. Solchen Bedingungen entspricht der biologisch-dynamische Rassenbegriff, indem er als Rassen Gruppen von Menschen bezeichnet, die durch natürliche, im Verlauf der Kulturgeschichte unter Umständen auch durch willkürliche gesetzte Grenzen zu Fortpflanzungsgemeinschaften zusammengeschlossen sind und die in solchen Zusammenschlüssen einander unterscheidende Erbeigentümlichkeiten zur Ausbildung gebracht haben. Rassen sind nach diesem Begriff also *kein Dauerzustand*, sondern ein Vorgang, ein aus inneren und äußeren Bedingungen ständig wechselnder *Prozeß*, eben keine Statik sondern – wie alles Leben – *Dynamik* ...

Tatsächlich wissen wir heute, daß *alle lebenden Menschen* in ihren rassischen wie in ihren individuellen Verschiedenheiten *auf eine einzige gemeinsame Wurzel* zurückgehen, aus der der Homo recens entsprang. Dafür spricht die *gleiche Grundstruktur im Körperbau* aller Rassen, der *gleiche Gehirnaufbau* und vor allem die *identische Eiweißstruktur* aller Rassen, die – mit dem gleichen Bestand an Chromosomen als Erbträgern – bedingt, daß alle heute lebenden Menschenrassen *miteinander uneingeschränkt zu fruchtbaren Mischungen fähig* sind. Alle Menschen gehören auch in ihren Rassenunterschieden *einer einzigen Art* des Lebens an. Wir verstehen unter *Arten Lebensgemeinschaften*, deren Angehörige untereinander zu fruchtbaren Mischungen fähig und von anderen Arten durch die Unmöglichkeit oder Unfruchtbarkeit solcher Mischungen geschieden sind. *Primär ist die Einheit all dessen, was Menschenantlitz trägt. Die Differenzierung* der Rassen aus dieser ursprünglichen Einheit ist *sekundär* ...

Angesichts des politischen Mißbrauchs, der mit dem Rassenbegriff getrieben wurde, und zum Teil noch heute getrieben wird, ist zunächst mit aller Deutlichkeit zu sagen, was Rassen *nicht* bedeuten. Sie können nicht bedeuten, daß sich die Menschheit mit ihren Rassen zu einer *Wertskala* dieser Rassen geordnet hat. Gewiß sind die Rassen voneinander verschieden; in ihrer Wesensgleichheit sind mit *Randmerkmalen auch alle Menschen voneinander verschieden* ... So hat jede Rasse wie jeder Mensch ihr eigenes, mit anderen in vielen Eigentümlichkeiten oft nicht vergleichbares Gepräge, das ihr *Eigenständigkeit* gibt und die Auf- oder Abwertung anderer Rassen in ihrer Eigenständigkeit an dem eigenen Maßstab nicht zuläßt ...«

(K. S., Die Lehre von den Rassen, in: Im Geiste der Brüderlichkeit, München 1965, S. 78, 79, 81)

Jeannine Verdès-Leroux, 1969:

»Der Ausdruck ›Arier‹ wurde gegen das Ende des XVIII. Jahrhunderts von dem englischen Philosophen William Jones verwandt, um verschiedene Sprachen zu bezeichnen, die, wie etwa der Sanskrit und ein Teil der europäischen Sprachen, gewisse Ähnlichkeiten aufwiesen. Zahlreiche Philologen, die sich mit den Problemen der linguistischen Beziehungen befaßten, griffen ihn wieder auf. Seit 1813 scheint der Begriff Indo-Europäer verwandt worden zu sein und zwanzig Jahre später wurde dieser Ausdruck gebräuchlich und geläufig. Der Begriff Indogermane wird ebenfalls in den Jahren um 1825 in Deutschland (durch J. von Klaproth) eingeführt. Verschiedene Autoren (A. Pott, Jakob Grimm, A. Kuhn) erörtern in den Jahren um 1840 die Frage, wer diese Indoeuropäer vor ihrer Zersplitterung wohl gewesen sein mögen. Der Deutsche F. Max Müller, der in Oxford vergleichende Philologie lehrte, behauptete als erster, daß es nicht nur ur-

sprünglich eine arische Sprache, sondern auch eine arische Rasse, ja sogar eine arische Familie gegeben habe. Ein Vierteljahrhundert später wies er in den ›Biographies of Words and the Home of the Aryans‹ (1888) diesen Begriff einer arischen Rasse eindeutig zurück. Aber dieses Dementi kam zu spät.«
(J. V. L., a.a.O., S. 111)

Bibliographie

Bangert, Otto: Geld oder Blut, München 1930, passim.

Blüher, Hans: Die Erhebung Israels gegen die christlichen Güter, Hamburg 1931, passim.

Brunner, Constantin: Die jüdische Rasse, in: Der Jude, Berlin 1917, S. 299–307.

Brunner, Constantin: Der Judenhaß und die Juden, Berlin 1919, S. 98–160.

Chamberlain, Houston Stewart: Die Grundlagen des 19. Jahrhunderts, München 1904, passim.

Dühring, Eugen: Die Judenfrage als Frage der Racenschädlichkeit, Karlsruhe und Leipzig 1886, passim.

Fritsch, Theodor: Antisemitenkatechismus, Leipzig 1893, passim.

Fritsch, Theodor: Handbuch der Judenfrage, Hamburg 1919, passim.

Gerlach-Praetorius, Angelika: Das Vorurteil, Hamburg 1969, S. 50–56.

Hitler, Adolf: Mein Kampf, München 1930, passim, besonders S. 311 ff.

Kittel, Gerhard: Die Judenfrage, Stuttgart 1933, passim.

Körber, Robert, Hrsg.: Der Antisemitismus in Wort und Bild, Dresden 1937.

Lovsky, F.: Antisémitisme et mystère d'Israël, Paris 1955, S. 222–230.

Naudh, H.: Die Juden und der deutsche Staat, Leipzig 1885^{11}, passim.

Poljakov, Léon: De Voltaire à Wagner, Histoire de l'antisémitisme, Bd. III, Paris 1968, passim.

Radenhausen, C.: Esther, Leipzig 1888, passim.

Rosenberg, Alfred: Mythus des zwanzigsten Jahrhunderts, München 1934, passim.

Saller, Karl: Die biologisch motivierte Judenfeindschaft, in: Karl Thieme, Hrsg., Judenfeindschaft, Frankfurt/Main 1963, S. 180 ff.

Saller, Karl: Die Lehre von den Rassen, in: Im Geiste der Brüderlichkeit, München 1965, S. 76 ff.

Sterling, Eleonore: Die nationalsozialistische Rassenideologie, in: Littera Judaica. Frankfurt/Main o. J., S. 260–306.

Verdès-Leroux, Jeannine: Scandale financier et antisémitisme catholique, Paris 1969, passim.

Religionsunterricht

In der Unterweisung der Kirche muß vom Judentum die Rede sein, weil in ihrem Mittelpunkt der Jude (→) Jesus von Nazareth als der (→) Messias Israels und Heiland der Welt steht. Darum ist es entscheidend, daß dies in besonnener und sachlicher Weise ohne Verzeichnungen und Verzerrungen geschieht.
Der Unterweisung kommt große Bedeutung zu; darum ist die hier sich abzeichnende Verantwortung auch schwerwiegend. Falsche Akzente und ungute Halbwahrheiten rufen in den Kindern eine oft nicht mehr auszurottende Abneigung gegen die Juden hervor, die nur zu leicht zu Verachtung und Haß führt. Eine gefährliche Einfallspforte ist die Darstellung der Leidensgeschichte geworden. Der durch einen verkehrten Unterricht angerichtete Schaden kann nur durch eine bessere Unterweisung behoben werden. Gute Hilfsmittel für Katecheten und eine Durchsicht der Religionslehrbücher auf ihre Art der Darbietung des Judentums – wie dies schon anderswo geschehen ist – sind unerläßlich. »Die Katechese von heute ist die Kirche von morgen.« (Paul Démann)

---

1. Die Darstellung der Passionsgeschichte im Religionsunterricht hat nachweislich zu einer starken Eingenommenheit gegen die Juden beigetragen; hier spielt vor allem der – fälschlich aus Matth. 27, 25 erhobene – Gedanke einer Selbstverfluchung der Juden eine gewichtige Rolle.

Christliche Mutter, 1847:
»›Kinder, die kaum lallen können, lernen den Namen Jude verabscheuen wie einen bösen Dämon.‹ Man bringe ihnen schon ganz früh bei, ›die garstigen Juden hätten den lieben Herrn Jesus ans Kreuz geschlagen‹.«
(Eleonore Sterling, Judenhaß, Frankfurt/Main 1969, S. 55, erste Ausgabe: E. St., Er ist wie du, München 1956, S. 63)

Richard Graf Codenhouve, Kalergi, 1929:
»Der Antisemitismus wird zumeist in der frühesten Kindheit gesät. Das Kind liebt sein Christkind, seinen Heiland; angesichts einer Darstellung des gekreuzigten Heilands fragt es die Mutter, wer denn diese gräßliche Schandtat am geliebten Heiland verbrochen hat? ›Die Juden!‹ Haß und Abscheu gegen die Juden senken sich in die Kinderseele. Es vergehen Jahre, das verschollene Erlebnis wandelt sich in einen künstlichen Instinkt.«
(Schalom ben Chorin, Überwindung des christlichen Antisemitismus, Rothenburg/Tauber 1962, S. 6)

Fritz Fink, Nürnberg, 1937:
»Vor den Augen der Kinder taucht *Golgatha* auf. Eine Stätte des *Triumphes jüdischen Hasses.* Tief brennt sich in die Seele der Kinder die Erkenntnis ein: *Die Juden sind die Christusmörder* ... Und noch ein Erkennen dämmert in unserer Jugend auf: Jener Christus, dessen Leben ein einziger *Kampf gegen die Juden war,* den die Juden mit ihrem Haß verfolgten wie selten einen, kann *kein* Jude gewesen sein.«
(F. F., Die Judenfrage im Unterricht, Nürnberg 1937, S. 26)

Seelisberger Thesen, 1947:
»7. Es ist zu vermeiden, die Passionsgeschichte so darzustellen, als ob alle Juden oder die Juden allein mit dem Odium der Tötung Jesu belastet seien. Tatsächlich waren es nicht alle Juden, welche den Tod Jesu gefordert haben. Nicht die Juden allein sind dafür verantwortlich; denn das Kreuz, das uns alle rettet, offenbart uns, daß Christus für unser aller Sünde gestorben ist.
Es ist allen christlichen Eltern und Leh-

rern die schwere Verantwortung vor Augen zu stellen, die sie übernehmen, wenn sie die Passionsgeschichte in einer oberflächlichen Art darstellen. Dadurch laufen sie Gefahr, eine Abneigung in das Bewußtsein oder Unterbewußtsein ihrer Kinder oder Zuhörer zu pflanzen, sei es gewollt oder ungewollt. Aus psychologischen Gründen kann in einem einfachen Gemüt, das durch leidenschaftliche Liebe und Mitgefühl zum gekreuzigten Erlöser bewegt wird, die natürliche Abscheu gegen die Verfolger Jesu sich leicht in einen unterschiedslosen Haß gegen alle Juden aller Zeiten, auch gegen diejenigen unserer Zeit, verwandeln.

8. Es ist zu vermeiden, die Bibelstellen von der Verfluchung und dem Geschrei einer rasenden Volksmenge: ›Sein Blut komme über uns und unsere Kinder‹ auszulegen, ohne daran zu erinnern, daß dieser Schrei die Worte unseres Heilands nicht aufzuwiegen vermag: ›Vater, vergib ihnen, denn sie wissen nicht, was sie tun‹, Worte, die unendlich mehr Gewicht haben.«

(Ev. Theologie, München 1961, S. 353)

Jules Isaac (1878–1965), Aix-les Bains, 1948:

»Ohne die Jahrhunderte dauernde Katechese, Predigt und Demütigung von seiten des Christentums wäre die Katechese, Propaganda und Demütigung von seiten Hitlers unmöglich gewesen ...

Eine dieses Namens würdige christliche Unterweisung müßte

10. auf Grund der Texte der Evangelien deutlich aufzeigen, daß Jesus, von seltenen Ausnahmen abgesehen, in einem fort bis zum letzten Tag die begeisterte Sympathie der Masse des jüdischen Volkes in Jerusalem wie in Galiläa sich zu eigen machen konnte;

11. sich vor der Behauptung hüten, daß Jesus in Person vom jüdischen Volke verworfen worden sei, daß dieses sich geweigert habe, Jesus als Messias und Sohn Gottes anzuerkennen, aus dem doppelten Grund, weil die Mehrheit des jüdischen Volkes ihn nicht einmal gekannt hat und weil Jesus gegenüber dem Teil des Volkes, der ihn kannte, sich nie öffentlich und ausdrücklich als solcher vorgestellt hat. Eine christliche Unterweisung müßte auch einräumen, daß der messianische Charakter seines Einzugs in Jerusalem vor seinem Leiden nur von einer kleinen Zahl wahrgenommen werden konnte;

12. sich vor der Behauptung hüten, daß Jesus mindestens von den Führern und den qualifizierten Vertretern des jüdischen Volkes verworfen worden sei; die Hohenpriester, die ihn verhaften und verurteilen ließen, waren die Vertreter einer engen oligarchischen Kaste, die Rom untertan war und vom Volk verabscheut wurde. Was die Lehrer und die Pharisäer betrifft, so geht aus den Texten der Evangelien hervor, daß diese beiden Gruppen nicht einmütig gegen Jesus eingestellt waren. Nichts beweist, daß die geistige Elite des Judentums sich an dieser Verschwörung beteiligt hat;

13. sich davor hüten, den Texten Gewalt anzutun, um darin eine umfassende Verwerfung Israels oder eine Verfluchung ausfindig zu machen, die an keiner Stelle in den Evangelien ausdrücklich ausgesprochen wird; eine christliche Unterweisung muß dem Umstand Rechnung tragen, daß Jesus es sich immer wieder angelegen sein ließ, gegenüber den Volksmassen Gefühle des Mitleids und der Liebe zu bekunden;

14. sich vor allem vor der geläufigen und traditionellen Behauptung hüten, daß das jüdische Volk das unsühnbare Verbrechen des Gottesmordes begangen und daß es dafür die für alle seine Glieder gültige ganze Verantwortung auf sich genommen habe; man muß sich vor einer derartigen Behauptung nicht nur darum hüten, weil sie schädlich ist und Haßausbrüche und Verbrechen hervorruft, sondern auch, weil sie ganz und gar falsch ist;

15. den durch die vier Evangelien hervorgehobenen Tatbestand ins Licht rükken, daß die Hohenpriester und ihre Komplizen (gegen Jesus) ohne Wissen des Volkes und sogar aus Furcht vor dem Volk so gehandelt haben;

16. im Blick auf den jüdischen Prozeß gegen Jesus anerkennen, daß das jüdi-

sche Volk hier nicht vorkommt, keine Rolle spielt und wahrscheinlich davon überhaupt nichts gewußt hat. Die ihm zur Last gelegten Schändlichkeiten und Brutalitäten wurden von Polizisten oder einigen Oligarchen begangen. Im vierten Evangelium wird eines jüdisch durchgeführten Prozesses und eines Zusammentritts des Synhedrions keine Erwähnung getan;

17. im Blick auf den römischen Prozeß anerkennen, daß der Procurator Pontius Pilatus ganz und gar Herr über Leben und Tod von Jesus war, daß Jesus wegen messianischer Bestrebungen verurteilt wurde, was nur in den Augen der Römer, nicht aber im Urteil der Juden ein Verbrechen war, daß die Kreuzigung eine typisch römische Hinrichtungsart war. Man muß sich auch hüten, dem jüdischen Volk die Episode der Dornenkrone anzulasten, die nach den Berichten der Evangelien ein grausames Spiel der römischen Soldateska ist. Man muß sich auch hüten, die von den Hohenpriestern aufgehetzte Masse mit dem ganzen jüdischen Volk oder auch nur mit dem jüdischen Volk Palästinas gleichzusetzen, dessen antirömische Gefühle keinem Zweifel unterliegen. Man muß darauf aufmerksam machen, daß das vierte Evangelium ausschließlich die Hohenpriester und ihre Gefolgsleute behaftet.

18. Letzten Endes darf hier nicht vergessen werden, daß der unheilvolle Schrei: ›Sein Blut komme über uns und unsere Kinder‹ nicht die Oberhand gewinnt über das Wort: ›Vater, vergib ihnen, denn sie wissen nicht, was sie tun.‹«
(J. I., Jésus et Israël, Paris 1959^2, S. 508, 571 f.)

Erica Küppers, 1950:
»Es sollte sich erübrigen, auf den grausamen Vorwurf einzugehen: *Die Juden haben Jesus gekreuzigt; seitdem sind sie das Volk des Fluches* und müssen dies fluchbeladene Leben führen. Wenn es Christen gegeben hat, die damit in den entsetzlichen Jahren der Judenausrottung ihr Gewissen beruhigt haben, mögen sie sehen, wie sie sich vor ihrem Richter verantworten. Aber *es ist nicht überflüssig,* an diesem Punkt *alle Lehrenden zu besonderer Achtsamkeit in der Wahl ihrer Worte zu mahnen, vor allem bei der Behandlung der Passionsgeschichte* in der Schule und im kirchlichen Unterricht. Unsäglich viel Unheil ist angerichtet, Kinderseelen sind in einer nie wieder gutzumachenden Weise zerstört worden (die einen tief verwundet, die anderen zum Antisemitismus geradezu erzogen) durch das oft nur oberflächlich, ohne Überlegung und ohne Wissen abgegebene Urteil: ›Die Juden haben Christus gekreuzigt.‹«
(E. K., Widerstehet dem Antisemitismus. Arbeitshilfe zur Behandlung der Judenfrage, in: Hans Kallenbach, Hrsg.: Die Juden und wir Christen, Frankfurt/Main 1950, S. 100 f.)

Schwalbacher Thesen, 1950:
These VIII: »Was für *Gottes* Bundesverhältnis zu Israel die Kreuzigung Christi bedeutet, ist innerhalb der unverbrüchlichen Treue Gottes zu seinem Volke verborgener Ratschluß, den uns auch das Mittelstück des Römerbriefs (Kapitel 9–11) nur andeutungsweise in den Grundzügen enthüllt. Wie allenthalben in der Geschichte dieses einzigartigen Volkes darf hier von Fluch nicht gesprochen werden, wo nicht erst recht der Segen bezeugt wird, den Gott letztlich seinem Volke und mit ihm allen Völkern gewähren will, und von dem sich nur ausschließt – nach Gen. 12, 3 –, wer jenes verheißungsvolle Bundesverhältnis leichtfertig oder gar böswillig antastet. Für den Christen gilt überdies Christi Wort am Kreuz: ›Vater, vergib ihnen, denn sie wissen nicht, was sie tun!‹ – Der Ruf einer verhetzten Menge: ›Sein Blut komme über uns und unsere Kinder!‹ muß von uns fürbittend gewendet werden in dem Sinne, daß dieses Blut zuletzt *die* erlösen möge, für die es zuerst vergossen wurde, darf aber nimmermehr mißbraucht werden, um die Vergießung jüdischen Blutes als eine Art gerechte Strafe hinzustellen, zumal die alte Christenheit auch jüdische Blutzeugen als Märtyrer besonders eifrig verehrt hat.«
(Hans Kallenbach, Hrsg., a.a.O., S. 64 f.)

Paul Börger, 1957:
»Das irregeleitete Volk vergißt alle Dankbarkeit gegen seinen Wohltäter. Es bittet statt seiner einen Mörder los und fordert für Jesus das Kreuz. Das deckt die innerste Haltung dieses Gottesvolkes auf.«
(P. B., Am Quell des Lebens, Heidelberg 1957, S. 98)

Max Bodenheimer (1865–1940), Jerusalem, 1938:
»Dies (der Bericht über die Einwanderung der Juden in Palästina) war für mich harmlos, bis wir an die Evangelien kamen. Da behaupteten die kleinen Antisemiten, wir Juden seien es gewesen, die den Heiland ans Kreuz geschlagen hätten. Wir seien Judasse und Verräter. So wurden diese Seelen schon in der frühesten Jugend vom Judenhaß vergiftet. Es ist ein seltsamer Widerspruch, daß hierzu der Unterricht den Anlaß bot, in dem die Religion der Liebe gelehrt werden sollte ...«
Max Bodenheimer, So wurde Israel, Frankfurt/Main 1958, S. 26)

Friedrich Karl Borée, 1960:
»Wie konnte sich der aus der Geburt des Christentums entstandene Haß bis in unsere Zeit virulent erhalten? ... Er wurde von Judenfeinden mit Fleiß genährt. Er wurde durch die Predigt gefüttert. Durch die ständige Wiederholung der christlichen Heilsgeschichte von den Kanzeln herab. Durch den Religionsunterricht auf den Schulen. Durch das Lesen der Bibel. – Nicht wenig auch in der protestantischen Welt durch die bösen Auslassungen des großen Reformators.«
(F. K. B., Semiten und Antisemiten, Frankfurt/Main 1960, S. 50)

Wilhelm Unger, Köln, 1960:
»Erfahrungen, die ich vor vierzig Jahren in Kölner Schulen gemacht habe, werden heute von jüdischen Kindern wiederum gemacht. Ich habe einige Jahre gemischte Schulen besucht; wenn unsere – getrennt abgehaltenen – Religionsstunden zu Ende waren, wurde ich von christlichen Mitschülern gehänselt: Jud, Jud, Jud! Auch heute wieder werden jüdische Kinder in gemischten Schulen derart gehänselt. Ich habe erst später erfahren, daß in den Religionsstunden Themen in einer Art und Weise behandelt wurden, die die Kinder leicht zu antisemitischem Verhalten verleiten konnten. Ich will nicht etwa behaupten, daß die Geistlichen Antisemiten gewesen sind; aber bestimmte Vorstellungen in der Interpretierung des Christentums – es muß sich dabei nicht nur um die Kreuzigung Christi und um die Gleichsetzung von Jude und Judas gehandelt haben – müssen die Kinder instinktiv gegen ihre jüdischen Mitschüler aufgebracht haben. Wie gern wird beispielsweise auch die Meinung verbreitet, daß nur das Christentum die Feindesliebe kenne, während die Juden dem Haß verschworen seien, wobei man gewöhnlich das Alttestamentarische ›Aug um Aug, Zahn um Zahn‹ heranzieht und die darin symbolisch zum Ausdruck kommende Überzeugung einer ausgleichenden Gerechtigkeit nicht selten ganz bewußt einseitig interpretiert. Ganz nebenbei: Ich habe mich oft gefragt, warum sich so wenige Christen darüber gewundert haben, daß kein Jude persönlich Rache für die Ausrottung seiner ganzen Familie genommen hat. Manche Christen hätten doch das erwarten müssen. Sie sehen, meine Herren, daß der Religionsunterricht, zumindest in der Vergangenheit, einem religiös – oder soll ich nur sagen: konfessionell – fundierten Antisemitismus Vorschub geleistet hat.«
(W. U., in: Geduldet oder gleichberechtigt?, Köln 1960, S. 16)

Bergneustädter Thesen, 1960:
These 4: »Matth. 27, 25: ›Das ganze Volk antwortete und schrie: Sein Blut komme über uns und unsere Kinder‹ hat bei der Darstellung der Geschichte des jüdischen Volkes als Begründung für seine Verwerfung und Bestrafung gedient. Verhängnisvoll wurde besonders die Gleichsetzung des Blutes Abels mit dem Blute Christi. Der Hebräerbrief (12, 24) bezeugt die Überlegenheit des Blutes Christi über das Blut Abels. Das Blut Abels

schreit zum Himmel nach Vergeltung; das Blut Christi schenkt die Vergebung. Matth. 27, 25 im Sinne einer Verwerfung des jüdischen Volkes auszulegen, bedeutet eine Mißdeutung des Textes,
a) weil eine Kollektivhaftung über Generationen hinaus biblischem Denken widerspricht (Jer. 31, 29–34, Hes. 18, 2–4, Joh. 9, 1–3),
b) weil der Ruf der Jerusalemer Masse auf keinen Fall den Vorrang hat vor der Fürbitte Jesu: ›Vater vergib ihnen, denn sie wissen nicht, was sie tun‹ (Luk. 23, 34; vgl. auch das Gebet des Diakon Stephanus, der dem Vorbilde Christi entsprechend für seine Feinde bittet, Apg. 7, 59).«
(Rudolf Pfisterer und Willehad Eckert, Der christliche Religionsunterricht, in: Ekkehart Krippendorf, Hrsg.: Erziehungswesen und Judentum, München 1960, S. 81 f.)

August Berz, 1962:
»Ein christlicher Schüler spuckt einem jüdischen Klassenkameraden, mit dem er zuvor gut Freund gewesen war, ins Gesicht und will mit ihm nicht mehr auf der gleichen Bank sitzen, nachdem die Lehrerin erzählt hat, wie die Juden Jesus angespuckt, ihm eine Krone aufs Haupt gedrückt und ihn ans Kreuz genagelt hätten.«
(A. B., Ökumenische Haltung im Religionsunterricht, in: Christlich-jüdisches Forum, Nr. 28, Basel 1962, S. 9)

Dolf Michaelis, 1962:
»Daß der Religionsunterricht zur ersten frühzeitigsten und wohl auch einprägsamsten Quelle des Antisemitismus gehört, das lernten viele von uns in frühem Alter. Niemals werde ich den Schock vergessen, den ich bekam, als ein christlicher Mitschüler mich eines Tages mit den Worten überraschte: ›Ihr habt unsern Heiland getötet.‹ – Was, wir hätten ihren Heiland getötet! Wir etwa, wir Juden von Berlin-Wilmersdorf? Wir saßen doch auf derselben Schulbank ... Wovon der Junge sprach, das war doch ein Ereignis vor zweitausend Jahren, und was hatten wir damit zu tun? Und doch, das war es, was uns von ihnen trennte ... Die christlichen Mitschüler identifizierten uns eben mit den Juden von Jerusalem, die vor jenen zweitausend Jahren ›Kreuzige, kreuzige ihn!‹ riefen. Denn so lasen sie es ja im Neuen Testament ... Ja, das war der Antisemitismus der Vorkriegszeit, der Antisemitismus der Religion, der primitive, ursprüngliche tiefsitzende Judenhaß, wie ihn die Kirche seit allen Zeiten gepredigt hat.«
(D. M., Mein »Blau-Weiß«-Erlebnis, in: Bulletin des Leo-Baeck-Instituts, Tel Aviv 1962, S. 47 f.)

Georg Salzberger, London, 1962:
»Bis auf den heutigen Tag werden christliche Kinder in ihrem Religionsunterricht nach Katechismen gelehrt, daß *die* Juden den Heiland gekreuzigt haben, obgleich nicht einmal die Behauptung, das Synhedrium habe ihn zum Tode verurteilt, historisch haltbar ist. Bis auf den heutigen Tag wird von den Kanzeln gepredigt, daß die traurige Lage der Juden nicht etwa die Schuld der christlichen Welt, sondern die göttliche Strafe dafür ist, daß sie nicht zu Kreuze kriechen wollten. Bis auf den heutigen Tag wird in den Oberammergauer Passionsspielen die Masse der christlichen Zuschauer zum Haß gegen die lebenden Juden aufgewiegelt wegen eines Verbrechens, das angeblich ihre Vorfahren vor fast 2000 Jahren begangen haben und das doch als Basis des christlichen Glaubens an den Sühnetod des Erlösers notwendig war.«
(G. S., in: »Christlicher« Antisemitismus, Köln 1962, S. 9)

Franz Sobotta, 1962:
»Die Verfolgungen sind zwar Unrecht, aber die Juden haben ja selbst gesagt: ›Sein Blut komme über uns und unsere Kinder!‹ Demnach sind sie ja an ihrem Unglück selbst schuld.« (Betriebsschlosser, 14 Jahre)
(F. S., Wie denken die Jugendlichen heute über die Juden?, in: Katechetische Blätter, München 1962, S. 157)

Paul Taine, 1962:
»Als eine Israeli-Journalistin Anfang 1962 Deutschland bereiste, da stellte sie Volksschülern die Frage, was sie über die

Juden wüßten. Sie war neugierig zu erfahren, was den Kindern heute über die Juden erzählt würde. Fast immer erhielt sie die gleiche Antwort: ›Die Juden haben den Heiland ermordet!‹«
(P. T., Lazarus, komm heraus!, Bremen 1962, S. 50)

Adolf Exeler, 1963:
»Sein Blut komme über uns ...
›Noch nie ist ein schauerlicherer Fluch ausgesprochen worden, und noch nie ist ein Fluch auf so schauerliche Weise in Erfüllung gegangen. Hätten die, die ihn an jenem Morgen vor den Toren der Burg Antonia aussprachen, 40 Jahre in die Zukunft hinausblicken können, dann wäre ihnen das eigene Blut in den Adern erstarrt.‹ Die judenfeindliche Deutung dieses Rufes ist weit verbreitet. In einer Kreuzwegandacht des Diözesangebetbuches für das Bistum Münster (Laudate 111) steht zu lesen:
›Die Juden sind verblendet durch Haß und Leidenschaft. Die verhetzte Menge besiegelt ihr eigenes Schicksal mit dem Fluche: Sein Blut komme über uns und unsere Kinder.‹
Eine im Jahre 1960 erschienene katechetische Schallplatte enthält im Gespräch eines Christen mit einem Juden folgende Sätze:
›Dein Volk hat ihn getötet. Sein Blut ist über euch gekommen, als eure Stadt fiel.‹
Bis zum 4. Jahrhundert ist der Ruf der Menge in Jerusalem ›Sein Blut komme über uns und unsere Kinder‹ (Mt. 27, 25) nicht judenfeindlich ausgelegt worden. Später diente diese Stelle öfter als Argument für die Bekämpfung der Juden. Theologisch betrachtet liegt hier ein schlimmes Mißverständnis vor. Das Blut Christi hätte nie wie das Blut Abels als ein nach Rache schreiendes Blut verstanden werden dürfen. Christus vergoß sein Blut, um uns zu *erlösen*. Sein Blut schenkt Vergebung und Versöhnung. Indem aber das Blut Christi dem Blute Abels gleichgesetzt wurde, mußte notwendigerweise den Juden die Rolle Kains zugewiesen werden. Wie Kain sollten die Juden unstet und flüchtig sein, aber man vergaß dabei, daß Gott den Kain unter seinen Schutz genommen hatte (Gen. 4, 15).«
(A. E., Unser Bibelunterricht und die Juden, in: Theodor Filthaus, Hrsg.: Israel in der christlichen Unterweisung, München 1963, S. 104 f.)

G. Molin, Graz, 1963:
»Nie darf uns einfallen, dem Judentum die alleinige Schuld am Tode Jesu zuzumessen. Oft und oft ist es so geschehen. Man hat die Juden mit einem in sich selbst widerspruchsvollen und unsinnigen Wort als ›Gottesmörder‹ bezeichnet, sie mit aller Schuld behaftet und daraus alle Freiheiten gegen sie abgeleitet. Unendliches Leid ist ihnen daraus erwachsen bis heute. Von daher verstehen wir es, wenn das Judentum immer wieder den Versuch macht, jede Schuld am Tode Jesu von sich abzuweisen und einer neuen Betrachtung und Darstellung der Passion den Weg zu ebnen. Immer und immer wieder muß beobachtet werden, wie Kinder, die ja nicht kritisch hören können, nach einer nicht bös gemeinten, aber allzu drastischen, auf Mitleid spekulierenden Darstellung der Passion im Religionsunterricht sich zu feindseligen Äußerungen und Handlungen gegen Juden, besonders jüdische Mitschüler, hinreißen lassen, auch wo sonst keinerlei Feindschaft und Gegensatz besteht. Da wir Evangelischen gelegentlich Ähnliches erleben, sollten wir dafür feine Ohren und genügend Verständnis haben.«
(G. M., Warum kann ein Christ kein Antisemit sein?, in: Judaica, Zürich 1963, S. 101)

H. G. van Dam, Düsseldorf, 1964:
»Die antisemitischen Instinkte, die vielfach, bewußt oder unbewußt, ihren Ursprung in mancher Religionsstunde fanden, wurden in einen Rassenmaterialismus transformiert, der schließlich antichristlich wurde ...«
(H. G. v. D., in: Allgemeine Wochenzeitung der Juden, Düsseldorf, 25. 9. 1964, S. 1)

Vera Eljashiv, 1964:
»... Dann fragte ich sie (eine 10jährige Schülerin), ob sie wisse, was Juden sind.

›Sie haben unseren Heiland umgebracht‹, war die Antwort; sie kam sehr prompt. Sie wisse das vom Religionslehrer. Ob sie mir darüber ein Gedicht aufsagen solle. Ich nickte.
Das Gedicht lautete:

›Kamen die falschen Juden gegangen,
Haben unseren Heiland gefangen,
Haben ihn gegeißelt, gehöhnt
Sein holdes Haupt mit Dornen gekrönt.‹

Das Gedicht steht im ›Gottbüchlein‹, erfuhr ich von Dorothea. Ob es auch heute noch Juden gebe, fragte ich sie. Das Mädchen nickte. ›Sie sind sehr böse Menschen‹, erklärte sie. Das wisse sie wiederum von ihrem Vater ... Ob sie Angst vor einem Juden hätte. ›Natürlich‹, sagte Dorothea. Die meisten Schulkinder, die nicht auf meinen Besuch vorbereitet waren, gaben ähnliche Antworten, wenn das Gespräch auf die Juden kam.«
(V. E., Deutschland – kein Wintermärchen, Düsseldorf 1964, S. 129)

Julius Schniewind:
»Israel nimmt die alleinige Schuld an Jesu Tod auf sich. Auch wenn unsere Erzählung bloße Legende wäre, würde sie bezeugen ...: ›das unschuldig vergossene Blut‹ des Messias kommt über dieses Volk, über die Täter selbst und über ihre Kinder; und die werbende Predigt der Apostel verstärkt noch diese Schuld (Apg. 5, 28; 18, 6).«
(J. Schn., Das Evangelium nach Matthäus, Göttingen 1964, S. 270)

USA-Umfrage 1964:
»Eine kürzlich veranstaltete Umfrage hat ergeben, daß 61 % befragter katholischer Kinder – nicht etwa im ›dunklen‹ Südamerika, sondern in den USA – die Juden als schuldig am Tode Jesu betrachten.«
(Allgemeine Wochenzeitung der Juden, Düsseldorf, 25. 9. 1964, S. 1)

Elie Wiesel, 1964:
»Die Bande mit Pischta an der Spitze stürzte sich auf die beiden jüdischen Knaben; sie brüllten wie wilde Krieger: ›Dreckige Juden, dreckige Juden, geht nach Palästina; ihr werdet noch erleben, was es kostet, Christus zu kreuzigen; ihr müßt für sein Blut und sein Opfer bezahlen.‹«
(E. W., Les portes de la forêt, Paris 1964, S. 37)

Hausfrau (evangelisch, 48 Jahre alt), Düsseldorf, 1965:
»Es wird für unsere Kinder gut sein, wenn sie künftig im Religionsunterricht nicht mehr von den ›bösen Juden‹ hören, die den Herrgott getötet haben. Wir alle wurden schon von klein auf mit dieser Behauptung konfrontiert, und darin liegt meiner Meinung nach ein erster, nicht unwesentlicher Schritt für eine im weiteren Verlauf des Lebens auftretende Ablehnung alles Jüdischen.«
(Allgemeine Wochenzeitung der Juden, Düsseldorf, 5. 11. 1965)

Professor, Paris, 1965:
»Man kann es im Ernst nicht leugnen, daß die Hauptursache des Antisemitismus in christlichen Ländern nichts anderes ist als die Art und Weise, in der Kindern Religionsunterricht gegeben wurde. Auch die besten und wirklicher Menschlichkeit verpflichteten Menschen haben im tiefsten Grund ihres Wesens eine kleine Spur von unbewußtem Antisemitismus; er ist nichts anderes als das fast unzerstörbare Zeichen von Gebeten und von der Art, in denen man sie die heilige Geschichte gelehrt hat ... Leute, die einer Fliege kein Leid zufügen konnten, sagten während des Krieges, der an den Juden verübte Massenmord sei nur die gerechte Strafe dafür, daß sie Jesus gekreuzigt hätten. Dabei wiederholten sie immer wieder den berüchtigten Satz: ›Sein Blut komme über uns und unsere Kinder ...‹«
(P. H. Maucorps, Albert Memmi, J. F. Held, Hrsg.: Les français et le racisme, Paris 1965, S. 192 f.)

Roland de Corneille, Toronto (Kanada), 1966:
»›Woher kommt das, fragte er, daß die Juden Jesus verspottet haben?‹ Ich brauche nicht besonders zu erwähnen, daß

meine Frau und ich erstaunt waren. Irgendein anderes Kind hätte dies sagen können, aber doch nicht das unsrige – nicht der Sohn eines Mannes, der seine ganze Zeit über für die christlichen Beziehungen zu den Juden tätig ist, nicht das Kind eines Hauses, in dem wir schwer dafür gearbeitet haben, es von allen negativen Vorurteilen und engstirnigem Denken ganz und gar frei zu halten. Gemeinsam fragten wir also: ›Was meinst du eigentlich damit?‹

›Ja‹, antwortete Christoph, ›ich lernte dies gestern, daß bei der Kreuzigung Jesu alle Juden ihn verspotteten. Nur ein einziger Mann machte hier nicht mit, und dies war ein Christ.‹

Meine Frau, der hier die Selbstbeherrschung schwerfiel, fragte: ›Und wer war dieser Christ?‹ Christoph konnte sich an seinen Namen nicht erinnern, aber er konnte sich noch entsinnen, daß es ein lieber Mann war, der ›am Kreuz stand und zu Jesus aufsah, während dieser am Kreuz hing, und der dann seine Mutter mit zu sich nach Hause nahm‹. Wir fragten ihn dann, woher er diese Geschichte bezogen habe, und er antwortete, daß er dies bei einer Schau im Fernsehen sich angesehen habe. Wir fragten ihn dann auch, ob er dies auch in der Sonntagsschule gelernt habe. Zunächst antwortete er darauf mit nein, aber der Gedanke bot ihm eine so nette Möglichkeit, daß er nach einigen Minuten des Nachdenkens darauf antwortete, er hätte dies auch dort gelernt.«

(R. d. C., Christians and Jews, New York 1966, S. 6 f.)

Abraham L. Feinberg, 1969:

»Bevor ich neben Allen ins Bett schlüpfte, erhob ich meine Hände, um sie in der Dunkelheit besser zu sehen. Rot? War mein Herz schwarz vor Schuld? Mein Volk Gottesmörder? Die Nachkommen für immer blutbesudelt? Mein Gott – hatte Er mich verdammt? ...

Am ersten Tag, als Sylvia eine Klasse im Big-Run-Landschulheim unterrichtete, rannte ein kleines Mädchen schreiend vor ihrer Berührung davon: ›Sie sind Jüdin! Sie haben Gott getötet!‹ ...

1945 unterbreitete ich der Königlichen Kommission für Erziehung in Ontario eine Stellungnahme gegen den Religionsunterricht in den Grundschulen und zitierte aus Schulbüchern eine Auswahl von sechzehn Beispielen, die in provozierender und historisch zweifelhafter Weise die Kreuzigung behandelten. Im gleichen Jahr erklärte der Minister für Erziehung, die Handbücher wären experimentell, und die Regierung ließ während einer Debatte im Parlament verlauten, daß sie den Verbesserungsvorschlägen sehr aufgeschlossen gegenüberstünde. 1950 sagte der Kommissionsbericht zu, meine Kritik sorgfältig in Erwägung zu ziehen. Trotzdem sind in einer Reihe von Neuauflagen die entsprechenden Paragraphen zur Kreuzigung im Prinzip unverändert belassen worden ...

Die Debatte über eine jüdische Mittäterschaft vor 1900 Jahren läßt mich kalt. Ich war nicht dabei. Mit jeder Nervenfaser und Hirnzelle protestiere ich dagegen, mich ›Christuskiller‹ nennen zu lassen – nicht von einem sich kratzenden, versoffenen Anpöbler, der mir vor einem halben Jahrhundert Tabaksoße ins Auge spie, sondern von der Stimmung, dem Klima, der Atmosphäre und manchmal auch – mit eben diesen Worten – von religiösen und weltlichen Schulklassen. Durch viele Generationen hindurch ist der finstere Judaswille ›der Juden‹, Christus zu kreuzigen, in junge Köpfe gepaukt worden, die nicht fähig waren abzuschätzen, ob er auf jeden Juden in Fleisch und Blut anwendbar war – und am Karfreitag und zu Ostern wurde das Gedächtnis durch bewundernswerte Musik, überwältigende Architektur und durch die Großartigkeit des Zeremoniells wieder gestärkt. Die Erzählung von der Kreuzigung, wie sie im Evangelium des Johannes steht, hat die Gemüter zahlloser Jugendlicher zu einem wahrscheinlich historischen und ganz sicher zu einem moralischen Fehlurteil verleitet, dessen virulenter Rückstand unter den Entsagungen des Erwachsenseins zu keimen beginnt.«

(A. L. F., Christuskiller – Trauma meines

Lebens, München 1969, S. 195, 196, 197, 199)

François Houtart, Löwen, 1969:
»In den meisten Berichten wird die Leidensgeschichte erklärt als die gemeinschaftliche Weigerung der Juden, Jesus als Messias und Sohn Gottes anzuerkennen. Die Pharisäer haben sich während seines öffentlichen Auftretens in ganz besonderer Weise ihm entgegengestellt, während die Führer der Juden die Entscheidung auf sich genommen haben, ihn zum Tode zu verurteilen. Der Mittelpunkt einer derartigen Darstellung der Ereignisse der Leidensgeschichte ist der Unglaube, und in einem geringeren Umfang die Hinrichtung. Nur wenige Berichte setzen sich mit der Verantwortlichkeit für diese Passion auseinander, aber der ganze Zusammenhang hängt dem, was gegen Jesus begangen wurde, die negative Wertung einer Verurteilung und eines Tadels an. Die gemeinschaftliche Verwicklung der Juden in die Leidensgeschichte ist in den untersuchten Lehrbüchern ganz allgemein ...
Die meisten Berichte über die Leidensgeschichte schließen alle zur Zeit Jesu lebenden Juden kollektiv in die Verurteilung und in den Tod des Letztgenannten ein. Dagegen stellen nur wenige Autoren eine Verbindung zwischen diesem Ereignis und den Juden von heutzutage her. Doch kann die Art und Weise, von den Juden im Sinne einer Verallgemeinerung zu reden und die Tatsache, eine ganze Gemeinschaft hier in Mitleidenschaft zu ziehen, den Leser dazu führen, daß er vielleicht unbewußt die Schwelle überschreitet, die diese Juden der Geschichte von den heutigen Juden trennt. Diese kollektive Einbeziehung der Juden ist unheilvoll, aber der Charakter der Verantwortlichkeit und der Schuld, den die Lehrbücher den Juden zuschreiben, geht mehr aus dem allgemeinen Zusammenhang als aus einer ausdrücklichen Aussage hervor. In den Texten finden sich verstreut zahlreiche zweideutige Aussagen und zurückhaltende Behauptungen; dies würde darauf hinweisen, daß man zögert, die Juden in einer übermäßigen Weise mit einer Schuld zu belasten.«
(François Houtart und Jean Giblet, Hrsg.: Les Juifs dans la catéchèse, Louvain 1969, S. 169, 268 f.)

F. Lovsky, Lons-le-Saunier, 1969:
»Das Blut, um das es sich in Matthäus 27, 25 handelt, ist das Blut Christi, das zur Vergebung für die Sünder vergossen wurde. Das Blut Jesu Christi ist das Blut der Besprengung, das besser redet als das Abels (Hebr. 12, 24), das von Kain vergossen wurde; denn das Abels schrie nach der Vergeltung, das von Jesus nach der Barmherzigkeit. Jesus Christus bittet am Kreuz in einem letzten Gebet: ›Vater, vergib ihnen; denn sie wissen nicht, was sie tun!‹ (Lk. 23, 34) Wußten sie es besser, was sie vor Pilatus geschrien hatten? Für Christen bedeutet es ein gottloses Verhalten, wenn sie das *Gebet* Jesu abschwächen wollen. Es geht ja nicht um einen durch die Tatsachen widerlegten Wunsch, sondern um ein Gebet, das Gebet am Kreuz. Ist es denkbar, daß Gott es nicht erhört hat?
Matthäus 27, 25 kann im Sinne irgendeiner ungeheuerlichen Annahme kein Widerspruch zum Werk des Kreuzes sein. Es handelt sich – und dies ist tragisch genug – um den Schrei einer hysterischen Masse, der uns ein Licht aufsteckt über die menschliche Natur, das heißt über die Sünde des Menschen, der die Heilige Schrift liest. Wenn der Leser ein Jude ist, dann sieht er wie in einem Spiegel die Sünde seines jüdischen Herzens. Wenn der Leser ein Nichtjude ist, dann sieht er wie in einem Spiegel die Sünde seines nichtjüdischen Herzens. Anstatt die nichtjüdischen Kinder auf Grund dieses Verses gegen die Juden zu verhärten, muß man ihnen zeigen, zu welch unglaublich gutem Gewissen menschliche Massen in kollektiven Bewegungen fähig sind; dies weiß man ja in unserer Zeit genau. *Wir* sind bereit zur Grausamkeit, wir lassen uns leicht erregen, wir sind recht nachsichtig uns gegenüber und gegenüber denen, die wir lieben, und verfallen allen möglichen Verführungen, wenn wir dem Heiligen und Ge-

rechten gegenüberstehen, dessen stillschweigendes Leiden wir nicht ertragen können, gerade in dem Augenblick nicht, in dem *unsere* Sünden auf ihn fallen und in dem er sein Blut für uns vergießt ...
Die rächende Deutung von Matthäus 27, 25 fehlt in der ersten Tradition der alten Kirche; sie wurde beeinflußt durch eine irrige und buchstäbelnde Lektüre der Heiligen Schrift, die im Blick auf das Gebet und Blut Jesu Christi gotteslästerlich ist. Sie ist unvereinbar mit der Theologie des Kreuzes und dem Geheimnis Israels. Diese abgedroschene, unheilvolle Phrase muß man als solche unnachsichtig brandmarken.«
(F. L., Le peuple d'Israël dans l'éducation chrétienne, Paris 1969, S. 66 f.)

Edgar Morin, 1969:
»Madame B., die in der Zwischenzeit wieder zurückgekommen war, äußert ihre Ansicht. Ihrer Meinung nach ist die christliche Religion der Verbreitung des Antisemitismus nicht entgegengesetzt. Die Juden haben ja schließlich Christus getötet. Dies sagt man ja den Kindern.«
(E. M., La rumeur d'Orléans, Paris 1969, S. 167)

Dagobert D. Runes, 1969:
»Von Kanzeln und in Sonntagsschulen hören wir Worte des Hasses und der Verachtung. Dort hören die jungen, noch sehr jungen Menschen jene böse Kunde ..., daß die Juden den armen Herrn Jesus getötet haben. Man kann sich vorstellen, wie ein Sechs- oder Siebenjähriger die traurige Geschichte des jungen Jesus miterlebt, des sanften Priesters, des liebenden Gottessohnes, mit dem sich beinahe jedes Kind identifiziert, in welchem es die göttliche Vaterfigur sieht. Und gerade ihn haben die Juden besudelt, ihn ließen sie von den Römern verhaften, die Nägel durch seine Hände und Füße schlugen und ihn dadurch grausam ermordet haben.
Die Wirkung dieser ungeheuerlichen antisemitischen Erzählung auf ein Kind ist gewiß unbeschreiblich. Gleichgültig, was man dem Kind ein oder zwei Jahrzehnte später erzählt – dieser erste Eindruck des Abscheus wird nie mehr aus seinem Gedächtnis schwinden. Tief in seinem Herzen wird der Jude immer ein negatives Symbol, ein Unmensch, die Inkarnation des Bösen bleiben ...
Wenn es den Christen mit ihrer Erklärung, daß sie dem Judenhaß ein Ende machen wollen, ernst ist, dann müssen sie endlich aufhören, ihn den Jungen zu lehren und den Alten zu predigen. Wenn es ihnen ernst ist, müssen sie ihre Lehrbücher, ihre Gesangbücher, ihre Gebetbücher überprüfen und ehrlich und aufrichtig alle jene grundlosen, verleumderischen Bemerkungen über die Juden, ihre Ruchlosigkeit, ihre Schlechtigkeit, ihre Fluchwürdigkeit ausmerzen ...
Alle die vielfältigen Giftblumen stammen aus dem gleichen Samen: dem christlich religiösen Antisemitismus. Das Christenkind trinkt den Judenhaß in der Mutter Kirche. Der erste Schock der grausamen Erzählung von der Kreuzigung ist unvergeßlich.«
(D. D. Runes, Der Jude und das Kreuz, Fürth-Erlangen 1969, S. 16, 17 f., 73)

---

2. In einer ihren Auftrag ernstnehmenden Unterweisung kann eine Diskriminierung der Juden und des Judentums nicht in Frage kommen; hier muß eine gründliche Überprüfung durchgeführt werden.

Paul Démann, Paris, 1952:
»Konkret gesehen ist für die meisten Christen die Begegnung mit Israel, die unvermeidbar in der christlichen Unterweisung stattfindet, um so bedeutsamer, als dies die erste und oft auch die letzte Begegnung dieser Art in ihrem Leben ist. Den Eindruck, den sie von daher bewahren, kann einen beträchtlichen, vielleicht ausschlaggebenden Einfluß auf ihre Gefühle gegenüber dem Volk der Bibel und ihre Einstellung, mit der sie auf die Angehörigen dieses Volkes zugehen, die sie auf ihrem Weg durchs Leben treffen. Haben sie dann dabei das Bewußtsein einer tiefen Verwandtschaft und einer unauflöslichen Schicksalsgemeinschaft trotz

einer langen und schmerzlichen Trennung? Erfüllt sie dann ein Gefühl der Achtung und Sympathie gegenüber dem immer vorhandenen Volk der Verheißung und des ersten Bundes, dem Volk Jesu, seiner Mutter und seiner Jünger? Oder sind sie dann durchdrungen von dem Gefühl eines unheilbaren und unvergebbaren Bruches, einer tiefgreifenden Abneigung, ja einer Verachtung und einer stummen Feindseligkeit gegenüber einem *gottesmörderischen, verworfenen und verfluchten* Volk? ...
Die innere Haltung, die unsere Katechese Israel gegenüber zeigen und einüben muß, ist ein Haupttest dafür, ob dieses Unternehmen eingewurzelt ist in die Heilsgeschichte und ob sie sich auf die Fülle des Erlösungswerks hin orientiert; es geht hier einfach um ihren im vollgültigen Sinn christlichen Geist in unserer Zeit. Kurz, es dreht sich hier um einen Haupttest im Blick auf die Qualität unserer Unterweisung. Wenn unsere Unterweisung nicht ganz und gar und nicht in einem ganz echten Sinn christlich ist, dann kann keine noch so große Anstrengung des guten Willens unsere Unterweisung gerade Israel gegenüber zu einem christlichen Unternehmen machen.«
(P. D., La catéchèse chrétienne et le peuple de la bible, Paris 1952, S. 8, 217)

Zwi Asarja, Köln, 1960:
»Wenn die Kirche manches in ihrem Unterricht revidieren würde, dann könnte damit schon ein großer Schritt hinsichtlich der Versöhnung zwischen Juden und Christen getan sein.«
(Z. A., in: Geduldet oder gleichberechtigt?, a.a.O., S. 29)

Rudolf Pfisterer, Schwäb. Hall, 1961:
»Gewiß muß im Religionsunterricht *über* die Juden geredet werden, aber es muß so geschehen, daß das notwendige Gespräch *mit* den Juden (unser Altes Testament ist ihre Bibel!) nicht durch falsche Berichte und unrichtige Akzentsetzungen gehindert, sondern von daher Mut zu einem besonnenen und verantwortlichen Reden miteinander geweckt wird. Damit es zu einer solchen Begegnung kommt und die jetzt mögliche Chance des Gesprächs nicht versäumt wird, muß von christlicher Seite in zäher Kleinarbeit viel Schutt – Spuren unserer Schuld! – weggeräumt werden. Hierin liegt eine wichtige, in ihrer Tragweite noch nicht zu überschauende Aufgabe der christlichen Unterweisung.«
(R. Pf., »... sein Blut komme über uns ...« – Antijudaismus im Neuen Testament? – Fragen an den kirchlichen Unterricht, in: Wolf Dieter Marsch – Karl Thieme, Hrsg.: Christen und Juden, Mainz und Göttingen 1961, S. 37)

1963:
»Ein Religionslehrer bat kürzlich in einer Oberschulklasse darum, mehrmals den Satz ›Jesus war ein Jude‹ zu wiederholen. Mehrere Schüler in der Klasse sagten, daß sie dies nicht tun möchten, weil es ihnen seltsam vorkomme. Wenn sie sagen sollten, ›Jesus ist ein Jude‹, dann würden sie etwas sagen, was ihnen nicht ganz richtig erscheine; es erscheine ihnen ein wenig respektlos gegenüber Jesus.«
(Bernhard E. Olson, Faith and Prejudice, New Haven 1963, S. 189)

Franz Kardinal König, Wien, 1964:
»Am schwierigsten ist es, überall dort einer ›irrtümlichen christlichen‹ Begründung des Antisemitismus entgegenzutreten, wo er sich auf den ›Unglauben der Juden‹ und auf ihre ›Schuld am Kreuzestod‹ bezieht. In einer theologisch unreflektierten und exegetisch nicht fundierten Predigt oder Katechese kann gerade in diesen Punkten noch viel Unheil angerichtet werden. Es scheint daher eine vordringliche Aufgabe der theologischen Ausbildung und Unterweisung, gerade jene entscheidenden Fragen so darzustellen, daß sie sowohl legitim christlich sind, als auch zu keinem mißverständlichen Abwerten des Judentums Anlaß geben. In diesem Sinne scheint eine starke Betonung der heilsgeschichtlichen Sendung des alttestamentlichen Israels wie

des nachbiblischen Judentums dringend geboten.«
(F. K. K., in: Tribüne, Nr. 11/1964, S. 1163)

Rudolf Pfisterer, Schwäb. Hall, 1964:
»Unser Auftrag als Christen verpflichtet uns, das Evangelium in Predigt und Unterweisung zu bezeugen. Weil im Mittelpunkt dieser frohen Botschaft der Jude Jesus von Nazareth, der Messias Israels, steht und darum die Wurzeln unserer Kraft in Jerusalem und nicht in Wittenberg, Genf, Moskau oder Rom liegen, ist jeder ›Arisierungsversuch‹ und die darin zum Ausdruck kommende prinzipielle Feindschaft gegen Israel ein Attentat auf die Treue, Güte und Barmherzigkeit des Gottes Israels. Dieser Verbundenheit mit Israel gilt es darum in der Darstellung des Judentums Rechnung zu tragen, ohne den noch vorhandenen Bruch zu übersehen und, vor allem, ohne die Juden und Christen in der Erwählung vorgegegebene Solidarität zu vergessen. Wo eine solche sachkundige und besonnene Neuorientierung im Blick auf das Judentum unter uns um sich greift, wird dies auch für die Vollmacht und den Segen unseres Dienstes – in Verkündigung und Unterweisung – von ausschlaggebender Bedeutung sein.«
(R. Pf., Das Judentum in der Verkündigung und im Unterricht der Kirche, in: Lutherische Rundschau, Nr. 3, Stuttgart 1964, S. 412)

Bernhard E. Olson, 1967:
»Allgemein gesprochen gibt es zwei Arten der Beschreibung von Pharisäern in den evangelischen Textbüchern. Auf der einen Seite werden sie als gänzlich und nahezu unmenschlich böse hingestellt, so, als ob die Verfasser sagen wollten: ›Warum sollten wir die Vortrefflichkeiten des Pharisäertums hervorheben, wenn es überhaupt keine gibt? Mängel sehen wir genug; Tugenden können wir nicht finden.‹ Andererseits werden sie als Menschen geschildert, mit all den Fehlern und Tugenden, die sie mit anderen gemeinsam haben. Alle evangelischen Lehrpläne bringen eine Mischung dieser beiden Arten der Darstellung. Doch enthalten einige ein Übermaß ungünstiger Urteile über die Pharisäer, während andere die positive Seite pharisäischen Lebens und Denkens unterstreichen.«
(B. E. O., Christliche Erziehung und das Bild der Pharisäer, in: Emuna, Köln 1967, S. 84)

François Houtart, Löwen, 1969:
»Die Pharisäer und die Juden sind der *Typ der Ungläubigen.* Das jüdische Volk ist *das Volk, das Jesus verworfen hat.* Diese Art der Betrachtung von Juden und Pharisäern rührt von einer antithetischen Sicht her. Gegenüber Christus und den Menschen, die seiner Person und Botschaft zustimmen, gibt es die Verwerfung, Verhärtung, hartnäckige Ablehnung, Finsternis und das Böse. Die Juden und die Pharisäer treten also als Partei des Bösen in Erscheinung. Diese antithetische Art der Darstellung von Ereignissen und Situationen im Leben Jesu – implizit im Fall der untersuchten Lehrbücher – läuft auf einen Prozeß hinaus, der dem des Ethnozentrismus ähnlich ist. Man wird nämlich dazu geführt, die Unterschiede zwischen der Gruppe, der man angehört, und der entgegengesetzten Gruppe zu betonen und diese Unterschiede zugunsten der eigenen und zum Nachteil der anderen Gruppe zu bewerten, ja sie manchmal zu verabsolutieren, indem man sie verallgemeinert und die Behauptung aufstellt, sie seien endgültig. Die Absicht der Verfasser dieser Lehrbücher besteht gewiß nicht darin, eine in unserer Zeit lebende Gruppe von Menschen herabzusetzen und sie in einen Gegensatz zur Gruppe der Christen zu stellen. Aber es ereignet sich eben, daß die in den Lehrbüchern hervorgehobene antithetische Gruppe bezeichnet wird durch das Wort ›Juden‹; dabei handelt es sich um den gleichen Ausdruck, den man zur Bezeichnung einer in unserer Zeit lebenden Gemeinschaft verwendet . . .
Wenn man einfach die zur Charakterisierung der Juden in der Katechese verwandten Ausdrücke korrigiert, dann reicht dies nicht aus, um eine Verbesse-

rung in ihrer allgemeinen Darstellung herbeizuführen. Die wirklichen Fragen treten im Bereich der Exegese und der Theologie auf. Die Katechese muß unter anderem von der Exegese verlangen, daß sie ein mehr in die Tiefe greifendes Verständnis der Umstände anbietet, unter denen Jesus aufgetreten ist und seine Botschaft verkündigt hat; zugleich muß sie auch eine Erklärung der Stellen in den Evangelien fordern, die man ›antisemitisch‹ nennen könnte.«
(F. H. und Jean Giblet, a.a.O., Louvain 1969, S. 226, 271)

---

3. Ein sachgemäßer christlicher Religionsunterricht darf auf keinen Fall die Verbindung und Verbundenheit der christlichen Botschaft mit dem Judentum außer acht lassen.

Seelisberger Thesen, 1947:
1. Es ist hervorzuheben, daß ein und derselbe Gott durch das Alte und das Neue Testament spricht.
2. Es ist hervorzuheben, daß Jesus von einer jüdischen Mutter aus dem Geschlechte Davids und dem Volke Israel geboren wurde und daß seine ewige Liebe und Vergebung sein eigenes Volk und die ganze Welt umfaßt.
3. Es ist hervorzuheben, daß die ersten Jünger, Apostel und die ersten Märtyrer Juden waren.
4. Es ist hervorzuheben, daß das höchste Gebot der Christenheit, die Liebe zu Gott und zum Nächsten, schon im Alten Testament verkündigt, von Jesus bestätigt, für beide, Christen und Juden, gleich bindend ist, und zwar in allen menschlichen Beziehungen und ohne jede Ausnahme.
(Seelisberger Thesen, Ev. Theologie, München, August 1961, Heft 8, S. 352)

Jules Isaac, 1948:
»Eine dieses Namens würdige christliche Unterweisung müßte
1. allen Christen eine mindestens elementare Kenntnis des Alten Testaments vermitteln und die Tatsache betonen, daß das nach Form und Inhalt wesentlich semitische Alte Testament die Heilige Schrift der Juden war, ehe sie die Heilige Schrift der Christen wurde;
2. in Erinnerung rufen, daß ein großer Teil der christlichen Liturgie aus dem Alten Testament entnommen ist und daß das Alte Testament ein Werk des (durch Gott erleuchteten) jüdischen Geistes war, aus dem bis in unsere Tage Christen in ihrem Denken, ihrer Literatur und ihrer Kunst sich inspirieren ließen;
3. sich vor dem Übersehen der ausschlaggebenden Tatsache hüten, daß Gott in seiner Allmacht sich zuerst dem von ihm erwählten jüdischen Volk geoffenbart hat und daß durch das jüdische Volk dieser grundlegende Glaube an Gott bewahrt und dann der christlichen Welt übermittelt wurde.«
(J. I., Jésus et Israël, Paris 1959², S. 5575 f.)

Schwalbacher Thesen, 1950:
»1. Ein und derselbe Gott spricht durch das Alte und das Neue Testament zu allen Menschen. Dieser einzige Gott ist der Gott Abrahams, Isaaks und Jakobs, Moses' und der Propheten. Wo wir Christen nicht an diesen einzigen Gott glauben, da bekennen wir statt seiner einen falschen Gott, selbst wenn wir ihn den Vater Jesu Christi nennen, wie es schon der Irrlehrer Marcion im 2. Jahrhundert getan hat.
2. Jesus ist aus dem Volke Israel von einer jüdischen Mutter aus dem Geschlechte Davids geboren worden. Durch ihn, den Sohn Davids, den Gesalbten Gottes, unseren Herrn und Heiland Jesus Christus, haben wir Erbanteil an der Erlösung, welche für Israel mit dem Kommen des Messias verbunden ist. So gewiß für unseren *Glauben* dieser erlösende Erfüller aller Verheißung in der Person jenes Jesus von Nazareth gekommen ist, so gewiß wird auch von uns Christen der Tag noch als künftiger erwartet, wo wir die offenbarwerdende Vollendung *schauen* werden.
3. Die Kirche, die durch den Heiligen Geist begründet wird, besteht aus Juden und Heiden, welche in Christus mitein-

ander versöhnt und zum Neuen Gottesvolke zusammengefügt werden. Wir dürfen nie vergessen, daß Juden einen wesentlichen Bestandteil dieser Kirche bilden, wie denn auch die Apostel und die ersten Zeugen Jesu Juden gewesen sind.
4. Das vornehmste Gebot für jeden Christen, die Liebe zu Gott und zum Nächsten, ist schon im Alten Testament verkündigt und von Jesus bekräftigt, also für Juden und Christen verbindlich, und zwar in allen menschlichen Beziehungen ohne jede Ausnahme.«
(Hans Kallenbach, Hrsg.: Die Juden und wir Christen, Frankfurt/Main 1960, S. 62f.)

Bergneustädter Thesen, 1960:
»1. Die christliche Unterweisung darf nicht vergessen, daß im Alten und Neuen Testament derselbe Gott zu uns redet.
2. Das Gebot der Liebe stammt aus dem Alten Testament.
3. Die Gesamtheit der Juden als Feinde Christi zu bezeichnen, widerspricht dem Gebot der Wahrhaftigkeit und dem christlichen Bekenntnis. – Das Kreuz ist ein Ärgernis für Juden und Heiden; es ist die Folge jedweden Unglaubens.«
(Ekkehart Krippendorf, Erziehungswesen und Judentum, München 1960, S. 81)

Adolf Exeler, 1963:
»Dadurch, daß ein Jude Christ wird, hört er nicht auf Jude zu sein; im Gegenteil: jetzt erst gehört er im letzten und tiefsten Sinne zum auserwählten Volk.
Die Voraussetzungen für den Glauben an Christus sind bei den Juden erheblich anders als bei den Heiden. Wenn ein Heide sich von seinen Götzen abwendet und sich zum lebendigen Gott und seinem Christus bekehrt, hört er auf, Heide zu sein. Man kann nicht Heide und Christ zugleich sein. Der Jude aber braucht sich in diesem grundlegenden Sinne nicht mehr zu bekehren. Der Jude, der nicht an Christus glaubt, glaubt doch an den lebendigen Gott und seine Verheißungen. Seine Bekehrung besteht darin, daß er sich öffnet für den, den Gott als seinen Sohn und als Messias gesandt hat: Jesus Christus.«
(A. E., Unser Bibelunterricht und die Juden, in: Theodor Filthaut, Hrsg., Israel in der christlichen Unterweisung, München 1963, S. 121f.)

Karl Heinz Sorger, 1963:
»Eine Reihe von Psalmen zu kennen oder doch wenigstens aus der eigenen Erfahrung zu wissen, daß man mit den Worten des Psalters zu Gott sprechen kann, gehört zum christlichen Gebetsleben und ebenso zur liturgischen Bildung.
Man sollte gelegentlich im Unterricht darauf hinweisen, daß die Psalmen die Gebete sind, die wir mit den Juden gemeinsam haben. Zusammen mit einem Menschen beten zu können, und dazu noch mit Worten, die beide als göttlichen Ursprungs anerkennen, schafft eine Verbundenheit, wie sie auf andere Weise so leicht nicht möglich ist. Das einmal mit den Kindern zu bedenken, könnte eine bescheidene Hilfe zum liebenden Verständnis des jüdischen Menschen sein.«
(K. H. S., Das Alte Testament, Israel und die Juden im Katechismus-Unterricht, in: Theodor Filthaut, Hrsg., a.a.O., S. 129)

Rudolf Pfisterer, Schwäb. Hall, 1964:
»Schließlich darf eine solide Information darüber nicht fehlen, daß das Judentum eine *lebendige, geistliche* Kraft ist. In christlichen Kreisen ist die irrige Meinung weit verbreitet, es handele sich im Judentum um eine verknöcherte Gesetzesreligion, die den Anforderungen der heutigen modernen Welt nicht mehr genügen könne. Dies ist töricht und verkehrt. Das Judentum darf darum unter uns Christen keine unbekannte Größe mehr bleiben. Es gilt zu entdecken, daß es hier um Versöhnung und Gebet, um Abkehr vom Heidentum und Hinkehr zu Gott, um Liebe zu Gott und zum Nächsten (auch wenn dieser uns feindselig ist) geht.«
(R. Pf., Das Judentum in der Verkündigung und im Unterricht der Kirche, in: Lutherische Rundschau, Nr. 3, Stuttgart 1964, S. 412)

Holländisches Pastoralkonzil, Noordwijkerhout, 1970:

»Vorschläge für die Katechese:

1. Das jüdische Volk muß als ein Volk angesehen werden, mit dem Gott für immer einen Bund geschlossen hat.

2. Das Alte Testament ist nicht nur ausschließlich in Beziehung auf das Neue zu verstehen, sondern es besitzt eine eigene Bedeutung sowohl für die Geschichte des jüdischen Volkes als auch für die der Welt.

3. Das jüdische Volk trägt keine kollektive Schuld für das Leiden und den Tod Christi noch auch dafür, daß es Jesus als den Messias abgelehnt hat.

4. Es versteht sich nicht von selbst, daß sich zwischen Juden und Christen ein vollkommener Bruch vollzogen hat; denn Jesus, der von einer jüdischen Mutter geboren wurde, hat die Verbindung mit seinem Volk niemals abgebrochen.

5. Es ist ungenau und nicht gerechtfertigt, das Neue Testament dem Alten Testament entgegenzusetzen, indem man das erstgenannte als ein Testament der Liebe, das zweite dagegen als ein Testament der Furcht wertet. Denn die Lehre von der Liebe Gottes zum Menschen und die der Liebe zum Nächsten, zur Wahrheit, Ehrbarkeit und Gerechtigkeit gehört ganz wesentlich zum Alten Testament.«

(Le Monde, Paris, 5./6. April 1970, S. 28)

Bibliographie

Démann, Paul: La catéchèse chrétienne et le peuple de la bible, Paris 1952.

Démann, Paul: Formation liturgique et attitude chrétienne envers les Juifs, Paris 1953.

Démann, Paul: Die christliche Unterweisung und das Judentum, in: Erziehung vorurteilsfreier Menschen, Frankfurt/Main 1962, S. 7 ff.

Feinberg, Abraham L.: Christuskiller – Trauma meines Lebens, München 1969, passim.

Filthaut, Theodor, Hrsg.: Israel in der christlichen Unterweisung, München 1963.

Gamm, Hans Jochen: Judentumskunde, München 1961, passim.

Gamm, Hans Jochen: Pädagogische Studien zum Problem der Judenfeindschaft, Neuwied 1966, vor allem S. 88 ff.

Geduldet oder gleichberechtigt?, Köln 1960, passim.

Gerlach-Prätorius, Angelika: Das Vorurteil, Hamburg 1969, S. 92 ff.

Houtart, François, und Giblet, Jean: Les Juifs dans la catéchèse, Louvain 1969.

Isaac, Jules: Jésus et Israël, Paris 1959².

Isaac, Jules: L'enseignement du mépris, Paris 1962.

Lovsky, F.: Le peuple d'Israël dans l'éducation chrétienne, Paris 1969.

Martin, Jacques: L'Amitie judéo-chrétienne, in: Lumière et Vie, Lyon 1958, S. 111–118.

Neidhart, Walter: The Fight against Antisemitism, in: Christian Education, in: The Ecumenical Review, Genf 1962, S. 57–66.

Olson, Bernhard E.: Faith and Prejudice, New Haven 1963.

Pfisterer, Rudolf, und Eckert, Willehad: Der christliche Religionsunterricht, in: Ekkehart Krippendorf, Hrsg.: Erziehungswesen und Judentum, München 1960, S. 78 ff.

Pfisterer, Rudolf: Einige Hinweise zur Darstellung des Judentums und der Juden im Religionsunterricht, in: Erziehung vorurteilsfreier Menschen, Frankfurt/Main 1962, S. 10 ff.

Pfisterer, Rudolf: Fragen an den kirchlichen Unterricht – »Sein Blut komme über uns ...« Antijudaismus im Neuen Testament?, in: Wolf Dieter Marsch und Karl Thieme, Hrsg.: Christen und Juden, Mainz und Göttingen 1961, S. 19–37.

Pfisterer, Rudolf: Das Judentum in der Verkündigung und im Unterricht der Kirche, in: Lutherische Rundschau, Stuttgart 1964, S. 395–412.

Solzbacher, Josef: Die Juden in der katechetischen Unterweisung, in: W. Eckert und E. L. Ehrlich, Hrsg.: Judenhaß – Schuld der Christen?, Essen 1964, S. 191 ff.

Thoma, Clemens: Der Prozeß Jesu, in: W. Eckert und E. L. Ehrlich, Hrsg.: Judenhaß – Schuld der Christen?, Essen 1964, S. 111–138.

L'enseignement chrétien concernant les Juifs, Evidences Nr. 88, Paris 1961, S. 8–18 (Mitarbeiter: Mgr. Ramselaar, James Parkes, F. Lovsky, Rudolf Pfisterer).

Ritualmord

Mit diesem Ausdruck wird jene üble Lüge bezeichnet, die den Juden Ströme von Blut gekostet hat: Juden bringen sich angeblich in der Zeit vor dem Passahfest in den Besitz eines christlichen Knaben und schlachten ihn ab, um das von ihm abgezapfte Blut für gottesdienstliche Zwecke zu gebrauchen. Diese in der Mitte des 12. Jahrhunderts plötzlich auftauchende und bis heute noch nicht verstummte Behauptung ist dem Vorwurf recht ähnlich, der Christen in ihrer ersten Zeit wegen des Abendmahls (Trinken von Blut) gemacht wurde.
Diese unsinnige These wird dazu benützt, Angst vor der angeblichen Unheimlichkeit der Juden hochzuspielen.

1. Die Behauptung der Existenz eines Ritualmords bei den Juden ist eine niederträchtige Lüge, die schon oft widerlegt wurde.

3. Mose 17, 10–14 a:
»Und welcher Mensch, er sei vom Hause Israel oder ein Fremdling unter euch, irgend Blut isset, wider den will ich mein Antlitz setzen, und will ihn mitten aus seinem Volk ausrotten. Denn das Leben ist im Blut, und ich habe es auch auf den Altar gegeben, daß eure Seelen damit versöhnt werden. Denn das Blut ist die Versöhnung, weil das Leben in ihm ist. Darum habe ich gesagt den Kindern Israel: Keine Seele unter euch soll Blut essen; auch kein Fremdling, der unter euch wohnt. Und welcher Mensch ... ein Tier oder einen Vogel fängt auf der Jagd, das man isset, der soll desselben Blut vergießen und mit Erde zuscharren. Denn des Leibes Leben ist in seinem Blut, solange es lebet ...«

Erster Ritualmord in Deutschland, Fulda 1235:
»Ende 1235 wurde zum erstenmal in Deutschland die Blutbeschuldigung vorgebracht. Christen behaupteten, christliche Kinder wären von Juden während ihres Osterfestes (Passahfest) getötet worden, weil diese Christenblut für das Passahritual benötigten. Diese haltlose Beschuldigung gegen die Juden taucht zuerst im Mittelalter bei Thomas von Monmouth ... auf, wird jedoch schon von Römern gegen Urchristen und von Kirchenvätern gegen christliche Ketzer vorgebracht. In Fulda brannte Weihnachten 1235 eine Mühle nieder, wobei in Abwesenheit des Müllerehepaares dessen Kinder umkamen; in der Stadt befanden sich gerade Kreuzfahrer. Man verbreitete das Gerücht, die Juden hätten die Kinder ermordet, und so wurden 32 jüdische Männer und Frauen erschlagen. Friedrich II. stellte auf dem Hoftag zu Hagenau im Juli 1236 über den Vorfall eine gründliche Untersuchung an, sprach die Juden von der Blutbeschuldigung frei und verbot, eine solche Anklage gegen die Juden zu wiederholen:
... Weder im Alten noch im Neuen Testament ist zu finden, daß die Juden nach Menschenblut begierig wären. Im Gegenteil, sie hüten sich vor der Beflekkung durch jegliches Blut. Dies ergibt sich aus dem Buche, das hebräisch ›Berechet‹ genannt wird, und in Übereinstimmung mit den Vorschriften des Moses aus den jüdischen Gesetzen ... Es spricht auch nicht geringe Wahrscheinlichkeit dafür, daß diejenigen, denen sogar das Blut erlaubter Tiere verboten ist, keinen Durst nach Menschenblut haben können. Es spricht gegen diesen Vorwurf seine Scheußlichkeit, seine Unnatürlichkeit und das natürliche menschliche Gefühl, das die Juden auch den Christen entgegenbringen. Auch ist es nicht wahrscheinlich, daß sie Gut und Leben aufs Spiel setzen wollen. Wir haben daher die Juden zu Fulda des ihnen auferlegten

Verbrechens und die übrigen deutschen Juden eines so schändlichen Verbrechens nach dem Spruch der Fürsten für unschuldig erklärt. Deshalb verbieten wir durch gegenwärtige Urkunde, daß irgendeine Person, sie sei geistlich oder weltlich ..., besagten Juden samt und sonders den vorgenannten schmählichen Verdacht auferlege.«
(Ernst Ludwig Ehrlich, Geschichte der Juden in Deutschland, Düsseldorf 1959, S. 25 f.)

Papst Innozenz IV., Lyon, 1247:
»Wir haben die jammervollen Klagen der Juden Deutschlands erhalten, daß sowohl einige Geistliche, als besonders auch weltliche Fürsten und andere Adelige und Mächtige ihrer Länder und Diözesen gegen die Juden gottlose Pläne aushekken, damit sie ungerechterweise ihre Güter rauben und an sich bringen könnten. Sie erdichten mancherlei und verschiedene Anklagen, ohne zu bedenken, daß gleichsam aus ihren Archiven die Zeugnisse des christlichen Glaubens hervorgegangen sind. Obwohl die heilige Schrift unter andern Gesetzesvorschriften sagt: ›Du sollst nicht töten‹, und verbietet, daß am Passahfest irgendeine Tötung stattfinde, so beschuldigen sie dieselben doch fälschlicherweise, daß sie an ihrem Passahfest über dem Herzen eines getöteten Kindes kommunizieren, im Wahn, das jüdische Gesetz schreibe ihnen dies selber vor, während es doch offenbar gegen das Gesetz ist. Ja, sie werfen den Juden boshafter Weise den Leichnam eines Toten zu, wenn es ihnen gelingt, einen solchen irgendwo zu finden. Auf Grund solcher und anderer Erdichtungen wüten sie gegen sie und berauben sie ihrer Güter ohne eine Anklage, ohne Geständnis, ohne Beweisverfahren, im Widerspruch gegen die ihnen vom apostolischen Stuhle gnädig gewährten Privilegien, und sie bedrücken sie mit Nahrungsentziehung, Kerker und so vielen Quälereien und so großen Drangsalen, indem sie ihnen allerhand Strafen auferlegen und ihrer so viele wie möglich zu schmachvollstem Tode verurteilen, so daß diese Juden, wiewohl unter vorgenannten Fürsten lebend, doch unter einer schlimmeren Herrschaft sind, als ihre Väter unter Pharao in Ägypten waren. Sie werden gezwungen, die Orte, wo sie und ihre Vorfahren seit undenklichen Zeiten wohnten, zu verlassen und jammervoll in die Verbannung zu gehen. Daher ihre Ausrottung fürchtend, hielten sie es fürs Beste, ihre Zuflucht zur Fürsorge des apostolischen Stuhles zu nehmen. Da wir sie also nicht ungerechterweise gequält wissen wollen, empfehlen wir euch durch dieses apostolische brüderliche Schreiben, daß ihr euch so viel wie möglich wohlwollend beweiset. Wo ihr ungerechte Angriffe gegen sie wahrnehmet, so stellet sie ab und gebet nicht zu, daß sie in Zukunft durch solche und ähnliche Bedrückungen heimgesucht werden. Die Bedrücker der Juden sollen mit dem Kirchenbann belegt werden.«
(F. Heman, Geschichte des jüdischen Volkes, Calw und Stuttgart 1908, S. 267 f. Vgl. auch: Hermann Strack, Der Blutaberglaube in der Menschheit, München 1892, S. 147; Josef Kastein, Eine Geschichte der Juden, Berlin 1931, S. 380; Léon Poljakov, Du Christ aux Juifs du Cour, Paris 1955, S. 78)

Johannes Pfefferkorn, Köln, 1507:
»Hier möchte ich ein weit verbreitetes, aber nichtiges Gerede gegen die Juden widerlegen, damit wir Christen nicht deshalb lächerlich werden. Man sagt gemeinhin unter den Christen, daß die Juden Christenblut als Heilmittel zu brauchen nötig hätten und deswegen kleine Christenkinder töteten. Teure Christen! Glaubt das nicht! Es widerspricht der Heiligen Schrift und dem Gesetze der Natur und der Vernunft. Daher muß ich in dieser Angelegenheit die Juden verteidigen, nur mit einer Einschränkung. Es ist glaublich, daß Juden gefunden sind und vielleicht gefunden werden können, welche Christenkinder heimlich bis auf den Tod verfolgen, jedoch nicht wegen einer Notwendigkeit, ihr Blut zu haben, sondern aus Haß und um sich an den Christen zu rächen, wie sie einst, da sie mehr Macht hatten, als jetzt, Christus, die Apostel und seine Schüler und Gläu-

bigen öffentlich verfolgt haben. Seid daher drüber nicht in Unruhe! ... Flieht und vermeidet also diese lächerliche, falsche und, wenn ihr es genau betrachten wollt, uns Christen nicht wenig zur Verachtung gereichende Rede. Bleibt bei der Wahrheit, indem ihr solchen Wahn fallen laßt, o Christen! Wir wollen nicht etwas erdichten, was falsch ist und uns keine Ehre macht.«
(Hermann Strack, Der Blutaberglaube in der Menschheit, München 1892, S. 139)

Andreas Osiander, Nürnberg, 1529:
»Für die immer wiederkehrenden Blutbeschuldigungen führte Osiander sieben Gründe an:
1. Arme oder verschuldete oder tyrannische Landesherren, die durch die Ritualmordlüge versuchten, sich von ihren jüdischen Gläubigern zu befreien.
2. Räte, Richter und Schöffen in des Landesfürsten Umgebung, die gegen die Juden die gleiche Gesinnung hegten wie ihre Obrigkeit.
3. Pfaffen und Mönche, die wünschten, durch die Vernichtung der Juden den Anschein großer Heiligkeit zu erlangen und neue Wallfahrtsorte zu begründen.
4. Verschuldete Untertanen, die hofften, ihrer Verpflichtungen ledig zu werden, wenn sie derartige Beschuldigungen aufstellten.
5. Zauberer und Teufelsbeschwörer, die ermordete Kinder für ihre Teufelskünste gebrauchten und die Juden für ihre Verbrechen verantwortlich machten.
6. Der zufällige Tod von Kindern, für den man keine andere Ursache finden könnte, als daß sie von Juden umgebracht worden seien.
7. Der durch Fahrlässigkeit eingetretene Tod verwahrloster Kinder, deren Eltern den Juden die Schuld aufbürdeten, um selbst der Bestrafung zu entgehen.«
(Selma Stern, Josel von Rosheim, Stuttgart 1959, S. 145)

Martin Luther, Wittenberg:
Siehe Martin Luther: Daß Jesus Christus ein geborener Jude sei, München 1938, S. 28.

Judenprivileg von Speyer, 1544:
»Man beschuldigte die Juden weiterhin, so fährt das Privileg fort, ›zu ihrer Notdurft‹ Christenblut zu gebrauchen, und machte ihnen auf die bloße Anzeige einiger Verleumder oder mißgünstiger Feinde hin den Prozeß, obwohl die Päpste ein solches Vorgehen streng verboten hätten, und sein lieber Ahnherr, der Kaiser Friedrich II., gegen diesen Aberglauben ernstlich und energisch eingeschritten sei.
Als ›oberster Herr und Richter‹ der Judenheit verordnet daher Karl V., daß kein Jude und keine Jüdin, wes Standes sie auch seien, in Zukunft gefangengenommen, gepeinigt, gemartert, ihrer Habe beraubt und vom Leben zum Tode gebracht werden dürften, es sei denn, daß glaubwürdige Zeugen dies Vergehen genügend bewiesen und begründeten. Sollten wiederum solche Beschuldigungen erhoben werden, so sollten sie zuerst dem Kaiser als der ›obersten Obrigkeit‹ der Judenschaft angezeigt und sein Urteil abgewartet werden.«
(Selma Stern, a.a.O., S. 161)

Manasse ben Israel, London, 1656:
»Wenn alles bisher Gesagte noch nicht ausreicht, diese Beschuldigung zu vereiteln, so bin ich, da die Sache von unserer Seite bloß verneinend und also keiner Aufklärung durch Zeugen fähig ist, gezwungen, mich einer anderen Art Beweises zu bedienen, den der Ewige vorgeschrieben hat (2. Mos. 22), eines Eides. Ich schwöre daher ohne irgend Betrug oder List, bei dem höchsten Gott, dem Schöpfer Himmels und der Erde, welcher sein Gesetz dem Volke Israel auf dem Berge Sinai geoffenbart hat, daß ich nie bis auf diesen Tag einen solchen Gebrauch unter dem Volke Israel gesehen, daß dieses nie so etwas für eine gesetzmäßige, göttliche Vorschrift noch für eine Verordnung oder Stiftung seiner Weisen gehalten, und daß es nie (soviel ich weiß, auf eine glaubwürdige Art gehört oder in einem jüdischen Schriftsteller gelesen habe) eine solche Ruchlosigkeit ausgeübt oder versucht! Und wenn ich hierin lüge, so mögen alle in den Büchern des Ge-

setzes (3. Mos. und 5. Mos.) erwähnte Flüche über mich kommen; ich möge nie den Segen und den Trost Zions sehen noch an der Auferstehung der Toten Anteil nehmen.«
(Hermann Strack, a.a.O., S. 136)

Friedrich Albert Christiani, Leipzig, 1705:
»Ob zwar den Jüden insgemein nachgeredet wird, als wenn sie Christenkindern nachtrachteten und, wenn sie derselben habhaft würden, abscheulich abstächen, das Blut von ihnen abzapften, dasselbe teils bei ihren Weibern in schweren Kindsnöten, teils aber bei den Sterbenden in letzten Todeszügen mit gewissen Ceremonien als ein heilsames Mittel gebrauchten, so kann ich doch, als ein geborener Jude (der ich ohn unzeitigen Ruhm alle ihre Gebräuche wohl inne habe, dieselbe meist selber prakticieret oder doch mit Augen angesehen) mit Gott beteuren, daß ich die gantze Zeit, weil ich im Jüdentum gewesen, niemals dergleichen Proceduren an christlichen Kinder unter ihnen erfahren, viel weniger, daß sie das Christenblut gehabt noch nach obgedachter Art jemals gebraucht hätten.«
(Hermann Strack, a.a.O., S. 140)

Papst Clemens XIV. (1769–1774):
»Auf die Bitte von polnischen Juden wurde von Kardinal Ganganelli, dem späteren Papst Clemens XIV. (1769 bis 1774) ein großes Memorandum gegen die Legende vom Ritualmord verfaßt. Hier wurde noch einmal die Verkehrtheit dieser Legende bewiesen, ohne doch verhindern zu können, daß die Ritualmordprozesse in Polen und auch anderswo ihren Fortgang nahmen. Man nimmt allerdings an, daß sie ohne dieses Eingreifen von seiten der Kirche noch blutigere Exzesse gezeitigt hätten.«
(Léon Poljakov, De Mahomet aux Marranes, Paris 1961, S. 318)

Kathedralkapitel von Lincoln, England, o. J.:
»Das anglikanische Kathedralkapitel von Lincoln in England hat diesbezüglich vorbildlich und richtungweisend gehandelt, als es vor einigen Jahren am Grabe des ›Little St. Hugh‹, eines englischen ›Ritualmordmärtyrers‹, folgende Anschriften anbringen ließ, die in deutscher Übersetzung lauten:
›Reliquienschrein des ‚Little St. Hugh'.‹
Erfundene Geschichten über von jüdischen Gemeinden begangene ›Ritualmorde‹ waren im Mittelalter und sogar noch viel später in ganz Europa Gemeingut. Diese Lügenmärchen kosteten vielen unschuldigen Juden das Leben. Auch Lincoln hatte seine eigene Legende, und das sogenannte Opfer wurde in der Kathedrale begraben.
Über dem Grab wurde ein Reliquienschrein errichtet, und der Knabe wurde ›Little St. Hugh‹ genannt ... Solche Geschichten tragen nicht dazu bei, die Glaubwürdigkeit des Christentums zu erhöhen, und so wollen wir beten: O Herr, gedenke nicht unserer Sünde und der Sünden unserer Vorfahren.«
(Kurt Hruby, Verhängnisvolle Legenden und ihre Bekämpfung, in: W. Eckert und E. L. Ehrlich, Hrsg.: Judenhaß – Schuld der Christen?, Essen 1964, S. 308)

Schlomo Rülf, 1964:
»›Weißt du, es gibt ganz fromme Juden, die brauchen Menschenblut für die Mazzen.‹ Ich wußte nichts von der Gefährlichkeit des Ritualmärchens und erwiderte einfach:
›Das gibt es nicht, davon habe ich noch nie etwas gehört!‹
›Nein, nein, *ihr* macht das nicht, aber die *ganz* frommen Juden. Die kennst du gar nicht.‹
›Wir sind noch ‚ganz fromm'. Kann denn jemand noch frommer sein als ein Rabbiner?‹
›Doch, liebes Kind, du verstehst mich nicht, ich meine die *ganz* Frommen. Die nehmen Menschenblut für die Mazzen.‹
Noch mehrmals kam die Waschfrau auf dieses Thema zurück. Ich weiß nicht, ob ich meinen Eltern davon erzählt habe. Erst als ich schon dreizehn oder vierzehn Jahre alt war, spitzten diese Dinge sich

so zu, daß mir die Augen geöffnet wurden.
Die Waschfrau hatte eine Tochter, die ein oder zwei Jahre älter war als ich. Dieses geistig etwas zurückgebliebene Mädchen war schon aus der Schule entlassen und half bei uns stundenweise im Haushalt. Eines Tages, kurz vor Pesach, begleitete ich meinen Vater in den Keller und half ihm, einige Flaschen Wein für den Seder zu holen. Der Keller war völlig dunkel – elektrisches Licht hatten wir noch nicht –, und so geschah ein kleines Mißgeschick: Eine Flasche Rotwein zerbrach, aber nur oben am Hals.
›Nimm die Flasche vorsichtig nach oben‹, sagte mein Vater, ›vielleicht kann man den Wein noch gebrauchen.‹
Ich ging also hinauf in die Küche, goß den Wein in eine Schüssel und warf die zerbrochene Flasche in den Mülleimer. Kaum war das geschehen, als das Mädchen in die Küche kam, die Schüssel erblickte und sofort emphatisch ausrief: ›Das ist Blut!‹
Ich lachte sie aus: ›Was fällt dir ein? Das ist Wein, eben habe ich ihn aus dem Keller geholt.‹
›Ja, ja, du warst mit deinem Vater im Keller. Wer weiß, was ihr da gemacht habt? Bei euch ist ja bald Ostern. Das hier ist Blut!‹
Ich hielt ihr die Schüssel unter die Nase.
›Riechst du nicht, daß es Wein ist?‹ Aber sie ließ sich nicht überzeugen.
Dieses Mal verstand ich, daß die Sache keine Bagatelle war, und erzählte sogleich meinen Eltern davon. Noch am selben Abend hatte Vater eine Unterredung mit dem Vater des Mädchens, dem Manne der Waschfrau.
Er war katholisch wie seine Frau, aber als organisierter Arbeiter aufgeklärt und Vernunftgründen zugänglich. Ich erinnerte mich genau an das Gespräch in Vaters Studierzimmer, denn ich lag im Nebenzimmer im Bett und hörte jedes Wort. Vater gab dem Mann ein Gläschen von dem Wein zu trinken, und fragte ihn, was er davon halte.
›Och, das ist ein ganz guter Rotwein.‹
Dann zeigte er ihm die zerbrochene Flasche und berichtete ihm den Vorfall. Der Mann war bald überzeugt, aber Vater erzählte ihm doch einiges von dem Unheil, das im Mittelalter durch solche unbedachten Kinderaussagen über ganze jüdische Gemeinden gebracht worden sei. Schließlich sagte er noch:
›Sie sind doch Katholik und gehören in Braunschweig zur Minderheit, genauso wie wir Juden. Wir sollten also zusammenhalten und uns gemeinsam gegen Vorurteile wehren.‹
Der Mann entschuldigte sich sehr wegen seiner törichten Tochter und versprach, auch seiner Frau das Blutmärchen auszureden. Er war von der freundlichen und überzeugenden Art, in der mein Vater mit ihm geredet hatte, sehr beeindruckt und sicherlich für sein Leben kuriert.«
(Sch. R., Ströme im dürren Land, Stuttgart 1964, S. 18 f.)

Gesellschaft für christlich-jüdische Freundschaft, Madrid, 1970:
»Wir sind immer wieder auf das Fortleben des Kultes angeblicher Opfer ›ritueller Verbrechen‹ in Spanien gestoßen, die unrechtmäßig den Juden zugeschrieben werden: in der Erzdiözese Madrid der Heilige Dominguito del Val, in Toledo das Heilige Kind Nino de la Guardia. Beide Fälle bezeugen echt jene negative Situationen, die zuweilen zu Judenfeindlichkeit und zu Pogromen gegen das jüdische Volk führten ... Die Anschuldigung an die Adresse der Juden, sie hätten Ritualmorde begangen, kann man noch in Zeiten begreifen, die hart waren und in denen Haß und Aberglauben herrschten. In unserer Zeit ist es jedoch sinnlos geworden, sich auf das Fortleben trauriger Ereignisse zu versteifen. Es muß auch um der Gerechtigkeit willen anerkannt werden, daß die katholische Kirche stets diese Verleumdungen bestritt und, was noch wichtiger ist, den Christen verbot, auf eine solch gemeine Weise zu verleumden. Deshalb haben wir stets dafür plädiert, diese beiden Fälle in Spanien historisch zu überprüfen – ihre Überlieferung enthält nicht wenige dunkle und konfuse Punkte.«
(Allgemeine Wochenzeitung der Juden, Düsseldorf, 15. Mai 1970)

2. Die Lüge vom Ritualmord dient dazu, die angebliche Unheimlichkeit der Juden hochzuspielen und so den Haß gegen dieselben anzufachen, zu schüren und zu vertiefen.

Ulrich Zasius, Freiburg, 1508:
»... Das Allergrausamste ist: sie (die Juden) trinken Christenblut, nach dem diese schrecklichen Bluthunde Tag und Nacht trachten. Daß sie dieses Blut in unseren Tagen auch in unserem Gebiet, was man ohne Erschütterung des Herzens nicht sagen kann, mehr als einmal vergossen haben, wurde von den Tatgenossen bei diesen Verbrechen, die aus diesem Grunde hingerichtet wurden, berichtet ...«
(Guido Kisch, Zasius und Reuchlin, Pforzheim 1961, S. 66, Anm. 43)

Martin Luther, Wittenberg, 1543:
»Von den Juden und ihren Lügen«, München 1938, S. 186, 198 (→ Martin Luther).

Adolf Stöcker, Berlin, 1891:
»Ich kann mir nicht vorstellen, daß der jüdische Religionskultus die Ermordung von Menschen, den Gebrauch des Blutes zu irgend einem Zweck verlangt. Aber der Streit dreht sich mehr um Worte. Wird doch keiner, der die Geschichte kennt, leugnen, daß Christen, insbesondere Kinder, jahrhundertelang durch die Hand der Juden aus Fanatismus oder Aberglauben umkamen ...«
(Simon Dubnow, Die neueste Geschichte des Jüdischen Volkes, Bd. III, Berlin 1923, S. 43)

Hermann Strack, Berlin, 1892:
»Allgemein anerkannt ist, daß diejenigen Juden, welche überhaupt an ihrem Religionsgesetze festhielten, bzw. festhalten, stets bereit gewesen sind, bzw. noch bereit sind, eher ihr Leben zu lassen, als diesem Gesetze untreu zu werden. Wenn es nun irgend eine Satzung gäbe, welche die Benutzung von Christenblut gebietet, so würde solches Blut alljährlich erforderlich sein, also auch vergossen werden; dann aber müßte, zumal aus der Zeit der letzten hundert Jahre, mindestens in den Rechtsstaaten Europas, in deren Mitte die Juden zerstreut leben, eine erhebliche Anzahl von Fällen in zweifelloser Weise nachgewiesen sein. An solchen Nachweisen fehlt es jedoch durchaus. –
Ferner müßte die Beschuldigung des rituellen Blutgebrauchs überall ausgesprochen worden sein und ausgesprochen werden; auch müßte sie in allen Jahrhunderten seit Stiftung der christlichen Religion, oder doch seit die christliche Religion im alten Römischen Reiche die herrschende geworden, sich nachweisen lassen. Aber weder ein Überall noch ein Zu-allen-Zeiten hat statt.
Jeder erfahrene Kriminalist, namentlich jeder Kriminalfälle sorgsam behandelnde Untersuchungsrichter weiß, daß die ausführlichen Mitteilungen öffentlicher Blätter über ›interessante Fälle‹ auf die Einbildungskraft von Menschen, die im Guten nicht fest oder schon zum Schlechten geneigt waren, oft anreizend eingewirkt haben ... Somit wäre es *denkbar*, daß gerade die unablässige Wiederholung der Behauptung, die Juden bedürften Christenblutes, irgendeinmal irgendwo ein geistig nicht voll zurechnungsfähiges Subjekt, das als Jude geboren, auf die wahnsinnige Idee gebracht hätte oder brächte, einmal zu versuchen, ob denn wirklich Christenblut ein ganz anderer Saft sei als Judenblut. Ein derartiges Ereignis würde selbstverständlich nicht dem Judentum, würde insonderheit nicht der jüdischen Religion zur Last gelegt werden dürfen.«
(H. Str., a.a.O., S. 94 f.)

Dr. Schneider, Berlin, 1903:
»In einem Nebensatze ließ er (Dr. Schneider) durchblicken, daß er an jüdische Ritualmorde glaubte. Das war mir (E. Auerbach) denn doch zu viel. In der Diskussion meldete ich mich als erster zu Wort und sagte wohl kaum mehr als folgendes: ›Herr Doktor, ich will, da ich Jude bin, nur eine kurze Frage an Sie richten: Glauben Sie wirklich an die Tatsache ritualer Morde unter den heutigen Juden?‹

Die Versammlung war mäuschenstill. Herr Dr. S. sichtlich etwas verwirrt, begann mit einem verschlungenen Satze. Sofort unterbrach ich ihn: ›Herr Doktor, ich habe eine klare Frage an Sie gerichtet und bitte um eine klare Antwort mit Ja oder Nein!‹
Darauf erwiderte er: ›Das Beweismaterial erscheint mir doch so erdrückend, daß ich nicht umhin kann, an die Realität des jüdischen Ritualmords zu glauben.‹
Daraufhin sagte ich, zu den Hörern gewandt, sehr betont und unter völligem Schweigen: ›Ich stelle fest, daß im Jahre 1903 nach der Geburt des Juden Jesus, den Sie als Heiland der Welt verehren, ein gebildeter Deutscher, der vielleicht in wenigen Jahren zu den Führern der jungen Generation gehören wird, erklärt hat, er glaube an den Ritualmord im jüdischen Volke, dem ich die Ehre habe anzugehören.‹«
(Elias Auerbach, Pionier der Verwirklichung, Stuttgart 1969, S. 152)

Theodor Fritsch, Leipzig, 1919:
»Zu den schwerwiegendsten Anschuldigungen gegen die Juden gehört schon seit vorchristlichen Zeiten der Vorwurf, daß sie zu gewissen religiösen Handlungen das Blut von Nichtjuden gebrauchten und daß sie wiederholt Morde (sog. Blutmorde oder Ritualmorde), hauptsächlich an Kindern, begangen hätten. Es muß betont werden, daß sich im Talmud und Schulchan aruch keine Stelle findet, die den Gebrauch von Blut vorschreibt, oder sonst in solchem Sinn gedeutet werden könnte. Es bleibt allerdings zu berücksichtigen, daß das Judentum außer der schriftlichen auch noch die mündliche Überlieferung (Kabbala) besitzt. Eine oft gehörte Behauptung geht dahin, daß die Juden besonders für ihr Osterfest menschliches Blut brauchten. Man argwöhnt, daß das von Juden zu schlachtende Osterlamm auch ein Menschenkind sein könnte.«
(Th. F., Handbuch der Judenfrage, Leipzig 1919, S. 346 f.)

Otto Gildemeister, 1921:
»Wo die Juden eines wehrlosen Christen habhaft werden konnten, ließen sie ihn verschwinden. Das wird immer wieder berichtet. Ob die dauernd erzählten Kindermorde und Blutabzapfungen zu Ostern auf Tatsachen beruhen, sei dahingestellt. Diese Schilderungen sind jedoch symptomatisch für den Leumund der Juden . . .«
(O. G., Judas Werdegang in vier Jahrtausenden, Leipzig 1921, S. 65)

Heinrich Himmler, Berlin, 1943:
»Lieber Kaltenbrunner!
Von dem Buch ›Die jüdischen Ritualmorde‹ habe ich eine größere Anzahl bestellt und lasse sie bis zum Standartenführer verteilen. Ich übersende Ihnen mehrere 100 Stück, damit Sie diese an Ihre Einsatz-Kommandos, vor allem aber an die Männer, die mit der Judenfrage zu tun haben, verteilen können.
1. Es sind sofort überall Untersuchungen anzustellen über Ritualmorde der Juden, soweit sie noch nicht evakuiert sind. Derartige Fälle sind herauszuziehen und mir vorzulegen. Wir müssen in dieser Richtung dann mehrere Prozesse machen.
2. Die ganze Ritualmord-Frage ist von Sachverständigen in den Ländern Ungarn, Rumänien und Bulgarien aufzugreifen. Ich denke daran, daß wir diese Ritualmord-Fälle dann in unserer Presse bringen, um damit die Herausnahme der Juden aus den Ländern zu erleichtern. Diese Dinge können selbstverständlich dann nur im Einvernehmen mit dem Auswärtigen Amt vor sich gehen.
3. Überlegen Sie einmal, ob wir nicht in Zusammenarbeit mit dem Auswärtigen Amt einen rein antisemitischen Sender für England und Amerika machen können. Er müßte gespeist werden mit Material, das – so wie es der ›Stürmer‹ in der Kampfzeit gemacht hat – den Engländern und Amerikanern serviert wird. Ich halte hier eine sensationelle Aufmachung geradezu für wichtig. Ich bitte Sie, sich mit SS-Gruppenführer Dr. Martin einmal in Verbindung zu setzen, um den einen oder anderen Mitarbeiter des ›Stürmer‹ zu gewinnen.
4. Außerdem sind sofort Leute einzuset-

zen, die in England die Gerichtsnachrichten, die Polizei-Ausschreibungen, daß ein Kind vermißt wird, verfolgen und kontrollieren, so daß wir dann in unseren Sendern entsprechende Kurznachrichten geben können, daß in dem Ort X ein Kind vermißt wurde und es sich wahrscheinlich um einen jüdischen Ritualmord handele.

Insgesamt glaube ich, könnten wir mit einer großen antisemitischen Propaganda in englischer, vielleicht auch sogar in russischer Sprache auf einer sehr starken Ritualmord-Propaganda den Antisemitismus in der Welt ungeheuer aktivieren.

Ich bitte Sie, diese Dinge einmal mit Ihren Mitarbeitern zu besprechen und schon gewisse Vorbereitungen zu treffen, um mir dann einen Vorschlag zu machen.

Heil Hitler!
Ihr
(gez.) H. Himmler.«

(SS im Einsatz, Hrsg.: Komitee der Antifaschistischen Widerstandskämpfer in der DDR, Berlin 1960, S. 136 f.)

Daghestan (Sowjetunion), 1960:

»Auf Grund ihrer Religion glauben sie (die Juden) zum Beispiel, daß das zumindest einmal im Jahre geschehende Trinken von Blut eines Mohammedaners ihnen als gutes Werk angerechnet werde. Darum kaufen viele Juden fünf bis sechs Gramm mohammedanisches Blut, das sie in einer großen Tonne mit Wasser mischen und das sie als Wasser verkaufen, das mit mohammedanischem Blut in Berührung gekommen ist.

(Les Juifs en Europe de l'Est, Paris 1961, S. 1 f.)

Maurice Pinay, Madrid, 1963:

»Gemäß der falschen Auslegung der Heiligen Schriften sind für die Juden sowohl die Christen wie auch die Heiden einfache Tiere und keine menschlichen Wesen. Deshalb haben die Hebräer automatisch keine Verpflichtung ihnen gegenüber, die Gebote zu halten und fühlen sich gleichzeitig im Recht, sie zu töten, zu schinden und sie alles dessen zu berauben, was sie besitzen, wie irgendein Tier. Niemals hat auf der Erde ein so unversöhnliches und totalitäres Machtstreben wie das der Juden bestanden, nicht besteht es heute. Diese weittragende Ansicht, daß die übrigen Völker Tiere seien, erklärt in klarer Form das unversöhnliche, grausame und verächtliche Verhalten gegen jedes menschliche Recht, wie man es bei hohen jüdischen Persönlichkeiten des internationalen Kommunismus beobachten kann.«

(M. P., Verschwörung gegen die Kirche, Madrid 1963, S. 138 f.)

Landesbischof (kath.) von Tirol nach dem Zweiten Weltkrieg:

»Was nun die Ritualmorde, rein historisch gesehen, betrifft, so sind die Historiker hierüber verschiedener Ansicht. Eine große Anzahl neigt durchaus nicht zu Ihrer Meinung (nämlich daß es sich um böswillige Erdichtungen handelt). Es wird also hier zu berücksichtigen sein, daß es fundierte Meinungen gibt, die anderer Ansicht sind. Im Gesamtzusammenhang der Dinge ist auf jeden Fall zu beachten, daß es immerhin Juden waren, die unsern Herrn Jesus Christus gekreuzigt haben. Weil sie also zur NS-Zeit zu Unrecht verfolgt wurden, können sie sich jetzt plötzlich nicht so gerieren, als ob sie in der Geschichte überhaupt nie ein Unrecht getan hätten.«

(Kurt Hruby, Verhängnisvolle Legenden und ihre Bekämpfung, in: W. Eckert und E. L. Ehrlich, Hrsg.: Judenhaß – Schuld der Christen?, Essen 1964, S. 307)

Organisation für die Befreiung Palästinas, 1970:

»Der israelische Rundfunk hat mehrfach auf eine Sendung der Organisation für die Befreiung Palästinas aufmerksam gemacht, die in Kairo ausgestrahlt wurde. Darin wird die alte antijüdische Beschuldigung des Ritualmords aufgegriffen, indem man sie der mohammedanischen Welt anpaßt.

Am 24. April um 19.30 Uhr hat der Sender der Organisation für die Befreiung Palästinas in einer seiner Sendungen behauptet, daß aus Anlaß des jüdischen Osterfestes arabische Kinder des ›usurpierten Vaterlandes‹ durch Israelis ermordet worden seien und daß man ihr Blut zur Herstellung des ungesäuerten Brotes ver-

wandt habe. Der Rundfunk der Organisation für die Befreiung Palästinas hat sogar noch angefügt, daß die Bevölkerung von Gaza Zeuge dieser ›Verbrechen‹ gewesen sei. Gegenüber derartigen Behauptungen hebt man in Jerusalem hervor, daß ›der rassistische Charakter des koordinierenden Organismus aller bewaffneten palästinensischen Gruppen‹ erwiesen sei.«
(Le Monde, Paris, 29. April 1970)

Bibliographie

Delitzsch, Franz: Schachmatt den Blutlügnern Rohling und Justus, Erlangen 1883.
Eckert, Willehad, O.P.: Beatus Simoninus – aus den Akten des Trienter Judenmordprozesses, in: W. Eckert und E. L. Ehrlich, Hrsg.: Judenhaß – Schuld der Christen?, Essen 1964, S. 329 ff.
Hruby, Kurt: Verhängnisvolle Legenden und ihre Bekämpfung, in: W. Eckert und E. L. Ehrlich, a.a.O., S. 281–308.
Pfisterer, Rudolf: Juden – Christen, getrennt – versöhnt, Gladbeck 1968[2], S. 25–28.
Pfisterer, Rudolf: Im Schatten des Kreuzes, Hamburg 1966, S. 59–63.
Poljakov, Léon: Du Christ aux Juifs du Cour, Paris 1955, S. 72–80.
Strack, Hermann: Der Blutaberglaube in der Menschheit, München 1892.
Strack, Hermann: Jüdische Geheimgesetze?, Berlin 1925, S. 3–28.

Schisma

Gehören Juden und Christen zu dem vom lebendigen Gott erwählten Volk, dann kann der an der Person des (→) Jesus von Nazareth sich vollziehende Bruch nur als Zerrissenheit dieses gesamten Volkes angesehen werden. Allerdings darf dieses unheilvolle Ereignis nicht als »normale Kirchenspaltung« gewertet werden, wie sie sich im Verlaufe der Geschichte der Christenheit immer wieder ergaben, sondern es muß als eine schwerwiegendere Trennung angesehen werden, als ein durch das Fundament verlaufender Riß. Aus diesem Schisma – man pflegt es deshalb manchmal als »Urschisma« zu bezeichnen – haben sich sachlich wie historisch alle anderen Trennungen und Spaltungen abgeleitet. Ohne Heilung dieses Urschismas wird auch die Frage der (→) Einheit aller Konfessionen und Kirchen nicht zu einem guten Ende kommen. Die Begegnung von Juden und Christen muß darum auch unter diesem Blickwinkel gesehen werden.

1. Der zwischen Juden und Christen vollzogene Bruch muß als ein Riß durch die Einheit des ganzen Volkes Gottes angesehen werden.

Paul Démann, Paris, 1953:
»Man kann die Tatsache niemals deutlich genug unterstreichen, daß das Schisma, das heute Israel und die Kirche trennt, *innerhalb Israels* entstanden ist. Hier haben sich in den entscheidenden Tagen der Erlösung die beiden Gruppen differenziert: auf der einen Seite war dies der ›treue Rest‹, die Gemeinde der Jünger Jesu, und auf der anderen Seite war dies der ganze übrige Rest des Volkes mit seinen Institutionen und den meisten seiner Führer, die außerhalb der durch Christus gebrachten Erneuerung verharren ...
In ihren (der Juden) Augen ist die entstehende Kirche notwendigerweise ein *Schisma.* Für die Kirche, die sich ihrer geschichtlichen und geistlichen Kontinuität mit dem dem ersten Bundesschluß treuen Israel bewußt ist, stellt das von ihr getrennte Israel in keinem Augenblick ein *fremdes* Volk dar, sondern tritt als ein vom Volk Gottes *getrennter Zweig* in Erscheinung, dessen Unbeweglichkeit im Blick auf das einen entscheidenden Schritt nach vorwärts vollziehende göttliche Werk einem *Schisma* gleichkommt.«
(P. D., Israël et l'unité de l'Église, in: Cahiers Sioniens, Paris, März 1953, S. 7 f.)

Emmanuel Lanne, Chevetogne (Belgien), 1954:
»Die grundlegende Stellung Israels gegenüber der Kirche ist folgendermaßen: Es handelt sich um ein Schisma in Israel, das durch das Blut Jesu Christi erlöst wurde, und von daher gesehen um ein Schisma der gleichen Art, wie alle diejenigen, die im Lauf der Jahrhunderte aus der Kirche Gruppen von Gläubigen losgerissen haben. Im Blick auf die kirchliche Institution, auf das Volk Gottes, ist die Situation die gleiche. Oder vielmehr: sie gehört in die gleiche Ordnung. Aber in sich gesehen ist die Situation Israels schwerwiegender als die der christlichen Sekten; denn Israel bleibt trotz allem das erwählte Volk, solange es Israel bleibt und sich nicht in der Masse der Völker auflöst.«
(E. L., Notes sur la situation d'Israël par rapport aux schismes dans l'église chrétienne, in: De 1054–1954: L'Église et les Églises, Chevetogne 1954, S. 76 f.)

Hans Urs von Balthasar, Basel, 1967:
»Jedes Schisma, das die Einheit des Got-

tesvolkes spaltet, bedeutet ihm Verarmung ... Dies gilt auch für die Kirche, und gerade von dem primärsten Schisma, von dem alle früheren zwischen Juden und Israel und alle späteren innerkirchlichen nur ein Abbild sind.«
(H. U. v. B., Einsame Zwiesprache, Köln 1958, S. 105)

Paul Démann, Paris, 1958:
»Wenn man von den historischen Grundlagen ausgeht, gibt es also zwei Gemeinden, die mit derselben Wurzel und mit demselben Stamm verbunden sind, nämlich Israel und die christliche Kirche. Beide sind sich dessen bewußt, das Volk Gottes, das ›wahre Israel‹ zu sein; beide zählen sich zum Erben der in der Heiligen Schrift mitgeteilten Verheißungen. Für die Kirche besteht die Gewißheit über diese Kontinuität in ihrem Glauben an Christus, der die Erfüllung der Schrift und der ganzen Geschichte Israels ist. Für Israel liegt dies sicher und selbstverständlich in der Kontinuität seiner Institutionen und seiner Tradition, seines ganzen religiösen und nationalen Lebens. Beide Ansprüche bedeuten einen gegenseitigen Widerspruch, und eine unausweichliche Rivalität stellt sich nun zwischen ihre Aktion in der Welt und ihre Bemühungen um Anhänger. Zwischen diesen beiden Gruppen kann es keine ›Coexistenz‹ in der Gleichgültigkeit geben; denn was sie verbindet, das trennt sie auch wieder, nämlich Jesus Christus. Von Christus her lesen und deuten von jetzt ab die Christen die heiligen, von Israel geerbten Bücher, während das Judentum in ihren Augen von jetzt ab seinen Standort bestimmt durch die Ablehnung dieses Prinzips und die Weigerung, das in Christus geschehene neue Ereignis anzuerkennen. Da jedoch weder das Judentum noch das Christentum in die Vorstellung von zwei Gottesvölkern, von zwei Heilsökonomien einwilligen können, tritt der für beide Teile verwirrende und skandalöse Bruch in Erscheinung. Man kann aus dem Neuen Testament ersehen, wie stark die ersten Generationen der Christen von dieser Frage umgetrieben wurden, und man kennt die entscheidende Antwort, die Paulus auf diese Frage gab ...«
(P. D., Juifs et chrétiens à travers les siècles, in: Lumière et Vie, Nr. 37, Lyon 1958, S. 92 f.)

Paul Démann, Paris, 1961:
»Durch diese Ereignisse vollzieht sich ein tiefer Bruch, ein *Schisma* inmitten des Volkes Gottes zwischen dem ›kleinen Rest‹, der Christus sich zugesellt, und der recht bald den Charakter einer unterschiedenen Gemeinde annimmt, und dem Rest des Volkes, in dessen Augen diese entstehende Gemeinde bald – und dies ist fatal! – als eine andersgläubige Sekte erscheint. Die christliche Gemeinde wurde sich ihrerseits recht bald der weltumspannenden Reichweite des Geheimnisses und der Botschaft Christi bewußt und öffnete ihre Pforten weit und ohne Einschränkung den *Heiden*, auf die schon die Religion Israels eine starke Anziehungskraft ausgeübt hatte, ohne daß dieselben jedoch so weit gegangen waren, sich der Gemeinde Israels vollständig anzuschließen.«
(P. D., Les Juifs, foi et destinée; Paris 1961, S. 16)

F. Lovsky, Lons le Saunier, 1963:
»Durch den Fall Israels gibt es also jetzt zwei Völker der Erwählung, nämlich das Israel Christi, in dem die durch das Kreuz versöhnten Juden und Heiden schon in der apostolischen Zeit einen einzigen Leib, die Kirche, bilden und dann jenes Israel, das sich gegen Christus verhärtet hat, aber trotzdem auf Grund der unverdienten und freien Gnade Gottes das erwählte Volk bleibt. Die Gesamtheit dieser beiden Israel, nämlich auf der einen Seite das Israel nach dem Fleisch, das Israel der Ablehnung, und auf der anderen Seite das Israel des Ja's zu Christus, bilden ein Ganzes, das zwar geteilt, aber einzigartig und zur Einheit gerufen ist. Das Israel der angeblichen Verwerfung gehört zur Gemeinschaft der Erwählung.«
(F. L., Remarques sur la notion de rejet par rapport au mystère d'Israël et à l'unité de l'Église, in: Revue d'histoire et philosophie religieuses, Strasbourg 1963, S. 43)

Kornelis Heiko Miskotte, 1963:
»Warum hat das Alte Testament außer dem Neuen noch eine andere Fortsetzung, nämlich den Talmud? Weil der alte *Bund* gedeutet werden kann als realisiert im *Fleisch des Gottesvolkes*, das biologisch-geistig anders geartet ist, abgesondert von dem Blute der Menschheit ..., das ist der entscheidende Grund dafür, daß wir ›definitiv‹ vor dem *Schisma* stehen, vor dem unauslotbar wesensfremden Schisma in Gottes Gemeinde ...
Die Verwerfung Christi kommt aus diesem Selbstverständnis; seine Äußerungen begleiten den Weg des Evangeliums von Anfang an. Das Schisma bedeutet eine ungeheure Kluft. Nun aber kommt das Verhalten der Kirche hinzu; sie erklärt sich selbst zur Nachfolgerin Israels in Gottes Heilsplan, sie setzt sich selbst in alle Rechte des alten Bundesvolkes ein, als wäre es tot und begraben, und die Erbschaft soll unser sein ...«
(K. H. M., Wenn die Götter schweigen, München 1963, S. 171 f.)

Paul Beauchamp, 1964:
»Ohne Zweifel kann man nur in übertragenem Sinne von einem Schisma im Blick auf die – teilweise – Trennung des jüdischen Volkes und des Volkes Christi sprechen. Die Schismen haben die Einheit zerbrochen, während diejenigen Juden, die Christus ablehnen, das Prinzip der Einheit selbst zurückweisen; ihr Schisma unterscheidet sich von den anderen dadurch, daß es an die Wurzel greift. Jedoch besteht auch hier wie bei den anderen Schismen ein gemeinsames Erbe. Angesichts des Risses dieser Trennung besteht unsere Versuchung darin, denen, die den christlichen Beitrag zurückweisen, damit zu entgegnen, daß wir den jüdischen Beitrag verwerfen und uns als Christen außerhalb der jüdischen Wurzel formieren, ohne uns um Paulus zu kümmern.«
(P. B., L'Église et le peuple juif, in: Études, Paris 1964, S. 266)

Majorie W. Eberlé-Gottlieb, 1964:
»Die erste Trennung war nicht die zwischen der griechisch-orthodoxen und römisch-katholischen Kirche, die allererste, die tiefste, ernsteste und zutiefst unbiblische Trennung ist noch immer die zwischen der Synagoge und der Kirche.«
(M. W. E.-G., in: Junge Kirche, Dortmund 1964, S. 243)

Ernst Ludwig Ehrlich, Basel, 1964:
»Bekanntlich stellt, wenn das auch leider – bezeichnend genug – oft geleugnet wird, das Ausscheiden der Urgemeinde aus dem Verband des Judentums das Urschisma dar. Ehe nicht darauf zurückgegangen wird, wie Urchristen und Juden sich noch in einem gemeinsamen religiösen Rahmen bewegten, die Begriffe in gleicher Weise verstanden, wird man aneinander vorbeireden und jede scheinbare ›Annäherung‹ nur in neuer Enttäuschung enden.«
(E. L. E., Die Juden und das Evangelium, in: Christlich-jüdisches Forum, Nr. 33, Basel 1964, S. 5)

Claude Tresmontant, Paris, 1964:
»Das Volk Gottes bleibt eines. Von Abraham bis zum Ende der Zeiten gibt es nur ein Volk Gottes; es ist dies nichts anderes als die neue und heilige Menschheit. Sie ist von den blutigen Mythen des Heidentums befreit und für die Gerechtigkeit und das Leben Gottes aufgeschlossen. Sie erwartet die Fülle Gottes, der seine endgültige Herrschaft eingesetzt hat. Zwischen Israel und der Kirche bedeutet die Trennung also ein *Schisma*; denn sie spaltet das einzige Volk Gottes in zwei auf. Nach Paulus und nach den Gedankengängen der Kirche ist dieses Schisma vorläufig. Wenn die Völker in die Ökonomie der Verheißung eingetreten sind, dann wird das Volk Gottes wieder eines sein. Dieses bringt Paulus im Kapitel XI seines an die Römer gerichteten Briefes zum Ausdruck.«
(C. T., Le christianisme est-il vraiment d'origine juive?, in: Janus Nr. 1, Paris 1964, S. 32)

Alfred de Quervain, Bern, 1966:
»Wir können sagen, daß Juden und Glieder der Gemeinde darum so aneinander gebunden sind, weil die Juden die ernsteste Spaltung unter denen bilden, die

das Zeugnis des Alten Testaments hören sollen. Es ist die Spaltung in dem Israel Gottes, in dem Volk aus Juden und Heiden ...
Das Jesus Christus ablehnende Israel trennt sich von der Gemeinde; es ist nicht die Gemeinde Jesu Christi, die sich schismatisch verhält.«
(A. d. Q., Das Judentum in der Lehre und Verkündigung heute, Theologische Existenz, Neue Folge, Nr. 130, München 1966, S. 11, 26)

Rudolf Pfisterer, Schwäb. Hall, 1968:
»In der Kirche ist man sich weiterhin noch gar nicht darüber im klaren, daß mit dieser Spaltung von Juden und Christen ein folgenschweres Unglück sich ereignete: die Solidarität der von Gott Erwählten brach auseinander. Dieses Urschisma bildete den leider so unheimlich fruchtbaren Nährboden für die im Verlaufe der Kirchengeschichte erfolgenden Aufspaltungen in Kirchentümer, Konfessionen und Sekten.«
(R. Pf., Juden – Christen, getrennt – versöhnt, Gladbeck 1968², S. 36)

Johan Hendrik Grolle, 1969:
»Es gibt nur *ein* Volk Gottes, das zeitlich getrennt lebt. Darum ist der Titel des Buches: ›Das gespaltene Gottesvolk‹, zum Deutschen Evangelischen Kirchentag herausgegeben, treffend gewählt; das Volk Gottes ist in zwei Teile gespalten, in Judentum und Kirche ...
Wir sollten in der ökumenischen Bewegung endlich damit beginnen, auf das allererste Schisma zurückzugehen. Mit anderen Worten: wir dürfen in unserem großartigen Griff nach der Einheit nicht beim 16. Jahrhundert, dem Schisma der Reformation oder etwa beim 11. Jahrhundert, dem Schisma der Orthodoxie, stehenbleiben. Wir sollten vielmehr zum ersten Bruch in Gottes Gemeinde zurückkehren, ins erste Jahrhundert, zu jenem Bruch und Schisma zwischen Juden, die Jesus als Messias anerkannten, *und* Juden, die ihn noch nicht als solchen anerkennen *konnten.* Damals entstand das ›Gespaltene Gottesvolk‹.«
(J. H. Gr., Offene Fenster nach Jerusalem, Wuppertal 1969, S. 14 f., 118)

2. Eine Bereinigung der unheilvollen, die Glaubwürdigkeit der Kirche in Frage stellenden Spaltungen kann nur erfolgen, wenn über dieses erste Schisma zwischen Juden und Christen Schmerz empfunden und an seiner Überwindung gearbeitet wird.

Johannes Müller, 1892:
»Darum werden sich Juden und Christen auf dem Bekehrungswege zu Gott bei Jesus finden und in dem Gott und Vater Jesu Christi einswerden. – Geschieht das – und es wird geschehen, wenn Gottes Heilswirken ein Ziel hat und sich nicht in dem Chaos menschlicher Irrtümer verliert –, dann wird der gottgläubige Teil der Juden Jesus wieder aufnehmen in seines Volkes heilige Mitte, und der Kreislauf des Evangeliums wird zu seinem Ursprung zurückkehren. – Denn es kommt darauf an, daß das Judentum von Jesus und seinem Evangelium erfüllt werde, nicht daß, die an ihn glauben, sich in die christlichen Konfessionen zersplittern. Nicht die Übertritte bringen den Frieden zwischen Judentum und Christentum herbei und schließen die jahrhundertealte Kluft, sondern die Verständigung auf dem gemeinsamen Grunde und der einhellige Glaube an den einzig-einen lebendigen Gott, der sich endgültig und völlig in Jesus für alle Menschen geoffenbart hat. – Wenn das geschieht, wird Friede werden und ein edler Wettstreit zwischen Juden und Nichtjuden entbrennen, Gott zu leben und die Erkenntnis des Einzig-Einen auszubreiten in aller Welt.«
(J. M., Der Weg der Verständigung, Leipzig 1892, S. 84)

Paul Démann, Paris, 1953:
»Das große Schisma, das mit einigen heiklen Unterbrechungen und begrenzten Abweichungen die Welt der Christen seit mehr als tausend Jahren aufspaltet, erscheint so als eine weitreichende Konsequenz des *grundlegenden* Schismas aus dem ersten Jahrhundert ...
Da die ersten großen Aufspaltungen im

Leibe Christi ihre Wurzel in diesem ersten Schisma haben, wäre es nicht an der Zeit, daran zu denken, daß die Wiedervereinigung der getrennten Teile nicht als Grundlage die Aufhebung dieses am Anfang stehenden Bruches, nämlich die Wiedereingliederung Israels, haben müßte? Diese Rückkehr könnte die Kirche in einer gewissen Weise zurückführen zum Heimatboden ihrer Entstehung, sie wieder ausstatten mit der völligen Kraft und dem deutlichen Bewußtsein ihrer Verwurzelung in der Geschichte Israels und sie so wieder neu einpflanzen in die biblische Tradition, indem sie dadurch befreit würde von jeder Gefahr einer Verknechtung unter Kulturen, die der heiligen Geschichte fremd gegenüberstehen. Dann könnte vielleicht die so sehnsüchtig erwartete und so innig erbetene Stunde der völligen Wiederherstellung der christlichen Einheit schlagen.«
(P. D., Israël et l'unité de l'Église, a.a.O., S. 13, 15)

Karl Thieme, Lörrach (1902–1963), 1960:
»Umfassender vor allem als bloß eine Tendenz zur Reparation der Glaubensspaltung des 16. und etwa noch der Kirchenspaltung des 11. Jahrhunderts ist die wirkliche kaum erst anhebende ökumenische Bewegung, wenn und insoweit es ihr jedenfalls auch darum geht, das Ur-Schisma, die Spaltung des Gottesvolkes im neutestamentlichen Zeitalter, schriftgemäß als das eigentliche Skandalon zu überwinden, also zunächst einmal redlich zuzugeben, daß die biblischen Verheißungen von der einen Herde und dem einen Hirten oder dergleichen sich in erster Linie – und im Ursprung ausschließlich – auf die Einheit von Juden und Heiden im erneuerten Gottesvolke beziehen, daß also jede ›ökumenische‹ Bewegung schriftwidrig eng wäre, die nicht von vornherein das Ringen um die eschatologische Einheit des geretteten ›Ganz Israel‹ mit den gentes (Heiden) mindestens prinzipiell einschlösse.«
(K. T., Biblische Religion heute, Heidelberg 1960, S. 151 f.)

Kornelis Heiko Miskotte, 1963:
»Schließlich müssen wir einander immer wieder in Erinnerung rufen, daß das große Schisma von Kirche und Synagoge *nur* dann großartig, schrecklich und *fruchtbar* ist (und bleibt), wenn sie *beide* das Alte Testament im vollen Sinne als Gotteswort anerkennen und beide von diesem Bekenntnis aus das heilige Buch auslegen und anwenden.«
(K. H. M., Wenn die Götter schweigen, a.a.O., S. 110)

Bernard Lambert, Quebec, 1964:
»So blieb nur noch eine mutige Geste auszuführen, und zwar nach Jerusalem zurückzukehren, vor den großen Brüchen im Westen, vor dem Schisma im Osten und Westen im Mittelalter und sogar vor dem Schisma der Juden zur Zeit der Apostel. Der mächtige Strom der Kirche kehrte an seine Quelle zurück, um sich dort zu erneuern, in seiner Einheit zu stärken und besser zu erkennen, was da und dort im Laufe der Geschichte dem gemeinsamen Ausgangspunkt untreu wurde ...
Wenn nun der Ökumenismus im Plan der Wiedervereinigung der Christen, d. h. letztlich der alten Heiden, einbezogen ist, so ergibt sich daraus für Israel eine entscheidende Rolle im Dialog über die Wiedervereinigung der Christen. Israel – nicht der israelitische Staat, sondern das jüdische Volk – könnte durchaus der Schlüssel für den Ausgang aus der Sackgasse sein, in welche die Christen hineingeraten sind. So betrachtet ist Israel dem Ökumenismus nicht fremd; eine umfassende Sicht muß vielmehr Israel seine Bedeutung zuerkennen. Wären ohne das ›Schisma‹ Israels die anderen Schismen möglich gewesen?«
(B. L., Von Rom nach Jerusalem, Freiburg/Brsg. 1964, S. 168, 170)

Kardinal Suenens, Mecheln-Brüssel, 1964:
»Der Bruch zwischen Judentum und Christentum, dieses ›Proto-Schisma‹ des ersten Jahrhunderts, bildet die Schismen des XI. und des XVI. Jahrhunderts vor, die sich dieses Mal innerhalb der Christenheit ereignen. Was haben diese Spaltungen nicht an Ungerechtigkeit und Haßausbrüchen hervorgerufen! Gott sei

Dank, daß jetzt die Stunde der gegenseitigen Aufgeschlossenheit geschlagen hat.«
(Kardinal S., Amitié judéo-chrétienne, in: Christlich-jüdisches Forum, Basel 1965, Nr. 35, S. 47)

Jean Bosc, Paris, 1966:
»Die letzte Einheit der Kirche ist ohne die Präsenz Israels undenkbar.«
(Le Monde, Paris, 10./11. April 1966)

Rudolf Pfisterer, Schwäb. Hall, 1966:
»Aber kann die Spaltung in der Christenheit überwunden werden, solange man in diesem Ringen um die Einheit sich nicht des sehr viel tiefer greifenden Risses innerhalb des Volkes Gottes bewußt wird, der zwischen Israel und der Kirche besteht? Kann man ernsthaft an die Bewältigung aller verschiedenen Schismen mit Erfolg herangehen, solange man dieses erste und folgenschwere Schisma zwischen Israel und der Kirche nicht zu bereinigen versucht? . . .
Die Auseinandersetzung mit Israel spielt sich im Raum und Rahmen der Geschichte des Gottesvolkes ab; es geht hier um die Austragung ›interner‹ Angelegenheiten. In der allgemeinen ökumenischen Erörterung unserer Tage scheint sich immer mehr der richtige Gedanke durchzusetzen, daß die Lösung der Schismen in der Christenheit nicht im Vollzug von Einzelkonversionen liegen kann; sie bedeuten ja im besten Fall eine Verschiebung des zahlenmäßigen Schwergewichts, ohne daß damit eine Antwort theologischer Art auf die im Beiseitestehen anderer Kirchengemeinschaften gestellte Frage gegeben würde. Wenn man der Meinung wäre, man könnte durch die Aufnahme einzelner in seine Kirche die Spaltung der Kirche in Ordnung bringen, dann ginge man auch noch zusätzlich in eine andere, falsche Richtung; man müßte dann – mindestens grundsätzlich – darauf warten, daß alle anderen Kirchentümer in der eigenen Kirche aufgingen und so auch verschwänden.
Mit dem Verhältnis der Christenheit zu Israel verhält es sich ähnlich. Es geht darum, daß dieses Urschisma in der Mitte des Volkes Gottes behoben wird. Das Beiseitestehen Israels ist kein Schönheitsfehler, sondern eine folgenschwere Beeinträchtigung der Einheit der Kirche, die sich in ihrer Geschichte in einer umfangreichen Zersplitterung der Christenheit auswirkte und ihren Dienst und Auftrag in und für die Welt auch noch heute entscheidend blockiert (vgl. Joh. 17, 20, 21). Ohne die Einbeziehung Israels ist darum die ökumenische Arbeit einem Hausbau vergleichbar, bei dem man das Fundament vergessen hat.«
(R. Pf., Im Schatten des Kreuzes, Hamburg 1966, S. 123 f., 125)

Rudolf Pfisterer, Schwäb. Hall, 1968:
»Es kann kein Zweifel bestehen, daß diesem den Auftrag der Kirche blockierenden Chaos nur dann Einhalt geboten werden kann, wenn dieser ursprüngliche Riß zwischen Juden und Christen geheilt wird. Diese Heilung kann nur mit der Einsicht in die nicht aufzuhebende, aber auch noch nicht erfüllte Einheit zwischen diesen beiden Gruppen beginnen.«
(R. Pf., Juden – Christen, getrennt – versöhnt, a.a.O., S. 36)

Johan Hendrik Grolle, 1969:
»Nichts hält die Juden Christus so sehr fern, als gerade die Zerrissenheit der christlichen Kirche. Woran das liegt, haben wir im ersten Kapitel schon ausführlich besprochen. Die Einheit ist ja das Kennzeichen von Israels Gott und darum die Berufung seines Volkes. Ein Rest dieses ursprünglichen Heimwehs nach Einheit lebt noch in ihren Herzen. Dies ist auch ihr wesentlichster Prüfstein. Wenn sie in der christlichen Kirche nicht einmal *Einheit* finden, dann kann sie ihnen unmöglich als wahre Fortsetzung des alten Israel erscheinen. Mögen sie auch selbst hoffnungslos zerrissen sein, auf religiösen, politischen oder sonstigen Gebieten; die Juden haben hierfür eine feine Nase. Wenn die Kirche in viele Teile zerbrochen ist, die einander kaum mehr sehen, dann ist es doch sonnenklar, daß die Kirche mit dem Messias Israels nichts zu tun hat.«
(J. H. G., a.a.O., S. 73)

Bibliographie

Beauchamp, Paul: L'Église et le peuple juif, in: Études, Paris 1964, S. 239–268.

Bruston, Henry: La signification spirituelle du Schisme entre Juda et Israël au temps de Salomon, in: 14me cahier d'Etudes juives, Foi et Vie, Nr. 4, Paris 1970, S. 3–9.

Démann, Paul: Israël et l'unité de l'Église, in: Cahiers Sioniens, Paris 1953, S. 1 ff.

Gollwitzer, Helmut, und Eleonore Sterling, Hrsg.: Das gespaltene Gottesvolk, Stuttgart 1966, vor allem S. 223–266.

Grolle, Johan Hendrik: Offene Fenster nach Jerusalem, Wuppertal 1969, passim.

Lambert, Bernard: Von Rom nach Jerusalem, Freiburg 1964, passim.

Lanne, Emmanuel: Notes sur la situation d'Israël par rapport aux schismes dans l'église chrétienne, in: De 1054–1954, Chevetogne 1954, S. 67–86.

Miskotte, Kornelis Heiko: Wenn die Götter schweigen, München 1963, S. 171–176.

Pfisterer, Rudolf: Im Schatten des Kreuzes, Hamburg 1966, S. 121 ff.

Pfisterer, Rudolf: Juden – Christen, getrennt – versöhnt, Gladbeck 1968^2, S. 31–36.

Schuld

Durch die Kirche und durch viele Christen wurde den Juden oft namenloses Unrecht zugefügt (→ Antisemitismus, Antijudaismus, Enterbung, Entrechtung, Entmenschlichung, Geldhandel, Ritualmord). Dadurch wurde eine tiefe Kluft zwischen Juden und Christen aufgerissen. Die Überbrückung dieses Abgrunds ist schwierig und scheint oft kaum durchgeführt werden zu können. Erst wenn von seiten der Kirche und der Christenheit diese Schuld erkannt und bekannt und nicht mehr verdrängt oder verharmlost wird, kann der Bann gebrochen und ein neuer Anfang begonnen werden.

---

1. Die Kirche und viele Christen haben sich dadurch an den Juden schuldig gemacht, daß sie ihnen in Wort und Tat viel Übles zufügten. Dadurch geriet auch die Botschaft von Jesus Christus bei den Juden in ein schiefes Licht. Die Einsicht in diese Schuld ist unter Christen nicht immer vorhanden.

Philipp Jakob Spener (1635–1705), 1686:
»Über solches nun ärgern sich zum forderisten die Jüden, so unter uns wohnen, und werden in dem unglauben gestärkket, ja den Namen deß HErrn zu lästern bewogen: als die da nicht können glauben, müglich seyn, daß wir Christum vor einen wahren GOtt halten, dessen Gebotten wir so gar nicht folgeten, oder es müsse unser JEsus ein böser mensch gewesen seyn, wo sie Ihn und seine Lehr auß unserm leben urtheilen: Also daß wir nicht können in abrede seyn, daß dieses der bißherigen verstockung der Jüden, und Hindernuß dero bekehrung eine grosse ursach gewesen, das ärgernuß, so die armen leute von uns nehmen.«
(Pia Desideria, Hrsg.: Kurt Aland, Berlin 1964, S. 36 f.)

Abbé Grégoire (1750–1831), Paris, 1791:
»Anstatt den Abstand, der die Juden von uns trennt, zu überbrücken, mühte man sich noch darum, denselben zu erweitern. Man war weit entfernt, ihnen Motive für ihre Aufklärung beizubringen, hat ihnen dagegen jeden Zugang zum Tempel der Tugend und Ehre versperrt. Was konnte denn aus einem Juden werden, der durch den Despotismus zerschlagen, durch die Gesetze geächtet, mit allerhand Schimpf und Schande überschwemmt und vom Haß gepeinigt war? Er konnte seine Behausung nicht verlassen, ohne nicht auf Feinde zu stoßen und Hohn und Spott einzustecken. Die Sonne warf ihre Strahlen nur auf seine Schmerzen. Als Märtyrer für seine Überzeugung konnte er im Blick auf die Achtung durch die Öffentlichkeit weder etwas verlieren noch gewinnen, auch wenn er sich bekehrte; denn man wollte weder an seine Aufrichtigkeit noch an seine Tugend glauben. Er war verachtet und wurde verachtenswert; an seiner Stelle wären wir vielleicht noch schlimmer gewesen.
Die Qualen und das Unglück der Juden klagen unser Verhalten ihnen gegenüber an. Ihr Völker, gestehet doch mit Seufzen ein, daß dies alles euer Werk ist! Die Juden haben die Wirkungen hervorgebracht, zu denen ihr die Ursachen gelegt habt! Wer sind also die Menschen, die hier am meisten schuldig sind?«
(Renée Néhér-Bernheim, Histoire Juive, Bd. I, Paris o. J., S. 204)

Pfarrer Ambrosoli, Rom, 1848:
»Ich bin vielleicht der erste, der an einem heiligen Ort vor dem Gerichtshof Christi eine Sache behandelt, die bis jetzt nur vor den Schranken der bürgerlichen Vernunft zur Sprache kam ... Wen trifft die Schuld, wenn die armen Gesichter der Juden durch ihr langes Leben in der Rechtlosigkeit so entstellt und verhärtet sind? Wen trifft die Schuld, wenn dieses

Volk, das der bürgerlichen Rechte beraubt und von jeder gehobenen Tätigkeit ausgeschlossen war, den einzigen Weg gewählt hat, der ihm ein wenig Achtung einbringen konnte, nämlich den des Geldhandels? Wen trifft die Schuld, wenn dieses Volk, das von jeder anständigen Beschäftigung ausgeschlossen war, sich zu wucherischen Praktiken erniedrigte und sich nicht immer vom Vorwurf der Begehrlichkeit und Unsauberkeit reinwaschen konnte? Ist dies nicht unsere allereigenste Schuld?«
(Léon Poljakov, De Mahomet aux Marranes, Paris 1961, S. 319)

Johann Christian Konrad Hofmann (1810–1877), 1856:
»Ja, was die Völkerwelt an ihm (dem Volke Israel) gesündigt hat, von der es jahrtausendelang ohne Ursach mißhandelt worden, des sollte ihm die Christenheit der Völkerwelt gedenken, um es gut zu machen. Zum andern aber hat sie Schaden gutzumachen, den sie selbst anrichtet, und das Hindernis der Bekehrung, welches sie selbst für Israel ist, durch um so hingebungsvollere Bekehrungsarbeit aufzuheben.«
(Karl Heinrich Rengstorf und Siegfried von Kortzfleisch, Hrsg., Kirche und Synagoge, Bd. II, Stuttgart 1970, S. 286)

Franz Delitzsch (1813–1890), 1859:
»Wie unähnlich ist jahrhundertelang das Verhalten der Kirche gegen die Juden jenem Liebesgesetze ihres gottmenschlichen Gesetzgebers gewesen! Sie hat alles Herbe und Schroffe in dem Verhältnis des alttestamentlichen Gottesvolkes zu den Heiden sich angeeignet und es in ihrem Verhältnisse zu den Juden entsetzlich überboten. Das Wort des Gekreuzigten: ›Vater, vergib ihnen, denn sie wissen nicht, was sie tun‹ hat in ihr nur den spärlichsten Widerhall gefunden, aber dafür hat sie alle Fluchworte der Psalmen gegen die Juden geschleudert, um diese ja nicht innewerden zu lassen, daß der sionitische Geist der Kirche ein anderer sei als der sinaitische der Synagoge. Den tatsächlichen Beweis, daß aus dem offenen Brunnquell der Liebestat der Erlösung sich bisher unerhörte Triebe einer die Welt umfassenden und überwindenden Liebe ergießen und daß das Christentum eben die Religion dieser Liebe ist, diesen Beweis für die Wahrheit des Christentums, durch den die apostolische Gemeinde sich unzählige lebendige Glieder aus der Synagoge gewann, ist die spätere Kirche den Juden schuldig geblieben. Wie hat sie, wie hat der christliche Staat unter ihnen missioniert! Mit hochnotpeinlichen Exekutionen, mit haarsträubender Beschimpfung, mit unmenschlicher politischer Drangsalierung. Wir möchten es gern verschweigen, wenn sich die kirchliche Propaganda, die bis ins vorige Jahrhundert und noch weiter herabreicht, nicht in Nationalliedern und Geschichtsbüchern unvertilgbar dem jüdischen Gedächtnis eingeprägt hätte und wenn nicht die jüdische Literatur der Gegenwart bemüht wäre, alle diese schwarzen und blutbefleckten Blätter der Kirchengeschichte vor uns aufzuschlagen. Unterbrechungen hat während eines mehr als jahrtausendjährigen Verlaufs diese Missionsweise der Kirche erlitten, aber keine Wandlung.«
(K. H. Rengstorf und S. v. Kortzfleisch, a.a.O., S. 289 f.)

Wolfgang Friedrich Gess, Göttingen, 1882:
»Freilich müssen wir Christen mit tiefem Schmerz bekennen, daß unsere Väter sich lange Jahrhunderte hindurch über die Maßen an diesen in ihrer Mitte lebenden Menschen verschuldet haben. Statt ihre Menschen- und Gewissensrechte zu achten, nur daß die Gäste sich nicht anmaßen dürften, in die Hausordnung der christlichen Völker einzugreifen, haben das eine Mal die Bevölkerungen, das andere Mal die Obrigkeiten, das dritte Mal die Behörden der Kirche sie ausgeplündert, beschimpft, mißhandelt, wohl auch, wenn sie nicht Christen wurden, mit schweren Strafen bedroht.«
(K. H. Rengstorf und S. von Kortzfleisch, a.a.O., S. 311)

Wilhelm Pressel, 1887:
»Wollte man aber sagen, die Zerstreuung Israels sei *nicht* die Erfüllung eines

Gottesgerichtes, und zwar eines der größesten Gottesgerichte der Weltgeschichte, oder wollte man sagen, das Christentum trage die Schuld der mittelalterlichen Judenverfolgungen, so würde man damit die heilige Schrift des Alten wie des Neuen Testaments verleugnen. Ja, die Karikatur des Christentums, die Verblendung und der Egoismus vieler Christen, trägt daran eine schwere Schuld, nicht aber das Christentum, wie es die Schriften des Neuen Testamentes uns vor Augen führen, wie es der Herr und Heiland aller Welt in seinen Worten und seinem Vorbilde uns lehrt und vergegenwärtigt; und wenn der barmherzige Gott das Gericht der Zerstreuung Israels ihm noch zum Heile dienen lassen will, so hebt dies wahrhaftig sein Gottesgericht nicht auf.«
(W. P., Die Zerstreuung des Volkes Israel, Bd. II, Heilbronn 1887, S. 127)

Franz Delitzsch, 1890:
»Das Verhalten der Kirche gegen die Juden war wie geflissentlich darauf angelegt, diese in ihrem Widerwillen gegen das Christentum zu bestärken. Den tatsächlichen Beweis für die Wahrheit des Christentums ist die Kirche den Juden schuldig geblieben. Dürfen wir uns wundern, daß das jüdische Volk ein für den Samen des Evangeliums so unempfänglicher harter Acker ist? Die Kirche selbst hat ihn in Blut ersäuft und dann mit Steinen überschüttet.«
(Heinz David Leuner, Neubesinnung zwischen Mission und Gespräch, in: Lutherische Rundschau, Stuttgart 1963, S. 471)

Edinburger Weltmissionskonferenz, 1910:
»Die Christen haben den Juden gegenüber nicht nur eine Haltung der Gleichgültigkeit, sondern der erbitterten Feindschaft eingenommen. Wiedergutmachung ist erforderlich angesichts der Mißachtung und der Ungerechtigkeit, mit der die christliche Kirche und ihre Glieder jene Rasse behandelt haben, in der ihr eigener Religionsstifter geboren wurde und aus der er seine ersten Jünger gewann.«
(K. H. Rengstorf, a.a.O., S. 347 f.)

Rev. William Ewing, Edinburg, 1910:
»Und die Erinnerung an so viel dunkle Tage der Verfolgung, der unsagbaren Entwürdigung und Bedrückung, ausgeübt durch die sogenannten Jünger des Heilands, hat den Namen ›Christ‹ allen Juden zum Gestank werden lassen.«
(K. H. Rengstorf, a.a.O., S. 348)

Federal Council of the Churches of Christ, USA, Februar 1939:
»Ein Christ, der auch nur etwas von Geschichte versteht, muß ein Wort des Bekenntnisses sprechen. Denn wir müssen unbedingt daran erinnern, wie schwer das jüdische Volk unter den Händen von Menschen gelitten hat, die sich selbst als Christen bezeichneten. Die Erinnerung an die jahrhundertelange Behandlung der Juden in Europa ist so geartet, daß Christen von heutzutage darauf nur mit Reue und Sorge blicken können.«
(Johan M. Snoek, The grey book, Assen 1969, S. 91)

Karl Barth (1886–1968), Basel 1959:
»Es ist der Christenheit bis auf diesen Tag nicht gelungen, Israel als Zeuge von dessen eigenster Wirklichkeit und Wahrheit, als Zeuge des erfüllten alttestamentlichen Wortes Gottes zu imponieren, geschweige denn, es ›eifersüchtig‹, ihm die Nähe des Reiches als des Reiches des Davidsohnes einleuchtend, ihm Jesus von Nazareth lieb, begehrenswert, einladend zu machen. Die Kirche als Ganzes hat den Juden im ganzen keinen in diesem Sinn überzeugenden Eindruck gemacht. Sie hat mit ihnen diskutiert. Sie hat sie bald geduldet, bald selber verfolgt, bald, ohne zu protestieren, ihren Verfolgern überlassen. Sie hat ihnen, was das Schlimmste war: Taufscheine als Eintrittskarten in die gute abendländische Gesellschaft ausgestellt. Sie hat dann wohl auch einzelne von ihnen ernstlich zu ›bekehren‹ versucht. Das einzige Reale, was sie für sie tun konnte – das überzeugende Zeugnis ihrer eigenen Existenz und damit das Zeugnis von dem erschienenen Judenkönig und Weltheiland, von dem nahe herbeigekommenen Reich hat sie ihnen gegenüber nicht auf

den Plan zu führen vermocht. Und damit ist sie ihnen, denen sie *Alles* schuldig ist, bis auf diesen Tag *Alles* schuldig geblieben. Wir reden von dem Versagen, das, in der Regel überhaupt nicht bedacht, oder sofort mit allerlei (berechtigten und unberechtigten) Gegenklagen gegen die Juden zugedeckt, tatsächlich eines der dunkelsten Kapitel der Kirchengeschichte bildet und vielleicht die schwerste von all den Wunden am Leibe Christi darstellt.«
(K. B., Kirchliche Dogmatik, Bd. IV/3, Zollikon-Zürich 1959, S. 1006 f.)

Generalsynode der Niederländischen Reformierten Kirche, 1959:
»Mit Beschämung müssen wir bekennen, daß es zum guten Teil diese Ereignisse (nämlich die abscheulichen Maßnahmen des Nationalsozialismus) waren, die der Kirche für die besondere Berufung des jüdischen Volkes die Augen weiter geöffnet haben, und daß es nicht in erster Linie die Heilige Schrift selbst war, die sie sehend gemacht hat für die Bedeutung, die Israel in Gottes Heilsplan auch für die Gegenwart und für die Zukunft hat.«
(Israel und die Kirche, Zollikon-Zürich 1961, S. 9 f.)

Schalom ben Chorin, Jerusalem, 1961:
»In einem Vierteljahrhundert in Israel, stets beschäftigt mit Bibel-Arbeit aller Art, habe ich einen Vers aus dem Propheten Sacharja nicht so oft gehört, wie während meines zweiwöchigen Aufenthaltes in Deutschland: ›Denn wer euch antastet, tastet seinen (Gottes) Augapfel an‹ (2, 12). Pastoren und Diakonen, christliche Laien aller Art, Studenten und Mittelschüler erwähnten dieses Bibelwort im Gespräch. Es ist ein Wort des Schuldbekenntnisses, das heute in Deutschland gehört wird.«
(Sch. b. Ch., in: Jedioth Chadasoth, 18. 8. 1961)

Georg Salzberger, Rabbiner, London, 1962:
»Nie hatte das Judentum unter dem Halbmond auch nur entfernt so schwer zu leiden, wie unter dem Kreuz – von anderen Religionen ganz zu schweigen –, wobei wir die Schuld nicht dem Christentum als Religion, als vielmehr der Kirche, ihrer Theologie und ihrem Klerus geben.«
(G. S., in: »Christlicher« Antisemitismus, Köln 1962, S. 7)

André Néhér, Straßburg, 1962:
»Eine fast tausendjährige Geschichte läßt sie (die Barrieren) erstehen; es handelt sich um die Geschichte der Beziehungen zwischen Juden und Christen, in der ich ständig, einheitlich und einseitig die Rolle des Opfers gegenüber dem Verfolger und Henker gespielt habe. Kaum kann ich auf einen anderen Typus des Menschen stoßen, der, wie der Christ, so absichtlich mich als seinen Gegner bezeichnete, den es zu beschimpfen und niederzuschlagen gelte. Hier finde ich nur noch den von Hitler geprägten Menschen; er ist der einzige, der, wie der Christ, den Kampf gegen den Juden als eine vorrangige Pflicht angesehen und zu seiner Durchführung alle Kräfte hartnäckig und methodisch zusammengefaßt hat.«
(A. N., Le juif face au chrétien, in: L'existence juive, Paris 1952, S. 232)

Manfred Bamen, Gladbeck (Westfalen), 1963:
». . . Ich entsinne mich eines Wortes von Reinhold Schneider, der sagte: ›Am Tage des Brandes der ersten Synagoge hätte die Kirche schwesterlich neben der Synagoge stehen müssen.‹ Aber sie hat es nicht getan, und heute ist nirgends ein Eingeständnis der Schuld zu hören. Leider hat die Kirche kein klares Wort zu den grauenhaften Massenmorden hören lassen. Und nun sind die Äußerungen der Kirche zu dem augenblicklich umstrittenen Schauspiel Rolf Hochhuts geradezu erschütternd. Die Kirche zeigt sich unbußfertig.«
(M. B., in: Der Spiegel, Hamburg, Nr. 20/1963, 15. 5. 1963)

Josy Eisenberg, Rabbiner, Paris, 1963:
»Wenn die zweitausend Konzilsväter niedergekniet wären, eine Minute des

Schweigens eingelegt und ihr ›Mea Culpa‹ bekannt hätten, dann dürften wir der Meinung sein, in eine neue Phase der Geschichte eingetreten zu sein. Aber so weit sind wir noch nicht. Wenn man nämlich anerkennt, die Juden seien normale menschliche Lebewesen, dann ist die Kirche mit einer solchen Aussage um 170 Jahre gegenüber der Französischen Revolution zu spät daran. Dies verdient wirklich keinen Beifall. Die Juden schätzen zu sehr, was die Kirche der Welt bringen kann, und darum wollen sie nicht länger darauf warten.«
(J. E., in: Candide, Paris, 12. 12. 1963, S. 7)

Chaim Denberg, Rabbiner, Montreal, 1964:
»Wir schulden als Juden der Kirche kein Jota Dank. Im Gegenteil! Sie sollte sich bei uns für ihr jämmerliches, seit Jahrhunderten währendes Betragen entschuldigen. Der Antisemitismus ist kein jüdisches Problem; er ist das Problem der Christen. Die Bezichtigung der Juden mit dem Gottesmord ist ein Flecken auf dem Gewissen der Christen. Indem die Kirche diesen Vorwurf zurückzieht, reinigt sie ihre eigene, aber nicht unsere Seele.«
(Ch. D., in: Fraternité évangelique, Nr. 5, Mai 1964)

Friedrich Wilhelm Marquardt, Berlin, 1964:
»Von da aus ergibt sich, daß die christliche Seite das Gespräch – wenn überhaupt, wenn nicht in bodenloser Naivität – nur in der Hoffnung der Vergebung der Sünden führen kann: eine Bedingung, die wir uns in keinem Sinn selber nehmen und zusprechen und über die wir darum auch nicht hinweggehen können.«
(F. W. M., Die Bedeutung der biblischen Landverheißung für die Christen, Theologische Existenz, Neue Folge, Nr. 116, München 1964, S. 3)

Karl Rahner, SJ, 1966:
»Ratlose Trauer überfällt mich jedesmal, wenn ich an die Erklärung des Konzils über das Verhältnis der Kirche und der Christen zum Judentum und dann an die Geschichte denke mit all dem Greuel, den die Christen den Juden angetan haben, ratlose Trauer, weil man sich fragt, warum die heilig-schlichten Selbstverständlichkeiten dieses Dekrets so deutlich und so amtlich erst jetzt gesagt wurden, warum sie in der Geschichte des Christentums durch fünfzehnhundert Jahre (wenn wir die ersten drei Jahrhunderte und die zwei letzten großzügig abziehen) so wenig die Herzen der Christen umzuprägen vermochten. Wie entsetzlich unchristlich konnten Christen sein, ohne es zu merken! Haben wir eine Gewißheit, daß wir Christen auch in anderen Dingen nicht ebenso blind sind, ohne es zu merken? Ist solche Blindheit wirklich schuldlos vor Gott?«
(K. R., Unbefangenheit und Anspruch, in: Stimmen der Zeit, Freiburg/Brsg. 1966, S. 93)

Dr. Schereschewsky, Rabbiner, auf der Landessynode der Lutherischen Kirche in Hannover 1966:
»Wie kommt es, daß man uns im Namen der Liebe dauernd mordet und schändet?«
Antwort von Landesbischof D. Lilje: »Wir können uns vor dieser Frage nur beugen. Gott möge uns vergeben.«
(Die Botschaft, Hannover, 13. 3. 1966)

Hans Küng, Tübingen, 1967:
»Wir fragen dies jetzt schlicht als Christen, als Angehörige einer Gemeinschaft, die sich – im Gegensatz zum alten Gottesvolk – das neue Gottesvolk nennen will. Wir können diese Frage nicht fragen, ohne zu verstummen, vor Scham und Schuld. Könnten wir noch reden wollen, wo Millionen verstummt sind? Um uns zu rechtfertigen in verschämter oder unverschämter Apologetik, die moralisch (Auch die Juden haben Fehler gemacht? Gewiß!) oder historisch (Man muß alles aus der Zeit heraus verstehen! Alles?) oder theologisch (Das war nicht die wahre Kirche selbst! Wer und wo ist denn die wahre Kirche selbst?) oder gar politisch (Man mußte abwägen, es war opportuner nichts dagegen zu tun! War es auch christlich, evangelisch?) zu argumentieren versucht. Wie weit wird solche

Selbstrechtfertigung kommen, beim unermeßlichen Bleigewicht der Schuld? Die Kirche hat Liebe gepredigt und mörderischsten Haß gesät, sie hat Leben verkündet und den blutigsten Tod verbreitet. Und dies gerade an den leiblichen Brüdern dessen, von dem sie hörte: ›Was ihr dem geringsten meiner Brüder getan habt, das habt ihr mir getan‹ (Mt. 25, 40)! Die Kirche stand so zwischen Israel und Jesus und hinderte Israel, ihn als seinen Messias anzuerkennen.«
(H. K., Die Kirche, Freiburg 1967, S. 165 f.)

Hans Werner Bartsch, Lich (Oberhessen), 1968:
»Wie die Christen das Lied von dem leidenden Gottesknecht auf Jesus beziehen, konnte Israel von da an sich selbst als den leidenden Gottesknecht verstehen. Es verband sich wieder mit Jesus, ohne daß es ihm wirklich bewußt geworden ist. Uns Christen bleibt die Frage, wie weit wir als Christen dafür verantwortlich sind, daß Israel in seinem Leiden nicht erkannte, daß es den Weg Jesu geht. Die Christen standen bei diesem Leiden nicht unter dem Kreuz, sondern sie nahmen den Platz der Römer bei der Hinrichtung Jesu ein, und sie haben durch die Jahrhunderte sich zu den Spöttern gesellt, die den Gekreuzigten schmähen. Sie haben es versäumt, die Aufgabe zu erfüllen, die Paulus den Heidenchristen zudachte: Israel zu reizen, daß es zum Glauben zurückfinde (Röm. 11, 11). Wir haben Israel kein Beispiel der Liebe gegeben, dem es sich gelohnt hätte nachzueifern. Wir haben vergessen, daß Jesus Jude ist, und sein Volk nicht geliebt.«
(H. W. B., Urgemeinde und Israel, Wuppertal 1968, S. 25 f.)

Kurt Hruby, Paris, 1969:
»Niemals, auch in der jüngsten Vergangenheit, hat ein derartiges Verhalten denjenigen, die sie einnahmen, irgendeine Rüge von seiten der kirchlichen Instanzen eingetragen. Gewiß, Papst Pius XI. hat den Nationalsozialismus verdammt; dies hat die Kirche aber nicht daran gehindert, im Jahre 1934 ein Konkordat mit Hitler-Deutschland zu unterzeichnen, obwohl das Heilige Offizium in einer Note, die nur toter Buchstabe geblieben ist, die Auswüchse des Antisemitismus verurteilt hat ... Es ist jedoch nicht zu bestreiten, daß eine gewisse Wechselbeziehung von Ursache und Wirkung zwischen dieser ›von der Verachtung geprägten Unterweisung‹ und der durch die Nationalsozialisten ausgelösten Judenverfolgung besteht, vor allem in der Form einer gewissen ›geistigen Vorbereitung‹.«
(K. H., Israël, peuple de Dieu; in: Lumière et Vie, Lyon 1969, Nr. 92, S. 66 f.; deutsch in: Christlich-jüdisches Forum, Basel 1970, Nr. 42, S. 27)

2. Die Christenheit hat auch durch Schweigen und Untätigkeit gegenüber dem Israel zugefügten Unrecht schwere Schuld auf sich geladen.

Pastor Leo, Osnabrück, 1933:
»Es ist sehr zu beklagen, daß die evangelische Kirche sich bislang nicht entschlossen hat, sich wohl auch nicht entschließen konnte, zu der Behandlung der Juden durch die heutige Regierung öffentlich Stellung zu nehmen. Viele Juden evangelischen Glaubens und wohl auch ungetaufte haben darauf mit Schmerzen gewartet und fühlen sich durch das Ausbleiben einer solchen Botschaft von ihrer Kirche verlassen und verraten. Um so mehr ist nun zu fordern, daß eine neue Bekenntnisbildung über diese Dinge klare Worte sagt. Die Kirche hat vom Staat ernstlich zu fordern, daß er in seinem Kampf gegen das Judentum zweierlei respektiere: die Ehre und die Person des Juden.«
(Kurt Meier, Kirche und Judentum, Göttingen 1968, S. 84)

Harold Tittmann, 1942:
»Seine Eminenz lobt die geistlichen Qualitäten des Papstes, seine Liebe, seine Beredsamkeit. Man sucht aber in seinen Reden umsonst nach der Erwähnung irgendeiner in Angriff genommenen Aktion in den vergangenen Monaten, die man als einen Willen zur moralischen

Richtunggebung oder ganz einfach als eine Ausübung jener moralischen Autorität deuten könnte, die das Eigentliche des Papsttums ausmacht und die einen der unfehlbaren Beweise für seine Universalität bildet. Die ›delikate Zurückhaltung‹, die sich der Papst auferlegt hat, gleicht immer mehr einem Verzicht auf jede Autorität. Dieses beharrliche Schweigen des Papstes gegenüber den moralischen Problemen unserer heutigen Zeit und insbesondere gegenüber der Abfolge von notorischen Grausamkeiten der Nazis beunruhigt viele katholische Gläubige und führt sie zu der Frage, ob nicht der Heilige Stuhl im Begriff steht, rasch auf das Statut eines italienischen Kleinstaates reduziert zu werden, und ob man nicht dessen gewärtig sein muß, daß die Funktion des Papstes auf die eines italienischen Patriarchen zurückgeschnitten wird.«
(Arthur Morse, Pendant que six millions de juifs mouraient, Paris 1968, S. 25)

Britischer Botschafter beim Vatikan, 1942:
»Eine Politik des Schweigens gegenüber den Verbrechen, die für das Gewissen der Welt einen schweren Anstoß bilden, schließt notwendigerweise einen Verzicht auf jede moralische Leitung und darum auch einen Schwund der Autorität und des Einflusses des Vatikans in sich.«
(Arthur Morse, a.a.O., S. 26)

Martin Niemöller, nach 1945:
»Niemand will die Verantwortung für die Schuld übernehmen. Niemand gibt die Schuld zu, sondern deutet dagegen auf seinen Nachbarn. Doch die Schuld ist vorhanden; darüber kann kein Zweifel bestehen. Auch wenn es keine andere Schuld gäbe als die von 6 Millionen Urnen mit menschlichen Überresten, der Asche von Juden, die über ganz Europa hin verbrannt worden sind.
Diese Schuld lastet schwer auf dem deutschen Volk und Namen und auf der ganzen Christenheit. Diese Dinge geschahen in unserer Welt und in unserem Namen ... Ich sehe mich selbst so schuldig, als wäre ich ein SS-Mann gewesen.«
(Johan M. Snoek, The Grey Book, Assen 1969, S. 113)

Kirchlich Theologische Sozietät in Württemberg, 9. April 1946:
»Wir sind mutlos und tatenlos zurückgewichen, als die Glieder des Volkes Israel unter uns entehrt, beraubt, gepeinigt und getötet worden sind. Wir ließen den Ausschluß der Mitchristen, die nach dem Fleisch aus Israel stammten, von den kirchlichen Ämtern, ja sogar die kirchliche Verweigerung der Taufe von Juden geschehen. Wir widersprachen nicht dem Verbot der Judenmission ... Wir haben indirekt dem Rassedünkel Vorschub geleistet durch die Ausstellung zahlloser Nachweise der arischen Abstammung und taten so dem Dienst am Wort der frohen Botschaft für alle Welt Abbruch ...«
(Heinz Schmidt, Die Judenfrage und die christliche Kirche in Deutschland, Stuttgart 1947, S. 57 f.)

Thomas Sartory, 1961:
»Nie hat die katholische Kirche von ihren Gliedern das Verschweigen ihrer Schuld und die Verweigerung einer angemessenen Sühne verlangt – ganz im Gegenteil. Aber sie hat *als Kirche* nichts mit dem Versagen ihrer Glieder zu tun haben wollen. Dieses Problem taucht bei der Judenfrage nicht zum ersten Male auf ...«
(Th. S., in: Kommunität, Berlin 1961, S. 106)

Günter Lewy, 1964:
»Die eindrucksvolle Reaktion der katholischen Kirche, besonders wie sie in den Predigten Galens zum Ausdruck kam, auf die Tötung von Geisteskranken war vermutlich der Hauptgrund dafür, daß Hitler das Euthanasieprogramm aufgab. Diese öffentlichen Proteste halfen die öffentliche Meinung bilden und festigen und schufen ein allgemeines Gefühl dafür, daß hier etwas Schändliches geschah. Das veranlaßte den Führer schließlich zur Einstellung des Euthanasieprogramms. An diesem Beispiel zeigte es sich, was der mächtige Einfluß der öffentlichen Meinung in Hitlers mit roher Gewalt regiertem Staate bewirken konnte – und das zu einer Zeit, als der Führer auf der Höhe seiner militärischen Erfolge

angelangt war. Hätte die öffentliche Meinung der Deutschen auf andere großangelegte Verbrechen des nationalsozialistischen Regimes ähnlich reagiert, zum Beispiel auf die Ausrottung der Juden Europas, dann wäre das Ergebnis vielleicht ebenso wirkungsvoll gewesen.
Aber die meisten Menschen, die sich entrüsteten, als man ihre Söhne und Töchter, Brüder und Schwestern tötete, schwiegen, als ihre jüdischen Nachbarn deportiert und schließlich in denselben Gaskammern getötet wurden, die für das Euthanasieprogramm eingerichtet und erprobt worden waren. Poljakov hat dazu bemerkt: Bei der Ausrottung der sogenannten ›nutzlosen Esser‹ handelte es sich um deutsches Menschenleben, um ›Fleisch von ihrem Fleisch‹; die Katastrophe, die als Höhepunkt jahrelanger, bösartiger, antisemitischer Propaganda über die Juden hereinbrach, löste keine solchen Gefühle der Menschlichkeit aus ...
Als Hitler sich zur ›Endlösung der Judenfrage‹ anschickte, zeigte das Volk kein Mitgefühl dieser Art, und der Episkopat zögerte daher, einen Zusammenstoß mit dem Regime zu riskieren. Die öffentliche Meinung Deutschlands und der Kirche stellten eine Macht dar, mit der man grundsätzlich rechnen mußte: diese Macht hätte auch bei der Judenkatastrophe eine Rolle spielen können – das ist die Lehre, die man aus der Wendung, die Hitlers Euthanasieprogramm genommen hat, ziehen sollte.«
(G. L., Die katholische Kirche und das Dritte Reich, München 1964, S.293)

A. Blancy, 1966:
»Wenn man Israel zum Schweigen bringt, dann tötet man es ein zweites Mal, und dann endgültig. Besser ist noch der Antisemitismus, der vielleicht das Ergebnis sein wird – ein Zeichen, daß die Juden als Juden immer noch am Leben sind –, als die Verschwörung des Schweigens der Nationen, die von diesem Pfahl in ihrem Fleisch befreit und dieses Steins des Anstoßes auf ihrem Weg entledigt sein wollen.«
(A. B., Treblinka parmi nous, in: Réforme, 30. 7. 1966)

Elie Wiesel, New York, 1967:
»Wir befinden uns in den Jahren zwischen 1941–1945. Mitten in der Ausrottung der Juden. Nazideutschland gerät unter seinen eigenen Fluch, aber darum gewinnen die Juden in Europa den Krieg doch nicht. Sie sind immer noch zu viel in einer Welt, die sie nicht haben will. Die Schweiz vertreibt sie von ihrem Gebiet. Keine Macht nimmt sie unter ihren Schutz. Ihr Schicksal hat überhaupt keinen Platz in den Unterredungen der Großen Drei. Alles geht vor sich, als ob die Juden nicht existieren würden. Als wenn Auschwitz eine kleine ruhige Stadt irgendwo in Schlesien wäre. Präsident Roosevelt weigert sich, die dorthin führenden Eisenbahnlinien bombardieren zu lassen. Als Winston Churchill darüber befragt wurde, nahm er die gleiche Haltung ein. Man sagt: die Geschichte wird darüber ein Urteil fällen. Was Adolf Hitler anlangt – er begreift. Er ist mehr und mehr davon überzeugt, daß gerade seine Gegner ihm eines Tages dankbar sind, an ihrer Stelle das, was er mit der Judenfrage bezeichnet, gelöst zu haben.«
(E. W., Le témoin et sa vérité, in: Arche, Paris, April 1967, Nr. 122, S. 25)

Paul Graf Yorck von Wartenburg, 1967:
»Vergegenwärtigt man sich auch nur in solchen Stichworten die Geschichte grausamer Verfolgungen und tödlicher Diffamierung, die im Zeichen des Kreuzes stand, so wird man sich kaum noch darüber wundern können, daß die Kirche dem Brande der Synagogen im Jahre 1938 stumm zusah und für die folgende Vernichtung des Judentums kein deutliches Wort fand. Es soll mit dieser Feststellung das Zeugnis von Pfarrern und Laien wahrlich nicht geschmälert werden, die um ihrer jüdischen Mitbürger willen selbst Verfolgung und Tod auf sich nahmen: Wenn von dem Schweigen der Kirchen die Rede war, so nur in Ansehung der Tatsache, daß kein Hirtenbrief der deutschen Bischöfe, kein Wort der Synoden die ungeheuerlichen Geschehnisse beim Namen nannte ...
Sehen nicht einmal die Christen in Deutschland, daß wir durch Unbußfer-

tigkeit unsere Seele genauso zum Pfande setzen wie in der Epoche unmenschlicher Greuel? Mein Gott, dabei verrinnt die Zeit wie Tropfen glühenden Sandes; die Kluft zwischen den Juden und uns erweitert sich von Jahr zu Jahr in dem Maße, als ihr Harren auf einen Aufschrei unserer Herzen sich immer neu als vergeblich erweist. Unversöhnt sinken Generationen ins Grab, welche die ungeheuerlichsten Verbrechen an den Juden zu vertreten haben, als wenn man mit Schuld fertig werden könnte, indem man sie abstreitet. Unsere ganze Auflehnung gilt der kollektiven Verantwortlichkeit vielleicht auch deshalb, weil wir ungeschichtlich existieren, gar nicht mehr wissen, was Volk ist, aber wohl vor allem, weil wir von dem Schuldkomplex der Menschen nichts empfinden, von dem die Offenbarung spricht.«

(P. G. Y. v. W., Die Juden und die Schuld der Christen, in: Die Zeit, Hamburg, 10. 3. 1967, S. 9 f.)

C. Alexander, 1969:

»Sie (Edith Stein im Vernichtungslager) hielt eine Weile inne, dann steigerte sich ihre Stimme immer mehr, bis sie schließlich wild aufschrie: ›Warum schweigt Ihr? ... Warum schweigt Ihr? ... Ihr habt kein Recht, stumm und gleichgültig zu bleiben. Sich unter solchen Umständen stumm und gleichgültig zu verhalten, heißt, sich auf die Seite der Übeltäter zu schlagen! ... Warum schweigt Ihr? ... Die Mörder legen Euer Schweigen als Einverständnis aus! ...‹«

(C. Alexander, Der Fall Edith Stein, Frankfurt/Main 1969, S. 296)

---

3. Juden empfinden es als Schande und Schuld, daß von Juden in der freien Welt angesichts der von Hitler betriebenen Ausrottung nicht mehr Solidarität in Wort und Tat bekundet wurde.

Manès Sperber, 1967:

»Denken Sie doch daran, daß – als lang vor der Erfindung des Telephons, des Telegraphs und aller Fortschritte in der Wissenschaft zum Beispiel Korsaren und Sarazenen ein Schiff im Mittelmeer kaperten und alle dort sich befindenden Fahrgäste zu Gefangenen machten, die Juden immer als erste befreit und losgekauft wurden, ganz gleichgültig, wohin sie gehörten und woher sie stammten. In Livorno, Amsterdam und Rotterdam gab es Loskaufkomitees, die ›Pidyan‹; diese wurden sofort aktiv und erlegten als erste den Kaufpreis, damit ihre Brüder nicht als Sklaven verkauft würden.

Dieses Mal hat sich nichts derartiges ereignet. Es möge genügen, wenn ich sage, daß diese Gleichgültigkeit und Apathie des jüdischen Volkes in der Mitte des 20. Jahrhunderts das Ergebnis eines Prozesses sind, dessen Ende wir noch nicht absehen können; es handelt sich um einen Prozeß der *Auflösung*, der mit der Laiisierung des Judentums und seiner Integration in die Welt seiner Umgebung begonnen hatte, um einen Prozeß einer unvermeidlichen *Desidentifizierung*. Das einzige Hindernis für diesen Prozeß war und bleibt noch die hartnäckige Feindschaft der sie umgebenden Welt oder der unbedingte Glaube.«

(M. S., Le judaisme, fardeau et promesse; in: Arche, Paris, April 1967, Nr. 122, S. 22)

Elie Wiesel, New York, 1969:

»Ich schäme mich, aber nicht ihretwegen. Ich schäme mich als menschliches Wesen, das in diesem Jahrhundert lebt. Ich schäme mich in dem Gedanken, daß ich einer Zivilisation angehöre, die das vollbracht hat, was sie vollbrachte. Ich rede hier nicht von den Deutschen. Ich rede von allen anderen Menschen.

Die Schuld war eine Frage der verschiedenen Abstufung, aber es gab auch eine Schuld von weltumspannendem, kosmischem Charakter.

Ich schäme mich als menschliche Person, wenn ich daran denke, daß Liberale wie Roosevelt, Churchill und andere Politiker nichts unternahmen, um diesen Massenmord zu verhindern oder wenigstens seinen Umfang einzuschränken. Sie lehnten die von einigen jüdischen Führern vorge-

brachte Forderung ab, die um die Bombardierung der nach Auschwitz führenden Eisenbahnlinien baten. Ich schäme mich für die Generale, die diesen Befehlen nicht den Gehorsam aufsagten.
Und ich schäme mich vor allem als Jude. Je mehr ich all dies in Erwägung ziehe – ich tue dies unaufhörlich – je mehr muß ich entdecken, daß, was sich in diesen Jahren in der freien Welt abspielte, in England und Amerika und überall, jedes mögliche Begreifen übersteigt.
Die Zeitungen veröffentlichten Berichte über das, was den Juden zustieß – und das Leben ging wie gewöhnlich weiter. Ich habe Zeitungen aus dieser Zeit durchgesehen, um festzustellen, in welcher Weise diese Massenausrottung der Juden sich in ihnen widerspiegelte. Obwohl Sie mir dies nicht glauben werden, so bin ich doch der Meinung, daß nicht ein einziger aus Anlaß des Purimfestes stattfindender Ball wegen dieser Ausrottung der Juden ausfiel oder daß die Eheschließungen mit weniger Freude gefeiert wurden. In der freien Welt ging das Leben weiter, wie wenn das in ganz Europa sich ereignende Schreckliche nicht stattfinden würde.
Die jüdischen Führer hielten Reden, und bis zu einem sehr späten Datum gab es in dieser Hinsicht nichts als Reden. Erst kürzlich trafen sich die jüdischen Führer von drei Untergrundbewegungen in Israel dort zu einer Konferenz. Sie gaben zu, daß im Jahre 1942 ihre Führung offiziell die Entscheidung traf, alle Informationen während einiger Monate zu verbieten, als sie Nachrichten über die Endlösung erhielten. Warum eigentlich?
Noch mehr: Zu dieser Zeit gab es in Israel bewaffnete junge Leute. Sie hatten sogar Gruppen, die sich als ›Deutsche Kommandos‹ bezeichneten und die bereit waren, an jeden x-beliebigen Punkt zu gehen. Und man gab ihnen keinen Auftrag. Warum eigentlich? Nichts – ich unterstreiche dies – wurde getan.
Wenn man an all dieses denkt, dann fühlt man sich gewiß erfüllt von Schande und Schuld.«
(E. W., Paroles d'un témoin, in: Tribune juive, Strasbourg 1969, Nr. 76, S. 11 f.)

---

4. Einsicht in diese Schuld muß als Konsequenz das klare Eintreten für das Lebensrecht der Juden als einzelne und als Volk nach sich ziehen.

Paul Graf Yorck von Wartenburg, 1967:
»Da ist vorab die Realität des Staates Israel. Wir wissen, daß erst die Verfolgung des europäischen Judentums durch uns Deutsche aus dem Traum der Zionisten Wirklichkeit werden ließ. Grund genug, daß wir uns dieses Staatswesen anbefohlen lassen sein sollten, das viele Tausende von Menschen zu seinen Bürgern zählt, die unserm vernichtenden Zugriffe nur mit knapper Not entronnen sind. Dem jüdischen Volke seine bedrohte Heimat erhalten zu helfen, ist eine unserer Sinnesänderung gestellte Aufgabe. Unsere Parlamentarier und Regierungen dürften keinen Zweifel darüber haben, daß wir Christen die Israelis nicht als ein x-beliebiges Volk anzusehen gewillt sind.«
(P. G. Y. v. W., a.a.O., S. 10)

Bibliographie

Alexander, C.: Der Fall Edith Stein, Frankfurt/Main 1969, passim.

Küng, Hans: Die Kirche, Freiburg 1967, passim.

Morse, Arthur: Pendant que six millions de juifs mouraient, Paris 1968, passim.

Néhér, André: Le juif face au chrétien, in: Existence juive, Paris 1962, S. 232–237.

Rahner, Karl: Unbefangenheit und Anspruch, in: Stimmen der Zeit, Freiburg/Brsg. 1966, S. 92–97.

Sperber, Manès: Le Judaisme, fardeau et promesse; in: Arche, Paris 1967, Nr. 122, S. 21 bis 23, 61.

Wiesel, Elie: Le témoin et sa vérité, in: Arche, Paris 1967, Nr. 122, S. 25 f.

Wiesel, Elie: Paroles d'un témoin, in: Tribune juive Nr. 76, Strasbourg 1969, S. 11 bis 16.

Yorck von Wartenburg, Graf Paul: Die Juden und die Schuld der Christen, in: Die Zeit, Hamburg, 10. 3. 1967, S. 9 f.

Sephardim

Damit werden die aus Spanien (und Portugal) stammenden Juden bezeichnet; diese haben zum Aufblühen der eben genannten Länder in entscheidender Weise beigetragen. Nach ihrer Vertreibung im 15. Jahrhundert wurden sie über Europa, Lateinamerika und Nordafrika zerstreut. Sie nahmen dabei ihre dem Spanischen ähnliche Sprache, das Ladino, mit. In ihren Riten und durch ihren mehr orientalischen Typus unterscheiden sie sich von der anderen Gruppe der Juden, den (→) Aschkenasim. Vor der Massenvernichtung der Juden durch Hitler machten sie 10 % aller Juden in der Welt aus; im Staat Israel bilden sie 50 % der jüdischen Bevölkerung.

Simon Dubnow (1860–1941), Riga, 1927:
»Das bedeutendste Zentrum der Diaspora, das spanisch-portugiesische oder das *sephardische*, fiel gerade in jenem Zeitpunkt (15. und 16. Jahrhundert) der Zerstörung anheim, als die Entdeckung Amerikas und der großen Ozeanwege im politischen und wirtschaftlichen Leben der europäischen Staaten tiefgreifende Änderungen anbahnte ...
Die Zerstreuung der Sephardim über die verschiedenen Weltteile (›Galuth Sepharad‹) zog aber auch eine folgenreiche Neuverteilung der Kräfte innerhalb der Diaspora nach sich. Mit der Zerstörung des spanischen Zentrums des Judentums nahm zugleich die von diesem Zentrum fünf Jahrhunderte lang ausgeübte nationale Hegemonie ein Ende. Indessen wirkten zunächst selbst die Splitter des zertrümmerten Zentrums in allen Ländern, in die sie versprengt wurden, als kulturförderndes Ferment weiter. Angesichts der Unzugänglichkeit des damaligen Frankreich für die Juden mußte die Route der aus der Pyrenäischen Halbinsel Verbannten notgedrungen über die zwei anderen südeuropäischen Landzungen, über die Apenninen- und Balkanhalbinsel, verlaufen. Ein Teil der Auswanderer fand hierbei in *Italien* Aufnahme und verschmolz im Laufe der Zeit mit der hier ansässigen jüdischen Bevölkerung, die durch die Neuankömmlinge einen halbsephardischen Anstrich erhielt. Der größte Teil der Sephardim wandte sich jedoch nach der europäischen *Türkei* sowie nach deren Besitzungen in Asien, zu denen seit 1517 auch die Heimat des jüdischen Volkes, Palästina, zählte. So war eine überaus bedeutsame geschichtliche Wendung eingetreten. Während sieben Jahrhunderte früher, mit dem Aufkeimen der arabisch-spanischen Kultur, die Verschiebung der Hauptkräfte des Judentums von Ost nach West, aus dem östlichen Kalifat nach Spanien vor sich ging, vollzog sich jetzt eine rückläufige Bewegung nach der Türkei, dem Reiche der neuerstandenen Kalifen.«
(S. D., Weltgeschichte des jüdischen Volkes, Bd. VI, Berlin 1927, S. 11 f.)

James Parkes, London, 1962:
»Die iberischen Juden bezeichnen sich selbst als Sephardim; diese Bezeichnung leitet sich ab von einem hebräischen Wort ›Sepharad‹, das ursprünglich ohne Unterschied für die Benennung von weit abgelegenen Exilländern verwandt wurde, und darum auch für Spanien Verwendung fand. Heutzutage wurde die Bedeutung dieser Bezeichnung noch ausgeweitet, so daß dieselbe sich auch auf Juden in mohammedanischen Ländern erstreckt, da dieselben ja in einem weiten Umfang unter dem Einfluß der spanischen Flüchtlinge standen und mit denselben eine gemeinsame Vergangenheit innerhalb des Islam hatten ...
Im allgemeinen führten die sephardischen Juden hier (in Hamburg) im sechzehnten und siebzehnten Jahrhundert ein bewegtes Leben. Es gab hier beträchtliche günstige Handelsbedingungen und dadurch wurden auch gewichtige Kauf-

leute angezogen; doch hatten sie keinen Erfolg damit, das Recht zur Niederlassung als Juden zu erlangen. Dazu kam noch, daß die spanischen Juden selbstverständlich auch Flüchtlinge aus den Religionskriegen in Deutschland nach Hamburg zogen, und so verstärkten Konflikte und Eifersüchteleien zwischen den sephardischen und askenasischen Gemeinschaften die schon vorhandene grundlegende Ungesichertheit dieser jüdischen Niederlassung. Obwohl diese Gemeinden nicht völlig aufgerieben wurden, drangen viele im 17. und 18. Jahrhundert darauf, Hamburg zu verlassen und sich nach Amsterdam zu begeben ...
Im 17. Jahrhundert waren die wirtschaftlich wohlhabenden Gemeinden fast ausschließlich sephardisch; im 18. Jahrhundert nahmen einige Einzelpersonen und Gemeinden aus Mittel- und Osteuropa ihren Platz neben denselben ein. Aber auch in verhältnismäßig fortschrittlichen Ländern änderten sich die mittelalterlichen Lebensbedingungen nur langsam. Im gleichen Königreich Frankreich erfreuten sich Juden in Bordeaux und Bayonne eines gewissen Wohlstandes, während die Verhältnisse im Elsaß, das durch eine Reihe von Verträgen in den Jahren 1648, 1684 und 1697 französisch geworden war, schrecklich waren. Einige Hofjuden konnten mit reichen christlichen Adligen im Blick auf ihren Wohlstand und Luxus rivalisieren; aber für gewöhnliche Juden hatte sich in Frankfurt, Wien oder Prag nur wenig geändert.
Im Jahre 1745 wurde dieses Bild in einer dramatischen Weise veranschaulicht. In diesem Jahr vertrieb Maria Theresia die altehrwürdige Gemeinde von Prag mitten im tiefsten Winter wegen einiger erdichteten Verbrechen, die von den Juden im Elsaß begangen worden seien; neben anderen Titeln hatte diese Kaiserin auch den einer Königin von Böhmen inne. Die askenasische Gemeinde von London suchte um ein Gespräch mit Georg II. nach, um dort für die Sache ihrer Brüder einzutreten; sie rührte dabei den König zu Tränen. Auf seine Anordnung hin wurde sein Botschafter in Wien bei der Kaiserin und Königin vorstellig; der Befehl wurde aufgehoben. Dies war die erste Intervention, die im diplomatischen Bereich aus reiner Menschenfreundlichkeit geschah. Für Juden war dies ein Vorgang von großer Bedeutung für die Zukunft. Fünfzehn Jahre nach dieser Intervention entbot die sephardische Gemeinde Georg III. ihren Gruß bei seiner Thronbesteigung; sie lud aber nicht ihre askenasischen Brüder ein, sich ihnen bei dieser Gratulation anzuschließen Beschwerden und Klagen waren die Folge, und das Ergebnis war eine vereinigte ›Körperschaft von Abgeordneten‹ der Londoner Gemeinden, die im Jahre 1960 ihr zweihundertjähriges Bestehen im Sinne eines für alle Juden auf der Welt wichtigen Eintretens feiern konnte.«
(J. P., A History of the Jewish People, London 1962, S. 118, 120, 128)

Eleonore Sterling (1925–1968), 1966:
»Die ›sephardischen‹, im Unterschied zu den mitteleuropäischen ›aschkenasischen‹ Juden waren trotz der Inquisition gewohnt – anders als viele ihrer deutschen Glaubensbrüder –, den Kopf hochzutragen. Weder kulturell noch gesellschaftlich standen sie dem christlichen Großbürgertum nach. Unter ihnen befanden sich die Leibärzte der Könige von Dänemark und Schweden. Einige besorgten die diplomatischen Geschäfte der Könige von Polen, Portugal und Schweden. Die Königin Christine von Schweden wohnte während ihres Hamburger Aufenthaltes (1666/67) im Hause ihres Residenten Isaak Manoel Texeira, obwohl die Geistlichen dies von der Kanzel herab tadelten. Überhaupt erregte das selbstbewußte Auftreten der Sephardim den Zorn der Lutheraner.«
(Ismar Elbogen – Eleonore Sterling, Die Geschichte der Juden in Deutschland, Frankfurt/Main 1966, S. 131 f.)

Salcia Landmann, St. Gallen, 1967:
»Die Spaniolen waren, wie wir bereits wissen, traditionsbewußte Juden geblieben. Andererseits betrieben sie aber keineswegs – wie dann später die Juden Osteuropas – nur das Studium von Bibel und Talmud. Sondern sie hatten für ihre Kna-

ben folgenden festen, allgemeinen Schulplan: Zuerst wurde die Bibel im hebräischen Schulunterricht studiert. Dann kamen der Reihe nach Rhetorik, Medizin, Poetik und Mathematik. Zuallerletzt trat die Philosophie auf den Plan.
Eine solch solide und universale Bildung war durchaus nicht das Privileg einer bemittelten Schicht. Auch der Arme hatte ein moralisches Recht auf ein Studium. Jeder Student war berechtigt, sich Bücher, die er benötigte, vom nächsten besten Besitzer einer entsprechenden Bibliothek zu entleihen. Und weigerte sich jemand, ein Buch für Studienzwecke zur Verfügung zu stellen, dann hatte der Student das Recht, es zu entwenden, und der Besitzer wurde obendrein mit einer Geldbuße belegt. Mit anderen Worten: Die Südjuden Andalusiens stellten das Recht auf Bildung höher als ein biblisches Gebot.«
(S. L., Die Juden als Rasse, Olten und Freiburg/Brsg. 1967, S. 236)

Léon Askenazi, Jerusalem, 1969:
»Sefarad ist ein Ausdruck aus dem biblischen Wortschatz, der aller Wahrscheinlichkeit nach eine Örtlichkeit in Kleinasien im Norden Israels bezeichnet. Seit den schon weit zurückliegenden Zeiten des Altertums wurde dieser Begriff in der jüdischen Tradition zur Bezeichnung Spaniens verwandt. Es ist gerade so, als ob die jüdische Seele, die sich in den über Tausende von Jahren erstrekkenden Wanderungen das Wissen um die Diagnose erworben hat, in dem sich die Entsprechung menschlicher Gebiete widerspiegelt, auch ein derartiges sicheres Vorherwissen dieser Vorbildung besessen hätte. Nach ihrer Ankunft in Spanien, sagten die Juden: dies ist Sefarad. Durch eine derartige Bezeichnung dieses Landes verliehen sie ihm bedeutsame Ehrentitel im Blick auf die prophetische Geschichte. Sephardisches Judentum bedeutet spanisches Judentum der Wortableitung nach; jedermann weiß, daß es sich dabei um eine historisch genau umrissene Gemeinde handelt, die während des Mittelalters in Spanien gelebt hat ...
Auch an diesem Punkt hat die gottesdienstliche Dominante ihren kulturellen Stempel der sogenannten aschkenasischen Welt aufgeprägt; in der gleichen Weise wurde die sogenannte sephardische Welt durch Einflüsse aus ihrem spanischen Mutterboden gebildet. Im Vorbeigehen wollen wir darauf hinweisen, daß jede dieser beiden Gruppen sich herleitet von einer Identität, die auf Spanien oder Deutschland verweist, das heißt auf die beiden Nationen, die *bis zum jetzigen Zeitpunkt* die grausamsten Feinde des jüdischen Volkes in der Geschichte der Diaspora gewesen sind. Darin kommt eine außerordentlich edle Freimütigkeit geistlicher Art zum Ausdruck, die unbefangen und erlösungskräftig zugleich ist, und die darin besteht, sich nach dem Namen des eigenen Mörders zu benennen. Alles deutet darauf hin, daß wir glauben, daß allein Israel zu einem derartigen edlen Freimut in der Lage ist; dies verdient, ausdrücklich erwähnt zu werden ...
Die Sephardim, das ist Israel, soweit es sein Leben im Exil inmitten des Islam geführt hat und damit verbunden ist: die Aschkenasim, das ist Israel, soweit es sich innerhalb der christlichen Zivilisation und den daraus hervorgehenden Strömungen aufhielt ...
Der Sephardismus, der in eine nichtislamische Welt verpflanzt wurde, hat hier nur eine Heimstatt in einer Treue zweiten Grades. Dagegen findet er in Israel seinen wirklichen Wurzelboden. Die Sephardim sind unter den Israelis im hebräischen Land wirklich zuhause, während sie es anderswo unter den Aschkenasim nicht sind. Zwanzig Jahre lang habe ich im französisch-aschkanesischen Bereich gelebt und auch eine aschkenasische Jüdin geehelicht, und ich fühlte mich unter den Aschkenasim Frankreichs zuhause, aber eben wie ein *Verbannter unter Verbannten.* Dagegen fühle ich mich bei den Aschkenasim in Israel zuhause; es ist dies eine Rückkehr zu den Meinigen.«
(L. A., Le frère d'Ismael et celui d'Esau, in: Arche, Paris, August-September 1969, Nr. 150/151, S. 51, 52, 53, 57)

Emile Touati, 1969:
»In einem weitreichenden Sinn muß man aus der Coexistenz der Aschkenasim und der Sephardim Nutzen ziehen, ohne sich *gegenseitig zu aschkenasifizieren oder sich zu sephardisieren.* Vor allem muß man sich judaisieren. Wenn wir das Wesen des Jüdischen wiederentdecken, dann wird jeder nach seiner eigenen Façon seine jüdische Existenz je nach seinem Erbe, seinem Milieu und seiner Empfindungswelt bilden. Wenn man die Besonderheiten der Aschkenasim und der Sephardim so versteht, dann sind dieselben nur harmonische, reiche und wertvolle Eigenheiten, die in keiner Weise schaden, sondern ganz im Gegenteil zur Vitalität und Einheit der sich begegnenden Gemeinden beitragen und sich gegenseitig wieder aufrichten, wie man dies früher in Safed oder in Venedig erlebt hat.«
(E. T., Avant tout il faut judaiser, in: Arche, Paris, August-September 1969, Nr. 150/151, S. 85)

Bibliographie

Askenazi, Léon: Le frère d'Israël et celui d'Esau, in: Arche, Paris 1969, Nr. 150/151, S. 51 ff.

Dubnow, Simon: Weltgeschichte des jüdischen Volkes, Bd. VI und VII, Berlin 1927, passim.

Landmann, Salcia: Die Juden als Rasse, Olten und Freiburg/Brsg. 1967, passim.

Parkes, James: A History of the Jews, London 1962, passim.

Verschiedene Beiträge über den Gesamtkomplex der Sephardim in Nr. 150/151 der Zeitschrift »Arche«, Paris August–September 1969.

Synagoge

Die Synagoge ist der Ort der gottesdienstlichen Zusammenkunft für die jüdische Gemeinde. Sie war schon neben dem (→) Tempel in Jerusalem vorhanden und hatte die doppelte Aufgabe als Lehr- und Bethaus. Synagogen konnten überall errichtet werden. Darum wurden sie nach der Zerstörung des Zweiten Tempels im Jahre 70 n. Chr. zum geistlichen Mittelpunkt des Judentums. Zur Errichtung einer Synagoge sind zehn religionsmündige Männer (Minjan) erforderlich; sie müssen ihre (→) Bar-Mizwa abgelegt haben. Die Synagoge als Versammlungsstätte und Mittelpunkt des jüdischen Lebens ist schon bald mit dem Judentum überhaupt gleichgesetzt worden, so daß sie als Zusammenfassung aller Juden der Kirche gegenübergestellt wurde. Dies wurde besonders sinnenfällig in der Personifizierung von Kirche und Synagoge in der bildlichen Darstellung, in der zugleich die Überlegenheit der Kirche als Siegerin (Krone und Szepter) und die (→) angebliche Verwerfung der Synagoge (verbundene Augen und zerbrochener Stab) zum Ausdruck kam (siehe z. B. die beiden Statuen am Südportal des Straßburger Münsters).

---

1. Die Synagoge ist die gottesdienstliche Versammlungsstätte der Juden. Nach der Zerstörung des (→) Tempels hat sie ganz seinen Platz ausgefüllt.

Herman Wouk, USA, 1961:
»Als die Römer den Zweiten Tempel niederlegten, wurde die Synagoge zum Hort des Glaubens, zu einem Ort, an dem sich Juden versammelten, das Gesetz studierten und Gebete verrichteten, zu einer geistigen Hochburg, hinter deren Mauern sie vor zeitweiligen Überfällen auch physischen Schutz suchten. Auf diese Weise hat diese Einrichtung mit Erfolg zwanzig Jahrhunderte überdauert ...
Ein Wunder ist nur, daß wir noch immer junge Rabbiner haben, daß die Zahl der Synagogen im Zunehmen ist und sich Umrisse eines gefestigten modernen Gottesdienstes abzuzeichnen beginnen. Der Grund liegt in der Vitalität des Judentums. Während man sich über die zukünftige Form des Baumes ereifert, treibt der alte Baum langsam und stetig seine neuen Äste hervor. Und, wie die Franzosen sagen, je mehr er sich verändert, desto mehr wird er, was er war.«
(H. W., Er ist mein Gott, Hamburg 1961, S. 141, 144)

Jakob Soetendorp, Amsterdam, 1963:
»... Daß es im Judentum schließlich zur Entstehung eines dieser Religion eigentümlichen Bethauses, einer Synagoge, kam, ist nicht unmittelbar die Folge der Entwicklung ›Opferhöhe–Tempel‹, sondern folgt wohl eher aus dem Fehlen eines Zentralheiligtums.
Obwohl man nicht mit Sicherheit feststellen kann, wann die erste Synagoge entstanden ist, so kann man doch wohl ohne Zweifel sagen, daß das Fehlen eines Tempels die Entstehung der Synagoge begünstigt hat. Man wollte zunächst nicht nur ein ›Bethaus‹ errichten, sondern gedachte bei den religiösen Zusammenkünften nach Möglichkeit den ursprünglichen Tempelkult wiederaufleben zu lassen ...
Obwohl die nach dem Exil entstandene Synagoge seit der Errichtung des zweiten Tempels eigentlich überflüssig geworden war, existierte sie dennoch weiter, vor allem an Orten, die vom Tempel zu Jerusalem sehr weit entfernt lagen, in Alexandria also, in Antiochia, Damaskus, kurz, in der ganzen damaligen Diaspora. Jedoch auch in Jerusalem gab es nicht weniger als 394 Synagogen (b Ketubot 105 a). Sie dienten nicht als ›Bethaus‹, sondern waren in erster Linie Lehrhaus. Das ist lange Zeit so geblie-

ben. So trägt im Jiddischen die Synagoge noch immer den Namen ›*Schul*‹: man erteilte dort Unterricht für Anfänger und Fortgeschrittene; von altersher ist sie Unterrichtsstätte für Erwachsene gewesen ...

Die Inneneinrichtung einer Synagoge kann äußerlich schlicht sein. Jeder Ort, der genug Helligkeit hat und in dessen Nähe keine unschicklichen Dinge geschehen, kann als Bethaus dienen. Viele Familien strebten früher danach, eine eigene Synagoge zu besitzen, die sogenannte ›Haussynagoge‹. In jüdischen Stadtvierteln eröffnete man viele kleine und von außen kaum ins Auge fallende Bethäuser. Schon in römischer Zeit hatten in Jerusalem einige Berufe (Schmiede, Weber, Gerber) ihre eigene Synagoge. Hier war man unter sich, und niemand brauchte sich seiner ›Ungelehrtheit‹ zu schämen oder auch seine Kenntnisse zur Schau zu stellen. Und was für die Berufe galt, das galt in noch viel stärkerem Maße für Menschen mit einem gemeinsamen Heimatort. Wenn ein Jude aus Bagdad nach Jerusalem kommt, geht er selbstverständlich in die Gemeinde der Bagdadjuden. Die Synagoge ist intimer Treffpunkt von besonderer Bedeutung. In einem allzu großen Raum kommt man sich verloren und fremd vor. (Die Synagoge in Alexandria war so groß, daß die Responsorien durch Flaggensignale abgerufen werden mußten.) ...

In der Ostwand der Synagoge befindet sich ein eingebauter Schrank, der nach dem Tabernakel im Heiligtum benannte ›heilige Schrein‹, in dem die *sifre tora*, die heiligen ›Gesetzesrollen‹ aufbewahrt werden. Der Schrein ist so hoch angebracht, daß davor noch Platz für eine Kanzel bleibt ...

Die synagogale Innenausstattung konzentriert das Augenmerk des Besuchers auf die Mitte. Die Hauptgebete werden aber in Richtung auf die Ostwand, beziehungsweise die Südostecke der Synagoge gesprochen, also in Richtung auf Jerusalem und den Tempelberg.

Die Frauen sitzen oder stehen entweder hinten im Hauptschiff oder auf der an beiden Seiten des Schiffes entlanglaufenden Empore hinter einem Vorhang oder einem Gitter. Diese im Osten allgemein übliche Gepflogenheit ist jedoch nicht jüdischen Ursprunges. Es ist nicht bekannt, zu welcher Zeit man die Männer- und die Frauenabteilung im Gottesdienst voneinander trennte, auf jeden Fall stammt diese Sitte erst aus der Zeit des Zweiten Tempels. Man wollte die Frau dadurch keineswegs diskriminieren. Sie hatte nun einmal keine öffentliche gottesdienstliche Aufgabe zu erfüllen; ihre Domäne war das Haus, und dort war sie der Mittelpunkt. Inwieweit also bei der Trennung der Familien im Gottesdienst Vernunftgründe und inwieweit Gefühlsmomente mitspielten, ist nicht mehr bekannt. Fest steht, daß sich viele Frauen herabgesetzt fühlten. Daher hat die Reformgemeinde die Trennung der Familien im Gottesdienst aufgehoben, und selbst in mancher konservativen Gemeinde ist schon das Gitter gefallen ...

Der gottesdienstliche Raum ist zugleich Lehrhaus, deshalb hat man vielerorts Regale und Kästen mit Büchern aufgestellt. Größere Synagogen besitzen eigene Lehrräume und Klubzimmer mit einer Bibliothek und mancherlei Möglichkeiten der Entspannung. In solchen Gemeinden ist die Synagoge ausschließlich zum Bethaus geworden.«

(J. S., Symbolik der jüdischen Religion, Gütersloh 1963, S. 100, 101 f., 103, 104 f, 105)

Jakob Soetendorp, Amsterdam, 1963:

»In der Reformsynagoge spricht man die Gebete in der Landessprache, denn das Hebräisch des Gebetbuches ist durchaus keine leichte Sprache. Wer sich wirklich in das Gebet versenken will, dem ist der hebräische Klang ohnehin nur Folie für die Gedanken. Wem das nicht genügt, der braucht ein Gebet, das er verstehen kann. Es gab unter den ersten Reformern Männer, die das Hebräische aus dem Gottesdienst völlig verbannen wollten. Sie hielten es für einen Rest aus vergangenen Tagen und verkannten dabei, daß diese alte Sprache die Juden aller Zeiten verband. Man schuf Gebete in deutscher, französischer und englischer

Sprache mit gewissen hebräischen Kernstücken.
In einer späteren Entwicklung verließ man den reformerischen Ausgangspunkt: Man behielt die hebräische Sprache bei, fügte jedoch Gebete in der Landessprache hinzu. Die Gemeinde antwortet so, wie sie es versteht. Dem Rabbiner gestand man die Freiheit zu, ein improvisiertes freies Gebet zu sprechen und die hebräisch gesprochenen Worte frei zu übersetzen ...
Das alles ist Folge des Wagnisses, alte Gedanken und Ämter in eine andere Form zu kleiden. Der Rabbiner befindet sich daher in den meisten fortschrittlichen Gemeinden während des Gottesdienstes fortwährend auf der Plattform im Angesicht der Gemeinde.
Die Tora sagt: ›Errichte mir ein Heiligtum, daß ich mitten unter ihnen wohne‹ (Ex. 25, 8). Die Rabbinen erklären diese Worte so: ›Sie sollen mir ein Heiligtum bauen, damit ich in ihrem Leben wohnen kann.‹ Es wäre zu wünschen, daß die Synagoge auch in Zukunft dieser Aufgabe nachkommen und an Einfluß gewinnen möge.«
(J. S., a.a.O., S. 107 f.)

Ernst Ludwig Ehrlich, Basel, 1970:
»Damit (daß Opfer durch Gebete ersetzt werden können) war natürlich eine Revolution im gesamten Gottesdienstleben verbunden: Das wird schon durch die Bezeichnung des sogenannten Gotteshauses deutlich: Synagoge, Beth-Hakneset, bedeutet ›Haus der Versammlung‹, das heißt eine Stätte, wo sich eine seiner Staatlichkeit beraubte Gemeinschaft zum Gebet und zum Studium der Lehre zusammenfindet. Die Synagoge wird schließlich zu dem Ort, wo eine von der Umwelt angefochtene Gemeinschaft neue Kraft gewinnt, das Zusammengehörigkeitsgefühl aktiviert und zugleich auch immer durch das gemeinsame Gebet neu Gemeinschaft wird. Diese wird konkret in der Form der sogenannten Minjan: Wo zehn erwachsene Juden beieinander sind, ist Gebetsgemeinschaft in der Öffentlichkeit möglich, kann Gottesdienst abgehalten werden. Der Priester, von dessen Funktionen wir so viel in der Bibel lesen, verschwindet aus dem religiösen Leben, an seine Stelle tritt der Rabbiner, der kein Heilsvermittler ist oder Sakramente verwaltet, sondern der über die Lehre Bescheid weiß, sie auszulegen versteht und dem Fragenden Bescheid erteilen kann. Er gibt die Ausrichtung, wie der Jude sein Leben nach der Tradition gestalten soll. Der Dualismus Priester/Laie existierte nicht mehr, die Alternative hieß nun: Gelehrter gegenüber dem Ungelehrten, dem Ungebildeten. Das Ideal war daher derjenige, der durch sein Wissen um die Quellen der Tradition so geprägt war, daß von ihm alles Unedle, Barbarische abfiel und sein Lebensweg durch die Ethik bestimmt wurde.«
(E. L. E., Kult und Religion des Judentums, in: Allgemeine Wochenzeitung der Juden, Düsseldorf, 19. 6. 1970)

---

2. Die Existenz der Synagoge als Gegenüber zur Kirche kann die Kirche vor dem Abgleiten in eine der Bibel nicht gemäße Weltanschauung bewahren. Trotz aller Trennung darf das Gemeinsame nicht übersehen werden. Leider ist aus diesem Gegenüber im Verlauf der Geschichte ein fast unüberbrückbarer, von manchen Emotionen geprägter Gegensatz geworden.

Oberammergauer Passionsspiel, Textfassung aus dem 19. Jahrhundert:
»Drum kehrt sich auch von ihr (Jerusalem) der Höchste, läßt sie versinken in ihr Verderben ... Doch ach! Die verstockte Sünderin, die wandelt fort in ihrem bösen Sinn. Darum so spricht der Herr, die Stadt will ich nicht mehr. Seht, Vasthi, seht! Die Stolze wird verstoßen! Ein Bild, was mit der Synagog' der Herr beschlossen.«
(Charlotte Klein, Das entstellte Evangelium, in: Publik, Nr. 18 vom 1. 5. 1970)

Franz Rosenzweig, Frankfurt/Main (1886 bis 1929), 1913:
»Darum findet die Kirche allezeit, wenn sie vergißt, daß sie ein Ärgernis ist und

sich mit dem ›Allgemeinmenschlichen‹ ausgleichen möchte, was den Griechen, die ja gern wie jener Kaiser auch Christus eine Statue in ihrem Göttertempel errichten würden, hochwillkommen wäre, dann findet die Kirche in der Synagoge die stumme Mahnerin, die, vom Allgemeinmenschlichen unverlockt, nur vom Ärgernis weiß; und da fühlt sie sich wieder positiv und sagt wieder das Wort vom Kreuz. Und daher weiß die Kirche, daß Israel aufbewahrt wird bis zu dem Tag, wo der letzte Grieche eingegangen, das Werk der Liebe vollendet ist und der jüngste, der Erntetag der Hoffnung, anbricht. Aber was die Kirche so Israel als Ganzem zugesteht, das weigert sie sich dem einzelnen Juden zuzugestehen; an ihm wird und soll sie ihre Kraft erproben, ob sie ihn gewinnt. Denn ihr ist der Blick in die Zukunft nicht wie der Synagoge Kraftquell des Glaubens, sondern nur ein Zielbild der Hoffnung; die Kraft des Glaubens heißt sie, um sich zu blicken und das Werk der Liebe zu tun in der *Gegenwart*.«
(Fr. R., Briefe, Berlin 1935, S. 75)

Dompropst Lichtenberg, 1938 (am Tag nach der sogenannten Reichskristallnacht):
»Was gestern war, wissen wir, was morgen ist, wissen wir nicht, was aber heute geschehen ist, haben wir erlebt: Draußen brennt der Tempel – das ist auch ein Gotteshaus.«
(Günter Lewy, Die katholische Kirche und das Dritte Reich, München 1965, S. 311)

Reinhold Schneider, o. J.:
»An dem Tag, an dem die erste Synagoge brannte, hätte sich die Kirche wie eine Schwester an die Seite der Synagoge stellen müssen.«
(Jacques Nobécourt, »Le Vicaire« et l'histoire, Paris 1964, S. 93)

Jakob Jocz, Toronto:
»Wo Gläubige von beiden Seiten (d. h. von seiten der Juden und Christen) sich wirklich im Glauben begegneten, war ein Gespräch das Ergebnis. Solch ein Gespräch ruft eine ungewöhnliche Situation hervor; denn beide Seiten erwecken den Anschein, über Israel zu sprechen. Hierin liegt das seltsame Verhältnis zwischen der Kirche und der Synagoge. In der Synagoge trifft die Kirche nicht auf eine andere Religion, sondern auf sich selbst, allerdings in einer anderen Ausprägung, als sie damals war. Das gleiche läßt sich auch von der Synagoge sagen. Kirche und Synagoge sind ungleichen Zwillingen gleich, die sich in manchen Zügen gleichen, in anderen aber wieder unterschieden sind ... Diese innerste Verschiedenheit leitet sich von der zentralen Tatsache her: die Kirche zieht ihre Erkenntnis aus Jesus Christus, die Synagoge geht an ihm vorbei.«
(Bernhard E. Olson, Faith and Prejudice, New Haven 1963, S. 52)

Jakob Jocz, Toronto, 1963:
»Wenn die Synagoge sich von der Kirche trennt und absondert, dann entartet schließlich ihre Betonung der Einheit Gottes zu einem philosophischen Unitarismus. Ohne die Herausforderung durch die Synagoge befindet sich die Kirche in der ständigen Versuchung, das Anderssein Gottes zu umgehen. Dies ist in ganz besonderer Weise die christliche Versuchung, die sich auf Grund der Lehre von der Inkarnation einstellt.«
(J. J., A Theology of Tension ..., in: Judaica, Zürich 1963, S. 96)

Bibliographie
Blumenkranz, Bernhard: Juden und Judentum in der mittelalterlichen Kunst, Stuttgart 1965.
Blumenkranz, Bernhard: Le Juif médiéval au miroir de l'art chrétien, Paris 1966.
Jocz, Jakob: A Theology of Tension ..., in: Judaica, Zürich 1963, S. 70–97.
Maurer, Wilhelm: Kirche und Synagoge, Stuttgart 1953.
Mehl, Johannes: Kirche und Synagoge, in: Gottesdienst und Kirchenmusik, München 1961, S. 157–171.
Seiferth, Wolfgang: Synagoge und Kirche im Mittelalter, München 1964.
Soetendorp, Jakob: Symbolik der jüdischen Religion, Gütersloh 1963.
Thieme, Karl: Kirche und Synagoge, Olten 1945.
Wouk, Herman: Er ist mein Gott, Hamburg 1961, passim.

Talmud

Wohl kein Begriff hat innerhalb der Christenheit so viel unheilvolle Vorurteile und ungute Vorstellungen ausgelöst wie der Ausdruck »Talmud«. Dabei heißt Talmud nichts anderes als »Lehre«; er ist der Niederschlag für die Begründung und Entfaltung von Lehrsätzen, die ihre Übereinstimmung mit der hebräischen Bibel nachweisen und den weiten Bereich des ganzen Lebens umspannen. In dieser fast ein Jahrtausend umschließenden Sammlung spiegelt sich die ganze Vielfalt des (→) Judentums in einer unerhörten Verschiedenheit von Fragen und Antworten. Die Eingenommenheit gegen dieses Werk kann man nur dadurch beseitigen, indem man sich die Zeit nimmt, selbst in diesem Buch zu lesen. Darum sollen hier auch einige wichtige Zitate aus dieser Sammlung wiedergegeben werden.

1. Der Talmud will als Auslegung der hebräischen Bibel Orientierung für das Verhalten im Alltag geben.

Simon Bernfeld, 1914:
»In Mischna und Talmud erfährt die soziale Ethik eine weitgehende Entwicklung und sie erreicht in der praktischen Gesetzgebung, in der Rechtspflege, in der Fürsorge für Minderbemittelte, in den Einrichtungen für öffentliche Wohlfahrt und für Unterricht und Erziehung eine hohe Stufe. Diese soziale Ethik war nicht bloß Theorie, sie wurde vielmehr im Leben praktisch verwirklicht. Vor allem wurde das Pflichtgefühl im Volke wachgehalten, daß jedermann gehalten ist, für das öffentliche Wohl nach Kräften zu arbeiten, und zwar alles uneigennützig und mit Hingebung zu tun, um der Liebe zu Gott willen. Wer sich selbstsüchtig der Mitarbeit am öffentlichen Wohl entzieht, zerstört gleichsam Gottes Welt. Allerdings darf sich niemand zum Führer aufwerfen; er muß dazu durch das Volksvertrauen berufen sein. Wen das Volk dazu erwählt, den bestimmt auch Gott dazu. Und wer für das öffentliche Wohl arbeitet, darf vor keiner Mühe zurückschrecken. Er soll dabei unverdrossen bleiben und mit dem Volk wie mit Kindern Geduld haben. Er darf niemals vergessen, daß wohl die Obrigkeit von Gott gewollt ist, jedoch vor Gott sind alle Menschen gleich.«
(Simon Bernfeld, Staat und Gesellschaft, in: Soziale Ethik im Judentum, Frankfurt/Main 1914, S. 35)

Michael Guttmann, Breslau, 1927:
»Unmittelbar nach dem Zusammensturz des alten weströmischen Weltreichs kam im ferneren Osten, in Babylonien, ein Schriftwerk zum Abschluß, das der Welt unter dem Namen Talmud bekannt ist. Genauer genommen ist dies der babylonische Talmud im Vergleich zu einem anderen ähnlichen Werk, das ebenfalls Talmud heißt, aber nahezu anderthalb Jahrhunderte früher in Palästina abgeschlossen wurde. Doch wird unter Talmud schlechtweg der erstere verstanden. Dieser ist es, dem nach der Bibel die größte Bedeutung in der Entwicklung des Judentums zukommt. Der weitere Aufbau der jüdischen Religionswissenschaft und die geschichtliche Gestaltung des jüdischen Lebens hat mittelbare oder unmittelbare Beziehung zum *babylonischen Talmud.*
Ich habe hier den Zeitpunkt hervorgehoben, in dem der Talmud zum Abschluß gelangte. Eigentlich pflegt man bei einem Schriftwerk gewöhnlich vom Zeitpunkt seiner Abfassung zu sprechen, und dafür gilt im allgemeinen als Maßstab die Zeit seines Erscheinens. Doch steht hier die Sache ganz anders. Die Abfassungszeit

des Talmud und sein Erscheinen als Schriftwerk liegen weit auseinander. Der Talmud ist ein tiefer Schacht von Ablagerungen verschiedener Zeiten. Die ganze Periode seiner Entstehung umfaßt etwa ein Jahrtausend.«
(M. G., Zur Entstehung des Talmud, in: Entwicklungsstufen der jüdischen Religion, Gießen 1927, S. 43)

Claude Gruber-Magitot, 1959:
»Der intellektuelle und moralische Motor des Judentums war die Tora. Ganz selbstverständlich mußten sich um sie herum die religiösen Schriften kristallisieren. Vom Ende des 1. bis zum 5. Jahrhundert erfuhr die hebräische Literatur einen gewaltigen Aufschwung. Während dieses Zeitraums wurde jener Traktat zu einem guten Ende geführt, von dem es heißt, daß ›er nicht gemacht, sondern wie ein lebendiges Wesen größer wurde‹. Es ist dies die ›Talmud-Tora‹ oder ›Die Lehre der Tora‹.
Eines der geistlichen Vermächtnisse der Pharisäer war die Tradition der mündlichen Tora. Die Schüler der Schule von Jabne hatten sie von ihren Lehrern Hillel und Jochanan ben Zakkai erhalten.
Seit dem Beginn des 2. Jahrhunderts wurde diese Schule berühmt durch mehrere Persönlichkeiten, die seither als die Väter der hebräischen Mystik des Talmud angesehen werden. Ihre Kommentare des Pentateuch und ihre Arbeit der exegetischen Klassifizierung trugen ihnen die Bezeichnung ›Tannaim‹, d. h. ›Ausleger‹ ein.«
(Cl. G.-M., Les Lions de Juda, Paris 1959, S. 188)

Herman Wouk, USA, 1961:
»Der Talmud ist nicht nur eine Enzyklopädie der Gesetze, sondern auch ein Werk der Volkskunst, ein Hymnus auf den Herrn, er entstammt zahlreichen Generationen, die ihr Leben auf der Suche nach ihm vollbracht haben. Diese Suche nach Gott, das vertrauensvolle Aufspüren des Heiligen in jeder Kleinigkeit des Alltagslebens ist sein erhabenes, einziges Thema. Der Talmud macht uns ein langes goldenes Zeitalter der Vernunft und Einsicht zugänglich und ist bis auf den heutigen Tag das Herzblut der jüdischen Religion. Welche Gesetze, Gebräuche oder Zeremonien wir einhalten, ob wir Orthodoxe, Konservative oder Liberale sind oder bloß zuweilen sentimentale Anwandlungen verspüren – wir folgen dem Talmud. Er ist unser herkömmliches Gesetz.«
(H. W., Er ist mein Gott, Hamburg 1961, S. 255)

Nicolas Baudy, Paris, 1965:
»Der Talmud, dieses ›Meer der Erkenntnis‹, diese Zusammenfassung von Regeln, Erfahrungen, Traditionen und Neuerungen des jüdischen Lebens, bildete sich während eines Jahrtausends, vom 5. Jahrhundert vor Christus bis zum 5. Jahrhundert unserer Zeitrechnung. Als die Abfassung der Bibel etwa gegen 450 vor Christus beendet war (auch sie erstreckte sich etwa über ein Jahrtausend), begann zur Zeit der Rückkehr aus dem babylonischen Exil, zur Zeit des Esra und Nehemia, die Zusammenstellung des Talmud.
Dieses gewaltige Werk, das zugleich literarischer, juristischer, ethnographischer und historischer Art ist und in seiner gedruckten Gestalt etwa 20 Foliobände (Ausgabe von Wilna) umfaßt, stellt ein Zeugnis der grundlegenden Auffassung des Judentums dar, das sich in den Sitten und Gesetzen der Juden niederschlägt. Der Talmud verschafft sich Eingang in das ganze alltägliche Leben in all seinen Formen und Phasen bis in die geringsten Kleinigkeiten.
Seinem Wesen nach ist der Talmud ein weitgespannter, aus der Tora sich herleitender Kommentar. Er wird gebildet aus verschiedenen, übereinander gelagerten Schichten von Kommentaren, Exegesen, Beziehungen und Diskussionen über den Text des Pentateuch. Nichts kann davon deutlicher Kenntnis geben als der äußere Augenschein einer Seite des Talmud in ihrer typographischen Anordnung. Um einige Linien, die der Text ausmacht, der in der ersten kodifizierten Niederschrift der mündlichen Tra-

dition, der Mischna, in großen Buchstaben aufgeschrieben ist, gruppieren sich drei, vier oder gar fünf Kategorien von späteren Kommentaren. Diese Kommentare sind von verschiedenen Rabbinern zusammengestellt und der zeitliche Zwischenraum zwischen den einzelnen Beiträgen beträgt Jahrhunderte. Die einen bilden die Spalte zur linken oder zur rechten Seite des Haupttextes, des Themas oder vielmehr des Ausgangspunkts der Diskussionen, während die anderen Bemerkungen oder Anmerkungen sich am Rand oder unten an der Seite befinden.

Die Vielfalt und Weite dieser Archive oder Protokolle von Diskussionen erstrecken sich, wir wollen dies noch einmal wiederholen, auf ein Jahrtausend. Schon die durch die Sprache hervorgerufenen Schwierigkeiten – einige Teile sind in hebräisch abgefaßt, andere wieder in ost- oder westaramäisch – würden ausreichen, um aus dem Talmud ein hermeneutisches Werk zu machen ...

Man kann also verstehen, daß der Talmud, entscheidender Faktor für das Überleben des Judentums in besonders harten Zeiten, ein ganz rätselhaftes Gesicht zeigen konnte und daß er für die Gegner der Juden als ein dunkles, sinnloses, unzugängliches, und je nach der Veranlagung seiner Verleumder auch als ein Werk galt, das angefüllt sei mit geheimen und schrecklichen Übereinkünften.

Wenn von Exegese, Kommentar und Kommentar von Kommentaren der Texte religiösen Charakters die Rede ist, denkt man selbstverständlich an theoretische Übungen, an tiefgründige Kontroversen über den Sinn der Worte und an ein intellektuelles und theologisches Spiel. Der Talmud ist aber auf Grund seiner Geschichte und seiner Entstehung, seiner Zusammensetzung, seiner Verwendung und seinem inneren Gehalt das Gegenteil von all diesen Dingen. Der Talmud ist Ausdruck, Methode und Instrument für die praktische Anpassung der Grundsätze und Gesetze des Judentums an die Verhältnisse des praktischen Lebens, und zwar nach der Maßgabe von deren Veränderung und Entwicklung ...

Aber im wesentlichen ist der Talmud ein fortschreitendes Studium und eine fortgesetzte Kodifizierung der Art und Weise, in welcher die Gesetze durchgeführt werden sollen, damit dieselben den Forderungen der Zeit und den Formen der Zivilisation in einer je besonderen Umgebung entsprechen. Übrigens handelt es sich bei den Fällen, mit denen sich die Rabbiner auseinandersetzen – der Talmud hält die Namen von etwa tausend Rabbinern fest – immer um Ausnahme- und Testfälle, aber nicht um die übliche Regel. Es geht immer darum, ein Ereignis, einen ungewöhnlichen Streitfall in den Rahmen der bestehenden Normen einzuordnen.

In jeder kritischen Phase innerhalb der Geschichte des Judentums, als die Existenz des Judentums auf dem Spiele stand und als nach allen vernünftigen Voraussagen aller Vorgänge und aller von verschwundenen Völkern bekannter Beispiele, sich die Juden eigentlich mit der Masse der anderen Völker vermischen mußten und als Volk und unterschiedene Zivilisation zum Auslöschen verurteilt waren, fand sich jedesmal ein unzerstörbarer Kern, der an der Tradition festhielt und von neuem eine neue Gemeinschaft baute ...

Der am meisten schlüssige und in die Augen springende Beweis für diesen dem Judentum eigenen Realismus wird durch die Initiative des Jochanan ben Sakkai geliefert; diese führte zur Kristallisierung und Bildung des Talmud. Jochanan ben Sakkai war sicher einer der bedeutendsten und geachtetsten Gelehrten unter den Pharisäern; er konnte gewiß die um Jerusalem tobenden Kämpfe nicht aufhalten, er konnte aber auch die Verteidiger der Stadt nicht zu einer Übergabe an die Römer veranlassen. Er war sich in hinreichender Weise darüber im klaren, daß Israel in Zukunft durch Waffengewalt nicht gerettet und geschützt werden könne. Aber er war der Überzeugung, daß dies durch das Festhalten an der Erkenntnis der Tora geschehen könne. Die Treue gegenüber den Gesetzen und Traditionen – dies war seine geniale Idee und historische Initiative –

könnte zu einem Vaterland werden, das man mit sich tragen könne.
Er nahm das Wagnis auf sich, sich von seinen Schülern für tot erklären zu lassen, um so in seinem Sarg aus der belagerten Stadt hinauszugelangen. Auf der israelitischen Seite waren die Zeloten wachsam und gingen gegen jeden Überläufer und Flüchtigen unbarmherzig vor; auf der anderen Seite der Mauer standen ihnen die Römer in nichts nach. Doch gelang es diesem Zug, passieren zu können. Jochanan ben Sakkai war in Jerusalem eine recht geschätzte Persönlichkeit; so wurde seiner sterblichen Hülle Achtung entgegengebracht.
Er ging nun geradeswegs in das römische Lager und wurde sofort von Vespasian empfangen. Vespasian war zu sehr erfreut darüber, daß einer der Führer der Gemeinde sich ergab, als daß er die Bitte des bescheidenen Greises abschlagen wollte. Ben Sakkai bat ausgerechnet um die Errichtung einer Schule und Akademie in der Küstenstadt Jabne, wo sich schon eine große Anzahl von Flüchtlingen aus Judäa und Galiläa befand.
Aus dieser Schule von Jabne ging der Talmud hervor, zugleich mit einer Reihe von Reformen, die es den Juden ermöglichten, Juden zu bleiben – ohne den Tempel. Sie konnten überall dort Juden bleiben, wo sie für eine mehr oder weniger lange Zeit bleiben mußten.«
(N. B., Les grandes questions juives, Paris 1965, S. 47 ff.)

Josy Eisenberg, Paris, 1969:
»Die Tora selbst verdankt als geoffenbartes Gesetz ihr Überleben nur den unzähligen Unternehmungen der Anpassung und Deutung, die vom Talmud ausgegangen sind.«
(J. E., Plaidoyer pour le Talmud, in: Arche, Paris 1969, Nr. 147, S. 47)

---

2. Der Talmud bietet eine überreiche Vielfalt von Anordnungen und Anregungen; manchmal zeigt sich auch eine auffallende Nähe zum Neuen Testament. Unter einigen Stichworten sollen Beispiele dafür gegeben werden.

Bereitschaft:
»Rabbi Jakob sagte: Diese Welt ist wie ein Vorzimmer für die zukünftige Welt; rüste dich im Vorzimmer, damit du Einlaß findest im Saal.«
(Hans Joachim Schoeps, Jüdische Geisteswelt, Köln 1960, S. 44)

»Rabbi Jochanan ben Sakkai sagte ein Gleichnis: Ein König lud einst seine Diener zum Gastmahl, bestimmte aber nicht die Stunde. Die Klugen schmückten sich und setzten sich vor das Tor des königlichen Schlosses, indem sie sprachen: Fehlt denn etwas im Haus des Königs? Die Toren dagegen gingen zur Arbeit, indem sie sprachen: Gibt es etwa ein Mahl ohne Vorbereitung? Plötzlich verlangte der König nach seinen Dienern; die Klugen traten geschmückt ein, die Toren dagegen im Schmutz. Da freute sich der König über die Klugen und zürnte über die Toren und sprach: Die sich zum Mahl geschmückt haben, mögen sich setzen, essen und trinken; die sich nicht geschmückt haben, mögen stehen bleiben und zuschauen.«
(Kurt Wilhelm, Hrsg.: Jüdischer Glaube, Bremen 1961, S. 54)

Ermahnung:
»Es wird gelehrt: Rabbi Tarphon sagte: Ich würde mich wundern, wenn es in diesem Zeitalter einen gäbe, der eine Vermahnung annähme, denn wenn einer zu ihm sagt: Ziehe den Splitter aus deinem Auge, so sagt dieser zu ihm: Ziehe den Balken aus deinem Auge.«
(Reinhold Mayer, Hrsg.: Babylonischer Talmud, München 1963, S. 319)

Gebet:
»Rabbi Ammi sagte: Das Gebet eines Menschen wird nur dann erhört, wenn er seine Seele in die Hand nimmt, denn es heißt: Wir wollen unser Herz auf den Händen tragen . . .
Rabbi Jehoschuah, Levis Sohn sagte: Sogar eine Scheidewand aus Eisen trennt

nicht zwischen Israel und ihrem Vater im Himmel ...
Rabbi Elieser sagte: Warum wird das Gebet der Bewährten mit einer Getreidegabel verglichen? Um dir zu sagen: Wie eine solche Getreidegabel das Eingebrachte auf der Tenne von einem Platz zum andern wendet, so wendet auch das Gebet der Bewährten den Sinn des Heiligen, gelobt sei er, von der Weise der Strenge zur Weise des Erbarmens.«
(Reinhold Mayer, a.a.O., S. 505 f.)

Gefahr:
»Es sprach Rabbi Berechja: Besser war für Israel das Herannahen Pharaos als hundert Fasttage und Gebete. Denn als die Ägypter ihnen nachsetzten und sie sie sahen, fürchteten sie sich sehr und richteten ihre Augen zur Höhe und taten Umkehr und beteten, denn so heißt es (Ex. 14, 10): ›Die Kinder Israel schrieen zum Ewigen.‹ Warum tat ihnen der Heilige, gelobt sei er, also? Der Heilige, gelobt sei er, begehrt ihr Gebet.«
(Kurt Wilhelm, a.a.O., S. 42)

Hoffnung:
»Er (Ben Azaj) sagte ferner: Verachte keinen Menschen und halte kein Ding für unmöglich, denn es gibt keinen Menschen, der nicht eine Zukunft hätte, und es gibt kein Ding, das nicht seine Stunde bekäme.«
(Hans Joachim Schoeps, a.a.O., S. 42)

Leiden:
»Rabbi Jehoschuah, Levis Sohn, sagte: Jeder, der sich über Leiden freut, die über ihn kommen, bringt Heil in die Welt; denn es heißt: Durch sie wird die Welt geheilt.«
(Reinhold Mayer, a.a.O., S. 477)

Löhnung:
»Antigonus von Socho sprach: Seid nicht wie Knechte, die ihrem Herrn dienen aus einem Beding, Löhnung zu erhalten, sondern seid wie Knechte, die ihrem Herrn dienen, ohne einen Beding, Löhnung zu erhalten, und die Fürchtung des Himmels sei über euch.«
(Norbert Nahum Glatzer, Sendung und Schicksal des Judentums, Köln 1969, S. 106)

Not:
»Rabbi Jochanan sprach:
Jede Not, an der Israel und die Weltstämme teilhaben, ist eine Not;
jede Not Israels allein ist keine Not.
In jener Nacht, da Israel das Meer überschritt,
wollten die dienenden Boten ein Lied singen
vor dem Angesicht des Heiligen, gesegnet sei Er.
Der Heilige aber, gesegnet sei Er, ließ sie nicht tun und sprach zu ihnen: Meine Legionen liegen in Not, und ihr wollt ein Lied singen vor meinem Angesichte?«
(N. N. Glatzer, a.a.O., S. 111)

Obrigkeit:
»Rabbi Chanina, der Stellvertreter des Hohenpriesters, sagt: Bete für das Wohl der Regierung, denn ohne die Furcht vor ihr würde einer den anderen lebendig verschlingen.«
(Reinhold Mayer, a.a.O., S. 331)

Todesstrafe:
»Ein Synedrium, das einmal in sieben Jahren hinrichtet, wird ein verderbenbringendes genannt. Rabbi Elieser, Asarjas Sohn, sagt: Einmal in siebzig Jahren. Rabbi Tarphon und Rabbi Akiba sagen: Wenn wir im Synedrium wären, so würde niemals ein Mensch hingerichtet. Rabban Schimon, Gamaliels Sohn, sagt: Sie würden auch die Blutvergießer in Israel mehren.«
(Reinhold Mayer, a.a.O., S. 323)

---

3. Der Talmud wurde in der Christenheit oft als Zusammenfassung unguter Geheimlehren eingeschätzt und dementsprechend bekämpft.

Papst Innozenz IV., Rom, 1244:
»Ohne Scham zu zeigen wegen ihrer Schuld und ohne Achtung vor der Ehre des christlichen Glaubens folgen sie, nachdem sie das Gesetz des Mose und der Propheten vergessen oder verachtet haben, gewissen Überlieferungen ihrer

Ältesten, derentwegen sie der Herr gescholten hat, als er sagte: ›Warum übertretet ihr das Gebot Gottes und macht es ungültig um eurer Überlieferungen willen?‹, indem ihr sie Menschenlehre und Gesetz lehrt? In diesen Überlieferungen nämlich, die hebräisch Talmud genannt werden, und bei ihnen ein großes Buch sind, der den Text der Bibel bei weitem überschreitet, sind Lästerungen gegen Gott und seinen Christus und die allerseligste Jungfrau offenbar enthalten und ebenso in Verlegenheit bringende Fabeln, irrige Mißbräuche und unerhörte Torheiten. Damit unterrichten sie ihre Söhne, ziehen sie auf und entfremden sie gänzlich der Lehre des Gesetzes und der Propheten, da sie fürchten, daß sie, wenn sie die Wahrheit, die im Gesetz und Propheten enthalten ist, einsehen, die offenkundig Zeugnis von der Ankunft des eingeborenen Sohnes Gottes im Fleische gibt, sich zum Glauben bekehren und zu ihrem Erlöser demütig zurückkehren. Damit aber noch nicht zufrieden, veranlassen sie die christlichen Ammen ihrer Söhne zur Verachtung des christlichen Glaubens und begehen mit ihnen viel Schändliches . . .«
(Karl Heinrich Rengstorf und Siegfried von Kortzfleisch, Hrsg.: Kirche und Synagoge, Bd. I, Stuttgart 1968, S. 230)

Papst Benedikt XIII., 1415:
»Der Anlaß zur Verblendung und Verhärtung der Juden ist besonders die böse Lehre, die von einigen Söhnen Satans erfunden, unter dem Namen Talmud in verschiedenen Büchern geschrieben worden ist und die sie, um ihr größeres Ansehen zu geben, als von Gott dem Mose mündlich mitgeteilt hinstellten. Darin sind viele Irrtümer und Lästerungen nicht nur gegen das Alte, sondern auch gegen das Neue Testament, gegen die guten Sitten und die Vernunft enthalten, die durch keine Erklärung gerechtfertigt und durch kein sophistisches Gerede verhüllt werden können . . . Deshalb ordnen wir an, daß weder Gläubige noch Ungläubige, gleichgültig welchem Stande, Berufe oder welcher Sekte sie angehören, sie anhören, lesen oder darin unterrichten dürfen, sei es öffentlich oder geheim . . . Wir befehlen ferner, daß innerhalb eines Monats alle Bücher, in denen diese Lehren in irgendeiner Form, direkt oder indirekt . . . vertreten werden, in den Kathedralkirchen jedes Bistums abgegeben werden müssen. Der Bischof oder sein Stellvertreter soll sie da verwahren, bis wir auf seine Mitteilung hin bestimmen werden, was weiter zu geschehen hat. Die Bischöfe und die Inquisitoren verpflichten wir, alle diejenigen, welche solche Bücher zurückbehalten oder verheimlichen, als der Häresie sehr verdächtig zu behandeln. Nur diejenigen sind auszunehmen, denen es mit besonderer Erlaubnis des apostolischen Stuhles gestattet worden ist, einige zu benützen, um die Juden von ihrem Unglauben zu bekehren.«
(Karl Heinrich Rengstorf und Siegfried von Kortzfleisch, a.a.O., S. 233)

Erlaß aus dem Jahre 1790, Frankreich:
»Zur gleichen Zeit (Brumaire, Jahr II) erhielten alle Gemeindebehörden des Bas-Rhin den Befehl, ›sofort alle hebräischen Bücher, vor allem den Talmuth, zusammenzutragen, wie auch alle Zeichen irgendwelcher Art mit Bezug auf ihren Gottesdienst an einen Platz zu schaffen, um so für die Wahrheit ein Autodafé zu veranstalten mit allen Büchern und Kultgegenständen des mosaischen Gottesdienstes‹. Dies solle am 10. Tag (Ruhetag im republikanischen Kalender) der zweiten Dekade geschehen.«
(Léon Poljakov, De Voltaire à Wagner, Paris 1968, S. 239)

Franz Holubek, Wien, 1882:
»Beurteilt, ob ein solches Volk inmitten einer zivilisierten Gesellschaft *noch eine Existenzberechtigung* hat? Ich will Euch nicht aufreizen, aber hört und fühlt! Dieses Buch, der Talmud! Wißt Ihr, was in diesem Buch steht? Die Wahrheit! Und wißt Ihr, wie Ihr in diesem Buch bezeichnet seid? Als eine Horde von Schweinen, Hunden und Eseln!«
(Karl Heinrich Rengstorf und Siegfried von Kortzfleisch, a.a.O., Bd. II, 1970, S. 508)

Herman Wouk, USA, 1961:
»Da der Talmud die Aussprüche von Gelehrten im Laufe vieler Jahrhunderte berichtet, ist er voller widersprüchlicher Ansichten, gegensätzlicher metaphysischer Hypothesen, krasser Übergänge vom Zynischen zum Lyrischen, von der Menschenverachtung zur Wohltätigkeit, von der Abneigung gegen Frauen bis zu ihrer schwärmerischen Verklärung. Er ist selbst im Vergleich mit den heutigen Leihbibliotheken unerhört freimütig in Sexualfragen. Und doch hat er seine Stellen der Zurückhaltung und euphemistischen Umschreibung.

Mit einem Wort, man kann über diese Bandaufnahme weiser Männergespräche aus sieben Jahrhunderten fast alles sagen und dazu in irgendeinem Abschnitt die passende Bestätigung finden. Die Feinde des Judentums aller Zeiten haben sich die härtesten, merkwürdigsten Stellen, die sie finden konnten, herausgesucht, sie zusammengestoppelt und das Resultat der Welt als das wahre Antlitz des jüdischen Geheimbuches vorgelegt. Mit der gleichen Technik lassen sich auch das Neue oder das Alte Testament, die Werke Platons, Shakespeares oder Dickens' oder die Äußerungen unserer Präsidenten aufs unsinnigste verzerren.«
(H. W., Er ist mein Gott, Hamburg 1961, S. 254 f.)

Jakob Werner, Bern, 1964:
»Kaiser Justinian war dann der erste Herrscher, der auf Anstiften von kirchlicher Seite um 550 den Talmud verbieten ließ.

Zur Zeit der Kreuzzüge, als Judenverfolgungen ausbrachen, wurde auch der Talmud als gefährliches Schrifttum belangt und teilweise verbrannt.

Die Scholastiker kannten den Talmud nur sehr oberflächlich aus zweiter Hand und wandten sich gegen seine Fabeln und Lästerungen. Sie traten für eine persönliche Schonung der Juden ein, stimmten jedoch einer Verbrennung ihres Schrifttums zu. 1242 wurden in Paris 24 Wagenladungen von Talmud-Handschriften öffentlich verbrannt, nachdem die Disputation zwischen jüdischen und christlichen Gelehrten einen schlechten Ausgang gefunden hatte.«
(W. J., Der Talmud, Zürich 1964, S. 2)

Bibliographie

Baudy, Nicolas: Les grandes questions juives, Paris 1965.

Eckert, Willehad Paul: Hoch- und Spätmittelalter. Katholischer Humanismus, in: Karl Heinrich Rengstorf und Siegfried von Kortzfleisch, Hrsg.: Kirche und Synagoge, Bd. I, Stuttgart 1968, S. 227–235.

Eisenberg, Josy: Plaidoyer pour le Talmud, in: Arche, Paris 1969, Nr. 147, S. 47–52.

Epstein, Abraham; Néhér, André; Sebban, Émile: Le Talmud, in: Arche, Nr. 159, Paris 1970, S. 46–50.

Gruber-Magitot, Claude: Les Lions de Juda, Paris 1959, S. 188–193.

Guttmann, Michael: Zur Entstehung des Talmuds, in: Entwicklungsstufen der jüdischen Religion, Gießen 1927, S. 43–60.

Mayer, Reinhold, Hrsg.: Der Babylonische Talmud, München 1963.

Schoeps, Hans Joachim: Jüdische Geisteswelt, Köln 1960, S. 33–58.

Werner, Jakob: Der Talmud, Zürich 1964.

Wilhelm, Kurt: Jüdischer Glaube, Bremen 1961, S. 38–57.

Wouk, Herman: Er ist mein Gott, Hamburg 1961, S. 244–255.

Tempel

Der Tempel von Jerusalem bildete lange Zeit den Mittelpunkt des religiösen und nationalen Lebens aller Juden. Dabei spielte es keine Rolle, ob sie in Palästina wohnten oder in der (→) Diaspora sich niedergelassen hatten. Der dort vollzogene Opferdienst war wesentlicher Bestandteil des gottesdienstlichen Lebens der Juden. Die Zerstörung des Zweiten Tempels nach der Eroberung Jerusalems durch die Römer im Jahre 70 n. Chr. bedeutete aber nicht das Ende des (→) Judentums, weil die (→) Synagoge als gleichwertige Auffangstellung bereitstand. Die Sehnsucht nach der Wiederherstellung des Tempels ist geblieben; sie fällt nach jüdischem Glauben mit der Erwartung des (→) Messias und seines Reiches zusammen. Die Frage des Tempelbaus ist nach der Angliederung der Altstadt von (→) Jerusalem an Israel wieder aktuell geworden; zum erstenmal bestünde grundsätzlich die Möglichkeit dazu. Da jedoch der Standort des Tempels genau vorgeschrieben ist und auf dieser Stätte sich die Omar-Moschee befindet, dürfte aus diesen praktischen – aber sicher nicht nur aus diesen! – Erwägungen ein Neubau in absehbarer Zeit nicht durchgeführt werden.

1. Der Tempel war vor allem dem Opferdienst gewidmet.

Ernst Ludwig Ehrlich, Basel, 1970:
»Beginnen wir mit der einfachen Feststellung, daß der Opfertempel und sein ganzer Opferkult geistig bereits weitgehend überwunden war, als der Tempel in Jerusalem im Jahre 70 in Schutt und Asche fiel. An die Stelle jenes Tempelkultes waren andere Ausdrucksmittel der Frömmigkeit getreten: die Opfer wurden durch Gebet und Studium der Lehre ersetzt. Gott bedürfe keiner Opfer mehr, denn er äße und tränke nicht, heißt es einmal, und an anderer Stelle in der rabbinischen Literatur lesen wir: ›Sei nicht traurig (über die Zerstörung des Tempels); wir haben ein anderes Sühnemittel als den Tempel. Und was ist das? Es sind die Liebestaten, wie es beim Propheten heißt: ›Ich will Liebe, nicht Schlachtopfer.‹ Das Bestreben wird also deutlich, durch einen Bezug auf die Propheten zu einer geistigen Überwindung der Opfer zu gelangen und diese durch die Liebestaten zu ersetzen. Der Gedanke setzt sich schließlich durch, Opfer könnten durch Gebete ersetzt werden, wenn man sie zu den alten Opferzeiten rezitiere.«
(E. L. E., Kult und Religion des Judentums, in: Allgemeine Wochenzeitung der Juden, Düsseldorf, 19. 6. 1970)

2. Die Zerstörung des Tempels im Jahre 70 n. Chr. bedeutet nicht das Ende des Judentums. Sein Wiederaufbau stößt auf äußere und innere Hindernisse; er ist nach jüdischer Tradition erst der messianischen Zeit vorbehalten.

Arche, 1967:
»Die geistliche Begeisterung der letzten Monate hat in einigen Kreisen (des Judentums) eine komplexe Frage wachgerufen: Wann muß man an den Wiederaufbau des Tempels denken? Der Oberrabbiner von Israel, Untermann, hat sofort den Umstand unterstrichen, daß der Zugang zur Mauer in keiner Weise bedeute, daß jetzt die Voraussetzungen für den Wiederaufbau erfüllt seien. Er hat hervorgehoben, daß die Ankunft des Messias diesem Wiederaufbau vorangehen müsse.«
(L'Arche, Paris 1967, Nr. 128, S. 14)

Josy Eisenberg, Paris, 1969:
»Man hat vor allem beobachten können – dieses Problem wurde in der letzten Zeit unnötig viel aufgeworfen –, daß bei den oben genannten Hoffnungen der Bau des dritten Tempels nicht erwähnt wurde. Dies rührt daher, daß unter allen eschatologischen Erwartungen der Wiederaufbau des Tempels von Jerusalem am wenigsten von Menschen abhängt. Der Wiederaufbau wird zwar in den Gebeten laut, aber es ist nicht übertrieben, wenn man in diesem Zusammenhang auf den konventionellen und akademischen Charakter dieser Äußerungen hinweist; zumindest ist eine solche Erwähnung nur symbolischer Natur.
Tatsächlich würde der Wiederaufbau des Tempels auf fast unüberwindliche theologische Hindernisse stoßen. Er würde eine Menge von Problemen aufwerfen, die das zeitgenössische Judentum nicht lösen könnte, vor allem was das Wesen des Gottesdienstes ausmachen würde, der dort gefeiert werden sollte. Man muß aber auch betonen, daß die Juden von diesem Problem weder umgetrieben noch leidenschaftlich bewegt werden. Im Gegenteil: die religiösen jüdischen Instanzen können nur erleichtert aufatmen bei dem Gedanken, daß sie dieses Problem nicht anzupacken brauchen. So paradox dies auch klingen mag – der Umstand, daß auf der alten Stätte des Tempels die Omar- und El-Aksa Moschee errichtet wurden, ist für das Judentum im gegenwärtigen Zeitpunkt wohltätig.«
(J. E., La corne du bélier et le bouc émissaire, in: Le Monde, Paris, 12. 9. 1969, S. 12)

Pierre Prigent, Straßburg, 1969:
»Nach seiner Thronbesteigung soll Hadrian anläßlich eines Aufenthalts in Jerusalem seine Zustimmung zu einem Wiederaufbau des Tempels gegeben haben; dabei sei er so weit gegangen, daß er auch die Mithilfe der römischen Garnison zusagte. Diese Maßnahme soll bei den Juden die lebhaftesten Hoffnungen geweckt haben: befand man sich nicht im 48. Jahr nach der Zerstörung? Dieser zeitliche Abstand, der ja den 48 Jahren entsprach, die die Zerstörung des Tempels durch Nebukadnezar und die von Kyrus erteilte Genehmigung zu seinem Wiederaufbau trennten, konnte nur das Kundtun eines göttlichen Planes sein; dies war der Anbruch der messianischen Zeit.«
(P. P., La fin de Jérusalem, Neuchâtel 1969, S. 95)

Zwi Werblowsky, Jerusalem, 1969:
»Daß diese Fragen hauptsächlich von Christen gestellt werden, schließt ein, daß dies mit einer starken Dosis von Unwissenheit und Vorurteilen geschieht. Das Vorurteil zeigt sich oft schon in der Begründung der Frage. Es ist nicht zu bestreiten, daß etwas Berechtigtes an dem Interesse vorhanden ist, das Christen und die anderen an der geistlichen Krise zeigen, in der sich gegenwärtig Israel befindet ...
Man ist im Grund genommen davon überzeugt, daß die Juden über einen unheilvollen Plan nachsinnen – dessen Verwirklichung den schwersten Schlag gegenüber den Mohammedanern der ganzen Welt bedeuten würde. Dieser Plan bestehe darin, die Haram-esh-Sharif (die man ›Omar-Moschee‹ nennt) sprengen zu lassen, um den Tempel wieder aufbauen zu können, und man ist deshalb der Meinung, sie seien darum in keiner Weise zu Hütern der Heiligen Stätten befähigt ...
Seit dem Aufhören der Opfer im Jahr 70 der christlichen Zeitrechnung haben die Juden scheinbar langsam, aber sicher jenen intimen und vitalen Kontakt mit diesem Ritual des Gottesdienstes verloren. Im 4. Jahrhundert bot ihnen der Kaiser Julian (mit dem von seinen Feinden ihm zugewiesenen Beinamen ›Apostata‹) den Wiederaufbau des Tempels an. An dieser Geschichte ist am meisten beachtenswert das Stillschweigen, das die Juden offenbar anstelle irgendeiner Antwort darauf bewahrten ...
Es ist deutlich, daß das Gedankengut der Halacha – und dies ist das mindeste, was man hier sagen kann – in keiner Weise ermutigend sich ausdrückt, wenn es sich um den Wiederaufbau des Tempels und

die Wiedereinführung des Opferrituals handelt. Das orthodoxe Rabbinat verschanzt sich in einer Haltung äußerster Reserve. Die Liberalen sind einem solchen Unternehmen gegenüber offenkundig feindselig. Die Texte der Bibel, der Haggada oder der Liturgie haben wohl eine Bedeutung behalten können, und ihre Bildersprache kann dem historischen Bewußtsein den symbolischen Ausdruck zubringen, den es braucht, um die Vorstellung von einem vergangenen goldenen Zeitalter mit der Vision einer messianischen Zukunft zu verknüpfen. Es bleibt aber dabei: Sobald man den Bereich dessen betritt, was praktisch zu verwirklichen ist, so bedeutet das Opferritual ganz offenkundig nicht mehr Mitte und Dynamik jüdischer Bestrebungen in unseren Tagen.«

(Z. W., Reconstruire le temple?, in: SIDIC, Rom 1970, III/1, S. 13, 14, 15, 19 f.)

Entwurf einer Erklärung der Katholischen Kirche, 1970:

»Die Geschichte des Judentums geht mit der Zerstörung des Tempels nicht zu Ende, sondern entfaltet sich weiterhin in einem geistlichen Suchen und Forschen. Nach der Lehre des Neuen Testaments spielt das jüdische Volk eine wesentliche Rolle bei der eschatologischen Erfüllung der Geschichte.«

(Tribune Juive, Strasbourg 1970, Nr. 99, S. 17)

Bibliographie

Prigent, Pierre: La fin de Jérusalem, Neuchâtel 1969, vor allem S. 95–99.

Werblowsky, Zwi: Reconstruire le temple?, in: SIDIC III/1, Rom 1970, S. 13–20.

Tora

Die Tora (»Weisung«) umfaßt die fünf Bücher Moses. Für das Judentum liegt hier das Herzstück der Heiligen Schrift. Juden aller Zeiten haben dieser Tora die Treue bis zum Märtyrertod gehalten. Diese Tora steht auch im Mittelpunkt der Synagoge; aller Augen sind auf den Schrein gerichtet, in dem sich die Rollen der Tora befinden. Eine kurze Zusammenfassung dieser Weisung sind die Zehn Gebote. Man darf nicht vergessen, daß das im Neuen Testament öfter von Jesus zitierte Doppelgebot der Liebe in der Tora steht und daß hier nach seiner bindenden und verbindlichen Erklärung das ganze Gesetz und die Propheten in ihrer Weisung zusammengefaßt sind.

---

1. Tora als Weisung ist nicht drückende Last, sondern Freude, denn sie ist Zeichen der Inpflichtnahme Israels durch und für Gott. Die Tora wurde so für dieses Volk Heimat.

Herman Wouk, USA, 1961:
»Seine Gesetze umfassen fünf Bücher der Bibel, und zwar die ersten fünf: Genesis, Exodus, Leviticus, Numeri und Deuteronomium. Für das jüdische Volk bilden diese fünf Bücher ein Buch, die Tora, das Herz der Heiligen Schrift. Sie wurde Israel am Sinai gegeben und verpflichtet bis zur Stunde die Nachkommen derer, die dort waren ...
Für die Verehrung, die die Juden der Tora des Moses in Jahrhunderten erwiesen haben, gibt es keine Parallele. Man kann über die Juden sagen, was man will. Aber, daß dieses Volk für ein Buch lebte und für es starb, sein ganzes Leben von ihm durchdringen ließ, das Leben von Kindern und Kindeskindern, daß eine Generation aus der Hand der anderen die Fackel der Begeisterung nahm, als ob der Wandel der Zeiten nichts wäre, als ob neue Verhältnisse nicht ihre neuen Gesetze verlangten, als ob mehr als dreitausend Jahre eine kleine, leicht überbrückbare Spanne Zeit wären, daß alles das möglich war, das kann niemand leugnen. Ein kühler Beobachter hat gesagt, die Verehrung der Tora ist der Götzendienst der Juden. Das ist eine böse halbe Wahrheit. Da sie sich kein Bild machen durften von Gott, da sie keinen göttlichen Boten oder Propheten haben durften, ihm ihre Liebe zu erweisen, zu ihm in ihren Sorgen und Nöten zu kommen, ohne irgendeinen Fürsprecher – denn Moses stieg hinauf auf einen Berg und starb, niemand kennt sein Grab, und kein Jude hat jemals zu Moses gebetet oder ihn zur Vermittlung zwischen Gott und Welt angerufen – da sie nichts anderes hatten als das auf Pergament geschriebene Wort Gottes, haben die Juden dieser Rolle aus Pergament alle Hingabe, Liebe und Ehre erwiesen, deren Menschen fähig sind ...
So fragt Raschi, der französische Exeget, in seinem Kommentar zum ersten Vers der Genesis: Warum beginnt die Tora nicht mit Gesetzen, also Mitte Exodus? Die Antwort ist eines Denkspruchdichters würdig. Israels Anspruch auf das Heilige Land beruht auf der Existenz Gottes. Wenn es nicht Gottes Wille war, daß es das Land Kanaan in Besitz nahm, könnte es in den Augen der Völker als räuberischer Eroberer dastehen. Die Tora muß mit der Schöpfung beginnen, um die Ursprünge Israels ins rechte Licht zu rücken.«
(H. W., Er ist mein Gott, Hamburg 1961, S. 231, 232, 234 f.)

Dr. Gerber, 1963:
»Als Europa christlich wurde, war der Jude verurteilt, viele Jahrhunderte in leerem Hoffen und fruchtlosen Tun dahinzuleben, umgeben von Haß und Hohn, allein Tränen und Mord waren sein

Schicksal. In dieser sternenleeren Nacht, wo kein Flimmerlicht seinen Horizont beleuchtete, erhellte allein der Geist sein Leben. Die Tora leuchtete ihm hell und klar wie die Sonne im Gebirge. Von überall verjagt, hinter sich Haß und Feind, neben sich keinen Freund, vor sich kein Ziel, sah er in ihr seine einzige Heimat. Von hier konnte er nicht vertrieben werden; hier hatte er Heimatrecht und unentziehbaren Aufenthalt.«
(Dr. G., in: Allgemeine Wochenzeitung der Juden, Düsseldorf, 11. 10. 1963)

Jakob Jocz, Toronto, 1963:
»Manchmal wird von christlichen Gelehrten die Behauptung aufgestellt, es sei die Gnade die charakteristische Lehre der Kirche, während die Synagoge nur etwas vom Gesetze weiß. Dies ist unrichtig und muß richtiggestellt werden. Kirche und Synagoge wissen beide von Gesetz und Gnade; aber ihr Verständnis davon ist verschieden ...
Für das Judentum ist das Gesetz keine Last, sondern ein Vorrecht. Es bildet das sichtbare Zeichen von Gottes Gnade zu Israel. Die Tora ist die Charta von Israels Erwählung und enthält die Eigentumsurkunde des Bundes am Sinai.«
(J. J., A Theology of tension resulting from the juxtaposing of church and synagogue, in: Judaica, Zürich 1963, S. 177 f.)

Hans Joachim Kraus, Göttingen, 1963:
»Zunächst zur Tora. Man redet in der christlichen Theologie, insbesondere im paulinisch orientierten Protestantismus, gerne und häufig von der ›starren Gesetzlichkeit des Judentums‹ und von der ›pharisäisch-talmudischen Kasuistik‹ – und das heißt: man sieht den ganzen jüdischen Tora-Glauben im Zeichen des Statischen, Versteinerten, Observanten. Vergessen und übersehen wird die über alle Maßen wichtige Torafreude. Lesen wir nur ein paar Zeilen aus dem Hymnus des synagogalen Gottesdienstes:

›Freut euch und jubelt an Torafreude
und gebet Ehre der Tora heute.
Besser als aller Erwerb ist's, sie zu [erwerben,
köstlicher ist sie als Gold und Perlen.
Wir jubeln, der Tora freuen wir uns.
Ich lobe Gott und freue mich an ihm,
meine Hoffnung setze ich auf ihn,
im Kreis meines Volkes preise ich [ihn,
mein Gott, meine Zuflucht, ich ver- [traue auf ihn.«

(H. J. Kraus, Begegnungen mit dem Judentum, Hamburg 1963, S. 112 f.)

Jakob Soetendorp, Amsterdam, 1963:
»Die schriftlich fixierte Tora umfaßt die fünf Bücher Mose, den Pentateuch. Die im Gottesdienst verwendeten Schriftrollen dürfen nicht gedruckt, sondern müssen auch heute noch von einem erfahrenen und dazu befugten *sofer* (›Schreiber‹) mit nach alten Rezepten gefertigter Tinte und mit einer Gänsefeder nach überaus genauen Schreibanweisungen handgeschrieben werden. Neben einer überdurchschnittlichen Geschicklichkeit muß der Schreiber die rechte innere Einstellung besitzen, denn nach traditioneller jüdischer Auffassung ist jedes Wort der Tora göttlich inspiriert; Mose hat ausschließlich die buchstäblich von Gottes Stimme vernommenen Worte niedergeschrieben.«
(J. S., Symbolik der jüdischen Religion, Gütersloh 1963, S. 109)

Nicolas Baudy, Paris, 1965:
»Die Tora, das heißt die fünf Bücher Mose (der Pentateuch) ist in ihrer ganz und gar echten Form unversehrt auf uns gekommen, in der Fassung, wie sie die Juden schon mehr als zweitausend Jahre gekannt haben. Es ist der gleiche Text, den sie im Verlauf der zweitausend Jahre und noch länger verehrt, gelesen und erläutert haben. Die Tora wurde – nach der Meinung der Gläubigen und auch einiger Historiker – von Mose selbst etwa zwölf oder dreizehn Jahrhunderte vor unserer Zeitrechnung, das heißt vor dreitausend Jahren verfaßt. Nach der Auffassung anderer Historiker und verschiedener Schulen der Bibelkritik soll die Tora später als die in ihr berichteten Ereignisse abgefaßt, zusammengetragen und zusammengesetzt worden sein.
Wie dem auch sei, auch wenn man der

Tora nur eine Existenz von zweitausend Jahren zubilligt – diese Mindestdauer ihrer Existenz wird von niemand bestritten –, so macht dieselbe es uns möglich, mit Menschen einer anderen Zeit ins Gespräch zu kommen, ihr Leben zu beobachten, an ihren Kämpfen teilzunehmen, in ihren Glauben einzudringen, ihre Zweifel, aber auch ihre Ängste kennenzulernen und ihre moralischen und sozialen Auffassungen zu erforschen.«
(N. B., Les grandes questions juives, Paris 1965, S. 39)

---

2. Die Tora will durch klare Anweisungen das alltägliche Leben orientieren und prägen. Manche Aussagen erinnern an die Botschaft des Neuen Testaments.

Anleitung:
»Rabbi Pinchas ben Jair sagte:
Die Tora führt zur Bedachtsamkeit, Bedachtsamkeit führt zur Sorgsamkeit, Sorgsamkeit führt zur Reinheit, Reinheit führt zur Enthaltsamkeit, Enthaltsamkeit führt zur Lauterkeit, Lauterkeit führt zur Frömmigkeit, Frömmigkeit führt zur Demut, Demut führt zur Sündenfurcht, Sündenfurcht führt zur Heiligkeit, Heiligkeit führt zum Heiligen Geist, der Heilige Geist führt zur Auferstehung. – Frömmigkeit aber ist unter allen Eigenschaften die größte.«
(Norbert Nahum Glatzer, Sendung und Schicksal des Judentums, Köln 1969, S. 120)

Ehre:
»Rabbi Jose sagte: Wer die Tora ehrt, ist selber bei den Menschen geehrt, und wer die Tora entwürdigt, ist selber bei den Menschen entwürdigt.«
(Hans Joachim Schoeps, Jüdische Geisteswelt, Köln 1960, S. 42)

Liebe:
»Abermals ereignete es sich, daß ein Nichtjude vor Sammaj trat und zu ihm sprach: Mache mich zum Proselyten unter der Bedingung, daß du mich die ganze Tora lehrst, während ich auf einem Fuße stehe. Da stieß er ihn fort mit der Elle, die er in der Hand hatte. Darauf kam er zu Hillel und dieser machte ihn zum Proselyten und sprach zu ihm: Was dir nicht lieb ist, das tue auch deinem Nächsten nicht. Das ist die ganze Tora und alles andere ist nur die Erläuterung; gehe hin und lerne!«
(H. J. Sch., a.a.O., S. 56)

Lohn:
»Rabbi Meir sagte: Beschränke dein Gewerbe und befasse dich mit der Tora. Sei demütig gegen jedermann. Hast du die Tora vernachlässigt, so sind es der Vernachlässigungen viele, die wider dich; hast du dich aber mit der Tora abgemüht, so ist es ein reicher Lohn, der dir zuteil wird.«
(H. J. Sch., a.a.O., S. 43)

Treue:
»Rabbi Jonathan sagte: Wer die Tora hält aus Armut, wird sie später halten aus Reichtum, und wer die Tora unterläßt aus Reichtum, wird sie später unterlassen aus Armut.«
(H. J. Sch., a.a.O., S. 42 f.)

Wichtigkeit:
»Rabbi Chanina ben Teradjon sagte: Wenn zwei beisammen sitzen und sich nicht mit den Worten der Tora befassen, so ist dies ein Sitz von Spöttern, denn es heißt: und auf dem Sitze der Spötter sitzt er nicht (Ps. 1, 1). Wenn aber zwei beisammen sitzen und sich mit den Worten der Tora befassen, so weilt die Göttlichkeit unter ihnen, denn es heißt: damals besprachen sich die Gottesfürchtigen miteinander, und der Herr merkte auf und hörte, und es wurde für sie, die den Herrn fürchten und seinen Namen achten, ein Gedenkbuch aufgezeichnet (Mal. 3, 16) . . .«
(H. J. Sch., a.a.O., S. 38)

Zurechtbringen:
»Rabbi Simon ben Elasar sagte:
Ich will dir ein Gleichnis machen – wem ist der Böse Trieb ähnlich?

Einem Eisen, das man in die Glut gelegt hat; allezeit, da es in der Glut ist, läßt sich aus ihm allerlei Gerät machen, wie man's nur will.
Ebenso ist es mit dem Bösen Trieb: kein anderes Zurechtbringen gibt es da, als allein durch die Worte der Tora, die dem Feuer gleicht.«
(N. N. G., a.a.O., S. 124)

---

3. Die Tora bleibt Weg und Ziel des Judentums, auch wo die Verpflichtung gegenüber dieser Weisung nicht mehr gesehen wird.

Jakob Emden (1696–1776):
»... Wir haben aber leider noch etwas vergessen, und dies ist das Wichtigste: Israel wird das ›Erbe Gottes‹ genannt. Das einzige Bindeglied zwischen Israel und Erez Israel ist die heilige Tora. D. h., die Tora kann nur durch Israel wahrhaft gepflegt, erfüllt und beobachtet werden. Wer das eine vernachlässigt, vernachlässigt notgedrungen das andere. Daraus erklärt sich auch, daß die Weisen des Talmud stets bemüht waren, nach Erez Israel auszuwandern und sich dort ansässig zu machen, natürlich soweit die politischen Verhältnisse es ihnen gestatteten. Ihr Hauptziel war, auf dem heiligen Boden Palästinas sich voll und ganz dem Studium der heiligen Tora zu widmen. Überdies gibt es bekanntlich viele Mizwot (Pflichten), deren Erfüllung und Beobachtung nur im Heiligen Lande möglich ist und die außerhalb des Heiligen Landes nicht im Bereiche der Möglichkeit sind...«
(H. J. Sch., a.a.O., S. 266 f.)

Abraham Heschel, USA, 1966:
»Absolutheit ist nicht der Weg dieser Generation ... Tora als absoluter Weg ist von der Mehrheit unseres Volkes verlassen worden. Wir können sie nicht mehr auf diesen Weg zurückzwingen. Wir müssen vielmehr eine Pädagogik der Rückkehr entwickeln; wir müssen eine Stufenleiter religiöser Beobachtung (der Gebote) ersinnen. Wir haben kein Recht, die Halacha außer Kraft zu setzen, wir haben aber ebensowenig ein Recht, das jüdische Volk zu verlassen. Extremismus, Maximalismus ist nicht der Weg. Elastizität, Biegsamkeit ist der Weg ...«
(Ernst Ludwig Ehrlich, Geistige und religiöse Strömungen im heutigen Judentum, in: Franz Henrich, Hrsg.: Die geistige Gestalt des heutigen Judentums, München 1969, S. 30 f.)

Bibliographie
Wouk, Herman: Er ist mein Gott, Hamburg 1961, passim.
Siehe im übrigen unter »Talmud« (vor allem die beiden Bücher von Hans Joachim Schoeps und Kurt Wilhelm).

Umkehr

Ein Hauptwort der Bibel ist »Umkehr«. Damit ist die Bewegung gemeint, die der Mensch auf den Ruf Gottes hin aus seiner Verirrung heraus vollziehen darf und kann. Die Chance und der Ernst dieser Kehrtwendung des ganzen Menschen sind innerhalb des Judentums immer lebendig geblieben und haben sein Verhalten weithin geprägt.

1. Das Angebot der Umkehr ist die Chance für den Neuanfang; niemand ist davon ausgenommen.

Rabbi Bunam von Pzysha:
»Die große Schuld des Menschen sind nicht die Sünden, die er begeht – die Versuchung ist mächtig und seine Kraft gering! Die große Schuld des Menschen ist, daß er in jedem Augenblick die Umkehr tun kann und nicht tut.«
(Martin Buber, Schriften zum Chassidismus, Köln 1963, S. 641)

Rabbi Meir:
»In der Nachbarschaft des Rabbi Meir trieben sich Rohlinge umher; die quälten ihn tüchtig. Da betete er ihretwegen, daß sie sterben möchten. Sprach zu ihm Beruria, seine Frau: Was ist deine Meinung?, da doch geschrieben ist (Ps. 104, 35): ›Aufhören mögen Sünden auf der Erde‹ – ist denn geschrieben ›Sünder‹? ›Sünden‹ ist geschrieben! Und noch mehr: sieh tiefer auf den Schluß des Worts: ›Und Frevler sind nicht mehr da‹: wenn die Sünden aufhören, sind keine Frevler mehr da. Nein, sondern bete ihretwegen, daß sie sich wenden in Umkehr und keine Frevler mehr sind. Er betete ihretwegen, und sie wandten sich zur Umkehr.«
(Norbert Nahum Glatzer, Sendung und Schicksal des Judentums, Köln 1969, S. 123)

»Die Propheten alle haben auf keinen hin gekündet als auf den Umkehrenden; von den vollkommenen Gerechten aber gilt (Jes. 64, 3)
›Nie hat etwas ein Auge ersehn, von einem Gott, außer dir, der's tut für den, der sein verlangt.‹«
Rabbi Abahu sprach:
»An dem Ort, wo die Umkehrenden stehen, können die vollkommenen Bewährten nicht stehen, wie gesagt ist (Jes. 57, 19): ›Frieden, Frieden dem Fernen und dem Nahen‹: Zuerst dem Fernen, dann dem Nahen.«
Rabbi Meir sprach: »Groß ist die Umkehr; denn um eines willen, der Umkehr getan hat, vergibt man all der ganzen Welt.«
(N. N. G., a.a.O., S. 125 f.)

Rabbi Eliezer sagte: »Tue Buße einen Tag vor deinem Tode. Die Schüler sprachen zu Rabbi Eliezer: Weiß denn der Mensch, an welchem Tage er sterben wird? Dieser erwiderte: Um so mehr muß er heute Buße tun, vielleicht stirbt er morgen; es ergibt sich also, daß er all seine Tage in Buße verbringt. So hat auch Salomo in seiner Weisheit gesagt: Zu jeder Zeit mögen deine Kleider weiß sein, und deinem Haupte mangele es nie an Öl (Koh. 9, 8).«
(Hans Joachim Schoeps, Jüdische Geisteswelt, Köln 1960, S. 58)

Rabbi Eliezer:
»›Und Kain zog sich vom Angesicht des Herrn zurück‹ (Gen. 4, 16). Er zog sich freudig zurück. Der erste Adam begegnete ihm und sagte zu ihm: ›Wie ist das Urteil über dich ausgefallen?‹ Er antwortete ihm: ›Ich bin umgekehrt und habe mich versöhnt.‹ Der erste Adam fing an, ihm das Gesicht zu streicheln und sagte zu ihm: ›Dies ist die Macht der Umkehr, und ich wußte dies nicht!‹ Sofort stand der erste Adam aufrecht hin und sagte:

›Psalm, Gesang für den Tag des Sabbat. Es ist gut, den Herrn zu loben.‹«
(VAV, Revue de Dialogue, Nr. 7, Paris, April 1970, S. 4)

Emil Cohn, 1923:
»Hier aber gerade hier beginnt mein Aufruf zum Judentum. Ich weiß einen Weg zur Wirklichkeit, wahrhaftig, ich weiß einen Weg. Dieser Weg ist weit, denn weit sind wir gegangen und abgeirrt von der Straße des Lebens. Wer ihn nun gehen will, wie ich ihn ging, der hülle sich in Demut, denn nur Demut überwindet die Weite und den Weg. Er stütze sich auf Reue, denn nur Reue versteht auf rechte Weise anzuklopfen an des Lebens verschlossenem Tor. Manchen Vorhof müssen wir durchwandeln, manche Pforte überwinden und vielleicht, ach, vielleicht bleibt die letzte uns verschlossen. Und dennoch, man folge mir: Ich rufe auf! ...
So nimm denn Israel an deine Hand und führe es, da es von Menschen sich nicht führen läßt! Führe es den süßen Weg der Reue, der allein zu seiner Freiheit führt! Und führe doch auch die ganze Welt denselben Weg, denn sieh, sie leiden ja alle dasselbe Leid und schreien zu dir mit demselben Schrei! Vor allem aber nimm nach diesem Marterweg des vergangenen Jahres meine geschüttelte Seele an, die ich dir überantworte, ein anderer jetzt, als ich am Anfang war, und wer weiß, was für einer denn morgen? Wohin geht der Weg mit mir! Werde ich die Kraft behalten, ihn zu Ende zu gehen, die doch jetzt am Schluß noch so viel mehr werden müßte als die Kraft des Rufs? Wohin geht der Weg mit mir? Ich weiß es nicht. Doch wohin er auch geht, eines weiß ich und das will ich glauben an meinem hellsten Tage und in meiner dunkelsten Nacht: Immer näher zu dir, du mein Hort und mein Erlöser!«
(E. C., Judentum, München 1923, S. 181, 248 f.)

Martin Buber (1878–1965), 1929:
»Die Umkehr ist eine menschliche Tatsache, aber sie ist auch eine weltumgreifende Macht. Als Gott, so wird erzählt, seine Schöpfung vorbedachte und sie vor sich auf einen Stein hinritzte, wie ein Baumeister sich den Grundriß zeichnete, sah er, daß die Welt keinen Bestand haben würde. Da schuf er die Umkehr: nun hatte die Welt Bestand, denn nun war ihr, wenn sie sich von Gott weg, in die Abgründe der Selbstheit verlief, die Rettung erschlossen, der in eigner Bewegung zu vollziehende Rückschwung gnadenhaft gewährt.
Die Umkehr ist die größte Gestalt des ›Anfangens‹. Wenn Gott zum Menschen spricht: ›Öffne mir die Pforte der Umkehr so weit wie eine Nadelspitze, und ich will sie so weit öffnen, daß Wagen einziehen können‹, oder wenn Gott zu Israel spricht: ›Kehret um, und ich werde euch zu einer neuen Schöpfung umschaffen‹, zeigt sich uns in großer Klarheit der Sinn menschlichen Anfangens. In der Umkehr ersteht der Mensch neu als Gottes Kind.
Da die Umkehr so Gewaltiges bedeutet, versteht man die Sage, daß Adam von Kain die Kraft der Umkehr lernte, versteht jenen an ein neutestamentliches Wort anklingenden, aber von ihm ganz unabhängigen Spruch: ›An dem Ort, wo die Umkehrenden stehen, vermögen die vollkommenen Gerechten nicht zu stehen.‹«
(M. B., Der Jude und sein Judentum, Köln 1963, S. 193)

Hermann Levin Goldschmidt, Zürich, 1960:
»Vor jeder Erörterung des dem Judentum gebotenen oder von ihm geübten Verhaltens zum heutigen Deutschland ist die umwälzende Bedeutung der Geschehnisse von 1933 bis 1945 hervorzuheben. Die über ein Drittel des jüdischen Volkes verhängte, willentliche, planmäßige Ermordung, dieser noch immer fast unvorstellbare Opfergang der jüdischen Unschuld bildet ein Ereignis von weltgeschichtlicher Bedeutung. Wie oberflächlich und vergleichsweise harmlos wirkt nun jede noch so ernste Vertiefung, die vor 1933 den guten und bösen Möglichkeiten des Menschen nachgegangen ist. Hier wurde eine Schwelle gesetzt, der

gegenüber alles Frühere zur Vorzeit herabsinkt; erst jetzt steht klar vor Augen, welche bisher unausdenkbaren Kräfte mit der Neuzeit freigesetzt sind.
Mit derselben Entschiedenheit ist als eine unerschütterliche Gewißheit der biblischen Botschaft ebenfalls festzuhalten, daß jedem Menschen, jedem Volk die Umkehr offen steht, was immer sie begangen haben. Es gibt keine Schuld, die nicht bereut werden könnte – keine Reue, der gegenüber der Mitmensch nicht zur liebevollen Bewillkommnung aufgerufen bleibt. Die geschehene Untat – immer noch viel grauenhafter, als sich aussagen läßt – darf nicht verschleiert, aber umgekehrt darf auch nicht die Möglichkeit ausgeschlossen werden, daß nach ihrer Verübung und inmitten ihres Abgrunds echte Umkehr vollzogen wird und Liebe verdient.«
(H. L. G., Die Botschaft des Judentums, Frankfurt/Main 1960, S. 257 f.)

Norbert Nahum Glatzer, 1966:
»Kein Mensch ist der Sünde rettungslos verfallen. Ihm steht die ›Umkehr‹ (teschuwa) zu Gott, zum rechten Weg, offen: Buße im Herzen und die Ausbesserung dessen, woran er sich verfehlt hat. Der Gedanke ist biblisch, der Begriff entstand im nachbiblischen Judentum. Die Umkehr ist eines der Dinge, die der Erschaffung der Welt vorangegangen sind; wie die Tora und der Messias gehört die Umkehr zum ursprünglichen Schöpfungsplan. Die Umkehr setzt eine volle Gesinnungsänderung voraus. Wer mit der Absicht späterer Umkehr oder im Verlaß auf die sühnende Wirkung des Versöhnungstages sündigt, verliert die Kraft zur Umkehr. Der in Wahrheit Umkehrende aber wird zu einem neuen Geschöpf umgeschaffen. Von der Schöpfung zur Erlösung: Es ist die Umkehr, die sie nahebringt.«
(N. N. G., Anfänge des Judentums, Gütersloh 1966, S. 38)

Johan Hendrik Grolle, 1969:
»Hierbei betont der Prophet immer die ›teschuba‹, die Umkehr, und zwar in doppeltem Sinn: geographisch (Rückkehr ins Land) und geistlich (Bekehrung). Sie gehören beide zusammen; sie sind die beiden Seiten ein und derselben Sache.«
(J. H. G., Offene Fenster nach Jerusalem, Wuppertal 1969, S. 57)

Henri Smolarski, 1969:
»Was sind die Ketten, die heute den Menschen binden? Was ist die Entfremdung in der Zeit der Massenmedien, der Komputer und aller anderen Diktaturen? Und wenn die Teschuwa (Umkehr) sich heute einer recht präzisen politischen Überlegung zuwendet, warum sollte sie nicht heute in der Agrarreform und Unabhängigkeit in Südamerika, im Frieden in Asien, in der Freiheit in Prag und Tirana und im Frieden für den Staat Israel und alle arabischen Staaten bestehen? Warum sollte sie in einer ersten Bewegung nicht auch in einer Bewußtseinserhellung über eine Zivilisation bestehen, in der der Arme in den Status einer Ware überführt wird und deren Schlüsselworte Profit und Stillschweigen und Denken im verschwiegenen Winkel sind? ...
Ohne die vorrangige Notwendigkeit einer gewaltsamen oder nicht gewaltsamen radikalen Reform der versklavenden sozialen Strukturen zu unterschätzen, stellen unsere Lehrer die Teschuwa doch als eine innere Revolution dar, deren Ziel auch die Beherrschung unserer Leidenschaften und die Entdeckung unseres innersten Wesens in seinen letzten Tiefen ist. Es geht dabei um jene Revolution, die zuerst im Inneren der Menschen sich vollziehen muß, ehe sie sich an den Dingen auswirken kann. Sie ist Initiative, täglicher Kampf gegen den Ansturm aller Dämonen; die Teschuwa ist permanente Revolution ... Der Jude, der die Teschuwa vollzieht, lebt seine Revolution wirklich. Seine Einsicht und sein Lachen sind das beste Gegengift gegen den Dogmatismus, und den Konservativismus wie auch gegen den kriegerischen Nationalismus der Staaten.
Aber die Teschuwa muß auch in ihrem ganz streng physischen Sinn verstanden werden, lehrt Rabbi Kook. Die Teschuwa ist auch das Sichlosreißen, die Rückkehr der Verbannten, die aus den vier Him-

melsrichtungen der Erde dem Land Israel zustreben. Diese Rückkehr muß es dem jüdischen Volk ermöglichen, daß es den Nachweis führen kann, nicht daß es einen Staat ins Leben ruft, der der Unterdrückung und Entfremdung fähig ist – sicher ist dieses Volk dazu fähig –, sondern daß der Staat, der seinen Namen trägt, nur dann einen Sinn hat, wenn er der der Teschuwa unter den Völkern ist. Es muß ein Gegenstaat sein, der definiert, wird durch die Ehrfurcht vor dem Leben, durch die größtmögliche Freiheit seiner Bürger, durch die höchste Kultur und durch eine ausstrahlende Initiative . . .«
(H. S., Révolution et techouva, in: Tribune juive, Strasbourg 1969, Nr. 64, S. 17)

2. Die Christenheit muß angesichts ihrer Schuld an den Juden eine radikale Umkehr vollziehen.

A. Roy Eckardt, Bethlehem (PA), USA, 1965:
»Dieser Hinweis gehört vielmehr in das beachtenswerte Bestreben innerhalb der Kirche, in ihrem eigenen Hause Ordnung zu schaffen. So wird auf der protestantischen Seite die Literatur für die religiöse Erziehung einer sorgfältigen Durchforschung unterzogen, mit dem Ziel, Fehldeutungen auszumerzen, die man in einer früheren Zeit als unabdingbare und notwendige Wahrheit zur Verbreitung des Evangeliums angesehen hatte. Auf der Seite der römisch-katholischen Kirche stoßen wir auf eine entsprechende Nachprüfung der Erziehungsliteratur und auch auf die Entfernung anstößiger Stellen aus der Liturgie. Die Kirche beginnt zumindest sich über den Widerspruch klar zu werden, der darin besteht, daß sie zwar wortreiche Verurteilungen des Antisemitismus vollzieht, aber praktisch gegenüber dieser Krankheit weiterhin sorglos bleibt. Dieser Anfang einer Selbstprüfung und Umkehr kommt erst nach der Sintflut. Aber er setzt wenigstens ein.«
(A. R. E., Antisemitism, in: George A. F. Knight, Hrsg.: Jews and Christians, Philadelphia 1965, S. 156)

Hans Küng, Tübingen, 1967:
»*Die Aufgabe der Gegenwart:* Hier kann nur helfen: die radikale Metanoia, das Umdenken und Umkehren, das Einschlagen eines neuen Weges, nicht mehr weiter vom Judenvolk weg, sondern auf das Judenvolk zu: zum lebendigen Gespräch, das nicht auf Kapitulation, sondern auf das Verstehen der anderen Seite aus ist, zur gegenseitigen Hilfe, die nicht der ›Mission‹ dienen will, zur Begegnung in offenem brüderlichem Geiste.«
(H. K., Die Kirche, Freiburg 1967, S. 167)

Bibliographie
Smolarski, Henri: Révolution et techouwa, in: Tribune juive, Nr. 64, Strasbourg 1969, S. 16–17.

Verwerfung

Die These von der Verwerfung der Juden ist weit verbreitet und tief verwurzelt. Sie wird mit der angeblichen Alleinschuld der Juden an der (→) Kreuzigung des Jesus von Nazareth begründet. Diese Verwerfung wird als das Minus vor der Klammer jüdischer Existenz aufgefaßt; da nach der Meinung einiger Theologen die Tilgung dieses »Fluches« durch die Hinwendung zum Glauben an den Jesus von Nazareth als dem (→) Messias Israels vollzogen werden konnte, geriet das Verhältnis von Juden und Christen unter das Vorzeichen einer Bemühung um (→) Bekehrung, die mit der Selbstaufgabe des (→) Judentums als Glaubens- und Schicksalsgemeinschaft gleichzusetzen war. Diese angebliche Verwerfung wird – vor allem im modernen (→) Antisemitismus – eine nicht mehr zu behebende, weil mit dem Wesen der Juden verknüpfte Verworfenheit. Man versteht, daß Judenfeinde aller Schattierungen der Ansicht waren, man müsse dieser unheimlichen Bedrohung durch einschränkende Maßnahmen begegnen (→ Entrechtung). Hitler zog aus dieser Auffassung durch die Vernichtung von fast 6 Millionen Juden die letzten Konsequenzen.

---

1. Innerhalb der Christenheit ist die irrige Meinung einer Verwerfung Israels immer noch geläufig; davon gilt es sich deutlich zu distanzieren.

Römer 11, 1 f.:
»So sage ich nun: Hat denn Gott sein Volk verstoßen? Das sei ferne! Denn ich bin auch ein Israeliter von dem Samen Abrahams, aus dem Geschlechte Benjamin. Gott hat sein Volk nicht verstoßen, welches er zuvor ersehen hat.«

Röm. 11, 15:
»Denn so ihre Verwerfung der Welt Versöhnung ist, was wird ihre Annahme anders sein, denn das Leben aus den Toten?«
(Eigentlich müßte man das Wort Verwerfung in Anführungszeichen setzen: denn mit diesem Wort ist nicht der endgültige, für alle Juden und ganz Israel geltende Schlußstrich gezogen. Es handelt sich um ein teilweises, vorläufiges Beiseitestehen. Ein nicht unwichtiger Hinweis für diese Auslegung ergibt sich aus der Übersetzung der Bibel ins Lateinische durch Hieronymus; hier steht nicht etwa »rejectio« oder »reprobatio«, beides Begriffe, die damals sich schon als die Bezeichnung für das endgültige Verdikt über Israel herausgebildet hatten. Hieronymus verwendet das wesentlich schwächere, dem Sinn entsprechende »amissio« [Verlust], das heißt: es geht um ein [vorläufiges] Verlieren, dem ein Wiederfinden und Heimfinden entspricht. Vgl. dazu auch die Ausführungen von Fritz Paepcke weiter unten.)

Tertullian (150–222):
»In der Prophezeiung des Alten Testaments ist die Ankunft Christi zur Erlösung der Heidenvölker angekündigt, aber auch die Verwerfung der Juden.«
(Bernhard Blumenkranz, Die Judenpredigt Augustins, Basel 1946, S. 10)

Johannes Chrysostomus, 4. Jahrhundert:
»Was die Kaiser (des römischen Reiches) euch (den Juden) zufügten, geschah nicht aus deren eigener Macht; es geschah in der Gewalt des Zornes Gottes und seiner unbedingten Verwerfung, die euch getroffen hat.«
(James Parkes, The Conflict of the Church and the Synagogue, London 1961, S. 165)

Georg Nigrinus (1530–1602), Echzell:
»Gott hat sie (die Juden) verworfen. Die Christen wollen sie erheben. Gott hat sie aus ihrem Lande verstoßen und vertrieben. Wir hegen und pflanzen sie in unserem Land. Gott straft sie in seinem

ernsten Zorn. Bei uns beweist man ihnen die größte Gnade ... Gott will sie allen Völkern unterwerfen zur Dienstbarkeit, Mühe und Arbeit. Bei den Christen aber hilft man ihnen dazu, daß sie große Herren werden und gute Tage haben beim Müßiggang.«
(Karl Heinrich Rengstorf und Siegfried von Kortzfleisch, Hrsg.: Kirche und Synagoge, Bd. I, Stuttgart 1968, S. 549)

Anders Pederson Kempe (1622–1689), 1688:
»Für Manuel Texeira, Dero Majestät, der Königin Christine, wohlverordneten Residenten in Hamburg, meinen gnädigen Patron!
Weil die Juden nun seit über 1600 Jahren aus ihrem Lande vertrieben sind, und Jerusalem so lange wüst gelegen hat, haben viele von den Mund-Christen, besonders ihre Lehrer, Anlaß genommen zu sagen und zu lehren, daß die Juden keine Erlösung mehr zu hoffen haben, Jerusalem von ihnen auch nimmer gebaut werden soll, sondern sie ewig von Gottes Angesicht verstoßen und verdammt sind. Sie reden, schreien und schreiben aber am mindesten wider die Juden und das ganze Israel, sondern wider den wahrhaften Gott, der nicht lügen noch trügen kann, der seinen Bund und Verheißung dem Abraham und allen Heiligen und Propheten geschenkt und offenbart hat, ewiglich will und halten kann.«
(K. H. Rengstorf und Siegfried von Kortzfleisch, Hrsg.: Kirche und Synagoge, Bd. II, Stuttgart 1970, S. 62)

Jacques Basnage, 1706:
»Schon beim Anschauen des gegenwärtigen Elends des jüdischen Volkes gewinnt man die Überzeugung, daß Gott diesem Volk zürnt; mit diesem Grimm überschüttet Gott dieses Volk wegen der Sünde seiner Blindheit, durch die es ihn verworfen hat.«
(Arthur Hertzberg, The French Enlightement and the Jews, New York 1968, S. 47)

Freiherr von Bartholdi, Berlin, 1712:
»... Wollte man endlich die bisherige Confusion in politicis nicht so groß achten, so wäre doch unseres Ermessens, nicht außer Augen zu setzen, daß das durch des Allerhöchsten Zulassung in seiner Blindheit und Verstockung noch immer beharrende jüd. Volk die Lästerungen unseres Heilandes Jesu Christi und unserer heiligen christl. Religion gleichsam mit der Muttermilch eingesogen und solche, wenigstens mit verdeckten schimpflichen Redensarten, so gar in ihrem Gebet und sonst auszustoßen gewohnt ist; bishero haben die Juden durch der christlichen Potentaten, unter deren Schutz sie leben, sorgfältigste Verfügung deshalb kaum einigermaßen im Zaum gehalten werden können, wann gleich dazu bestellte Observatores, die der hebräischen Sprache kundig, dem jüd. Gottesdienst im allgemeinen und öffentlichen Synagogen jedesmal mit behöriger Aufmerksamkeit beigewohnet. Was wird nun in Berlin zu Verunehrung des wahren Gottes nicht geschehen, wo die Juden fernerhin so zerstreut ihren Gottesdienst haben und zugleich ihre mehr als heidnische Bosheit wider den Heiland der Welt ausüben können.«
(Selma Stern, Der Preußische Staat und die Juden, Teil I, Zweite Abteilung: Akten, Tübingen 1962, S. 298)

Professor Pater Granderath, 1879:
»Die jetzige Zerstreuung des Volkes Israel trägt nicht mehr die Merkmale einer vorübergehenden Strafe an sich, sondern sie hat den Charakter einer gänzlichen Verwerfung. Gott hatte das Volk auserwählt, den Messias der Welt zu geben. Nunmehr hat er mit ihm gebrochen, keinen Propheten sendet er mehr, ihren Tempel und ihre Stadt hat er verlassen ... Durch welche Freveltat hat das Volk diese Strafe verdient? Nicht durch Götzendienst ... Ihr Frevel ist nichtsdestoweniger ein vollkommener Abfall von Gott, nachdem sie so manchen Propheten verfolgt und getötet haben, haben sie das Maß ihrer Frevel dadurch erfüllt, daß sie den verheißenen Messias selbst, den Sohn Gottes, verwarfen und kreuzigten.«
(Kenneth Hooker, Antijudaistische Pole-

mik in christlichen Handbüchern, in: Christlich-jüdisches Forum, Basel 1963, Nr. 32, S. 13)

Wilhelm Pressel, 1887:
»Aber, möchte man fragen, wenn die Ursache der beiden Gottesgerichte, mit welchen die Zerstreuung des Volkes begonnen hatte, nicht mehr vorhanden war, *warum fand alsdann diese Zerstreuung in der Folge eine immer größere Ausdehnung?* Warum wird sie mit der Zerstörung von Stadt und Tempel unter Titus für alle Zeit sogar besiegelt? *Darauf gibt es keine andere Antwort denn die Verwerfung Jesu von Nazareth.* Seine Sendung war die letzte gnadenreiche Heimsuchung Gottes, wodurch Er Israel seiner ursprünglichen großen Berufung noch zuführen wollte; seine Verwerfung vereitelte dieselbe und besiegelte die Zerstreuung des Volkes.«
(W. P., Die Zerstreuung des Volkes Israel, Heilbronn 1887, S. 14)

Ph. Häuser, 1922:
»Trotz Moses, trotz der Propheten ist nach Paulus das Judenvolk ein verfluchtes Volk. Und das war es auch in der Tat, und das ist es noch heute.«
(Hermann Greive, Theologie und Ideologie, Heidelberg 1969, S. 54)

H. Lang, 1922:
»Das alttestamentliche Judentum ist und bleibt demnach für uns das zum Zeugnis für den einen Gott eigens berufene Volk; das talmudische Judentum erst erweist sich als ein zum Zeugnisgeben unbrauchbar gewordenes und darum verworfenes Volk.«
(Hermann Greive, a.a.O., S. 54)

Franz Leenhardt, Genf, 1929:
»Das Volk, das seine Erfüllung in dem von ihm erwarteten Messias finden sollte, hat diesen Messias abgelehnt; und darum ist es nun von da an zerschlagen, zerstreut, verworfen von den Menschen, und wenn man es mit den Augen des Glaubens ansieht, auch verworfen von Gott selbst.«
(Jules Isaac, L'enseignement du mépris, Paris 1962, S. 41 f.)

Hugo Fleming, o. J. (um 1933):
»Sie (die Juden) *kreuzigten den gottgesandten Messias!* Nun liegt der Fluch wieder wie eine schwangere Gewitterwolke über Israel. Ihr Unheil entladet sich in der *Zerstörung Jerusalems durch Roms eiserne Faust* im Jahr 70 n. Chr. Weit über die Hälfte des Volkes wird vernichtet, der ›Rest ins Grab der Nationen‹ (Hesekiel 37, 12) versprengt. Israel hat aufgehört, ein Volk zu sein. Der Fluch Gottes hat sich ausgewirkt . . .
Wir stellen noch einmal fest: Israels Vorrangstellung vor allen Völkern der Erde beruht nicht auf der eigenen ethischen Vorzüglichkeit, sondern lediglich auf Gottes Gnadenwahl. Dieser Vorrangstellung aber ist Israel durch seinen Ungehorsam verlustig gegangen. Was Wunder, wenn es nun, aus der Gnade Gottes herausgefallen, ein Fluch für die Welt geworden ist?«
(H. F., Gottesvolk oder Satansvolk?, Schwerin o. J., S. 30, 31 f.)

Deutsche Christen, 1935:
»Die ›Stadtmission‹, das Organ der Berliner Stadtmission, hat sich veranlaßt gefühlt, Ausführungen über das Judentum zu machen, in denen im Geiste des alten Kirchensystems und der Bekenntnisfront das jüdische Volk als das auserwählte Volk gepriesen wird. Aus dem ›Völkischen Beobachter‹ erfahren wir folgende Sätze:
›Gott spart dies Volk (die Juden) auf für eine letzte weltgeschichtliche große Tat. Im Ofen der Leiden geläutert – und wer weiß, durch welch blutige Qualen der Antisemitismus dies Volk noch hetzen wird! – wird es reif zur Bekehrung. Und wenn dies unter dem Fluch stehende Volk noch so viel Fähigkeit hat, wie fabelhaft muß sein Segen für die Welt sein, wenn es wieder von Gott in Gnaden aufgenommen sein wird! Und der Tag kommt einmal. Da es Jesum kreuzigte, kam es unter den Fluch des Gerichts, ein Greuel für alle Völker. Wenn es Jesum annehmen wird, gibt es eine Gnadenzeit ohne Ende, ein Segensquell für die ganze Welt!‹
Wir Deutschen Christen erklären, daß

wir von dieser Auffassung radikal abrücken. Wir bedauern es auf das lebhafteste, daß in dieser Form Propaganda für das Judentum gemacht wird. Es tritt hier wieder einmal in Erscheinung, daß in christlich verbrämter Form nicht nur die Belange der nationalsozialistischen Weltanschauung, sondern auch des gesamten deutschen Volkes angegriffen werden.
Aus innerer Glaubensüberzeugung heraus müssen wir eine solche Darstellung des Christentums (!) nicht nur als Deutsche, sondern auch als Christen ablehnen. Christus selbst hat in einem heiligen Kampf gegen das Judentum gestanden. Die Wahrheit, die er von Gott her uns Menschen brachte, war nicht Vollendung, sondern Gegensatz zum Judentum. Es ist die große Sünde der kirchlichen Vergangenheit und der Bekenntnisfront von heute, daß, obwohl das Christentum in geistiger Hinsicht Gegensatz zum Judentum bedeutet, immer so getan wird, als ob das Christentum noch eine jüdische Angelegenheit sei.«
(Kurt Meier, Kirche und Judentum, Göttingen 1968, S. 97 f.)

United Church of Christ, USA, 1940:
»St. Paulus entdeckte im Antisemitismus einen Stolz, der zurückgewiesen werden mußte. ›Ihr verdankt euere Stellung dem Glauben.‹ Dies bedeutet: Es geht hier nicht um etwas, worauf wir ein Besitzrecht geltend machen könnten, was wir für uns angemessen halten dürften und auch nicht um irgendeine Art uns innewohnender Überlegenheit. Glaube ist Gabe Gottes. Gott hat Israel nicht verstoßen. Sie sind noch geliebt. Antisemitismus ist nicht nur eine Form menschlichen Stolzes; er ist Verwerfung des ausdrücklichen Willens Gottes.«
(Johan M. Snoek, The Grey Book, Assen [Holland] 1969, S. 258)

Theophil Wurm, Landesbischof, Dezember 1943, Stuttgart:
»... Das Leben aller Menschen gehört Gott allein. Es ist ihm heilig, auch das Leben des Volkes Israel. Gewiß hat Israel den Christus Gottes verworfen, aber nicht wir Menschen oder gar wir Christen sind gerufen, Israels Unglauben zu strafen.«
(Evangelische Kirche und Judenfrage, Genf 1945, S. 195)

Student eines presbyterianischen Seminars, 1944:
»›Die Schrift, eure eigene Bibel, prophezeit, daß Israel und die Welt durch die Wiederkunft so lange nicht erlöst werden, wie die Juden nicht zu ihrem Herrn zurückkehren. Hitler hat den göttlichen Auftrag, auch mit der Zuchtrute zu ihm zurückzuführen.‹
Wie betäubt stand ich lautlos auf und hielt mich am Schreibtisch fest. ›Wollen Sie mir erzählen, es sei Gottes Wille, daß Kinder in die Luft geschmissen und abgeknallt werden, weil ihre Vorfahren vor neunzehn Jahrhunderten Jesus nicht als ihren Messias anerkannten?‹
›Nun, sie würden heute noch leben, wenn ...‹
Da brachen in mir die Deiche. ›Raus hier!‹«
(Abraham L. Feinberg, Christuskiller – Trauma meines Lebens, München 1969, S. 109 f.)

Schwalbacher Thesen, 1950:
»These IX: Die einzige Stelle des Neuen Testaments, wo das Wort ›Verwerfung‹ für das Schicksal der Juden gebraucht, ihr aber sofort die künftige ›Herzunahme‹ des Alten Bundesvolkes zum Neuen und Ewigen gegenübergestellt wird (Röm. 11, 15) ist für die richtig einordnende Auslegung aller neutestamentlichen Verwerfungsaussagen maßgebend. Es ist offenbarungswidrig, von dem gesamtbiblischen Doppelurteil nur die eine – vorübergehend gültige – Hälfte zu verkündigen, ohne gleichzeitig deren aufhebende Überwindung durch die andre – endgültige – zu erwähnen. Daß der Juden Ja zu Jesus als das letzte Wort ihrer Geschichte von Gott verheißen ist und daß diese Verheißung sein Ja zu den Juden verbürgt, das muß auch stets das letzte Wort christlicher Verkündigung von den Juden sein.«
(Hans Kallenbach, Hrsg.: Die Juden und wir Christen, Frankfurt/Main 1950, S. 65)

Wilhelm Beck, Langensteinbach, 1961:
»Und weil leider die Juden in Unbußfertigkeit sich von Gott abwandten, hat der Feind die Gelegenheit bekommen, durch ihre eigene Schuld sie zu verderben und das Volk der Juden, das ein Segensvolk sein soll für die Nationenwelt in einer besonderen Weise, zu einem Fluch für die Nationen zu machen (Sach. 8, 13) . . .«
(W. B., Das auserwählte Gottesvolk, Langensteinbach 1961, S. 13)

Ernst Ludwig Ehrlich, Basel, 1961:
»Wenn nämlich, nach der Meinung des Paulus, die Verheißung an Israel unverrückt weiterbesteht, nicht dahinfallen kann, sondern nun auch den ehemaligen Heiden in der ›Kirche aus Juden und Heiden‹ gilt, dann wird jene jahrhundertealte und so überaus gefährliche Fehlinterpretation nichtig, Israel sei auf ewig verworfen. Die Verheißung für das alte Bundesvolk gilt weiter und ist auch nicht mit der Entstehung der Kirche aufgehoben worden, Israel ist also auch für das Christentum nicht bedeutungslos geworden. Gott hat sein Volk Israel nicht aufgegeben, nie hat er seine Liebe zu seinem Volke zurückgenommen. Wie könnte selbst ein Apostel oder eine Kirche die Verheißungen aus Israel fortnehmen?«
(E. L. E., Begegnung statt Bekehrung, in: Hans Jürgen Schultz, Hrsg.: Juden, Christen, Deutsche; Stuttgart 1961, S. 271 f.)

Papst Johannes XXIII. (kurz vor seinem Tod am 3. 6. 1963), Gebet:
»Wir erkennen nun, daß viele, viele Jahrhunderte der Blindheit unsere Augen bedeckt haben, so daß wir die Schönheit Seines auserwählten Volkes nicht mehr sehen und in seinem Gesicht nicht mehr die Züge unseres erstgeborenen Bruders wiedererkennen. Wir erkennen, daß das Kainszeichen auf unserer Stirn steht. Jahrhundertelang hat Abel darniedergelegen in Blut und Tränen, weil wir Deine Liebe vergaßen. Vergib uns die Verfluchung, die wir zu Unrecht aussprachen über den Namen der Juden. Vergib uns, daß wir Dich in ihrem Fleische zum zweitenmal kreuzigten. Denn wir wußten nicht, was wir taten.«
(Allgemeine Wochenzeitung der Juden, Düsseldorf, 30. 9. 1966, S. 7)

Erklärung von Niederaltaich, 1963:
»Bis heute haben die Juden – einzelne ausgenommen – Jesus Christus noch nicht als Messias und Gottes Sohn erkannt, aber trotzdem liebt Gott sein einmal erwähltes Volk. Er hat seine Verheißungen nicht zurückgenommen und sein Volk nicht verstoßen. Israel ist zwar jetzt vom Gottesvolk des Neuen Bundes getrennt, aber nicht verworfen, sondern auf die Seite gestellt, damit die Völker – dazu gehören auch wir – in die Kirche eintreten können.«
(In: Una Sancta, Meitingen/Augsburg 1963, S. 203)

Bernhard E. Olson, 1963:
»Haben wir das Recht, unter den Juden das besonders verfluchte Volk zu verstehen, das Christus ermordete? Dies ist oft die Einstellung der Kirche gewesen, diese Behauptung wurde dazu verwandt, um die Verfolgung der Juden zu rechtfertigen. Man muß den Punkt unterstreichen, daß der christliche Glaube seinen Mittelpunkt im Kreuz hat, durch das Gott über jeden Aufruhr und alle Ungöttlichkeit der Menschen triumphiert. Der Unterschied zwischen Christen und Juden besteht nicht zwischen Unschuldigen und Schuldigen, sondern zwischen Menschen, die in der gleichen Weise durch das Kreuz angeklagt sind. Dies tun wir natürlicherweise Gott an . . . Wir dürfen die Juden nicht wegen ihrer Ablehnung Christi verdammen, wenn wir selbst ihn so oft zurückweisen und gegen ihn sündigen.«
(B. E. O., Faith and prejudice, New Haven und London 1963, S. 233)

Luigi Carli, Segni, 1965:
»Sowohl aus textlichen Gründen wie aus Gründen der Autorität scheint mir vorläufig die These, daß der Judaismus als des Gottesmordes schuldig und in den oben erwähnten Grenzen als von Gott verworfen und verflucht angesehen wer-

den müsse, mit Recht vertreten werden zu können. Daher halte ich ein Verbot des Konzils mit der Tendenz, die freie Diskussion des Problems in einem oder anderem Sinn abzuschneiden, für inopportun.«
(L. C., Die Judenfrage vor dem Zweiten Vatikanischen Konzil, in: Freiburger Rundbrief Nr. 61–64, Freiburg 1965, S. 37)

Heinz Kremers, 1965:
»Die Behauptung, daß Gott Israel verstoßen habe, so daß es nicht mehr Gottes Volk sei, wird zum christlichen Allgemeingut. Israel wird schon bald als gefährliche gottlose Sekte und als Synagoge des Satans apostrophiert.«
(H. K., Das Verhältnis der Kirche zu Israel, Düsseldorf 1965, S. 13)

Abraham L. Feinberg, 1969:
»Ein katholischer Kunde meines Vaters, dem ich einen Schirm ablieferte, zeigte mir eine Passage aus Bischof Gilmours Biblischer Geschichte, die er in der Schule seines Sprengels studiert hatte: ›Der ermordete Abel ist eine Gestalt Jesu Christi, indes Kain die Gestalt des Verräters Judas und des jüdischen Volkes ist, das unserem Erlöser den Tod gebracht ... Als Strafe für ihre Sünden, da sie (die Juden) IHN verstoßen haben, sind sie heute heimatlose Wanderer auf Erden und werden es sein bis an das Ende der Zeiten ...‹
Seit den frühesten Stadien dieser Theologie lief die Beherrschung Europas durch das Christentum mit dem Verhöhnen Israels synchron. Zunächst erhob der neue Glaube Anspruch auf die hebräischen Schriften und interpretierte sie als Vorboten Jesu; dann belegte er den Platz Israels als den Empfänger der Verheißung Gottes mit Erstkaufsrecht. Von nun an hatten die Mißgeschicke des Juden sein Verstoßensein zu beweisen, und sein fortgesetztes Existieren die Wahrheit des christlichen Dogmas. Dieses fluchbeladene Volk war eine abseitige, fremdartige Sekte gewesen, die unter heidnischem Widerwillen schwer zu kämpfen hatte; es wurde zu einer Kaste selbstexkommunizierter Parias, die der Wahrheit den Rücken gekehrt und die die Wohnstatt Gottes eigenwillig verlassen hatten! In der Sicht der Kirche war das Judentum nicht etwa eine andere Religion; es war eine eigenwillige Verzerrung und folglich etwas Ausgestoßenes.«
(A. L. F., Christuskiller – Trauma meines Lebens, München 1969, S. 196, 201)

Johan Hendrik Grolle, 1969:
»Diese Frage (Ist es nun vorbei mit der Auserwählung?) kann auf zweierlei Art gelöst werden: Erstens: Gott hat das Volk Israel verstoßen und verworfen, und die Juden sind abgetan. Wenn Heiden-Christen dieses Ärgernis des Apostels ebenfalls in sich spüren, dann sagen sie: Das Dasein der Juden treibt uns in die Enge – gut. Wir lösen das Problem ganz einfach, indem wir behaupten, daß es die Juden nicht mehr gibt. Hier handelt es sich um die Theorie der Ablösung Israels durch die Heiden. Wir, die christliche Kirche, sind das neue, das wahre, das geistliche Israel. Doch ich warne vor dieser Anmaßung, denn im gesamten ›Neuen Testament‹ wird die Kirche weder das wahre, das neue, noch das geistliche Leben Israel genannt. Es hat vielleicht manchmal den Anschein, als schwebte Paulus ein solcher Ausdruck auf den Lippen; er hat ihn aber nie ausgesprochen ...
Ja, in Rom hat die Behauptung, die Kirche sei Ersatz für Israel, ihren Ursprung. Wir können es im 11. Kapitel des Römerbriefs nachlesen. Paulus befand sich damals in Korinth und war dort sehr beschäftigt. Doch als ihn der Bericht aus Rom, von der römischen Christengemeinde, erreichte, daß diese Lügenlehre ›Gott hat sein Volk verstoßen‹ die Gemeinde in Aufregung versetzt habe, ließ Paulus sofort alle andere Arbeit liegen und stehen und schrieb einen Brief, den Brief an die Römer. Der Brief verfolgte einzig und allein *den* Zweck, diese Lügenlehre zu widerlegen. Großen Erfolg hatte er damit nicht. Der gute Paulus hätte es ebensogut lassen können, denn die gesamte Kirche, die den Brief an die

Römer jahrhundertelang als den wichtigsten betrachtete, ja selbst die Reformation, der er als Ausgangspunkt diente, haben ausgerechnet ihn nicht verstanden. Dieses Mißverständnis durchzieht heute wie eine Vergiftung die ganze Kirchengeschichte bis auf den heutigen Tag, als ginge es um eine Geheimlehre – nicht nur bei den Pfarrern auf der Kanzel, sondern auch bei den Professoren auf der Universität ...
Auch der neue Bund ist ein Bund Gottes *mit dem Volk Israel.* Israel ist also nicht aus dem Bund verstoßen. Demnach hat die Kirche auch nicht Israels Platz eingenommen ...«
(J. H. G., Offene Fenster nach Jerusalem, Wuppertal 1969, S. 41 f. 42, 66)

Kurt Hruby, Paris, 1969:
»Der Plan Gottes ist schon auf Grund seiner Definition Fortschritt und Dynamismus; in ihm geschieht alles durch *Einordnung,* aber er kennt nicht den Begriff des *Andiestelletretens* (Substitution). Die zweite Phase der einzigartigen Offenbarung Gottes, gekennzeichnet durch die Ankunft und das Werk Christi, tritt nicht an die Stelle des ersten Bundes, sondern erfüllt diesen ...
Die Kirche ist auf Grund des ›neuen Gesetzes‹, das das ihrige, weil das Christi, ist, *nicht an die Stelle Israels getreten und hat auch das Gesetz Israels nicht abgeschafft* ...
Es ist in der Tat beachtenswert, *daß kein Dokument, das wirklich das Lehramt der Kirche verpflichtet, je die sogenannte ›Verwerfung‹ Israels zur Glaubenswahrheit erhoben hat.* Und wenn der Katechismus des Trienter Konzils das Opfer Christi am Kreuz zur Sprache bringt, dann erörtert er weder die historischen Umstände noch die ›Schuld des jüdischen Volkes‹ in aller Breite und Ausführlichkeit, sondern er begnügt sich mit der Erklärung, die in einer bemerkenswerten Nüchternheit geschieht, nämlich, daß *Christus für die Sünden aller Menschen gestorben ist.*«
(K. H., Existe-t-il une théologie d'Israël?, in: Lumière et Vie, Lyon 1969, Nr. 92, S. 75, 78)

D. Judant, Paris, o. J. (1969):
»Eine ganz genau herausgearbeitete und keine Ausnahme zulassende Leitlinie beherrscht ihr Denken (das der Kirchenväter): die Kirche ist allein das Volk Gottes; das untreue Israel ist dieses Volk Gottes nicht mehr. Hier gibt es im Blick auf die Deutung der Heiligen Schrift einen ›einmütigen Consensus‹.«
(D. J., Judaisme et Christianisme, Paris o. J. [wahrscheinlich 1969], S. 289)

Fritz Paepcke, Heidelberg, 1969:
»Wir nehmen dazu eine Stelle aus dem Römerbrief (11, 15), wo es um die Spannung von Ausklammerung und Einbeziehung der Juden geht. Paulus schreibt an die Römer, Gott habe trotz der Annahme der Heiden das jüdische Volk nicht verstoßen. Vielmehr sollte Israels Fall der Rettung der Heiden dienen. Dann fährt der Text fort, daß die *katallagé* der Welt als Versöhnung der Menschen mit Gott an die *apobolé* als Zurückstehen der Juden gekoppelt ist.
In der Übersetzung dieser Stelle, die eine Aussage über die Solidarität von Juden und Heiden macht, lassen sich zwei deutlich voneinander unterschiedene Versionen erkennen. Die eine sieht in *apobolé* den Begriff der Ausklammerung oder *Verfluchung.* Bei Luther heißt es, daß ›die *Verwerfung* der Juden der Welt Versöhnung‹ ist, die New English Bible übersetzt *rejection;* die Ausgabe von Segond (1959) sagt *rejet.* Diese Übersetzer haben das im griechischen Text Vorgefundene extrem interpretiert, indem sie das spätere Verständnis der Verwerfung der Juden in das neutestamentliche Textverständnis zurückverlegt haben. Wenn nämlich Israels Schuld als *Verwerfung* verstanden wird, so widerspricht der Text des Paulus, dessen zentrale Thematik in dem Gegensatz von Ablehnung und Annahme der Juden durch Gott liegt, einer derart provokativen Auslegung der biblischen Situation. Wer den Text mit dem Verständnis der *Verwerfung* befragt, legt den Grund für einen Antisemitismus, der die Juden aus dem unentwirrbaren Zusammenhang mit den Hei-

den herausreißt und sie zum degradierten Volk der Heilsgeschichte macht.
Die antisemitische Auslegung der Textstelle ist die einseitige Verdeutlichung eines mehrsinnigen Wortes wie *apobolé*. Nun macht es jedoch die lateinische Übersetzung des Hieronymus möglich, den Begriff neu zu sehen. An den beiden Stellen (Apg. 27, 22; Röm. 11, 15), an denen er im Neuen Testament erscheint, wird er in der lateinischen Vulgata-Übersetzung durch die Verwendung von *amissio* parallelisiert. *Amissio* heißt *Verlieren, Verlust, Wegsein*. Im ersten Fall (Apg. 27, 22) entspricht *amissio* der griechischen Vorlage; in der Übersetzung der Stelle aus dem Römerbrief (11, 15) ist dagegen *amissio* eindeutig ein Fehler. Absolut gesehen kann ja ein Begriff seiner Wortgestalt nach dasselbe bleiben und doch in seinem Verständnis von grundsätzlicher Verschiedenheit sein. Entscheidend für die Bestimmung der Bedeutung ist daher nicht das, was das Wort im absoluten Sinn bedeutet, sondern was es in seinen Relationen zum Kontext in der Sicht des allgemeinen Sprachverständnisses meint. Nicht *amissio*, sondern *repudiatio* gibt die Meinung des Verfassers wieder; *repudiatio* heißt *Zurückweisung, Ablehnung*, aber auch *Verstoßung*. In dieser doppelten Ausrichtung des Begriffs liegt vermutlich der Ansatz für die polemische Überspitzung des Wortes, die dem biblischen Verständnis widerspricht.
Die exklusive Deutung der Stelle als *Verwerfung* oder *Verstoßung* der Juden erweist sich als Einengung des Textes auf die Intoleranz eines im 4. Jahrhundert vorhandenen Antisemitismus. Ein Vergleich von *apobolé* mit *repudiatio* könnte die Gefahr einer solchen Ideologisierung bewußt machen und zugleich deren Überwindung anbahnen. Damit beginnt die zweite Variantenkette. Karl Barth sagt in seinem Kommentar zum Römerbrief (1921[2]), daß ›die *Wegwerfung* der Juden die Versöhnung der Welt‹ war, die Bible de Jérusalem (1956) sowie der Text der Ökumenischen Übersetzung (1967) zeigen an der fraglichen Stelle *mise à l'écart*. So läuft neben der Version *Verwerfung* die andere Variantenkette, die auch von *apobolé* herkommt, die Mehrsinnigkeit dieses Begriffs indes durch die Bedeutung *Ablehnung* einengt, mit *Wegwerfung* bei Karl Barth ein neues Verständnis einleitet, ihn durch *mise à l'écart* verdeutlicht und damit zu der Übersetzung *Zurückweisung* führt.
Der Respekt vor dem Gesamttext des Römerbriefes läßt nicht zu, daß eine spätere antisemitische Intention in den ursprünglichen Wortlaut zurückverlegt wird, so daß der dem Text unterschobene Sinn von Israels Verwerfung mit dem Abbruch der jüdischen Heilsgeschichte den ursprünglichen Text verfälscht. Wenn man den paulinischen Wortlaut aus dem 1. Jahrhundert heute zum Sprechen bringen will, bietet sich eine Übersetzung an wie ›die *Zurückweisung* der Juden war eine Versöhnung für die Welt‹. Mit einer solchen Übersetzung wird das innere Bild des Textes in modernem Deutsch wieder zurückgewonnen. Dazu muß der Übersetzer ein einprägsames Wort wählen, das die Sprache mühelos hergibt (im Gegensatz zur *Wegwerfung* bei Karl Barth) und das geeignet ist, die Wendung des Textes in dem Sinn wiederzugeben, der in ihm verschlossen liegt, und nicht etwa das, was ein späteres Verständnis nachträglich in den Text hineingetragen hat.«
(Fritz Paepcke, Übersetzen als Dialog, in: Kontexte, Band 5, Hrsg.: Hans Jürgen Schultz, Stuttgart 1969, S. 102 f.)

Roland de Pury, 1969:
»Der Antisemitismus ist also nicht ein Mangel, ein Irrtum oder ein Fehler der Kirche; er ist ihr Selbstmord, ein Schlußpunkt. Eine antisemitische Kirche ist eine antichristliche Kirche.
Es handelt sich um einen Selbstmord in des Wortes umfassender Bedeutung: Wer Israel verwirft, der verwirft den Gott Israels, der immer mit seinem Volke solidarisch bleibt. Das Verwerfen Israels ist ein Akt von Atheismus oder Götzendienst. Aber es geht hier auch noch um einen Selbstmord in einem mehr besonderen und spezifisch christlichen Sinn. Wer den Juden den Tod Jesu zurechnet,

der muß sich zwangsläufig gegenüber diesem Tod rechtfertigen und sich die Hände in dem Waschbecken des Pilatus waschen. Wer dies tut, vergißt, daß, wenn schon eine jüdische Schuld existiert, es genau um *unsere* Schuld geht; denn die Juden vertreten *uns* und wir haben nur auf dem Weg über die Juden Zugang zur Schuld und zur Vergebung.«
(R. d. P., Israël vu par un chrétien de France, un point de vue protestant; in: Renconctre, Nr. 12, Paris 1969, S. 184)

---

2. Eine verhängnisvolle Rolle spielte bei dieser Behauptung einer angeblichen Verwerfung das unheilvolle Mißverständnis von Matthäus 27, 25: »Sein Blut komme über uns und unsere Kinder!«

Hebräer 12, 24:
»(Ihr seid gekommen) zu dem Mittler des neuen Testaments, Jesu, und zu dem Blut der Besprengung, das da besser redet als Abels Blut.«

Wilhelm Pressel, 1887:
»Bei den Judenverfolgungen war es insbesondere ein Mißverständnis, welches immer wieder seine traurige Wirkung ausübte, das Mißverständnis des Wortes: ›Sein Blut komme über uns und unsere Kinder!‹ (Matth. 27). Daß die wütenden Volkshaufen in Jerusalem das schreckliche Wort ausstießen, war doch nicht die Schuld der Millionen Israeliten, welche gar nicht zugegen waren, im Morgen- und im Abendland; jene Volkshaufen haben es ausgestoßen und der Fluch, welchen sie damit auf sich geladen hatten, erfüllte sich an ihnen 37 Jahre später in augenscheinlicher und furchtbarer Weise mit der Belagerung von Stadt und Tempel. Die geringste Unterscheidungsgabe hätte es unmöglich machen sollen, aus jenem Wort eine Berechtigung, ja sogar Verpflichtung zum Verfolgen der jüdischen Nebenmenschen abzuleiten.«
(W. P., Die Zerstreuung des Volkes Israel, Heilbronn 1887, S. 13 f.)

Hans Blüher, 1931:
»Die *Messiasverfehlung* und die Kreuzigung des Herrn sind diejenigen Ereignisse in der reinen Geschichtsebene des Judentums, durch die das alte Israel zum Ewigen Juden gemacht wurde, dem alle Versuche, festen Boden unter die Füße zu bekommen, mißlingen müssen. Es ist das einzige Beispiel der Geschichte – und es *kann* ja nur eines geben! – daß eine Tat, allerdings von ungeheuerem Ausmaß, sich an einem ganzen Volk rächt ›bis in tausend Glied‹. Aber dieses Volk hatte sich ja durch Ehegesetze zur religiösen Einheit gemacht und damit Gott gewissermaßen an eine bestimmte irdische Substanz gebunden ... Irrte sich dieses Volk in der entscheidenden Stunde, so mußte es sich in seiner eigenen Stärke fangen und in die selbstgelegte Fußangel (skandalon) treten. Aus dem gewollten Segen wurde ein Fluch, der nun seine vorgezeichnete Bahn fand und sich wie durch eine substanziell gesicherte Leitung ausbreitete. Das Judentum ist mit dem Bilde des Gekreuzigten niemals fertig geworden. Das ›Ärgernis des Kreuzes‹ ist in seine religiös rassische Substanz eingedrückt wie ein Mal. Es ist die Umkehrung von der Vergebung der Sünde, was hier vorliegt. Das Judentum reagiert auf das Ärgernis des Kreuzes; und wie gestaltschwach auch das Kreuz in der Waltung der Moderne geworden sein mag: *es selber* hat seine volle Gewalt behalten, das reine Ereignis ist vollkommen frisch wie am Tage der Kreuzigung selber.
Man kann die Wirkung des Fluches auf Juda, wenn man aufmerksam ist, noch heute im täglichen Leben beobachten. Ich hörte einmal in Berlin die Matthäus-Passion. Der Dirigent war Jude, das Publikum, versteht sich, stark jüdisch durchmischt. Da kam jene Wendung, an der Pilatus die Juden vor die Frage stellt, welchen von beiden Gefangenen sie freihaben wollten, und die Juden fanatisch rufen: ›Barrabam!‹ Ich war noch ganz in den musikalischen Eindruck vertieft, als meine Frau, die neben mir saß, mich anstieß und fragte, ob ich nichts gemerkt hätte ...? Ich sagte nein. Da erfuhr ich

denn und konnte es sofort am Text feststellen, daß der jüdische Dirigent die berühmten Worte ausgelassen hatte: ›*Sein Blut komme über uns und unsere Kinder!*‹ Diese Worte, mit denen sich die Juden spontan selbst verflucht haben und welche wie keine sonst in ihre Urgeschichte eingedrungen sind: diese Worte wurden unterdrückt, um das jüdische Publikum zu schonen ...
Wir reden natürlich nicht davon, daß einzelne Juden, die in der Gnade stehen, und die diese Gnade meinetwegen die Gnade Abrahams nennen mögen, sich von dem Fluch befreien. Die Judenfrage ist keine persönliche Frage. Sondern wir reden von dem, was in einem Volk Blut und Schicksal ist und das in seinen Kindern wieder ausbrechen wird. Wer also glaubt, jenen Fluch Gottes zu seinen Gunsten ausnutzen zu dürfen, indem er ihn menschlich wiederholt, der verfällt unweigerlich der Metastase dieses Fluches.«
(H. B., Die Erhebung Israels gegen die christlichen Güter, Hamburg 1931, S. 126 f., 128 f.)

Jeanne Ancelet-Hustache, 1933:
»Umfaßt das Gebet Christi sie (die Juden) nicht zugleich mit den römischen Soldaten, das Gebet: ›Vater vergib ihnen; denn sie wissen nicht, was sie tun‹? Gegen diese Worte der Sanftmut und der Liebe kann die Wut der Menschen nicht die Oberhand gewinnen. Nach unserem Meister erinnern wir uns daran, daß der Papst für sie eingetreten ist, und bitten für die Juden als unsere Brüder. Möchte doch der jüngst zum Ausdruck gebrachte Wunsch, das Blut dieses Gerechten möge doch auf ihre Kinder kommen, sich endlich in seiner Fülle verwirklichen! Möge doch auf sie das die ganze Welt erlösende Blut Christi fallen, aber nur alle Zusagen der Erlösung und der Barmherzigkeit. Möge es doch auf sie fallen als wohltuender Tau, um die Gnadengaben und die Segnungen überschießen zu lassen. Ohne noch zu wissen, woher auf sie dieser Gunsterweis kommen wird – könnten sie doch die nötige Stärke erhalten, um diese Prüfung durchzustehen, deren Dauer Gott abkürzen möge.«
(Oscar de Férenzy, Les Juifs et nous Chrétiens, Paris 1935, S. 232 f.)

Adolf Hitler (1889–1945), Berlin, 1938:
»Dann sagte er (Adolf Hitler zu Hans Frank) in einer müden Abendstunde 1938 in der Reichskanzlei: ›In den Evangelien riefen die Juden dem Pilatus zu, als sich dieser weigerte, Jesus zu kreuzigen: ‚Sein Blut komme über uns und unsere Kinder!' Ich muß vielleicht diese Verfluchung vollstrecken!‹«
(Friedrich Heer, Der Glaube des Adolf Hitler, München 1968, S. 343)

Memorandum »Das Heil kommt von den Juden«, Schweiz, Oktober 1938:
»Wenn sie (die Menschen) meinen, sie müßten den ›Mord von Golgatha‹ an den Juden rächen, dann haben sie nicht gehört, daß das Blut Jesu besser redet denn das Abels (Hebr. 12, 24), indem es nämlich nicht nach Rache schreit, sondern um Vergebung für die Mörder fleht.«
(Vogt Paul, Hrsg.: Juden – Christen – Judenchristen, Zollikon 1939, S. 44)

F. Lovsky, Lons-le-Saunier, 1955:
»Die christliche Theologie lehrt nun, daß das Blut Christi zur Vergebung für die Sünder vergossen wurde. Das am Kreuz vergossene Blut ist ein Sakrament der Vergebung, die durch Gott in Jesus Christus gewährt wird. Man zögert, so grundlegende christliche Wahrheiten in Erinnerung zu rufen; aber bei erneutem Durchlesen solcher Stellen im Neuen Testament muß man sich ja mit Bestürzung fragen: Wie kann man hier jene zweite Deutung von Matthäus 27, 25 einführen? Wie kann man die aus dem Blut Christi hervorgegangene Verfluchung in Einklang bringen mit jener Erklärung des Paulus: ›Christus ist zu einer bestimmten Zeit für die Gottlosen gestorben ..., nachdem wir jetzt durch sein Blut gerechtfertigt sind, werden wir auch durch ihn von seinem Zorn gerettet‹ (Röm. 5, 6–9; vgl. Eph. 1, 8; Hebr. 9, 14; 1. Petr. 1, 2; 1. Joh. 1, 7 etc.)? Das Blut Christi rechtfertigt alle diejenigen, die an ihn

glauben; die Ungläubigen, die Rebellen, die Zweifler werden nicht gerechtfertigt. Sind sie deshalb ›verflucht‹? Oder noch genauer gefragt: Zieht das Fehlen der Rechtfertigung, *insbesondere für die Juden*, eine Verfluchung nach sich?«
(F. L., Antisémitisme et mystère d'Israël, Paris 1955, S. 447)

These 4 der Erklärung von Bergneustadt, 1960: → Religionsunterricht.

Rudolf Pfisterer, Schwäb. Hall, 1961:
»Mit Recht ist deshalb dieser mißverstandenen Stelle von zwei Seiten ›auf den Leib gerückt‹ worden. Einmal wurde betont, daß dieser Ruf der vor dem Richthause des Pilatus versammelten Menge auf keinen Fall den Vorrang und das Übergewicht über die von Jesus für alle seine Widersacher ausgesprochene Fürbitte gewinnen dürfe. Sodann muß man darauf hinweisen, daß die Juden ja das Blut Jesu auf sich herabgerufen haben. Nur durch eine unrichtige Identifizierung zwischen dem Blut Abels, das nach Vergeltung ruft, und dem Blut Christi, das die Vergebung bringt, konnte hier der Gedanke einer für immer geltenden Selbstverfluchung der Juden entstehen; aber selbst dabei hätte bedacht werden müssen, daß eine von unserer Seite ausgesprochene Verwünschung ja nicht automatisch die Ratifizierung durch den lebendigen Gott nach sich zieht, es sei denn, daß man sich sein Handeln als einen automatisch ablaufenden Mechanismus vorstellt.«
(R. Pf., »... sein Blut komme über uns ...« – Antijudaismus im Neuen Testament?, in: Wolf Dieter Marsch und Karl Thieme, Hrsg.: Christen und Juden, Mainz und Göttingen 1961, S. 34)

Paul Taine, 1962:
»Einst sagte mir ein Pfarrer: ›Ist es nicht erschütternd, wie dieser Fluch der Juden: ‚Sein Blut komme über uns und unsere Kinder' in Erfüllung gegangen ist?‹ So konnte ein Mann sprechen, der jahrelang Theologie studiert hatte! Ich fragte ihn, wie denn dieser Fluch jemals in Erfüllung gehen könnte. Hat denn nicht der Heiland selbst am Kreuze gebetet: Vater vergib ihnen, denn sie wissen nicht, was sie tun?«
(Paul Taine, Lazarus komm heraus!, Bremen 1962, S. 51)

Gregory Baum, Toronto, 1963:
»Einer Stelle müssen wir, als eine Art Nachtrag, einen eigenen Abschnitt widmen. Zwar ist die Stelle an sich nicht sehr bezeichnend, nur die Bedeutung ist wichtig, die ihr im Laufe der Jahrhunderte unzählige Autoren und Prediger beigelegt haben. Als Pilatus, so heißt es im Evangelium, angesichts der vor ihm versammelten Volksmasse erklärte, er sei an der ungerechten Verurteilung Jesu unschuldig, antwortete das ganze Volk: ›Sein Blut komme über uns und unsere Kinder‹ (Matth. 27, 25).
Es ist traurig und furchtbar, die Kommentare und Auslegungen durchzulesen, die sich über diesen Satz hergemacht haben, und wollte man alle giftigsten Meinungen zusammenfassen, würde daraus eine wahre Haßschriftensammlung entstehen. Sogar große Autoren der Kirche, ja sogar gewisse Heilige haben sich zu den gehässigsten Erklärungen hinreißen lassen, wenn sie, ohne weiter zu überlegen, über die Antwort sprachen, die das Volk dem Pilatus gab. Bossuet, dessen Einfluß so weitreichend war, rief von seiner Kanzel herab: ›Ich höre, wie die Juden schreien: Sein Blut komme über uns und unsere Kinder. Dorthin kommt es auch, du verfluchte Rasse. Du wirst mehr als erhört werden, denn dieses Blut wird dich bis zu deinen letzten Nachkommen verfolgen, bis der Herr, seiner Rache müde, am Ende der Welt deiner elenden Überreste gedenken wird.‹ Das ist nicht mehr die Stimme des Propheten, der sein Volk anklagt, und zugleich um Verzeihung für dieses Volk betet; es ist auch nicht die Stimme des Theologen, der die Worte der Heiligen Schrift wägt, um sie in ihrer vollen Bedeutung zu erfassen. Die Eingebung, die diese merkwürdige Bibelauslegung veranlaßt hat, entspringt einer anderen Quelle. In ihr verborgen liegt ein heidnischer, ein unerlöster Haß, und eine Ge-

sinnung, die weder mit dem Evangelium noch mit dem Christentum etwas gemein hat.
Prediger und Autoren haben sich auf Grund der Kommentare zu Matthäus 27, 25 in Betrachtungen ergangen, wie verworfen das jüdische Volk sei, wie der selbst herabbeschworene Fluch auf ihm laste und welche Formen die göttliche Rache nehmen werde. Bossuet verkündet weiter von seiner Kanzel: ›Dem geheimen Ratschluß zufolge existieren die Juden noch als Vertriebene und Gefangene unter den Völkern; aber sie tragen die Merkmale ihrer Verwerfung, sie sind offensichtlich herabgekommen; verbannt aus dem verheißenen Land, besitzen sie kein Ackerland, sind sie versklavt, entehrt und unfrei, wo immer sie hinkommen, und man sieht ihnen nicht mehr an, daß sie ein Volk sind.‹ Dann heißt es weiter: ›Gott erhält die Juden am Leben, um ein dauerndes Exempel seiner Rache zu statuieren.‹ Leider bildet diese Stelle keine Ausnahme, denn christliche Schriften sind voll von Erwägungen über die göttliche Verfluchung des jüdischen Volkes, seine Verwerfung am Ende der Welt und darüber, wie Gott sich immer wieder und in neuer Weise an ihnen rächen wird.
Die oben erwähnte Stelle aus Bossuet steht mit der Heiligen Schrift nicht im Einklang, denn wir lesen nirgends im Neuen Testament, keinesfalls bei Matthäus, daß Israel verworfen worden ist. Paulus sagt ausdrücklich, daß Gott sein Volk nicht verworfen hat. (vgl. Röm. 11, 2) ...
Deshalb können wir den Schluß ziehen, daß Matthäus den Satz ›Sein Blut komme über uns und unsere Kinder‹ nicht als Prophezeiung ansieht, daß er aber damit auf einen prophetischen Ausspruch Jesu anspielt, der den Untergang der Heiligen Stadt voraussagt. Die Volksmenge bekannte sich mit diesem Schrei dazu, daß Jesus in ihren Augen schuldig sei und den Tod verdiene, aber der Evangelist erkannte daraus, daß dieses törichte und haltlose Nachgeben des Volkes das letzte Glied in der Kette der Treulosigkeiten war, die sich Jerusalem hatte zuschulden kommen lassen. Zwar werden die Volksscharen bestraft werden, ihre heilige Stadt wird zerstört werden, aber in diese oder eine andere Stelle bei Matthäus die Lehre hineinzulesen, daß eine solche Strafe von langer Dauer sein wird, das wäre unberechtigt, irrig und ungerecht!«
(G. B., Das Evangelium und die Juden, Einsiedeln [Schweiz] 1963, S. 101–103, 108)

Paul Beauchamp, 1964:
»Gewiß geht die Schuld von den Vätern nicht auf die Kinder über. Wenn die Schuldigen das Blut Christi über sich herabgerufen haben, so ist dieser ihr Schrei allein auf ihr Konto zu setzen; er verpflichtet weder Gott noch drückt er dessen Gedanken aus. Eine gewisse Solidarität eines Volkes mit der Gesamtheit seiner Geschichte gehört wohl zu den Faktoren, die ein Volk ausmachen; dies gilt im Blick auf die guten und bösen Eigenschaften von den Juden, den Deutschen und den Franzosen. Aber dies darf auf keinen Fall mit der Schuld eines ganzen Volkes verwechselt werden; es gibt kein ›gottesmörderisches‹ Volk.«
(P. B., L'église et le peuple juif, in: Études, Paris 1964, S. 257)

Ludwig Gengnagel, 1964:
»Die Unschuldsbeteuerung, die auch Pilatus mit dem Waschen seiner Hände verbindet, beantwortet aber die erregte Menge mit einer schauerlichen Selbstverfluchung ... Sie hat sich nachher in unvorstellbarer Weise erfüllt. Das unschuldig vergossene Blut des Messias ist über das Volk schon wenige Jahrzehnte nach jenem Karfreitag gekommen und hat es heimatlos gemacht.«
(L. G., Mein Lehrauftrag im 4. Schuljahr, Stuttgart 1964, S. 309)

Wolfgang Seiferth, 1964:
»In einem Fenster der Kathedrale von Chalons-sur-Marne erscheint die Synagoge verhüllten Auges und mit den Marterwerkzeugen in der Hand im Halbmedaillon unter dem Kreuz, am Orte des Todes. Ein Schriftband zitiert den Fluch: Sanguis eius super nos et super filios

nostros (auf deutsch: Sein Blut komme über uns und unsere Kinder).«
(W. S., Synagoge und Kirche im Mittelalter, München 1964, S. 141)

Franz Mussner, Regensburg, 1965:
»A. Schlatter bemerkt zur Stelle (Matth. 27, 25): ›Die Formel *pas ho laós* (das ganze Volk) denkt nicht an eine Handlung der Gemeinde, sondern sammelt alle einzelnen, die am Vorgang beteiligt sind.‹ Das ist gut formuliert. Allerdings bemerkt er zum nachfolgenden Ruf des Volkes ›Sein Blut komme über uns und unsere Kinder‹: ›Die Verantwortlichkeit wird auf das kommende Geschlecht vererbt.‹ Nach P. *Gaechter* ist der Sinn dieses Rufes: ›Dieser ist nicht der Messias, sondern ein Verbrecher, der das Kreuz verdient hat, sonst wollen wir verdammt sein.‹ Dieser letzte Gedanke war darin enthalten, daß der Ausruf nicht an die Adresse des Pilatus, sondern auch an Gott selbst gerichtet war, kraft der sakralen Formel ... Theologisch bleibt allerdings fraglich, wieweit Gott diese Selbstverfluchung Israels ›zur Kenntnis genommen hat‹, wieweit nicht. Das letztere scheint mir wichtig zu sein. Wenn Jesus selbst am Kreuze gebetet hat: ›Vater, verzeihe ihnen, denn sie wissen nicht, was sie tun‹, dann darf man in der Tat annehmen, daß Gott von der Selbstverfluchung Israels keine Kenntnis genommen hat.«
(F. M., in: Freiburger Rundbrief, 1965, Nr. 61–64, S. 37)

Rudolf Pfisterer, Schwäb. Hall, 1968:
»Diese fatale Verknüpfung von angeblicher Alleinschuld der Juden an der Kreuzigung, der daraus sich ergebenden Verwerfung und den dadurch über sie hereinbrechenden Leiden bricht gerade in der Berufung auf diese mißverstandene Bibelstelle (Mt. 27, 25) immer wieder durch. Im Ulmer Einsatzkommandoprozeß (1958) fragte der Anklagevertreter einen Pfarrer, warum er denn zu den in seiner Gemeinde verübten Scheußlichkeiten geschwiegen habe; nach längerem Zögern gab dieser darauf die Antwort, er sei der Meinung gewesen, daß sich hier an den Juden die Selbstverwünschung erfülle, die sie durch ihren Schrei vor dem Richthaus des Pilatus über sich selbst ausgesprochen haben. Kann es wundernehmen, wenn diese Auffassung sich durch einen entsprechenden Religionsunterricht bei den Kindern festsetzt? So heißt es im Ergebnis einer 1961 veranstalteten Umfrage: ›Sind die Juden nicht bis heute verfolgt worden? Schon in der Bibel steht: ‚Sein Blut komme über euch und eure Kinder.' Für Hitler waren die Juden, kraß gesagt, schlechtes Unkraut, und deshalb mußten sie vernichtet werden!‹
Stimmt diese Auslegung dieser Schriftstelle, die beim letzten Zitat sogar Jesus selbst in den Mund gelegt wird? Nein. Einmal sollte man sich daran erinnern, daß das Blut Jesu Christi nach dem Zeugnis des Neuen Testamentes (vgl. 1. Joh. 1, 7 und 9) gerade nicht ein Zeichen des Zornes und der Verwerfung, sondern des Segens und der Rettung ist. Wir machen uns einer folgenschweren Verwechslung schuldig, wenn wir das Blut Jesu Christi gleichsetzen mit dem Blut Abels, der hier für alle erschlagenen Menschenbrüder stehen möge. Das Blut Abels schreit nach Vergeltung, das Blut Christi aber bringt die Versöhnung (vgl. Hebr. 12, 24). Ob dieses Angebot angenommen wird oder nicht, ändert am Friedenscharakter dieses Blutes Jesu Christi nichts. Dazu noch eine zweite Bemerkung: Jesus hat vor seinem Tode ausdrücklich für seine Henker gebetet (Lk. 23, 34). Wollte man diese Fürbitte nur auf die unter dem Kreuze stehenden römischen Soldaten beziehen, die Juden aber ausdrücklich davon ausklammern, so käme diese willkürliche Halbierung der Vergebung einer Gotteslästerung gleich.«
(R. Pf., Juden – Christen, getrennt – versöhnt, Gladbeck 1968², S. 13 f.)

F. Lovsky, Lons-le-Saunier, 1969:
»Die jahrhundertealte Deutung dieses Verses, die von seiten Gottes die stillschweigende Ratifizierung des Schreies der Menge voraussetzt, erscheint während der ersten vier oder fünf christ-

lichen Generationen in keiner der antijüdischen Schriften der Kirchenväter. Erst vom IV. Jahrhundert an begann man zu lehren, daß das Blut Jesu wegen des Schreies der Masse auf alle Juden als Züchtigung und Verfluchung gefallen sei. *Erst im IV. Jahrhundert!* Die seit dem IV. Jahrhundert fast einmütig sich darstellende Übereinstimmung ist kein Hinderungsgrund dafür, daß diese Auslegung erst aus einer späteren Zeit stammt und eine bissige und willkürliche Konstruktion im Verhältnis zum Text bildet. Sie stützt sich auf eine buchstäbliche Lektüre des Alten Testaments. Man hat hier Vorgänge und Parallelen gefunden; man ist hier auf Verwünschungen gestoßen, die Unheil nach sich ziehen, das sich vererbte. Man hat ihm eine Vorstellung von einer Verfluchung entlehnt, die Jesus Christus jedoch durch seine Fleischwerdung und durch sein Opfer umwandelte.

Anstatt das Alte Testament im Licht des Neuen Testaments zu lesen, ist dies ein antisemitisches Lesen von *Matthäus 27, 25* auf Grund des Alten Testaments (und insbesondere auf Grund des Konflikts zwischen Kain und Abel)! Dadurch wurde das Auftauchen und die Annahme einer Lehre ermöglicht, die, kurz gesagt, erst recht spät in Erscheinung trat und theologisch gesehen eine Verirrung ist.

Denn man muß schon wissen, mit welcher Vollmacht die Menge gedeckt ist, die vor Pilatus ihren Schrei ausstößt. Ist sie eine Versammlung von Propheten? Genügt es denn, daß eine Masse von Juden einen Schrei ausstößt und ein Gelübde ablegt, damit dieses sich in die Wirklichkeit umsetze?

Nur Gottes Wort allein schafft, bewegt und bestimmt die zukünftigen Dinge. Nicht alle in der Bibel enthaltenen Worte bringen den Willen Gottes zum Ausdruck. Das Matthäusevangelium ist keine Abfolge von heidnischen Orakelsprüchen. Wenn in Matthäus 27, 25 diese Masse ihr Herz aufschließt und durch ihre Verwünschung ihr erschreckend gutes Gewissen und ihre unsinnige Zustimmung zur Verantwortlichkeit für die Verurteilung Jesu, die sie für gerechtfertigt hält, in dem Augenblick, in dem Pilatus sich davon zu entlasten versucht, zum Ausdruck bringt, dann ist Gott nicht der Gefangene einer Verblendung, noch gotteslästerlicher Äußerungen, noch von Schwüren, noch von Verwünschungen – ob sie nun von unserer Seite oder von Juden vorgebracht werden. Nichts gestattet uns die Behauptung, Gott habe den Schrei der Menge wortwörtlich ratifiziert oder zu Protokoll genommen. Die Bibel, die Lügen, Gotteslästerungen und Irrtümer der Menschen enthält, lehrt uns, daß Gott sich weder diesen Irrtümern, noch diesen Gotteslästerungen, noch diesen Lügen unterwirft. ›Du sollst der Menge nicht folgen, um Übles zu tun‹, sagte Gott zu den Juden schon im *Exodus* (23, 2). Er hat sicher seine Meinung nicht deshalb geändert, weil sein Sohn seinen Willen im Richthaus des Pilatus erfüllte! Nicht der christliche Glaube kommt in der mißbräuchlichen Deutung dieser Episode zur Sprache, sondern hier zeigen sich unerklärliche, abergläubische Furcht und ein lange Zeit von den christlichen Massen geteilter Glaube an die magische Macht der Juden.

Dieses ›Volk‹ ist in keiner Weise von prophetischem Geist erfüllt. Wenn ein Feind Jesu prophezeit, dann sagt dies der Text ausdrücklich (Joh. 11, 51).«

(F. L., Le peuple d'Israël dans l'éducation chrétienne, Paris o. J. [1969], S. 65 f.)

---

3. Die These von der Verwerfung Israels bereitete den Boden für die Feindschaft gegen die Juden. Die angebliche Verwerfung der Juden steigerte sich zur Aussage von ihrer vermeintlichen Verworfenheit und gipfelte in der Absicht ihrer Ausrottung.

Ludwig Börne (1786–1837):

»Der Verfasser (ein Dr. Holst) spricht wie alle seine Vorgänger im Verfolgungsamte. Er sagt: Haß, Neid, Geiz, Habsucht, Bosheit, Betrug, Roheit, Gottlosigkeit und alle übrigen Laster woh-

nen den Juden bei. Freilich gäbe es auch edle Menschen unter ihnen, allein diese wären nicht als Juden anzusehen, sondern gleichsam als Christen. Auch sei nicht zu leugnen, daß alle jene Gebrechen und Krankheiten des menschlichen Geistes und Herzens auch unter den Christen anzutreffen wären, aber solche verworfene Menschen wären keine Christen, sie wären als Juden zu betrachten.«
(L. B., Antisemitismus, Wien 1885, S. 28)

Heinrich von Treitschke, Berlin, 1880:
»Unbegreiflich aber ist, daß ein christlicher Geistlicher die Judenfrage der Gegenwart zu lösen vermeint durch die Worte Christi: ›Das Heil kommt von den Juden!‹, und darauf die unbiblische, aus verschiedenen Bibelstellen zusammengeschweißte Weissagung ausspricht: ›Die Völker müssen alle in den Zelten von Christus Sem wohnen.‹ Herr Cassel verschweigt nur die Kleinigkeit, daß jene Worte Jesu gesprochen wurden, bevor die Juden selber das Heil von sich stießen und Christus kreuzigten.«
(Walter Boehlich, Der Berliner Antisemitismusstreit, Frankfurt/Main 1965, S. 88)

Pierre Joseph Proudhon, 1883:
»Der Jude ist *von seiner Anlage her* jedem produktiven Schaffen abhold; er ist weder Ackerbauer, noch Industrieller, noch auch wirklich Handeltreibender. Er ist ein immer betrügerischer und parasitärer Zwischenträger ... Er kennt nur die Hausse und die Baisse, die Transportrisiken, die Unsicherheit bei den Ernten, die Zufälligkeiten von Angebot und Nachfrage. Seine Wirtschaftspolitik ist ganz negativ; *er ist das böse Prinzip, Satan, Ahriman, der in der Rasse des Sem Fleisch geworden ist.«*
(Jacques Hermone; La Gauche, Israël et les Juifs; Paris 1970, S. 37)

Eugen Dühring, 1886:
»Der ewige Jude, der nach Höherem und Edlerem nicht aufzuschauen vermag, und sich im Niederen ruhelos durch die Weltgeschichte treibt, ist das ganze Volk selbst, beladen mit dem Fluch der Natur, alle anderen Völker heimzusuchen und selbst nicht zur Ruhe zu kommen.«
(E. D., Die Judenfrage als Frage der Racenschädlichkeit, Karlsruhe und Leipzig 1886, S. 115)

Adolf Hitler (1889–1945), 1930:
»Hätte man zu Kriegsbeginn und während des Krieges einmal zwölf- oder fünfzehntausend dieser hebräischen Volksverderber so unter Giftgas gehalten wie Hunderttausende unserer allerbesten deutschen Arbeiter aus allen Schichten und Berufen es im Felde erdulden mußten, dann wäre das Millionenopfer der Front nicht vergeblich gewesen. Im Gegenteil: Zwölftausend Schurken zur rechten Zeit beseitigt, hätte vielleicht einer Million ordentlicher, für die Zukunft wertvoller Deutscher das Leben gerettet.«
(A. H., Mein Kampf, München 1930, S. 772)

Adolf Hitler, 1941:
»Durch Ausrottung dieser Pest werden wir der Menschheit einen Dienst erweisen, von dem unsere Soldaten keine Ahnung haben ... Von der Tribüne des Reichstags habe ich dem Judentum prophezeit, daß, wenn der Krieg unvermeidlich werden sollte, der Jude aus Europa verschwinden wird. Diese Verbrecherrasse hat die zwei Millionen (deutschen) Toten des ersten Weltkrieges auf dem Gewissen, und jetzt weitere Hunderttausende ...«

1942:
»Wir sind uns dabei im klaren darüber, daß der Krieg nur damit enden kann, daß entweder die arischen Völker ausgerottet werden, oder daß das Judentum aus Europa verschwindet. Ich habe am 1. September 1939 im Deutschen Reichstag es schon ausgesprochen – und ich hüte mich vor voreiligen Prophezeiungen –, daß dieser Krieg nicht so ausgehen wird, wie es sich die Juden vorstellen, nämlich daß die europäisch-arischen Völker ausgerottet werden, sondern daß das Ergebnis dieses Krieges die Vernichtung des Judentums sein wird.«

1945:
»Ich habe den Juden gegenüber mit offenen Karten gespielt. Am Vorabend des Krieges habe ich ihnen die letzte Warnung gegeben. Ich habe ihnen gesagt, wenn sie die Welt abermals in einen Krieg stürzten, gäbe es für sie keine Schonung; das Ungeziefer würde in Europa endgültig ausgerottet. Darauf haben sie mit einer Kriegserklärung geantwortet ... Wir haben die jüdische Pestbeule aufgestochen. Die Welt der Zukunft wird uns dafür ewig dankbar sein.«
(Norman Cohn, Die Protokolle der Weisen von Zion, Köln 1969, S. 243 f.)

Bibliographie

Baum, Gregory: Die Juden und das Evangelium, Einsiedeln 1963, S. 101–110.
Beck, Wilhelm: Das auserwählte Gottesvolk, Langensteinbach 1961.
Blüher, Hans: Die Erhebung Israels gegen die christlichen Güter, Hamburg 1931, passim.
Carli, Luigi: Die Judenfrage vor dem II. Vatikanischen Konzil, in: Freiburger Rundbrief, 61–64, Freiburg 1965, S. 31–37.
Eckert, Willehad; Levinson, Nathan Peter; Stöhr, Martin, Hrsg.: Antijudaismus im Neuen Testament?, München 1967, passim.
Feinberg, Abraham: Christuskiller – Trauma meines Lebens, München 1969, passim.
Grolle, Johan Hendrik: Offene Fenster nach Jerusalem, Wuppertal 1969, passim.
Isaac, Jules: L'enseignement du mépris, Paris 1962, passim.
Lovsky, F.: Antisémitisme et mystère d'Israël, Paris 1955, S. 432–447.
Lovsky, F.: Le peuple d'Israël dans l'education chrétienne, Paris 1969, S. 61 ff.
Pfisterer, Rudolf: Antijudaismus im Neuen Testament?, in: Wolf Dieter Marsch und Karl Thieme, Hrsg.: Christen und Juden, Mainz und Göttingen 1961, S. 19–37.
Pfisterer, Rudolf: Im Schatten des Kreuzes, Hamburg 1966, passim.
Schelkle, Karl Hermann: Die »Selbstverfluchung« Israels nach Matthäus 27, 23–25, in: W. Eckert, N. P. Levinson und M. Stöhr, Hrsg., in: Antijudaismus im Neuen Testament?, München 1967, S. 148–156.

Weltherrschaft — der Juden

In der Denkweise der Christen und der Welt ist die Vorstellung fest verankert, die Juden führten gegen alle Menschen nur Böses im Schild, würden eine großangelegte Verschwörung gegen die Welt und Kirche planen und eine umfangreiche Vernichtungsaktion vorbereiten, um sich dadurch in den Besitz einer unbestrittenen Weltherrschaft zu setzen. Die Andersartigkeit der Juden als Fremdkörper innerhalb aller Völker, ihre über die nationalen Grenzen reichenden Querverbindungen und die durch ihre (→) Erwählung proklamierte Herrschaft Gottes haben sicher zu diesem folgenschweren Mißverständnis beigetragen.

---

1. Den Juden wird zu Unrecht das Streben nach einer einzelne Völker und die ganze Welt unterjochenden Herrschaft angelastet.

---

5. Mose 15, 6:
»Denn der Herr, dein Gott, wird dich segnen, wie er dir zugesagt hat. Dann wirst du vielen Völkern leihen, doch wirst du von niemand borgen; du wirst über viele Völker herrschen, doch über dich wird niemand herrschen.«
(Die hier zur Sprache kommende Bedeutsamkeit Israels hängt allein an der strikten Unterordnung unter den Willen Gottes (V. 5), die sich in der Befolgung aller Gebote, vor allem im Blick auf die Armen und deren Versorgung, niederschlagen sollen. Es ist nur von Dienst und dem sich anschließenden Segen, nie aber von Machtstreben und Unterjochung der anderen die Rede.)

Gedicht aus dem 16. Jahrhundert, das auch Martin Luther gekannt und gutgeheißen hat:

»Die Kinder Gottes, das sind doch [wir (die Christen),
Die giftigen Würmer, das seid ihr,
Wenn ihr hättet uns in eurer Ge- [walt,
Als ihr in unserer seid gezahlt,
Kein Christ
Erlebte Jahresfrist.«

(Joshua Trachtenberg, The Devil and the Jews, London 1961, S. 226)

Adolf Stöcker (1835–1909), Berlin, 1880:
»Israel muß den Anspruch aufgeben, Herr Deutschlands werden zu wollen. Es entsage der Anmaßung, daß das Judentum die Religion der Zukunft sein werde, da dasselbe doch so ganz die der Vergangenheit ist. Möchten törichte Christen nicht fortfahren, das Volk in seinem Dünkel zu bestärken. Die jüdische Orthodoxie mit ihrer Beschneidung ist verlebt, das Reformjudentum ist gar keine jüdische Religion. Wenn Israel dies erkannt hat, wird es seine vorgebliche Mission hübsch auf der Seite lassen und aufhören, den Völkern, die ihm Gast- und Bürgerrecht gewähren, das Christentum rauben zu wollen. Die jüdische Presse muß toleranter werden, das ist die erste Bedingung besserer Verhältnisse. Die sozialen Übelstände, welche das Judentum mit sich bringt, müssen auf dem Wege einer weisen Gesetzgebung geheilt werden ... Entweder dies gelingt uns, oder der Krebsschaden, an dem wir leiden, frißt weiter; dann ist unsere Zukunft bedroht, und der deutsche Geist verjudet, das deutsche Wirtschaftsleben verarmt. Rückkehr zu mehr germanischem Rechts- und Wirtschaftsleben, Umkehr zum christlichen Glauben: so wird unsere Losung lauten.«
(Karl Heinrich Rengstorf und Siegfried von Kortzfleisch, Hrsg.: Kirche und Synagoge, Bd. II, Stuttgart 1970, S. 298 f.)

August Rohling, Prag, 1881:
»Der Jude ist von Religions wegen befugt, alle Nichtjuden auf jede Weise aus-

zubeuten, sie physisch und moralisch zu vernichten, Leben, Ehre und Eigentum derselben zu verderben, offen und mit Gewalt, wie heimlich und meuchlings; – das darf, ja soll, wenn er kann, der Jude von Religions wegen befolgen, damit er sein Volk zur irdischen Weltherrschaft bringe.«
(K. H. Rengstorf und S. v. Kortzfleisch, a.a.O., S. 508)

Pierre Joseph Proudhon, 1883:
»*Juden.* Man muß gegen diese Rasse einen Artikel verfassen. Sie vergiftet alles, indem sie sich überall versteckt, ohne doch jemals in einem Volk aufzugehen. Man muß ihre Austreibung aus Frankreich verlangen, mit Ausnahme der Personen, die mit Französinnen verheiratet sind. – Man muß die Synagogen abschaffen und ihnen keine andere Betätigungsmöglichkeit bieten und schließlich die Aufhebung dieses Kultes überhaupt ins Auge fassen. Es ist nicht ohne Grund, daß die Christen dieselben als Gottesmörder bezeichnet haben. Der Jude ist der Feind des Menschengeschlechts. *Man muß diese Rasse nach Asien zurückschicken oder sie ausrotten.*«
(Jacques Hermone; La Gauche, Israël et les Juifs; Paris 1970, S. 39)

Eugen Dühring, 1886:
»Die letzte Grundangabe, mit der die Juden bei Geboten ihres Herrgottes sich begnügen, besteht meistens in den bezeichnenden Worten: ›Denn ich bin der Herr.‹ Die ultima ratio für den Volksstamm der Juden ist überhaupt die Macht und das Herrenthum. Äußere Macht und äußerer Erfolg sind auch heute noch für sie maßgebend. In diesem Punkte übertreffen sie die Erniedrigung anderer Volksmassen bei weitem. Allerdings ist es eine allgemeine Eigenschaft niedrig gesinnter Bevölkerungselemente, der Machtanbetung zu verfallen und weniger nach dem Recht zu fragen, als nach denen, welche die Gewalt haben. Die Juden sind aber in diesem Cultus des Herren- und Machthaberthums immer die Vordersten. Sie sind es, die sich bei den Machthabern anschmeicheln und durch Gefügigkeit auszeichnen – selbstverständlich, wenn sie dadurch ihren Einfluß vermehren und, wie ich es vorher ausdrückte, zu einem herrschenden Oberknechtsthum gelangen können ...
Dort hat sich nun gezeigt, daß ihr politischer Herrendienst mit ihrem religiösen Herrendienst aus einem Gusse ist. Beide haben den gleichen Zweck; beide sollen auf allen Wegen den Juden die Macht über anderes Volk und andere Völker verschaffen. Auch die ganz specifisch jüdische Messiasidee hat keinen anderen Sinn. Ihr zufolge soll unter ihnen Einer aufstehen, der ihnen die Herrschaft über alle Welt verschafft und sie auch äußerlich über alle Völker erhöht. An sich und innerlich geben sie sich ja schon immer für das vorzüglichste Volk der Erde aus und sind die Dreistesten im Verunglimpfen anderer Völker. Namentlich haben sie seit den letzten Generationen die Deutschen geschmäht und deren Nationalbewußtsein, soviel sie konnten, herabzuwürdigen und zu ersticken versucht ...
In der That mußten ihre Interessen und Angelegenheiten durch eine Sinnesart gefördert werden, welche die anderen Völker, unter denen die Juden wohnten, grundsätzlich als auszubeutende Feinde ansah. Die Juden führten auf diese Weise inmitten der menschlichen Gesellschaft und in sie aller Orten eingestreut einen stillen Ausbeutungskrieg gegen den Wohlstand des Menschengeschlechts. Sie waren allen besseren Eigenschaften und allem, was nicht zu ihrer niedrigen Art paßte, stets feindlich.«
(E. D., Die Judenfrage als Frage der Racenschädlichkeit, Karlsruhe und Leipzig 1886, S. 33, 34, 42)

Jean Brisecou, 1887:
»(Die Juden wollen) die Welt beherrschen, indem sie die Christen unter ihr Joch beugen, und darum sich aller ihrer Güter bemächtigen; sie wollen ihre Kirchen zerstören, indem sie sich heutzutage zu Abgeordneten, Senatoren und Ministern machen lassen, nachdem sie früher

die Laufbahn von Advokaten oder Notaren eingeschlagen hatten.«
(Jeannine Verdès-Leroux, Scandale financier et antisémitisme catholique, Paris 1969, S. 128)

Karl Lueger, Wien, 1896:
»Überall sind die Juden Herrscher, und die Christen werden beherrscht. Wie der Bauer, so ist auch der Gewerbetreibende der Sklave ... des internationalen Judentums geworden ... Ich kenne nur einen Schädling in Österreich, und das ist die judenliberale Partei; das ist der Lindwurm ..., der die Deutschen in Fesseln geschlagen hat und sie gefangen hält. Ich bin stolz darauf, daß ich diesem Lindwurm schon ein paar kräftige Wunden versetzt habe; ich werde danach trachten, daß diese Wunden offen gehalten werden. Dieser Lindwurm muß erlegt werden, damit unser liebes deutsches Volk aus seiner Gefangenschaft befreit werden kann.«
(Hans Günter Adler, Die Juden in Deutschland, München 1960, S. 129)

Stewart Houston Chamberlain, 1904:
»›Dein Volk wird das Erdreich ewig besitzen‹ (Jes. 60, 21) ... Ihm wird verheißen, durch die Erfüllung dieser Bedingung werde es allen Völkern der Welt den Fuß auf den Nacken setzen, Herr und Besitzer der ganzen Erde werden. Diese eine Grundlage jüdischer Religion involviert also ein direktes verbrecherisches Attentat auf alle Völker der Erde, und zwar kann das Verbrechen nicht darum in Abrede gestellt werden, weil die Macht zur Ausführung bisher fehlte; denn die Hoffnung selbst ist es, die verbrecherisch ist und das Herz des Juden vergiftet.«
(St. H. Ch., Die Grundlagen des 19. Jahrhunderts, Bd. I, München 1904, S. 448)

F. Schrönghammer-Heimdal, 1919:
»Weltkriege und Staatenstürze im alten Europa enthüllen auch dem Fernerstehenden eine Wirksamkeit des zwischenstaatlichen Judentums, die ihn aufhorchen läßt. Der Anteil der Judenschaft an diesen Ereignissen ist gar zu auffallend, der Jubel der jüdischen Presse über das Gelingen des ›unsühnbaren Verbrechens‹ gar zu laut. Die Völker Rußlands und Ungarns seufzen unter der Judengeißel. ›Wohin ihr faßt, ihr werdet Juden fassen.‹ Weltkrieg und Weltensturz lassen eine auffällig jüdische Seite erkennen; ein auffällig jüdischer Zweck wird ersichtlich. Daß das Ziel erreicht scheint, verrät Judas Jubel ...
Die jüdische Religion ist Auserwählungs- und Verheißungsreligion; obwohl wie keine sonst an die Nation, das Volk der Juden, geknüpft, erhebt sie doch Anspruch auf Weltgeltung und fühlt daher Weltsendung in sich. Auch heute noch ist der Messianismus im Judentum lebendig. Und im Messias erwartet es den Anbruch seiner Weltherrschaft und darin die Begründung des Gottesreiches zwar auch für alle Völker, aber unter der Herrschaft des auserwählten Volkes, und zwar eines irdischen Gottesreiches.«
(Hermann Greive, Theologie und Ideologie, Heidelberg 1969, S. 35, 58)

A. Hecker, 1921:
»Könige und Fürsten, Heerführer und Seelenhirten wurden dem Volke als seine Feinde hingestellt – auf die verwaisten Throne schwang sich *der Jude* und bespie alles, was dem Volke hoch und teuer war.«
(Hermann Greive, a.a.O., S. 38)

Adolf Hitler (1889–1945), 1923:
»Es ist wohl so, wie du einmal geschrieben hast: man kann den Juden nur verstehen, wenn man weiß, wohin es ihn letzten Endes drängt. Über die Weltherrschaft hinaus, *zur Vernichtung* der Welt. Er glaubt, die ganze Menschheit unterkriegen zu müssen, um ihr, wie er sich einredet, das Paradies auf Erden verschaffen zu können ...
Ist es wirklich einem russischen Menschen eingefallen, dem Luzifer oder dem Judas Denkmale zu errichten? Nein; von Menschen kommen solche Gedanken nicht, solche kommen nur vom Drachen, in dessen Händen die jüdisch geführten, ausschließlich jüdisch geführten Logen ein wirksames, teuflisch wirksames In-

strument sind. Und wenn die Juden in gutem Glauben meinen, sie schaffen mit Hilfe der Loge das dem Abraham verheißene jüdische Weltreich, so bereiten sie doch in Wirklichkeit nur dem Satan den Weg für den Antichrist. Das ist der traurige Beruf des Judentums.«
(Friedrich Heer, Der Glaube des Adolf Hitler, München und Eßlingen 1968, S. 210, 214)

Dietrich Eckart (1868–1923), ohne genaue Jahreszahl:
»Mein Lieber, wenn wir bei Strabo lesen, daß schon zu seiner Zeit, kurz nach Christi Geburt, auf dem ganzen Erdkreis kaum mehr ein Ort zu finden war, der nicht von den Juden beherrscht wurde, *beherrscht* schreibt er, nicht etwa bewohnt; wenn schon Jahrzehnte zuvor der alte Cicero – damals eine Größe, mein Lieber! – auf dem Kapitol plötzlich den Knieschnackler bekommt, in dem Augenblick, wo er in seiner bekannten Verteidigungsrede einfach nicht mehr anders kann, als auf das Zusammenhalten der Juden und ihren Rieseneinfluß hinzuweisen: ›Leise, leise! Damit mich nur die Richter hören. Die Juden bringen mich sonst in Teufels Küche, wie sie jeden Ehrenmann hineinbringen. Ich habe keine Lust, ihnen Wasser auf ihre Mühlen zu liefern‹; und wenn ein gewisser Pontius Pilatus, als Stellvertreter des römischen Kaisers doch wohl auch keine Null, kaum daß die Juden durchblicken lassen, sie würden ihm schon das Nötige beim Augustus besorgen, zum Waschbecken greift: ›Um Himmelswillen, weg mit diesem schmutzigen Judenhandel!‹, und Christus, den er für unschuldig hält, zum Tod verurteilt; dann, mein Lieber, weiß jedes Kind oder könnte es wenigstens wissen, wieviel es damals geschlagen hatte!«
(Karl Schwedhelm, Hrsg.: Propheten des Nationalismus, München 1969, S. 175)

Adolf Hitler, München, 1928:
»Das letzte Ziel des jüdischen Weltkampfes ist dabei die Versklavung produktiv tätiger Völker.«
(Friedrich Heer, a.a.O., S. 303)

Adolf Hitler, München, 1930:
»Wie sehr das ganze Dasein dieses Volkes auf einer fortgesetzten Lüge beruht, wird in unvergleichlicher Art in den von den Juden so unendlich gehaßten ›Protokollen der Weisen von Zion‹ gezeigt. Sie sollen auf einer Fälschung beruhen, stöhnt immer wieder die ›Frankfurter Zeitung‹ in die Welt hinaus; der beste Beweis dafür, daß sie echt sind. Was viele Juden unbewußt tun mögen, ist hier bewußt klargelegt. Darauf aber kommt es an. Es ist ganz gleich, aus wessen Judenkopf diese Enthüllungen stammen, maßgebend aber ist, daß sie mit geradezu grauenerregender Sicherheit das Wesen und die Tätigkeit des Judenvolkes aufdecken und in ihren inneren Zusammenhängen sowie den letzten Schlußzielen darlegen. Die beste Kritik an ihnen jedoch bildete die Wirklichkeit. Wer die geschichtliche Entwicklung der letzten hundert Jahre von den Gesichtspunkten dieses Buches aus überprüft, dem wird auch das Geschrei der jüdischen Presse sofort verständlich werden. Denn wenn dieses Buch erst einmal Gemeingut eines Volkes geworden sein wird, darf die jüdische Gefahr auch schon als gebrochen gelten.«
(A. H., Mein Kampf, München 1930, S. 337)

Alfred Rosenberg, 1923:
»... Ringt sich aus den Fangarmen jüdischer Weltverspinnung das lichte Volk der Mitte – Deutschland – zu kraftvoller Wiedergeburt empor, zerreißt die Maschen der Netze, in die es von talmudischen Häschern gelegt war, und steigt gleich dem Phönix aus der Asche des verbrannten materialistischen Weltbildes auf. Das Deutsche Reich steht im Brennpunkt der Welt, und hell leuchtend für die Sehenden wie ein neuer Schöpfungsmorgen zeigt sich ein geläutertes Volkstum. Entsetzt weichen die Geister der Unterwelt vor dieser Erhebung ... Juda, der Geist des Verfalls, der finstere Dämon der schöpferischen Völker, fühlt sich mitten ins Herz getroffen. Es ging zu rasch, der Ring der jüdischen Weltherrschaftspläne war noch nicht ganz ge-

schlossen, um die Völker noch einmal in blutigem Krieg gegeneinander zu jagen ... So mag die Neuauflage des Buches dem Deutschtum nochmals enthüllen, in welches Blendwerk es eingefangen war, ehe es die große deutsche Bewegung zerriß ..., wie tief die Erkenntnis im Führerkreis des Nationalsozialismus schon im Anfang der Bewegung verankert war.«
(Norman Cohn, Die Protokolle der Weisen von Zion, Köln 1969, S. 250 f.)

Adolf Hitler, 1934:
»Wie die Juden erst aus der Zerstreuung heraus zu der allumfassenden Weltmacht werden konnten, die sie heute sind, so werden wir heute das wahre Volk Gottes aus der Zerstreuung in alle Welt zu der allgegenwärtigen Macht werden, zum Herrenvolk der Erde.«
(Friedrich Heer, a.a.O., S. 299)

Auswärtiges Amt, Berlin, 1934:
»Unsere Erfahrung in der Vergangenheit hat uns gelehrt, daß es zweifelhaft ist, ob sich das internationale Judentum in irgendeiner Hinsicht bei seinen Entscheidungen durch das Schicksal seiner deutschen Rassegenossen beeinflussen läßt. Man würde auch dieses Problem unter einem falschen Blickwinkel anpacken, wenn man annehmen würde, daß es dem internationalen Judentum so ausschließlich wichtig wäre, seinen Rassegenossen in Deutschland aus humanitären Erwägungen zu helfen ... (Das internationale Judentum der Londoner und New Yorker City) wird durch die in der Welt sich ausbreitende Propaganda der nationalsozialistischen Idee bedroht – und nicht nur die der antisemitischen Idee! – Darum besteht der Plan dieser Kreise darin, das Dritte Reich zu vernichten. Das Schicksal der deutschen Juden spielt in dieser Sache nur eine untergeordnete Rolle.«
(Eliahu ben Elissar, La Diplomatie du III. Reich et les Juifs, 1933–1939; Paris 1969, S. 78 f.)

Gottfried zur Beek, 1935:
»Der von Gott auserwählte Weltherrscher hat die Aufgabe, die sinnlosen Kräfte des Umsturzes zu brechen, die von tierischen Naturtrieben und nicht von menschlichem Verstande geleitet werden. Die Kräfte feiern jetzt ihre Siege, indem sie unter dem Schein des Rechtes und der Freiheit Raub und Gewalttaten ausüben. Sie haben jede Gesellschaftsordnung zerstört, um auf ihren Trümmern den Thron des Königs der Juden zu errichten. Ihre Aufgabe ist aber gelöst, sobald der König der Juden die Herrschaft antritt. Dann müssen sie von seinem Wege hinweggefegt werden, damit dieser nicht das geringste Hindernis mehr bietet.
Dann werden wir den Völkern sagen können: Lobet alle Gott und beuget Eure Knie vor dem Auserwählten Gottes, von dessen hehrem Antlitze die Vorausbestimmung der Geschicke der Menschheit erstrahlt. Gott selbst gab ihm einen Leitfaden, damit niemand außer ihm uns von den genannten Geißeln der Menschheit erlösen könne ...
Im Könige, der sich selbst und die Menschheit mit unerschütterlicher Willenskraft leitet, werden alle die Verkörperung des Schicksals mit seinen unbekannten Pfaden sehen. Niemand wird wissen, welche Ziele der König mit seinen Erlassen verfolgt. Darum wird auch niemand wagen, Widerspruch zu erheben und sich ihm in den Weg zu stellen.
Selbstverständlich muß die geistige Höhe der Könige den großen Zielen entsprechen, zu deren Verwirklichung sie berufen sind. Darum wird kein König den Thron besteigen, bevor unsere Weisen seine geistigen Fähigkeiten erprobt haben.
Damit das Volk seinen König schätzt und liebt, muß sich dieser dem Volk häufig zeigen und auf den öffentlichen Plätzen mit ihm reden. Das muß zur notwendigen Verbindung beider Kräfte führen, die wir jetzt durch die Schreckensherrschaft, den Terror, getrennt haben. Bisher brauchten wir diesen Terror und die getrennten Kräfte des Volkes und des Königs jede für sich allein unter unsere Herrschaft zu bringen.
Der König der Juden darf sich nicht von seinen Leidenschaften treiben lassen.

Ganz besonders muß er die Sinnlichkeit bekämpfen. Niemals dürfen tierische Triebkräfte die Herrschaft über seinen Verstand und sein Gemüt gewinnen. Die Sinnlichkeit ist der schlimmste Feind aller geistigen Fähigkeiten, sie trübt den klarsten Blick und erniedrigt den größten Geisteshelden zum Tiere, das keinen anderen Zweck des Daseins kennt, als die Befriedigung der rohsten natürlichen Triebe.
Der Weltherrscher vom heiligen Samen Davids muß alle persönlichen Freuden dem Wohle seines Volkes und der Menschheit zum Opfer bringen.
Unser Weltherrscher darf sich in sittlicher Hinsicht keine Blößen geben, er muß ein leuchtendes Beispiel für alle sein.«
(G. z. B., Die Protokolle der Weisen von Zion, München 1935, S. 71, 72)

Bülow-Schwante, Chef des Referats Deutschland, 1937:
»Auch wenn kein Angehöriger der jüdischen Rasse mehr auf deutschem Gebiet leben würde, wäre dadurch das jüdische Problem in Deutschland noch nicht gelöst. Die Ereignisse der letzten Jahre haben den Beweis dafür erbracht, daß das internationale Judentum immer und unausweichlich ein weltanschaulicher Feind des nationalsozialistischen Deutschland und darum auch sein politischer Feind sein wird. Deshalb ist die Judenfrage zugleich eines der bedeutsamsten Probleme der Außenpolitik des Reiches ...«
(Eliahu ben Elissar, a.a.O., S. 196)

Adolf Hitler, 1940:
»Nur zwischen uns beiden wird der Kampf um die Weltherrschaft ausgefochten, zwischen Deutschen und Juden. Alles andere ist trügerischer Schein. Hinter England steckt Israel, hinter Frankreich und hinter den USA!«
(Friedrich Heer, a.a.O., S. 301)

Adolf Hitler, 1940:
»›Der Jude ist es doch gewesen, der diese Wirtschaft der dauernden Bewegung und Steigerung erfunden hat, die man Kapitalismus nennt. Diese geniale Schöpfung mit einem raffinierten und doch simplen selbsttätigen Mechanismus. Machen wir uns nichts vor, es ist genial, teuflisch genial.
Die moderne Wirtschaft ist eine Schöpfung der Juden. Sie wird von ihnen ausschließlich beherrscht.
Das ist ihr Überreich, das sie über alle Reiche der Welt und ihre Herrlichkeit ausgespannt haben. Aber nun sind wir es, die mit der Weltanschauung der ewigen Revolution ihnen Konkurrenz machen ...
Ich habe seinerzeit mit wahrer Erschütterung die ‚Protokolle der Weisen von Zion' gelesen. Diese gefährliche Verborgenheit des Feindes, seine Allgegenwärtigkeit! Ich erkannte sofort, daß wir dies nachbilden müßten, auf unsere Weise natürlich ... Es gilt wahrhaftig den Entscheidungskampf über das Schicksal der Welt!‹ Ich (Hermann Rauschnung) warf ein, ob Hitler nicht den Juden überschätze. ›Nein, nein‹, schrie er, ›der Jude ist als Feind gar nicht zu überschätzen.‹ Aber die Protokolle der Weisen von Zion wären doch offensichtlich gefälscht ... Und es wäre mir schon damals klar gewesen, daß das nicht echt sein könnte. ›Warum nicht‹, erboste sich Hitler. Ob das nun im historischen Sinne echt sei, das berühre ihn gar nicht. Die innere Wahrheit sei für ihn um so überzeugender.«
(Norman Cohn, a.a.O., S. 232 f.)

Adolf Hitler, 1945 (Testament):
»Vor allem verpflichte ich die Führung der Nation und die Gefolgschaft zur peinlichen Einhaltung der Rassegesetze und zum unbarmherzigen Widerstand gegen den Weltvergifter aller Völker, das internationale Judentum.«
(N. C., a.a.O., S. 244)

James Parkes, London, 1964:
»Das Komplott mißlang, und Nilus wurde nicht Beichtvater des Zaren. Wichtig aber war, daß in irgendeinem Zusammenhang mit dieser Intrige die *Protokolle* auftauchten. Das Buch ist in Wahrheit gar keine Sammlung von ›Protokollen‹ sondern eigentlich nur eine Reihe von Vorträgen, die angeblich ein ›Wei-

ser von Zion‹ vor Leuten gehalten hatte, denen er ganz freimütig das von den Ältesten gemeinsam geschmiedete jüdische Komplott enthüllen und erklären durfte, wie weit zur Stunde ihre Pläne schon gediehen waren. Die vielen Herausgeber der *›Protokolle‹* drücken sich über die Identität der ›Weisen von Zion‹ ebenso verworren aus wie in ihren Angaben über die Herkunft des ›Dokuments‹. Sogar bei der Frage, in welcher Sprache jene Vorträge gehalten sein sollten, sind sie verschiedener Meinung.
Auf einem riesigen Tableau sozusagen malt mit einem Gemisch greller, aber noch unterscheidbarer Farben der Vortragende die Mißstände am Ende des 19. Jahrhunderts aus, vor allem die in Rußland: weitverbreitete Unruhen, allgemeine Mißachtung der bislang anerkannten Moralbegriffe, Kriege und Terroraktionen, steigende Nationalschulden und – im Hintergrund – die Macht der ›internationalen Finanz‹. Er stellte das alles als beabsichtigtes Resultat eines jüdischen Komplottes dar, bei dem die einzelnen Nationen und Völkerschaften ›manipuliert‹ werden mit dem einzigen Ziel, die Herrschaft der Juden sicherzustellen ...
Andererseits entfaltet aber die Geschichte, so verschwommen die Geschilderten wirken, eine Fülle anscheinend überzeugender Einzelheiten, so daß leicht einzusehen ist, daß mancher, der hintereinander aufgereiht diese angeblichen Fakten las, aufrichtig glauben konnte, es müsse doch ›etwas dran sein‹. Konnten es nicht doch vielleicht die richtigen Auslegungen bestimmter Tätigkeiten von Juden oder jüdischen Gruppen in jener Zeit sein? Das eben ist es, was die ungeheuere Verbreitung der *Protokolle* bewirkte, als sie, am Ende des Ersten Weltkrieges, zum erstenmal nach Westeuropa und Amerika gelangten ...
Den ersten Alarmruf stieß die ›Morning Post‹ aus, die in einem Artikel vom 7. August 1917 die höchst seltsame Behauptung aufstellte: ›Die Juden sind eine große Nation, ganz entschieden eine Nation, und *die staatsmännische Kunst ihrer geheimen Herrscher* hat sie durch vierzig Jahrhunderte der Weltgeschichte als Nation erhalten. In deren Händen liegt das überlieferte Wissen der ganzen Erde, und es gibt überhaupt keine Nation, deren Staatsgeheimnisse nicht auch den geheimen Herrschern der Judenschaft bekannt sind.‹«
(J. P., Antisemitismus, München 1964, S. 75, 76, 77)

Friedrich Grünagel, 1970:
»Auch Dostojewski hat als Meister psychologischer Tiefensicht eine ähnliche Beobachtung festgestellt: ›Jedes Volk ist nur so lange ein Volk, wie es noch seinen besonderen, seinen eigenen Gott hat und all die anderen Götter auf der Welt hart und grausam von sich stößt – solange es noch glaubt, daß es nur mit seinem Gott siegen und alle anderen Götter und Völker sich unterwerfen kann.‹
Diese Schau Dostojewskis trifft genau die prekäre Situation, in der sich Juden und Israelis befinden.«
(F. G., Die Judenfrage, Stuttgart 1970, S. 42)

Jacques Hermone, 1970:
»Daß ein heftiger Antisemitismus bei den Sozialisten gegen Ende des 19. Jahrhunderts sich entwickelt, darf uns nicht in Erstaunen versetzen; denn man weiß ja vom antijüdischen Haß, der von Marx, Fourier, Proudhon und ihren Schülern laut verkündigt wird. Der mit den Juden gemeinte Kreis ist gleichzusetzen mit Geld, und Geld wiederum mit Weltherrschaft; dies beherrscht das Denken der meisten sozialistischen Führer ...«
J. H., La Gauche, Israël et les Juifs; Paris 1970, S. 41 f.)

---

2. Zur Durchsetzung dieses Zieles sollen die Juden angeblich nach den Mitteln der Verschwörung, des Verrates und der Zersetzung greifen.

Eugen Dühring, 1886:
»Schon die einfache Kritik, die ihre Großsprecherei zurückweist, wird von ihnen als Judenhetze bezeichnet. Die Ränke

und Schädigungen aber, die sie mit ihrer Presse gegen alles Selbständige ausüben, was der Judendreistigkeit gegenüber nicht auf sich selbst verzichtet – die stillen Verschwörungen, mit denen sie sich gegen den besseren Völkergeist und dessen Vertreter kehren –, das alles soll keine Hetze sein, während es doch sogar eine organisierte und durch den körperschaftlichen Zusammenhang der Religionsjuden unterstützte Verfolgung ist.
In der Tat ist die Organisation des Unterdrückungs- und Ausbeutungskrieges, den jüdische Elemente gegen andere Völker seit Jahrtausenden geführt haben, in unserer Gegenwart schon sehr weit gediehen. Seine modernisierte Form darf nicht täuschen. Die religiösen Körperschaften der Juden sind ein Mittel ihrer politischen und gesellschaftlichen Verbindung und halten auch die bloßen Racejuden, die außerhalb stehen, zusammen. Es ist hier jedoch nicht die Stelle, auf diese politischen und gesellschaftlichen Privilegien einzugehen, in die sie ihre religiösen Vereinigungen verwandelt haben. Während beispielsweise protestantische Völker an ihrer Kirche weder einen gesellschaftlichen noch einen politischen Verband haben, sondern vermöge derselben ausschließlich im Religionscultus zusammenhängen, benutzen die Juden ihre religiösen Verbände in allen Lebensbeziehungen und knüpfen daran sogar internationale Bünde, die sich überall in die Politik einmischen ...
Die Juden gehen eben in ihrer Religion auf, auch wenn sie nicht religiös sind. Diese Religion ist ihnen, wie seit uralter Zeit, so auch jetzt das Mittel und die Bürgschaft für ihre ganze Existenz und Ausbreitung. Sie würde daher, auch wenn sie einen bessern Inhalt hätte, als der Fall ist, den übrigen Völkern nicht gleichgültig bleiben können. Kein Racejude, und gäbe er sich auch als Atheist oder gar Materialist, behandelt daher die Judenreligion als etwas Gleichgültiges. Sie ist vielmehr eine Bürgschaft für jenes Herrenthum oder vielmehr Oberknechtschaft, nach der das Volk unter allen Völkern stets getrachtet hat. Die auserwählte Selbstsucht, die Überhebung über andere Völker und das Unrecht an ihnen – kurz die Inhumanität, ja die Feindschaft gegen das übrige Menschengeschlecht –, das ist es, was hier seinen Stützpunkt hat und seit Jahrtausenden fortwirkt ...
Das Judengeld übt nicht bloß die ökonomische Funktion, neues Judengeld aus den Völkern herauszuwuchern, sondern dient auch überdies dazu, die Judenherrschaft im Wege der Beeinflussung in allen Richtungen auszubreiten und zu konzentrieren. Einzelne jüdische Finanzfürsten verfügen durch diese Art von Korruption über ganze Gruppen von Zeitungen in Fällen, wo das Judenelement übrigens noch nicht die Vorherrschaft hat. Sie konzentrieren aber hierdurch die Judenherrschaft da, wo sie schon ohnedies, wie gewöhnlich, in der Presse besteht, und dirigieren sie systematisch im Sinne ihrer finanziellen Ausbeutungsoperationen.«
(E. D., Die Judenfrage als Frage der Racenschädlichkeit, Karlsruhe und Leipzig 1886, S. 35 f., 36, 131)

Georges de Pascal, 1887:
»Was unbestritten ist und was von allen unbedingt authentischen Zeugnissen bestätigt und durch die Tatsache erhärtet wird, ist der Israel erfüllende Durst nach Herrschaft, ist der Wunsch, die Christen in den Staub zu treten und sie zu ihrem Nutzen auszubeuten.«
(Jeannine Verdès-Leroux, a.a.O., S. 128)

Bernard Lazare, 1897:
»Welches ist also der tiefste Grund dieser Haltung (der Feinde des Hauptmanns Dreyfus)? Habe ich nicht gesagt, daß der Hauptmann Dreyfus einer Klasse von Parias angehörte? Er war Soldat, aber er war Jude; als Jude vor allem ist er verfolgt worden. Weil er Jude war, hat man ihn verhaftet, und weil er Jude war, hat man ihn vor Gericht gestellt, weil er Jude war, hat man ihn verurteilt, weil er Jude ist, will man zu seinen Gunsten nicht die Stimme der Gerechtigkeit und der Wahrheit hören. Die Verantwortung für die Verurteilung dieses Unschuldigen fällt auf die zurück, die sie durch ihre ge-

meine Hetze, durch ihre Lügen und ihre Verleumdungen herbeigeführt haben. Diese Menschen haben einen solchen Prozeß möglich gemacht. Diese Menschen verhindern die Aufklärung des Volkes. Sie brauchten einen jüdischen Verräter, der den klassischen Judas ersetzte, einen jüdischen Verräter, den man immer wieder ins Gedächtnis rufen konnte, um seine Schande auf ein ganzes Volk zurückfallen zu lassen, einen jüdischen Verräter, den man benutzen konnte, um einen planmäßigen Feldzug erfolgreich zu beenden, dessen letzte Aktion die Affaire Dreyfus gewesen ist.«
(Siegfried Thalheimer, Macht und Gerechtigkeit, München 1969, S. 191 f.)

La Croix, 1894:
»... Judas gehörte zum Volke Gottes und war der vom Herrn erwählte Apostel. Der jüdische Offizier gehört nicht zum französischen Volk. Die wahren Schuldigen sind diejenigen, die ihn in die französische Armee aufgenommen haben. Er handelt wie der Wolf in der Schafherde und die Katze im Vogelkäfig. Er darf den Rabbinern sagen, daß er aus Vaterlandsliebe verraten hat, da Frankreich Christus immer und überall verteidigt – trotz seiner abtrünnigen Regierungen. Der Franke ist der Erzfeind für das Volk der Gottesmörder. Wie können solche Völker, die von Gott zu einem Kampf auf Leben und Tod bestimmt sind, unter derselben Fahne sein! Das ist ein Widersinn, den nur die Schwäche des sittlichen Gefühls erklärt ... Nun hat man ihn (Dreyfus) verhaften können trotz des geheimen, übermächtigen Schutzes, den die Juden bei uns genießen. Dieses Ereignis ist sicher eines der wichtigsten unserer Zeit. Wenn man es nicht wieder in Vergessenheit fallen läßt, so bedeutet es vielleicht das Ende der Verschwörung.«
(Siegfried Thalheimer, a.a.O., S. 193 f.)

Hans Blüher, 1931:
»Es versteht sich von selbst, daß an der Echtheit dieses fürstlichen Bescheides (Unterminierung der christlichen Gesellschaft durch die Juden) Zweifel erhoben worden sind. Die Sache ist ja hochpolitisch. Man hat gesagt, der Brief sei von böswilligen Christen erfunden worden, um die Juden zu verdächtigen. Dem saturierten Christentum kann man in der Tat jede Bosheit zutrauen, darüber gibt es in der Geschichte bis auf den heutigen Tag genügend Beispiele. Aber die ganze Frage nach der Echtheit ist ja falsch; wer sie stellt und damit etwas zu beweisen vermeint, der zeigt nur das eine, daß er die Judenfrage selber nicht geistig stellt. Dieser Fall liegt ja auch vor bei den sogenannten ›Protokollen der Weisen von Zion‹. Auch hier besagt die Echtheit oder Unechtheit gar nichts, sondern nur ihr intelligibler Inhalt. Dieser aber ist seit jenem Erlaß des Fürsten der Verbannung unbedingt wahr. Denn das *Judentum hat danach gehandelt.* Der Erlaß ist das Merkmal eines politischen Ingeniums von durchdringender Weisheit. Er zeugt von einer königlichen Perspektive und einer Statthalterschaft für das Reich Jehuda von wahrhaft überlegener Art. Mit Gut und Böse hat das natürlich nichts zu tun.
Hat man einmal den Unterschied verstanden zwischen dem Empirisch-Geschichtlichen mit seinen Bergen von Dokumenten und seinem endlosen Hin und Her von Passiertsein oder nicht: und der Ebene der *reinen Historie,* von der wir hier immer reden, so wird man auch den Satz billigen: in dieser Ebene ist jener Erlaß des Fürsten unbedingt geschrieben worden; ohne ihn ist die weitere Geschichte und das Auftreten des Judentums in der europäischen Welt unerklärbar. Nimmt man aber seine Wirklichkeit an, so verliert das geschichtliche Gesetz, unter dem das Judentum steht, jede Spur von Undeutlichkeit ...«
(H. B., Die Erhebung Israels gegen die christlichen Güter, Hamburg 1931, S. 110)

Es folgt der Wortlaut des hier angeführten Erlasses:
»Vielgeliebte Brüder in Mose! Wir haben Euren Brief bekommen, in welchem Ihr Eure Ängste und Mißgeschicke, welche Ihr zu erleiden habt, kundgebt. Wir sind dadurch ebenso schmerzlich be-

rührt, wie Ihr selber. Der Rat des Großen Satrapen und der Rabbiner ist folgender: Inbetreff dessen, daß der König von Frankreich Euch zwingt, Christen zu werden, tut es, da Ihr nun einmal nicht anders könnt. Daß Ihr aber in Euren Herzen *das Gesetz Moses bewahrt!* – Inbetreff dessen, was Ihr sagt, daß man befiehlt, man soll Euch Eure Güter nehmen: *Laßt Eure Kinder Kaufleute werden,* auf daß sie nach und nach die Christen der ihrigen berauben. – Inbetreff dessen, was Ihr sagt, daß man sich an Eurem Leben vergreife: *Lasset Eure Kinder Ärzte werden,* damit sie so den Christen das Leben nehmen. – Betreff dessen, was man sagt, daß man Eure Synagogen zerstöre: *Laßt Eure Kinder Domherren werden* und christliche Kleriker, damit sie ihre Kirchen zerstören. – Betreff dessen, daß man Euch noch viele andere Plackereien verursacht: Richtet Euch so ein, daß *Eure Kinder Advokaten und Notare* werden und daß sie sich *immer in die Staatsangelegenheiten mischen,* auf daß, die Christen unterjochend, Ihr die Welt beherrschet und Euch an ihnen rächen könnt. Weichet nicht ab von diesem Befehl, den wir Euch geben, denn die Erfahrung wird Euch lehren, daß von der Unterjochung Ihr zur höchsten Spitze der Macht gelangen werdet.

Der Fürst der Juden in Konstantinopel
21. Cahlin 1489

(H. B., a.a.O., S. 108 f.)

Gottfried zur Beek, 1935:
»Glauben Sie nicht, daß unsere Behauptungen nur leere Worte seien. Blicken Sie auf die von uns ausgebauten Erfolge der Lehren von Darwin, Marx und Nietzsche. Ihre zersetzende Wirkung auf nichtjüdische Köpfe sollte uns wenigstens klar sein.«
(G. z. B., a.a.O., S. 27)

---

3. Die Ausschaltung der Juden wird als notwendige Gegenwehr zu rechtfertigen versucht.

Alphonse Toussenel, 1868:
»Der entwürdigende Despotismus, der uns zerschmetterte, der die Nation zum Weißbluten treibt, der aus ihr Crétins und Bastarde macht und sie zugleich physisch und moralisch tötet – das ist der jüdische Despotismus.«
(Jeannine Verdès-Leroux, a.a.O., S. 16)

Rudolf Todt, 1877:
»Der erste Schritt zur Anbahnung des sozialen Friedens in unserem Vaterlande, ja in der zivilisierten Welt, wird deshalb der sein, dieser überhandnehmenden Herrschaft des Judentums einen Damm entgegenzusetzen. Wir wollen keine *Judenhatz,* sondern einfach *Christenschutz,* damit nicht schließlich eine Christenhatz eintritt, wozu die ersten Anzeichen sich schon offenbaren.«
(Karl Heinrich Rengstorf und Siegfried von Kortzfleisch, a.a.O., Bd. II, S. 297)

Eugen Dühring, 1886:
»Die Juden sind ein inneres Karthago, dessen Macht die modernen Völker brechen müssen, um nicht selbst von ihm eine Zerstörung ihrer sittlichen und materiellen Grundlagen zu erleiden.«
(Ismar Elbogen und Eleonore Sterling, Geschichte der Juden in Deutschland, Frankfurt/Main 1966, S. 257)

Josef Goebbels, 1937:
»Unerschrocken wollen wir mit Fingern auf den Juden zeigen als den Inspirator, Urheber und Nutznießer dieser furchtbaren Katastrophe: Sehet, das ist der Feind der Welt, der Vernichter der Kulturen, der Parasit unter den Völkern, der Sohn des Chaos, die Inkarnation des Bösen, das Ferment der Dekomposition, der *plastische Dämon des Verfalls der Menschheit.*«
(Norman Cohn, a.a.O., S. 260)

Norman Cohn, 1969:
»Der Mord an Rathenau als einem Weisen von Zion gab einen Vorgeschmack jener Ära des Wahnsinns, in der die Regierung eines großen europäischen Landes die *Protokolle* als lauterste Wahrheit proklamierte. Einige Worte des Gerichtspräsidenten bei der Urteilsverkündung gewinnen aus heutiger Sicht eine pro-

phetische Bedeutung, die ihnen 1922 wohl kaum jemand beigemessen hätte:
Hinter den Mördern und Mordgehilfen aber erhebt sich als der Hauptschuldige der verantwortungslose fanatische Antisemitismus, sein haßverzerrtes Gesicht, der mit allen Mitteln der Hetze und Verleumdung, von der die hier zur Sprache gekommene gemeine Schmähschrift ›Die Geheimnisse der Weisen von Zion‹ ein Beispiel ist, den Juden als solchen ohne Rücksicht auf die Person schmäht und so Mordinstinkte in unklare und unreife Köpfe sät. Möge der Opfertod Rathenaus, der sich wohl bewußt war, welchen Gefahren er mit Übernahme seines Amtes entgegentrat, möge die Aufklärung, welche diese Verhandlung über die Folgen gewissenloser Verhetzung gebracht hat ..., die verpestete Luft in Deutschland reinigen und das in dieser Verwilderung der Sitten versinkende schwerkranke Deutschland der Genesung entgegenführen.«
(Norman Cohn, a.a.O., S. 188 f.)

Albert Mathez, 1969:
»Es wäre gut, wenn wir Pogrome in der Schweiz hätten. Man muß den Juden erdolchen, die tödliche Gefahr für jede Zivilisation, und ihn aller seiner Güter berauben, ohne eine Minute Zeit zu verlieren. Denn er ist jahrtausendealter, unersättlicher, verbrecherischer Verschwörer.«
(Tribune Juive, Strasbourg 1969, Nr. 55, S. 8)

Bibliographie

Beek, Gottfried zur: Die Geheimnisse der Weisen von Zion, München 1935[19].
Blüher, Hans: Die Erhebung Israels gegen die christlichen Güter, Hamburg 1931, passim.
Chamberlain, Houston Stewart: Die Grundlagen des 19. Jahrhunderts, München 1904, passim.
Cohn, Norman: Die Protokolle der Weisen von Zion, Köln 1969.
Dühring, Eugen: Die Judenfrage als Frage der Racenschädlichkeit, Karlsruhe und Leipzig 1886, passim.
Heer, Friedrich: Der Glaube des Adolf Hitler, München und Eßlingen 1968, passim.
Hitler, Adolf: Mein Kampf, München 1930, passim.
Parkes, James: Antisemitismus, München 1964, S. 71–86.
Radenhausen, C.: Esther, Leipzig 1888, passim.
Rosenberg, Alfred: Die Protokolle der Weisen von Zion und die jüdische Weltpolitik, München 1924.
Trachtenberg, Joshua: The Devil and the Jews, London 1961, passim.
Verdès-Leroux, Jeannine: Scandale financier et antisémitisme catholique, Paris 1969, passim.

Zeugnis

Weil Gott seine Herrschaft aller Welt kundtun und offenbaren will, beruft er Zeugen, die durch Existenz und Wort auf ihn hinweisen sollen. Ein Zeuge redet nicht in eigener Sache und kann nur durch seinen Herrn von seinem Auftrag entbunden werden. Reaktion auf dieses Zeugnis kann die Bedrohung der Zeugen sein, die manchmal zum Martyrium in Leiden und Tod führt. Juden und Christen sind mit diesem Zeugnis betraut durch die sich aus ihrer (→) Erwählung ergebende Dienstverpflichtung; dies führt trotz aller Trennung (→ Schisma) zu einer tiefen Zusammengehörigkeit. Das gegenseitige Zeugnis muß sich in einem gemeinsamen (→) Gespräch und in einem Ringen um die Wahrheit niederschlagen.

---

1. Der Sinn der Existenz der Juden besteht im Bezeugen der ihnen von Gott gewordenen Wahrheit und Weisheit.

Herman Wouk, 1961:
»Während der ganzen geschichtlichen Zeit hat man das eigenartige Beharrungsvermögen der Juden als Zeugnis für die Gegenwärtigkeit Gottes im Weltall angesehen. Wenn Gott tot war, gab es nur einen Beweis dafür – ein Ereignis, das diese Tatsache auf alle Zeiten hin den Menschen zur Gewißheit machen würde, den Tod aller Juden. Es war die Logik des Wahnsinns. Aber auf ihre Weise konnte sie nicht logischer sein.
Hitler ist wie ein Taifun vorübergegangen. Er ließ Zerstörung, Massengräber, zerfallene Krematorien und verstörte Geister zurück. Wie ein Windstrudel verschwand er, löste sich in die eigene Nichtigkeit auf und hinterließ keine menschliche Spur. Er tötete das Judentum nicht. Wenn wir Gottes Zeugen sind, dann lebt Gott noch.«
(H. W., Er ist mein Gott, Hamburg 1961, S. 362 f.)

Hans Joachim Kraus, Göttingen, 1965:
»Israel ist und bleibt Gottes Zeuge vor der Welt der Völker – auch nach dem Kommen Christi ... bis hin zu dem Ende, von dem der Prophet in seiner Gerichtsvision redet. In diesem Zeugen ist das ICH Gottes tief eingeprägt: ›Ich bin, der ich bin!‹ – ›Hier bin ich! Und wer Israel anrührt, der rührt meinen Augapfel an, der rührt mich selbst an!‹ So steht der Zeuge vor den Völkern. Er ist – wie es in unserem Text heißt (Jes. 43, 8–13), von Gott aufgerufen, ›damit sie zur Einsicht gelangen und an mich glauben und erkennen, daß ICH es bin‹ (V. 10). Wer Gott wirklich ist, wer dieses majestätische ICH, das vor den Völkern erscheint, in Wahrheit ist, das soll in Israel erkannt und geglaubt werden. Nicht wahr, das haben wir doch alle einmal erfahren und erkannt: Wenn wir anfangen, uns diesem Volk zuzuwenden, wenn wir beginnen, im Alten Testament zu lesen, dann erwacht eine Einsicht nach der anderen: Gott ist anders, als wir ihn uns vorstellten, als wir ihn in unseren Gedanken, Gefühlen und Bildern ertasteten. Er ist dieses souveräne ICH, das in Israel gegenwärtig ist und spricht: ›Gott bin ich und nicht ein Mensch, der Heilige in der Mitte!‹ (Hos. 11, 9). Er ist nicht der Absolute, der Ferne, der Unnennbare und Unnahbare. Er hat seinen Namen kundgetan, sich selber vorgestellt; er begegnet Menschen, er redet sie an: ›Ich bin der Herr, dein Gott!‹; er geht mit ihnen, tritt ihnen gegenüber in Liebe und Zorn, in Gnade und Gericht. Das ist sein ICH, tief eingeprägt in den Leib und in die Geschichte Israels – eines Volkes, das anders ist als alle Völker, das abseits wohnt, das ein Fremdling ist zwischen den Heiden, ihrer Re-

ligiosität und ihrem vertrauten und angstvollen Umgang mit den Göttern. Hier in Israel, im Alten Testament, geht alles ganz anders zu als in den Büchern und Dokumenten der Völker. Wer diesem Zeugen entgegentritt, der erfährt es: ›Vor mir ist kein Gott gewesen, und nach mir wird keiner sein. ICH, ich bin der Herr und außer mir ist kein Helfer!‹ (V. 10, 11) . . .«
(Hans Joachim Kraus, Israel als Gottes Zeuge [Jes. 43, 8–13], in: Deutscher Evangelischer Kirchentag, Köln 1965, Stuttgart 1965, S. 651 f.)

Ernst Simon, Jerusalem, 1965:
»Als die Juden im Jahre 1492 aus Spanien und wenige Jahre später aus Portugal vertrieben wurden, erlebten sie eine Zerstörung, die im Ausmaß der betroffenen Opfer den beiden Zerstörungen Jerusalems wohl kaum nachstand. Wir besitzen ein Echo, das uns etwas von der Reaktion der besten und treuesten unter jenen Juden ahnen läßt, die damals ein ihnen zur Heimat gewordenes Exilland verlassen mußten. In der historischen Chronik des Salomo ibn Verga ›Schewet Jehudah‹ (Der Stab Judas), die zum erstenmal im Jahre 1550 gedruckt wurde, heißt es:
›Ich hörte von alten Emigranten aus Spanien, daß ein Schiff mit Flüchtlingen von der Pest heimgesucht wurde. Der Kapitän warf sie auf einem unbebauten Ort ans Land. Viele starben vor Hunger, einige wenige rafften sich auf und gingen, bis sie etwa einen bewohnten Ort fänden.
Einer der Juden hatte seine Frau und zwei kleine Söhne mit sich. Die Frau, des Marschierens ungewohnt, wurde schwach und starb. Der Mann trug die Kinder weiter, bis er ohnmächtig niedersank. Als er aufwachte, fand er beide Söhne tot. In seinem Schmerz stand er auf und sprach:
‚Herr der Welten! Viel tust Du, damit ich meinen Glauben aufgebe. Wisse aber, daß ich sogar den Himmelsbewohnern zum Trotz ein Jude bin und ein Jude sein werde. Da wird nichts nützen, was Du auch über mich gebracht hast und noch über mich bringen magst.'
Dann raffte er ein wenig Staub und Gräser auf, bedeckte damit die toten Kinder und ging seines Weges, um eine bewohnte Stätte zu suchen.
Die anderen Mitglieder der jüdischen Wandergruppe aber warteten nicht auf ihn, damit sie der Tod nicht auch ereile; jeder von ihnen war nur mit dem eigenen Leid beschäftigt, so daß er seinen Nächsten und dessen Leid nicht wahrnahm.‹ (Par. 52 des hebräischen Urtextes in der Ausgabe von M. Wiener, Hannover, 1855.)
Die scharfe jüdische Selbstkritik des letzten Absatzes, ein Erbteil prophetischer Haltung, macht das Pathos der Erzählung nur glaubhafter . . .
Später heißt es (bei Leo Baeck) im gleichen Zusammenhang: ›Es ist ein Stolz des Judentums, daß Idee und Forderung des Märtyrertums von ihm geschaffen worden sind . . . Im Judentum und an ihm haben Menschen gelernt, dieses Eigentum ihres Lebens gegenüber allen Tatsachen, den jähen des Zwangs und den langsamen des Gelingens, zu behaupten, gegenüber allem Schein, wie ihn der Erfolg leiht, das Zeugnis der Echtheit zu erbringen, wie nur das Opfer es ablegt, zu erfahren und darzutun, daß dem Menschen sein Unbesiegbares gegeben ist . . . Die Gewalt, die zu widerlegen und zu überwinden meinte, hat die Reihen der Märtyrer wachsen lassen. Aber das Entscheidende ist doch immer der Wille gewesen, der in diesen Menschen lebte, der Wille zum Martyrium, der Wille, zu Ende zu handeln und nicht zu Ende zu denken, dieser Wille zu dem einen Gott. Die Kraft stand dem Zwang gegenüber . . . Diese Kraft ist erst Judentum . . .‹
Dies alles wußte und schrieb Leo Baeck mehr als zwanzig Jahre, bevor er, alle rettenden Berufungen ins Ausland ablehnend, bei seiner bedrohten Berliner Gemeinde bis zur letzten Möglichkeit blieb und bevor er dann nach Theresienstadt verschleppt wurde. Das Martyrium des Todes ist ihm erspart geblieben, aber er war darauf vorbereitet: ›Dieser Wille zum Martyrium ist das letzte Wort eines Menschenlebens, und es wird dort

gesprochen, wo die anderen Worte, die Worte der Entscheidung, vorangehen. Vor dem Martyrium im Tod steht das Martyrium im Leben, vor dem Todesmute ihr Lebensmut, der oft weit schwerere!‹ (Zitiert nach der vierten Auflage des ›Wesens des Judentums‹ Frankfurt/Main 1926, S. 191–193).

In diesem höchsten Sinne ist Judentum Vorbereitung: Bereit sein ist alles! ... ›Ihr seid meine Zeugen!‹ (Jesaja 43,10). Der Talmud zitiert den Vers zweimal (Taanit 11 a, Chagiga 16 a), um eine Antwort auf die Frage zu finden: Wer bezeugt unsere heimlichen Sünden vor Gott? Die Antwort lautet: Du selbst, deine Seele, ›all deine Glieder‹, ihr, die ihr ›Gottes Zeugen‹ seid: dein ganzes Sein. Gerade aus diesem Bibelvers haben die Rabbinen also kein Zeugnis Israels vor der Welt herausgelesen, sondern nur ein Zeugnis vor sich selbst und vor seinem Gott. Die Zeugenschaft wird hier als ein Zeichen des Bundes zwischen Gott und Israel verstanden, ganz so, wie der Sabbat als Bundeszeichen eingesetzt wurde und gilt.

Was ist nun der Inhalt dieses Zeugnisses der Juden für Gott?

Wir bezeugen den Willen einer Abstammungsgemeinschaft, die sich zwar immer wieder durch Übertritte zu ihrem ererbten Glauben von einer Rasse unterschieden hat, aber doch ein Volk war und geblieben ist, als ein solches, als Volk, in der Tiefe der Geschichte und in der Breite jeder Gegenwart Gottes Willen zu tun. Israel ist zugleich Natur und Übernatur, zugleich Geschichte und Übergeschichte, zugleich von Gott gesetzte Auserwähltheit wie von Menschen immer wieder gewähltes oder verworfenes Geschick. In dieser schweigenden Existenz vollzieht Israel sein Zeugnis vor der Welt ...

Wenn Sie wirklich wollen, daß wir Juden Gottes Zeugen vor der Welt bleiben und immer wieder werden, so tun Sie alles, was in Ihrer Macht steht, damit alle Völker dieser Erde zu Gottes Frieden kommen, nicht zuletzt aber Juden und Araber im Heiligen Lande. Wir Juden haben als Gottes Zeugen in schwerstem Leid und unter äußerstem Druck bestanden; in unserem eigenen Staat hoffen wir als Gottes Zeugen auch in der Freiheit zu bestehen.«

(E. S., Das Zeugnis des Judentums, in: Deutscher Evangelischer Kirchentag Köln 1965, a.a.O., S. 661 f., 662 f., 665 f., 667)

Elie Wiesel, 1967:

»Die von der Menschheit verworfenen Verurteilten (die Juden) gehen nicht so weit, ihrerseits die Menschheit zu verleugnen. Ihr Glaube an die Geschichte bleibt unerschütterlich und man fragt sich mit Recht warum. Sie verzweifeln nicht daran. Der Beweis dafür: sie unternehmen hartnäckig alle Anstrengungen, um zu überleben, und dies nicht einfach aus dem Grund, um zu leben, sondern um zu berichten.

Die Opfer verstehen sich als Zeugen.

Auf dem Weg zum Massengrab rief Simon Dubnow, der bekannte Historiker, den Juden von Riga zu: Öffnet Augen und Ohren, haltet jedes Geschehnis, jeden Namen, jedes Wort fest! Wer überleben kann, darf nichts vergessen! In Birkenau faßt ein Mitglied des Sonderkommandos – das mit den Verbrennungsöfen betraut ist – ins einzelne gehende Berichte ab, damit künftige Generationen davon Kenntnis erhalten. Hinter den Ghettomauern von Warschau haben Emmanuel Ringelblum und die hundert Schreiber seines Komitees nur einen Gedanken in ihrem Kopf, so viel Dokumente als möglich zu sammeln und sie zu vergraben. Soviel Leiden und Prüfungen dürfen einfach für die Geschichte nicht verloren sein. In Maidanek fleht ein am Ende seiner Kräfte sich befindender Gefangener eine einflußreiche Persönlichkeit des Lagers an, ihm beim Durchhalten zu helfen. Sein Argument: als Journalist ist es seine Pflicht zu überleben und das zu beschreiben, was das Ende des europäischen Judentums zu sein scheint. Die einflußreiche Persönlichkeit stimmt dem zu. Der Journalist überlebt ...«

(E. W., Le témoin et sa vérité, in: Arche, Paris 1967, Nr. 122, S. 25)

Elie Wiesel, 1970:

»In unseren Tagen heißt also Judesein

Zeugnis ablegen, Zeugnis ablegen von dem, was ist und von dem, was nicht mehr ist. Man kann Zeugnis ablegen mit Freude – mit einer wirklichen begeisterten, wenn auch von Unruhe untermischten Freude – indem man Israel seine Unterstützung leiht, oder mit Zorn – mit einem beherrschten, gezähmten, von jeder unfruchtbaren Bitterkeit freien Zorn – indem man sich über die Asche des Massenmords empört. Für den zeitgenössischen jüdischen Erzähler kann es kein menschlicheres und kein weltumspannenderes Projekt geben.«
(E. W., Entre deux soleils, Paris 1970, S. 180)

---

2. Das gegenseitige Verhältnis von Juden und Christen ist durch das Zeugnis gekennzeichnet. Dies schließt auch ein, daß man es lernt, aufeinander zu hören und voneinander zu lernen; die daraus sich ergebenden Konsequenzen müssen gezogen werden.

Dietrich Bonhoeffer (1906–1945), 1933:
»Nur der darf Gregorianik singen, der laut für die Juden schreit.«
(Karl Kupisch, Die Bekennende Kirche und die Judenfrage, in: Kurt Scharf, Hrsg., Vom Herrngeheimnis der Wahrheit, Berlin 1962, S. 364)

Heinz Schmidt, 1947:
»Unsere Verkündigung der Christusbotschaft an Israel wird erst in dieser neuen Gesinnung der Liebe und Dankbarkeit glaubhaft werden. Uns will es wohl scheinen, als wären wir Christen in Deutschland die am wenigsten geeigneten, die unglaubwürdigsten Zeugen der frohen Botschaft gerade an die Juden. Und doch bleibt der Auftrag, lange verkannt, vor uns stehen. Wir wissen aus der Bibel, wie Gott Macht und Möglichkeit besitzt, gerade die ungeeignetsten Werkzeuge für eine Botschaft zu benützen. Nicht bedrückt und resigniert, sondern mit unerschütterlicher Zuversicht sollten wir Christen in Deutschland das Wort vom Kreuze Jesu Christi an seine Brüder nach dem Fleisch heranbringen.«
(H. Schm., Die Judenfrage und die christliche Kirche in Deutschland, Stuttgart 1947, S. 59)

Karl Barth (1886–1968), Basel, 1959:
»Es kann, es könnte aber als solcher (Zeugendienst) nur Eines in Frage kommen: es müßte ihr (der christlichen Gemeinde) nach dem von Paulus Röm. 11, 11.14 gebrauchten Ausdruck gegeben sein, die Synagoge ›eifersüchtig‹ zu machen (parazälosai): Sie müßte sie in ihrer eigenen Existenz als Gemeinde des ihr als Retter der Welt offenbar gewordenen Judenkönigs vor das Faktum des Ereignis gewordenen Trostes des erfüllten Wortes Gottes stellen, sie ihrerseits mit dem Monument der freien, nun aber nicht verschmähten, sondern dankbar bejahten und ergriffenen Erwählung, Berufung und Gnade Gottes konfrontieren. Sie müßte ihr damit den, den sie verworfen hat, lieb, begehrenswert, einleuchtend zu machen, ihn als ihren wirklich gekommenen Messias einleuchtend vor Augen zu stellen wissen. Sie müßte sie *damit* aufrufen, sich mit ihr als seinem Volk und so mit ihm zu vereinigen. Keine besondere Funktion könnte – das vor den Augen auch der Juden authentisch gelebte *Leben* der Gemeinde in seiner *Ganzheit* müßte dieser Ruf sein! Es braucht kaum gesagt zu werden: das Leben der Gemeinde war und ist gerade im Ganzen *nicht* dieser Ruf!«
(K. B., Kirchliche Dogmatik IV/3, 2. Halbband, Zollikon-Zürich 1959, S. 1006)

Wilhelm Vischer, Montpellier, 1961:
»Jede Seite der Bibel, des Alten wie des Neuen Testaments, erinnert die Kirche an ihre grundlegende Beziehung zu Israel. An die Kirche von Rom schrieb Paulus, der Heidenapostel, das Ziel seines Apostolats und die Aufgabe der heidenchristlichen Kirche bestehe darin, den Juden zu zeigen, daß die Israel gegebenen Verheißungen in Jesus Christus erfüllt sind. Die Existenz der Kirche in ihrer

Ganzheit, ihr tatsächlich gelebtes Leben müssen ein so echtes Zeugnis für diese Erfüllung sein, daß die Juden es nicht mehr aushalten, sich davon auszuschließen.
Aber bis zu diesem Tag hat die Christenheit diese vorrangige Aufgabe nicht wahrgenommen. Von einigen wenigen Einzelbemühungen abgesehen haben die Christen im Gegenteil den Namen Jesu Christi den Juden verhaßt gemacht. ›Dieser schwerwiegende Fehler bildet eines der dunkelsten Kapitel der Kirchengeschichte und ist ohne Zweifel eine der tiefsten Wunden am Leibe Christi. Auch leidet die ökumenische Bewegung unserer Tage mehr unter dem Fehlen Israels als unter dem Fehlen Roms und Moskaus. Die Kirche muß mit der Synagoge leben, nicht wie mit einer anderen Religion, sondern wie die Zweige mit der Wurzel leben, aus der sie hervorgegangen sind.‹ (Karl Barth)
Die Theologen, die die Zweite Vollversammlung des Weltrats der Kirchen in Evanston (1954) vorbereitet hatten, hatten daran nicht gedacht. Möchten diejenigen, die das Vatikanische Konzil vorbereiten, es doch nicht vergessen.«
(W. V., Voeux pour le concile, in: Esprit, Paris 1961, S. 850 f.)

Hans Joachim Kraus, Göttingen, 1965:
»Unter einem heidnischen Gottesbegriff wird die Botschaft des Neuen Testaments zu einem einzigen Zerrbild – zu einer christlichen Mythologie und Ideologie, um deren ›Entmythologisierung‹ und ›Entideologisierung‹ dann vergeblich gerungen wird. Heilig und unentrinnbar ist dieses ICH – für alle Völker und Menschen. ›Ich bin Gott. Und hinfort bin ich derselbe, und niemand rettet aus meiner Hand. Ich tue es – wer will es wenden?‹ – Er ist derselbe: ›Ich bin der ich bin!‹ Der Gott und Vater Jesu Christi, den wir Christen anbeten, ist der Gott Israels – kein anderer, kein neuer, kein ›christlicher‹ Gott. Wer von dieser Tatsache auch nur um Haaresbreite abweicht und anders lehrt, hat alles verfehlt. Israel ist und bleibt der Zeuge vor der Welt. Und uns bleibt nur eines: In Staunen und Liebe diesem Israel im Alten Testament und in seiner heutigen Gestalt neu zu begegnen. Denn Gott selbst hat über diesem Volk sein bis ans Ende der Welt reichendes, ja dieses Ende prophetisch schon vorwegnehmendes Wort gesprochen: ›Ihr seid meine Zeugen!‹«
(H. J. K., a.a.O., S. 653)

Robert Martin-Achard, Genf, 1965:
»Das Evangelium konnte den Massen Asiens und Afrikas – und Europas! – nicht auf die gleiche Weise verkündigt werden wie dem Volke Moses, der Propheten und Apostel, ja von Jesus selbst.«
(R. M.-A., Le peuple élu de Dieu au service du monde, in: Verbum Caro, Nr. 74, Taizé 1965, S. 2)

A. Blancy; 1966:
»Für den Juden bedeutete Zeuge sein Märtyrer werden, und Märtyrer sein hat keinen anderen Sinn als Zeuge sein.«
(A. B., in: Réforme, 30. 7. 1966)

Alfred de Quervain, Bern, 1966:
»Den Dienst der Juden, die das Alte Testament auslegen, können wir gerade dann annehmen, wenn wir nicht zwei gleichberechtigte oder sich ergänzende Glaubensweisen, zwei religiöse Haltungen annehmen, die jüdische und die christliche, sondern die Einheit der Bibel erkennen und bezeugen ... Das kann freilich nur geschehen, wenn wir selbst ganz anders auf diese Einheit achten in Predigt, Leben und Lehre der Gemeinde. Das ist das Zeugnis gegenüber den Juden, gegenüber Gottes Volk, das von den Christen gefordert ist ...
Zeugnis vom Evangelium von Jesus Christus auch gegenüber Juden, aber in der Erkenntnis, daß der jüdische Spruch und Widerspruch zuerst eine Reformation unter den Gliedern der Gemeinde herbeiführen muß ... Eine durch das Evangelium lebendig gewordene Gemeinde wäre ein Ruf an die Juden, das wirkliche volle Evangelium zu hören. Judenmission könnte aber eine Flucht sein vor dem

Angriff des Evangeliums auf das Christentum.«
(A. d. Q., Das Judentum in der Lehre und der Verkündigung der Kirche heute, Theologische Existenz, Neue Folge, Nr. 130, München 1966, S. 17, 29, Anm. 7)

Kurt Hruby, Paris, 1967:
»Man muß auch folgendes ganz deutlich anerkennen: Wenn die Kirche ihrer Mission treu bleiben will, dann darf sie nicht absichtlich darauf verzichten, daß die Verkündigung des Evangeliums sich *auch* weiterhin an die Juden richtet, an die jüdische Welt von heutzutage. Gegenüber den Juden, die es mit uns zu tun haben, wäre es zutiefst unaufrichtig, wollte man diesen Aspekt aus opportunistischen Erwägungen verschweigen. Aber man darf diese theologische Notwendigkeit nicht verwechseln mit irgendeiner auf Proselytismus ausgehenden Aktion im ›klassischen Sinn‹ dieses Wortes. Auch wenn die Kirche der ganzen Welt, und also auch Israel das Evangelium verkündigt, muß sie sich dessen bewußt bleiben, daß auf Grund des Willens Gottes ein Teil Israels diesen Ruf sich nicht zu eigen machen wird.«
(K. H., Le judaisme dans le plan de salut après l'avènement du Christ, in: L'ami d'Israël, Ingwiller 1967, Nr. 6, S. 133 f.)

Rudolf Pfisterer, Schwäb. Hall, 1968:
»Um den Unterschied im Verhältnis der Kirche zu den Juden und zu den Heiden zu markieren, wurde in den theologischen Erörterungen der letzten Zeit der Vorschlag gemacht, hier von einem Gespräch mit Israel zu reden. Dieser Ausdruck wurde durch verschiedene Veröffentlichungen schon recht strapaziert und hat dadurch an Klarheit nicht zugenommen; er wurde oft in dem Sinn mißverstanden, als sei ein solches Gespräch gleichzusetzen mit einem unverbindlichen Gerede und einer sich daraus ergebenden Verleugnung unseres Herrn. Davon kann keine Rede sein. Es darf ja nicht ein lahmes Miteinanderreden sein, indem man sich gegenseitige höfliche Komplimente macht ...
Es geht wirklich um ein Gespräch, in dem Fragen und Infragestellung in einer sachlichen Art auf uns zukommen und gerade so eine tiefe Bereicherung bedeuten. Selbstverständlich ist es ein Gespräch zwischen Juden und Christen, bei dem sich niemand seiner Anschauung und seines Glaubens zu schämen braucht, sondern bei dem alle Teilnehmer erwarten, daß Zeugnis abgelegt wird von und für die Souveränität des unser Leben regierenden lebendigen Gottes! Ein Zeugnis, das in aller Liebe und Sachlichkeit geschehen will und das Fragen und Rückfragen an unser Verständnis des Alten Testaments einschließt. Ein solches Gespräch darf seinem Charakter nach als Zeugnis verstanden werden, und zwar in Entsprechung zu Diskussionen mit katholischen Partnern, bei denen es sich nie um Missionsbemühungen, sondern nur um die Betonung von (schon) Gemeinsamem und (noch) Trennendem in der Hoffnung auf eine durch Gott selbst zu vollziehende Einheit gehen kann.«
(R. Pf., Juden – Christen, getrennt – versöhnt, Gladbeck 1968², S. 40)

Kurt Hruby, Paris, 1969:
»Ein anderer eng mit dem des Zeugnisses verknüpfter Aspekt ist der *der Voraussetzungen*, unter denen dieses Zeugnis stattfindet. Es ist ganz und gar selbstverständlich, daß nur eine in ihrem Verhalten gegenüber Israel ganz und gar gereinigte Kirche das Recht hat und den Anspruch erheben darf, durch ihr Leben und ihr Verhalten auch bei Israel ein Zeuge für das Evangelium der Liebe, des Friedens und der weltumspannenden Versöhnung der Menschen von Christus her zu sein. Unter diesem Gesichtspunkt besteht die ›Mission‹ der Kirche also zunächst in einer Aktion bei den Christen, um ihnen nämlich dabei zu helfen, die richtigen Dimensionen der jüdischen Existenz zu entdecken und zu vertiefen, ebenso auch wie die Bedeutung und die gegenwärtige Rolle des jüdischen Volkes im Plan Gottes aufzuspüren.«
(K. H., Existe-t-il une théologie d'Israël?, in: Lumière et Vie, Lyon 1969, Nr. 92, S. 82)

Roger Mehl, Straßburg, 1970:
»Das einzige, was wir tun können, be-

steht darin, Zeugnis von unserem Glauben abzulegen, aber dieses Zeugnis verliert jeden Wert und jede Glaubwürdigkeit, wenn wir durch die Verunglimpfung des Zionismus, der nicht nur ein Betriebsunfall der Geschichte ist, Israel die Verleugnung seines Glaubens aufzwingen wollen.«
(R. M., De l'antisionisme à l'antisémitisme, in: Réforme, Paris, 18. 4. 1970, S. 16)

Bibliographie

Kraus, Hans Joachim: Israel als Gottes Zeuge, in: Deutscher Evangelischer Kirchentag Köln 1965, Stuttgart 1965, S. 647–654.
Simon, Ernst: Das Zeugnis des Judentums, in: Deutscher Evangelischer Kirchentag Köln 1965, a.a.O., S. 654–667.
Wiesel, Elie: Le témoin et sa vérité, in: Arche, Paris 1967, Nr. 122, S. 25–26.

Zionismus

Der Zionismus ist eine Bewegung, die sich das Ziel setzte, die Juden aus aller Welt ins Land Israel zurückzuführen und dort in einer Heimstätte anzusiedeln. In den Gedankengängen dieser Bewegung kommt die entscheidende Vorstellung zum Durchbruch, daß die Juden nicht nur eine Glaubensgemeinschaft bilden, sondern auch ein Volk sind. Die Zionisten rekrutierten sich zuerst und vor allem aus den verfolgten Juden im Osten Europas, setzten sich aber dann auch zusammen aus Juden im Westen dieses Erdteils, die die Brüchigkeit der (→) Assimilation durchschauten und die Gefahr des (→) Antisemitismus richtiger einschätzten. Der führende Mann war Theodor Herzl, ein in Wien lebender Journalist, der vor allem durch die Ereignisse im Dreyfus-Prozeß zu seinen Überlegungen angeregt wurde. Die Organisation dieser Bewegung hat wesentlich dazu beigetragen, daß der Staat Israel im Jahre 1948 errichtet werden konnte.

---

1. Der Zionismus hat die Eigenständigkeit des Judentums als Schicksalsgemeinschaft neu entdeckt und zielbewußt die Errichtung eines eigenen Staates angestrebt. Darin tritt ein – oft vergessener – wichtiger Aspekt des Judentums ins Blickfeld. Dieser Gedanke war als Sehnsucht nach Zion schon vor dem Auftauchen der Bewegung des Zionismus lebendig.

Isaac de la Peyrère (1596–1676), Bordeaux, 1643:
»Nun dieser Besitz des Heiligen Landes: Ein friedlicher, fester ewiger Besitz von einer durch Menschen nicht zu begrenzenden Dauer – ein wirklicher und aktueller Besitz, in den die Juden wieder eingesetzt werden müssen. Dieser Besitz kann nicht zugrunde gehen, denn Gott hat ihn versprochen und zugesichert. Diese Besitznahme, sage ich, wird notwendigerweise bei der zweiten Staatsgründung der Juden stattfinden. Sie wird der Rückruf der Juden sein. Alsdann wird Gott mit starker Hand und ausgestrecktem Arm wiederkehren, um sein Volk in die Freiheit zurückzuführen.
Dies bestärkt uns im Glauben an den Rückruf der Juden, den wir behandeln und den wir für einen zeitlichen ansehen. Denn Gott hat ihnen eine zeitliche Glückseligkeit versprochen.«
(Karl Heinrich Rengstorf und Siegfried von Kortzfleisch, Hrsg., Kirche und Synagoge, Bd. II, Stuttgart 1970, S. 69)

Jakob Emden (1696–1776):
»Denn wenn auch das Heilige Land eingeäschert und in einen Schutthaufen verwandelt wurde – die Schechina (Gottesgegenwart) ist von dort nicht gewichen; diese Stätte ist für ewige Zeiten heilig geblieben und hat ihre Heiligkeit niemals eingebüßt. Wem es daher nur irgendwie möglich ist, trachte nach Zion zu gelangen, um auf diese Weise dazu beizutragen, das zerstörte und verwüstete Land der Verheißung wieder aufzurichten und es urbar zu machen.
Unser größtes Unglück war es stets, daß wir in jedem Lande, wo uns nur einige bürgerliche Rechte und Freiheiten gewährt wurden, unsere ruhmreiche Vergangenheit vergessen und an Zion und Jerusalem nicht mehr gedacht haben. So war es in Spanien und so auch in anderen Ländern, wo des Glückes Sonne uns zulächelte und wo wir eine dauernde Ruhestätte gefunden zu haben glaubten. Wir haben die Erinnerung an Jerusalem aus unserem Gedächtnis verdrängt. Seit-

dem werden wir auf Schritt und Tritt unliebsam erinnert, wer wir sind und was wir sind!«
(Hans Joachim Schoeps, Jüdische Geisteswelt, Köln 1960, S. 266)

Baruch Spinoza, 17. Jahrhundert:
»... In diesem Zusammenhang schreibe ich dem Zeichen der Beschneidung einen derartigen Wert zu, daß es meinem Urteil nach allein imstande wäre, dieser jüdischen Nation eine ewige Existenz zu gewährleisten. Wenn die Grundsätze ihrer Religion ihre Herzen nicht verweichlichen würden, dann wäre ich ohne Vorbehalt davon überzeugt – obwohl ich die Veränderlichkeit der menschlichen Verhältnisse kenne –, daß die Juden ihr Reich wieder errichten würden und daß Gott sie von neuem erwählte.«
(Léon Poljakov, De l'antisionisme à l'antisémitisme, Paris 1969, S. 162, Anm. 6)

Napoleon Bonaparte, 1799:
»Generalquartier, Jerusalem, am 1. Floréal im Jahr 7 der französischen Republik (20. 4. 1799).
Bonaparte, Oberkommandierender der Armeen der französischen Republik in Afrika und Asien, an die rechtmäßigen Erben Palästinas.
Israeliten, ihr seid eine einzigartige Nation, die während Tausenden von Jahren durch Eroberungssucht und Tyrannei zwar einzig und allein des von den Vätern ererbten Landes, aber in keiner Weise seines Namens und seiner nationalen Existenz beraubt wurde! Aufmerksame und unparteiische Beobachter des Völkergeschicks haben seit langer Zeit auch erfahren – auch wenn sie nicht mit der Gabe der Prophetie eines Jesaja und Joel ausgestattet waren –, was diese Männer in ihrem wunderbaren und nach vorne weisenden Glauben vorausgesagt hatten zu einem Zeitpunkt, als sie die Vernichtung ihres Reiches und Vaterlandes herannahnen sahen: ›Die Erlösten des Herrn werden wiederkommen und nach Zion kommen mit Jauchzen; ewige Freude wird über ihrem Haupte sein; Freude und Wonne werden sie ergreifen, und Schmerz und Seufzen wird entfliehen.‹ (Jes. 35, 10)
Also macht euch auf in Freuden, ihr Verbannten! Durch einen in den Annalen der Geschichte beispiellosen Krieg, durch einen Krieg, der von einer Nation zu ihrer Selbstverteidigung begonnen wurde, deren Erbland durch den Feind als eine willkürlich und nach Gutdünken durch den Federstrich von Kanzleien aufzuteilende Beute angesehen wurde, rächte diese Nation ihre eigene Schande ebenso wie diejenige der entlegensten Völker, die schon lange Zeit unter dem Joch der Sklaverei vergessen waren. Sie rächt auch die Schande, die auf euch seit fast zweitausend Jahren lastet. Und während der Augenblick und die Umstände am allerungünstigsten aussehen, um Anspruch auf eure Rechte zu erheben oder dieselben überhaupt zum Ausdruck zu bringen, und man euch so nötigen könnte, auf dieselben gänzlich zu verzichten – ausgerechnet zu diesem Zeitpunkt bietet euch jene Nation gegen alle Erwartung das Erbe Israels an.
Die junge Armee, mit der die Vorsehung mich hierher sandte und die von der Gerechtigkeit geführt und vom Sieg begleitet wird, hat Jerusalem zu meinem Hauptquartier gemacht; in kurzer Zeit wird es nach Damaskus verlegt werden, eine Nachbarschaft, die für die Stadt Davids nichts Schreckliches mehr bedeuten kann.
Rechtmäßige Erben Davids!
Die große Nation, die sonst keinen Handel mit Menschen und Gebieten betreibt außer mit denen, die eure Vorfahren an alle Völker verkauft haben (Joel 4, 6), erläßt hiemit einen Aufruf an euch ergehen, gewiß nicht in dem Sinn, daß ihr euer Erbland erobern sollt, sondern einfach darum, daß ihr Besitz ergreifen möget von dem Land, das mit der Garantie und Hilfe dieser Nation erobert wurde. Ihr sollt hier die Herren bleiben, auch gegen alle, die auftauchen werden, um es euch zu nehmen. Also auf! Zeigt, daß die niederdrückende Macht eurer ehemaligen Unterdrücker den Mut jener heldenhaften Brüder höchstens abschwächen konnte, deren brüderliches Bündnis sogar Sparta und Rom Ehre bereitete (Makk. 12, 15), aber daß diesen zweitau-

send Jahren Sklaverei kein Ersticken dieser Macht gelungen ist.
Eilt euch! Der Zeitpunkt ist gekommen – und er kann sich vor Tausenden von Jahren nicht wieder einstellen –, inmitten der Völker der Welt die Wiederherstellung eurer bürgerlichen Rechte zu fordern, um die ihr in Tausenden von Jahren in so schamloser Weise betrogen worden seid. Es geht auch darum, eure politische Existenz als Volk unter den Völkern und das normale und uneingeschränkte Recht zu verlangen, Jehovah nach eurem Glauben öffentlich und wahrscheinlich für immer (Joel 4, 20) zu verehren.«
(Renée Néhér-Bernheim, Bonaparte au Moyen-Orient, in: Arche, Paris 1969, Nr. 153, S. 63)

Lord Palmerston, England, 1840:
»Es herrscht heute unter den Juden, die über Europa verstreut sind, allgemein die Vorstellung, daß die Zeit nahe sei, da ihr Volk nach Palästina zurückkehren wird ... Wenn das jüdische Volk auf Einladung des Sultans, mit seiner Genehmigung und unter seinem Schutz zurückkehrt, dann wäre für die Zukunft allen etwaigen bösen Absichten Mehemet Alis oder seiner Nachfolger ein Riegel vorgeschoben.«
(Uri Avnery, Israel ohne Zionisten, Gütersloh 1968, S. 59)

Louis Gaussen, Genf, 1844:
»Wer von uns würde nicht seine Hand ausstrecken, um den Juden zu helfen ... Wer würde nicht auch ein Interesse an der Wiederherstellung (dieses Projektes) zeigen ... Es steht geschrieben, daß alle Völker, die Gott fürchten, den Juden helfen, ... und sie nach Palästina zurückbringen werden.«
(Ernst Birnbaum, Roter Davidsstern über Israel, Velbert und Kettwig 1969, S. 18)

Félix Bovet, Neuchâtel, 1858:
»Die Christen, die das Heilige Land erobert hatten, konnten dasselbe niemals halten, es war für sie nie etwas anderes als ein Schlachtfeld und ein Friedhof. Die Sarazenen, die es ihnen entrissen haben, mußten es ihrerseits sich wieder durch die Ottomanen wegnehmen lassen. Diese, die dem Namen nach noch die Herren sind, haben dieses Land zu einer Wüste gemacht, wohin sie kaum ihren Fuß ohne Angst zu setzen wagen. Die Araber selbst, die die Bevölkerung dieses Landes ausmachen, können in diesem Land nur als Lagerbewohner betrachtet werden: sie haben ihre Zelte auf den Weideplätzen aufgeschlagen oder beziehen nur ein Nachtquartier in den Ruinen der Städte. Sie haben nichts gegründet. Da sie dem Boden fremd sind, haben sie zu demselben auch keine enge Verbindung gefunden. Der Wüstenwind, der sie herbeibringt, kann sie eines Tages wieder wegwehen, ohne daß sie die geringste Spur ihres Aufenthalts hinterlassen. Gott hat Palästina so vielen Nationen in die Hand gegeben und hat es doch keiner Nation erlaubt, sich hier fest niederzulassen und Wurzel zu schlagen. Ganz bestimmt hält er dieses Land für sein Volk in Reserve, für die Nachkommen dieses Volkes, die eines Tages die demütigen und sanftmütigen Menschen geworden sind, von denen Jesus sagt: ›Sie werden das Land ererben‹.«
(Léon Vogel, Le voyage de Félix Bovet in: Arche, Paris 1970, Nr. 154, S. 66)

Moses Heß (1812–1875), 1862:
»Das Judentum ist vor allen Dingen eine Nationalität, deren Geschichte, Jahrtausende überdauernd, mit jener der Menschheit Hand in Hand geht ...
Solange der Jude seine Nationalität verleugnen wird, weil er eben nicht die Selbstverleugnung hat, seine Solidarität mit einem unglücklichen, verfolgten und verhöhnten Volke einzugestehen, muß seine Stellung mit jedem Tage unerträglicher werden.«
(Hans Günter Adler, Die Juden in Deutschland, München 1960, S. 118)

Henri Dunant, 1866:
»Alle Juden werden verstehen, daß die Wiederherstellung einer jüdischen Nationalität in der ganzen Welt die moralische und politische Stellung eines jeden

Angehörigen dieses Volkes heben würde ... (Das wäre) wichtig, um die Mächte, die den Juden noch die Bürgerrechte verweigern, zu einer Revision ihrer Haltung zu zwingen.
Die Christenheit hat eine große Ungerechtigkeit wiedergutzumachen ... Würde es den jüdischen Financiers nicht zum Ruhme gereichen, ihre Glaubensgenossen den Verfolgungen zu entziehen? Nach ihrer Wiederherstellung wird dieser antiken Rasse von den Muselmanen moralische Achtung entgegengebracht werden. Dann wird es die Mission der Israeliten sein, in Asien die Gedanken der Zivilisation eindringen zu lassen.«
(Ernst Birnbaum, a.a.O., S. 21)

Leon Pinsker, Odessa, 1882:
»... *Solange wir nicht wie die anderen Nationen ein eigenes Heim haben*, müssen wir ein für allemal die edle Hoffnung aufgeben, mit den andern gleichwertige Menschen zu werden. Wir müssen uns zu der Einsicht bekehren, daß, ehe die große Humanitätsidee alle Völker der Erde vereinigen wird, noch eine Reihe von Jahrtausenden vergehen kann, und daß bis dahin ein Volk, welches überall und nirgends zu Hause ist, auch überall als fremder Körper von den Volksorganismen empfunden wird. *Es ist die Zeit gekommen für eine nüchterne und leidenschaftslose Erkenntnis unserer Lage* ...
Wenn wir nun um eine sichere Heimat besorgt sind, um das ewige Wanderleben aufzugeben, und unsere Nation in eigenen und fremden Augen aufzurichten, so dürfen wir vor allem nicht davon träumen, das alte Judäa wiederherzustellen. Wir dürfen nicht dort wieder anknüpfen, wo einst unser Staatsleben gewaltsam abgebrochen und zertrümmert worden ist. Unsere Aufgabe, wenn sie einmal gelöst sein soll, sei eine *bescheidene*. Ohnehin ist sie schwierig genug. Nicht das *›heilige Land‹* soll jetzt das Ziel unserer Bestrebungen werden, sondern das ›eigene‹. Wir brauchen nichts als ein großes Stück Land für unsere armen Brüder, welches unser Eigentum bleiben soll, aus dem kein fremder Herr uns verdrängen könnte. Dorthin wollen wir das Heiligste mitbringen, was wir aus dem Schiffbruch unseres einstigen Vaterlandes gerettet: die *Gottesidee* und die *Bibel*. Denn diese sind es, welche unser altes Vaterland zum Heiligen Lande gemacht, nicht etwa Jerusalem oder der Jordan ...
Möglicherweise könnte auch das heilige Land unser eigenes werden. Dann um so besser, aber es muß *vor allem* festgestellt werden – und darauf kommt es nur an – welches Land uns überhaupt zugänglich und gleichzeitig geeignet ist, den Juden aller Länder, welche ihre Heimat verlassen müssen, eine sichere, unangefochtene, produktionsfähige Zufluchtsstätte zu bieten ...
Das rechte, das einzige Mittel wäre die Schaffung einer jüdischen Nationalität, eines Volkes auf eigenem Grund und Boden, die Autoemanzipation der Juden, ihre Gleichstellung als Nation unter Nationen durch Erwerbung einer eigenen Heimat. Man rede sich nicht ein, daß die Humanität und die Aufklärung jemals radikale Heilmittel für das Siechtum unseres Volkes sein werden.«
(L. P., Autoemanzipation, Berlin 1936[8], S. 21 f., 25 f., 36)

Theodor Herzl (1860–1904), Wien 1896:
»Ich halte die Judenfrage weder für eine soziale, noch für eine religiöse, wenn sie sich auch noch so und anders färbt. Sie ist eine nationale Frage, und um sie zu lösen, müssen wir sie vor allem zu einer politischen Weltfrage machen, die im Rate der Kulturvölker zu regeln sein wird. Wir sind ein Volk, *ein* Volk ...
Die Volkspersönlichkeit der Juden kann, will und muß nicht untergehen. Sie kann nicht, weil äußere Feinde sie zusammenhalten. Sie will nicht, das hat sie in zwei Jahrtausenden unter ungeheuren Leiden bewiesen. Sie muß nicht, das versuche ich in dieser Schrift nach vielen anderen Juden, welche die Hoffnung nicht aufgaben, darzutun. Ganze Äste des Judentums können absterben, abfallen; der Baum lebt ...
Wir sind ein Volk – der Feind macht uns ohne unseren Willen dazu, wie das im-

mer in der Geschichte so war. In der Bedrängnis stehen wir zusammen, und da entdecken wir plötzlich unsere Kraft. Ja, wir haben die Kraft, einen Staat, und zwar einen Musterstaat, zu bilden. Wir haben alle menschlichen und sachlichen Mittel, die dazu nötig sind.«
(Th. H., Der Judenstaat, Tel Aviv 1946[11], S. 11, 14, 25)

Henri Dunant, 1897:
»Ich bin glücklich, daß ich meine ganze Hilfe dem Zionistenkongreß entbieten darf. Denn dieser Zionistenkongreß findet meine herzlichsten Sympathien. Ich darf dies laut verkünden, denn es sind jetzt an die fünfzig Jahre her, daß ich auf diesen Zionistenkongreß sehnsüchtig warte. Ach, wie bin ich doch mit meinem ganzen Herzen bei jenen Männern, die sich dort in Basel zusammenfinden . . .«
(Ernst Birnbaum, a.a.O., S. 29)

Baseler Programm, 1897:
»Der Zionismus erstrebt für das jüdische Volk die Schaffung einer öffentlichrechtlichen Heimstätte in Palästina. Zur Erreichung dieses Zieles nimmt der Kongreß folgende Mittel in Aussicht:
1. Die zweckdienliche Besiedlung Palästinas mit jüdischen Ackerbauern, Handwerkern und Gewerbetreibenden.
2. Die Gliederung und Zusammenfassung der gesamten Judenschaft durch geeignete örtliche und allgemeine Veranstaltungen nach den Landesgesetzen.
3. Die Stärkung des jüdischen Volksgefühls und Volksbewußtseins.
4. Vorbereitende Schritte zur Erlangung der Regierungszustimmungen, die nötig sind, um das Ziel des Zionismus zu erreichen.«
(Michael Krupp, Vergesse ich dein Jerusalem . . ., Metzingen 1962, S. 56)

Kaiser Wilhelm II. von Deutschland, 1898:
»Ich bin der Überzeugung, daß die Besiedlung des Heiligen Landes durch das kapitalkräftige und fleißige Volk Israel dem ersten bald zu ungeahnter Blüthe und Segen gereichen wird, der sich auch weiterhin ausdehnend zu einer bedeutenden Wiederbelebung und Erschließung Kleinasiens entwickeln kann. Das hinwiederum bedeutet aber Millionen in den Beutel der Türken – auch des Grossherren Effendinis! – und damit eine allmählige *Sanierung* des sogenannten ›kranken Mannes‹.«
(Egmont Zechlin, Die deutsche Politik und die Juden im Ersten Weltkrieg, Göttingen 1969, S. 291)

Frau Joelsohn, Berlin, 1904:
»Ich glaube, Herr Auerbach hat recht. Jeder andere Weg wird zur Taufe und zur Auflösung des Judentums führen. Es mag genug Juden geben, die diese Auflösung wollen; ich will sie nicht, und wenn ich keinen anderen Weg zur Erhaltung des Judentums sehe, werde ich mich zum Zionismus bekennen.«
(Elias Auerbach, Pionier der Verwirklichung, Stuttgart 1969, S. 162)

Bäcker Minzenmay, Palästina, 1910:
»Wir haben nach dem Wort gehandelt, das der Herr zu Abraham sprach, im 1. Buch Moses 12, 1: ›Gehe aus deinem Lande, deinem Geburtsort und deinem Vaterhause in das Land, das ich dir zeigen werde.‹ Aber weiter heißt es im Vers 7: ›Deinem Samen werde ich dieses Land geben.‹ Ihr Juden werdet dieses Land wieder besitzen, davon bin ich fest überzeugt, und die Zeit dafür hat schon begonnen. Deshalb sind wir gekommen, um mit unseren schwachen Kräften das Land für euch vorzubereiten.«
(Elias Auerbach, a.a.O., S. 285)

Elias Auerbach, 1912:
»Ich setzte ihnen auseinander, daß die zionistische Literatur den Eindruck erwecke, als sei Palästina gewissermaßen ein leeres Land, das nur auf die Juden und auf die Entwicklung durch die Juden wartet. In Wirklichkeit gibt es aber nicht nur Araber im Lande, sondern Palästina ist tatsächlich ein arabisches Land. Vorläufig allerdings existiert kein Gegensatz zwischen Juden und Arabern, weil zur Zeit auf sechs Araber lediglich ein Jude komme. Nach meiner Überzeu-

gung wird jedoch die Araberfrage *das* Problem des Zionismus werden, sobald sich dieses Zahlenverhältnis entscheidend ändert. Andererseits müssen wir die Mehrheit erlangen, um das Land wirklich zu besitzen, und das wird Konflikte mit der arabischen Bevölkerung mit sich bringen. Außerdem sind die Araber, nicht zuletzt unter dem Einfluß der jüdischen Einwanderung, im Begriffe, kulturell und politisch aufzusteigen und ein immer aktiveres Element im Lande zu werden. Es müßte daher in unserem Interesse liegen, diesen Schwierigkeiten durch eine möglichst rasche und ausgedehnte Kolonisation zuvorzukommen, bevor sich die palästinensischen Araber besser zu organisieren lernen. Dieses Problem stelle das entscheidende Argument für den ›praktischen Zionismus‹ dar. Gleichzeitig müßte natürlich auch alles getan und alles versucht werden, um unser Verhältnis zur arabischen Bevölkerung vor jeder Verschärfung zu bewahren.«
(Elias Auerbach, a.a.O., S. 314 f.)

Martin Buber, 1915:
»Der Jude kann seinen Beruf unter den Völkern nur dann wahrhaft erfüllen, wenn er von neuem und mit seiner ganzen unversehrten, geläuterten Urkraft daran geht, zu verwirklichen, was seine Religiösität ihn in der Vorzeit lehrte: die Einwurzelung im heimatlichen Boden, die Bewährung des rechten Lebens in der Enge, die vorbildliche Gestaltung einer Menschengemeinschaft auf der schmalen kanaanäischen Erde.«
(Heinz David Leuner, Religiöses Denken im Judentum des 20. Jahrhunderts, Wuppertal 1969, S. 69)

Balfour-Erklärung, 1917:
»Ministerium des Äußeren, 2. November 1917.
Mein lieber Lord Rothschild,
zu meiner großen Genugtuung übermittle ich Ihnen namens S. M. Regierung die folgende Sympathie-Erklärung für die jüdisch-nationalen Bestrebungen, die vom Kabinett geprüft und gebilligt worden ist.
Seiner Majestät Regierung betrachtet die Schaffung einer nationalen Heimstätte in Palästina für das jüdische Volk mit Wohlwollen und wird die größten Anstrengungen machen, um die Erreichung dieses Zieles zu erleichtern, wobei klar verstanden wird, daß nichts getan werden soll, was die bürgerlichen und religiösen Rechte bestehender nichtjüdischer Gemeinschaften in Palästina oder die Rechte und die politische Stellung der Juden in irgend einem anderen Land beeinträchtigen könnte.
Ich bitte Sie, diese Erklärung zur Kenntnis der zionistischen Föderation zu bringen.
(gez.) James Balfour.
(Arno Ullmann, Hrsg., Israels Weg zum Staat, DTV Nr. 118, München 1964, S. 252)

Georg Brandes, Kopenhagen, 1917:
»Die Juden haben vollen Anspruch auf Schulen, wo der Unterricht in der jüdischen Sprache erteilt wird, und vollen Anspruch auf Selbstverwaltung in ihren inneren Angelegenheiten. Wenn sie erst in der Lage sein werden, über ihr Geschick selbst zu bestimmen, werden sie – hochbegabt wie sie sind – die großen Aufgaben bewältigen können, vor die sie die Geschichte gestellt hat.
Zu diesen Aufgaben gehört die Verwirklichung der zionistischen Kolonisation. Den Juden wird die Gelegenheit geboten werden, ein Zentrum in Palästina zu haben. Für absehbare Zeit wird die jüdische Gesellschaft dort zu ohnmächtig bleiben, um politischen Einfluß ausüben zu können. Aber dieser Einfluß wird täglich wachsen. Und es ist unzweifelhaft, daß die Kolonisation Palästinas eine gewaltige moralische Stütze für die in Europa zerstreuten Juden sein wird.
Natürlich werden die Antisemiten dadurch um ein Schlagwort bereichert. Man wird in jeder Debatte ausrufen: ›Geh doch dorthin, wo du hingehörst!‹ Allein um Schlagworte ist der Judenhaß nicht verlegen. Das jüdische Ansehen wird bedeutend gestärkt werden, wenn jederman sehen kann, daß ein großer Teil des jüdischen Volkes auf eigenem Bo-

den sich mit produktiver Arbeit befaßt und alle Pflichten erfüllt, die ein selbständiges nationales Leben einer Volksgemeinschaft auferlegt.
Ich habe die Anfänge des neuen jüdischen Lebens in Palästina mit dem größtem Interesse verfolgt, die Gründung der Kolonien, die Entstehung der modernen jüdischen Stadtviertel in Jaffa und Haifa, die Errichtung des hebräischen Schulwerkes und die Ansätze zu einer neuen jüdischen Kunst und Literatur, und ich zweifle nicht, daß alles dies einer großartigen und über den Rahmen Palästinas hinaus bedeutsamen Entwicklung fähig ist.«
(G. B., Meine Stellung zum nationalen Judentum, in: Der Jude, Berlin 1917, 594 f.)

Emir Feisal an Felix Frankfurter, einen amerikanischen Juden, 1. März 1919:
»... Wir Araber, besonders die Gebildeten unter uns, blicken mit tiefster Sympathie auf die zionistische Bewegung. Unsere Delegation kennt genau die Vorschläge, die gestern von der Zionistischen Organisation der Friedenskonferenz unterbreitet wurden, und wir halten sie für mäßig und berechtigt. Wir wollen unsererseits unser Bestes tun, ihnen zum Sieg zu verhelfen. Wir wollen den Juden unser herzlichstes Willkommen bei ihrer Rückkehr in die Heimat zurufen ... Er (Dr. Chaim Weizmann) hat unserer Sache große Dienste geleistet, und ich hoffe, daß die Araber bald in der Lage sein werden, den Juden ihre Güte zu vergelten. Wir arbeiten zusammen für einen neugestalteten und wieder auflebenden Orient, und unsere beiden Bewegungen ergänzen einander. Die jüdische Bewegung ist national und nicht imperialistisch.«
(Arno Ullmann, Hrsg., a.a.O., S. 266)

Emir Feisal an Dr. Levin, London, 31. 10. 1919:
»Ich bedaure, daß ich der Zeremonie zur Erinnerung an das zweijährige Bestehen der Balfour-Erklärung nicht beiwohnen konnte, zu der Sie mich freundlicherweise eingeladen hatten. Ich bin jedoch sehr glücklich, diese Gelegenheit ergreifen zu können, um meine aufrichtigsten Wünsche zu wiederholen, weil ich sehe, wie unsere beiden Völker für das gemeinsame Ideal einer Wiederaufrichtung des Orients zusammenarbeiten.
Wir waren vereint im Unglück, und wir rechnen darauf, auch in dieser neuen Ära des Fortschritts und der Zivilisation, die sich vor uns eröffnet, dies bleiben zu können. Unser freies und unabhängiges Land hat viel zu gewinnen von der Zusammenarbeit unserer beiden Brudervölker, die eine gemeinsame Geschichte so eng verbindet.
Die Entwicklung der jüdischen Rasse kann von den semitischen Arabern nur mit Sympathie begrüßt werden.
Der Orient hat eine große Mission zu erfüllen und unseren beiden Völkern fällt diese große Aufgabe zu. Ich glaube meine und die Gefühle des arabischen Volkes richtig zu deuten, wenn ich der Aufrichtigkeit der zionistischen Führer meinen Dank abstatte, die an der Vereinigung unserer beiden Völker arbeiten ...«
(Renée Néhér-Bernheim, La déclaration Balfour, Paris 1969, S. 14)

Chaim Weizmann (1874–1952), Baltimore, 1923:
»Seit Jahren haben wir politische Resolutionen des Inhalts formuliert, daß wir Juden wünschen, mit den Arabern in Frieden zu leben. Wir haben Resolutionen angenommen, die den Charakter einer bindenden Zusage haben. Doch sobald es dazu kommt, wirksame und entscheidende Schritte zur Durchführung dieser Resolutionen zu unternehmen, weil die Lösung all dieser Probleme eine Lebensfrage für unsere Arbeit in Palästina ist, wird man von allen Seiten angegriffen. Ein Geschrei wird erhoben, daß man alles, was dem Zionismus heilig ist, an die Araber oder sonst jemand ›ausverkauft‹. Es sollte unseren großen Politikern klar sein, daß man die Araber nicht mit leeren Worten abspeisen kann. Seit Jahren haben wir Entscheidungen getroffen, aber was immer aus der Jüdischen Nationalen Heimstätte werden

mag: selbst wenn sie Millionen von Juden absorbiert und wenn, wie ich hoffe, eine jüdische Mehrheit in Palästina existieren wird – sie wird immer eine Insel in dem arabischen Meer bleiben. Wir müssen zu einer Verständigung mit diesem Volk kommen, das mit uns verwandt ist und mit dem wir in der Vergangenheit in Eintracht gelebt haben ... In Erez Israel lebt ... ein Volk, das sich unserem Kommen widersetzt und das Palästina von Norden und Süden, von Osten und Westen eingekreist hält, und mit ihm haben wir uns in ernsthafter Weise zu arrangieren.«
(Christopher Sykes, Kreuzwege nach Israel, München 1967, S. 102 f.)

Martin Buber, 1924:
»Wird Zion Gottes Werk oder des Menschen Werk sein? Es kann nur Gottes Werk sein; und es kann sein Werk nur sein, wenn es des Menschen Werk ist.«
(M. B., Der Jude und sein Judentum, Köln 1963, S. 245)

Hans Goslar, 1925:
»Aus diesen und ähnlichen Sehnsüchten aus dieser Grundstimmung der jüdischen Seele, die, auch bei aller Verwurzelung in den Ländern, in denen wir als Staatsbürger und treue Arbeiter am Staat und Volk leben, doch ihr letztes und größtes Sehnen nach Einheit, nach Erlösung und Einswerden mit dem Göttlichen nicht erfüllen kann, ist letzten Endes auch das herausgewachsen, was man heute Zionismus nennt.«
(H. G., Der moderne Jude und der Staat, in: Der Jude, Berlin 1925, S. 107)

Chaim Weizmann (1847–1952), Wien, Zionistenkongreß 1925:
»Palästina muß aufgebaut werden, ohne die legitimen Interessen der Araber zu verletzen – nicht ein Haar soll ihnen gekrümmt werden. Der Zionistische Kongreß darf sich nicht auf platonische Formeln beschränken. Er muß die Wahrheit lernen, daß Palästina nicht Rhodesien ist, und daß 600 000 Araber dort leben, die vor dem Gerechtigkeitsgefühl der Welt genau dasselbe Recht auf ihre Heimstätten haben wie wir auf unsere Nationale Heimstätte. Solange dieser Gedanke uns nicht in Fleisch und Blut übergegangen ist, werden Sie stets nach künstlichen Beruhigungsmitteln Ausschau halten, aber Sie werden die Zukunft in einer falschen Perspektive sehen.«
(Christopher Sykes, a.a.O., S. 103)

Alfred Jeremias, 1927:
»Palästina wird allezeit die Heimat der Judenheit bleiben. Heimweh weckende Heimat ist das Stück Erde, mit dem unsere Kindheit verwurzelt ist. Dies gilt für den einzelnen wie für das Volk, für den Leib wie für den Geist. Auf dem jüdischen Teil des Glasgower Friedhofs steht in englischer Sprache das ergreifende Wort: ›Jedes Volk hat seine Heimat, die Juden haben nur Gräber.‹ Auch wenn man vielleicht nie dazu kommen wird, sagen zu können: Palästina gehört den Juden, so wird es doch immer dabei bleiben: die Juden gehören zu Palästina.«
(A. J., Christentum und Judentum, in: Der Jude, Berlin 1927, S. 47 [Sonderheft »Judentum und Christentum«].)

Ben Gourion, 1935:
»Vor allem fand ich es erforderlich, daß auf diesem Kongreß in aller Klarheit die Frage der *Verwirklichung des Zionismus* zur Sprache kommt. Ich legte den Wert auf Verwirklichung, weil ich es diesmal nicht erforderlich fand, die Frage des jüdischen Volkes aufzurollen, denn nie zuvor war es so eindeutig für die Juden wie überhaupt für die ganze Welt erwiesen, daß der augenblickliche Zustand, die Existenz des jüdischen Volkes in der *Golah* (Diaspora) unerträglich ist. Die Problematik – als Frage gestellt – ist die: Ist der Zionismus in der Lage, dieses Problem zu lösen? Mit anderen Worten: Ist *Erez* (Land) *Israel* in der Lage, sehr viele Juden aufzunehmen – und wenn ja, wie kann dies durchgeführt werden? Nicht nur die weite Welt, nicht nur das jüdische Volk, ja nicht einmal die Zionisten selbst wissen es, und sie glauben auch nicht daran. Ich hielt es daher für erfor-

derlich, den ganzen breiten Rahmen einer solchen *Verwirklichung* zu erörtern und die Vision einer solchen Verwirklichung darzustellen. Ich tat dies nicht in vollem Umfang, aber ich tat es für den Zeitraum, der dieses Problem einer einzigen Generation zur Aufgabe stellt. Es war mein Ziel, nicht nur das darzulegen, was zu tun möglich ist, sondern auch zu erläutern, wie schwer es ist, diese Aufgabe durchzuführen und wieviel innere und äußere Anstrengungen zur Erreichung dieses Zieles erforderlich sind ...

Die Befruchtung und Geburt der Arbeiterbewegung in *Erez Israel* entstand durch den Aufstand der Besten unter den Jugendlichen von vor 28 Jahren bis heute, den Aufstand gegen einen Zionismus der leeren Ideen, der wohlklingenden Proklamationen, in dem es nicht die geringste Verpflichtung gibt, kein Joch der Verwirklichung, keine Forderung und keinen Imperativ: *Tue* ...

Die Arbeit als Umwandlung des Gedankens in die Tat steht im Mittelpunkt der zionistischen Verwirklichung; im Mittelpunkt des Aufbaus im Lande, im Mittelpunkt der Ansiedlung und der Einwanderung. Im Mittelpunkt der Erlösung und Wiedererstehung.

Wir sehen die Arbeit. Die Arbeit, das ist die Seele der Bevölkerung und des zionistischen Werkes überhaupt. Die jüdische Arbeit, das ist der Leim zwischen dem Volk und dem Land, der Lebensbund und die Zukunft, die wir erneut mit dem Land unserer Vorväter verbinden. Die Arbeit ist die gediegenste Garantie und auch die einzige Garantie unseres Wiedererwachens, unserer Wiederverwurzelung in dem Lande, dem wir Tausende Jahre entfremdet waren. Und immer noch ist es keine andere Gruppe, keine andere Partei innerhalb der *Zionistischen Bewegung* – abgesehen von einigen hervorragenden Persönlichkeiten –, die so treu dem Gedanken der Verwirklichung ergeben ist wie die Arbeiterbewegung in *Erez Israel.* Und nach einem Vierteljahrhundert der Arbeiterbewegung im Lande und des Zionismus steht die Arbeiterbewegung immer noch einsam und isoliert in ihrem Kampf um das Recht auf Arbeit jenes Juden, der in sein Land zurückkehrt, nur um es zu bearbeitei und zu behüten – in diesem Kampf voller Einzelkämpfe gegen die schwere objektive Wirklichkeit und gegen die Barrieren, gegen den Boykott des jüdischen Arbeitgebers ...

Es ist jetzt an der Zeit, daß unsere Partei aufhört, nur ein Flügel innerhalb der Zionistischen Bewegung zu sein; sie muß jetzt die ganze Last, die ganze Verantwortung der Zionistischen Organisation auf sich nehmen. Das ist der einzige Weg zur Rettung der *Zionistischen Bewegung* vor ihrer Erstarrung, dem Verlust ihrer Werte, der Fälschung ihres Wesens und vor der Verflachung ihres Willens. *Die Zionistische Bewegung wird nur dann die Verwirklichung des Zionismus bringen und nur dann ihrer historischen Aufgabe treu sein, wenn die Zionisten der Verwirklichung und der Arbeit die Mehrheit innerhalb der zionistischen Organisation bilden.*

Natürlich wird und soll nicht die *Zionistische Bewegung* in eine *sozialistische Bewegung* umgewandelt werden. Ziel und Wesen der *Zionistischen Bewegung* ist: Verwirklichung des Zionismus – nicht weniger und nicht mehr ...«

1937:

»Und mein Gefühl wird nicht im geringsten durch die Errichtung eines sogar kleinen Judenstaates gestört. Natürlich ist mir die Teilung des Landes nicht gerade willkommen. Aber das Land, das man teilt, ist ja in Wirklichkeit auch gar nicht in unseren Händen, sondern in denen der Araber und Engländer. Uns gehört nur ein kleines Gebiet, kleiner noch als der Teil des Landes, den man dem jüdischen Staat zu geben vorschlägt. Durch die Teilung erhalten wir also mehr als das, was wir jetzt besitzen. Zwar ist es viel weniger als das, was uns zukommt, und das, was wir wollen. Richtig! Aber die Frage ist, bekommen wir ohne Teilung mehr? Und wenn die Dinge wirklich so bleiben wie jetzt, wird dadurch unserem ›Gefühl‹ ›Genugtuung‹ gegeben? Was wir wollen ist nicht, daß das Land ganz und unteilbar, sondern daß das ganze Land jüdisch sei. Ich habe

nicht die geringste Befriedigung, wenn das Land ungeteilt, dafür aber arabisch ist.
Für uns ist die Lage, wie sie heute ist, ein tödliches Gift. Wie wird man solch eine Änderung durchführen, wie wird unser Land entstehen? Und die entscheidende Frage ist diese: Wird die Errichtung eines jüdischen Staates nützen oder schaden, wenn das Land in ein jüdisches Land umgewandelt wird?«
(B. G., Briefe an meine Frau, München 1969, S. 147, 150 f., 151 ff., 206)

Martin Buber, 1938 (an Mahatma Gandhi):
»Die Bibel sagt uns nämlich, und unser innerstes Wesen bestätigt es, daß einst, vor mehr als dreitausend Jahren, unsere Einwanderung in dieses Land im Bewußtsein eines Auftrags von oben geschah, hier, mit den Generationen unseres Volkes, eine gerechte Lebensordnung aufzurichten, wie sie eben nicht von einzelnen im Bereich der privaten Existenz sondern nur von einem Volk in der Gestaltung seiner Gesellschaft zu verwirklichen ist: Gemeinschaftsbesitz am Boden, regelmäßig wiederkehrender Ausgleich der sozialen Unterschiede, Verbürgung der Unabhängigkeit jeder Person, gegenseitige Hilfe, gemeinsame Sabbatruhe, die Knecht und Tier als Wesen gleichen Anspruchs mitumfaßt, Sabbatjahr, in dem sich mit der Schonung der Natur ein freier Zugang aller zu ihren Früchten verbindet. Das sind nicht von weisen Männern zweckmäßig erdachte Gesetze, sondern was die Führung eines Volkes, offenbar selber überrascht und überwältigt, als die gesetzte Aufgabe, als die Bedingungen der Landnahme erfährt. Keinem Volk sonst ist dergleichen an den Anfang eines Weges gestellt worden. So etwas vergißt man nie, man entledigt sich seiner nie. Wir haben damals nicht zustande gebracht, was uns aufgetragen worden war, wir sind unverrichteter Sache ins Exil gegangen, aber das Gebot ist bei uns geblieben, und es ist drängender geworden als je. Wir brauchen eine eigene Erde, um es zu erfüllen, wir brauchen die Freiheit, unser eigenes Leben zu ordnen: auf fremdem Boden und unter fremder Satzung ist kein Versuch zu wagen. Es kann nicht sein, daß uns die Erde und die Freiheit zur Erfüllung versagt werden. Wir sind nicht begehrlich, Mahatma; wir wollen nur endlich gehorchen können ...
Auf den jüdischen Anspruch konnten und können wir nicht verzichten; ist doch an dieses Land noch Höheres als das Leben unseres Volkes, nämlich sein Werk, und das heißt: der göttliche Auftrag an es, gebunden. Aber wir waren und sind überzeugt, daß es möglich sein muß, einen Ausgleich zwischen diesem Anspruch und dem andern zu finden, weil wir dieses Land lieben und an seine Zukunft glauben, und weil, da gewiß auch auf der anderen Seite solche Liebe und solcher Glaube vorhanden sind, ein Zusammenschluß zu gemeinsamem Dienst an dem Land nicht unerreichbar sein kann. Wo Glaube und Liebe sind, kann auch ein scheinbar tragischer Widerspruch zur Lösung gelangen.«
(M. B., Brief an Gandhi, in: Der Jude und sein Judentum, a.a.O., S. 634, 636)

Ben Gourion, 1939:
»Die jüdische Bevölkerung im Lande ist – obwohl sie in ihrer Mehrheit aus Neu-Einwanderern besteht – wahrscheinlich die älteste Bevölkerung der Welt überhaupt. Trotz der immer wiederkehrenden Zerstörungen während unserer langen Historie durch Babel, Griechenland, Rom und Persien und durch andere Eroberer, die später eindrangen, hielt ein letzter Rest des jüdischen Volkes immer an seiner Heimat fest und sorgte für die nicht endende Bindung zwischen dem Volk Israel und seinem Land Israel und nährte immer wieder die Hoffnung dieses Volkes, in sein Land, nach Zion, zurückzukehren. Und diese Hoffnung enttäuschte nicht. Während aller Generationen und aus allen Teilen der Welt kamen immer und immer wieder Juden in ihr Land zurück ...
Die Verbindung des jüdischen Volkes mit dem Lande Israel begann nicht mit der *Balfour-Deklaration* (s. o.) und nicht mit dem Mandat. Diese Dinge kamen ledig-

lich als Folge einer historischen Erkenntnis, der Erkenntnis der Bindung des jüdischen Volkes an das Land Israel. Das Mandat erkannte an, daß wir uns in diesem Land auf Grund des Rechts und nicht aus Gründen der Gnade befinden. Und jeder, der die Geschichte des Landes Israel und des jüdischen Volkes kennt, der weiß, daß wir bereits viele Jahrhunderte vor den Arabern in diesem Lande lebten. Sechs Millionen Juden in diesen Tagen sehen im Lande Israel ihr nationales Heim ...

Palästina ist eines der Länder, die die Araber für einige Zeit eroberten, hingegen sind die Juden seit historischen Zeiten die Bewohner dieses Landes. Und in den Augen des in alle Welt zerstreuten jüdischen Volkes war dies die vielen Jahrhunderte hindurch die selbstverständliche Heimat, und als solche sahen es auch alle Völker an, die den Briten das zeitlich begrenzte Mandat über das Land gaben, bis die *Balfour-Deklaration* voll und ganz in die Tat umgesetzt würde.

Wenn die Araber Palästinas sich selbst – und zu Recht – als einen Teil des arabischen Volkes sehen, dann müssen sie wissen, daß die arabischen Erwartungen voll und ganz erfüllt werden, auch wenn ganz Palästina – das weniger als ein Prozent der gesamten arabischen Länder ausmacht – ein jüdischer Staat sein wird.«

(B. G., a.a.O., S. 296, 310, 311 f.)

Winston Churchill, London, 23. Mai 1939:

»Ich bedaure zutiefst, daß die in der Balfour-Erklärung gegebene Zusage, der die nachfolgenden Regierungen ihre Zustimmung erteilt haben, und die das uns anvertraute Mandat regelnden Bestimmungen durch die Vorschläge dieser Regierung verletzt worden sind. Der Entwurf, auf Grund einer Entscheidung der arabischen Mehrheit die jüdische Einwanderung innerhalb von fünf Jahren zu stoppen, steht im Widerspruch zu den Aussagen der Balfour-Erklärung und bedeutet eine einseitige Aufkündigung einer feierlich verbrieften Verpflichtung.

Die Juden haben die Wüste in einen blühenden Garten verwandelt, sie haben etwa 20 Industriezweige ins Leben gerufen, sie haben eine große Stadt auf einer sandigen und trockenen Küste gegründet und haben aus den Wassern des Jordan elektrische Energie gewonnen, die jetzt über das ganze Land verbreitet ist. Die Araber wurden in keiner Weise verfolgt; sie sind im Gegenteil in Massen gekommen und haben sich stark vermehrt. Und jetzt verlangt man heute, mit all dem aufzuhören und Schluß zu machen. Was mich dabei am meisten verletzt, ist der Umstand, daß man damit einer Agitation nachgibt, die vom Ausland bezahlt und unaufhörlich von der nazistischen und faschistischen Propaganda geschürt wird.«

(Nicolas Baudy, Les grandes questions juives, Paris 1965, S. 136)

Margarete Susman, Zürich, 1948:

»Diese Frage (die Frage nach der Existenzberechtigung des jüdischen Volkes) hat gegen das Ende des vergangenen Jahrhunderts der Zionismus mit einem leidenschaftlichen Nein, das ein noch leidenschaftlicheres neues Ja einschließt, beantwortet. Der Zionismus, diese nicht nur stärkste, sondern im modernen Europa allein sichtbare jüdische Bewegung, in der das unsichtbare Volk zuerst als Ganzes seiner selbst wieder inne und nach außen sichtbar wurde, war der glühende Versuch, das Verhängnis von Jahrtausenden zu durchbrechen, dem zum Gespenst entwirklichten Volke seinen lebendigen Leib zurückzugewinnen. Und darin, daß im Zionismus von Anfang nicht nur die Rettung aus schwerer physischer Not, und nicht nur eine äußere Heimat gesucht wurde, daß in ihm auch die innere Aufrichtung des gebeugten, gebrochenen Volkes, eine neue aufrechte Gestalt des jüdischen Menschen gesucht wurde, ruht die übernationale Kraft und Würde dieser volkhaften Bewegung.

Der Zionismus, der diesen halb säkularisierten Namen erst in der modernen Welt erhalten hat, begleitet als Zionsliebe, als Zionssehnsucht, als nie erloschenes Heimweh seit den Zeiten der Tempelzerstörung das Schicksal des jüdischen Volkes. Und weil von je diese

Liebe nicht nur die zu einer irdischen Heimat, sondern zum heiligen Land war, ist sie, um die unzählige Legenden, um die Lieder seiner größten Dichter kreisen, tief mit der messianischen Sehnsucht verknüpft ...
Die rechtzeitige Bekämpfung des Dämons, der in der Verfolgung des jüdischen Volkes den Weltkrieg entfesselt hat, hätte ohne jeden Zweifel die Kriegskatastrophe und alles, was ihr folgte, verhindert. Am Schicksal des jüdischen Volkes ist so die Entscheidung über das Weltschicksal gefallen. In dem Ringen des Volkes um ein neues Zentrum seines Lebens ist das Menschheitsschicksal zentriert; es erweist sich erneut: es geht in der Krise des jüdischen Volkes um eine menschheitliche Krise; es ist menschheitlicher, messianischer Grund, den wir mit Zion betreten; Zion ist kein nur räumliches Zentrum, es ist Schicksalszentrum der Erde ...«
(M. S., Das Buch Hiob, Zürich 1949, S. 135 f., 139)

Arthur Weil, Basel, 1948:
»Die Idee der Wiederaufrichtung eines Judenstaates ist so alt wie unser Galuth (Diaspora). Sie wurde gefaßt am Tage, wo der Tempel von Jerusalem in Flammen aufging. Die Hoffnung auf die nationale Wiederherstellung Zions und Jerusalems steht im Vordergrund aller unserer Gebete. Zu keiner Zeit und unter keinen Umständen, weder in guten noch in schlechten, hat das jüdische Volk auf seine national-religiöse Wiederaufrichtung verzichtet. Der ganze Schwung der jüdischen Seele, ihr ganzer Inhalt, ihr ganzer Halt, ihre ganze Widerstandskraft war und ist auf die Zionshoffnung aufgebaut.«
(Moritz Bernstein, Betrachtungen zum Zionismus unter spezieller Berücksichtigung seiner Beziehung zu Basel, in: Juden, Christen, gestern und morgen, in Basel und anderswo; Basel 1968, S. 43)

23. Zionistischer Kongreß, 1952:
»Die Aufgabe des Zionismus ist: Die Stärkung des Staates Israel; die Sammlung der im Exil Lebenden im Lande Israel und die Förderung der Einheit des jüdischen Volkes.«
(Hans Lamm, Gibt es einen jüdischen Antizionismus?, in: Tribüne, Nr. 32, Frankfurt/Main 1969, S. 3424)

Schalom ben Chorin, Jerusalem, 1956:
»Der politische Zionismus, sowohl in seiner diplomatischen Form wie in seiner kolonisatorischen Verwirklichung und seiner militärischen Verteidigung stand und steht unter dem Wort des Widerspruchs ›Kechol Hagojim‹, wie alle Völker, (1. Sam. 8, 5), das die Delegierten der Stämme Israels dem greisen Samuel zu Rama vorbringen. Der Wunsch ›Kechol Hagojim‹, zu sein wie alle anderen Völker, ist ein Begehren, das Israel nicht ohne weiteres zukommt; aber es steht in der Berith (Bund), den Gott mit seinen Vätern geschlossen und am Sinai besiegelt hat, aber es ist andererseits auch wieder nicht so, daß dieses Begehren nicht doch durch eine Korrektur besonderer Art legitimiert werden könnte.«
(Sch. b. Ch., Die Antwort des Jona, Hamburg 1956, S. 17)

Michael Krupp, 1962:
»Der Erfolg Herzls war gewaltig. In kaum sechs Jahren hatte er es fertiggebracht, eine Organisation aufzubauen, die von der englischen Regierung für fähig gehalten wurde, in einem unkultivierten Gebiet einen Staat zu errichten. Diese Tatsache rief auf dem sechsten Kongreß im Jahre 1903 wahre Begeisterungsstürme hervor. Die Opposition der Gruppe um Martin Buber und der Chowewe Zion allerdings war ebenso selbstverständlich, denn das, was sie in Palästina zu finden hofften, brauchten sie in Uganda nicht zu suchen. Nur Palästina war das Land ihrer Väter und konnte ihnen wieder Heimat werden. Herzl und Nordau versicherten, daß vom Baseler Programm nicht abgewichen werden solle: ›Das jüdische Volk kann selbstverständlich kein anderes Endziel haben als Palästina.‹ Uganda sei nur Zwischenlösung, ›Nachtasyl‹ für die verfolgten Juden. Aber die am härtesten betroffen waren, die russischen Chowewe Zion,

lehnten entschieden ab. Weinend verließen sie den Kongreß und hielten in Nebenräumen eine Trauersitzung. Herzl wollte sie zurückholen und zitierte auf Hebräisch – das einzige Mal in seinem Leben, daß er hebräisch sprach – Psalm 137: ›Vergesse ich dein, Jerusalem, so werde meiner Rechten vergessen!‹ Der Gegensatz war aber unüberbrückbar. Der Kongreß beschloß gegen die Stimmen der ›Chowewe Zion‹ eine Untersuchungskommission nach Uganda zu schikken.«
(M. K., Vergesse ich dein Jerusalem, Metzingen 1962, S. 63 f.)

Nicolas Baudy, Paris, 1965:
»Während der zweitausendjährigen Zerstreuung, in der der Jude durch das Schicksal in die Verbannung verschlagen wurde, wandte er sich dreimal täglich in Richtung auf Zion, um seine Gebete zu verrichten. Und dann der Ruf ›das nächste Jahr in Jerusalem‹, die feierliche Beschwörung, die den Abschluß der feierlichen Gottesdienste an großen Festen bildet! Dies wurde vom Beginn des 19. Jahrhunderts an Gegenstand und Ziel einer weltanschaulichen Bewegung, aus der sich gegen Ende des gleichen Jahrhunderts eine politische und konkrete Bewegung entwickelte.«
(N. B., Les grandes questions juives, Paris 1965, S. 116)

Paul Giniewski, Paris, 1966:
»Kurz gesagt: der Zionismus unterscheidet sich von den anderen großen nationalistischen Bewegungen des 19. Jahrhunderts, in dem er entstanden ist, durch die Überzeugung, daß es besser ist, die Erde des Vaterlandes mit Schweiß statt mit Blut zu tränken.«
(P. G., Le Néo-Judaisme, Paris 1966, S. 79)

Uri Avnery, Jerusalem, 1968:
»Die Grundüberzeugungen des Zionismus können folgendermaßen formuliert werden: a) alle Juden auf der Welt bilden insgesamt eine Nation; b) Israel ist ein jüdischer Staat, der von den Juden für die Juden der ganzen Welt geschaffen wurde; c) die gegenwärtige Zerstreuung der Juden ist eine zeitlich begrenzte Situation, und früher oder später werden alle Juden nach Israel kommen müssen, sei es auch nur auf Grund unvermeidlicher antisemitischer Verfolgung; d) die Einsammlung dieser Verbannten ist die raison d'être (Daseinsberechtigung) Israels, und dieser wichtigsten Aufgabe müssen alle anderen Ziele untergeordnet werden. Diese politische Linie wird in den Schulen Israels gelehrt, sie wird in politischen Reden verkündet und in der Presse erläutert. Sie ist das Wesen der gegenwärtigen Staatsordnung.«
(U. A., Israel ohne Zionisten, Gütersloh 1968, S. 160)

Jochanan Bloch, Beer-Scheva, 1968:
»Man sieht also, wie das Volksein des Judentums die beiden Formzüge seines Bestandes erzwingt, die polar und gegensätzlich ineinanderstehen und deren Paradoxie in der heutigen Situation zum Extrem auswächst. Dies nämlich, daß Israel Gottesvolk ist, ist die inmitten aller Geschichte beharrende, obsiegende Bindung, die alles geschichtlich sich wandelnde Selbstverständnis in seinem Bann hält. Da dies aber heißt, daß Israel wirklich ein *Volk* ist, ist es zugleich der Geschichte eingetan, und es darf den Wandel der Geschichte auf sich nehmen ...
Gemeint ist also das ›Israel nach dem Fleische‹. In der Sprache der Tradition: das Volk, dessen Vater dem Fleische nach Abraham war, der ›Samen Abrahams‹. Dies ist die in der Geschichte der Menschheit erwachsene, in ihr handelnde Gemeinschaft Israel, in der die erbmäßige Nachkommenschaft ein bestimmendes Element ist und die nach ihrem Selbstverständnis in der Nachkommenschaft der Väter und des biblischen Volkes Israel steht, wobei sie, sich eins mit ihm wissend, seine Geschichte, deren Tradition, Auftrag und Verheißung fortführt.
Das bringt uns gleich zu dem heute entscheidend gewordenen Grundzug dieses Volkseins: daß es nämlich seit eh und je ununterbrochen durch seine Geschichte mit dem Land Israel verbunden ist. So wahr dieses Volk Israel, in und

trotz seiner ›Erwählung‹, ein weltliches Volk ist, so wahr ist es an ein weltliches Land, an dieses Land Israel, gebunden. Diese Bindung läßt sich nicht spiritualisieren, nicht metaphernartig allegorisieren oder sonstwie wegdeuten, sondern gehört zum Fundament des Volkseins, gehört zu dem, was nicht willkürlich an Israel und am Judentum abänderbar ist...
Im Zionismus vollzog sich endlich der ›Rückzug auf Zion‹.«
(Jochanan Bloch, Rückzug auf Zion, in: Franz Henrich, Die geistige Gestalt des heutigen Judentums, München 1969, S. 42 f., 47, 53)

Saul Friedländer, 1968:
»Israel ist keine koloniale Erscheinung. Denn der politische Zionismus ist nur die letzte Phase der messianischen Sehnsucht einer Rückkehr in das Heilige Land. Der Zionismus hat gerade seinem Wesen nach nichts mit der ›kolonialen Periode‹ und mit seinen Äußerungen zu tun.«
(S. F., Réflexions sur l'avenir d'Israël, Paris 1968, S. 14 f.)

Nahum Goldmann, Jerusalem, 1968:
»Das einzige Ziel des Zionismus bestand darin, die Existenz des jüdischen Volkes zu gewährleisten und sicherzustellen. Er war der Überzeugung, das beste Mittel zur Erreichung dieses Zieles sei die Zusammenführung einer großen Zahl von Juden in einem ihnen gehörenden Land. Auf Grund der jüdischen Geschichte konnte dieses Land nur dasjenige sein, mit dem das jüdische Volk auf eine einzigartige, wunderbare, ja fast mystische Art durch Jahrhunderte hindurch verbunden war.«
(N. G., Bilan et perspectives, in: Information juive, Paris, Nr. 183, Mai–Juni 1968, S. 1)

Paul Giniewski, 1969:
»Der Hauptgedanke der zionistischen Weltanschauung besteht in der Einheit des Volkes trotz der Zerstreuung. Die Geschichte des Volkes teilt sich in drei Zeitabschnitte auf: die nationale Unabhängigkeit; das Exil nach dem Sieg Roms; der Wiederaufbau von Erez Israel.«
(P. G., Le sionisme d'Abraham à Dayan, Paris 1969, S. 380)

Samuel Stehman, Jerusalem, 1969:
»Der Zionismus besteht in dem Bemühen, dazu zu gelangen, aus dem jüdischen Staat einen Staat wie die anderen und aus dem israelischen Volk – und deshalb aus der israelischen Nation – ein Volk wie die anderen zu machen. Aber die Juden sind nun gerade nicht ein Volk wie alle anderen! Eine wesentliche Besonderheit ist diesem Volke eigen, und ich komme hier auf das zurück, was ich zu Beginn schon sagte: die Besonderheit dieses Volkes besteht darin, daß es das *erwählte* Volk ist.«
(S. St., Un chrétien d'Israël, in: Rencontre, Nr. 12, S. 203, Paris 1969)

M. Gross, 1969:
»Es stimmt, daß der Zionismus nicht als Patriotismus verstanden werden kann und darf; dieses Wort kommt in gewisser Hinsicht überhaupt nicht vor. Es ist natürlich möglich, daß es Abweichungen dieser Art gibt, aber dabei handelt es sich meiner Meinung nach um vorübergehende Abweichungen, weil dieselben für die jüdische Schau nicht grundlegend sind. Es geht hier nicht um Patriotismus, es handelt sich um das verheißene Land, und darum um die Verwirklichung eines Auftrags und nicht um den Besitz eines Landes.«
(M. G., Débats du 11 November 1968, in: L'amitié judéo-chrétienne de France, Paris, Nr. 2, 1969, S. 12 f.)

Moshe Tavor, Jerusalem, 1969:
»Hier darf endlich das Wort fallen, das durch eine arglistige Verzerrung in den letzten paar Jahren um seinen wahren Sinn gebracht werden sollte. Ich meine den Zionismus, der in kürzester Form durch Herzl als die ›Rückkehr zum Judentum vor der Rückkehr ins Judenland‹

definiert wurde. Der Zionismus ist nicht zu verstehen, wenn er nicht als Glied – als Schlußglied, wie zu hoffen ist – in der Kette der Anstrengungen des jüdischen Volkes aufgefaßt wird, sich selber endlich wieder zu finden. Er ist in seinem Wesen genau das gleiche, was (im 3. Kapitel des Buches ›Exodus‹) im Dornbusch verheißen wurde: Gott hat das Elend seines Volkes gesehen und weiß seine Leiden. Er kam herab, um es in das Land, das er Abraham, Isaak und Jakob zugeschworen hatte, hinaufzuführen. So verstehen wir Juden in Israel die Rückkehr, an die wir nach einer langen Wüstenwanderung geschritten sind.

Die Wehen der Wiedergeburt sind noch nicht zu Ende, die Rückkehr ist noch nicht abgeschlossen, aber das Ziel steht vor Augen. Es ist ein friedliches Ziel, und es hätte nur mit friedlichen Mitteln erreicht werden sollen. Das Volk, das der Welt das Buch der Bücher gegeben hat, das Volk, dem die Menschheit einen Teil ihrer Zivilisation und Kultur zu verdanken hat, das Volk, das geschunden und gequält wurde, ringt mit den Bemühungen um seine Rückkehr zugleich um sein schieres Weiterleben. Es glaubt daran, daß es der Welt noch manches geben kann. Die Sehnsucht der Juden nach dem Zuhause ist die Sehnsucht nach dem Normalen.«

(M. T., Israel – ein Volk kehrt zu sich selbst zurück, in: Gerechtigkeit in Nahost, Stuttgart 1969, S. 24 f.)

Douglas Young, Jerusalem, 1969:

»Die Berichte der Bibel und eine ununterbrochene jüdische Tradition haben in Israel das Gefühl einer tiefen Verwurzelung im Land der Bibel und seiner Geschichte hervorgerufen. Diese Wurzel sehen die Israelis zu Recht als ewig an; denn die Propheten – von Mose bis Jeremia oder Hesekiel – bringen dies immer wieder zum Ausdruck: ›Ich habe dir dieses Land zum ewigen Besitz gegeben.‹ Wenn man also die Behauptung aufstellt, der Zionismus (die Hoffnung auf eine jüdische Regierung in dem ihnen von Gott verheißenen Land) sei dem Judentum entgegengesetzt, der verkennt ganz und gar die Macht der jüdischen Identität und Tradition und entstellt die Aussagen der Bibel.«

(D. Y., Paix à Jérusalem, in: Tribune juive, Nr. 27, Strasbourg 1969, S. 12)

Leo-Arthur Elchinger, Bischof von Straßburg, 1970:

»Der israelo-arabische Konflikt hat ohne Zweifel Ungerechtigkeiten gegenüber der palästinensischen Bevölkerung nach sich gezogen. Diese Ungerechtigkeit ist die Folgeerscheinung einer Situation, die nicht allein den Juden zugerechnet werdei darf. Sie muß wieder in Ordnung gebracht werden, aber dies darf nicht um den Preis einer anderen Ungerechtigkeit geschehen, die schließlich das Verschwinden des Staates Israel bedeuten würde.

Einige Christen sprechen Israel das Recht ab, ein jüdischer Staat zu sein; dies geschieht im Namen einer Trennung zwischen dem geistlichen und weltlichen Bereich, die durch das Christentum in das Abendland eingeführt wurde. Wie kann man aber auf Grund christlicher Grundsätze es einem nicht-christlichen Staat zum Vorwurf machen, religiöse Traditionen zu haben? Treffen wir nicht auf die gleiche Situation wieder in den arabischen Staaten?«

(L.-A. E., in: Le Monde, Paris, 5./6. 4. 1970)

Roger Mehl, Straßburg, 1970:

»Indem der Zionismus den Anspruch auf die Schaffung einer nationalen jüdischen Heimstätte erhob, und dann auch auf einen jüdischen Staat, hat er eine Richtung eingeschlagen, die der Laizität entgegengesetzt ist. Der Staat Israel legt von seinem grundlegenden Zionismus dadurch Zeugnis ab, daß er ein Gesetz annahm, das es jedem Juden in der Welt gestattet, sich hier niederzulassen und die israelische Staatsbürgerschaft zu erhalten (daran ändert nichts, wenn er auch einer gewissen Laizität Rechnung trägt). Er will nämlich ganz und gar eine nationale jüdische Heimstätte bleiben und das Vaterland aller Juden sein. Anders ausgedrückt: er sieht die jüdische Abstammung als Zeichen der Nationalität an. Selbstverständlich weiß der Staat Israel gut, daß viele Juden in Westeuropa und Nordamerika nicht auf ihre Nationalität verzichten wollen. Theoretisch und potenziell sind sie aber in ihren Augen Kandidaten für die israelische Nationalität.

Hier geht es nicht nur um ein juristisches Prinzip. Es handelt sich um eine psycho-soziologische Realität. Juden, die in verschiedenen Ländern seit Jahrhunderten sich niedergelassen haben, neigen dazu, sich als eine Art von Diaspora des Staates Israel zu betrachten. Wo man in keiner Weise auf die gegenwärtige Staatsangehörigkeit verzichten will, redet man schon von einer doppelten Zugehörigkeit. Man versteht, daß für Nichtjuden, die schon lange Zeit sich daran gewöhnt haben, Staatszugehörigkeit und religiöse Konfession auseinanderzuhalten, und die letztgenannte als Privatsache zu betrachten, der Zionismus eine überraschende und manchmal sogar schockierende Erscheinung ist . . .

Man muß aber noch weiter gehen: Wenn man vom jüdischen Staat verlangen will, er solle ein Staat werden wie die anderen, dann verschließt man sich nicht nur die Augen vor der Wirklichkeit des Antisemitismus und weigert sich zu begreifen, daß unter den jetzt gegebenen Umständen die Existenz eines jüdischen Staates für die Juden die einzige Gewähr einer Sicherheit bietet, sondern man wirft den Juden dazu noch vor, Juden zu sein; man mißachtet damit nämlich den jüdischen Glauben.

Denn dieser ist mit der Verheißung des Alten Testaments verknüpft, mit der Zusage, ein Volk zu sein, das sich in einem Gebiet zusammenfindet. Dieser Boden gehört zum Glauben Israels.«

(R. M., De l'antisionisme à l'antisémitisme, in: Réforme, 18. 4. 1970, Paris, S. 16)

---

2. Sowohl bei Juden wie auch bei Nichtjuden hat sich vor der Katastrophe der Juden durch Hitler ein zum Teil heftiger Widerstand gegen den Zionismus bemerkbar gemacht; im Judentum wollte man nur eine Konfession sehen.

Hermann Cohen, 1880:

»Wir lieben alle unser Vaterland, weil es unser Mutterboden ist, weil wir unsere Heimat lieben, weil wir Palästina allenfalls als Reisegelegenheit betrachten; weil im Vaterland unsere Muttersprache, die deutsche Zunge, klingt: erster Laut, den ich gelallet, süßes, erstes Mutterwort! Weil wir just Menschenkinder sind, und jeder Mensch ein Vaterland haben will.«

(H. C., Ein Bekenntnis in der Judenfrage, in: Jüdische Schriften, II. Bd., Hrsg. Bruno Strauß, Berlin 1924, S. 84)

Cesare Lombroso, 1893:

»Was für Bauern würden diese Makler, Juweliere, Weinhändler abgeben, was für Bauernhöfe würde der steinige Boden Palästinas hergeben? Hätten sie den Glaubenseifer der Mormonen, so würden sie am Toten Meere dasselbe schaffen, wie diese am Salt Lake. Aber ihr Glaube ist lau geworden, wie der alte Glaube überall, und damit fehlt das Motiv, das Wunder wirkt; wahrhaft Gläubige würden sich nur noch unter den weniger Gebildeten finden, also unter denen, die am wenigsten befähigt wären, ein so steriles Gebiet fruchtbar zu machen.

Soll wirklich Auswanderung die Losung sein, so muß ihr Strom nach den überseeischen Zentren modernen Lebens, nach Australien, Nord-, vielleicht auch Südamerika gerichtet werden. Für das sentimentale Idyll palästinensischer Kolonien werden höchstens die fanatischen Juden Halbasiens aufbewahrt werden müssen, die modernem Leben durchaus widerstreben und noch ernsthaft auf ein Reich Zion hoffen.«

(C. L., Der Antisemitismus und die Juden, Leipzig 1893, S. 81)

Centralverein deutscher Staatsbürger jüdischen Glaubens, 1896:

»1896 distanzierte sich diese Vertretung der Juden vom Zionismus. Geburt, Er-

ziehung, Sprache und Gefühle haben uns zu Deutschen gemacht und keine Zeitströmung kann uns unserem teuren Vaterlande entfremden.«
(Hans Günter Adler, Die Juden in Deutschland, München 1960, S. 117)

Deutscher Rabbinerbund, 1897:
»Durch die Einberufung eines Zionistenkongresses und durch die Veröffentlichung seiner Tagesordnung sind so irrige Vorstellungen über den Lehrinhalt des Judentums und über die Bestrebungen seiner Bekenner verbreitet worden, daß der unterzeichnete Vorstand des Rabbinerverbandes in Deutschland es für geboten erachtet, folgende Erklärung abzugeben:
1. Die Bestrebungen sogenannter Zionisten, in Palästina einen jüdisch-nationalen Staat zu gründen, widersprechen den messianischen Verheißungen des Judentums, wie sie in der Heiligen Schrift und den späteren Religionsquellen enthalten sind.
2. Das Judentum verpflichtet seine Bekenner, dem Vaterlande, dem sie angehören, mit aller Hingebung zu dienen und dessen nationale Interessen mit ganzem Herzen und mit allen Kräften zu fördern.
3. Mit dieser Verpflichtung aber stehen nicht im Widerspruch jene edlen Bestrebungen, welche auf die Kolonisation Palästinas durch jüdische Ackerbauern abzielen, weil sie zur Gründung eines nationalen Staates keine Beziehung haben.
Religion und Vaterlandsliebe legen uns daher in gleicher Weise die Pflicht auf, alle, denen das Wohl des Judentums am Herzen liegt, zu bitten, daß sie sich von den vorerwähnten zionistischen Bestrebungen und ganz besonders von dem trotz aller Abmahnungen noch immer geplanten Kongreß fernhalten.«
(Simon Dubnow; Die neueste Geschichte des jüdischen Volkes, 1789–1914; Bd. III, Berlin 1923, S. 341 f.)

Max Nordau, Berlin, 1899:
»Einst wird der Tag kommen, wo der Zionismus euch, ihr stolzen Deutschen, ebenso notwendig sein wird wie jetzt den verelendeten ›Polacken‹, die ihr fürchtet und haßt! Ja, der Tag wird kommen, wo auch ihr um unsere Hilfe ringen und uns anflehen werdet, euch ein Asyl in dem Lande zu geben, auf das ihr jetzt herabseht! Fürchtet die Zukunft!«
(Anny Latour, Israel – Gelobtes Land, Frankfurt/Main 1968, S. 51)

Bericht der Berner Gesandtschaft des Deutschen Reiches, 1905:
»Es zeigt sich mehr und mehr, daß die Durchführung des Zionismus – wenigstens des ›reinen‹ Zionismus – eine Utopie ist, welche den Wünschen der Mehrzahl der Israeliten gar nicht mehr entspricht.«
(Egmont Zechlin, a.a.O., S. 299)

Ludwig Geiger, Berlin, 1912:
»Ich und viele mit mir glauben an einen solchen Zionistenstaat überhaupt nicht. Für Palästina ist die Bildung eines derartigen jüdischen Staates vollkommen ausgeschlossen. Kommt es, was ja im Laufe der Jahrhunderte nicht unmöglich ist, etwa in Argentinien oder Australien oder irgendwo in Afrika zu einem jüdischen Staat, was ich für das größte Unglück halten würde, so würde sich ein Gemeinwesen bilden wie viele andere, dessen Schicksal kein Mensch vorhersehen kann.«
(Werner Sombart, Hrsg., Judentaufen, München 1912, S. 47)

Professor Maybaum, 1912:
»Den Zionismus halte ich nicht bloß für aussichtslos, sondern auch dem Geiste des Judentums zuwider. Für die Begründung eines nationalen Staates haben sich die Juden seit jeher als ungeeignet erwiesen; zweimal ist der Versuch infolge ihres geringen Verständnisses für die realen Mächte des Lebens mißglückt, und auch der gegenwärtige Zionismus zeigt denselben Mangel und wird daher sein Ziel nicht erreichen.«
(Prof. M. in: Werner Sombart, Judentaufen, a.a.O., S. 73)

Ludwig Haas, 1914:
»Der deutsche Jude hat nur ein Vater-

land, und Deutschland ist sein Vaterland ... Diesem Lande bleibt unsere Arbeit, bleibt unsere Liebe ... Wir glauben an unser Vaterland, und wir bekennen uns zu ihm, und wir kennen eine glückliche Zukunft nur in diesem Lande.«
(Egmont Zechlin, a.a.O., S. 160, Anm. 34)

Hermann Cohen, 1916:
»Wenn nun auf jüdischer Seite diese Steigerung des deutschen Nationalgefühls nicht in ihrer natürlichen Berechtigung zur Durchführung des schweren Kampfes erkannt und mitgefühlt wird, wenn hingegen unter uns immer noch die Besorgnis laut wird, der Antisemitismus nehme immer mehr zu – anstatt daß man in dieser Not des Vaterlandes gar keinen Sinn haben sollte für jene Reibungen und Empfindlichkeiten – so wird dadurch das unklare, aber mächtige Gefühl aufgestachelt, aus dem der Zionismus seine Nahrung zieht. Alle Assimilation sei doch offenbar vergeblich, daher sei der Zionismus die einzige Zuflucht, die dem Juden sein Selbstgefühl und Selbstbewußtsein zu schützen vermag ...
So erzeugt der Zionismus eine feinere Empfindsamkeit für die sonst übliche Treulosigkeit des jüdischen Abfalls: an die Stelle des Reserveleutnants tritt nunmehr die zarte Empfindlichkeit für nationale Differenz, deren Milderung man für unmöglich annimmt. Und der treue Jude, der mit seinen Kindern im deutschen Vaterlande zu verbleiben wünscht, und der in geschichtlichem Idealismus und Optimismus eine Besserung der politischen und sozialen Sitten, gemäß dem Grundsatze der modernen Kultur, dem Prinzip der Gewissensfreiheit und der gegenseitigen Achtung der Konfessionen, mit seiner ganzen religiösen wie patriotischen Seele erhofft, der glaubenstreue Jude, der sein Vaterland liebt wie seine Religion, und seine Religion liebt wie sein Vaterland – denn Treue bildet die Einheit seines Wesens –, dieser Schwärmer wird vom Zionismus verspottet und verachtet. Er ist schlechterdings ein Feigling und ein Heuchler; denn er wuchert nur mit patriotischen Redensarten, während er in seinem innersten Herzen kein anderes Vaterland fühle als das gelobte Land, in dem man jetzt wieder für Milch und Honig den Anbau besorgt. So wird das gesamte nichtzionistische Judentum zur Schadenfreude aller Judenfeinde der inneren Unwahrhaftigkeit geziehen.«
(H. C., Religion und Zionismus, in: Jüdische Schriften, II. Bd., Hrsg. Bruno Strauß, Berlin 1924, S. 320, 320 f.)

Eugen Fuchs, 1916:
»Wir sprechen nicht hebräisch, für uns ist Palästina nicht unser Geburtsland, die Wiege unserer Kindheit, nicht die Grabstätte unserer Eltern; ich kenne es nicht, und es ist nicht einmal das Land meiner Sehnsucht.«
(Egmont Zechlin, a.a.O., S. 12)

Constantin Brunner, 1922:
»Dennoch gibt es keinen andern Weg für sie (die Juden) als den der Emanzipation in ihren Heimatländern, den der verhältnismäßigen Emanzipation; und auf diesem Wege waren sie in einigen ihrer Heimatländer schon ein gut Stück vorangekommen. Die erneute Heftigkeit des Judenhasses entzündet sich hauptsächlich an den entwurzelten unglücklichen Ostjuden, die in ihren Heimatländern nicht leben können, genötigt sind, hinzuziehen, wo sie fremd sind, und dort – erst gar in den Zeiten dieser großen allgemeinen Menschheitskrise – den Fortgang der Emanzipation in allen diesen Ländern stören. Auch bei den Juden innerlich: durch den Zionismus, das ärgste Hindernis der Emanzipation (aus Angst vor dem Nichtgelingen der Emanzipation) und die verhängnisvollste Illusion, die über die Juden kommen konnte, die sie wieder zu ärgeren Wartenarren macht, als sie es je gewesen, ihre Kraft lähmt und auf Unnützes lenkt und womit sie ihren Feinden den größten Vorteil in die Hände arbeiten: die Illusion, daß sie wieder ein Volk werden könnten.
(C. B., Der Judenhaß und das Denken, Berlin 1922, S. 20 f.)

Constantin Brunner, 1930:
»Diese Faselei von jüdischem Volk (einem der vielen gefährlichen Wörter, bei denen sich die Menschen nichts denken können und auch nicht verlangen, dabei etwas sich zu denken, denn sie sind ja überall aus auf Ersparnis des Denkens und leben so viel von Namen wie von Begriffen, von Aberglauben, wie von Vernunft), diese ganze Faselei aus der Welt zu räumen, müssen sie endlich die Quelle des Unheils in sich selbst verstopfen. In gesunder Anschauung mögen sie ihre geschichtliche Frühwelt ehren; nur aber sie nicht in petto behalten und mit einer Leiche herumziehen. *Den Geist des Judentums* sollen sie hochpreisen und daran halten als an der ewig lebendigen Macht – wohl allen, die das tun und an denen davon die geistige Eigentümlichkeit merkbar bleibt. Aber vom jüdischen Volk müssen sie wissen, daß es gestorben und tot, sein Leben hinter sich hat; lebt nicht mehr weder als eingekerkertes Konserven-Judentum bei den orthodox religiösen Juden noch als irrendes Gespenst, das von den Zionisten sich arretieren läßt. Es soll keinerlei Palästinismus mehr in ihnen sich wichtig machen, ›das jüdische Volk‹, das ist eine Bosheit bei den einen, bei den Judenhassern, und eine Narrheit bei den andern, bei den Zionisten ...
Sie können, wie alle Menschen mit ihnen können, das alte jüdische Volk sehr hochstellen und stolz sein auf Vorfahren, die nicht nur so die Weltgeschichte auch beeinflußt, sondern in einen neuen Gang gebracht haben. Auch zum Beispiel jeder Deutsche jüdischer Abstammung kann auf die unbestreitbare Tatsache verweisen, daß die alten Juden mehr für die deutsche Kultur getan haben als die alten Germanen. Würdig gestorben auch sind sie als ein Heldenvolk, herrlich beklagt und beweint von sich selbst vor dem Untergang; aber wahrlich nicht, um nun von ihren Nachkommen benarrt zu werden, indem diese sich für das eingemachte Volk und ihre Aszendenz auch zugleich für ihre Deszendenz halten. Die erfreuliche Archäologie darf weiter keine politischen Folgen haben, und von den Schimmerresten der alten Nationalreligion sollen nicht ins Verderben gestürzt werden die heutigen Juden, die auf ihr eignes Leben und vorwärts zu schauen haben; das zugleich auch rückwärts Schauen mögen sie den Kaninchenaugen überlassen, die es können und müssen. ›Gedenkt nicht des Früheren, und auf das Vergangene richtet nicht euren Sinn. Siehe, ich bereite Neues, schon sprießt es hervor, wollt ihr es nicht merken?‹ ...
Und wie keiner zur Wahrheit gelangt, ohne daß er als falsch erkennt das Falsche, wovon es gilt sich loszumachen, so kommen auch die Juden nicht in das volle Leben mit den Völkern, ehe sie nicht ebenso ernsthaft fragen wie ihre Frage beantworten können, woher und mit welcher Notwendigkeit dies kam, daß man ihnen die Welt zuschloß und sie in die Hölle jagte und ihnen nun so schwer hält, wieder ins Leben zu kommen; ehe sie nicht wirklich verstehen, daß die Prophezeiungen von ihrer jüdischen Volkszukunft das *Proton Pseudos* gebildet haben, welches die Fluten des Unglücks über sie ausschüttete. Unheilbar ist ihr Leiden, solang sie nicht auch sich selber mitschuldig daran erachten; die große Judenschuld muß allen Juden offenbar sein, daß keiner weiter an ihr sündige. Sie haben dem letzten Rest der Unglücksverbindung zu entsagen, ganze Scheidung ist besser als, wie immer, halbe; sie müssen dem Zionismus den Garaus machen, das jüdische Volk ist tot und muß von den Juden beerdigt werden ...
Die Geschichte der deutschen Juden zeigt den Entwicklungsgang: von Juden in Deutschland zu Deutschen jüdischer Abstammung. Aus der Geschichte gewinnen wir die Grundhaltung und Kräftigung gegen den Aberglauben des vom palästinensischen Landesgottes zu erwartenden messianischen Nationalismus, wie gegen das Abenteuer vom Auswanderer-Zionismus; gegen das, was sich die Juden weissagen vorlängst, wie gegen das, was sie jüngsthin sich weismachen ließen: gegen jegliches jüdische Volkstum, oder was dasselbe ist, gegen die jüdische Volklosigkeit. Mit einem Worte,

ja wirklich mit einem einzigen ihnen zuzurufenden Wort das Kurze und das Lange davon: Deutschtum! Ihr Deutschtum in sich vertiefen und gegen alle Anfechtung von hüben und drüben, vom völkischen wie vom zionistischen Chauvinismus, klar, frei, fest zu erhalten, das ist Ein und Alles, was denen von jüdischer Abstammung in Deutschland (und entsprechend in den anderen Ländern) für die Emanzipation zu tun obliegt . . .
Die einzige wahre Krisis der Emanzipation bildet der Zionismus, durch den sie von innen her am freien Menschsein gehindert werden; und es läßt sich nicht ausrechnen, wie weit sie es bringen mit der Emanzipation, nachdem sie den Zionismus überwunden haben und heraus sein werden aus dieser ersten Epoche der Konfusion und Unreife, die auch für die Westjuden den Rückschlag brachte.«
(C. B., Von den Pflichten der Juden und von den Pflichten des Staates, Berlin 1930, S. 198–201)

Gerhard Kittel, Tübingen, 1933:
»Daß auch der heutige *Zionismus* keine Lösung der Judenfrage ist, hat das seit 1919 in Palästina durchgeführte Experiment so gründlich bewiesen, wie das nur sein kann . . .«
(Es folgen nun die Gründe, die in 6 Punkten aufgeführt werden. Hier Punkt 6, der von dem Autor als der wichtigste angesehen wird.) ». . . Am wichtigsten aber ist endlich ein *Sechstes:* die Tatsache eines leidenschaftlichen Widerspruches, der sich aus den Reihen des Judentums selbst gegen den palästinensischen Zionismus erhebt. Dieser Widerspruch kommt auf der einen Seite von dem Assimilationsjudentum, von dem gleich die Rede sein wird; ihm, dessen Ziel ist, in den Völkern aufzugehen, ist der Zionismus in seiner Grundtendenz schlechthin entgegengesetzt. Aber der Widerspruch kommt ebenso von dem frommen assimilationsfeindlichen Judentum. Dieses fromme Judentum kennt gewiß die heiße Sehnsucht nach seinem heiligen Lande; es kennt auch die religiöse Hoffnung auf einen Tag, an dem sein Volkstum einmal am Zion wiederhergestellt sein werde. Aber dieser Tag ist Eschatologie; er ist ein Tag, den Gott selbst am Ende der Tage heraufführen wird. Ihn mit politischen Mitteln herbeiführen und aus ihm, so wie es der Zionismus tut, eine kulturelle Tat machen, heißt für den frommen Juden, jene Erwartung in ihr Gegenteil verwandeln. Die echte religiöse Endhoffnung ist damit politisiert, das heißt aber säkularisiert und verweltlicht. Dem entspricht die unbestreitbare Tatsache, daß der heutige Zionismus mit der religiösen Bewegung des Judentums so gut wie nichts zu tun hat. In ihm strömt vielmehr wesentlich aufgeklärtes, um nicht zu sagen atheistisches Judentum zusammen. Auch Martin Bubers und anderer heißes Bemühen, dem Zionismus religiösen Gehalt einzuflößen, bestätigt nur die grundsätzliche Hoffnungslosigkeit solcher Versuche. Es ist bezeichnend für die Lage, daß auch heute noch im zionistischen Jerusalem die frommen Juden an der alten Klagemauer sich sammeln, um über den Untergang Jerusalems zu weinen. Sie freilich sind keine ›Zionisten‹, sondern die Vertreter eines echten Judentums, für das der Zionismus in seiner heutigen Gestalt eine religionsfeindliche Irrlehre und Auflösung ist.
Ich will nicht behaupten, daß der Plan eines ›Judenstaates‹ grundsätzlich und schlechthin unmöglich sei. Der Plan Theodor Herzls, des Gründers des Zionismus, war zunächst gar nicht unbedingt auf Palästina gerichtet, also gar nicht im eigentlichen Sinne ›zionistisch‹. Man dachte an jüdische Kolonien in der Krim, Argentinien, New-Island, in Britisch-Ostafrika. Solche Lösungen hätten den Vorzug gehabt, daß sie nicht zur Pseudo-Eschatologie werden konnten, was bei der palästinisch-zionistischen Lösung unausbleiblich war. Ob sie praktisch je durchführbar wären, muß dahingestellt bleiben. Aber auf alle Fälle wäre auch mit allen solchen Versuchen niemals mehr als ein Bruchteil der Judenschaft versorgt. Das Problem der anderen Weltjudenschaft bliebe unverändert bestehen. So müssen beide Teile, Juden und Deutsche, sich darüber völlig klar

sein, daß das Problem niemals mit dem Schlagwort gelöst werden kann, die Juden sollten doch alle nach Palästina gehen, dann sei die Judenfrage erledigt. Auch im besten Fall *kann* diese Lösung niemals mehr sein als eine *halbe Lösung* – oder vielmehr prozentual sehr viel weniger –, die ihrerseits wieder eine Fülle neuer Fragen und Schwierigkeiten ergibt.«
(G. K., Die Judenfrage, Stuttgart 1933, S. 14, 16–18)

Ben Gourion, 1938:
»Der Kampf gegen den jüdischen Staat und den Zionismus wird nicht nur durch den Mufti und durch die arabischen Könige geführt, nicht nur durch die Antisemiten in England, nicht nur durch Anti-Briten in Italien und durch die Nazis in Deutschland. Auch die jüdischen Zionistenfeinde haben einen nicht geringen Anteil an diesem Kampf.«
(B. G., a.a.O., S. 245)

Abdur Rahman Azzam, um 1945:
»Unser Bruder ist nach Europa und nach dem Westen gegangen und verändert wiedergekommen. Er ist wiedergekommen als russischer Jude, als polnischer Jude, als deutscher Jude, als englischer Jude. Er ist zurückgekommen mit einer gänzlich verschiedenen Auffassung von den Dingen, einer westlichen, nicht östlichen. Das bedeutet nicht, daß wir notwendigerweise mit jedem, der aus dem Westen kommt, in Streit leben müssen. Aber der Jude, unser alter Vetter, zurückgekehrt mit imperialistischen, mit materialistischen Ideen, mit reaktionären oder revolutionären Ideen und darauf aus, sie erst durch britischen Druck, dann durch amerikanischen Druck, und dann durch eigenen Terrorismus durchzusetzen – er ist nicht mehr der alte Vetter, und wir haben kein sehr warmes Willkommen für ihn. Der Zionist, der neue Jude, will herrschen, und er gibt vor, daß er eine besondere zivilisatorische Mission habe, mit der er zu einer rückständigen, degenerierten Rasse zurückkehrt, um die Anfangsgründe des Fortschritts in ein Gebiet zu tragen, das keinen Fortschritt kennt. Nun, das ist der Vorwand jeder Macht gewesen, die kolonisieren wollte und auf Herrschaft aus war. Die Entschuldigung war immer, daß die Bevölkerung zurückgeblieben ist und daß der Kolonisator die menschliche Aufgabe habe, sie vorwärts zu bringen. Die Araber sagen einfach nein ... Wir werden das nicht zulassen, daß wir von großen Nationen, oder kleinen Nationen, oder von zerstreuten Nationen kontrolliert werden.«
(Christopher Sykes, a.a.O., S. 318)

Osservatore Romano, Rom, 14. Mai 1948 (Tag der Unabhängigkeitserklärung Israels):
»Der moderne Zionismus ist nicht der wahre Erbe des biblischen Israel, sondern ein säkularer Staat ..., deshalb gehören das Heilige Land und seine geheiligten Stätten der *Christenheit, dem wahren Israel.*«
(Pinchas E. Lapide, Rom und die Juden, Freiburg 1967, S. 264)

Hans Lamm, München, 1969:
»Der jüdische Antizionismus, sei es der gemilderte des Central-Vereins oder der rabiate des Naumann'schen Verbandes Nationaldeutscher Juden, ist tot: in Deutschland, genau wie in allen Ländern, in denen Juden wohnen. Man muß nicht vermuten, daß der Zionismus gleichermaßen verblichen sei, weil er sein Ziel mit der Staatsgründung 1948 erreicht hat, oder weil sein ideologischer Gegner – der Antizionismus – auf der Strecke blieb. Aber auch der älteste und den blau-weißen Farben treueste Zionist wird eingestehen müssen, daß der Bewegung nicht mehr die Schwungkraft der Kampfjahre (1896–1948) innewohnt. Es fehlt ihr einfach der doppelte Impetus der Vergangenheit: positiv, das Ziel, das es zu erreichen galt, und negativ, der Gegner, den es zu bekämpfen hieß. Dem Entschwundenen nachzutrauern, würde an den Kampf gegen Windmühlen erinnern, zu dem Don Quichotte aufrief. An die Stelle von Zionisten und Antizionisten trat eine in der Frage weitgehend geeinte Judenheit. Die Mehrheit

der Juden in der Welt ist heute – unbeschadet ihrer Stellung in und der Zuneigung zu den Ländern, deren Bürger sie sind – pro-israelisch und stolz auf das dort trotz übermächtiger Schwierigkeiten innerer und äußerer Art Errungene. Der Pro-Israeli ist an die Stelle des Zionisten und seines Gegners getreten. Die Ent-Ideologisierung der Nachkriegsjahre ist an den Juden nicht vorbeigegangen. Die pragmatische Bejahung des Gewordenen und Werdenden trat an die Stelle der Diskussionen und Dispute, die für zwei Generationen vor uns charakteristisch waren, die den Geist schärften und die Zungen und Federn spitz erhielten.«
(H. L., Gibt es heute einen jüdischen Antizionismus?, in: Tribüne, Nr. 32, Frankfurt/Main 1969, S. 3427)

---

3. Der Wunsch nach einer Ansiedlung von Juden in Palästina wird manchmal auch von Antisemiten zum Ausdruck gebracht; damit wollen sie die Juden in ihrem jeweiligen Land loswerden.

Martin Luther (1483–1546), 1539:
»Was seufzen sie ob ihrer Gefangenschaft? Wir wollen sie gern loswerden und sie nach Jerusalem zurückwünschen, von wannen sie niemand geholt hat.«
(Samuel Krauss, Luther und die Juden, in: Kurt Wilhelm, Hrsg., Wissenschaft des Judentums, Bd. I, Tübingen 1967, S. 312)

Johann Gottlieb Fichte, 1799:
»Um uns gegen sie (die Juden) zu schützen, sehe ich nur ein einziges Mittel, nämlich für dieselben ihr verheißenes Land zu erobern und sie alle dorthin zu verschicken.«
(Léon Poljakov, De Voltaire à Wagner, Paris 1968, S. 198)

Charles Fourier, 1838:
»Die Wiederherstellung der Hebräer wäre also eine schöne Siegespalme für die Herren von Rothschild. Sie können wie Esra und Zerubabel die Hebräer nach Jerusalem zurückführen und dort den Thron Davids und Salomons wiederaufrichten, um dann die Dynastie Rothschild darauf zu setzen. Für den Auguren scheint dies ein Traum, und doch ist nichts leichter, als denselben unter dem Schutz aller Monarchen in sechs Monaten zu verwirklichen.«
(Léon Poljakov, a.a.O., S. 383)

Heinrich Claß, Berlin, 1914:
»Der Vorsitzende des Alldeutschen Verbandes (Heinrich Claß) machte in seiner Denkschrift jedoch noch einen Alternativvorschlag, mit dem er ›die jüdische Frage in ihrer Wurzel‹ zu erfassen hoffte. Bei der zu erwartenden Neuordnung der Welt sollte die Forderung nach einer ›öffentlich-rechtlichen Heimstätte des jüdischen Volkes‹ erfüllt, d. h. von einer türkischen Regierung ausbedungen werden, ›daß Palästina unter türkischer Oberhoheit dem nationalen Judenstaat zur Verfügung gestellt wird.‹ Im ›deutschen Ost-Neulande‹ müßte dann eine umfassende, auf Jahre verteilte Tätigkeit zur Überführung der Juden in die neue Heimat in Angriff genommen werden.«
(Egmont Zechlin, a.a.O., S. 162 f.)

Benito Mussolini, 1922:
»Ist es für Italien wünschenswert, mitansehen zu müssen, wie der Nahe Osten unter englischen Einfluß gerät, auch wenn dies durch den Zionismus geschieht? Nein.«
(Eliahu ben Elissar, La diplomatie du IIIe Reich et les juifs, Paris 1969, S. 225)

Adolf Hitler (1889–1945), 1930:
»Die Herrschaft des Juden im Staate erscheint schon so gesichert, daß er sich jetzt nicht nur wieder als Jude bezeichnen darf, sondern auch seine völkischen und politischen letzten Gedankengänge rücksichtslos zugibt. Ein Teil seiner Rasse bekennt sich schon ganz offen als fremdes Volk, nicht ohne dabei wieder zu lügen. Denn indem der Zionismus der anderen Welt weiszumachen versucht, daß die völkische Selbstbesinnung des Juden in der Schaffung eines palästinensischen Staates seine Befriedigung fände,

betölpeln die Juden abermals die dummen Gojim auf das gerissenste. Sie denken gar nicht daran, in Palästina einen jüdischen Staat aufzubauen, um ihn etwa zu bewohnen, sondern sie wünschen nur eine mit eigenen Hoheitsrechten ausgestattete, dem Zugriff anderer Staaten entzogene Organisationszentrale ihrer internationalen Weltgaunerei: einen Zufluchtsort überführter Lumpen und eine Hochschule werdender Gauner.«
(A. H., Mein Kampf, München 1930, S. 356)

Benito Mussolini, 1938:
»Die kompetenten Kreise von Rom sind der Meinung, es gäbe nur eine einzige Möglichkeit zur Lösung des jüdischen Problems, nämlich einen jüdischen Staat irgendwo in der Welt ins Leben zu rufen, aber keinesfalls in Palästina.«
(Eliahu ben Elissar, a.a.O., S. 226)

Alfred Rosenberg, München, 1938:
»Im Falle eines Angriffs gegen die jüdische, speziell gegen die zionistische Weltpolitik, treten gewöhnlich die ›religiösen‹ und ›assimilatorischen‹ Vereinigungen auf und betonen ihre ›grundsätzliche Gegnerschaft‹ dem national-jüdischen Sturmtrupp gegenüber. Diese Finte der getrennt marschierenden Heerscharen Israels hat ihre Wirkung bisher nicht verfehlt, es ist deshalb am Platze, kurz nachzuweisen, daß alle diese verschiedenen Vereinigungen im Grunde selbstverständlich einig sind mit den Zielen des politischen Kampftrupps des Judentums.«
(Léon Poljakov, De l'antisionisme à l'antisémitisme, Paris 1969, S. 81, Anm. 34)

Lord Winterton, 1939:
»Die Vorstellung, die in amerikanischen Kreisen Geltung zu haben scheint und nach der so etwas wie ein jüdischer Staat irgendwo in der Welt geschaffen werden könnte, ist ganz und gar utopisch, unmöglich zu verwirklichen und stößt auf die Opposition der britischen Regierung.«
(Eliahu ben Elissar, a.a.O., S. 440)

Documentation catholique, Paris, 1949:
»Wenn auch die Orthodoxen (Juden) dem Zionismus anhängen, wobei sie die Person des Messias mit dem ganzen Leib des jüdischen Volks identifizieren, wird eine hebräische Elite in den Kibbuzim geschaffen, wo sie unter einem kollektivistischen Materialismus, der mit den Leistungen des Kommunismus wetteifert, eine neue Rasse ›züchten‹ und erziehen. Inmitten *semitischer Unordnung* und dem arroganten Überschwang triumphierender Rache werden Schocktruppen und Mörder ohne Skrupel geschaffen ...
Wir, die wir, nachdem wir viele Monate lang systematisch geblendet und getäuscht worden sind, durch sorgfältige Nachforschungen mindestens teilweise zur Wahrheit gelangt sind, können uns nur einer Überzeugung anschließen, die bereits häufig geäußert worden ist: *Der Zionismus ist ein neuer Nazismus* ...
Nur feste und entschlossene Opposition kann Israel aus einem *Delirium* wecken und die Errichtung toleranter gegenseitiger Beziehungen ermöglichen. Unserer Ansicht nach ist es lediglich christliche Liebe, *den Wahnsinnigen in seiner Wut* zu binden.«
(Pinchas E. Lapide, Rom und die Juden, Freiburg/Brsg. 1967, S. 269)

Jacques Givet, 1968:
»Die gleichen, die möchten, Israel solle nicht mehr zionistisch sein – dies ist ein Widerspruch in sich selbst – und die nicht begreifen, daß nicht allen arabischen Flüchtlingen mit einem Federstrich die Rückkehr erlaubt werden kann – dies käme für Israel einem Selbstmord gleich, wie wenn man im Jahre 1940 nach Frankreich etwa 20 Millionen zur Weißglut erhitzte Nazis hätte eindringen lassen – diese Personen wären die ersten, die sich darüber aufregen würden, wenn Ottawa der Provinz Quebec untersagen würde, die zu ihm Einlaß begehrenden französischsprachigen Einwanderer frei auszuwählen ...
Was müssen die Juden eigentlich tun, um sich vor Ihrer Kritik in Schutz zu bringen, als sich von neuem ermorden zu lassen, um dann einen Anspruch auf Ihr Mitleid zu haben ...
Die Rechtmäßigkeit der Schaffung eines

jüdischen Staates in Palästina und des Rechts aller Juden, dorthin zurückzukehren als in ihr Vaterland, erregten nur bei den hartnäckigen Antisemiten Zweifel, die grundsätzlich allem entgegengesetzt waren, was zugunsten des jüdischen Volkes geschehen konnte ...
Kein einziger Israeli ist deshalb schuldig, weil er existiert oder weil ihm das Recht zur Existenz abgesprochen wird. Dabei spielt es keine Rolle, was für Konsequenzen diese Ablehnung für diejenigen nach sich zieht, die diese Meinung vertreten und nicht davon ablassen wollen. Auch die Behauptung ..., daß ›man die durch die einfache Existenz des hebräischen Staates das Herz der Araber treffende Verletzung‹ unterschätze, ist politisch unsinnig und moralisch unzulässig. Kein Jude – ob in Israel oder anderswo – hat sich deshalb zu rechtfertigen, weil er existiert ...
Dies rührt unter anderem auch daher, daß die alten Antisemiten in ihrem schon durch seine geographische Lage bevorzugten Gebiet, nämlich in Ägypten, gute Arbeit geleistet haben. Aber sie haben sich dazu Zeit lassen müssen. Nach dem von den demokratischen Streitkräften über Hitler errungenen Sieg mußte man sich zunächst verbergen – und schweigen. Sie wurden dann allmählich wieder kühner, und da sie durch Finanzleute aus Deutschland, der Schweiz, Spanien und Südamerika unterstützt wurden, haben sie sich mit Eifer an eine hartnäckige und geduldige Unterminierungsarbeit gemacht. Da sie Schlüsselstellungen im Nahen Osten innehatten, waren sie gewiß der Meinung, daß der Zeitpunkt sicher gekommen sei, in dem die Judenfrage eine wirkliche Endlösung erfahren werde. Während sie auf dem Gebiet der Strategie gescheitert sind, weil Israel wachsam war, haben sie im Bereich der Propaganda glänzende Erfolge errungen, auf jenem Gebiet, in dem die Einsicht und der Verstand in einen Zustand des Schlafens versetzt wird ...
Beim Fehlen dieses Dialogs – die Linke scheint sich dabei wohlzufühlen – ist Israel um so mehr das priviligierte Ziel geworden, als es davon ausgeschlossen ist. Es hat nicht das Recht, sich Ausdruck zu verschaffen, noch weniger das, zu handeln, und überhaupt nicht das, sich zu verteidigen. Es ist durchaus normal, daß die arabischen Führer von neuem ihren Willen, Krieg und nur Krieg zu führen, äußern und derweilen die Realität und das Leben mißachten. Aber wenn ein Israeli eine mehr oder weniger geschickte, mehr oder weniger falsch gedeutete Erklärung abgibt, die noch nicht einmal die unterste Sprosse in der Stufenleiter der Gewalttaten erreicht, an die uns die Nachbarn Israels gewöhnt haben, dann löst das einen Skandal aus, und dann rechtfertigt dies alle wahnsinnigen Drohungen, die zum Krieg geführt haben und die von neuem zum Krieg führen sollen.
Die neo-antisemitische Linke ist für diese Entartung der Lage nicht allein verantwortlich. Sie wird darin unterstützt durch:
die Dürftigkeit der israelischen Informationsdienste, die der Meinung sind, sie müßten sich nicht die Mühe geben, systematisch die Lügen zu dementieren, die sich Tag um Tag anhäufen und die schließlich doch ihre Wirkung tun,
die Haltung zu vieler jüdischer Gemeinden und ihrer Sprecher, die sich in einer ängstlichen Defensive niederschlägt; dies erinnert in tragischer Weise an einige Gemeinden kurz vor der durch Hitler hereinbrechenden Katastrophe ...,
das Schweigen vieler der Linken angehörigen Leute, die zwar das neoantisemitische Streitroß nicht besteigen, sich aber doch gehemmt, unentschlossen, nicht betroffen und schlecht informiert vorkommen und darum sich lieber aus dieser ganzen Affäre heraushalten,
einen untergründigen Antisemitismus der Linken, der seinen Vorläufer – vor allem – in einer gewissen Form der ›sozialistischen‹ Demagogie hat ...,
die Beweglichkeit der Antisemiten der Rechten, die, ohne sich überhaupt offen zeigen zu müssen, sich damit begnügen, von Zeit zu Zeit Verwirrung zu stiften ...«
(J. G., La Gauche contre Israël?, Paris 1968, S. 45, 53, 64, 197, 198 f.)

Elie Wiesel, 1968:
»Der Major gehörte zu der neuen Generation, die der Herrschaft des Muts und des Sinns für die Wirklichkeit zum Durchbruch verholfen hatte. Für diese Generation gilt es, daß ein Volk sein Geschick ändern kann und soll; sie ist der Meinung, daß die Kinder Israels der Vergangenheit Israels entgehen können. So würde sie dieselben gerne alle gesund, normal, geheimnislos und unbelastet sehen. Diese Generation täuscht sich. Der Krieg beweist dies. Diese Bedrohungen und Gefahren haben wir schon mehr als einmal erlebt und durchgemacht. Nichts hat sich geändert ... Wie in der Vergangenheit wollte man unseren Tod. Wie in der Vergangenheit ist die Einsamkeit unser Erkennungszeichen.«
(E. W., Le mendiant de Jérusalem, Paris 1968, S. 1968)

Jean Améry, 1969:
»Unter ›Zionismus‹ versteht die Linke ungefähr das, was man so vor rund dreißig Jahren in Deutschland das ›Weltjudentum‹ genannt hat. Gegen diesen Zionismus, den man auch ›Nationalzionismus‹ nennt, um ihn schon phonetisch dem Nationalsozialismus anzunähern, erhebt sich linker Purismus, linker Eifer, linke Tugend (im Sinne Robespierres).«
(J. A., Die Linke und der »Zionismus«, in Tribüne, Nr. 32, Frankfurt/Main, S. 3419)

Jean Améry, 1969:
»Das klassische Phänomen des Antisemitismus nimmt aktuelle Gestalt an. Die alte besteht weiter, das nenn ich mir Koexistenz. Was war, das blieb und wird bleiben: der krummnasige, krummbeinige Jude, der vor irgendwas – was sag ich? vor allem davonläuft. So ist er auch zu sehen auf den Affichen und in den Pamphleten der arabischen Propaganda, an der angeblich braune Herren der deutschen Muttersprache von einst, wohlkaschiert hinter arabischen Namen, mitwirken sollen. Die neuen Vorstellungen traten auf die Szene gleich nach dem Sechs-Tage-Krieg und setzten langsamerhand sich durch: der israelische Unterdrücker, der mit dem ehernen Tritt römischer Legionen friedliches palästinensisches Land zerstampft. Anti-Israelismus, Anti-Zionismus und der krummbeinige Davonläufer stören einander nicht. Wie sich endlich die Bilder gleichen! Doch neu ist in der Tat die Ansiedlung des als Anti-Israelismus sich gerierenden Antisemitismus auf der Linken. Einst war das der Sozialismus der dummen Kerle. Heute steht er im Begriff, ein integrierender Bestandteil des Sozialismus schlechthin zu werden, und so macht jeder Sozialist sich selber freien Willens zum dummen Kerl ...
Es ist von der Linken die Rede und keineswegs nur von den noch mehr oder minder orthodoxen kommunistischen Parteien im Westen oder gar von der Politik des sozialistischen Lagers. Für diese gehört der Anti-Israelismus, aufgepfropft auf den traditionellen Antisemitismus der slawischen Völker, ganz einfach zur Strategie und Taktik einer so und so gegebenen politischen Konstellation ...
Fest steht: der Antisemitismus, enthalten im Anti-Israelismus oder Anti-Zionismus wie das Gewitter in der Wolke, ist wieder ehrbar. Er kann ordinär reden, dann heißt das ›Verbrecherstaat Israel‹. Er kann es auf manierlichere Weise machen und vom ›Brückenkopf des Imperialismus‹ sprechen, dabei so nebstbei allenfalls in bedauerndem Tonfall hinweisen auf die mißverstandene Solidarität, die so ziemlich alle Juden, von einigen löblichen Ausnahmen abgesehen, an den Zwergstaat bindet, und kann es empörend finden, daß der Pariser Baron Rothschild die Israel-Spenden der jüdischen Bevölkerung Frankreichs als eine Steuer einfordert ...
Wenn aus dem geschichtlichen Verhängnis der Juden – beziehungsweise der Antisemitenfrage –, zu dem durchaus auch die Stiftung des nun einmal bestehenden Staates Israel gehören mag, wiederum die Idee einer jüdischen Schuld konstruiert wird, dann trägt hierfür die Verantwortung eine Linke, die sich selber vergißt. ›Der Antizionismus ist ein

von Grund auf reaktionäres Phänomen, das von den revolutionären progressistischen antikolonialistischen Phrasen über Israel verschleiert wird‹, sagte neulich Robert Misrahi, ein französischer Philosoph, der ... zur weiteren Sartre-Familie gehört.

Der Augenblick einer Revision und neuen geistigen Selbstbestreitung der Linken ist gekommen; denn sie ist es, die dem Antisemitismus eine ehrlose dialektische Ehrbarkeit zurückgibt. Die Allianz des antisemitischen Spießer-Stammtisches mit den Barrikaden ist wider die Natur, Sünde wider den Geist, um in der vom Thema erzwungenen Terminologie zu bleiben. Leute wie der polnische General Moczar können sich die Umfälschung des kruden Antisemitismus zum aktuellen Anti-Israelismus gestatten: Die Linke muß redlicher sein. Es gibt keinen ehrbaren Antisemitismus.

Wie sagte Sartre vor Jahr und Tag in seinen ›Überlegungen zur Judenfrage‹: ›Was der Antisemit wünscht und vorbereitet, ist der Tod des Juden.‹«

(J. A., Der ehrbare Antisemitismus, in: Zeit, Hamburg, Nr. 30, 25. 7. 1969, S. 16)

François Delpech, 1969:

»Die hitzigen Proteste der arabischen Staaten und der palästinensischen Widerstandsbewegungen finden weites Gehör, insbesondere in den Kreisen der Linken, wo es zum guten Ton gehört, sich als Antizionisten zu bezeichnen und sich dabei gleichzeitig gegen jeden Antisemitismus zu verwahren.

Selbstverständlich werden dadurch die Kreise des französischen Judentums stark beunruhigt, die zugleich mit ihrem französischen Vaterland und mit Israel leidenschaftlich verbunden sind; denn sie wissen schon seit langem und aus schmerzlicher Erfahrung, daß Antizionismus zwar nicht mit Antisemitismus gleichzusetzen ist, daß er aber doch geradewegs zum Antisemitismus führt.«

(F. D., Du Sionisme à l'État d'Israël, in: Lumière et Vie, Lyon 1969, Nr. 92, S. 35 f.)

Hans Lamm, München, 1969:

»Wer heute den Zionismus bekämpft, tut es aus einer Ideologie von vor 1933 heraus und ignoriert völlig unrealistisch ein existierendes, entschlossen und erfolgreich um sein nacktes Dasein kämpfendes Staatswesen. Auch wenn unterstellt wird, daß die Motive dieser Zweifler stets lauter seien, so ist doch festzustellen, daß jene doktrinären Ideologen das Selbsterhaltungsbestreben von drei Millionen Juden behindern und torpedieren, einer Judenheit, umbrandet von 150 oder mehr Millionen von Arabern. Diese Juden sind zum Großteil letzte Reste vernichteter europäischer Judenheiten oder Vertriebene aus asiatischen, afrikanischen und osteuropäischen Staaten. Israels Taten oder Untaten und Einzel-Maßnahmen seiner Regierung sind nicht tabu und können so hart kritisiert werden wie die jedes anderen Staates. Freilich: Israels Existenzberechtigung zu bestreiten ist seit 1948 ethisch und moralisch kaum mehr möglich; die Liquidation des jungen Judenstaates würde ja nicht Emigration oder Bevölkerungstransfer bedeuten, sondern Untergang von drei Millionen Menschen und die Vernichtung der letzten Hoffnung von Abermillionen Juden außerhalb Israels.

Antizionismus war als historisches Phänomen verständlich und diskutabel. Im Jahre 1970 stellt er eine mörderische oder selbstmörderische Negierung einer gewordenen Realität dar – eine Haltung, die kaum mehr zu verstehen und keineswegs mehr zu rechtfertigen ist.«

(H. L., Gibt es heute jüdischen Antizionismus?, in: Tribüne, Nr. 32, Frankfurt/Main 1969, S. 3428)

Rudolf Pfisterer, Schwäb. Hall, 1969:

»Nur ganz kurz sei auf zweierlei hingewiesen: Man darf sich um keinen Preis in irgendeine *Anti-Haltung* drängen lassen, die leicht und rasch von Emotionen überspielt wird und in von Leidenschaften bestimmte Vorurteile ausartet. Antikommunismus und Antikapitalismus, Antisemitismus und Antizionismus stehen in einer Reihe. Demgegenüber gilt es aufrichtiger und besonnener *Sachlichkeit* das Wort zu reden, die immer zugleich auch ein erster Schritt zum Aus-

gleich und zur Versöhnung ist. Im Blick auf eine Ablehnung des Antizionismus bedeutet dies nicht, bedingungslos alle Schritte und Unternehmungen Israels zu billigen, wohl aber sein Recht auf staatliche Existenz anzuerkennen und sich darum deutlich gegen seine Streichung von der Landkarte und gegen den damit verbundenen Genozid auszusprechen. Dazu bedarf es – zweitens – der *Mühe um solide Information,* die sich gegenseitiges Verständnis und Verständigung und darum den Frieden in dieser Wetterecke der Welt zum Ziel setzt. Dabei darf man den Antizionismus nicht verharmlosen: zielt der Antisemitismus als Feindschaft gegen die Juden, auf den Schem, den Namen Gottes, so bestreitet der Antizionismus dem Volk der Juden Heimat und Existenzrecht in Zion, das heißt in dem diesem Volk in diesem bestimmten Bereich der Welt zugewiesenen Platz.«
(R. Pf., Antizionismus und Antisemitismus, in: Tribüne, Nr. 32, Frankfurt/Main, 1969, S. 3418)

Douglas Young, 1969:
»Die öfters beobachteten Versuche, antizionistisch ohne antijüdisch (oder sagen wir es deutlich: antisemitisch) zu sein, wurden durch die vollständige Solidarität widerlegt, die von allen Juden während des Sechs-Tage-Krieges gezeigt wurde. Wenn man vorbringt, man sei nicht antijüdisch, sondern nur antizionistisch, so hat das keinen Sinn, weil in den Tagen des Juni 1967 eine jüdische Solidarität in Erscheinung trat, die man sich vorher nicht vorstellen konnte und die bewiesen hat, daß man für die große Mehrheit der Juden zwischen diesen Begriffen keine gültige Unterscheidung vornehmen kann.«
(D. Y., Paix à Jérusalem, in: Tribunes Juive, Nr. 27, Strasbourg 1969, S. 13)

Erklärung von Beirut, 10. Mai 1970:
»... Wenn wir sagen, daß das Evangelium uns einen Messias offenbart, der nicht von dieser Welt ist, wenn er sich auch in dieser Welt kundtut, dann lehnen wir damit die Manipulierung biblischer Texte zu Zwecken der politischen Macht ab. Die dem Geist des Christentums zuwiderlaufende politisch-zionistische Deutung dieser Texte erscheint uns für die Christen als unannehmbar, wie sie auch unannehmbar ist für die Juden, die der geistlichen Deutung des Alten Testaments treu bleiben. Sie führt faktisch dazu, durch die Heilige Schrift die schweren Ungerechtigkeiten zu rechtfertigen, die das palästinensische Volk und die anderen arabischen Völker erdulden mußten und gegen die das menschliche Gewissen sich nur auflehnen kann. So stellt sich der zionistische Staat, wie jedes politisch-religiöse System – ob es sich nun auf einen lebendigen Glauben stützt oder nicht – der Würde und der Freiheit des Menschen entgegen ...«
(In: Réforme, Paris, 23. Mai 1970)

Ecumenical Theological Research Fraternity, Jerusalem, 6. 7. 1970:
»Wir in Jerusalem und in Israel lebenden Christen sind unserer Meinung nach unmittelbar von ›der Erklärung des Weltkongresses der Christen für Palästina‹ betroffen, und in einer besonderen Weise durch die Schlußresolution, die den Titel ›Beiruter Aufruf‹ trägt.
Wir können unsere Angst über die Wirkung einer solchen Erklärung auf die Völker im Nahen Osten nicht verhehlen. Wir beurteilen den Umstand, daß wir in keiner Weise eingeladen waren, um uns selbst über Palästina zu Gehör zu bringen, als einen Affront gegen die Wahrheit und die Gerechtigkeit. Wir bestreiten den Anspruch des Beiruter Kongresses, die Meinung der Christenheit in der Welt zu vertreten. Wir sind der Meinung, daß Christen Frieden unter den Menschen verbreiten und nicht zum Haß ermutigen sollten. Wir wenden uns ganz besonders gegen den Gebrauch des ›christlichen‹ Namens für die Heiligung eines heftigen nationalistischen Kampfes. Da wir mit den in Beirut versammelten Christen das Verlangen nach Gerechtigkeit und das Mitleid mit allen Leidenden teilen, bedauern wir mit ihnen die Leiden der Araber, und wir erklären uns mit dem Verlangen der Palästinenser nach einer nationalen Heimstätte einig.

Jedoch sind wir darüber bestürzt, daß sie ihrerseits die Leiden des jüdischen Volkes nicht verstehen und die berechtigten Ansprüche Israels auf seine Existenz nicht anerkennen.
Die Theologen von Beirut beschuldigen Israel, es würde die Bibel zu politischen Zwecken verwenden. Wir sind der Überzeugung, daß die Verwendung der Bibel zur Rechtfertigung zeitlicher Ereignisse oder politischer Ziele theologisch unzulässig ist. Aber wir sind ebenso überzeugt, daß nur ein recht tief sitzendes Vorurteil einen Christen davon abhalten kann, zu erkennen, daß die Juden ihre Auffassungen von Volk, Land und der Beziehung zu Gott aus ihrem täglichen Bibellesen abgeleitet haben.
Wir glauben jedoch, daß die Präsenz des jüdischen Volkes in diesem Lande von seinem Ursprung an und durch seine ganze Geschichte zeigt, daß immer ein Band zwischen dem jüdischen Volke und dem Land Israel bestanden hat. Wenn Juden und Arabern Gerechtigkeit widerfahren soll, dann muß nach unserer Überzeugung dieser Verbindung Rechnung getragen werden.«
(Vervielfältigtes Rundschreiben)

Jacques Ellul, Bordeaux, 1970:
»... Ich bin bestürzt über die Heuchelei, die darin besteht, auf der einen Seite den Staat Israel zu verurteilen, indem man sich durch die Verurteilung des Antisemitismus auf der anderen Seite ein gutes Gewissen verschafft. Sicher liebt man ja die Juden. Aber die *guten* Juden, das heißt diejenigen, die sich ermorden, deportieren und abschlachten lassen; hier werden dann Christen mit entrüstetem Gewissen deren Unterdrücker verurteilen. Aber es gibt auch böse Juden; das sind diejenigen, die sich verteidigen. Diese Haltung war auch diejenige, die die Bürger des 19. Jahrhunderts gegenüber den Arbeitern eingenommen haben; man wollte für sie nur Gutes, und man war recht bekümmert, wenn man dieselben ausbeutete. Aber man verurteilte selbstverständlich ihre Gewerkschaften und ihre Machtmittel ... Hier sehen wir, was es mit der Liebe zu den Juden auf sich hat, die sich mit der Verurteilung des Staates Israel verbündet ...
Das Argument, das für mich zugunsten Israels entscheidend bleibt, lautet folgendermaßen: Alle arabischen Staaten können ihre Niederlagen überleben. Wenn Israel besiegt wird, verschwindet es vollkommen. Die Palästinenser können ohne Schwierigkeiten in zahlreichen arabischen Staaten aufgenommen werden, die Juden nirgendwo. Israel ist von feindlichen Mächten vollkommen eingekreist, von denen keine einzige in ihrer Existenz bedroht ist: Israel ist dagegen in seiner Existenz bedroht.
Israel ist der einzige Staat der Welt, der sich wirklich mit dem ›Rücken zur Mauer‹ schlägt. Er ist der einzige Staat (viel mehr als das erobernde Nord-Vietnam), das sich vor der Frage nach Leben und Tod im umfassenden Sinn dieses Wortes befindet. Trotz seiner Militärmacht ist es der wahrhaft Arme gegenüber den arabischen Staaten, deren Schwäche allein mit ihrer Unerfahrenheit zusammenhängt.
Man muß schon einer unglaublich romantischen Einstellung verfallen sein, wenn man glaubt, ein so kleiner Staat könne in dieser Situation eine mit ihren Feinden verbündete Minderheit wiedereingliedern. Man muß schon recht unaufrichtig sein, wenn man das ›Verschwinden der zionistischen Strukturen‹ fordert und dabei noch glaubt, diese würde nicht zu einem allgemeinen Massaker führen.«
(J. E., Israël devant l'appel de Beyrouth, in: Réforme, Paris, 30. 5. 1970)

Edward Flannery, USA, 1970:
»Im allgemeinen ist diese Unterscheidung mit einer zweiten verknüpft, die zwischen dem Judentum als Nation oder Staat und dem Judentum als Religion aufgestellt wird. Der Antizionist begnügt sich mit der Aussage: das Judentum ist nur eine Religon; der Staat Israel ist nichts anders als das Ergebnis der zionistischen Politik.
Man kann hier die seltsame Beobachtung machen, wie Christen das schwierige Thema, nämlich, was wirklich das

Judentum und die Juden sind, anpacken und eine neue Auffassung des Judentums sich zu eigen machen – sie liegt in der Nähe derjenigen Anschauung des klassischen Reformjudentums, die heute beinahe ganz aufgegeben wurde. Dies geschieht in der Weise, daß man letztlich und kategorisch Christen und Juden gegenüber aussagen kann, worum es sich beim Judentum und den Juden wirklich handelt.

Nach dieser Auffassung wäre der Zionismus einfach nur eine politische und laizistische Bewegung, die ganz am Rande des Judentums stünde. Diese Kritik will uns dazu noch daran erinnern, daß zahlreiche Juden Antizionisten sind – und dies trotz des Sachverhalts, daß heutzutage nur eine sehr geringe Zahl diese Haltung einnimmt ...

Tatsächlich müßte man hier notwendigerweise die zur Sache gehörige Frage stellen: Warum soll ein Christ Antizionist sein? Selbstverständlich will ich hier nicht anspielen auf die Mißbilligung, die im Blick auf die Politik und das Verhalten der Israelis, die Flüchtlingsfrage oder die der Rechte und Wünsche der Araber vorhanden sein kann, sondern es geht hier vielmehr um die glatte und einfache Ablehnung des Zionismus als Auffassung, die man ja bei so vielen Christen antrifft ...

Welche Schlußfolgerungen muß man aus der vorangegangenen Untersuchung ziehen? Es geht hier um mehrere Punkte:

1. Es ist außerordentlich wahrscheinlich, daß zahlreiche Christen in ihrem tiefsten Inneren das Verschwinden des jüdischen Volkes wünschen.
2. Dieser Wunsch findet Nahrung in unserem sozialen Milieu weltlicher wie religiöser Prägung, und auch in den in uns steckenden aggressiven Kräften.
3. Man hat es unseren Idealen und unserem Schuldgefühl zu verdanken, daß dieser Wunsch bewußt nur in einem Prozeß der Abschwächung zum Vorschein kommt und dies auch deshalb, weil Rationalisierungsversuche seine Präsenz und seinen Ursprung verheimlichen.
4. Die Gleichgültigkeit der öffentlichen Meinung während und nach dem Massenmord an den Juden kann man sich nur auf der Grundlage dieser Faktoren erklären.
5. Einer der Hauptaspekte dieses unbewußten Antisemitismus ist oft der Antizionismus.
6. Schließlich darf man die Möglichkeit nicht ausschließen, daß der christliche Antisemitismus in seinen tiefsten Wurzeln ganz einfach aus einem Haß gegen die Christenheit stammt.«

(E. F., L'antisionisme chrétien, in: Information juive, Paris, Nr. 203, Juli 1970, S. 2)

Gruppe von Christen, 1970:

»Die Rechtfertigung des Antizionismus durch zweifelhafte theologische Erwägungen ist um so gefährlicher, als neue Äußerungen des Antisemitismus fast überall in der Welt sich zeigen. So wollen einige Kreise den Juden – und zwar den Juden allein! – das Recht auf nationale Existenz verweigern, indem sie diesen oder jenen Text aus der Heiligen Schrift oder aus der Tradition dafür anführen, der willkürlich aus seinem Zusammenhang gerissen wurde. Diese Art der Verurteilung ist dem alten Antijudaismus sehr ähnlich, von dem dieser auch teilweise trotz des Protestes der Antizionisten sich herleitet, auch wenn dieselben dabei guten Glaubens sind. Dies kommt einer Verewigung der Diskriminierung gleich, die aus den Juden während vieler Jahrhunderte eine gehetzte Minderheit gemacht hat. Nichts, aber auch gar nichts kann eine derartige Aussage rechtfertigen, die auch in schreiendem Widerspruch zu den Rechten der menschlichen Person und zum Geist der Konzilsdeklaration ›Nostra Aetate‹ steht.«

(In: Le Monde, 13. Mai 1970)

Bernard Keller, 1970:

»Seit 1967 ist der Antizionismus nicht nur ein in den Ländern des Ostblocks stark verbreitetes Verhalten – diese Länder waren früher Spezialisten für Pogrome –, und in noch geringerem zeitlichen Abstand, für Schauprozesse, bei denen die Mehrzahl der Angeklagten Juden waren –, sondern auch in Frankreich

greifen die ›Gauchisten‹ (neue Linke) und Gruppen von Katholiken und Protestanten ständig dieses Thema des Antizionismus, das heißt, des Willens auf, den Staat Israel zugunsten eines laiizistischen, demokratischen palästinensischen Staates aufzulösen.
Man hatte den Eindruck, daß in den Ostblockländern der Antizionismus die Nachfolge des Antisemitismus antrat; es handelte sich schlicht um einen Wechsel der Etikette. Man gewinnt den gleichen Eindruck, daß die Argumente einiger Christen gegen den Staat Israel und ihr Verhalten gegenüber den Zionisten nach schon Gehörtem und noch Gesehenem riechen . . .
Ist also der Antizionismus die Form, die der Antisemitismus im Jahre 1970 annimmt . . .?
Für mich gibt es gar keinen Zweifel: der christliche Antizionismus zieht die Stiefel des christlichen Antisemitismus an, und dies geschieht nicht einmal im verborgenen . . .«
(B. K., Antisémitisme – Antisionisme, in: Le messager evangélique, Strasbourg, 7. 6. 1970)

Roland de Pury, 1970:
»Die öffentliche Meinung der Araber steht seit 25 Jahren unter dem Einfluß der antizionistischen Propaganda wie unter dem einer Droge. Ist es dann sehr freundschaftlich, ihr auch noch eine christliche Dosis anzubieten? Wenn der Antisemitismus der geistliche Selbstmord der Kirche ist, dann ist der Antizionismus der wirtschaftliche, politische und soziale Selbstmord der Araber.«
(R. d. P., Points de vue sur Beyrouth, in: Réforme, Paris, 27. 6. 1970)

Icon Zack, Vanves (Frankreich), 1970:
»Der Zionismus ist in seiner ursprünglichen Reinheit das Verlangen des Juden, eine eigene Heimstätte zu besitzen, wo er vor Verfolgungen in Schutz ist und wo er ganz und gar sein geistliches Geschick verwirklichen kann. Die Mystik der Zionisten besteht in der Überzeugung, daß diese Heimstätte und dieser Staat nur in Palästina verwirklicht werden können. Indem Roger Cohen diese zionistische Mystik ablehnt, ersetzt er sie durch eine andere, die seiner Meinung nach nicht religiöser Art ist, aber die sich letzten Endes mit einem gewissen jüdischen Messianismus verbindet. Diese Mystik besteht in dem Glauben, daß die Juden eine besondere geistliche und kulturelle Rolle in der Diaspora zu spielen hätten.«
(I. Z., in: Le Monde, 14. Januar 1970)

---

4. Die theologische Bedeutung der Sammlung der Juden in Israel bedarf ernsthaften Nachdenkens; sie schließt Solidarität mit der Existenz Israels von Seiten der Christen ein.

Margarete Susmann, Zürich, 1948:
»Die rechtzeitige Bekämpfung des Dämons, der in der Verfolgung des jüdischen Volkes den Weltkrieg entfesselt hat, hätte ohne jeden Zweifel die Kriegskatastrophe und alles, was ihr folgte, verhindert. Am Schicksal des jüdischen Volkes ist so die Entscheidung über das Weltschicksal gefallen. In dem Ringen des Volkes um ein neues Zentrum seines Lebens ist das Menschheitsschicksal zentriert; es erweist sich erneut: es geht in der Krise des jüdischen Volkes um eine menschheitliche Krise; es ist menschlicher, messianischer Grund, den wir in Zion betreten; Zion ist kein nur räumliches Zentrum, es ist Schicksalszentrum der Erde . . .
Damit ist im Zionismus das irdische Ziel dem unsichtbaren nur vorgelagert, wird auch diese moderne, national begründete Bewegung vom ewigen jüdischen Schicksal ergriffen. Alle Zionsarbeit, wie tief auch in die Geschichte einbezogen, treibt zugleich über sie hinaus. Darin steckt ihr mächtiger Stachel, darin die große, lebendige Frage, die mit ihr an das jüdische Volk gestellt ist. Die Unentbehrlichkeit der Wiedergewinnung des Landes zur äußeren Rettung und inneren Sammlung des heute erneut in alle Winde zerstreuten Volkes ist offenbar. Niemand kann zweifeln, daß Palästina heute

der starken Herzen und Hände, daß es der lebendigen Kräfte des ganzen Volkes zu seinem Aufbau bedarf. Aber auch in diesem allerschwersten Augenblick darf die Gefahr und Bedrohung nicht verkannt werden, die für das jüdische Volk heute wie immer in der Nationwerdung liegt ...
Damit ist auf Zion hingewiesen als auf die Rettung und Gefahr des Volkes zugleich. Sollten wir diese Lage nicht nach dem Vorbild der ersten Königswahl begreifen dürfen, die Gott gegen sein Gebot befiehlt, um sich der Könige als seiner Werkzeuge zur Rettung des Volkes zu bedienen? Sollten wir nicht die unfaßliche göttliche Verschränkung, in der auf das Haupt des kriegerischen Königs, der als ein Mann blutiger Hände dem Herrn kein Haus bauen darf, die messianische Friedensbotschaft gelegt wird, als ein Vorbild aller ungeheuren Paradoxien in den geschichtlichen Verwirklichungen Israels begreifen? Sicher kann nur ein davidischer Zionismus, ein Zionismus im Zeichen des kriegerisch-messianischen Königs, in dem der Weg durch die dunkle Wirklichkeit sternhell vom Ziel überstrahlt wird, Inhalt der echten Zionsarbeit sein. Palästina ist nicht genug, es muß Zion sein, Zion werden ...
Es gibt kein klareres Symbol der heute dem Volk im Zionismus gestellten Frage: ob, losgelöst von allen traditionellen Formen, in einer Welt wie der unseren noch die Wirklichkeit des echten Zion gelebt und neugestaltet werden kann. Der Zionismus ist wie jede Wirklichkeit in Israel eine Kraftprobe, eine Glaubensprobe, eine Lebensprobe. Ist der Kern lebendig, so muß er keimen, in jedem geschichtlichen Boden auferstehen. Der Boden selbst aber bleibt irdischer Bereich; Zion bleibt Galuth bis zur Endzeit. Auch Zion ist nicht Ziel, sondern Weg, nicht Antwort, sondern Frage, eine offene Zukunftsfrage an das Volk. Ihre eigentliche Bewährung findet auch in einer ganz und gar säkularisierten Welt die Zionsarbeit nur in der Sphäre des Heils: nur in einer Umbildung, Neuwerdung der Gemeinschaft, einer neuen lebendigen Darstellung des Menschlichen. Darum schließen Zionismus und Sozialismus nicht einander aus: sie suchen einander. Ein Zionismus ohne Änderung der verfallenen Wirtschafts- und Gesellschaftsformen wäre nicht der echte Zionismus, durch dessen volkhafte Gestalt immer die der Menschheit hindurchscheint. Das Wort Sozialismus erhält in Zion einen neuen Klang; als gewaltiges Pedal dröhnt unter ihm das in der Frühzeit offenbarte heimatliche Gesetz. So haben ihn auch die Pioniere der Zionsarbeit begriffen und ergriffen. Wunderbar hat der hebräische Dichter Bialik den Sinn aller Zionsarbeit als Vorbereitung auf ein messianisches Ziel ausgesprochen: ›Soviel Blut, soviel Liebe, soviel Schweiß wird in den Boden von Erez Israel eingesenkt, daß der Bauch der Erde früher oder später schwanger werden und der Prophet von ihr ausgehen wird.‹ Es wird ein Prophet von anderer Art sein als die Gottesmänner der Frühzeit: aber ohne eine solche Neugeburt bliebe Zion leerer irdischer Grund.«
(M. S., Das Buch Hiob und das Schicksal des jüdischen Volkes, Zürich 1948, S. 139, 142 f., 143 f., 145 f.)

Friedrich Wilhelm Marquardt, Berlin, 1968:
»Die theologische Ablehnung des Judentums ist auch seine politische Ablehnung, die sich spiegelt im Reflexionsgewand einer historisch-philosophischen Begrifflichkeit: Nationalismus – Empirismus – Legalismus ...
Zionistisch ist dasjenige Judentum, das sich unter dem Namen ›Israel‹ als Volk versteht und auf das Land Palästina, in dem Zion liegt, grundsätzlich bezogen weiß. In eine noch größere Abkürzung gebracht heißt das: Das Judentum rechnet wieder mit seiner irdisch-empirisch-politischen Realität als Volk und in bezug auf das bestimmte, geographisch konkrete unverwechselbare Land Palästina ...
Seiner selbst als Volk *darf* sich das Judentum bewußt werden, weil es in der hebräischen Bibel nie anders denn als ›Volk‹ benannt wird und erscheint. Sei

ner selbst als Volk *muß* sich das Judentum bewußt werden, weil es in der Erwählung und Offenbarung nicht erst nachträglich *als* Volk erwählt, sondern weil es in der Erwählung und Offenbarung *zum* Volksein erwählt wurde. Das Volksein Israels ist nicht Naturgabe, sondern Offenbarungsauftrag; zum Dienst der berufenen jüdischen Werkzeuge gehört es, darin Volk zu sein, daß es immer wieder Volk werde. Das ›Ich will euer Gott sein‹ der Bundesformel begründet den Imperativ: ›Ihr sollt und werdet mein Volk sein.‹ Volksein ist nie nur ein Haben, stets ein Soll Israels ...
Zionismus ist nun (zweitens) der historische Prozeß der Selbstbewußtwerdung des jüdischen Volkes; daß es nach Palästina gehört. – Auch das ist ein Integral aller Schattierungen von Judentum. Wir kennen kein Judentum, weder historisch noch sachlich, das sich je frei gemacht hätte von seiner innersten Beziehung zu Palästina. Nicht nur hat es immer Juden in Palästina gegeben, sondern auch die im Exil Abwesenden sahen sich stets heute zwar hier, morgen aber in Jerusalem ...
Zionismus ist nicht nur der Prozeß, in dem sich das Judentum seiner selbst als Volk und seiner Zugehörigkeit zum Lande Palästina bewußt wird, sondern auch der Prozeß, in dem es in Palästina einen jüdischen Staat gründet ...
Palästina ist nicht das Refugium der Verfolgten allein, sondern Terra promissionis. Die Ableitung aus unserer Schuld ist keine zureichende Begründung, die wir dem Staat Israel geben könnten. Dies oft zu hörende arabische Argument sticht nicht. J. B. *Talmon:* ›Der Zionismus begann nicht mit Hitler, und für uns konnte deshalb die Entstehung Israels nicht in die Erklärung zusammengefaßt werden, daß die ›Araber‹ für den Genocid der Juden in Europa bezahlen mußten, der von den Deutschen und nicht von den Arabern begangen wurde‹. Die Juden sind in Palästina nicht kraft unseres Unrechts, sondern kraft eines eigenen, sich an ihnen vollziehenden Rechts.«
(F. W. M., Christentum und Zionismus, in: Evangelische Theologie, München, 1968, Nr. 12, S. 635, 639, 643, 645, 655, 657)

Roland de Pury, 1969:
»Denn der Antisemitismus kann unter jedem beliebigen Regime und zu jedem beliebigen Zeitpunkt wieder erwachen. Die Sorge um die Situation der Juden gehört – wo dies auch sein mag – zur vorrangigen Verantwortung der Christen.
›Aber‹, so wenden viele ein, ›wir wissen wohl, daß der Zionismus dieses Wiedererwachen hervorgerufen hat.‹ Es ist ja so bequem, die Ursache für die Wirkung und die Wirkung für die Ursache zu halten, und nachdem man die Schaffung des Staates Israel durch die Art der Behandlung, die wir den Juden angedeihen ließen, hervorgerufen hat, jetzt und heute aus dem Verhalten dieses Staates den Vorwand abzuleiten, um den Antisemitismus neu ins Spiel zu bringen ...
Ich möchte mich aber dagegen verwahren, daß man mich etwas sagen läßt, was ich nicht sage. Ich sage nicht, daß Antizionismus und Antisemitismus ineinander übergehen. Aber ich behaupte, daß der erstgenannte dem zweiten die Dekkung anbietet, ja das ideale Alibi. Wir behaupten, daß der verborgene Antisemitismus in Polen, in der UdSSR und anderswo nur auf diesen Vorwand wartete, um sich aufs neue schamlos entfesseln zu können. Ist dies nur ein Vorwand oder ein gültiger Grund? Gestatten Sie mir, in meiner Antwort darauf nicht auf theologische Argumente zurückzugreifen. Es wäre recht riskant, von unserer Seite aus gesehen, im Zionismus eine unmittelbare Erfüllung der Prophezeiungen zu sehen, während Jesus gerade darauf verzichtete, der Kandidat des jüdischen Nationalismus zu sein; diese Weigerung Jesu war teilweise die Ursache für seinen Tod. Keine Prophezeiung darf für einen Christen das Kreuz in Anführungszeichen setzen. Nach diesen Worten stellt sich das Problem der politischen Existenz Israels nicht weniger dringlich im Bereich der elementarsten Gerechtigkeit und der Sicherheit. Ma-

daule sprach im Jahre 1948 von ›jener Liebe Christi, die ohne die notwendige und vorhergehende Gerechtigkeit nicht denkbar ist‹. Wir dürfen einem Volk nicht seine politische Existenz bestreiten, ohne eine Ungerechtigkeit zu begehen. Aber wenn wir seine Existenz bestreiten, dann begeben wir uns in eine Situation, in der wir einen Genozid begehen.«
(R. d. P., in: L'amitié judéo-chrétienne de France, Paris 1969, Nr. 2 [Juillet-Octobre] S. 10)

Bericht der Theologischen Kommission, Beirut, Mai 1970:
»Es war für uns offenkundig, daß ein christliches Verständnis der Bestimmung des jüdischen Volkes niemals in der rechten Weise aufgehellt werden konnte, solange man sich allein auf zweideutige wechselhafte Ereignisse der Geschichte bezieht. So schwierig dies auch sein mag – wir entnehmen diese Bestimmung einzig und allein dem, daß wir uns auf die Höhe des in Christus erfüllten Planes Gottes begeben.
Wir haben festgestellt, wie oft unser Verhalten einer derartigen Schau nur wenig entspricht; dies trägt dann zu den weiter oben beschriebenen Verwirrungen bei. In dieser Sicht scheint der Zionismus seine tiefsten Wurzeln in eine *Ablenkung der Eschatologie* zu senken; dadurch läuft das jüdische Volk, das durch den Glauben Abrahams ›in die kommende Welt‹ eingetreten ist, Gefahr, zu einem Gegenzeichen zu werden. Diese Ablenkung muß die christliche Kirche für sich selbst ablehnen und sie betrachtet dieselbe als eine Gefahr für die Reinheit des Glaubens an den allein lebendigen Gott.«
(Pater François Biot, Le rapport de la commission théologique, in: Le Monde, Paris, 1970, 24./25. Mai)

»Bekenntnis von Jerusalem«: Claude Duvernoy, John van der Hoeven, u. a. 1970:
»In Übereinstimmung mit dem von der Synagoge jahrhundertelang bewahrten Glauben glauben wir, daß die Rückkehr des jüdischen Volkes in das Heilige Land die Erfüllung der biblischen Prophezeiungen über die Rückkehr bezeichnet.
Wir glauben, daß diese Rückkehr den Nationen die messianische Revolution bringen wird, da sie die Ankunft des Messias selbst ankündigt.
Wir glauben mit dem Apostel Paulus, daß ›die Verheißungen noch Israel zugehören‹ (Röm. 9, 4), deshalb auch die Verheißungen, die sich auf das Wiedererstehen des verheißenen Landes beziehen.
Wir glauben, daß nach der Lehre von Jesus selbst (Luk. 21, 24) die Wiedervereinigung von Jerusalem im Juni 1967 die letzte Phase der messianischen Zeit mit ›dem Ende der Zeit der Nationen‹ eröffnet hat.
Wir ermahnen die Christen überallhin in der Welt, ob sie Theologen sind oder nicht, die entscheidende messianische Qualifizierung dieser Stunde zu erkennen, wie dies die Synagoge tut, und die Versöhnung der Kinder Abrahams (Juden, Christen, Araber) zu predigen, anstatt sich der israelischen Wiedergeburt entgegenzustellen oder sich in vollkommenes Stillschweigen zu hüllen.
Wir glauben, daß Israel der beste Verbündete der arabischen Länder bleibt und daß dieselben miteinander eines Tages zu jener brüderlichen, von Jesaja (19, 19–25) verkündigten Versöhnung gelangen werden.
Wir glauben, daß die erste zionistische Bewegung unter der Führung von Mose und Josua der Welt die hebräische Bibel gab, – wir glauben, daß die zweite zionistische Bewegung unter der Führung von Esra und Nehemia der Welt das Neue Testament verlieh – und wir wagen die Aussage, daß die dritte und letzte zionistische Bewegung bald die Parusie des Herrn nach sich ziehen wird, auf den Synagoge und Kirche zugleich warten.
Wir glauben, daß jeder Christ, der denen Ermutigung und Unterstützung zukommen läßt, die die israelische Nation zerstören wollen, die Patriarchen und Propheten der Bibel ebenso wie Paulus und Jesus selbst zu Lügnern macht. Wir sagen, daß ein derartiger Schritt sich direkt dem göttlichen Willen entgegen-

stellt, die Welt durch das Kommen des Messias zu retten. Sowohl die hebräische Bibel wie auch das Neue Testament erklären zusammen, daß sich dieses Ereignis in Jerusalem abspielen wird.
Wir rufen jeden Christen, ob er Theologe ist oder nicht, auf, dieses Bekenntnis aus Liebe zu Zion und in der Treue gegenüber der Heiligen Schrift zu unterzeichnen.«
(U. a. Claude Duvernoy, in: Réforme, Paris, 13. 6. 1970)

Claude Duvernoy, Jerusalem, 1970:
»Auf der einen Seite wird es eine Zerteilung des den Kindern Abrahams für immer verheißenen Landes und eine tödliche Bedrohung Jerusalems geben. Auf der anderen Seite – und diese biblische Wahrheit verdanken wir Micha – begreifen die Nationen überhaupt nicht die prophetischen Auswirkungen dieser explosiven Situation. Sie können in dieser Sammlung der Juden aus allen Ländern der Welt und in dieser Zerteilung des heiligen Landes überhaupt nicht die Hand und das Gericht Gottes erkennen.
Das beste Beispiel für die Verblendung der Nationen wird uns – wenn man einmal von der bei den Vereinten Nationen herrschenden Verwirrung absieht – durch den ersten Historiker unserer Zeit, nämlich durch Arnold Toynbee vermittelt; in seiner eigenen Schau des Zionismus geht dieser Gelehrte so weit, daß er diese Bewegung mit dem Nazismus vergleicht! Man kann sicher in der Verblendung und in der Verhöhnung keine höhere Stufe erreichen ...
Sacharja wirft seinerseits ein erstaunliches Licht auf die Bemühungen der Vereinten Nationen in ihrem Suchen danach, eine Lösung des Problems herbeizuführen, das sie mit dem wenig biblischen Begriff ›Palästinaproblem‹ bezeichnen. Weil die Nationen von ihren eigenen Interessen getrieben werden, weil sie das Spielzeug der kolossalen Supermächte sind, die sie selbst wieder erdrücken, und vor allem weil sie von der biblischen Schau der Geschichte nichts wissen wollen, müssen sie sich eingestehen, daß sie dem Abenteuer des Zionismus gegenüber ohnmächtig und verwirrt dastehen, das seinerseits der Schlüssel für das göttliche Geheimnis der Geschichte ist. Für die Nationen ist Jerusalem nur eine anderen Metropolen vergleichbare Hauptstadt (und jetzt weigern sie sich noch, diese Stadt *als Hauptstadt Israels* anzuerkennen; Kommentare sind hier wirklich überflüssig, wenn man diese seltsame Haltung mit jenen Stellen aus den Propheten vergleicht!).
Aber daß die christlichen Theologen selbst Opfer dieser gleichen Verblendung sind, das erscheint wirklich unglaublich! Daß sie nicht mehr die Propheten zu lesen verstehen, daß sie diese Lebensworte in eine weit zurückliegende Vergangenheit festschreiben, und daß sie Israel zu einem immerwährenden Exil verdammen, daß sie unter dem geradezu hypnotisch wirkenden Einfluß der zahlenmäßig schwachen und weit zurückliegenden Rückkehr aus Babylon stehen – was für einen greulichen Beweis erbringen sie damit für diese Entfernung vom Buchstaben und hebräischen Geist der Bibel! ...
Israel ist ganz offenkundig das Volk der Inkarnation und bleibt dies für immer. Dieses Volk ist für immer erwählt (und dies mehr zum Leiden als zum Glück) und ist so Zeichen und Zeuge der göttlichen Präsenz. Mit Gott ist es durch das dreifache Band der Verheißungen, der heiligen Schrift und des Messias in Person verbunden. Nichts von all dem, was ihm in seiner Geschichte zustößt, kann dieser Politik des Heils, nämlich der Politik des Reiches Gottes, fremd sein. Durch die göttlichen Verheißungen und durch die Bundesschlüsse ist es für immer *verbunden mit dem Land,* dessen Hauptstadt Jerusalem ist; warum soll man dann nicht die zionistische Bewegung in das innerste Zentrum dieser Politik des Reiches des Friedens und der Gerechtigkeit auf Erden wie im Himmel einordnen?
Durch die Bibel bleibt dieses Volk für immer mit dem Willen Gottes verbunden. Wie sollte man es dann aus der Gnade ausschließen können?
Durch den Messias selbst steht es für

immer im innersten Zentrum jeder zeitlichen und geistlichen Heilshoffnung. Warum sollte man es dann nicht der starken, zur Parusie führenden Strömung zuordnen? Warum sollte man aus ihm hier nicht den irdischen Drehpunkt machen? Warum soll man nicht versucht sein, jener außerordentlichen Aufzählung von schwerwiegenden, durch Paulus beschriebenen Privilegien hinzuzufügen: *›und aus der Mitte dessen der Herr in Herrlichkeit erscheinen wird!‹*

Nach Titus und seinen die Zerstörung verbreitenden Legionen, nach den Edikten von Verachtung und Haß von seiten eines ›christlichen‹ Reichs, nach den Autodafés und nach den Pogromen, nach Auschwitz und der wunderbaren Entstehung im Jahre 1948 – was gibt es hier für eine herrlichere Kundgebung der Gnade Gottes, als daß sich diese zionistische Bewegung noch weiter fortsetzt?

Was gibt es für einen schlüssigeren Beweis für die Souveränität, die Gott über die Geschichte ausübt?

Was gibt es für eine bewegendere Veranschaulichung des Geheimnisses der Inkarnation?

Was gibt es für eine eindringlichere Ankündigung der künftigen Parusie?

Eine Theologie der Gnade, der von Gott geführten Geschichte und des kommenden Reiches Gottes – dies scheint sich deutlich im Zionismus kundzutun, sobald man ihn unter das Licht der Heiligen Schrift rückt.

Dies haben wir uns in diesem Buch vorgenommen, aus Liebe zu Israel, im Dienst für die Kirche, aus tiefer Zuneigung zu Christus und zur alleinigen Ehre Gottes.«

(Cl. D., Le sionisme de Dieu, Paris 1970, S. 271, 292)

Bibliographie

Abba Eban: Dies ist mein Volk, Zürich 1970, S. 247 ff.

Améry, Jean: Die Linke und der »Zionismus«, in: Tribüne, Frankfurt/Main 1969, Nr. 32, S. 3419–3422.

Auerbach, Elias: Pionier der Verwirklichung, Stuttgart 1969.

Avnéry, Uri: Israel ohne Zionisten, Gütersloh 1968.

Baudy, Nicolas: Les grandes questions juives, Paris 1965, S. 115–137.

Ben Gourion, David: Wir und die Nachbarn, Tübingen 1968.

Ben Gourion, David: Briefe an meine Frau, München 1969.

Ben Gourion, David: Erinnerung und Vermächtnis, Frankfurt/Main 1971.

Berger, Julius: Zionismus in Polen, in: Der Jude, Berlin 1917, S. 291–299.

Bernstein, Moritz: Betrachtungen, in: Juden und Christen, gestern und morgen, in Basel und anderswo; Basel 1968, S. 43–48.

Bernstein, S.: Der Zionismus, Berlin 1919.

Bloch, Jochanan: Der unwiderrufliche Rückzug auf Zion, in: Franz Henrich, Hrsg., Die geistige Gestalt des heutigen Judentums, München 1969, S. 41–68.

Blumenfeld, Kurt: Erlebte Judenfrage, Stuttgart 1962.

Bodenheimer, Max: So wurde Israel, Frankfurt/Main 1958.

Brunner, Constantin: Der Judenhaß und das Denken, Berlin 1922, passim.

Brunner, Constantin: Von den Pflichten der Juden und von den Pflichten des Staates, Berlin 1930, S. 178–201.

Buber, Martin: Der Jude und sein Judentum, Köln 1963, passim.

Bulawko, Henri: Le défi sioniste, Paris 1968.

Cohen, Hermann: Religion und Zionismus, in: Jüdische Schriften, Bd. II, Berlin 1924, S. 319–340.

Diner, Dany: Der Zionismus und die jüdische Frage heute, in: Emuna, Frankfurt/Main 1970, S. 153–159.

Dränger, Jakob: Nahum Goldmann, 2 Bde., Frankfurt/Main 1959.

Dubnow, Simon: Die neueste Geschichte des jüdischen Volkes, Berlin 1923, Bd. III, S. 327–385.

Duvernoy, Claude: Le sionisme de Dieu, Paris 1970.

Duvernoy, Claude: Pour l'amour de Sion, Jerusalem 1970.

Eckert, Willehad; Nathan Peter Levinson; Martin Stöhr; Hrsg., Jüdisches Volk – gelobtes Land, München 1970, passim.

Elbogen, Ismar: Ein Jahrhundert jüdischen Lebens, Frankfurt/Main 1967, S. 239–293, 532–570.

Flannery, Edward: L'antisionisme chrétien, in: Information juive, Paris, April 1970, Nr. 203, S. 1, 2.

Friedländer, Saul: Réflexions sur l'avenir d'Israël, Paris 1969.

Giniewski, Paul: Le sionisme d'Abraham à Dayan, Paris 1969.

Givet, Jacques: La Gauche contre Israël, Paris 1968.

Goldmann, Nahum: Bilan et perspectives, in: Information juive, Paris 1968, Nr. 183, S. 1, 2.
Goldmann, Nahum: Staatsmann ohne Staat, Köln 1970.
Grunebaum-Ballin, Paul: Joseph Naci, duc de Naxos; Paris 1968.
Hermone, Jacques: La Gauche, Israël et les Juifs; Paris 1970.
Herzl, Theodor: Der Judenstaat, Tel Aviv 1946[11].
Keller, Bernard: Antisémitisme – Antisionisme, in: Le messager evangélique, Strasbourg 7. 6. 1970, S. 7, 8.
Kittel, Gerhard: Die Judenfrage, Stuttgart 1933, passim.
Krupp, Michael: Vergesse ich dein Jerusalem, Metzingen 1962.
Lamm, Hans: Gibt es heute einen jüdischen Antizionismus?, in: Tribüne, Frankfurt/Main 1969, Nr. 32, S. 3427 ff.
Latour, Anny: Israel – gelobtes Land, Frankfurt/Main 1968.
Lévyne, Emmanuel: Iudaisme contre sionisme, Paris 1969.
Lichtheim, Richard: Rückkehr, Stuttgart 1970.
Marquardt, Friedrich Wilhelm: Christentum und Zionismus, in: Evangelische Theologie, München 1968, S. 629–660.
Marquardt, Friedrich Wilhelm: Der Zusammenhang von Volk, Land und Staat Israel – christlich gesehen; in: Friedebert Lorenz, Hrsg., Gerechtigkeit in Nahost, Stuttgart 1969, S. 31–38.
Marquardt, Friedrich Wilhelm: Zionismus und Antizionismus, Thesen und Fragen; in: Emuna, Frankfurt/Main 1970, S. 171–176.
Mehl, Roger: De l'antisionisme à l'antisémitisme, in: Réforme, Paris 18. 4. 1970, S. 16.
Mercier, Jacques: Parti pris pour Israël, Paris 1970.
Néhér-Bernheim, Renée: La declaration Balfour, Paris 1969.
Pfisterer, Rudolf: Antizionismus und Antisemitismus, in: Tribüne, Frankfurt/Main, Nr. 32, S. 3407–3418.
Pinsker, Leon: Autoemanzipation, Berlin 1936[8].
Poljakov, Léon: De l'antisionisme à l'antisémitisme, Paris 1969.
Rülf, Schlomo: Ströme in dürrem Land, Stuttgart 1964, S. 108–209.
Sachsen, Max Herzog von: Zionismus, in: Der Jude, Berlin 1927, Sonderheft: Judentum – Christentum, S. 25–31.
Seguinat: À propos de Jérusalem et Paléstine, Paris 1970.
Susman, Margarete: Das Buch Hiob, Zürich 1948, S. 135–147.
Sykes, Christopher: Kreuzwege nach Israel, München 1967.
Schoeps, Hans Joachim: Jüdische Geisteswelt, Köln 1960, S. 263–282.
Tavor, Moshe: Ein Volk kehrt zu sich selbst zurück, in: Friedebert Lorenz, Hrsg., Gerechtigkeit in Nahost, Stuttgart 1969, S. 20, 29.
Ullmann, Arno: Israels Weg zum Staat, DTV Nr. 181, München 1964.
Weinstock, Nathan: Le Sionisme contre Israël, Paris 1969.
Zechlin, Egmont: Die deutsche Politik und die Juden im ersten Weltkrieg, Göttingen 1969, passim.